U0743657

念茲在茲

復旦大學
出土文獻與古文字研究中心
成立廿載紀念論文集

復旦大學出土文獻與古文字研究中心 編

2005–2025

20th Anniversary of
Fudan Center for Research on
Chinese Excavated Classics
and Paleography

中西書局

本書得到中國歷史研究院“絶學”學科扶持計劃2024年度資助學科“中國古典學”的支持。

本書爲國家社科基金冷門絶學研究專項學術團隊項目“中國出土典籍的分類整理與綜合研究”（20VJXT018）的階段性成果。

復旦大學出土文獻與古文字研究中心成立廿週年志慶

文明追上古

字學建奇功

中山大學古文字研究所曾憲通敬賀

曾憲通先生賀辭

陳偉武先生賀辭

裘錫圭先生和夏含夷在芝加哥大學名譽博士學位授予典禮上合影
2000年11月2日

裘先生、魏克彬、馬幾道、董岩、夏菊莉（從左到右）

學者在中心就温縣盟書交流討論

前　　言

自 2005 年成立至今，復旦大學出土文獻與古文字研究中心同仁廿載在兹，切磋琢磨，竭蹶前行；與學界同道一樣，大家秉持初心，念兹在兹無日忘之，共同傾力爲出土文獻與古文字研究的學術大厦增磚添瓦。爲誌紀念，特組編出版本論文集。

2023 年 7 月，中心向學界師友尤其是與中心有各種學術淵源者發出約稿函，得到大家的踴躍支持。曾憲通先生、郝本性和魏克彬先生、黄錫全先生、夏含夷先生、陳偉武先生，還分别手書或撰寫了賀辭，盛意可感。謹此一併致以誠摯謝意。

復旦大學出土文獻與古文字研究中心

2025 年 1 月 20 日

目　　録

甲骨文中所見的商代車馬*

黄天樹

清華大學出土文獻研究與保護中心

“古文字與中華文明傳承發展工程”協同攻關創新平臺

一、商代的車

從殷墟田野考古發掘的衆多車馬坑可知，商代的車是由一輈、一衡、一輿、一軸、雙輪、兩軛構成的。那麽，商代一輛車配備幾匹馬呢？1933年，郭沫若先生説：“殷末王者之車，所駕者僅二馬，即所謂騈。驂駟之制，蓋後起者矣。”[①]隨着車馬坑的大量發現，可以知道，殷墟出土的單輈馬車，都是用兩匹馬駕一輛車的，可證郭説是可信的。[②] 據《人民日報》2024年3月30日第7版報導，2023年度全國考古十大新發現評選結果發布。其中，陝西清澗寨溝遺址出土的雙轅車備受關注，這是我國目前考古發現最早的雙轅車實物。“雙轅車的歷史，以往我們都認爲是從秦漢開始的，現在看來，商代晚期就有了。”不過，這輛雙轅車，可能跟文獻中記載的“大車”“牛車”有關，而非馬車。

馬和車的單位，卜辭中都叫作“丙”。爲排印方便，下引卜辭釋文儘量用通行字。

---

* 本文爲“古文字與中華文明傳承發展工程”資助項目“甲骨刻辭類纂新編”（YWZ－J001）、“甲骨文字新編”（YWZ－J005）的階段性成果。

① 郭沫若：《卜辭通纂》第730片考釋，日本東京文求堂，1933年石印本。

② 劉一曼：《殷墟車子遺迹及甲骨金文中的車字》，《中原文物》2000年第2期，第29—32頁；劉一曼、曹定雲：《殷墟花東H3卜辭中的馬——兼論商代馬匹的使用》，《殷都學刊》2004年第1期，第10頁。

(1) [癸酉卜貞：旬。]⧄賈延馬二丙。辛巳雨以晶(精①)。

(《合集》21777〔師小〕)

(2) 癸巳卜：往，馬三十丙。

(《合集》20790〔師歷〕)

(3) ⧄⧄[卜]：以馬自薛。十二月。允以三丙。

(《合集》8984〔師賓〕)

(4) ⧄馬五十丙。

(《合集》11459〔典賓〕)

例(1)驗辭“賈延馬二丙”記述，“賈延”送來“馬二丙”。例(2)卜問商王可否用三十對馬，即駕三十輛馬車出行。② 例(3)“”是人名。以，致送。卜辭卜問會不會把車馬從薛地送來。驗辭“允以三丙”説果然送來了三對馬即三輛車。

(5) 丙戌卜，[貞]：六車⧄。

(《合集》11452 正〔典賓〕)

卜問商王可否用六輛車出行。

二、商 代 的 馬

(一) 育馬

《禮記・檀弓上》曰：“殷人尚白。”殷人對白馬特别重視，常常卜問，將要出生的馬崽是不是白色的。③ 例如：

(6) 丁亥卜，王：騟子白。癸酉毓(育)，不白。

(《拼四》986＝《合集》3410＋11051〔師賓〕)

命辭卜問“騟”(馬名)將要出生的馬崽是不是白色的。驗辭記載，癸酉日生下來

---

① “晶”讀爲“精”，參看裘錫圭：《涵義與“馬那”類似的“精”這個詞在殷墟卜辭和西周較早青銅器銘文中已經出現》，古文字與中華文明國際學術論壇，清華大學，2023 年 10 月。

② 湯餘惠：《商代甲骨文中的“丙”和“兩”》，《史學集刊》1991 年第 2 期，第 67—68 頁。

③ 裘錫圭：《從殷墟甲骨卜辭看殷人對白馬的重視》，《殷墟博物苑苑刊》創刊號，中國社會科學出版社，1989 年；後收入《裘錫圭學術文集・甲骨文卷》，復旦大學出版社，2012 年，第 305—308 頁。

的馬崽不是白色的。這條卜辭反映殷人對白馬十分重視。[①]

(二) 養馬

(7) □□卜：王其作僼榆，于廄〼。

(《合集》30266〔無名〕)

(8) [王]畜馬在茲廄，疾，其〼。

(《合補》9296＝《合集》29416＋13841〔無名〕)

(9) 王畜馬在茲廄〼母戊，王受[祐]。

(《拼集》223＝《合集》29415＋27554＋30560＋《攈》2240〔無名〕)

例(8)卜問王畜養馬於這間馬舍而患疾，將如何處置比較好。

(三) 買馬、徵馬、徵車

(10a) 其買，惠又(右)駐。

(10b) 惠又(右)駞。

(《花東》98〔花東〕)

(11) 其賈馬。

(《花東》443〔花東〕)

例(10)"買"，動詞，買入。例(11)"賈"，也是動詞，買入。殷人有時通過貿易來獲得馬匹。

(12) 貞：[illegible]呼取白馬，以。

(《合集》945〔賓一〕)

(13) 癸卯卜，在糞：發以馬。子占曰："其以。"用。

(《花東》498〔花東〕)

(14a) 壬辰卜：子呼射發复取又(有)車，若。

(14b) 癸巳卜：子惠大令，呼比發取又(有)車，若。

(《花東》416〔花東〕)

例(12)是王卜辭。例(13)(14)是非王卜辭。例(14)中的"射發"、"發"(即"射發")、"大"，皆人名。取，索取。"又(有)車"之"有"，詞頭，無義。花東族長"子"在壬

---

① 王紅：《殷人重視白馬補證——以一則重要綴合爲例》，《首都師範大學學報(社會科學版)》2015 年第 1 期。

辰日命令射發再次去索取車，次日癸巳日“子”又命令“大”和“發”一起去索取車。商代手工業發達，分工很細，所以卜辭有“百工”之稱。“百工”之中，造車工藝最爲複雜，涉及很多工種。從例(14)非王卜辭可知，商代各家族的手工業作坊也有造車的能力。

(四) 視馬

花東卜辭中習見“視馬”一語。“視馬”即後世所説的“相馬”。這些“視馬”卜辭，應是我國最早記載“相馬”的文字材料。“相馬”的人大多是從事商賈的“賈”人。由於商王和貴族的馬和車，經常是通過“賈”人獲得的，所以“賈”人在貿易的過程中，逐漸積累了“相馬”的技能。花東卜辭中，有“賈”人爲族長“子”挑選馬匹的例子。

(15) 丙寅卜：其禦唯賈視馬于癸子，叀一伐、一牛、一鬯，﨤夢。用。

(《花東》29,《花東》289 同文〔花東〕)

(16) 辛巳卜：子叀賈視用逐。用。獲一鹿。

(《花東》259〔花東〕)

例(15)卜辭卜問，是否爲“馬”向“癸子”(即“子癸”)舉行禦祭，消除災殃。由此可以看出殷人對馬極爲重視。“唯賈視”是“馬”的定語，説明這些“馬”是經過商賈挑選的良馬。例(16)意謂花東家族的族長“子”是否用賈人爲其挑選的馬外出狩獵。卜辭直接用“賈視”代替“馬”，可以證明賈人“相馬”技術是得到商王和貴族的認可的。

(17a) 丁未卜：新馬其于賈視，又(右)用。

(17b) 丁未卜：新馬其于賈視，又(右)不用。

(《花東》7〔花東〕)

(18a) 癸亥卜：新馬于賈視。

(18b) 于賈視。

(18c) 新馬子用又(右)。

(18d) 新馬子用ナ(左)。

(18e) 賈視，子用又(右)。

(18f) 賈視，子用又(右)。

(《花東》367〔花東〕)

由例(17)(18)可知，殷人馬車多用雙馬駕車。新購得之“新馬”需經過“賈視”而知其是否强健，是否可以用於單輈的左邊或是右邊，可見商代駕車的馬匹是要經過精心挑選的。

三、駕車之馬的匹配

(一) 選馬

劉一曼、曹定雲先生說：

卜辭中記載王(或高級貴族)外出乘的馬車轅左、右的駕馬是經過精心挑選的。這在考古發掘中亦可找到一些證據。如殷墟車馬坑中,分置於轅左、右的兩匹馬,馬架的長度與寬度大多基本相近,表明原來馬的高度也大體相似,我們曾對一些車馬坑馬的年齡作過初步鑒定,同坑二馬的年齡大多接近。這些迹象表明,駕車的馬不是任意配置,而是經過選擇的。因爲只有經過精心挑選,搭配合理的雙馬駕車,才能保證王和高級貴族出行的安全。①

甲骨文有貞問商王外出田獵如何匹配駕車之馬的卜辭。例如：

(19a) 辛未卜,貞：犬□告麣兕,翌日壬王其比,用皇(壅),惠□(从馬之殘字)眔[illegible]用,無災。在八[月]。

(19b) 惠[illegible](䮂)眔騖用,無災。

(19c) 惠騂眔大騂,無災。引吉。

(《合集》36985+36988+37467②〔黄類〕)

(20a) 戊午卜,在潢貞：王其皇(壅)大兕,惠騍眔騽,無災,擒。

(20b) 惠騂眔[illegible]子,無災。

(20c) 惠左馬眔駒③,無災。

(20d) 惠騖眔小騽,無災。

(20e) 惠驪眔騽,無災。

(20f) 惠並騂,無災。

(《合集》37514〔黄類〕)

"皇"字,裘錫圭先生說:"疑當讀爲壅遏、壅蔽之'壅','皇兕'就是擋住兕的去路

---

① 劉一曼、曹定雲:《殷墟花東 H3 卜辭中的馬——兼論商代馬匹的使用》,《殷都學刊》2004 年第 1 期。

② 蔣玉斌:《〈甲骨文合集〉綴合拾遺(第七十五—七十八組)》之第七十八組,中國社會科學院歷史研究所先秦史研究室網,2010 年 10 月 26 日,https://www.xianqin.org/blog/archives/2107.html。

③ 蔣玉斌:《釋甲骨文中有關車馬的幾個字詞》,《"鼎甲"杯甲骨文字有獎辨識大賽論文集》,中州古籍出版社,2015 年,第 22—24 頁。

進行兜捕。”[①]例(19)(20)卜問關於“壅兕”“用某馬眔某馬”之事,事類相同、辭例相仿、部位相若,都是就商王“壅兕”如何匹配駕馬進行占卜的,涉及十多種不同的馬名。

(21) 庚戌卜貞:王辷(匹)馬于驎駁,迨辷(匹)。

(《合集》36836+29417[②]〔黄類〕)

蔣玉斌先生認爲,“辷”當讀爲“匹”。例(21)卜問商王選用地之馬()與驎地的駁馬相匹配來駕車。“迨”讀爲“順”或“馴”。“迨(順)辷(匹)”意謂順服於前述匹配方式。[③]

(22) 丁酉卜貞:翌日壬寅王其壅兕,其唯夾,㞢(叔),王弗悔。

(《合集》37387〔黄類〕)

(23A) 恵並駁。

(23B) 恵騮。兹用。

(《合集》39441+36987[④]〔黄類〕)

(24A) 恵馰用。

(24B) 恵小騂用。

(《合集》36986〔黄類〕)

例(22)卜問王將駕車捕兕,用馬夾輔馬好不好。“㞢”(叔)應與“弗悔”一樣,表達正面的意義,可讀爲“順”。例(23)是一對選貞卜辭,卜問是用兩匹“駁”好,還是用“騮”好。用辭記載,後者得到了采用。例(24)馰、小騂,皆馬名。用,選用。這對卜辭卜問選擇駕車之馬的匹配,是選用兩匹“馰”,還是選用“小騂”互相搭配好。

(二) 駕馭

一車二馬,馭手立在車上,雙手持轡。

---

① 裘錫圭:《裘錫圭學術文集·甲骨文卷》,第 261—262 頁。

② 蔣玉斌:《〈甲骨文合集〉綴合拾遺(第七十五—七十八組)》之第七十七組,中國社會科學院歷史研究所先秦史研究室網,2010 年 10 月 26 日,https://www.xianqin.org/blog/archives/2107.html。

③ 蔣玉斌:《釋甲骨文中有關車馬的幾個字詞》,《“鼎甲”杯甲骨文字有獎辨識大賽論文集》,第 16—25 頁;《釋甲骨金文中與“匹”有關的兩種形體》,《源遠流長:漢字國際學術研討會暨 AEARU 第三届漢字文化研討會論文集》,北京大學出版社,2017 年,第 143—152 頁。

④ 蔣玉斌:《殷墟黄類卜辭新綴十組》之第一組,《中國文字研究》2008 年第 1 輯(總第 10 輯),大象出版社,2008 年,第 52—56 頁。

(25A) 辛未卜,賓貞：叀王轡。

(25B) 貞：呼轡。

(《合集》339〔賓三〕)

"轡"字,在此用作動詞,當"駕馭牲口"講。這對選貞卜辭貞問,是商王親自駕馭,還是呼令臣屬駕馭。[1]

(26) 戊戌卜：王其辺(匹)[illegible]馬[illegible]、[illegible]馬騖,小臣[illegible]黿(騶),克尸(夷)[illegible]□。

(《合集》36417+8359[2]〔黄類〕)

例(26)"小臣[illegible]"是人名,小臣表其身份,"[illegible]"是其私名。[illegible]、[illegible],均爲地名。[illegible]、騖,皆爲馬名。黿,學者多讀爲"騶",當"駕車"講。[3] "克尸(夷)"之"克"是助動詞,當"能够"講,用在動詞"尸(夷)"前,表示能够使駕車之馬順從。中山王鼎(《集成》02840):"天降休命于朕邦,有厥忠臣賈,克順克卑,亡不率夷,敬順天德,以左右寡人。"鼎銘"亡不率夷"與銘内下文"亡不順道"意近。據此,例(26)全辭意謂商王出行要"辺"(匹配)雙馬,"小臣[illegible]"作爲馭手,爲王駕車,是否能使駕車之馬順從。

殷代一輛馬車坐幾個人呢?請看下列卜辭:

(27A) 丁亥卜：子立于又(右)。

(27B) 丁亥卜：子立于ナ(左)。

(27C) 乙未卜：子其田从圭,求豕,遘。用。不豕。

(《花東》50〔花東〕)

由於殷墟車馬坑的大量發現,現已基本搞清殷代的車輿(車厢)多呈長方形,長約1.5米,寬約1米,高約0.5米,最多僅能够容三人乘坐。[4]《詩·魯頌·閟宫》鄭箋曰:"兵車之法,左人持弓,右人持矛,中人御。"古代兵車,一車載三人,但田車不需要執矛

---

① 黄天樹:《殷墟甲骨卜辭釋讀三則》之第三則"説'王轡'",《古文字研究》第34輯,中華書局,2022年,第3—4頁。

② 蔣玉斌:《〈甲骨文合集〉綴合拾遺(第五十五—五十六組)》之第五十六組,中國社會科學院歷史研究所先秦史研究室網,2010年6月29日,https://www.xianqin.org/blog/archives/2107.html。

③ 李學勤:《太保玉戈與江漢的開發》,《走出疑古時代》,遼寧大學出版社,1994年,第137頁;陳劍:《釋"出"》,《出土文獻與古文字研究》第3輯,復旦大學出版社,2010年,第38頁;蔣玉斌:《釋甲骨文中有關車馬的幾個字詞》,《"鼎甲"杯甲骨文字有獎辨識大賽論文集》,第22—24頁。

④ 楊寶成:《商代馬車及其相關問題研究》,《華夏考古》2002年第4期,第59頁。

者，可能一車只有兩人，如此也能減輕重量，使田車更爲敏捷。蔡哲茂先生解釋例(27)《花東》50 説：

> 前二辭[引者按：即例(27A)和(27B)]是卜問乙未前八天的丁亥日田獵時，子位於田車御者的右邊還是左邊，顯示車上很可能爲御者與子二人，應該就是卜問子在田車上以御者爲標準的位置問題，可知商代田獵的馬車是一車二人、兩馬共拉一車的，從 2004 年大司空村 M226 號出土商代馬車來看，最多只能站兩人，或可由此推斷商代戰車可能確爲一車二人、兩馬共拉一車。①

蔡説可從。例(27)可以説明以下問題，一是"子"在車上是站立的，雙手可以扶着車軾。殷代青銅器"買車觚"(《集成》07048)上的"車"字，在車廂内畫有車軾。1992年、1995 年劉一曼先生清理出較完整的車軾痕迹，它是一根横木，位置在車廂内距前闌不遠處。② 二是田車可能一車只有兩人，著名的《合集》10405 驗辭記載甲午這天王去田獵，發生車禍(車軸斷裂)，致使與王同車的子央也從車廂裏跌了下來，這個例子也可以證明這一點。

四、商代馬車的用途

(一) 用於田獵

(28) □□卜：王其逐鹿，獲。允[獲]八。王車。

(《拼六》1419=《合集》40146+《笏二》433〔師賓〕)

例(28)驗辭"王車"之"車"字作車廂在軸上之，説明這次田獵王是乘車去逐鹿，而且田獵結束時車子是完好無損的。

(29) 癸巳卜，㱿貞：旬亡憂。王占曰："乃兹亦有求(咎)。若爯(稱)。"甲午王往逐兕，小臣由，馬硪(俄)，(攴)王，子央亦顛。

(《合集》10405〔典賓〕)

---

① 蔡哲茂：《説殷卜辭的"多馬"與"多射"》，《古文字與古代史》第 4 輯，"中研院"歷史語言研究所，2015 年，第 236 頁。

② 劉一曼：《安陽殷墟劉家莊北地車馬坑》，《中國考古學年鑒(1993)》，文物出版社，1995 年，第 177—178 頁；中國社會科學院考古研究所安陽工作隊：《安陽梅園莊東南的殷代車馬坑》，《考古》1998 年第 10 期。

(30) ☐自　。三日丁卯[王狩]敝,允有害。𪀁　,馬[立],亦付(仆)[1]在車,畢馬[亦有傷]。

(《拼五》1016=《合集》11448+17031+8250 正+11447+《京》2849〔典賓〕)

(31) 癸亥卜,殻貞:旬亡憂。王占曰:"[有咎]。"五日丁卯王狩敝。𪀁　,馬[立],亦付(仆)在車,畢馬亦[有]傷。

(《拼集》295=《合集》584 正甲+9498 正+7143 正+《東文研》571b+《合補》5597〔典賓〕)

(32) 癸亥卜,争貞:旬亡憂。王占曰:"有咎艱。"五日丁卯王狩敝。𪀁　,[馬立],亦付(仆)在車,[畢]馬亦[有傷]。

(《合補》4923 正(《合集》583 正+7139)+11454+40663〔典賓〕)

(33) [癸亥卜,□貞:旬]亡憂。王占曰:"有求(咎)。"[五日丁卯王狩]敝。𪀁　,[馬立,亦付(仆)在]車,畢馬亦有傷。

(《合集》11446=《大系》8225〔典賓〕)

例(29)驗辭記載王車與小臣車在並排逐兕時,小臣車的軸突然斷了,致使小臣車的馬傾斜而撞擊王車釀成車禍。例(30)至(33)驗辭記載畢車與𪀁車一前一後追逐野獸,𪀁車的車輈突然斷了,致使𪀁車與畢車追尾而釀成災難。上引諸辭我們已有考釋,[2]可以參看,此不贅述。

(34) ☐日王往虣(暴)虎,允亡災。子雍　,馬。十二月。在徹京。

(《綴集》288=《合集》8074+11450〔賓三〕)

例(34)"子雍"是人名。　,象"折輈"之車。驗辭"子雍　,馬"記載出了車禍,子雍所乘坐的田車的車輈斷了,駕車的馬遭遇災殃。"馬"字下畫有界劃綫,説明"馬"字是獨立成句的。這裏的"馬"字是"馬亦有傷"的省寫。

(35) [□□卜,□貞:王往畀莫]麗。王占曰:"有[求(咎)。"往]畀豕,畀,率[擒]。□□□□付(仆)[在車],☐。

(《合集》10726=《大系》16629〔典賓〕)

(36) □□卜,亘貞:王往畀莫麗。王占曰:"有求(咎)。"往畀豕,畀,率擒。

---

① 關於"仆"字釋讀,參看陳劍:《釋殷墟甲骨文的"付"字》,《古文字研究》第 31 輯,中華書局,2016 年,第 36 頁。

② 黄天樹:《卜辭"畢馬亦有傷"補説》,《古文字研究》第 32 輯,中華書局,2018 年;後收入《黄天樹甲骨學論集》,中華書局,2020 年,第 1—8 頁。

□□□□[付(仆)在車],☑。

(《拼集》94＝《合集》10727＋10729＋10730＝《大系》16630〔典賓〕)

(37) [□□卜,□貞:王往罗莫罷。王占曰:“有求(咎)。”往罗豕,[罗,率]擒。□□□□付(仆)在車],☑逐☑。

(《合集》10728＝《大系》16631〔典賓〕)

例(35)至(37)是同文卜辭,卜辭是根據殘辭互補出來的。上引例(35)至(37)驗辭記載“[往罗豕,[罗,率]擒。□□□□付(仆)在(車)],☑逐☑”。驗辭大意是説,在逐獸時,車轅突然斷了,致使發生追尾的車禍,即“仆在車”。值得注意的是,上引例(37)中的“車”字作“”,是完好的車。“仆在車”的主語也是“馬”,追尾致使馬也受了傷。

(38) 辛巳卜:子惠賈視用逐。用。獲一鹿。

(《花東》259〔花東〕)

命辭占卜族長“子”是否使用賈人爲其挑選的馬車去逐鹿,占卜的結果是“使用”了,驗辭記載“擒獲了一頭野鹿”。

(二) 用於戰争

(39) ☑小臣牆比伐,擒危髦☑廿人四,馘千五百七十,嚳百☑[馬□]丙,車二丙,櫓百八十三,函五十,矢☑又伯麐于大乙,用伯印☑于祖乙,用髦于祖乙,僼甘京,易(賜)☑。

(《合集》36481〔黄類〕)

方稚松先生對例(39)小臣牆刻辭有深入的研究,可以參看。①

(40) 癸丑卜,[争]貞:自今至于丁巳,我戋(捷)畱。王占曰:“丁巳我毋其戋(捷),于來甲子戋(捷)。”旬有一日癸亥,弗戋(捷)。之夕向甲子允戋(捷)。

(《合集》6834〔典賓〕)

(41) ☑日☑亥☑允☑。

(《拼四》950＝《合集》11451＋13190〔典賓〕)

(42) ☑今日☑雀,克。

(《合補》6285〔賓一〕)

① 方稚松:《殷墟甲骨文五種外記事刻辭研究》,上海古籍出版社,2021年,第75—90頁。

例(40)“”字，下从車，上从“”(“鋒”的本字，是裝在衝車前的鋭器)。“”即攻城的兵車“衝”。①

(43A) 戊午卜，㱿貞：我其呼留，𢦏(捷)。

(43B) 戊午卜，㱿：我留，𢦏(捷)。

(《醉古》350=《合集》1027+《乙補》4919〔賓一〕)

例(43)“”字，上面的偏旁“”是城郭之“(郭)”的省形；下面的偏旁“”是衝車之“(衝)”的省形。“”是動詞，“留”是賓語，“留”表示以衝車攻城。

(三) 用於驛傳

(44) 丁巳卜，争貞：呼歸専(傳)于盂(葬)。五月。

(《英藏》366〔賓三〕)

(45) 貞：傳以盂伯飽，聞曰棄子革(?)。允☐。

(《拼五》1135=《合集》4876+9100〔賓三〕)

例(44)與(45)所卜内容是有聯繫的。例(45)“傳”是傳車(驛車)。② “盂伯飽”是人名。“傳以盂伯飽”是説“用傳車將盂方首領名飽者送歸其原居地盂”。例(44)中的“専”疑讀爲“傳”，當傳車講。“呼歸専(傳)于盂葬”，意謂王呼令把死於外地的盂方首領送回其原居地盂進行安葬。

(四) 用於殉葬

(46) □□卜，争[貞]：佝(殉)☐(葬)☐。

(《合集》17167〔典賓〕)

“佝”字，从人从句。因爲“佝”和“(葬)”同在一條卜辭中，所以有學者釋“佝”爲“殉”，③可從。

---

① 金赫、苗豐：《釋甲骨文中的“(衝)”》，《漢字研究》第 7 輯，慶星大學校韓國漢字研究所，2012 年，第 71—79 頁；黄天樹：《甲骨卜辭中關於商代城邑的史料》，《黄天樹甲骨金文論集》，學苑出版社，2014 年，第 218—244 頁；方稚松：《釋〈合集〉6571 中的》，《古文字研究》第 32 輯，第 74—82 頁。

② 參看于省吾：《殷代的交通工具和馹傳制度》，《東北人民大學人文科學學報》1955 年第 2 期，第 108 頁。

③ 王貴民：《商周制度考信》，明文書局，1989 年，第 6 頁；張惟捷：《讀契劄記五則》“一、説‘殉’”，《甲骨文與殷商史》新 4 輯，上海古籍出版社，2014 年，第 158—159 頁。

(47) 其祼[1]兄辛，惠有車用，有正。

(《合集》27628〔無名〕)

(48) 其呼(葬[2])輦，有正。

(《合集》29693＝31181〔無名〕)

例(47)(48)是第三期卜辭。兄辛，即康丁之兄廩辛。“惠有車用”即“用車”。“用車，有正”指商王康丁對其兄長廩辛行“祼”禮時，卜問用車隨葬是否合適。例(48)“(葬)輦，有正”指用輦車隨葬，是否合適。例(47)(48)都是有關隨葬車馬的貞問，是否隨葬，必須經過占卜才能決定。[3]

結　　論

殷墟甲骨刻辭和殷墟出土的車馬坑表明，商代的馬車是單輈的，駕馬二匹，分置於輈的左右，即所謂騈。驂駟之制，源自周代。商代已出現“相馬”者，卜辭稱爲“視馬”。“相馬”者大多是從事商賈的“賈”人。“賈”人在貿易過程中，掌握了“相馬”的技能。爲保證商王和貴族的出行安全，駕車的雙馬是經過“賈”人精心挑選搭配的。商代的車輿狹窄，一輿之中只能站立兩人，商王和貴族或親自駕馭，或呼令屬下駕馭。商代的馬車主要有四種用途：田獵、戰争、驛傳、殉葬。

2018 年 5 月 30 日舊稿

2024 年 4 月 28 日改定

---

[1] 方稚松釋“祼”，參看方稚松：《釋殷墟花園莊東地甲骨中的瓚、祼及相關諸字》，《中原文物》2007 年第 1 期。

[2] 蔡哲茂：《説甲骨文葬字及其相關問題》，《第二届國際中國古文字學研討會論文集(續編)》，香港中文大學，1995 年；後收入《蔡哲茂學術文集》第 1 册，花木蘭文化事業有限公司，2021 年，第 225—236 頁。

[3] 黄天樹：《甲骨文所見的商代喪葬制度》，原載《文史》2012 年第 4 輯，第 5—13 頁；後收入《黄天樹甲骨金文論集》，第 200—208 頁。

釋甲骨文暮的一種異體[*]

——兼釋雈的構形和相關地名的地望

趙平安

清華大學人文學院歷史系

在甲骨文中，有從日從隹的字，見於下列卜辭：

1. 翌日其昇。

（《屯》2505〔歷無〕）

2. ……日……。

（《屯》2506〔歷無〕）

3. 翌日庚其又（侑）杏于父甲。

（《屯》2682〔歷無〕）

4. 于南陽西旻。〇于北對。

（《屯》4529〔無名〕）

此字從日從隹，日可以在隹上，也可以在隹下，一般隸作雈或售。主要有兩種用法：一是作地名，如《屯》4529；一是作時稱，如《屯》2505、2506、2682。李宗焜先生最早把它和暹字聯繫起來，他説：

> 從文例看，雈有可能也是時稱。雈不見於後世字書，不知後代的"暹"是否與之有關。暹一般以爲從日進會意。或有可能從辵雈聲。暹爲日光昇起之意，雈如爲

* 本文爲清華大學自主科研計劃課題（2024THZWJ23）和國家社科基金重大委託項目課題"清華大學藏甲骨的綜合整理與研究"（16@ZH017A4）的階段性成果。

時稱，有可能指天明的時候。[1]

黄天樹先生贊成這一説法，他説：

> “暹”原字形結構爲從“日”從“隹”。李宗焜(1994)説：“星如爲時稱，有可能指天明的時候。”[2]

黄天樹先生顯然把星、暹看作一個字。大概以爲星是暹的初文，暹是星的後起字。他的理解和李宗焜先生雖爲一路，但比李先生更進一步，也更加明確。

我們知道，“暹”字的出現是比較晚的事情。早期主要用爲人名。漢代印章中有龐暹、劉暹、孫暹、袁暹，[3]從辵旁的寫法看，應該屬於東漢及其以後，屬於廣義的漢印。漢代碑刻中有吕丘暹、刀暹(北海相景君碑陰)、陸暹(泰山都尉孔宙碑)，[4]也都屬於東漢，而且到了晚期。東漢末有名將韓暹。《顔氏家訓・音辭篇》：“比世有人名暹，自稱爲纖；名琨，自稱爲衮；名洸，自稱爲汪……非唯音韻乖錯，亦使其兒孫避諱紛紜矣。”從漢印、漢碑和《顔氏家訓》看，漢魏南北朝時期，以暹爲人名應已比較流行。史料中有一些名暹的歷史人物，往往交代表字，如東魏宗室宰相元暹，字叔照；北齊宰相崔暹，字季倫；唐代直臣劉暹，字士昭；明代官員陳暹，字季昭，從名、字關係已經明顯透露出暹的字義。《廣韻・鹽韻》：“暹，日光進也。”《集韻・廉韻》：“暹，日光昇也。”王安石《和平甫舟中望九華山二首》：“卧送秋月没，起看朝日暹。”陸遊《六月二十五日曉出郊》：“雞鳴已與夜漏斷，鴉起似逐朝陽暹。”從名字關係、[5]韻書釋義和宋詞的用法看，暹確實是一個從日從進的會意字，表示的正是日進(昇)的意思。漢印和漢碑中暹的寫法，有的儼然分爲日、進兩個部分，日旁覆蓋在進上，合文會意意味明顯。它應該是後世造的會意字，本義應是太陽昇起。過去把它和遥遠的甲骨文聯繫起來，並認爲從辵星聲，是缺乏依據的。

我們認爲，星或售應是莫的異體字。

《説文》茻部：“莫，日且冥也。从日在茻中。”[6]是“暮”的初文。在甲骨文中，莫字使用頻率高，異體多。除比較常見的（《合》29250〔無名〕）的寫法外，有一種最繁複的異

---

[1] 李宗焜：《卜辭所見一日内時稱考》，《中國文字》新18期，藝文印書館，1994年，第200頁。

[2] 黄天樹：《殷墟甲骨文白天時稱補説》，《中國語文》2002年第5期。

[3] 趙平安、李婧、石小力編纂：《秦漢印章封泥文字編》，中西書局，2019年，第163頁。

[4] 徐無聞主編，漢語大字典字形組編：《秦漢魏晉篆隸字形表》，四川辭書出版社，1985年，第452頁。

[5] 《北海相景君碑》中有“吕丘暹字世德”，《説文》訓德爲昇，與暹意義相因；“刀暹字武平”，古書昇、平連用，平與暹意義也有關係；《泰山都尉孔宙碑》中有“陸暹字孟輔”，輔、德關係密切，輔與暹意義上也有聯繫。

[6] (漢)許慎撰，(宋)徐鉉校定，愚若注音：《注音版説文解字》，中華書局，2015年，第21頁。

體作（）（《合》24155〔出一〕）、（《輯佚》附88正〔無名〕）、（《屯》2383〔無名〕）、（《屯》3036〔無名〕）、（《花》286〔花東〕）或（）（《英》1978〔出一〕）、（《花》314〔花東〕）之形，是在“莫”上加“隹”。所以從“隹”，是因爲“宿鳥歸飛急”（李白《菩薩蠻・平林漠漠煙如織》）、“倦鳥暮歸林”（白居易《别楊穎士、盧克柔、殷堯藩》）。鳥歸巢是人們熟悉的傍晚的一種景象。正因爲如此，它可以幫助表達暮的意思。甲骨文中、之類，《甲骨文編》隸作雂，①于省吾先生釋爲陰，認爲是陰的初文。② 孫常叙先生和施謝捷先生把、、、、（上部有省略）之類和、、、（上部有省略）之類聯繫起來，認爲是一字異體，改隸作雂，讀爲陰。③ 這個字由今、隹兩部分構成，今是聲符，很好理解。關於雂中的隹字，于省吾先生認爲，“所以從隹（與鳥同用），是由於某種鳥鳴預示天氣將變的緣故”。這當然是有道理的。現在看，我們的認識可以更進一步。如果參照䳫字所從隹來看，雂中的隹也應該從傍晚的歸鳥取義。甲骨文雂，多讀爲陰：

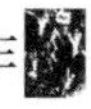

1. 乙～，不雨。

（《合》20923〔師小〕）

2. 翌［日□］戊啓……～。

（《合》13454〔師賓〕）

3. 壬終日～。

（《合》13140〔賓一〕）

4. ～，不雨。

（《合》685反〔典賓〕）

5. ……明～。

（《合》16057〔典賓〕）

6. ……征（延）～。

（《合》20769〔師小〕）

7. ……不往，～。

（《合》20770〔師小〕）

8. 其～翌日己卯。

（《合》20988〔師小〕）

---

① 中國社會科學院考古研究所編輯：《甲骨文編》，中華書局，1965年，第178頁。

② 于省吾：《甲骨文字釋林》，中華書局，1979年，第111—113頁。

③ 孫常叙：《翟雂一字形變説》，《古文字研究》第19輯，中華書局，1992年，第377—390頁。施謝捷先生説未見原文，見裘錫圭先生轉引，參見裘文《説字小記》，《北京師範學院學報》1988年第2期。

9. ……㠯比～……

（《屯》2866〔歷二〕）

雈當陰講顯然是本形本用。隹因爲可以表示傍晚的歸鳥，與天黑相伴，所以可以表示陰暗的意思。雈所從隹與𦼅所從相類，在雈中是作意符的。

𦼅中的隹一般放在日下，有時也可以置於日上（《花》314）。這種繁複的𦼅字還可以省略成下面諸形：

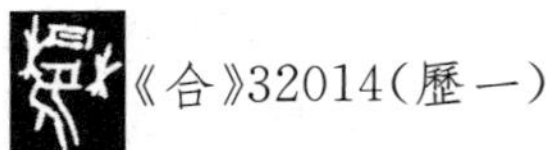
《合》32014（歷一）

《合》28348（無名）①

所從茻（四中四木都應釋爲茻）省去一半。在以往見到的𦼅的異體中，它的三個構件茻、日、隹都可以省略，只是日、隹全省，茻省去一部分。雈或售則是把字中的茻全省掉。這種省略與春相似。春繁複的寫法作（《合》8582 正〔典賓〕）、（《屯》1087〔歷一〕）、②（《合》37852，蔣玉斌所作摹本）、（《合》29715〔無名〕）之形，本也是從茻（甲骨文没有單用的茻字。後世從茻的字，一般作茻、或卉、或艸、或四木、或森、或林，如莽就比較有代表性），茻有時可以省去一部分，有時可以完全省去，作（《合》30851〔無名〕）之形。

把莫、春中的茻省去，在一定程度上會影響表意。但由於它們都是常用字，人們比較熟悉，在約定俗成的大背景下，還是發生了。

把雈或售釋爲𦼅，不僅形體上可以很好地解釋，而且用法也可以完全對應。

莫字可以作時稱：

1. 癸卯貞：丁未祉（延）㠯示，其隹（唯）夙。〇㠯示，。

（《合》32485〔歷草〕）

2. 歲其。〇歲其即。

（《合》41662〔歷無〕）

3. 王其田牢柉（夙），湄日亡（無）𢦏（災）。〇田，亡（無）𢦏（災）。

（《合》29250〔無名〕）

4. 王[其]柉（夙）③[田，亡（無）]𢦏（災）。〇其[田]，亡（無）𢦏（災）。

（《合》29805〔無名〕）

---

① 沈培認爲辭例（《合集》28348）“雈射晝鹿”的“‘雈’疑與從隹聲的‘雈’無關，應是‘暮’字的異體省略而成的”。參見沈培：《殷墟甲骨卜辭語序研究》，文津出版社，1992 年，第 77 頁注釋 10。

② 蔣玉斌：《釋甲骨金文的“蠢”兼論相關問題》，《復旦學報（社會科學版）》2018 年第 5 期。

③ 沈培：《説殷墟甲骨卜辭的“柉”》，《原學》第 3 輯，中國廣播電視出版社，1995 年，第 75—110 頁。

5. 祖丁歲二牢。

(《合》27274〔無名〕)

6. 父己歲,叀(惠)彭(酒),王受又(祐)。○于夕彭(酒),王受又(祐)。

(《屯》1443〔無名〕)

7. 王其省盂田,不雨。○往,夕入,不冓(遘)雨。

(《屯》2383〔無名〕)

8.  蚑(殺)[①]祖乙歲。

(《花》314〔花東〕)

9.  蚑(殺),卯三牛妣庚。

(《花》286〔花東〕)

10. 王其椈(夙)射斐(晝)鹿。○射斐鹿。

(《合》28348〔無名〕)

也可以作地名:

11. ……叀(惠)彔(麓)。

(《京人》2039〔無名〕)

12. 王往畱(畀)罷(羆)。

(《拼集》94〔典賓〕)

13. ……往逐豕,允獲……。

(《合》10227〔典賓〕)

14. 壬午卜,貞:王其田向,亡(無)戋(災)。○乙酉卜,貞:王其田,亡(無)戋(災)。

(《合》33545〔歷無〕)

雈或隹的用法是莫(暮)字都可以覆蓋的。把雈或隹看作暮的省體是很合適的。既然雈或隹是暮的省體,暮是莫的異體,卜辭中與莫有關的地名資料較多,我們可以嘗試對莫及有關的地理進行討論。在《合》33545(歷無)中,莫爲田獵地,與向見於同版。《合補》2511(賓三)"令莫伯于嬖",《英藏》1978(出一)"令莫伯于嬖",嬖、莫見於同版。卜辭地名向,一般認爲就是《詩經·小雅·十月之交》"皇父孔聖,作都於向"的向,《毛傳》解釋說:"向,地名,在東都畿内,今孟州河陽縣是也。"大約在今河南濟源東

---

① 陳劍:《試釋甲骨文的"殺"字》,《古文字研究》第29輯,中華書局,2012年,第9—19頁。

南。[①] 叜見於戰國魏國鄖氏半釿，多位先生都有考證。朱德熙先生釋爲“鄖氏”，讀爲端氏。《史記·趙世家》“成侯十六年，與韓、魏分晉，封晉君以端氏”，在今山西省沁水縣東北。[②] 何琳儀讀作泫氏，《水經·沁水注》引《竹書紀年》“晉烈公元年，趙獻子城泫氏”；《太平御覽》卷一六三州郡部引古本《竹書紀年》“梁惠王九年，晉取泫氏”。在今山西高平縣。[③] 吴良寶先生認爲，後一説比較妥當。[④] 叜加邑旁變成鄖，鄖氏的得名大約和“盧氏”“端氏”“泫氏”“元氏”相類，屬於“國族名或地名或人名加氏”的結構，鄖氏就相當於鄖。從用字習慣看，甲骨文戰國文字一脈相承，它與端氏、泫氏應無關。由於向的地望可以確定，莫、叜在向附近應該是可以肯定的。由莫的大致地望，我們也可以對甲骨文南陽作大致的推定。《屯》4529(無名)：“于南陽西叜。〇于北對。”莫與南陽見於同版。陳邦懷先生最早指出南陽和莫(陳先生釋爲鳥日二字)是地名。[⑤] 關於南陽，鄭傑祥先生考證説：“古河内地區的南陽有兩種涵義，一是指一個較大的地區，這個地區包括北起今河南淇縣朝歌鎮，西南至今濟源縣軹城鎮之間的廣大地區；二是指一個具體的地名，即今獲嘉縣西郊的古南陽城，此地西距古雍城約 45 公里，它應當就是卜辭中的南陽。”[⑥]最近杜勇先生也有專文討論，他指出：“《左傳》所見南陽均爲地域名稱，包括陽樊、温、原、欑茅等多處地方。由於《左傳》中的南陽並非具體地點，修武建有南陽城，有可能是戰國時期的事情，與更早的殷墟甲骨文中所見南陽似難對應，無法將其地望具體落實在獲嘉縣西郊的古南陽城。從南陽與雍相對的情況來看，兩個地方應該相距不遠。或許卜辭中的南陽應指靠近雍地(今河南修武縣西)的某個地方，不一定是指戰國時才修建的古南陽城(今獲嘉縣西郊)。”[⑦]他們二位立論的前提都是把《屯》4529 中的莫釋爲雍，通過雍來系聯莫。現在看來，釋爲雍是不對的。字從隹從日(陳邦懷先生辨析字形大致可從)，當爲莫。既知卜辭莫在向附近，卜辭南陽也應該與之不遠。

---

① 孟世凱編著：《甲骨學小詞典》，上海辭書出版社，1987 年，第 82—83 頁。

② 朱德熙：《古文字考釋四篇》，《古文字研究》第 8 輯，中華書局，1983 年，第 16 頁。

③ 何琳儀：《橋形布幣考》，《吉林大學學報(哲學社會科學版)》1992 年第 2 期。

④ 吴良寶：《中國東周時期金屬貨幣研究》，社會科學文獻出版社，2005 年，第 151 頁。

⑤ 陳邦懷：《〈小屯南地甲骨〉中所發現的若干重要史料》，《歷史研究》1982 年第 2 期。

⑥ 鄭傑祥：《商代地理概論》，中州古籍出版社，1994 年，第 42 頁。

⑦ 杜勇：《商周“南陽”考》，《殷都學刊》2024 年第 1 期。

花東卜辭中的前辭、末辭和貞人補論[*]

張玉金

遼寧師範大學文學院

復旦大學出土文獻與古文字研究中心

"古文字與中華文明傳承發展工程"協同攻關創新平臺

本文在前人和時賢研究的基礎上，對花東卜辭中的前辭、末辭和貞人等問題做進一步的探究。

一、花東卜辭前辭的形式

（一）以往的研究

最早論及這個問題的是劉一曼。[①] 她將花東卜辭的前辭形式歸納爲9種。劉一曼、曹定雲則將其歸納爲14種。[②] 到《殷墟花園莊東地甲骨》出版時，即2003年，整理者將花東卜辭的前辭形式歸納爲17種，但實際上只列舉出16種。這16種是：

---

* 本文爲國家社科基金重大項目"殷墟甲骨文譯注與語法分析及資料建設"（17ZDA299）、古文字與中華文明傳承發展工程規劃項目"甲骨文字詞項目"（G3021）的階段性成果。

① 劉一曼：《殷墟花園莊東地甲骨坑的發現及主要收穫》，《甲骨文發現一百週年學術研討會論文集》，文史哲出版社，1999年，第190頁。

② 劉一曼、曹定雲：《殷墟花園莊東地甲骨卜辭選釋與初步研究》，《考古學報》1999年第3期，第291—292頁。

一是干支卜：如“乙酉卜：弗其獲?”(14)

二是干支卜，貞：如“庚午卜，貞：執死?”(294)

三是干支卜，某貞：如“癸卯卜，亞奠貞。子占曰：終卜用。”(61)

四是干支某卜：如“壬戌奠卜：㚔? 子占曰：其㚔。用。”(295)

五是干支卜，在某：如“壬申卜，在𢕹：其𩖐于妣庚，𣅀十宰、十鬯?”(95)

六是干支夕卜：如“壬辰夕卜：其宜牝一于𤜶，若? 用。”(421)

七是干支夕：如“己酉夕：翌日𠯑歲妣庚黑牝一? 庚戌酌牝一。”(457)

八是干支昃：如“辛酉昃：歲妣庚黑牝，子祝?”(175)

九是干支：如“戊辰：歲妣庚犯一?”(240)

十是干卜：如“壬卜：三日雨至?”(256)

十一是干卜貞：如“癸卜貞：子耳鳴無蚩?”(53)

十二是干卜，在某：如“庚卜，在𪊨：叀五羒用，至𩖐妣庚?”(32)

十三是干夕卜：如“甲夕卜：日不雨?”(271)

十四是天干：如“乙：歲妣庚牝，又鬯?”(39)

十五是某貞：如“子貞。”(143)

十六是貞：如“貞：子亡𡆥?”(364)

姚萱在此基礎上，又補充了 6 種：①

一是干支卜，在某，貞：如“戊子卜，在[illegible]，貞：其死。”(351.4)

二是在某卜：如“在𦎫卜：叀牝歲妣庚?”(249.12)

三是干支，某，在某：如“癸酉，子金，在[illegible]：子乎(呼)大子𩖐丁宜。丁丑王入。用。來狩自斝。”(480.3)

四是干支，在某：如“甲寅，在入：𠂤。用。”(172.2)

五是干支，某：如“丙辰卜，子金：丁往于黍。”(379.2)

六是夕：如“夕：白豕、羒，酌二牢。”(278.10)

齊航福在對《花東》第 411 版釋文做校訂的過程中，又發現三種前辭形式：②

一是干夕貞：如“乙夕，鼎(貞)……”(411)

二是干夕，又貞：如“乙夕，又貞：侃(?)，亡[尤]?”(411)

三是又貞：如“又貞：尋(?)亡𡆥?”(411)

---

① 姚萱：《殷墟花園莊東地甲骨卜辭的初步研究》，綫裝書局，2006 年。以下引用姚萱意見，均見此書，不贅引。

② 齊航福：《花東卜辭前辭形式探論》，《中州學刊》2011 年第 1 期，第 244—247 頁。

齊航福認爲花東卜辭的前辭形式共有 25 種。

(二) 補充三種前辭形式

筆者則再補充三種前辭形式：即某；干卜，某；貞某。

1. “某”

“某”（這個“某”爲貞人名）單獨可爲前辭。例如：

(1) 𤔲。
阩鼎（貞）。(205)

(2) 子金。
癸卜：子其☑。(90)

(3) 子令。
子令。
子令。
弜牛故，叀□？(446)

(4) 子令。
甲辰：歲祖甲牡一、羊一？在麗。(463)

上引例(1)中的“𤔲”，應該是貞人名。在例(1)中，這兩條卜辭都只有前辭，而没有貞辭、占辭和驗辭，這種例子在卜辭中常見。例如“丁卯卜，王。/丁卯卜，王”（合22758+合25015+合補8378+合補7158）。例(1)中的“阩”和“𤔲”都是貞人名。如前所述，在花東卜辭中，存在“某貞”這樣的前辭形式。把上引(1)跟“阩鼎（貞）。/𤔲鼎（貞）”(349)相比較，應知例(1)中的“𤔲”也是貞人名，只不過是在“𤔲”後省掉了“鼎（貞）”字。如果這種分析是正確的，那麼在花東卜辭中確實存在“某（貞人名）”這種前辭形式。

上引例(2)中的“子金”，也應該是貞人名。姚萱在討論“干支，某，在某”和“干支卜，某”這兩種前辭形式時，已指出“子金”是貞人名。作爲貞人名，“子金”可以出現在下述前辭形式中：

一是干支，某，在某。這種例子姚萱已經舉出。

二是干支卜，某。這種例子姚萱舉出過一個，即“丙辰卜，子金：丁往于黍？”(379.2)。但是這種前辭中的“子金”，以往多被誤斷入貞辭中。例如：

(5) 丙辰卜，子金：其匄黍于婦，若，侃？用。
丙辰卜，子金：叀今日丐黍于婦，若？用。(218)

(6) 丁丑卜：子其往田，亡害？

丁亥卜,子金：其往,亡災？(247)

例(5)中的"子金",姚萱、朱歧祥[①]均將"子金"斷入貞辭之中,認爲其在貞辭中作主語。此説不確。花東卜辭的辭主是"子",而不是子金。子金通常都是作貞人的,他的行爲宜否没有必要卜問。花東卜辭中存在着"干支卜,某"的前辭形式,如"丙辰卜,子金：丁往于黍?"(379)由上引例(6)來看,"丁亥卜,子金：其往,亡災?"中"其往"的主語是省略了,由"丁丑卜：子其往田,亡害?"來看,省掉的主語可能就是"子"。例(5)兩條卜辭的貞辭,其主語也是省略了,很可能也是"子"。

在花東卜辭中,"干支卜,子金"常常獨立作爲一條卜辭,這應該就是前辭,没有貞辭、占辭等。例如:

(7) 丁亥卜,子金。

丁亥卜,子金。(55)

(8) 甲寅卜,子金。(247)

(9) 甲子卜,子金。

甲子卜：夕歲祖乙,祼告妣庚？用。(474)

例(7)和例(8)若與"乙[丑]卜,㱿。/乙酉卜,争。/戊戌卜,争。"(英 203)相比較,應該知"子金"是貞人名。但這種用法的"子金",以往多被斷句入貞辭之中。即以例(7)爲例,姚萱標點爲"丁亥卜：子金。/丁亥卜：子金。"姚萱不認同貞辭一定都是問句,所以即使是貞辭也在其後標句號。這就是説,她認爲"子金"獨立作貞辭。朱歧祥則標點爲"丁亥卜：子鑄？/丁亥卜：子鑄?"他把"金"釋爲"鑄",也是認爲"子鑄"獨立作貞辭。前面舉過"丁卯卜,王"和"乙酉卜,争"這樣的卜辭,這是只有前辭的一條卜辭。把"丁卯卜,王"和"乙酉卜,争"跟"甲寅卜,子金"相比較,應知後者也是只有前辭的一條卜辭。把"子金"歸入貞辭是可商榷的。

三是某貞。例如:

(10) 子金貞：其有艱？(122)

(11) 子金貞。(6)

花東卜辭的整理者已經指出過存在"某貞"的前辭形式,如"子貞。"(143)上引例(10)(11)兩例中的"子金",都出現在"某貞"的前辭形式中,"子金"是貞人無疑。

四是某。如前引例(2)中的"子金",就是一個前辭,只出現貞人名。跟前引例(1)

---

① 朱歧祥:《殷墟花園莊東地甲骨讀本》,萬卷樓圖書股份有限公司,2020 年,第 128 頁。以下引用朱歧祥意見,均見此書,不贅引。

中的“𦥑”是一樣的。

例(3)、例(4)中的“子令”可能跟例(2)中的“子金”一樣,也是貞人名,是前辭。

這樣的前辭形式也是以往没有人指出過的。

2. “干卜,某”

這種前辭形式的例子如:

(12) 己卜,子金。(75)

(13) 乙卜,子金。

丁卜,子金。

□卜,子金。(140)

(14) 庚卜,子金。(235)

(15) 戊卜,子令。(35)

(16) 壬卜,子令。

壬卜,子令。

壬卜,子令。(181)

(17) 丁卜,子令。

丁卜,子令。

丁卜,子令:囟心?

丁卜,子令。(409)

跟“干支卜,某”比,“干卜,某”只是缺少了地支,因此這兩種前辭形式是很相似的。前面説過,“子金”是貞人名,可歸入前辭。姚萱把例(12)標點爲“己卜:子金。”朱歧祥把例(12)斷句爲“己卜:子炅?”都是可以商榷的。

“子令”作爲貞人名,可以出現在前辭之中。把前引例(13)“丁卜,子金”跟例(17)中的“丁卜,子令”相比較,應知兩者都是前辭,“子金”跟“子令”一樣也都是屬於前辭。例(15)、例(16)全都是前辭,而例(17)中第三條卜辭則在前辭後出現貞辭。

這種“干卜,某”的前辭形式,是以往没有人指出過的。

3. “貞某”

這種前辭形式的用例如:

(18) 鼎(貞)大。(307)

(19) 𦥑。

阩鼎(貞)。

鼎(貞)母。

鼎(貞)征(延)。

三小子鼎(貞)。(205)

(20) 阱鼎(貞)。

𠂤鼎(貞)。

子鼎(貞)。

子鼎(貞)。

母鼎(貞)。

阱鼎(貞)。(349)

(21) 阱鼎(貞)。

配鼎(貞)。

鼎(貞)肉。

鼎(貞)阱。

鼎(貞)迺。

鼎(貞)商。

鼎(貞)𠂤。

鼎(貞):又𠬝司庚?(441)

(22) 鼎(貞)商:囚(憂)?(519)

上引例(18)中的"鼎(貞)大",《殷墟花園莊東地甲骨》[1]疑"貞大"爲"大貞"之倒文,意即"大(這個人)貞問",此説可從。這證明花東卜辭中存在"貞某"的前辭形式。

例(19)中有三種前辭形式,一是"某貞",如"阱貞""三小子貞"。二是某,如"𠂤"。三是"貞某",如"貞彶(延)""貞母"。"彶(延)"可作人名,如"丙戌卜,貞:命犬彶(延)于京?"(合4630)姚萱把例(19)"貞母"釋爲"貞女",標點爲"鼎(貞):女。"朱歧祥也把"貞母"釋爲"貞女",標點爲"貞:女?"上引兩家説法皆可商榷。在甲骨文中,"母""女"可以通用。由例(20)中的"母貞"來看,還是把例(19)"貞女"釋爲"貞母"比較好。

例(20)中有六條卜辭只有一種前辭形式,即"某貞",如"阱鼎(貞)"。由例(20)中的"母貞"來看,例(19)中的"貞母"也是前辭,其形式是"貞某"。

例(21)中有八條卜辭,其前辭形式有三種,一是"貞",如"貞:又𠬝司庚?"。二是"某貞",如"阱貞""配貞"。三是"貞某",如"貞肉""貞阱""貞迺""貞商""貞𠂤"。把"貞阱"同例(20)中的"阱貞"相比較,應知要把"貞阱"看成前辭,其形式是"貞某"。由例(21)"貞阱"和"貞𠂤"來看,"貞肉""貞迺""貞商"也是前辭,"貞"後的字都是貞人名。

對於例(21),姚萱釋文和標點是:

---

① 中國社會科學院考古研究所編著:《殷墟花園莊東地甲骨(全6册)》,雲南人民出版社,2003年。

陟鼎(貞)。

配鼎(貞)。

鼎(貞):肉。

鼎(貞):陟。

鼎(貞):迵。

鼎(貞):商。

鼎(貞):爵凡。

鼎(貞):又艮司庚。

朱歧祥釋文和標點如下:

陟貞。

配貞。

貞:肉?

貞:陟?

貞:通?

貞:商?

貞:又(侑)奴司庚?

貞:爵凡?

上述兩家對於例(21)的標點都是可以商榷的。

對於例(22),姚萱標點爲"鼎(貞)、商、𡆥(憂)"。朱歧祥則釋爲"貞:𡆥(禍),商"。加按語説"'商'字呈倒書,文意不通"。如果上引兩家釋文不誤,則這一例應標點爲"鼎(貞)商:𡆥(憂)?"這例的前辭"貞商"跟例(21)中的"貞商"一樣,其形式都是"貞某",這是説:由商貞問:會有憂患嗎?但是,此例《大系》(第 38 册,第 4096 頁)則釋爲"鼎(貞):㽕𡆥?"。此例待考。

花東卜辭存在"貞某"這種前辭形式。

二、花東卜辭中的貞人

花東卜辭中的貞人,有如下一些:

1. 子

"子"作貞人名的例子如前引例(20),又如:

(23) 子鼎(貞)。(12)

(24) 子鼎(貞)。

子鼎(貞)。

子鼎(貞)。

子鼎(貞)。(224)

(25) 子鼎(貞):□豊亡至囚(憂)?(505)

2. 母

"母"作貞人名的例子如前引例(19)、例(20)。

3. 子金

"子金"作貞人名的例子如前引例(2)、例(5)、例(6)、例(7)、例(8)、例(9)、例(10)、例(11)、例(12)、例(13)、例(14)等。

4. 子令

"子令"作貞人名的例子如前引例(3)、例(4)、例(15)、例(16)、例(17)。

5. 子阱

"子阱"作貞人名的例子如:

(26) 子阱鼎(貞)。(33)

6. 三小子

"三小子"作貞人名的例子如前引例(19)。

7. 利

"利"作貞人名的例子如:

(27) 利鼎(貞)。(22)

下例中的"子利"也可能是貞人名:

(28) 庚子卜,子金。

庚子卜,子利:其有至艱?(416)

對於例(28),一般把"子利"斷入貞辭之中,如果是這樣,就是卜問子利是否有到來的艱厄。假如斷入前辭,則是貞人名。"子利"和"利"可能是一個人。

8. 亞奠

"亞奠"作貞人名的例子如:

(29) 癸卯卜,亞奠鼎(貞)。子固曰:舣用。

癸卯卜,亞奠鼎(貞)。子固曰:夂(終)卜用。(61)

9. 友

"友"作貞人名的例子如：

(30) 友鼎(貞)：子金?

友鼎(貞)：子金?(2)

10. 夫

"夫"作貞人名的例子如：

(31) 夫鼎(貞)。(57)

11. 𠬝

"𠬝"作貞人名的例子如：

(32) 𠬝鼎(貞)。(174)

12. 發

"發"作貞人名的例子如：

(33) 發鼎(貞)。(174)

13. 受

"受"作貞人名的例子如：

(34) 受鼎(貞)。(191)

14. 𦥑

"𦥑"作貞人名的例子,如前引例(1)、例(19)、例(20)、例(21)等。

15. 阩

"阩"作貞人名的例子,如前引例(19)、例(20)、例(21)等。

16. 大

"大"作貞人名的例子如前引例(18)。

17. 㐬

"㐬"作貞人名的例子如：

(35) 㐬鼎(貞)。

㐬鼎(貞)。(464)

18. 配

"配"作貞人名的例子如前引例(21)。

19. 商

“商”作貞人名的例子如前引例(21)、例(22)。

20. 逥

“逥”作貞人名的例子如前引例(21)。

21. 征

“征”作貞人名的例子如前引例(19)。

22. 肉

“肉”作貞人名的例子如前引例(21)。

三、花東卜辭中的末辭

本文造了一個詞彙,即末辭。所謂“末辭”是指本屬於前辭而被置於全辭之末的要素。以往叫“署辭”,不太確切。以下引兩條卜辭爲例:

(36) 甲寅,在入:皂?用。
癸丑:宜鹿?在入。(170)

在上引第二條卜辭中,“在入”表示地點,可放在前辭中,第一條卜辭就是這樣。但在第二條卜辭中,“在入”就被放在全辭之末,因而第二條卜辭中的“在入”是末辭。

甲骨卜辭中,前辭可以包括以下一些要素,即占卜的時間(包括月、日、時段)、占卜地點、貞人以及表示占卜動作的動詞“卜”“貞”等。在這些要素中,表示占卜時間和地點的要素可以放在全辭之末。

陳夢家已指出了這種現象。他指出:“空間介詞組在早期卜辭常常置於命辭之末,如辭未記‘在某’;晚期卜辭常常記於前辭中,如‘甲子卜在某貞’;時間介詞常常置於命辭之末,如早期中期銘末的‘某月’‘在某月’;晚期卜辭的‘才某月隹王幾祀’。”①

姚萱列舉了花東卜辭的四例同版之辭,證明表處所的“在某”可以在前辭中,也可以置全辭之末。例如(釋文和標點參姚萱):

(37) 戊午卜:我人𠫑(擒)。子囟曰:其𠫑(擒)。用。在斝。(312.1)
戊午卜,在斝:子立(涖)于彔中[illegible]。子囟曰:企楬。(312.3)

(38) 丁卜,在[illegible]:其東狩。(36.1)
不其狩,入商。在[illegible]。(36.3)

---

① 陳夢家:《殷虚卜辭綜述》,科學出版社,1956年,第124頁。

(39) 癸丑：宜鹿。在入。(170.1)
甲寅，在入：皀。用。(170.2)

(40) 甲寅卜：丁卯子勞丁，爯黹圭一、緷九。在□。來狩自斝。(480.1)
癸酉，子金，在□：子乎(呼)大子禦丁宜，丁丑王入。用。來狩自斝。(480.3)

上引四例中置於辭末的"在斝""在□""在入""在□"都是末辭。

在花東卜辭，最常見的末辭形式就是表地點的"在某"。表地點的"在某"，除了上述四種之外，還有"在麗""在㹜""在龕""在𦎫""在吕""在並""在甘""在𠨘""在沬京"等。例如：

(41) 庚辰：歲妣庚小宰，子祝？在麗。(291)
(42) 壬申：歲妣庚豼一？在㹜。(81)
(43) 庚寅：子入四□于丁？在龕。(320)
(44) 歲妣庚宰？在[𦎫]。(249)
(45) 戊卜：歲十豖妣庚？在吕。(284)
(46) 戊卜：䎽妣庚？在並。(53)
(47) 丙戌：歲祖甲羊一，歲祖乙羒一？在甘。子祝。(561)
(48) 丙子：歲祖甲一牢，歲祖乙一牢，歲妣庚一牢？在𠨘。來自觴。(480)
(49) 甲子卜：歲妣甲羒一，䎽三小宰，又帯(置)一？在□(沬京)。(455)

由上述可見，花東卜辭最常見的末辭形式是表地點的"在某"。除此之外，還有以下幾種：

二是表時段的"夕"。例如：

(50) 庚戌卜：丁各？用。夕。
庚戌卜：丁各？用。夕。(475)

花東卜辭中有"干支夕卜"這樣的前辭，如"壬辰夕卜：其宜羒一于㹜，若？用。"(421)在例(50)中，是把"夕"置於全辭之末，成了末辭。

三是表時段的"昃"。例如：

(51) 乙未卜：乎(呼)多宁(賈)艮西鄉(饗)？用。夨(昃)。
乙未卜：乎(呼)多宁(賈)艮西鄉(饗)？用。夨(昃)。(290)
(52) 庚戌卜：子叀發乎(呼)見(獻)丁，眔大亦奉？用。昃。(475)

花東卜辭中有"干支昃"這樣的前辭形式，例如"辛酉昃：歲妣庚黑牝，子祝？"(175)把前辭中的"昃"置於全辭之末，則成了末辭。

四是“在某，某。”例如：

(53) 己酉夕：伐羌一？在入。庚戌宜一牢。發。

己酉夕：伐羌一？在入。

庚戌：宜一牢？在入，發。

庚戌：宜一牢？在入，發。(178)

(54) 己酉夕：伐羌一？在入。庚戌宜一牢。發。(376)

對於例(53)中的“發”，整理者釋爲“彈”，認爲“彈”用爲人名，可能由“彈”來主持貞問或由彈來主持祭祀。姚萱則釋爲“發”，她解釋爲以“發”的方式用一牢以行宜祭，“發”是用牲法，意爲“射”。“庚戌宜一牢，發”爲用辭。此字當以釋“發”爲是。至於其用法，當以整理者之説爲是。在卜辭中，“發”是可以用作貞人名的，如前引“發鼎(貞)”。

在花東卜辭中，有“干支，某，在某”這樣形式的前辭，如“癸酉，子金，在[illegible]：子乎(呼)大子禦丁宜？”(480)若把“某，在某”移到全辭之末，則成了末辭。

例(53)第三、第四條卜辭中的“在入，發”，就是由前辭移到全辭之末的末辭形式，所以“發”應是貞人名，是主持貞問的。例(53)第一條卜辭的“在入”和“發”之間還加入了用辭“庚戌宜一牢”。例(54)亦然。

五是“某”(貞人名)。例如：

(55) 丁卯卜：其钋(禦)大于癸子，𠕋豼一，又鬯？用。又(有)疾。子金。(478)

上例中的“有疾子金”一般斷作一句，理解成子金有疾病，然而它不處於貞辭的位置，不是問句，看成主謂倒置句是不通的。再説，這是爲“大”向“癸子”舉行禦祭，在用辭部分説子金有疾病，也説不通。應該在“有疾”後斷句，“有疾”説的是“大”，由於“大”有疾，所以爲其舉行禦祭。而“子金”則應是貞人名，本應出現在前辭中，而把它移後了。卜辭中有“丙辰卜，子金：丁往于黍?”(379)，把這條卜辭中的“子金”移於全辭之末，則成了例(55)那樣的用例。《大系》(第 38 册，第 4034 頁)在“又(有)疾”和“子金”之間斷句，其説可從。

結　論

花東卜辭的前辭形式豐富多彩。《殷墟花園莊東地甲骨》將前辭形歸納爲 17 種，實際上只列舉出 16 種。姚萱補充了 6 種，齊航福又補充了 3 種，認爲花東卜辭的前辭形式共有 25 種。

本文在前人和時賢研究的基礎上，又補充了 3 種，即“某（貞人）”“干卜，某”“貞某”，這樣花東卜辭的前辭形式達到了 28 種。

本文歸納了花東卜辭的貞人名，認爲共有 22 個，即“子、母、子金、子令、子阩、三小子、利（可能還有“子利”）、亞奠、友、夫、𠨘、發、受、𦣞、阩、大、允、配、商、逬、征、肉”等。

本文還提出了“末辭”的概念，把“末辭”定義爲：本屬於前辭而被置於全辭之末的要素。並歸納了花東卜辭中的 6 種末辭形式，即“在某（地名）”“在某（地名）卜”“夕（表時段）”“昃（表時段）”“在某（地名），某（貞人名）”“某（貞人名）”。

“𤰔”“甫”關係新探*

——兼釋甲骨文中的“甫”字

謝明文

復旦大學出土文獻與古文字研究中心

“古文字與中華文明傳承發展工程”協同攻關創新平臺

一、關於“𤰔”“甫”關係的傳統舊説

商周甲骨文、金文中“”“”①“”(宰𤰔卣,《集成》05395,《銘圖》13303,殷墟四期)、“”(万𤰔方彝,《集成》09844,《銘圖》13505,西周早期)類形,可隸作“𤰔”,舊一般釋作“甫”,認爲即園圃之“圃”的初文。② 金文中另有“”“”類形,研究者亦皆釋作“甫”。關於“(𤰔)”類形與“”類形的關係,學界一般認爲兩者是一字異體,後者是由前者演變而來。劉釗先生曾對此有詳細論述:

* 本文爲國家社科基金冷門絶學研究專項學術團隊項目“中國出土典籍的分類整理與綜合研究”(20VJXT018)、國家社科基金一般項目“商周甲骨文、金文字詞關係研究”(21BYY133)、教育部人文社會科學重點研究基地重大項目“基於先秦、秦、漢出土文獻的漢語字詞關係綜合研究”(22JJD740031)、上海市曙光計劃項目“周代金文構形研究與疑難字詞考釋”(22SG03)的階段性研究成果。

① 甲骨文相關字形可參看劉釗等編:《新甲骨文編(增訂本)》,福建人民出版社,2014 年,第 212—213 頁“甫”字頭。《新甲骨文編(增訂本)》“甫”字頭下所收“”類形應是“𤲞(封)”字異體。

② 參看于省吾主編:《甲骨文字詁林》第 3 册,中華書局,1996 年,第 2119 頁;劉釗等編:《新甲骨文編(增訂本)》,第 212—213 頁;周法高主編:《金文詁林》第 3 册,香港中文大學,1975 年,第 2056—2061 頁;張世超、孫凌安、金國泰、馬如森:《金文形義通解》,日本京都中文出版社,1996 年,第 788 頁;董蓮池:《新金文編》,作家出版社,2011 年,第 403 頁;季旭昇:《説文新證》,藝文印書館,2014 年,第 254—255 頁。

> 2 式(引者按：劉先生文中把"□"類形稱作"甫"的 1 式，把"□"類形稱作"甫"的 2 式)寫法乃訛變的結果，下部訛變爲从"用"。古文字中凡从"田"或類似"田"形的字，在發展演變中常常類化爲"用"。這與周、葡、帝、朿等字的訛變過程如出一轍。2 式上部由从"屮"變得向一邊彎曲，已漸漸與"父"字形體很接近，於是人們便在此基礎上進行了人爲的有意識的改造，將甫字上部彎曲的筆畫改寫爲"父"字，並以其爲"甫"字的讀音，於是會意字便成了形聲字，這也便是《説文》認爲甫字"从用从父，父亦聲"的由來。①

《金文形義通解》《商代甫族、甫地考》《字源》《説文新證》《商周古文字源流疏證》等亦持類似的意見。② 可見"甫"由"甾"演變而來已經成了當前最流行且最有影響的意見，③可以説這代表了目前學界的一般看法。不少研究者遂將這一演變看作了變形音化的典型例子。

二、傳統舊説存在的問題

《説文》："甫，男子美稱也。从用、从父，父亦聲。""□""□"的字形與《説文》"甫"字的説解相合，又結合金文相關辭例可以肯定"□""□"類形釋作"甫"是正確的。"□(甾)"類形象田上有"屮"形，又結合金文中"圃"字或以它作聲符來看，可知舊一般認爲它是園圃之"圃"的初文，這是正確的。爲何許多研究者一定要將"甾"釋作"甫"呢？一個很主要的原因應該與《説文》將出土文字資料中本从"甾"的字分析爲从"甫"有關。出土文字資料中从"甾"的字，《説文》篆文皆从"甫"，又由於兩者形體有一定的近似性，研究者自然也就認爲"甾"即"甫"。但如果結合甲骨文、金文相關資料來看，"甫"是由"甾"演變而來的意見是值得商榷的。

从"甾"之字在出土文字資料與《説文》篆文中的差異，不少研究者都注意到了。如詹鄞鑫先生一方面認同"甾"釋作"甫"，一方面又指出："戰國秦漢時代的'専'字(包

---

① 劉釗：《古文字構形學(修訂本)》，福建人民出版社，2011 年，第 110 頁。

② 張世超、孫凌安、金國泰、馬如森：《金文形義通解》，第 788 頁；王蘊智：《商代甫族、甫地考》，《鄭州大學學報(社會科學版)》2000 年第 2 期，第 100—104 頁；李學勤主編：《字源》中册，天津古籍出版社，2012 年，第 269 頁；季旭昇：《説文新證》，第 254—255 頁；張亞初：《商周古文字源流疏證》，中華書局，2014 年，第 1912 頁。

③ 有少數古文字學者並未將"甫"與"甾"聯繫，如何琳儀先生分析"甫"字時認爲："從用，從父，會男子所用爲美之意。父亦聲。"(何琳儀：《戰國古文字典——戰國文字聲系》，中華書局，1998 年，第 595 頁。)這與《説文》分析基本相同。從古文字資料看，這種意見也是錯誤的。

括“博”“搏”“傅”等字所從的“尃”），其上部的‘甫’一概保留比較原始的形態，均從田上生草，没有見到一例是從用的寫法。這樣一來，秦漢時代實際通行的‘尃’字（包括非常規範的《嶧山刻石》），其上部只能是從田生草的模樣，難以按《説文》的分析把上部的‘甫’寫成從用父聲。”①張然、何麒兩位先生贊同“甫”是由“甾”演變而來，認爲从“甫”的字是爲了構形美觀且表意偏旁達到結構平衡，於是拉長豎筆將“甾”所从之“田”訛變爲“用”，而以“尃”爲聲旁的字，爲了保持字體結構的緊密性采用了聚斂型筆法，“甾”形未發生訛變。隸變後由於“専”“尃”兩系字形近易混，《説文》爲了區别從而選取“甫”作爲“尃”這類字的偏旁。②

前引劉釗先生説認爲“□”類形演變作“□”類形，下部訛變爲从“用”，這與周、葡、帝、朿等字的訛變過程如出一轍。其實周、葡所从訛作類似“用”形的軌迹與帝、朿中部所从訛作類似“用”形的軌迹並不同。後者是它們豎筆中部的“□”形演變作“□”形後再在“□”形右上方添加一短横飾筆而來，葡的類似“用”形是“矢”的箭頭部分與盛矢之器訛變而來。商周文字中“周”或作“□”類形，它與“田”字的區别在於加點與否。商代和西周早期族名金文中有個别的“周”字在“□”類形的基礎上省略了小點形作“□”類形，與“田”字形完全相同，但由於辭例的限制，仍能加以辨别。③ 周代金文中“周”常作“□”類形，東周金文中“周”或作“□”（周陽戈，《集成》11043，《銘圖》16614，戰國早期）、“□”（東周左官壺，《集成》09640，《銘圖》12298，戰國時期），這兩形所从與金文“用”字完全相同。乍一看，“周”有“□”類寫法，亦有“□”“□”類寫法，其變化與“□”類形演變作“□”“□”類形是完全平行的現象，似可證明“甫”是由“甾”訛變而來。但問題是，殷墟甲骨文中單獨的“周”字多見，常作“□”“□”“□”“□”“□”“□”“□”等形，④它們的顯著特徵就是豎筆與横筆交接時常常出頭，而作與“田”外框相近的“□”類形其實只占一小部分。並且從字形演變來看，周代金文中“周”字“口”形上的部分應該是由甲骨文中豎筆與横筆交接出頭的“□”類寫法演變而來，而非由“□”類形省去小點的“□”演變而來。也就是説，周代金文“周”中“用”形或類似“用”形部分實際上是由甲骨文中豎筆與横筆交接出頭的“□”類寫法演變而來，而不是由少見的省體“□”類形演變而來，因此它並不能作爲“□”中“田”形演變爲“□”

① 詹鄞鑫：《〈説文〉篆文校正芻議》，《古漢語研究》1996 年第 3 期，第 12 頁。

② 張然、何麒：《試析〈説文〉“尃”字形演變過程中的“讓就”現象》，《漢字漢語研究》2021 年第 4 期，第 43—48 頁。

③ 謝明文：《商代金文研究》，中西書局，2022 年，第 682—683 頁。

④ 參看李宗焜：《甲骨文字編》中册，中華書局，2012 年，第 828 頁。

“”中“用”形的平行證據。

如果站在“”“”是由“（甾）”訛變而來的立場，似乎可爲之補充一個證據。那就是殷墟黄類卜辭中有一個多見的、現在一般隸作“㣫”的字，研究者或認爲它與金文中一般隸作“逋”的“”（小臣逋鼎，《集成》02581，《銘圖》02103，西周中期前段）、“”（逋盂，《集成》10321，《銘圖》06228，西周晚期）等形是一字異體。從偏旁組合以及形體的相似度來看，可從。“㣫”或作“”類形，其右部類似“”形，金文“逋”右部一般作“甫”形，這似乎可以作爲“甫”是由“”訛變而來的直接證據。但排比全部相關字形，可知黄類卜辭中“㣫”右部所从之形的上面不是“屮”，下面亦非“田”，即“㣫”右部所从絶非“甾”字（參看下文）。因此即便贊同甲骨文的“㣫”與金文中的“逋”係一字異體，也不能將之作爲“甫”是由“”訛變而來的積極證據。

假設“甫”是由“”訛變而來，但“屮”變形音化爲“父”與“田”訛爲“用”不太可能是同時發生的，按理“甾”應該會出現上从“屮”形而下从“用”形或上从“父”形而下从“田”形的異體，然而在殷墟甲骨文出現“甾”到西周早期出現公認的“甫”這個時段内並没有發現這種過渡字形。另外，殷墟甲骨文和商周金文中，从“田”之字有許多，確定的“田”形都没有訛作“用”形的現象，而所从與“用”接近的“甫”的出現時間不會晚於西周早期。[1] 這些只能説明“甫”與“”應該没有關係。

從字形演變方面來看，下部作“田”形的“甾”字，其上部在商代甲骨文、金文以及西周金文中都未見明確作“父”形的例子，[2]春秋早期的甾眲鐳（《集成》09972，《銘圖》14005）“甾”作“”，上部仍作“屮”形而不作“父”形。而“甫”字上部作“父”形早在西周早期前段就已經出現，在西周中期、晚期更是習見。[3]

《説文》：“尃，布也。从寸、甫聲。”“圃，穜菜曰圃。从囗、甫聲。”從金文資料看，“尃”實應从“又”[4]“甾”聲，[5]“圃”或从“甾”聲，或从以“甾”作聲符的“尃”得聲。[6] 以

---

① 西周早期前段的甫父簋（《銘圖》04336）“甫”作“”。

② 參看劉釗等編：《新甲骨文編（增訂本）》，第 212—213 頁。宰甾卣（《集成》05395，《銘圖》13303，殷墟四期）、甾父甲鼎（《銘圖》00759，西周早期）、甾母丁鼎（《集成》01704，《銘圖》00962，西周早期）、万甾尊（《集成》05576，《銘圖》11278，西周早期）、万甾方彝（《集成》09844，《銘圖》13505，西周早期）、甾父乙尊（《集成》05619，《銘圖》11367，西周中期前段）等。

③ 參看《新金文編》，第 403 頁。

④ 古文字中下部从“又”之字，“又”旁常添加一小飾筆，添加飾筆的“又”後世常演變作“寸”形。

⑤ 參看《新金文編》，第 374—375 頁。甲骨文“”（《合》8275），或釋作“尃”。從古文字中“廾”“又”作爲表意偏旁常换作來看，似可從。

⑥ 參看《新金文編》，第 794—795 頁“圃”。

“甾”作爲基本聲符的字，金文中還有許多，[①]如“嘒”“博”“鞲”“厚”“韍”“䪁”“轉”“陴”等(下文統稱“甾”系字)，其田上“中”形在西周似皆未見明確作“父”形的例子，[②]直到春秋時期才有少數變作“父”形的例子。而从“甫”之字，[③]如“逋”“簠”“匍”“鋪”“輔”等字(下文統稱“甫”系字)，其“甫”形上部在西周基本上都作“父”形。

由上可知，“甾”不管是作爲單字還是作爲偏旁，其上部在西周都未見明確作“父”形的例子。而“甫”不管是作爲單字還是作爲偏旁，其上部在西周基本上都作“父”形。又卌三年逑鼎(《銘圖》02503—02510，西周晚期)“専”“轉”(専、轉所从甾形寫法相同)與“匍”同見，曼盨(《集成》04469，《銘圖》05683，西周晚期)“鞲”“輔”同見，師克盨(《集成》04467，《銘圖》05680；《銘圖》05681，西周晚期)、師克盨蓋(《集成》04468，《銘圖》05682，西周晚期)“轉”“匍”同見，逑盤“匍”“匔”同見(參看下文)，“甾”“甫”兩系字的寫法判然有別。這些皆可見“甾”“甫”兩系字有着明顯不同的演變序列。從古文字的字形演變來看，同一來源、寫法相同的形體在不同的偏旁組合中往往會發生相同的變化。雖然這一變化有時在時間上會存在先後之别，即同一來源的某些形體在與不同的偏旁組合時，演變速度存在不平衡性，同種變化在有的偏旁組合中出現得早一些，在有的偏旁組合中出現得晚一些，但彼此相隔時間一般不會太長。然而“甾”上部變形音化作“父”與“甫”上部變形音化作“父”相隔了數百年，而且是整個“甾”系字與“甫”系字都是如此，這是非常奇怪的，這只能説明“甾”“甫”應該來源不同。

從用法方面看，“甾”系字與“甫”系字在西周金文中用法明顯有别(詳細情況參看文末附表)，到了東周時期兩者相通的現象才逐漸出現。

西周金文中，“甾”系字與“甫”系字雖然都可以用作國族名、地名、人名，但没有證據證明它們可以表示同一國族名、地名、人名。從非國族名、地名、人名的用法中考察那些用法比較確定的“甾”系字與“甫”系字，可知兩者用法有很大的差異。如在表示父親之{父}、“夫人”之{夫}時只用“甫”而不用“甾”系字。在用作豆形器自名或出現在“匍有”一語中時亦只用“甫”系字而不用“甾”系字。但在表示“搏伐”之{搏}、“車鞲”之{鞲}時，則只用“甾”系字而不用“甫”系字。在表示義爲“布”之{敷}時，從没有

---

① 參看《新金文編》，第 104、245、303、1358、1602、1998—1999、2022 頁。

② 西周金文中雖然很多“甾”形頭部筆畫彎曲，但和同時期真正的“父”字比，還是有所不同的，許多頭部筆畫彎曲者與“又”形接近。何琳儀先生認爲西周晚期的叔専父盨(《集成》04454—04457，《銘圖》05657—05660)中的“専”已聲化爲“父”(何琳儀：《戰國古文字典——戰國文字聲系》，第 597 頁)。其實盨銘此字上部所从與其下的“父”字區别明顯，不宜看作聲化爲“父”，另此字更可能是“叀”字。

③ 參看《新金文編》，第 188、515、1327、1949、1998 頁。

争議的例子來看，亦都用“甾”系字而不用“甫”系字。西周金文中“轉”共出現 14 次，“輔”共出現 9 次，兩者用法完全不同。前者皆是作爲“車轉”之“轉”的異體，用作{轉}。後者有 8 次是用作官職名，1 次是用作“輔助”之{輔}（參看文末附表）。① 由以上所論可知“甾”系字與“甫”系字的使用在西周時應該是有嚴格區分的。

西周金文中，有個别“甾”系字與“甫”系字疑似相通的例子，見於師嫠簋、輔師嫠簋以及周宣王時期的逑盤，其文例分别如下：

(1) 王若曰：師嫠，才(在)昔先王小學(教)女(汝)，女(汝)敏可事(使)，既令(命)女(汝)翾(更)乃且(祖)考嗣(司)小輔，今余佳(唯)醽(申)亭(就)乃令(命)，令(命)女(汝)嗣(司)乃且(祖)舊官小輔眔鼓鐘(鐘)，易(錫)女(汝)叔(儵)市(韍)、金黄(衡)、赤舄、攸(鋚)勒，用事。

(師嫠簋②，《集成》04324、04325，《銘圖》05381、05382，西周中期後段)

(2) 隹(唯)王九月既生霸甲寅，王才(在)周康宫，各大(太)室，即立(位)，焚(榮)白(伯)入右輔師嫠，王乎③(呼)乍(作)册尹册令(命)嫠，曰：翾(更)乃且(祖)考嗣(司)輔……

(輔師嫠簋，《集成》04286，《銘圖》05337，西周中期後段)

(3) 雩(雩)朕(朕)皇亞且(祖)懿(懿)中(仲)，致諫=(諫諫)，克匍保氒(厥)辟考(孝)王、徲(夷)王，又(有)成于周邦。

(逑盤，《銘圖》14543，西周晚期)

例(1)、例(2)比較，可知師嫠與輔師嫠係同一人，其中“輔”的用法亦同，皆爲某種職官。吴大澂認爲例(1)“小輔”當讀作“少輔”，輔、傅古本一字。④ 郭沫若先生曾認爲吴説近是，後來又據例(2)將它們讀作{鎛}，認爲“輔師”即《周禮·春官》之“鎛師”。⑤ 田煒先生亦將例(2)“司”後的“輔”讀作{鎛}。⑥ 方述鑫等先生認爲例(2)“輔”：“官名，後作傅。掌教育、輔弼類事。”⑦

從例(1)“小輔”與“鼓鐘”並列來看，將“輔”讀作“鐘鎛”之{鎛}似乎很通暢。

---

① 《新金文編》(第 1998—1999 頁)把“轉”“輔”作爲兩個不同的字處理是正確的。

② 兩器蓋銘有數處奪字。

③ 甲骨文、金文舊一般釋作“乎”的字，王森先生認爲它們應改釋作“平”(王森：《甲骨文、金文所謂“乎”字當釋爲“平”字》，《語言科學》2021 年第 3 期，第 318—328 頁)。

④ 吴大澂：《説文古籀補》14.5，中華書局，1988 年，第 58 頁。

⑤ 郭沫若：《輔師嫠簋考釋》，《考古學報》1958 年第 2 期，第 1—3 頁。

⑥ 田煒：《西周金文字詞關係研究》，上海古籍出版社，2016 年，第 333 頁。

⑦ 方述鑫等編：《甲骨金文字典》，巴蜀書社，1993 年，第 1123—1124 頁。

鐘、鎛是形制比較接近的樂器，兩者關係非常密切。此前已經著録的青銅樂器中自名爲“鎛”而又見其器形的並不多見，僅有國鎛(《集成》00271，《銘圖》15828，春秋中期)以及邾公孫班鎛(《集成》00140，《銘圖》15784，春秋晚期)、叔夷鎛(《集成》00285，《銘圖》15829，春秋晚期)少數幾件。它們形制與鐘接近，但作平口而非像鐘口呈弧狀。研究者多根據這三件鎛的形制特點，將與鐘形制接近且作平口的樂器統稱爲鎛。根據這一意見，金文中有大量的器形爲鎛而自名爲鐘者，如克鎛(《集成》00209，《銘圖》15814，西周晚期)、秦公鎛(《集成》00267—00269，《銘圖》15824—15826，春秋早期)、楚太師鄧子辥慎鎛(《銘續》1045，春秋早期)、鄬子受鎛(《銘圖》15772—15779，春秋中期)等器，金文中亦見個别器形爲鐘而自名爲鎛者(参看文末附表{鎛}的用字所涉脚注)。研究者指出鎛是專稱，屬於廣義的鐘類，[①]可信。因此，從樂器自名來看，自名爲“鐘”者習見，自名爲“鎛”者極少，只有幾例，“鎛”只是“鐘”的一個小類，它並不能與“鐘”處於並列的位置，因此將“輔”讀作“鐘鎛”之{鎛}實可疑。大克鼎(《集成》02836，《銘圖》02513，西周晚期)“易(錫)女(汝)史、小臣、霝[②]鼓鐘(鐘)”，研究者多已據上引師嫠簋指出鼎銘“鼓鐘”亦當爲官職名，可信。據鼎銘，官職名“鼓鐘”與史官“史”並列，那師嫠簋銘文中與官職名“鼓鐘”並列的“輔”未必也屬於樂官，完全可能是其他類的職官。《周禮・天官・大宰》：“乃施典于邦國而建其牧，立其監，……置其輔。”疏：“置其輔者，謂三卿下各設府吏胥徒。”《清華簡(叁)・良臣》簡 9—10：“子産之帀(師)：王子白(伯)忎(願)、肥中(仲)、土(杜)逝(逝)、斷斥。子産之輔：子羽、子剌、蔑(蔑)明、卑登、富(富)之厇、王子百。”《清華簡(陸)・子産》簡 21—22：“乃埶(設)六甫(輔)：子羽、子剌、蔑(蔑)明、卑登、佰(富)之支、王子百。”《清華簡(玖)・成人》簡 5：“古天砥(氏)降下民，作(作)寺句(后)王、君公，正之以四補(輔)：祝、宗、史、帀(師)。”《清華簡(玖)・治政之道》簡 4：“上可(何)所慭(慎)？曰：畀(興)人是慭(慎)。夫四補(輔)，卑(譬)之猷(猶)肞(股)厷(肱)……而不慼亓(其)四補(輔)之與是同。”整理者在注釋“四輔”時還引用了傳世文獻中的不少相關資料。[③] 據以上資料，例(1)(2)“輔”讀如本字即可，没有必要破讀作{鎛}。

例(3)“保”前一字，舊一般徑釋作“甫”。董珊先生認爲當讀爲{輔}或{傅}。[④] 此

---

① 朱鳳瀚：《中國青銅器綜論》，上海古籍出版社，2009 年，第 368—369 頁。

② 田煒先生贊同前人的意見讀作“伶官”之{伶}(田煒：《讀金文偶記二題》，《古文字研究》第 29 輯，中華書局，2012 年，第 294—296 頁)。

③ 清華大學出土文獻研究與保護中心編，黄德寬主編：《清華大學藏戰國竹簡(玖)》，中西書局，2019 年，第 158 頁。

④ 参看董珊：《略論西周單氏家族窖藏青銅器銘文》，《中國歷史文物》2003 年第 4 期，第 42 頁。

字原作"[glyph]([glyph])"[①]，實應隸作"匔"。中山王譽壺(《集成》09735，《銘圖》12455，戰國中期)"天不臭(斁)其又(有)忎(願)，速(使)旻(得)孯(賢)杜(士)良猛(佐)賈，㠯(以)輔相氒(厥)身"，是講臣子賈輔相中山王之身，辭例與逑盤接近。《清華簡(伍)·封許之命》"亦隹(惟)吕丁，㪤(捍)補(輔)珷(武王)"亦是類似的辭例。訇鼎(《銘圖》02439，西周晚期)"訇曰：不(丕)顯天尹，匍保王身，諫(敕)辥三(四)方"，"匍保"與逑盤"匔保"辭例幾乎相同，似乎可以作爲"甾"系字與"甫"系字相通的直接證據。

逑盤"匔保"之"匔"从以"甾"爲聲符的"専"得聲，而同銘"匍有四方"之"匍"兩見，皆从"甫"聲，這恐怕不是偶然的，説明當時"甾"系字與"甫"系字可能仍有分别。

《清華簡(拾)·四告》簡9—10"㒸(允/遂)氒(厥)元良，㠯(以)縛(傅)補(輔)王身，咸作右(左)右叉(爪)嚳(牙)，甬(用)經緯大邦周"，整理者將"縛"讀作{傅}，"補"讀作{輔}。[②] 其中"補"作"[glyph]"，與同一簡的"[glyph](縛)"以及同一篇簡40的"[glyph](塼)"比較，差别明顯，可知當"甾"系字上部變形音化爲"父"時，"甫"系字已采用其他寫法，這進一步説明"甾"系字與"甫"系字的演變確實是沿着不同的序列，説明它們應該有不同的來源。《四告》"縛補王身"與上述訇鼎"匍保王身"等金文辭例相同。網友"tuonan"將"縛補王身"與"駿保王身"比較，認爲可讀爲"溥輔/傅王身"，"溥"與"駿"對，亦大，且還引及訇鼎"匍保王身"的文例，將"匍"也讀作{溥}。[③] 蘇建洲先生贊同此説，並將逑盤"匍保"之"匍"即我們釋文中的"匔"亦讀作{溥}。[④] "駿保王身"之"駿保"雖可看作偏正結構，但不能以此判斷《四告》和訇鼎"王身"前的謂語也是偏正結構。因爲毛公鼎(《集成》02841，《銘圖》02518，西周晚期)、師克盨(《銘圖》05680—05682，

---

① 蔡玫芬主編：《赫赫宗周：西周文化特展圖録》，臺北故宫博物院，2012年，第30—31頁；張天恩主編：《陝西金文集成》第6卷，三秦出版社，2016年，第200頁。

② 清華大學出土文獻研究與保護中心編，黄德寬主編：《清華大學藏戰國竹簡(拾)》，中西書局，2020年，第110頁。《清華簡(拾)·四告》簡33"[glyph]不疋(胥)王身㠯(以)光保之德"的首字，整理者(第120頁)釋作"傅"。網友"風不定，人初静"認爲："簡33所謂'傅'字，據字形來看，似當釋爲'傳'，用兩横筆省寫下部的做法與散氏盤頗像。"(武漢大學簡帛網簡帛論壇·簡帛研讀·《清華十〈四告〉初讀》第116樓"風不定，人初静"的發言，2020年12月4日，http://www.bsm.org.cn/forum/forum.php?mod=viewthread&tid=12624&extra=page%3D1&page=12)，此説可從。比較同篇簡9的"縛"、簡40的"塼"，可知它絶非"傅"字，宜釋作"傳"。"傳"的賓語是"德"，"不疋(胥)王身㠯(以)光保"是"德"的定語。

③ 武漢大學簡帛網簡帛論壇·簡帛研讀·《清華十〈四告〉初讀》第6樓"tuonan"的發言，2020年10月3日，http://www.bsm.org.cn/forum/forum.php?mod=viewthread&tid=12624&extra=page%3D1&page=1。

④ 蘇建洲：《説清華簡〈金縢〉的"尃有四方"》，《出土文獻綜合研究集刊》第13輯，巴蜀書社，2021年，第56—57頁。

西周晚期)“捍敔(禦)王身”、師訇簋(《集成》04342,《銘圖》05402,西周中期後段)“干(捍)菩(禦)王身”的“捍禦”以及《清華簡(拾)·四告》簡32“股肱王身”的“股肱”是並列結構。《墨子·尚賢中》“求聖君哲人,以裨輔爾身”①、《墨子·尚賢下》“晞夫聖武知人,以屏輔爾身”、邾公託父鎛(《銘圖》15815—15818,春秋晚期)“正和朕身”以及前引中山王𰯼壺“輔相厥身”,“身”前的謂語也是並列結構。特別是師克盨“干(捍)害(禦)王身,乍(作)叉(爪)牙”與《四告》“縛補王身,咸作左右爪牙”可合觀。② 又𩁹鼎銘文中與“匍保王身”對文的“諫(敕)③辪四方”之“敕辪”亦是並列結構。因此《四告》“縛補”、𩁹鼎“匍保”、逑盤“匔保”看作並列結構更爲合理。傅、輔古書中常訓助(研究者據《説文》認爲“俌”係“輔助”之“輔”的本字),《四告》簡文中同時出現,係近義連用,整理者的讀法可從。據此,逑盤“匔”、𩁹鼎“匍”可分别讀作訓“助”的{傅}{俌/輔},不必看作通假關係。逑盤“匔”與同銘的“匍”以及𩁹鼎的“匍”雖然同从“勹”,但由於聲符不同,表示的詞也不同。這就好比金文中的“輔”“轉”雖然同从“車”,但由於聲符有“甫”“尃”之别,它們的用法也不同。“匔”還見於薛國故城遺址所出春秋早期的圓鼎銘文“匔匔皀皀”,④此語與西周金文中多見的“豐豐彔彔”似應聯繫起來考慮,“匔匔”與石鼓文《汧殹》(《銘圖》19820)“𤅊之𩨬𩨬,汪汪(瀚瀚)趙趙”的“趙趙”可能表示同一個詞,可讀作“薄薄”“溥溥”,廣大衆多貌。

東周金文中,“𠂤”“甫”兩系字的用法差異基本上延續了它們在西周時的用法差異,如在表示父親之{父}、“夫人”之{夫}時仍只用“甫”系字而不用“𠂤”系字。在表示豆形器自名時仍主要用“甫”系字。在表示“搏伐”之{搏}時仍只用“𠂤”系字而不用“甫”系字。在表示義爲“布”之{敷}時,從没有争議的例子來看,亦都用“𠂤”系字而不用“甫”系字。但與它們在西周時的用法相比,東周金文中“𠂤”“甫”兩系字已出現少數相通的例子。如中山王𰯼鼎(《集成》02840,《銘圖》02517,戰國中期)“傅姆”之{傅}从“甫”聲作“俌”。三門峽虢仲墓地(M2009)出土了兩件春秋早期偏晚、完全同銘的虢仲鋪,⑤其中之一曾著録於《銘續》0527,它們銘文中用作豆形器自名{鋪}的“𥁕”,从

---

① 孫詒讓認爲“聖君”之“君”是“武”之訛(〔清〕孫詒讓:《墨子閒詁》,中華書局,2017年,第56頁)。

② 師訇簋(《集成》04342,《銘圖》05402,西周中期後段)“股厷(肱)先王,乍(作)氒(厥)爪牙”亦可合觀。

③ 參看張富海:《“敕”字補説》,《訛字研究論集》,中西書局,2019年,第142—151頁;收入《古文字與上古音論稿》,上海古籍出版社,2021年,第163—171頁。

④ 銘文釋讀參看謝明文:《薛國故城所出圓鼎銘文小考》,復旦大學出土文獻與古文字研究中心網,2021年10月29日,http://www.fdgwz.org.cn/Web/Show/6822。

⑤ 河南省文物考古研究院、三門峽市文物考古研究所、三門峽市虢國博物館:《三門峽虢國墓(第二卷)》,文物出版社,2023年,第93—94頁、彩版69—70。

皿、甾聲，係曾公得鋪(《銘三》0600，春秋中期)、門臺[①]鋪(《吉金耀采——院藏歷代銅器》[②]，第 110—111 頁，戰國時期)“盧”字異體。在表示金屬名{鑪}時，吴王光殘鐘(《集成》00224,《銘圖》15370、15384、15395—15396，春秋晚期)、鄎子辛戈(《銘圖》17176，春秋晚期)用“尃”來表示，僕兒鐘(《集成》00183—00184，《銘圖》15528—15529，春秋晚期)用“鎛”來表示，少虡劍(《銘圖》18019—18021、18023，春秋晚期)則用“鋪”來表示。某私人藏家收藏的一套春秋中期的銅編鐘銘文中有“玄衣䪌屯”一語，其中“䪌”从“尃”从“且”。尃、且韻部雖近，但聲母不近，它若从“尃”聲，則可讀爲{黼}。“玄衣䪌屯”即“玄衣黼純”。它若从“且”聲，則可讀作師翻鼎(《集成》02830，《銘圖》02495，西周中期前段)“玄衰(衣)䵵(黼)屯(純)”之{黼}。從“䪌”與㓝觥(《銘續》0893，殷墟四期)小臣之名“䀭”當爲一字異體來看，“尃”“甫”更可能是聲符，鐘銘“䪌”宜讀作{黼}。秦景公石磬(《銘圖》19789+19790，春秋晚期)“☐圂(固)天命，曰：肇尃蠻夏，極(亟)事于秦，即服☐”、秦政伯喪戈(《銘圖》17356—17357，春秋早期)“秦政伯喪，戮政西旁(方)，作寤(造)元戈喬黄，竈尃東方，市鉣用逸宜”之“尃”，張富海先生把它與“匍有”之“匍”相聯繫。[③] 蘇建洲、鄔可晶兩位先生認爲上述秦器之“尃”應讀作{傅}。[④] 秦子鐘“秦子作鑄，肇右(有)嘉陵……”[⑤]與秦政伯喪戈銘文比較，“肇右(有)嘉陵”“竈尃東方”都是出現在作器句的後面，而“尃”與“右(有)”相當，説明張富海先生將“竈尃東方”等“尃”與“匍有”之“匍”相聯繫是比較合理的。也就是説春秋金文可以用“尃”來表示“匍有”之“匍”。以上所論説明“甾”“甫”兩系字作爲聲符使用，在當時已經没有西周時代那種嚴格的區分而可以通假了。有意思的是，“甾”“甫”兩系字開始出現通假的時間與“甾”上部開始變形音化作“父”的時間都是在西周晚期之後，兩者差不多是同步的。“甾”系字與“甫”系字之所以在西周未發生關係，除了它們是不同來源的字以外，是否也與兩系字在最初的時候語音上可能存在某種細微差别有關，這有待進一步研究。

根據上文所論“甾”“甫”兩系字在兩周的用法差異，我們可以討論幾例與它們相關的一些字的釋讀。

司土器(《集成》11785，《銘圖》18735，西周晚期)“[illegible]”，舊一般釋作“甾”，或讀作{斧}，或

① “臺”字釋讀從傅修才先生的意見。參看謝明文：《談談豆形器的自名以及它與燈名的關係——以出土資料爲中心》，《出土文獻綜合研究集刊》第 14 輯，巴蜀書社，2021 年，第 5 頁。

② 游國慶主編：《吉金耀采——院藏歷代銅器》，臺北故宫博物院，2015 年。

③ 張富海：《金文“匍有”補説》，《中國文字研究》2007 年第 2 輯(總第 9 輯)，第 117—119 頁；收入《古文字與上古音論稿》，第 141—142 頁。

④ 蘇建洲：《説清華簡〈金縢〉的“尃有四方”》，《出土文獻綜合研究集刊》第 13 輯，第 58—60 頁。

⑤ 參看李學勤：《論秦子簋蓋及其意義》，《故宫博物院院刊》2005 年第 6 期，第 26 頁。

讀作《詩經》"庤乃錢鎛"之{鎛}。如釋"甾"可信,根據西周金文"甾"系字的用字習慣,{鎛}的讀法較好。其實此字與一般的"甾"形有别,難以排入"甾"的演變序列,應非"甾"字。①

叔夷鐘(《集成》00274,《銘圖》15554,春秋晚期)、叔夷鐘(《集成》00282,《銘圖》15562,春秋晚期)、叔夷鎛(《集成》00285,《銘圖》15829,春秋晚期)"汝専余于艱恤"之"専",舊或讀作{輔}。如果根據春秋金文中"甾""甫"兩系字已出現少數相通的例子,又結合《清華簡(叁)·周公之琴舞》(簡10)"思輔余于勤(艱)"②、《清華簡(壹)·皇門》(簡13)"卑(譬)女(如)舡舟,輔余于險,𨷻余于淒(濟)"之"輔余于險"的辭例,叔夷鐘、鎛的"専"讀作{輔}是可以的。但從叔夷鎛(《集成》00285,《銘圖》15829)同篇銘文另有用作{輔}的"補"以及《清華簡(拾)·四告》用"縛""補"分别表示訓"助"的{傅}{輔}來看,"汝専余于艱恤"之"専"讀作訓"助"的{傅}可能更合理。

兩周金文中多見"匍有"一詞,其中"匍"的讀法,舊主要有{溥}{撫}兩種。③ 張富海先生從古書辭例、文法結構和用字習慣三個方面指出"匍有"之"匍"不能讀作訓"大"之{溥},而{撫}的讀法從語音方面看也是有問題的。他認爲"匍有"是並列結構,"匍"跟《詩經》中訓爲"有"的"方"聲母相近,韻部陰陽對轉,兩者記録的應該是一對同源詞。張先生後來又認爲"匍"與《詩經》的"方"不一定有同源關係,可讀作《晏子春秋·内篇諫下第二》"然則後世孰將把齊國""欲知把齊國者"之{把},"把有"相當於"持有""控有"。④ 朱力偉先生、尉侯凱先生、蘇建洲先生仍贊成"匍"讀作訓"大"的{溥}。⑤

{撫}的讀法從語音方面看確實是有問題的(詳細分析參看上引張富海先生文)。《説文》:"俌,讀若撫。"這應該與"撫"後來的音變有關,不能據此將金文"匍有"之"匍"讀作{撫}。春秋金文中,"匍有"一詞見於秦公鐘(《集成》00263,《銘圖》15566,春秋早期)、秦公鎛(《集成》00267—00270,《銘圖》15824—15827,春秋晚期)"匍有四方"這一句中。秦公簋(《集成》04315,《銘圖》05370,春秋中期)銘文與秦公鎛(《集成》00270,《銘圖》15827,春秋晚期)銘文可對讀,前者與後者"匍有四方"相當的一句作"竈囿(有)四方",

---

① 疑是"弋"字變體。

② 整理者已將它與叔夷鐘、鎛"汝専余于艱恤"相聯繫(清華大學出土文獻研究與保護中心編,李學勤主編:《清華大學藏戰國竹簡(叁)》下册,中西書局,2012年,第140頁)。

③ 諸家之説參看張富海:《金文"匍有"補説》;朱力偉:《兩周古文字通假用字習慣時代性初探》,吉林大學2013年博士學位論文(指導教師:吴振武),第30—31頁;尉侯凱:《説"奄有"》,簡帛網,2017年2月18日,www.bsm.org.cn/?chujian/7475.html;蘇建洲:《説清華簡〈金縢〉的"尃有四方"》,《出土文獻綜合研究集刊》第13輯,第52—64頁。

④ 張富海:《古文字與上古音論稿》,第141頁。

⑤ 朱力偉:《兩周古文字通假用字習慣時代性初探》;尉侯凱:《説"奄有"》;蘇建洲:《説清華簡〈金縢〉的"尃有四方"》,《出土文獻綜合研究集刊》第13輯。

"竈"是虛詞,簋銘的"囿(有)"與"匍有"同義。單言"有"之例又見於秦公鎛(《集成》00270,《銘圖》15827,春秋晚期)"竈又(有)下國"、秦子鐘"秦子乍(作)鑄,肇右(有)嘉陵……"。[①] 單言"匍"則見於秦景公石磬(《銘圖》19789+19790,春秋晚期)、秦政伯喪戈(《銘圖》17356—17357,春秋早期),但用"尃"字來表示(參看上文)。"匍有",《尚書・金縢》作"敷佑",《清華簡(壹)・金縢》作"尃又",《清華簡(伍)・殷高宗問三壽》作"尃有",這與秦景公石磬、秦政伯喪戈等用"尃"來表示{匍}同例,這反映了東周以來的用字習慣。據秦公器"匍有",或單言"尃(匍)",或單言"有"來看,我們贊同"匍有"是並列結構。根據上文所論"甾""甫"兩系字在西周的用字習慣,可知它們在當時是有嚴格區分的,並没有出現彼此相通的確定例子,因此絶不能根據東周的用字習慣將西周早期就已經出現的从"甫"聲的"匍有"之"匍"讀作从"尃"聲、訓"大"的{溥}。"匍有"是並列結構(參看上文),亦可證"匍"不能讀作訓"大"的{溥}。[②] 我們認爲"匍有"之"匍"表示抽象的"持有"義,用的實是"甫"的引申義(參看下文)。

《詩・大雅・常武》"王奮厥武,如震如怒。進厥虎臣,闞如虓虎。鋪敦淮濆,仍執醜虜",鄭箋云:"進,前也。敦當作屯。醜,衆也。王奮揚其威武,而震雷其聲,而勃怒其色。前其虎臣之將闞然如虎之怒,陳屯其兵於淮水大防之上以臨敵,就執其衆之降服者也。"《經典釋文》:"鋪,普吴反,徐音孚,陳也,《韓詩》作'敷',云:'大也。'敦,王申毛如字,厚也,《韓詩》云'迫',鄭作'屯',徒門反。"[③]"鋪敦淮濆"之"鋪敦",孫詒讓、王國維指出即不䵼簋(《集成》04329,《銘圖》05388,西周晚期)之"𦎫戟",[④]可信。[⑤] 據《詩序》,《常武》是召穆公爲美宣王而作。又據兩周金文"搏伐"之{搏}的用字習慣(參看上文及文末附表),《韓詩》作"敷"比較接近原貌(西周金文中與古書"敷"對應者常作"尃",用"尃"表示"搏伐"之{搏}見於柞伯鼎〔《銘圖》02488,西周晚期〕),而作"鋪"者,應非西周原貌,大概是《常武》在傳抄過程中經過了後人的改動。[⑥] 改動者很可能是由

① 參看李學勤:《論秦子簋蓋及其意義》,《故宫博物院院刊》2005年第6期,第26頁。

② 研究者或把"匍有"之"匍"與古書中"奄有"之"奄"相聯繫,似未必。這就好比"匍"不必與"竈囿(有)四方"之"竈"相牽合一樣。

③ (唐)陸德明:《經典釋文》,中華書局,1983年,第100頁。

④ 參看周法高主編:《金文詁林》(香港中文大學,1975年)第7册第3543—3545頁所引孫詒讓、王國維説。

⑤ 未公布的春秋中期的差編鎛有"𦎫(敦)博"一詞。

⑥ 《詩・大雅・江漢》:"匪安匪舒,淮夷來鋪。"用"鋪"表示"搏伐"之{搏},與《常武》同例。如據《詩序》,《江漢》乃尹吉甫爲美宣王而作,又從金文中"搏伐"之{搏}的用字習慣來看,《江漢》作"鋪"者應該也是在傳抄過程中經過了後人的改動。此外《江漢》篇"無曰予小子"之{無}、"肇敏戎公"之{公}等也與西周金文的用字習慣不合,也宜看作是《江漢》在傳抄過程中經過了後人的改動。

於不知道“尃敦”的含義，誤把“尃”理解成周王治理自己軍隊的某種行爲，於是就把“尃”聲字改作了與之音近但義爲“陳”的“鋪”以遷就文義。當然用“鋪”表示{搏}也可能是東周以後一種單純的假借。

綜上所述，據兩周金文資料，可知“甾”“甫”兩系字在字形演變上有着明顯不同的演變序列。它們在用法上也有不同，西周時期兩者用法涇渭分明。到了東周時期，兩系字才出現少數通假的例子。因此“甫”不可能是由“甾”演變而來的一個字，“甫”字必另有來源，它們應是不同的兩個字。既然“甫”與“甾”没有關係，那麽“甫”的構形又該如何解釋呢？下面我們就準備對“甫”字的來源以及構形試作探討。

三、我們的新説

殷墟甲骨文中有一字作下揭諸形（下文如對它們不加區别時，統一用A來表示）：

A1：《合》6813（《合》6820正＋《洹寶》101＋《合》5451＋《合》17466[①]同文）

A2：《合》7825　　A3：　　A4：《合》10315

它們所處辭例分别爲：

(4) 丙寅卜，争，鼎(貞)：𠯑同A1眔□。

(5) □正(征)□商A2□甘(其)㞢□。

(6A) 丙寅卜，穷(賓)，鼎(貞)：且(祖)丁弗A3。

(6B) [鼎(貞)]：且(祖)丁A4。

(6C) 丁卯卜，㱿，鼎(貞)：婠㞢(有)子。

(6D) 鼎(貞)：婠亡[甘(其)]子。

《合》17925殘辭中有一個舊或被摹作“”的字，劉影女士認爲《合》17925與《合》

① 前3片爲蔡哲茂先生所綴，《合》17466是黄天樹先生與蔡哲茂先生不約而同地加綴。見黄天樹：《甲骨綴合四例及其考釋》之第一例，中國文字學會第四届學術年會，西安，2007年8月；後發表於《中國文字學報》第2輯，商務印書館，2008年，第1—2頁。宋鎮豪主編：《甲骨文與殷商史》新1輯，綫裝書局，2008年，第315—316頁；又載黄天樹主編：《甲骨拼合集》(第45則)，學苑出版社，2010年，第49頁。蔡哲茂：《〈洹寶齋所藏甲骨〉新綴一則補綴》，中國社會科學院歷史研究所先秦史研究室網，2007年7月24日，http://www.xianqin.org/xr_html/articles/jgzhh/536.html；《甲骨研究二題》之“一、甲骨新綴八則”，《中國文字研究》2008年第1輯(總第10輯)，大象出版社，2008年，第40頁。

18969 爲同文卜辭的可能性很大，指出“[字形]”形可疑，並且認爲：

> 實則此字短横左右還有出頭的竪筆，即“[字形]”形。從《合集》18969 上端殘存的竪畫來看，亦可證此字左右竪畫的存在。“[字形]”形亦見於《合補》5004，與卜辭中的“[字形]”字，是否爲一字，待考。①

劉説基本可從，據殘形來看，《合》17925、《合》18969 之字似當作“[字形]”(下文用 B1 來表示)，它與《合補》5004“[拓片]([字形])”(下文用 B2 來表示)的區别在於横畫與竪畫的交接是否出頭而已，應是一字異體。B 的文例如下：

(7A) [鼎(貞)]：乎(呼)B1 保犬。

(7B) 戊辰▨保犬。

(8) ▨鼎(貞)：叀▨ B2 ▨[乎?]▨。

甲骨文中另有下揭字形(下文如對它們不加區别時，統一用 C 來表示)：

C1：[字形]《合》9504　C2：[拓片]《合》18231　C3：[字形]《合》1248+②　C4：[字形]《合》7064

它們所處辭例分别爲：

(9A) 丙申卜，古，鼎(貞)：乎(呼)見洗 C1 㚸，③隼。

(9B) 丙申卜，古，鼎(貞)：乎(呼)見洗 C1 㚸，弗甘(其)隼。

(10) ▨行史▨ C2。

(11A) 鼎(貞)：乎(呼)取 C3 任于[字形]。

(11B) 鼎(貞)：弜[乎(呼)取]C3[任于[字形]]。

(12A) 辛丑卜，亘，鼎(貞)：乎(呼)取彭。

(12B) 鼎(貞)：乎(呼)取[拓片] C4。

A、B、C，舊一般作爲未識字處理，④《殷虚文字丙編摹釋新編》將 A3、A4 釋作“左”。⑤

---

① 劉影：《甲骨同文卜辭新例》，《甲骨文與殷商史》新 8 輯，上海古籍出版社，2019 年，第 107—108 頁。

② 關於這一版的綴合情況，可參看蔡哲茂：《〈殷墟文字丙編〉新綴第七則》，中國社會科學院歷史研究所先秦史研究室網，2008 年 4 月 4 日，https://www.xianqin.org/blog/archives/1766.html。

③ 鄔可晶先生對此字有新的考釋意見，參看鄔可晶：《“㚸、若”補釋》，《古文字研究》第 32 輯，中華書局，2018 年，第 274—280 頁。

④ 《新甲骨文編(增訂本)》(第 1016 頁)把《合》5861“[字形]”、《合》32939“[字形]”與 A 同置於附録 0947 號，作爲一字處理，這是不妥的。

⑤ 張惟捷、蔡哲茂：《殷虚文字丙編摹釋新編》，“中研院”歷史語言研究所，2017 年，第 559 頁。

C2、C3 之於 C4，猶如“ ”之於“ ”。① 卌二年逑鼎甲(《銘圖》02501，西周晚期)“井(型)乃先祖考”之“井”作“ ”，卌二年逑鼎乙(《銘圖》02502，西周晚期)與之對應之字作“ ”，訛作了“弗”形，亦是類似的現象。C1 顯然是一個會意字，C2—C4 只是將 C1 上部變作了“父”而已，這種在表意字基礎上所作的特殊變化往往與變形音化有關，即 C2—C4 應是將 C1 上部的“又”變形音化作“父”。聯繫“ ”“ ”等形來看，“ ”“ ”“ ”類形下部似可看作手臂被繩索捆綁之形，又據其上部變形音化作“父”來看，我很多年前曾懷疑它們可能是束縛、捆縛之“縛”的表意初文。但後來認爲它們字形與“甫”有關聯(參看下文)，又根據西周金文中“𠙹”“甫”兩系字有着截然不同的用法，從而認爲將 C 釋作“縛”實可疑。B2 與 C 的聯繫是顯而易見的，C1 僅是在 B2 的基礎上添加一横筆而已，猶如甲骨文中“ ”或作“ ”②(後文討論甲骨文中的“㣇”字時，列舉了很多添加横筆的例子，可參看)。而 B 與 A 的聯繫也是很明顯的，它們的差異主要在於下部横畫與豎畫的交接是否出頭而已。③ 前文所引的不同寫法的“周”字，横畫與豎畫的交接有的出頭，有的不出頭與此同例，説明 B 與 A 很可能是一字異體。值得注意的是，C2 下部横畫與豎畫的交接，有的出頭，有的不出頭，正處於都不出頭的 A(不算“又”形的那一長豎筆)到都出頭的 C1、C3 之間的中間形態。又“ ”“ ”異體或作“ ”類形，④其所从的“ ”與 A 所从的“ ”以及金文中 A 的異體“ ”(參看下文)所从“ ”相類。A、 下部與 C4 下部的關係跟“ ”中部與“ ”中部的關係相類。據以上所論，我們認爲 B、C 可能是 A 的異體。那麽 A、B、C 哪一個應該是較早的寫法呢？我們傾向 A 是較早的寫法，即 A 的横畫與豎畫交接出頭，則會演變爲 B，在 B 的下部添加一横筆，則會演變爲 C1。A、B、C 皆出現於賓組，但字形有差别，這並不奇怪。如同圓體類卜辭中“䖵”既作“ ”“ ”“ ”類形，也作“ ”類形。賓組卜辭中“䖵”既作

---

① 關於它們的考釋，可參看單育辰：《甲骨文字考釋兩則》第二則《釋“梟”》，《中國國家博物館館刊》2012 年第 5 期，第 56—58 頁。張惟捷：《説殷卜辭中的“縣”(梟)字》，復旦大學出土文獻與古文字研究中心網，2013 年 5 月 16 日，http://www.gwz.fudan.edu.cn/SrcShow.asp? Src_ID=2051；又見中國文字學會第八届學術年會，中國人民大學文學院，2015 年 8 月 22—23 日。

② 參看李宗焜：《甲骨文字編》上册，第 49—50 頁。

③ 類似變化如甲骨文中“陷”或作“ ”“ ”“ ”“ ”“ ”“ ”等形(參看李宗焜：《甲骨文字編》下册，第 1333—1334 頁)。“史/事”常作“ ”“ ”類形，或作“ ”(李宗焜：《當甲骨遇上考古——導覽 YH127 坑》，“中研院”歷史語言研究所，2006 年，第 43 頁。此字右側豎筆與下横筆交接出頭在《乙》867 拓本上呈現不明顯)。甲骨文中“丁”的左右兩豎筆有時也與上横筆交接出頭類似口形(張新俊編纂：《河南藏甲骨集成——開封博物館卷》，河南美術出版社，2021 年，第 61 頁)。

④ 參看李宗焜：《甲骨文字編》上册，第 374 頁。

“”類形，也偶作“”“”類形。無名組卜辭中“盂”既作“”類形，也作“”類形。[①] 結合字形以及 C2—C4 變形音化作“父”來看，A 以及與它可能係一字的 B、C 應該就是“甫”字的初文。

西周金文中有下揭諸形：

D1： 䚋簋，《銘圖》05362，西周中期前段

D2： 裘衛盉，《集成》09456，《銘圖》14800，西周中期前段

D3： （）小臣逋鼎，《集成》02581，《銘圖》02103，西周中期前段

D4： 五祀衛鼎，《集成》02832，《銘圖》02497，西周中期前段

D5： 逋盂，《集成》10321，《銘圖》06228，西周晚期

D1，舊多誤釋，我曾改釋作“逋(逋)”。[②] D2，舊或釋作“䟽”，或釋作“逋”。D3—D5，可隸作“逋”，研究者一般釋作“逋”，認爲“夫”“甫”皆聲。D2“止”形上是“夫”形，比較 D3—D5，可知 D2“夫”形左邊的“”應看作“彳”旁之省，它顯然亦是“逋(逋)”字。D2 所从“甫”形作“”，其中豎筆穿透“”形下部並向下延伸，“”形部分不大可能是由“田”形訛變而來的，這也可證“甫”不會是由“甾”演變而來。D2 右下之“”即來源於 D1“”旁所从之“”。以上諸形，D3、D4“甫”形下部分别作“”“”，只有時代較晚的 D5 所从“甫”旁下部變作“用”。大盂鼎(《集成》02837，《銘圖》02514)是西周早期器，其中“匍有”之“匍”作“”。史牆盤(《集成》10175，《銘圖》14541)是西周中期前段器，其中“匍有”之“匍”作“”。這兩形是已知的“匍”字中比較早的寫法，其中“甫”形分别作“”“”，“甫”的下部分别作“”“”。結合以上這些比較早的“甫”形來看，可知“甫”字下部作“”“”類形的寫法顯然早於下部作“用”形的寫法，[③]“用”顯然是在“”類形的基礎上添加一短横演變而來。“田”形没有訛作“”“”之例，更説不上成批地訛作“”“”，這亦可證“甫”不可能是由“甾”演變而來。

---

① 參看裘錫圭：《釋殷虚卜辭中的“”“”等字》，《裘錫圭學術文集·甲骨文卷》，復旦大學出版社，2012 年，第 391—403 頁；謝明文：《甲骨文舊釋“益”之字新釋——兼“易”字新探》，《中國國家博物館館刊》2019 年第 12 期，第 7—21 頁。

② 謝明文：《金文叢考(四)》，《古文字研究》第 32 輯，第 238—239 頁。

③ 西周金文作爲單字的“甫”下部未見“”“”“”類寫法，這是因爲“一個獨立形體的發展演變，要快於以這個形體爲偏旁組合成複合形體後這個形體的發展演變”(劉釗：《古文字構形學(修訂本)》，第 22 頁)。因此，我們可根據“逋”“匍”所从“甫”形的變化，揭示“甫”字的較早寫法。

將上述金文中“逋”“匍”所从的“甫”形與 A、B 對比,不難發現,D2 右下之“”與 D1“”旁所从之“”實對應 A 下部的“”,D4 所从“甫”旁的下部對應 B2 的下部,史牆盤“匍”所从“甫”旁的下部對應 B1 的下部,這些皆可證明將 A、B 釋作“甫”是很自然的。西周中期的殷簋甲(《銘圖》05305)“𦔻”作“”,殷簋乙(《銘圖》05306)“𦔻”寫法同,其中“又”形訛變作類似“中”形。山西省横水墓地 2056 號墓出土的同銘銅器中,“友”或作“”(《倗金集萃》[①]058),或作“”(《倗金集萃》057),後者的“又”形亦訛變作類似“中”形。D1 所从“(甫)”形上部的“又”訛作近似“中”形,與之同例。這類上部訛作“中”形的“甫”形在西周金文中少見,但在東周文字中多見。如果 A 如 C2—C4 一樣將上部“又”變形音化作“父”,下部“”稍加變化作“”則演變爲 D2 所从的“(甫)”。A 之於,其上部的變化,猶如 C1 之於 C2—C4。如果 A 如 C2—C4 一樣將上部“又”變形音化作“父”,其下部“”形兩側豎筆與下面横筆交接出頭作“”,它就演變爲史牆盤“匍”字所从的“”形。如果“”形所从“”的兩側豎筆與上面横筆交接出頭作“”,它就會演變爲“”“”類形,在此基礎上於“”右上添加一横筆飾筆變作“用”,它就會演變爲“”類形,此即《説文》所本。在此類形體豎筆下部添加“”形飾筆(可能是受“帝”“束”等字的類化)就演變爲郙王劍(《集成》11611,《銘圖》17856,春秋晚期)“”、莆子砝碼(《銘三》[②]1668,戰國時期)“”所从的“甫”形。在此類形豎筆下部加一小短横飾筆則演變爲《上博簡(六)·天子建州乙》簡 5 的“”。“”類形省去“父”形中的一弧筆與“用”形中的一横筆,就演變爲《上博簡(八)·命》簡 4“”所从的“甫”形。“”類形省去“父”形中的一弧筆但在頂部添加一斜筆飾筆則演變爲《清華簡(拾)·四告》簡 9“”所从的“甫”形。[③] 金文中“”類形下部添加“”形飾筆就演變爲《清華簡(貳)·繫年》簡 105 的“”類形。

商周文字中“周”字所从的兩側豎筆往往既可以與上横畫交接出頭,也可以與下横畫交接出頭,[④]A、B1 手臂上的“”形金文中或變作“”形就是類似的例子,下文所列舉的 E1()所从的“”形變作 E3()所从的“”形與 A、B1 手臂上的“”形變作金文中“”所从的“”形是完全平行的例子。史牆盤“甫”形所从之“”可看

---

① 山西省考古研究院等編著:《倗金集萃——山西絳縣横水西周墓地出土青銅器》,上海古籍出版社,2021 年。

② 吴鎮烽:《商周青銅器銘文暨圖像集成三編》,上海古籍出版社,2020 年。

③ 《郭店簡·語叢四》簡 12“”所从“甫”形頭部寫法與之同。聯繫《清華簡(壹)·説命下》簡 9—10“尃”或作“”“”“”來看,《四告》之形也可能是將“父”中“又”形省略一部分而來。

④ 參看劉釗等編:《新甲骨文編(增訂本)》,第 58—59 頁;董蓮池:《新金文編》,第 123—126 頁“周”字。

作“”與“”的中間形體。因此，從字形演變方面來看，A 釋作“甫”字初文是非常合適的。A 既釋作“甫”，那與之可能係一字異體的 B、C 亦可釋作“甫”。

西周中期偏早的引尊（《集成》05950，《銘圖》11725）銘文中有一人名用字，《攈古》2 之 1.50.1 摹作“”，①四版《金文編》、《古文字類編（增訂本）》皆摹作“”，②《集成》拓本作“”，③《三代》11.30.2 拓本作“”。④《三代》拓本的字形左下側部分似稍有誤剔，即將“父”下部的“”形誤處理作類“口”形。舊一般將它與西周早期的魃父卣（《集成》05243，《銘圖》13113）“（魃）”看作一字異體，皆釋作“魋”。從偏旁組合來看，它們是一字異體的意見可從，但引尊之字左邊不是“父”，從《集成》以及《三代》所録的拓本看，引尊之形的左側“”應該就是“甫”形比較早的寫法，它恰可作爲甲骨文“”形到金文中作“”類形的“甫”的過渡字形，亦可證“”可釋作“甫”。“”即从“鬼”“甫”聲的“魋”，“甫”“父”音近可通，金文中“甫”或用作{父}，因此舊將“（魃）”也釋作“魋”可信。

根據上文的意見，“甫”形在商周甲骨文、金文中的主要演變可圖示如下（下列形體皆見於上文，或出自單字，或出自偏旁）：

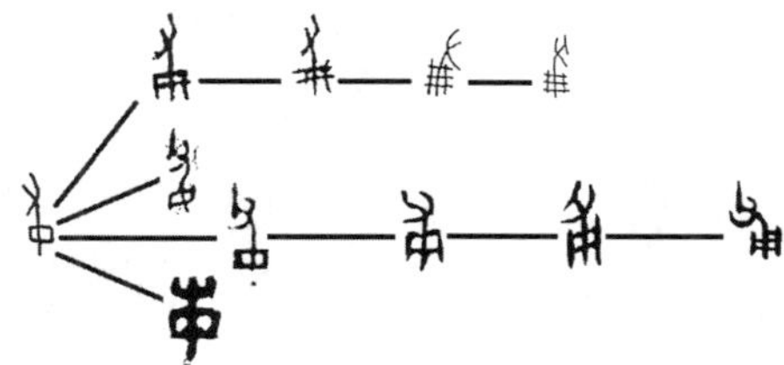

殷墟黄類卜辭中多見的、現在一般隸作“𫶧”的字，⑤我們按其右下部分的差異分類揭示如下（下面如對它們不加區分時，則統一用 E 來表示）：

E1：（）《合》35402　　　《合》38961＋《合補》12720⑥

① 吴式芬：《攈古録金文》，劉慶柱、段志洪主編：《金文文獻集成》第 11 册，香港明石文化國際出版有限公司、綫裝書局，2005 年，第 201 頁。

② 容庚編著，張振林、馬國權摹補：《金文編》，中華書局，1985 年，第 653 頁；高明、涂白奎編著：《古文字類編（增訂本）》，上海古籍出版社，2008 年，第 1354 頁。

③ 中國社會科學院考古研究所：《殷周金文集成》第 11 册，中華書局，1984—1994 年，第 151 頁。

④ 羅振玉：《三代吉金文存》，中華書局，1983 年，第 1165 頁。

⑤ 李宗焜：《甲骨文字編》中册，第 886、887 頁；劉釗等編：《新甲骨文編（增訂本）》，第 97 頁。

⑥ 張宇衛：《甲骨綴合第六四～六五則》第六五則 A：《合補》12720（懷 1888）＋B：上博 2426.682（＝H38961），中國社會科學院歷史研究所先秦史研究室網，2012 年 4 月 8 日，https://www.xianqin.org/blog/archives/2633.html。

《合》38949　《合》35749

《合》38960　《合》38958

E2：《合》35758

E3：《合》38961＋《合補》12720

E4：《合》38951　《合》38955　《合》35749

《合》38960　《合》38957　《合》35588

《合》38950　《合》35657

E5：《合》38957　《合》37905

E6：《續存》[①]2514　《合》38305　《合》38963

E1—E6 是同一個貞人名的不同寫法。黄類卜辭如《合》36962“𠙵”作“”，與其他類卜辭的“𠙵”寫法相同，而與同類卜辭中的上述字形右部迥然不同，可見 E1—E6 右部所从應非“𠙵”字。比較上述字形，E1 類右下的寫法應該是比較原始的。E2、E5 非常少見，當分别看作是 E1、E4 右部的長豎筆未貫通下部横筆所致，《合》38957 中 E4、E5 兩類寫法同見。E1 右下豎筆上“”的兩側豎筆如與横筆的交接出頭，則會演變爲 E3。E6 之於 E4，猶如 E3 之於 E1。E4 則是在 E1 的基礎上於下部添加横筆而來，甲骨文中同類變化可參看“”之作“”、[②]“”之作“”、“”之作“”、[③]“”之作“”、[④]“”之作“”等。甲骨文中，“量”或作“”、“”、[⑤]“”（《合》22097），最後一形上部也是兩側豎筆與横筆交接出頭，它們上部的關係猶如 E1、E4、E6 下部的關係。明白了上述各組字形的關係後，可知 E 本不从田。

E 右部上方一般作一長傾斜豎筆，且豎筆上端有一短斜筆，E2 與 E4 倒數第二形將這一短斜筆省作了一小點。E4 末形與 E6 末形完全省略了短斜筆，E5 末形與 E4 中《合》35588 的第二形短斜筆貫穿了傾斜豎筆，它們與“屮”形明顯不類。E1 的第二形、E4 中《合》35588 的第一形右上部雖與“屮”形相近，但這類字形在黄類卜辭中占比極低。比較其他諸形，所謂的“屮”形左側實是大人形的手臂，只不過它與右部粘連而已，以致其右部與“𠙵”相似，其實與“𠙵”無關。

---

① 胡厚宣：《甲骨續存》，群聯出版社，1955 年。

② 參看李宗焜：《甲骨文字編》上册，第 253—254 頁。

③ 參看李宗焜：《甲骨文字編》中册，第 890—891 頁；劉釗等編：《新甲骨文編（增訂本）》，第 719—720 頁。

④ 參看李宗焜：《甲骨文字編》下册，第 957—958 頁。

⑤ 參看李宗焜：《甲骨文字編》下册，第 1270—1271 頁。

由以上論述可知，“E”右部上方本不从中，下方亦本不从田，因此E右部所从最初絶非“甾”字。

E與周代文字中“逋”的聯繫是顯而易見的，如前者从彳，後者从辵，屬於義符换作。又如E1前兩形右下部與D1右下部相同，E1末形右下部與D2右下部同。E3右下部與D3、D4所从相同。上文已論E5末形“”與E4中的“”形右上短斜筆貫穿了傾斜竪筆，如果將其傾斜竪筆彎曲則會演變爲“”（《合》38276）、“”（《英藏》2643）等形，這些字形右上已接近“父”形。E3如果經過同樣的變化則會演變爲“”（《合》35891），其右部已與“甫”形差不多。周代金文D3、D4類寫法的“逋”就是在此類寫法的基礎上演變而來，可證甲骨文的E舊釋作“俌”是正確的。

如果甲骨文中没有出現A—C，那麽一種合理的推測：“甫”字可能就是從“俌”“逋”的“”“”類寫法中截除而來，繼承了母字的讀音。但既然甲骨文中有A、B、C可以聯繫的字形，我們就不如此分析了。我們曾據甲骨文中“俌”的“”“”類形右上部分與人形接近以及《合》31072“”字，懷疑E右上部分是人形訛變而來的，E是在《合》31072之形的基礎上加注了“夫”聲，並將它們右部看作“A”的異體（彼此差異是“”一在足的部位上，一在手的部位上）。① 但從E的相關諸形來看，其右上不太可能是人形訛變而來。E右部實象某種長柄器具。值得注意的是，E中“夫”形即大人形上面的那一横筆幾乎都是與右側長柄器具的柄部相連，這恐怕不是偶然的，應與表意有關。它很可能是一個表意字，表示人挾持某種長柄器具出行或頭部負戴了某種長柄囚具的人出逃，可能就是“逋逃”之“逋”的初文。殷墟甲骨文“”類寫法的“俌”以及西周甲骨文、金文的“逋”應該就是將E中的長柄器具變形音化作“甫”而來，而“逋”大概率是由“逋”簡省而來。

既然A是“甫”字初文，那麽它的造字本義是什麽？它是爲哪一個詞所造的呢？A象“又”形手臂上有“”形。第一種可能的分析，如果“”形是指示符號，它似可看作是“膊”字初文，但這與將A釋作“縛”存在同樣的問題（參看前文），即與西周金文中“甾”“甫”兩系字用法涇渭分明不合，所以此説可疑。金文中有“”（鼎，《集成》02696，《銘圖》02291，西周中期）、“”（任鼎，《銘圖》02442，西周中期）、“”（亢鼎，

① “”字右半與A、B的關係，與甲骨文、金文中“并”作“”或作“”（參看張亞初：《古文字分類考釋論稿》，《古文字研究》第17輯，中華書局，1989年，第255頁；陳劍：《殷墟卜辭的分期分類對甲骨文字考釋的重要性》，《甲骨金文考釋論集》，綫裝書局，2007年，第404—406頁）、“”（并尊，《集成》05770，《銘圖》11508）有點相似。圃盨（《集成》04402、04403，《銘圖》05587、05588）“”，舊一般徑釋作本从“甾”或“專”聲的“圃”，不可信。圈形裏面或可看作執豕之“甫（捕）”的專字，或可看作“豕”與“”字右半演變而來的形體共用部分筆畫，或可隸作“圂”，銘文中作人名。

《銘圖》02420，西周早期後段）三形，[1]董珊先生認爲它們共同的部分是一個表意字，是一種囚具夾住人的左右兩手拇指的形象。[2] 金文中"甫"所从的"　"與　鼎"　"所从的"　"相同，因此我們認爲 A 第二種可能的分析是："又"形上的"　"也表示一種囚具，A—C 表示用某種囚具夾縛住人的手臂，以會拘執人之意。不過聯繫 C 的字形、"梟""册"的字形以及甲骨文中一般釋作"羍"的"　"類形與釋作"羈"的"　"類形來看，A—C 也可能是表示用繩索拘執人之意。甲骨文中"執"一般作"　"類形，表示用刑具"羍"銬住人的雙手，以會拘執人之意，本義是拘執。A 的構造與"執"有相類之處，因此它應該是"拘捕"之"捕"的表意初文，"捕"則是後起本字。《説文》："逋，亡也。从辵、甫聲。逋，籀文逋从捕。"抓捕與逃亡是一件事情的兩個方面，前者從抓捕者的角度而言，後者從被抓捕者的角度而言，{逋}{捕}在語源上當有關聯。因此"𫸩""𫸪"中的長柄器具後來變作"甫"，不僅有變形音化的因素，而且還可能有變形義化的因素。大概因爲"甫"很早就用於假借義，如周代金文中常假借爲{父}{夫}，於是後來在表意初文的基礎上加注意符"手"便是从手、甫聲的形聲字"捕"（《清華簡（壹）·金縢》以及睡虎地秦簡等已出現"捕"字）。《説文》："搏，索持也。一曰：至也。从手、尃聲。""捕，取也。从手、甫聲。"前人或認爲古書用作"搜捕""抓捕"的"捕"是"搏"的借字，或認爲"搏""捕"係古今字關係。[3] 周代金文中，有"𫸫""博""戟"等字，"博"所从之"十"是干盾之形"　"的簡化，　、干、戈皆爲兵器，作爲表意偏旁可换作，"𫸫""博""戟"係一字異體，搏是博的後起字。[4] 古書中用作"搜捕"的"搏"應是假借字（不排除另一種可能，即用作"搜捕"的"搏"是"捕"换聲符後的異體，與"搏擊"之"搏"是同形字關係）。"搜捕"之{捕}，楚文字或用"尃"聲字來表示，秦文字或用"捕"來表示。[5] "執"由拘執義引申爲握、持一類意思，後又引申爲"掌握""掌管""主持""控制"一類意思。由"執"的意義引申來看，本義爲拘執義的"甫"自然也可引申爲"握持""掌握""掌管""主持""控制"等意思。《尚書·金縢》"王執書以泣"，《清華簡（壹）·金縢》簡 11 作"王捕箸

---

① 兩"又"形上面部分的變化，猶如"　""　"之於"　""　"（參看李宗焜：《甲骨文字編》下册，第 1174 頁）。

② 董珊：《任鼎新探——兼説亢鼎》，《黄盛璋先生八秩華誕紀念文集》，中國教育出版社，2005 年，第 166—168 頁。

③ 參看宗福邦、陳世鐃、蕭海波主編：《故訓匯纂》，商務印書館，2003 年，第 889 頁。

④ 參看裘錫圭：《也談子犯編鐘》，《裘錫圭學術文集·金文及其他古文字卷》，復旦大學出版社，2012 年，第 87—88 頁。

⑤ 參看周波：《戰國時代各系文字間的用字差異現象研究》，綫裝書局，2012 年，第 184 頁；禤健聰：《戰國楚系簡帛用字習慣例釋》，科學出版社，2017 年，第 51 頁。

(書)以湮(泣)”。簡文“捕”字,有{布}{搏}{把}{敷}{撫}等讀法。[①]《文選·束晳〈補亡詩〉》“噬魴捕鯉”,張銑注:“捕,執。”説明“捕”“執”在某些方面義近。《金縢》“捕”“執”異文,我們認爲“捕”完全没有必要破讀,它用的就是由本義“拘執”引申而來的“持”義。古書中訓“執”“持”的“搏”[②]反倒可能是它的借字或换聲符後的異體。金文中“匍有”之“匍”應表示抽象的“持有”義,用的也是“甫”的引申義。[③]

例(4)“甫”是人名。例(5)“甫”由於詞殘,用法不詳,可能是人名,但從其前有“征”似與戰争有關來看,也可能是用作“捕獲”之{捕}。從拓本看,例(6D)“亡”下似有字。根據《合》10935“㞢(有)子”“亡其子”對貞來看,當擬補爲“其”字。[④] 6C、6D是對貞關係。6A、6B也是對貞關係,貞問焦點在於是否“甫”。6A、6C干支前後相連,因此6A—6D内容上很可能是相關的。據6C、6D的内容,可知6A、6B的“甫”應該是一個帶有强烈情感色彩的動詞,要麽與“害”“孽”等同類,要麽與“若”“佑”等同類。據此“甫”可讀作訓“助”的{俌}(文獻中常用“輔”來表示,亦可記作{輔}),其意義與《合》6734“帝嘼王”、《合》1464“大甲嘼王”等“嘼”[⑤]以及《合》10133“鼎(貞):乙保黍年”“乙弗保黍年”、《合》1370“☐卜,穷(賓),鼎(貞):大甲保”“鼎(貞):成保我田☐”、《合》3481“癸未卜,古,鼎(貞):黄尹保我史”“鼎(貞):黄尹弗保我史”等“保”字相近。前文談及的䜌鼎(《銘圖》02439,西周晚期)銘文“丕顯天尹,匍(輔)保王身,諫(敕)辥四方”之“輔”“保”係近義連用。6A“丙寅卜,穷(賓),鼎(貞):且(祖)丁弗甫(輔)”的大

---

① 參看陳民鎮、胡凱:《清華簡〈金縢〉集釋》,復旦大學出土文獻與古文字研究中心網,2011年9月20日,http://www.gwz.fudan.edu.cn/SrcShow.asp? Src_ID=1658。

② 相關用例參看宗福邦、陳世鐃、蕭海波主編:《故訓匯纂》,第920頁。

③ 拙文曾傾向張富海先生將“匍有”之“匍”讀作{把}的意見,並認爲大概由於“甫”的後起本字“捕”常用於“甫”的本義,於是就用“把”來記録“甫”“捕”的引申義“持”(出土文獻中多次出現的國族名“郙”,不少研究者認爲即巴國之巴〔參看李學勤:《包山楚簡“郙”即巴國説》,《四川師範大學學報(社會科學報)》2006年第6期,第5—8頁;吴良寶:《戰國楚簡地名輯證》,武漢大學出版社,2010年,第33—34頁;蘇建洲:《初讀〈上博九〉劄記(二)》,簡帛網,2013年1月14日,http://www.bsm.org.cn/?chujian/5989.html#_edn3〕這是“甫”聲字與“巴”聲字相通之例),“把”似可看作是表示“甫”“捕”引申義的分化字(張富海先生審閲拙文後告知:“把持的把從抓捕的捕引申出來,没有必然性,恐怕不易讓人接受。還是看作没有同源關係的兩個詞比較好。從語音上分析,把*praaʔ也很難説是從捕*baas音變而來的。”據張説,則把持之“把”與“甫”“捕”無關)。

④ 據《合》10935,可知《合》13936“壬辰卜,㱿,鼎(貞):帚(婦)良㞢(有)子”“鼎(貞):帚(婦)良□㞢(其)子”後一辭“其”上殘去的一字當是“亡”字。

⑤ 王子楊先生讀爲訓作“助”的{昭/詔}(王子楊:《甲骨文字形類組差異現象研究》,中西書局,2013年,第272—277頁)。“嘼”的辭例蒙蔣玉斌先生提示,謹致謝忱!

意是“丙寅這一天占卜，貞人賓貞問，祖丁不會庇護（娟或“娟有子”一事）吧”。6B“[鼎（貞）]：且（祖）丁甫（輔）”的大意是“貞問祖丁會庇護（娟或“娟有子”一事）吧”。

例(7A)“甫”既可能是人名，也可能是動詞。如是動詞，可讀作{俌/輔}，與甲骨文中“比”的常見用法相類。卜辭大意是貞問讓某人輔助犬官（做某事）。員鼎（《集成》02695，《銘圖》02293，西周早期後段）“唯征（正）月既望癸酉，王獸（狩）于眂（視）歔（林），王令鼎（員）執犬”，講王在狩獵時，命令員爲之“執犬”，員很可能擔任了犬官一職。(7A)“甫”用的也可能是引申義“執”，卜辭大意是貞問讓某人“執”保犬的工作。例(8)(10)詞殘，“甫”用法不詳。例(9)(11)“甫”用作國族名或地名。例(12)“甫”與“彭”相對，應是人名或國族名。

根據以上的意見，“甾”“甫”兩系字應完全分開，因此今後在釋讀“”類字形時，宜釋作“甾（圃）”，而不能徑釋作“甫”。“甾”“甫”兩系字分開後，它們上部變形音化作“父”的時間爲何相隔數百年也就能得到合理的解釋了。根據甲骨文的字形，“甫”本从“又”，“又”“父”形近，只有一筆之差，因此“甫”早在商代甲骨文、西周早期金文中就已將“又”變形音化作“父”。而从“甾”聲之字所从的“中”形與“父”差别明顯，不可能直接由“中”變形音化爲“父”，需要先經過將“中”形頭部彎曲偏向一側演變爲“又”形或近“又”形的階段，①然後在此基礎上再演變爲“父”。兩者途徑不一樣，因此它們變形音化作“父”的時間相隔較長。商周文字中从“甾”的字，秦漢文字中往往也是从“甾”，不過《説文》篆文从“甫”也應有所本，②只不過在當時屬於非主流的寫法罷了。从“甾”之字所以後來改作从“甫”，一方面正如研究者所指出的是因爲“尃”“專”兩系字形近易混，需要加以區分（參看前文）。另一方面當是因爲“甾”大概很早就不再單獨成字（東周金文中獨體的“甾”字就已非常少見，《説文》未收“甾”字頭，東漢的人未必認識“尃”“圃”等字所从的“甾”），文字的演變過程中往往會將不成字的偏旁或部件改换爲成字的偏旁或部件，又“甾”系字後來上部變形音化作“父”，與“甫”上部同，“甾”系字與“甫”聲字相通的現象也越來越普遍，於是从“甾”聲的字將所从“田”形的豎筆向下延伸再稍加變化就將當時不獨立成字的“甾”變形音化爲“甫”了。如漢代文字中“圃”或作“”“”類形，③前者所从“甾”的“田”形的豎筆已向下延伸，如果省

① 古文字中“事”“喪”等形上部的變化與此類似。

② 參看趙平安：《〈説文〉小篆與〈説文〉未收的小篆異體》，《〈説文〉小篆研究》，廣西教育出版社，1999年，第86—87頁。

③ 參看李鵬輝：《漢印文字資料整理與相關問題研究》上編《漢印文字字形表》，安徽大學2017年博士學位論文（指導教師：徐在國），第532頁。

掉田形上面横筆的左半，它就會演變爲後者所从的"甫"形，後者所从"甫"形中的"用"與《説文》篆文"甫"所从的"用"形同。前者可看作"圃"从"甾"到从"甫"的過渡字形。

最後，總結一下本文的主要意見。據"甾""甫"兩系字有着不同的演變路徑以及它們在西周時期的用字習慣涇渭分明來看，"甾""甫"應該是兩個不同的字，前者是"圃"的初文，後者實來源於甲骨文中的""類形。"甫"是"捕"字初文，"捕"是在初文基礎上添加意符産生的後起形聲字。《清華簡(壹)·金縢》簡 11"王捕箸(書)以濇(泣)"之"捕"，用的就是由本義"拘執"引申而來的"持"義。金文中多見的"匍有"之"匍"不能讀作"甾"系字"溥"，"匍"表示的應該是"甫"本義"拘執"引申而來的"持有"義。逑盤"匔"、讆鼎"匍"不能讀作"溥"，前者當讀作从"尃"聲、訓"助"的{傅}，後者當讀作从"甫"聲、訓"助"的{俌/輔}。

附記：

本文初稿寫於 2017 年 1 月，後來因個別問題没有完全處理好導致我對自己的觀點不堅信，甚至想將舊説與拙文新説加以調停，認爲甲骨文"犕"所从之""本即"甾"字異體，後來演變爲"甫"字，遂與"甾"分化爲兩字，於是將考釋親簋"逋(逋)"字的部分抽出加以改寫，作爲《金文叢考(四)》(《古文字研究》第 32 輯，中華書局，2018 年，第 238—243 頁)的第二則。當時想將拙文暫且擱置一下，看日後能不能將相關材料分析得更清楚。誰知一擱置，後來居然將小文忘記了。時光荏苒，歲月如梭，轉眼到了 2022 年 3 月。因受新冠疫情的影響，復旦大學於 3 月 14 日封校，小學生也封校，大寶從此開啓了漫長的在家網課的日子。4 月 1 日開始配合政府防疫政策足不出户(出門做核酸除外)，因每天要管倆娃以及想方設法加入多個群搞吃的，我在家幾乎没法工作，不能寫出新的東西，於是想在一邊陪娃的時候，一邊腦中思考點舊未完全處理好的問題，遂在舊稿中發現了這篇被遺忘的小文。5 月份我斷斷續續地、主要在晚上小孩睡覺後和早上小孩未起床前對初稿加以董理，對有關問題的認識較五年前自然深刻了許多，堅定了"甫"不是"甾"演變而來，它們是不同來源的兩字的意見，同時心中頗有感慨：古文字研究中似是而非的成果其實有很多，在考釋古文字越來越精密化的當下，初學者務必要持有懷疑精神，同時心要非常細，並且注意字形演變的時代性與系統性以及字詞關係的時代性與系統性，自能發現並解決一些問題。

2022 年 6 月 14 日寫於闊别三個月、心心念念的復旦大學光華樓西主樓 2908

補記：

拙文修訂稿先後蒙王子楊先生、張富海先生批評指正，謹致謝忱！拙文修訂後，2023 年有幾件相關資料發表，已補入正文與附表。本文的主要觀點，我曾在不同場合或論著中提及，如 2022 年 9 月 8 日在田煒先生於南京大學文學院古文字講壇·第廿五講"漫談西周金文中的字

詞關係”的講座中我作爲與談人在與談環節加以介紹，在 2022 年、2023 年復旦大學漢語言文字學專業研究生課程“語言文學研究方法”中曾以“字詞關係研究對古文字考釋的影響——以‘𠚔’‘甫’等字的釋讀爲例”爲題加以重點介紹（2022 年 9 月 20 日、2023 年 9 月 26 日），又在 2023 年復旦大學本科生强基班課程“商周金文概論”等課程中講授，亦見於《商周文字論集續編》（上海古籍出版社，2022 年，第 187 頁注 4）、《商代金文研究》（中西書局，2022 年，第 238、482 頁）以及“上海社科新人訪談録|謝明文：古文字是中華文化的基因”（澎湃新聞，2022 年 8 月 15 日）等。

2023 年 9 月 27 日

附表　商周金文中“𠚔”“甫”兩系字用法對照表①

用法	時代									
	商代	西周早期	西周中期前段	西周中期	西周中期後段	西周晚期	春秋早期	春秋中期	春秋晚期	戰國
國族名		𠚔 6、② 尃 4③	𠚔 1④			𠚔 2、⑤ 甫 1、⑥ 輔 6⑦	甫 1、⑧ 圃 1、⑨ 尃 1⑩			

① 金文中還有一些“𠚔”系字如“陴”等以及一些“甫”系字如“𨒫”“莆”“郙”“豧”等在金文中主要作國族名、地名或人名（兩件逋各戈〔《銘續》1207、《銘三》1475〕有“逋”字，作人名。從銘文看，此銘可疑）。這些字用法比較單一，且討論與否對本文的主要結論幾乎没有影響，故本表没有列入它們的用法。

② 𠚔父甲鼎（《銘圖》00759）、𠚔母丁鼎（《集成》01704，《銘圖》00962）、万𠚔尊（《集成》05576，《銘圖》11278）、万𠚔方彝（《集成》09844，《銘圖》13505）、万𠚔觥（《集成》09252，《銘圖》13604）、万𠚔盉（《集成》09309，《銘圖》14624）。“𠚔 6”據所在表格的列與行指“𠚔”在西周早期金文中作爲國族名出現 6 次，其他可依此類推。

③ 𡸏鼎（《集成》02739，《銘圖》02364）（鼎銘“尃古”即文獻中的“薄姑”）、大保都鼎（《銘續》0132）、大保都鼎（《銘三》0206）、太保都簋（山西省文物局編：《山西珍貴文物檔案 10》，科學出版社，2020 年，第 58 頁；《倗金集萃》134）。

④ 𠚔父乙尊（《集成》05619，《銘圖》11367）。

⑤ 𠚔季加匜（《集成》10265，《銘圖》14977）。此銘是摹本，蓋銘“𠚔”字，器銘誤摹作“田”。

⑥ 甫人父匜（《集成》10206，《銘圖》14894）。

⑦ 輔伯戈（《銘圖》16716）、師嫠簋（《集成》04324，《銘圖》05381，同銘中出現 2 次）、師嫠簋（《集成》04325，《銘圖》05382，同銘中出現 2 次）、輔伯雁父鼎（《集成》02546，《銘圖》02082）。師嫠簋“輔白”之“輔”也有可能屬於謚號。

⑧ 㛨仲簠（《集成》04534，《銘圖》05832）。它也可能是用作女子私名，如是這種情況，應歸入人名一欄。

⑨ 圃公鼎（《銘圖》02121）。

⑩ 尃車季鼎（《集成》02476，《銘圖》02035）。

續 表

用法	時代									
	商代	西周早期	西周中期前段	西周中期	西周中期後段	西周晚期	春秋早期	春秋中期	春秋晚期	戰國
地名		團 4①							甫 1②	
人名	甾 1③	甫 1、④ 甾 1、⑤ 轉 1⑥		輔 1、⑦ 匍 3、⑧ 轉 2⑨		尃 1、⑩ 俌 1⑪	甾 2⑫		團 1⑬	尃 4⑭
卣形器自名		甾 1⑮								
{父}		甫 1⑯	甫 4⑰	甫 1⑱				甫 5⑲		

---

① 般子鼎(《集成》02345,《銘圖》01820)、召尊(《集成》06004,《銘圖》11802)、召卣(《集成》05416,《銘圖》13325,蓋、器各 1 次)。

② 夫欧申鼎(《銘圖》02410)。

③ 宰甾卣(《集成》05395,《銘圖》13303)。

④ 甫父簋(《銘圖》04336)。

⑤ 季甾父乙尊(《集成》05797,《銘圖》11541)。

⑥ 轉盤(《集成》10055,《銘圖》14359)。

⑦ 王人䀠輔甗(《集成》00941,《銘圖》03350)。

⑧ 匍盉(《銘圖》14791,同銘中出現 3 次)。

⑨ 師轉鍪(《集成》09401,《銘圖》14712,蓋、器各 1 次)。

⑩ 儹匜(《集成》10285,《銘圖》15004)。

⑪ 俌八戈(《銘圖》16622)。

⑫ 甾18鐳(《集成》09972,《銘圖》14005)、甾18尊(《集成》05982,《銘圖》11774)。尊銘的"甾",研究者或誤摹作"[illegible]",釋作"東",並且認爲該尊屬於西周中期前段(參看《銘圖》第 21 卷,第 241 頁),皆誤。

⑬ 鴡公圃劍(《集成》11651,《銘圖》17966)。

⑭ 冶尃秦勺(《集成》09931,《銘圖》14187)、冶尃秦勺(《集成》09932,《銘圖》14188)、冶尃秦匕(《銘續》0541)、冶尃秦匕(《銘續》0542)。

⑮ 盂卣(《集成》05399,《銘圖》13306)。

⑯ 作甫丁爵(《集成》09052,《銘圖》08531)。

⑰ 趞簋甲(《銘圖》04419)、趞簋乙(《銘圖》04420)、秦簋(《銘續》0407)、倗叔壺(《銘圖》12401,壺銘此字舊有不同釋讀意見,此暫從"甫"的釋法)。

⑱ 殷句壺(《集成》09676,《銘圖》12376)。

⑲ 季子康鎛甲(《銘圖》15787)、季子康鎛乙(《銘圖》15788)、季子康鎛丙(《銘圖》15789)、季子康鎛丁(《銘圖》15790)、季子康鎛戊(《銘圖》15791)。

續 表

用法	時代									
	商代	西周早期	西周中期前段	西周中期	西周中期後段	西周晚期	春秋早期	春秋中期	春秋晚期	戰國
{夫}						甫 3①	甫 3②	甫 11③		
{匍}1匍有		匍 1④	匍 1⑤		匍 1⑥	匍 19⑦	匍 5、⑧ 尃 2⑨			
{匍}2匍匐								甫 6⑩		

① 蘇甫人盤(《集成》10080,《銘圖》14405)、蘇夫人匜(《集成》10205,《銘圖》14893)、夫人䄅姬匜(《銘三》1254)。

② 爲甫人鼎(《銘圖》02064)、爲甫人盨(《集成》04406,《銘圖》05590)、㠱甫人匜(《集成》10261,《銘圖》14973)。

③ 黄子鼎(《集成》02567,《銘圖》02038)、黄子鼎(《集成》02566,《銘圖》02087)、黄子鬲(《集成》00624,《銘圖》02844)、黄子鬲(《集成》00687,《銘圖》02945)、黄子豆甲(《集成》04687,《銘圖》06148)、黄子豆乙(《銘三》0608)、黄子罏(《集成》09966,《銘圖》13997)、黄子罏(《銘圖》13998)、黄子盉(《集成》09445,《銘圖》14769)、曾夫人匜(《銘圖》14964)、黄子器座(《集成》10355,《銘圖》19302)。

④ 大盂鼎(《集成》02837,《銘圖》02514)。

⑤ 史牆盤(《集成》10175,《銘圖》14541)。

⑥ 瘐鐘(《集成》00251,《銘圖》15597)。

⑦ 卌二年逑鼎甲(《銘圖》02501)、卌二年逑鼎乙(《銘圖》02502)、卌三年逑鼎甲(《銘圖》02503)、卌三年逑鼎乙(《銘圖》02504)、卌三年逑鼎丙(《銘圖》02505)、卌三年逑鼎丁(《銘圖》02506)、卌三年逑鼎戊(《銘圖》02507)、卌三年逑鼎己(《銘圖》02508)、卌三年逑鼎庚(《銘圖》02509)、卌三年逑鼎辛(《銘圖》02510)、卌三年逑鼎壬(《銘圖》02511)、師克盨(《集成》04467,《銘圖》05680,蓋、器各 1 次)、師克盨(《銘圖》05681,蓋、器各 1 次)、師克盨蓋《集成》04468,《銘圖》05682)、逑盤(《銘圖》14543,出現 2 次)、五祀㝬鐘(《集成》00358,《銘圖》15583)。

⑧ 秦公鐘乙(《集成》00263,《銘圖》15566)、秦公鎛甲(《集成》00267,《銘圖》15824)、秦公鎛乙(《集成》00268,《銘圖》15825)、秦公鎛丙(《集成》00269,《銘圖》15826)、秦公鎛(《集成》00270,《銘圖》15827)。

⑨ 秦政伯喪戈(《銘圖》17356)、秦政伯喪戈(《銘圖》17357)。

⑩ 見於曾公畎鎛鐘(M190.32、M190.33、M190.34、M190.35)、曾公畎甬鐘(M190.232、M190.238)(《江漢考古》2020 年第 1 期,第 3—30 頁;《考古學報》2023 年第 1 期,第 29—93 頁;湖北省文物考古研究院、北京大學考古文博學院、隨州市博物館編著:《穌鐘鳴凰:春秋曾國編鐘》,文物出版社,2023 年,第 70—189 頁)。

續 表

用法	時代									
	商代	西周早期	西周中期前段	西周中期	西周中期後段	西周晚期	春秋早期	春秋中期	春秋晚期	戰國
{鋪}(豆形器自名)				箭 1①		甫 6、② 匍 1、③ 鋪 2④	甫 4⑤、 䀊 2、⑥ 鋪 1⑦	䀇 5⑧、 盙 1⑨	箭 5⑩	盙 1⑪
舊一般所謂簠類器的自名							匿 1⑫			

① 微伯瘐鋪(《銘圖》06140)。

② 姜休母鋪甲(《銘圖》06119)、姜休母鋪乙(《銘圖》06120)、䏠叔鋪(《集成》04669,《銘圖》06124)、叔頌父鋪(《銘圖》06147)、王季姜鋪甲(《山西珍貴文物檔案 10》,第 134 頁。《銘三》0597 著録的王季姜鋪甲銘文拓本有誤,實爲《銘三》0598 銘文的誤置)、王季姜鋪乙(《銘三》0598)。虢姜鋪(《銘圖》06128)"乍(作)"後一字,舊或釋作"甫",不可信,此字當是"旅"字,"旅"後一字是自名,不識。

③ 晉侯對鋪(《銘圖》06153)。

④ [illegible]公鋪(《集成》04684,《銘圖》06143)、遣盄父鋪(《銘續》0528)。

⑤ 曾仲斿父鋪(《集成》04673,《銘圖》06130)、曾仲斿父鋪(《集成》04674,《銘圖》06131)、虢季鋪(《銘圖》06144)、虢季鋪(《銘圖》06145)。

⑥ 虢仲鋪甲、乙(河南省文物考古研究院、三門峽市文物考古研究所、三門峽市虢國博物館:《三門峽虢國墓(第二卷)》,第 93—94 頁、彩版 69—70),其中之一曾著録於《銘續》0527。

⑦ 楙大叔弁鋪(《銘三》0611)。鋪銘"鋪"作"[illegible]",右旁"甫"所从"父"形訛作了"禾"形,可能是受同銘"年"所从"禾"形而誤。

⑧ 厚氏元鋪(《集成》04690,《銘圖》06154,蓋、器各 1 次)、厚氏元鋪(《集成》04691,《銘圖》06155,蓋、器各 1 次)、厚氏元鋪(《集成》04689,《銘圖》06156,蓋、器同銘,但銘文只公布其中之一,因此只記作 1 次)。

⑨ 曾公得鋪(《銘三》0600)。

⑩ 宋公圝鋪(《銘圖》06157,蓋、器各 1 次)、宋公圝鋪(《銘續》0531,蓋、器各 1 次)、宋公圝鋪(《銘續》0532,蓋、器同銘,但銘文只公布其中之一,因此只記作 1 次)。

⑪ 門臺鋪(游國慶主編:《吉金耀采——院藏歷代銅器》,第 110—111 頁)。

⑫ 陳侯簠(《銘三》0588,春秋早期)"[illegible]",《銘三》(第 2 卷第 210 頁)釋作"匿(簠)"。據字形,應隸作"匿"。舊一般所謂簠類器的自名,一般用"古"聲字表示,用"甫"聲字來表示者,已發表金文中僅見於此。因是私人藏器,且未見器形發表,銅器及銘文的真僞還有待進一步研究。

續 表

用法	時代									
	商代	西周早期	西周中期前段	西周中期	西周中期後段	西周晚期	春秋早期	春秋中期	春秋晚期	戰國
{圃①}	圃 2②									
{鬴}				鋪 1③						
{輔}						輔 9、④ 匍 1⑤			補 2、⑥ 俌 1⑦	輔 1⑧
{搏}			博 5、⑨ 厚 2⑩	專 1⑪		專 1、⑫ 磗 2、⑬ 厚 1、⑭ 戟 1⑮		博 3⑯		搏 1、敷 1⑰

① 即"圃"字,據金文資料,"圃"本从"甾"或"專"得聲。

② 鄧簋(《集成》03990,《銘圖》04921)、邁方彝蓋(《集成》09890,《銘圖》13536)。

③ 師同鼎(《集成》02779,《銘圖》02430)。

④ 曓盨(《集成》04469,《銘圖》05683)用作動詞。輔師嫠簋(《集成》04286,《銘圖》05337,2 次)、師嫠簋(《集成》04324,《銘圖》05381,3 次)、師嫠簋(《集成》04325,《銘圖》05382,3 次)用作官職名。

⑤ [illegible]鼎(《銘圖》02439)。

⑥ 叔夷鐘(《集成》00276,《銘圖》15556)、叔夷鎛(《集成》00285,《銘圖》15829)。

⑦ 媟盤(《銘續》0948)。

⑧ 中山王譽壺(《集成》09735,《銘圖》12455)。

⑨ 害簋(《銘圖》05179)、㦰簋(《集成》04322,《銘圖》05379,蓋、器各 2 次)。

⑩ 臣諫簋(《集成》04237,《銘圖》05288)、霸伯盤(《銘續》949)。

⑪ 兑盆(《文物》2020 年第 1 期,第 12 頁圖 16.2,第 13 頁圖 19、20,《霸金集萃》〔山西省考古研究院等編著:《霸金集萃——山西翼城大河口西周墓地出土青銅器》,上海古籍出版社,2021 年〕132,《銘三》0623)。

⑫ 柞伯鼎(《銘圖》02488)。

⑬ 多友鼎(《集成》02835,《銘圖》02500)、虢季子白盤(《集成》10173,《銘圖》14538)。

⑭ 晉侯銅人(《銘圖》19343)。

⑮ 不嬰簋蓋(《集成》04329,《銘圖》05388)。

⑯ 子犯鐘 A 乙(《銘圖》15201)、子犯鐘 B 乙(《銘圖》15209)、差編鎛(資料尚未公開發表)。

⑰ 兩形均出自搏武鐘(《集成》00034,《銘圖》15150)。

續 表

用法	時代									
	商代	西周早期	西周中期前段	西周中期	西周中期後段	西周晚期	春秋早期	春秋中期	春秋晚期	戰國
{敷}			尃 1①	甾 1、② 尃 1③		尃 16④	尃 1⑤		尃 5、⑥ 塼 2⑦	
{溥}				尃 1⑧					尃 2、⑨ 塼 1⑩	
{薄}							匍 1⑪			
{轉}			輔 2⑫	輔 2⑬		輔 4、⑭ 轉 14⑮				

① 師訊鼎(《集成》02830,《銘圖》02495)。

② 牧簋(《集成》04343,《銘圖》05403)。簋銘"甾"字誤摹作"⊕",這與甾季加匜(《集成》10265,《銘圖》14977)器銘"甾"誤摹作"⊕"相似。

③ 豳公盨(《銘圖》05677)。

④ 毛公鼎(《集成》02841,《銘圖》02518,4 次)、克鐘二(《集成》00205,《銘圖》15293)、克鐘四(《集成》00207,《銘圖》15295)、克鎛(《集成》00209,《銘圖》15814)、卌三年逑鼎甲(《銘圖》02503)、卌三年逑鼎乙(《銘圖》02504)、卌三年逑鼎丙(《銘圖》02505)、卌三年逑鼎丁(《銘圖》02506)、卌三年逑鼎戊(《銘圖》02507)、卌三年逑鼎己(《銘圖》02508)、卌三年逑鼎庚(《銘圖》02509)、卌三年逑鼎辛(《銘圖》02510)、卌三年逑鼎癸(《銘圖》02512)。

⑤ 登鐸(《銘續》1048)。

⑥ 叔夷鐘(《集成》00272,《銘圖》15552)、叔夷鐘(《集成》00274,《銘圖》15554)、叔夷鎛(《集成》00285,《銘圖》15829,2 次)、秦公鎛(《集成》00270,《銘圖》15827)。

⑦ 曾侯與鐘(《銘續》1029)、曾侯與鐘(《銘續》1030)。

⑧ 番生簋蓋(《集成》04326,《銘圖》05383)。

⑨ 叔夷鐘(《集成》00275,《銘圖》15555)、王孫遺者鐘(《集成》00261,《銘圖》15632)。

⑩ 叔夷鎛(《集成》00285,《銘圖》15829)。

⑪ 薛國故城遺址圓鼎(李伯謙主編:《中國出土青銅器全集》第 5 册,科學出版社、龍門書局,2018 年,第 235 頁)。

⑫ 九年衛鼎(《集成》02831,《銘圖》02496)、吴方彝蓋(《集成》09898,《銘圖》13545)。

⑬ 番生簋蓋(《集成》04326,《銘圖》05383)、彔伯㦵簋蓋(《集成》04302,《銘圖》05365)。

⑭ 毛公鼎(《集成》02841,《銘圖》02518)、三年師兑簋(《集成》04318,《銘圖》05374,蓋、器各 1 次,三年師兑簋〔《集成》04319,《銘圖》05375〕銘文係《銘圖》05374 所録器銘重出)、壘盨(《銘圖》05683)。

⑮ 師克盨(《集成》04467,《銘圖》05680,蓋、器各 1 次)、師克盨(《銘圖》05681,蓋、器各 1 次)、師克盨蓋(《集成》04468,《銘圖》05682)、卌三年逑鼎甲(《銘圖》02503)、卌三年逑鼎乙(《銘圖》02504)、卌三年逑鼎丙(《銘圖》02505)、卌三年逑鼎丁(《銘圖》02506)、卌三年逑鼎戊(《銘圖》02507)、卌三年逑鼎己(《銘圖》02508)、卌三年逑鼎庚(《銘圖》02509)、卌三年逑鼎辛(《銘圖》02510)、卌三年逑鼎癸(《銘圖》02512,該銘"轉"訛省作"車")。

續　表

用法	時　代									
	商代	西周早期	西周中期前段	西周中期	西周中期後段	西周晚期	春秋早期	春秋中期	春秋晚期	戰國
{捕}					甫 1①					
{鎛②}						鎛 2③	鎛 2、④ ⿰革尃 8⑤	鎛 8⑥	鎛 1⑦	鎛 4⑧
{傅}						匍 1⑨			專 3⑩	俌 1⑪
{賻}										專 1⑫
{鑪}								鎛 2⑬	鋪 4、⑭ 專 5、⑮ 鎛 2⑯	

① 匡卣(《集成》05423,《銘圖》13335)。舊或讀作{撫},與上古音不合。

② 《説文》以"鑮"爲"鐘鎛"之{鎛},分"鑮""鎛"爲兩字。

③ 衍鐘(《銘圖》15177)、楚公逆鎛(《集成》00106,《銘圖》15782)。楚公逆鎛所謂"鎛"字原作"[illegible]",它是否"鎛"字誤摹,有待進一步研究。

④ 秦子鎛(《銘圖》15771)、秦公鎛(《銘圖》15759)。

⑤ 曾侯子鎛(《銘圖》15763—15766、《銘續》1041—1044)。

⑥ 國鎛(《集成》00271,《銘圖》15828)、差編鐘(資料尚未公開發表)、曾公畎鎛鐘(M190.32、M190.33、M190.34、M190.35)、曾公畎甬鐘(M190.239、M190.246)(《江漢考古》2020 年第 1 期,第 3—30 頁,《考古學報》2023 年第 1 期,第 29—93 頁,《穌鐘鳴凰: 春秋曾國編鐘》,第 70—189 頁)。

⑦ 叔夷鎛(《集成》00285,《銘圖》15829)。

⑧ 曾侯乙鐘(《集成》00289,《銘圖》15434,2 次)、曾侯乙鐘(《集成》00291,《銘圖》15436,2 次)。

⑨ 逑盤(《銘圖》14543)。

⑩ 叔夷鐘(《集成》00274,《銘圖》15554)、叔夷鐘(《集成》00282,《銘圖》15562)、叔夷鎛(《集成》00285,《銘圖》15829)。

⑪ 中山王譽鼎(《集成》02840,《銘圖》02517)。

⑫ 越王朱句鐘(《集成》00171,《銘圖》15430)。

⑬ 孎加編鐘(M169.12、M169.22)(《江漢考古》2019 年第 3 期,第 9—19 頁,《穌鐘鳴凰: 春秋曾國編鐘》,第 315、319、356 頁)。

⑭ 少虡劍(《銘圖》18019—18021、18023)。

⑮ 吴王光鐘殘片(《銘圖》15370)、吴王光鐘殘片(《銘圖》15384)、吴王光鐘殘片(《銘圖》15396)、吴王光鐘殘片(《銘圖》15403)、鄦子辛戈(《銘圖》17176)。

⑯ 僕兒鐘甲(《集成》00183,《銘圖》15528)、僕兒鐘乙(《集成》00184,《銘圖》15529)。

續 表

用法	時代									
	商代	西周早期	西周中期前段	西周中期	西周中期後段	西周晚期	春秋早期	春秋中期	春秋晚期	戰國
用法不詳					嘒 1①	博 3②			尃 1③	顜 38、④ 鎛 1⑤

---

① 應侯視工簋(《銘圖》05311)。

② 師寰簋(《集成》04313,《銘圖》05366,蓋、器各 1 次)、師寰簋(《集成》04314,《銘圖》05367)。從辭例看,"博"與應侯視工簋"嘒"表示同一個詞。

③ 者兒戈(《銘續》1255)。戈銘"尃"後一字或釋作"邑",如可信,則"尃"是地名。但"邑"字的釋讀可疑,故"尃"用法不詳。

④ 金文中"顜"皆出現在曾侯乙墓所出樂器銘文中的音階名之後,如曾侯乙鐘(《集成》00287,《銘圖》15432)、曾侯乙鐘(《集成》00288,《銘圖》15433)等,研究者或認爲可能讀作{補}或{輔}。

⑤ 鑞鎛戈(《集成》10917,《銘圖》16436)。

從横寫到竪寫

——甲骨文字的出現

小南一郎

泉屋博古館

根據我們現有的資料來推測，甲骨文可以説是中國最古老的文字。從新石器時代以來，在北方的遼河地區、黄河流域、長江流域等中國各地的遺址裏，都出土了帶有各種符號的遺物。這些遺物裏，也有了編組了幾個符號，看來好像組成文章似的例子。但是這種遺物上的符號是不是真正的文字，我們還是不能下明切的判斷。

有關符號和文字的區别在哪兒的問題，可能有很多種看法。我自己抱懷的假説性的看法是，文字是，把它們幾個搭配到一起，可以編成具有文法結構的文章；與此相對，符號是，雖然它們有時排列在一起，但是這種排列的符號很難判定能否真正構成文章。若使用這種觀點來辨别的話，新石器時代後期以來的，編成幾個符號的陶文等遺物，還是没有十分的資格能被判定爲文字；與其相反，殷墟出土的甲骨文十分具有文字的資格，可以認爲它是中國最古老的文字。

從形體上看，直接聯繫到甲骨文的符號，我們在鄭州文化期（二里崗時期）的遺物裏時常見到。特别到了二里崗後半時期，各地遺址出土了讓人們預測到甲骨文字快要出現的遺物。例如在鄭州北郊的小雙橋遺址出土了兩種性質不一樣的符號。其中第一種符號是，主要刻在大口尊和陶豆等器物的口緣部分的刻劃符號，它們繼承着在新石器時代後半期盛行的符號系統。另一種是，在叫作大缸的陶器上，用毛筆朱書的符號。用毛筆寫的這種符號，據其形體來看，可以説跟甲骨文有明確的繼承關係（圖 1）。

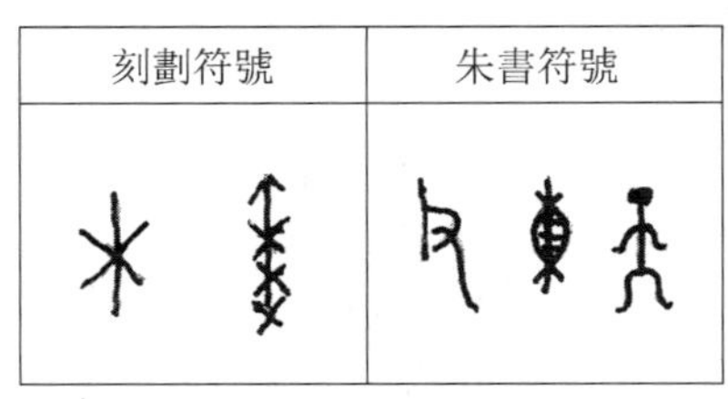

圖 1　小雙橋出土的兩種符號

鄭州小雙橋遺址屬於鄭州文化的後半時期，是當時的統治階級所住的宫殿遺迹。在這兒出土的大口尊和陶缸，起源於用作釀酒的大型陶器。到鄭州時期，它們可能還是保存着祭器的性質。在宫殿區内部和周圍的灰坑裏出土的這種遺物不少。這種祭器上的刻劃，或者朱寫的符號，跟祭祀儀禮一定有密切的關係。要是發揮想象來説，刻在大口尊上的符號是溯源到新石器後期的飲酒儀禮，與此相對，陶缸上的朱寫符號可能是隨着新式酒禮的開展而普遍使用的。①

殷墟出土的甲骨文裏，象形事物的文字不少。綜覽這些象形文字時，我們發現，例如動物等，從頭尾的位置來看，應該横寫的字有時被豎寫。例如魚字的魚的姿勢，頭向上方。老虎和象等猛獸，蟲子和蛇頭等也是以同樣的姿態來被書寫的。特别多數的是猪和狗等家畜，它們普遍以頭部向上的姿勢來表現(圖 2)。在有關人事的字裏，這種字不一定多。但是例如疾病的"疾"字，若是它能解釋爲，象人在床上躺着因病發汗的話，那個床不放在水平的地上而是寫成上下方向，讓人感覺異樣。

猛獸	家畜	蟲類	其他
虎	猪	它	魚
豹	犬	蛇	龜
兕	兔	萬	龍
象	馬	龝,秋	

圖 2　甲骨文字(豎寫動物)

不用説，大多數的甲骨文字裏没有見到這種方向的矛盾。那麽只有上舉的有關猛獸和家畜等文字裏出現這些矛盾形態，它的原因在哪兒？附帶説，在殷墟出土的陶文和青銅器上也有表現魚和動物的紋樣、②尚未發現它們姿勢方向上的矛盾，普通以匍匐狀態來畫寫，就是我們見慣的普通形態(圖 3)。

圖 3　殷墟出土的符號、圖樣

甲骨文裏包含一些書寫方向與常識矛盾的字，我推測這種現象的原因在於，下到

① 宋國定：《鄭州小雙橋遺址出土陶器上的朱書》，《文物》2003 年第 5 期。

② 劉一曼：《殷墟陶文研究》，《慶祝蘇秉琦考古五十五年論文集》，文物出版社，1989 年。

接近殷墟時期,符號、文字的書寫方向有了從横寫到豎寫的大轉變。我們一般看到的新石器時代後半時期的、刻劃在陶器上的連屬符號,大多數是横寫的。但是,到了早期王朝時期,接近殷墟時期,符號和文字基本上被豎寫了。可以推測,在王朝内部,使用符號和文字的政務紛繁,結果迫使這種轉變發生。

在甲骨文裹,應該横向描繪的動物姿態等,常常被豎寫。這種現象可能起源於比甲骨文更古老的時期,是繼承了那時的符號和文字横寫的習慣。到了文字普遍被豎寫的時代,就發生了書寫方向的矛盾。這種文字裹的老虎等猛獸可能原來被視作神靈而受到祭祀,多種家畜也是奉給神靈的犧牲動物。殷墟時期以前,這種祭祀盛行的情況下,這些符號的形態早已固定化。或許可以説這些例子保留着漢字誕生的最早情況。

到了殷墟時期,文字跟象形符號明確分開了。例如構成魯國的魯的魚字,到西周以後也以頭在上邊的形態來書寫,是繼承文字傳統的結果。另一方面,青銅器的紋樣裹的動物們普通被畫成匍匐狀,没有以起立的姿勢來圖畫。這些例子保持着原來的符號特徵。到了殷墟時期,符號和文字明確分開了。這種現象很清楚地告訴我們,那時文字已經誕生,並且隨着自己固有的性質來開始各自的發展。

甲骨實綴的嚴絲合縫與圓鑿方枘*

李宗焜

北京大學中國古文獻研究中心

從甲骨發現以來,就陸續有學者進行綴合的工作。如王國維綴合《後》《戩》從而糾正《史記·殷本紀》世系的一個錯誤,並得出更完整的祀譜,便是甲骨綴合裏一個著名的例子。此後甲骨綴合一直有學者在進行,甚至是作爲其主要的工作。近些年來從事甲骨綴合的人更多,也都有很好的成績。

我對甲骨綴合關注不多,在史語所工作期間,也没有甲骨綴合的成績。只是因爲職務的關係,承接了張秉權先生綴合的整理工作,從中觀察到甲骨實綴和遥綴的一些問題,並寫了一篇《甲骨遥綴不可盡信》,①但那都是張先生的成績,我只是利用他的綴合談了一下"遥綴"的風險。

直到 2015 年底,因爲幫香港中文大學整理甲骨,從一盒"無號碎甲"中找到二片分别與有字甲骨綴合,才實現了零的突破。後來因爲整理歷史博物館甲骨,在工作中綴合了近百組甲骨,並與實物一一核驗,同時也對其他學者利用這批材料的綴合成果都作了實物核查。這些工作讓我積累了不少綴合的經驗,最主要的是充分感受到了實物覆核的絶對必要。在工作期間,我寫了《拓片綴合的機會與風險》,②檢討了一些

* 本文係國家社科基金重大項目"北京大學藏甲骨整理、保護與研究"(19ZDA312)的成果之一。

① 李宗焜:《甲骨遥綴不可盡信》,何志華、馮勝利主編:《承繼與拓新:漢語語言文字學研究》,香港商務印書館,2014 年,第 255—277 頁。

② 李宗焜:《拓片綴合的機會與風險——以河南博物館舊藏甲骨爲中心的檢視》,《甲骨文與殷商史》新 10 輯,上海古籍出版社,2020 年,第 430—437 頁。

利用拓片綴合的似是而非的錯誤。整理完之後，覺得有必要再比較完整地對這一問題提出來討論。前文已經談過的不再細談，只作補充；前文未及的，作比較詳細的説明。

一、實物的證真

絶大多數的甲骨綴合，都是用拓片進行的。拓片綴合有一定的風險，如果條件許可的話，可以通過實物的驗證，檢查綴合的正確與否。而實物的驗證，首先是看接面是否嚴絲合縫，①有些則還要看背面，尤其是鑽鑿形態。下面談幾個這樣的例子。

（例1）香港中文大學圖書館藏，②編號UC28的甲骨，我從"無號碎甲"的小盒中找到一片與之拼合。因爲拼合的兩斷面都是直綫，這樣的拼合相適的機會較大，是否一定是這一片無號碎甲却很難説，更無法肯定其綴合的正確性。一般不爲無字甲骨施拓，即使施拓，從拓片也很難定其是否。我用甲骨實物綴合，從正面看也很難必其是，但從實物背面的鑽鑿形態來看，就完全可以確認此綴合的可靠。

拓片

照片(正)

照片(背)

圖1　UC28與"無號碎甲"綴合圖

（例2）編號UC8與"無號碎甲"的綴合，接合面也只是一條綫，再無其他可資確認的綫索，也是靠背面的鑽鑿形態確定了綴合的正確性。

以上兩組綴合，如果只靠UC28跟UC8的拓片，絶無綴合的可能，因爲"無號碎甲"實物只是集中裝在盒子裏，從未公布相關照片，從拓片也不易看出綴合的可能。

① 甲骨邊界的自然損耗或人爲的刮削，不在此討論之列。

② 原藏聯合書院，係鄧爾雅舊藏。李棪教授曾撰有《聯合書院圖書館新獲東莞鄧氏舊藏甲骨簡介》（《聯合書院學報》第7期，香港中文大學聯合書院，1968—1969年）。

拓片

照片(正)

照片(背)

圖 2 UC8 與"無號碎甲"綴合圖

這次利用甲骨實物,既實現了綴合,也確保了綴合的正確性(尤其是背面)。[①]

在歷史博物館所藏的甲骨裏,我們拼合了不少,也核驗了所有過去學者所做的拼合。關於這批甲骨,過去只有關百益編拓了《殷虛文字存真》[②]、孫海波《甲骨文録》[③],後來又有董玉京《殷墟甲骨文專輯》[④],學者據此有一些綴合,我們也增補了一部分,其中有不少是未曾公布的。這些綴合,不論是舊綴還是增補的新綴,都經過了實物的驗證,確無可疑,都收進了《歷史博物館藏甲骨集》[⑤],並有詳細的綴合説明。我針對史博館甲骨的綴合成果約有一百組,這裏選取一例,説明實物綴合的嚴絲合縫,其餘就不贅述了。

(例 3)A(H0692－30346)＋B(H0694－30367)＋C(H0668－30119)＋D(H0742－30831),李宗焜綴。

這一組綴合是分幾階段完成的,先是陸續綴合了 A＋B＋C,這是常見的出組卜王卜辭,從辭例和兆序依次排列看,綴合是正確的,實物驗證也没問題。D 的一小塊,是 2020 年秋我回北京在大興"隔離"14 天時拼上去的。我看到它是一個殘片,仔細端詳半天,才發現照片拍攝時上下顛倒,想起之前綴的似有一個地名殘字(即本版的 C),回頭查找才綴了上去。這是"隔離"期間的最大收獲,也是我的百組綴合中相對難度最大的。[⑥]

---

① UC28 和 UC8 的綴合,分别見於李宗焜主編:《典雅勁健: 香港中文大學藏甲骨集》,香港中文大學出版社,2017 年,第 48 頁圖 11、第 88 頁圖 31。

② 關百益編:《殷虛文字存真》,河南博物館,1931 年。

③ 孫海波:《甲骨文録》,河南通志館,1938 年。

④ 董玉京:《殷墟甲骨文專輯》,河南省運臺古物監護委員會,2001 年。

⑤ "中研院"歷史語言研究所,待出版。

⑥ 分階段完成的綴合,因爲各階段都没有公開發表,依照蔣玉斌先生的説法,只能算最後的一組。如果按一般習慣,有綴合就上網發表,則綴合總數應該過百。

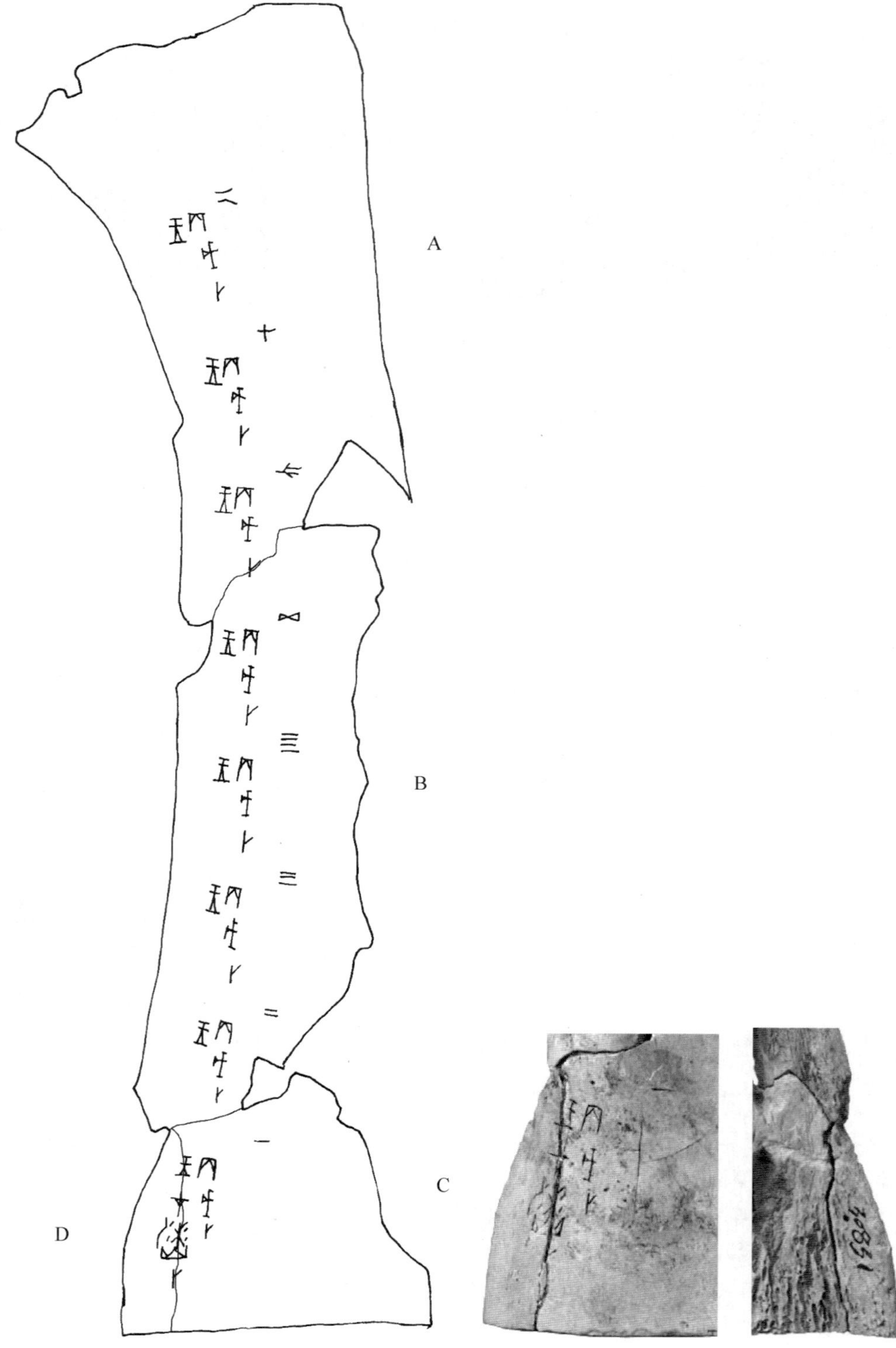

圖 3

二、實物的證誤

所有利用史博館甲骨的綴合，我們都通過實物一一驗核，正確的不多説，有些拓片綴合看起來没問題，却無法通過實物的驗證。我在《拓片綴合的機會與風險》中，舉了五組某甲的綴合被某乙糾正，實物證明某乙是正確的。也舉了三組我們的新發現，説明拓片綴合有時似是而非。讀者可以參看。

（例 4）這裏要補充説明一個例子。即我在《拓片綴合的機會與風險》中所舉的第六例，《真》5.52（1.0406）＋《録》196（《真》2.47，1.0537）。

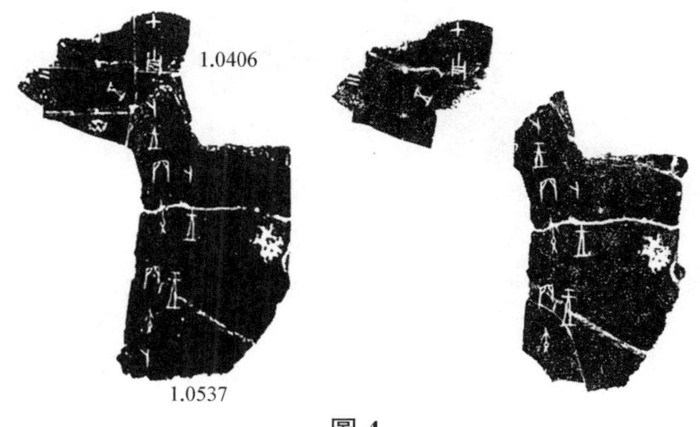

圖 4

這是李延彦《甲骨拼合第 130 則》的綴合，[①]從拓片看，這組綴合天衣無縫，没半點毛病。

圖 5

但由實物檢視，上段"甲子"一版之右下表層缺脱，則下段的左上相對應該底層缺脱，才有合上的可能。但"丙寅"一版左上是平整的斷面，跟"甲子"版無法接合。

---

① 李延彦：《甲骨拼合第 130 則》，黄天樹主編：《甲骨拼合四集》，學苑出版社，2016 年，第 223 頁。

以上是我的發現,並寫進《拓片綴合的機會與風險》一文中。

2020 年 4 月 24 日,馬尚在研讀這些甲骨材料時,在《録》196 上加綴了著録號爲 1.0517 的未刊甲骨,後經實物核驗無誤,也進一步證實了在《録》196 上,不可能綴上任何其他甲骨。

圖 6

我們所覆核的錯誤綴合中,主要問題是接口不能密合,有的甚至厚薄差距很大,絕無可能是同一版。例如:

(例 5)《合》23955 是曾毅公綴合的《録》201+《録》218。經核實物,兩版厚薄差太多,不可能是同版,這個綴合是錯的。[①]

圖 7 《合》23955

---

① 説見《拓片綴合的機會與風險》第三例。白玉崢在上面那塊(《録》201,《真》3.61)之上綴了《録》666(《真》3.65),是正確的,見白玉崢:《甲骨文録研究》,藝文印書館,1989 年,第 48 頁。

(例 6)《合》23949=《真》7.034(H0442－10593)+《真》7.060(H0436－10531)。

圖 8 《合》23949

圖 9

圖 10

這兩版辭例看起來没問題，但行款不順，實物不能密合，厚薄也不一樣。且兩辭的兆序都是六，也與卜王辭的慣例不合。

三、實物與遥綴

遥綴是可能同版而無法實際綴合在一起的，因爲没有接點，所以就有兩點需要考慮：一爲是否同版；二爲遥綴所放的位置是否恰當。而判斷這兩點，只憑藉拓片的風險極大。我在《拓片綴合的機會與風險》曾提到董作賓先生根據拓片對"遥綴"的誤判，①實物是可以密合實綴的。

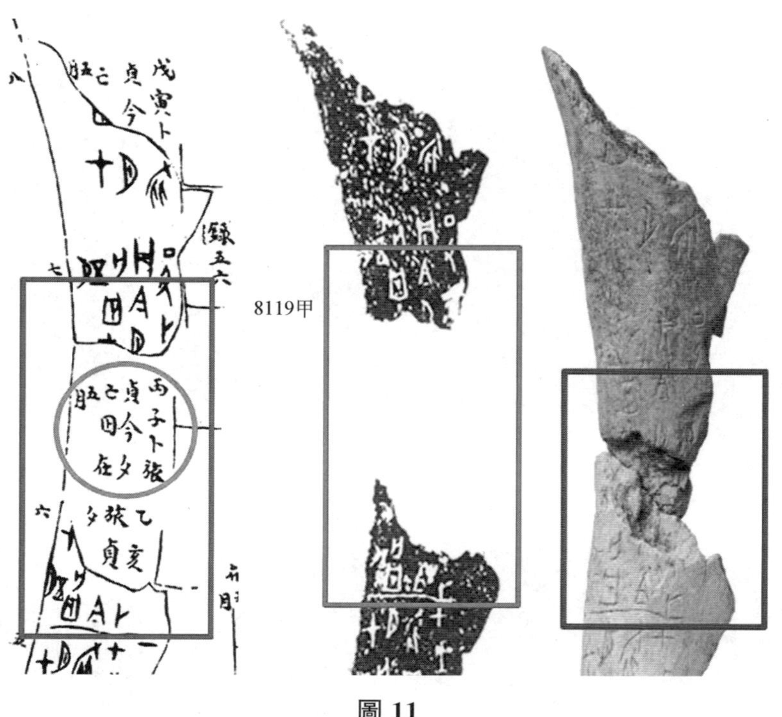

圖 11

我們在整理歷史博物館甲骨時，也碰到一些遥綴的情形，只能從文例、形態去判斷它的可能性；但通過背面的鑽鑿及環境，可以大大提高遥綴的可信度及位置的正確性，這樣的核實，拓片是很難做到的，何況一般不會爲無字的甲骨做拓片。

這裏我們舉兩個例子。

(例 7)A(H0694－30362)遥綴 B(H0698－30406)，李宗焜綴。

---

① 説見《拓片綴合的機會與風險》第七例。

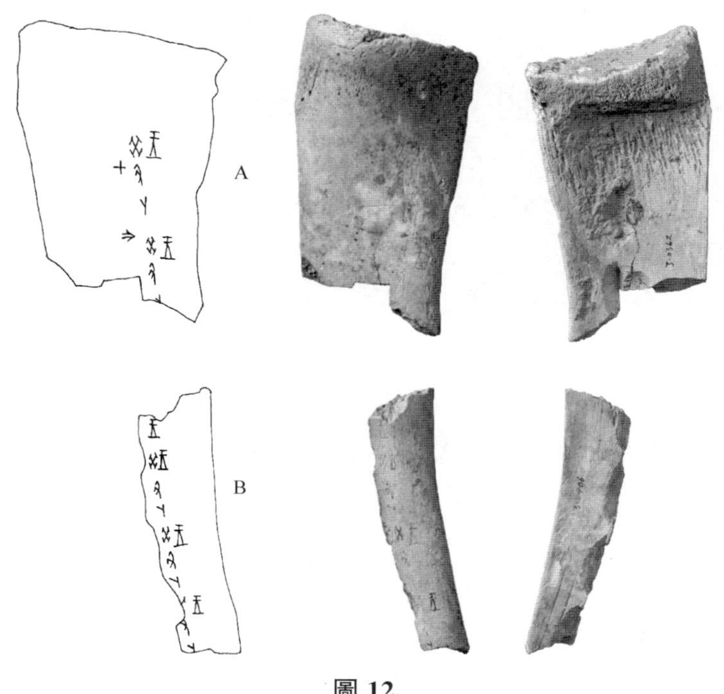

圖 12

(例 8)A(H0685－30278)遥綴 B(H0728－30697),李宗焜綴。

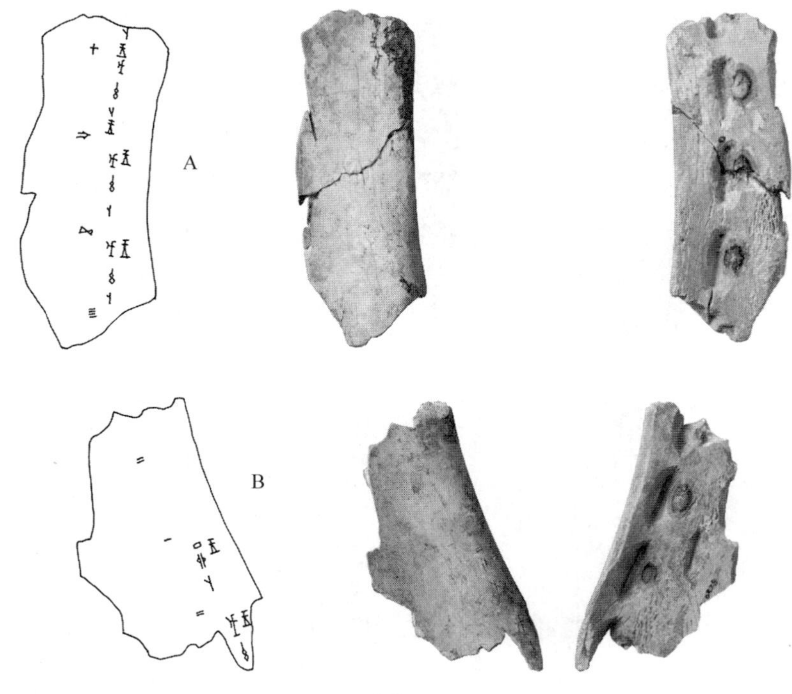

圖 13

這兩組的背面如上，大大地提高了遥綴的可信度。

四、矛盾與糾結

實物綴合的重要性不言而喻，拓片綴合得正確與否，經過實物的核驗，可以得到證實或糾正。但有時也會碰到兩難的情况。

我對綴合的事情一向注意得不够，一直到編輯史語所購藏甲骨時，[①]都没有半片綴合的成果。當時發現《史購》331 與《史購》333 似乎可以綴合，辭例也很貼切，尤其“□”這一稀見字，我的《甲骨文字編》617 號收録了《合》35362 的兩個字形，《史購》這一字形分别處在 331、333 的下、上兩邊界處，正好合成一個完整的字，兩列卜辭也讀得通，總的來講這應該是一個正確的綴合。

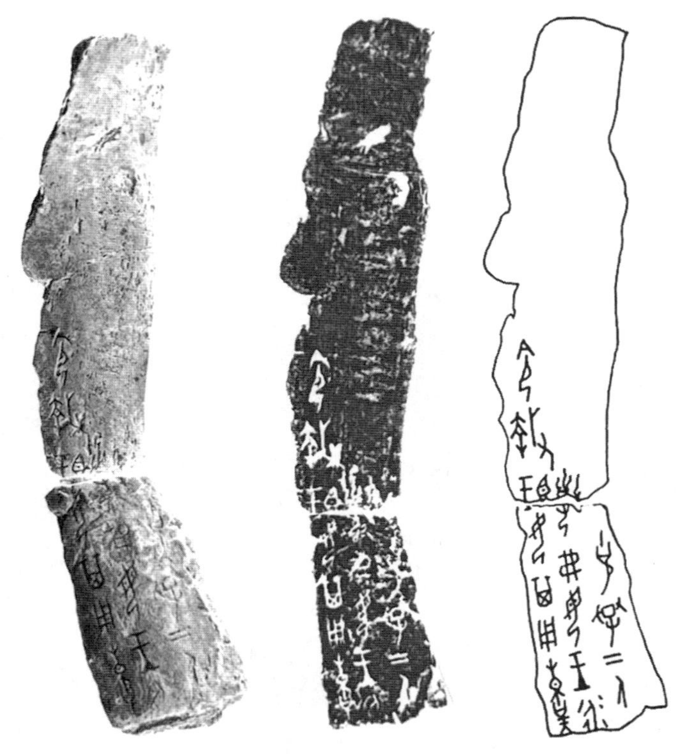

《史購》331(上)+《史購》333(下)

圖 14

本以爲可以實現零的突破，但去核對實物時，(下)的左上多出一塊米粒大小的疙

① 李宗焜：《史語所購藏甲骨集》，“中研院”歷史語言研究所，2009 年。

瘩,兩塊無論如何卡不上,我感到特别失望,心想這會不會是沉積的土塊。仔細看也不是,那是甲骨原有的,當時真恨不得把那個疙瘩銼掉,因爲實物的杯葛,只好放棄,暫作兩塊處理,但心中實有不甘。

近日看到蔣玉斌先生的大作《殷商子卜辭合集》,[①]該書 2010 號收録了這兩版的綴合,寫着"李學勤綴"。我向玉斌兄請教了相關信息,知道是李先生早年的綴合,似乎更增加了一分信心,但還是不解卡不上的矛盾。不過塞翁失馬也好,如果當時卡上了,自以爲實現了零的突破,實際上李先生早在五十年前就已綴合,那就太尷尬了。

我强調了實物核驗的重要,但這個例子是不是也説明不能求之過深?我自己也不敢自以爲是了。或者可以理解爲甲骨略有殘損,雖不能密合,仍是可以綴合的。

我的甲骨綴合數量並不多,唯一可以自詡的是,每一組綴合都是實物。從中體會到的一些現象,提出來跟大家切磋。

---

① 蔣玉斌:《殷商子卜辭合集》,學苑出版社,2020 年。

讀《甲骨文摹本大系》

蔡哲茂
"中研院"歷史語言研究所

前　　言

《甲骨文摹本大系》(下文簡稱"《大系》")爲黄天樹教授與他的高足們歷時多年,編撰的一部有功於甲骨學界的重要文獻,其書本質上與三十多年前出版的《甲骨文合集》《甲骨文合集補編》有相同性質,爲了給予研究者方便而進行全面性的整理工作,但《大系》的體例與前二者有所不同,例如在甲骨斷代問題上,《大系》捨棄董作賓提出的五期説,采用更精準的甲骨類組分類甲骨摹本,可知《大系》雖然是一部偏向文獻整理性質的著作,但在整體上仍有創新之處。

發布會當天特别邀請的林澐教授對此書曾言,他早年就曾提出按照"兩系説"重新編輯一部新合集的看法,今天《大系》的出版,爲學界提供了極大的便利。另外也邀請了學界中重要的學者,例如劉一曼、朱鳳瀚、吴振武、劉釗、董珊、蔣玉斌與周忠兵等,當日發布會各位學者皆對此書給予高度肯定。

多年前我曾前往首都師範大學拜訪黄天樹教授,當時黄教授與他的團隊已經開始《大系》的整理工作,歷經大約十多年的時間,下的功夫很大。根據黄天樹教授所言加上我自己親眼所見,《大系》的摹本光摹寫就摹了六遍,可知《大系》的團隊對於此書所耗費了大量心力,舉例來説,《大系》9777 反便摹出了過去未被人注意到的"泣(塈)"字。

雖然此書對於學界大有助益,但我在翻閱過程中仍發現部分錯誤與失漏,我曾就這些問題與黄教授進行討論,我指出《大系》一書的相關問題,稍加整理分爲"收入僞片""漏收綴合""錯誤綴合""誤摹或漏摹""同文例未放在一起""漏收正面或反面""未能使用更完善的拓片"等七個條目供學界參考。

一、收入僞片

1.《大系》61023：采用《合》34055，此版應是抄襲《合》30309，從"王"字跟"宗"字可以判斷爲僞刻。

2.《大系》59592、59593：此片拓本出自《謝》1，右邊部分松丸道雄先生曾指出爲僞刻（見《甲骨文僞作問題新探》，收入《池田末利博士古稀記念東洋學論集》，池田末利博士古稀記念事業會，1980年；中譯見《中國文字》新三期，温天河譯，美國藝文印書館，1981年；又見《古文字研究》第6輯，中華書局，1981年）。左邊的部分，本人亦指出爲僞刻，是從《存下》739（《合》41606）抄襲而來，此版摹本又見《"國立中央圖書館"藏甲骨文字》第65片（收在《中國文字》第19期，1966年），見《卜辭同文例研究舉例》，刊於《徐中舒先生百年誕辰紀念文集》（巴蜀書社，1998年）。[①]

3.《大系》61948：我指出爲僞刻，見《甲骨文合集辨僞舉例》第11片。[②]

4.《大系》39828：恐怕全片爲僞刻。

5.《大系》50496：我指出爲僞刻，見《甲骨文合集辨僞舉例》第10片。[③]

6.《大系》52059：僞刻。

7.《大系》51919：我懷疑此片也是僞刻。

8.《大系》7097：此片除"貞"字外，其餘恐皆爲僞刻，見《甲骨文合集辨僞舉例》第1片。[④]

9.《大系》27384：爲僞刻。[⑤]

10.《大系》29911：爲僞刻。[⑥]

---

① 蔡哲茂：《甲骨文合集辨僞舉例》，《蔡哲茂學術文集3·第一卷：甲骨文卷(三)》，花木蘭出版社，2021年，第769—770頁。

② 蔡哲茂：《甲骨文合集辨僞舉例》，《蔡哲茂學術文集3·第一卷：甲骨文卷(三)》，第770—771頁。

③ 蔡哲茂：《甲骨文合集辨僞舉例》，《蔡哲茂學術文集3·第一卷：甲骨文卷(三)》，第770頁。

④ 蔡哲茂：《甲骨文合集辨僞舉例》，《蔡哲茂學術文集3·第一卷：甲骨文卷(三)》，第765—766頁。

⑤ 蔡哲茂：《甲骨文辨僞兩則》，《蔡哲茂學術文集3·第一卷：甲骨文卷(三)》，第821—824頁。

⑥ 見蔡哲茂：《甲骨綴合二十五則》，中國文字學會第四届年會，中國文字學會、陝西師範大學文學院、陝西師範大學國際漢學院，2007年8月；《〈北京大學珍藏甲骨文字〉辨僞舉例》，《蔡哲茂學術文集3·第一卷：甲骨文卷(三)》，第790頁。

11.《大系》56782：僞刻。[①]

二、漏收綴合

《大系》所收綴合，書中雖未言明，但根據清華大學網上所公布的新聞，可知收録綴合範圍"我們在新書中收録了2020年12月之前的所有綴合成果，省去學者翻檢之苦"[②]：

1.《大系》28464：與《大系》28463可以綴合，後收入《綴三》577。[③]

2.《大系》10688：正反可用《存上》970替换，合3473與之綴合，見《綴三》699組。[④]

3.《大系》28806：漏收蔣玉斌加綴的《合》16950，見《綴三》273補。[⑤]

4.《大系》54280與542818：許進雄認爲可遥綴。[⑥]

5.《大系》3016：漏收林宏明加綴的《合補》6306。[⑦]

林宏明的《醉古集》《契合集》中有部分甲骨綴合，《大系》漏收，本文兹列圖片如下：

1.《大系》漏收《醉古集》

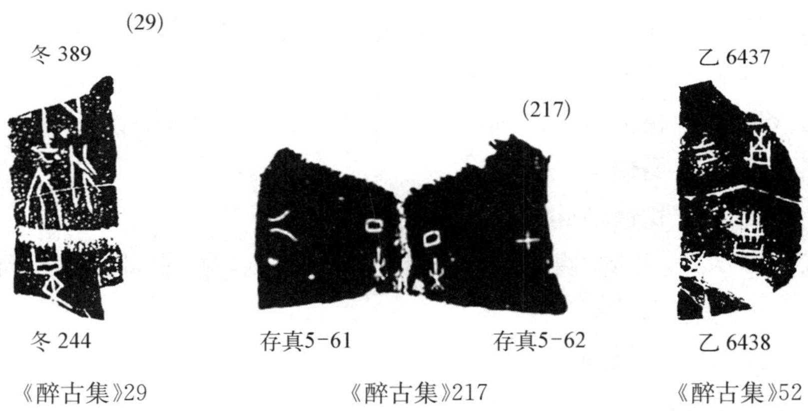

《醉古集》29　《醉古集》217　《醉古集》52

① 蔡哲茂：《甲骨文合集辨僞舉例》，《蔡哲茂學術文集3·第一卷：甲骨文卷(三)》，第766—767頁。

② 何蕊：《收録甲骨數量最多！清華發布〈甲骨文摹本大系〉》，清華大學新聞網，2022年12月20日，https://www.tsinghua.edu.cn/info/1182/100726.htm。

③ 蔡哲茂：《甲骨綴合三集》，"中研院"歷史語言研究所，2022年，第68頁。

④ 蔡哲茂：《甲骨綴合三集》，第220頁。

⑤ 蔡哲茂：《甲骨綴合三集》，第354頁。

⑥ 蔡哲茂：《甲骨綴合彙編(圖版篇)》，花木蘭出版社，2011年，第77頁。

⑦ 第863例。林宏明：《甲骨新綴第862—863例》第863例，先秦史研究室網，2019年8月26日，https://www.xianqin.org/blog/archives/12176.html。

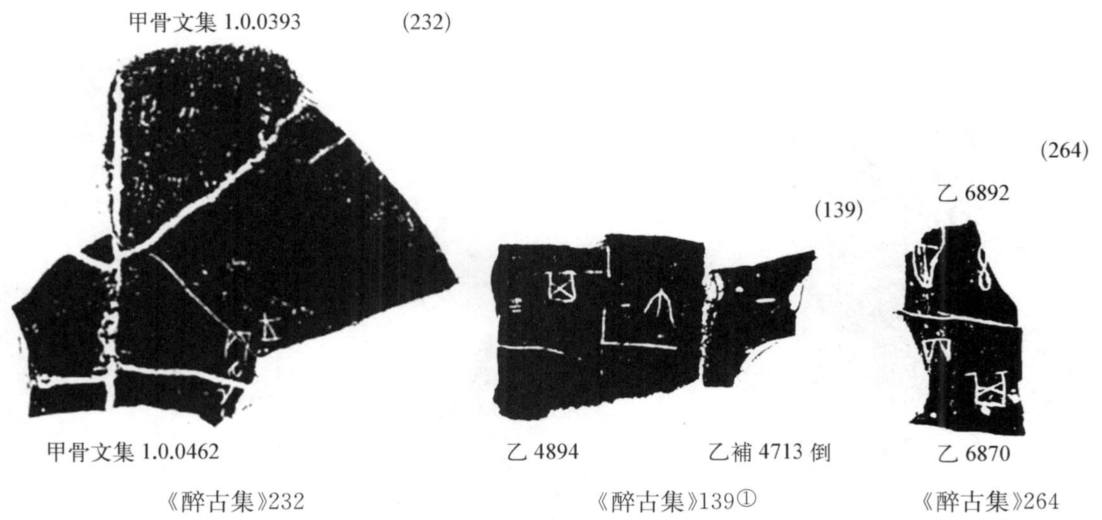

《醉古集》232　　《醉古集》139①　　《醉古集》264

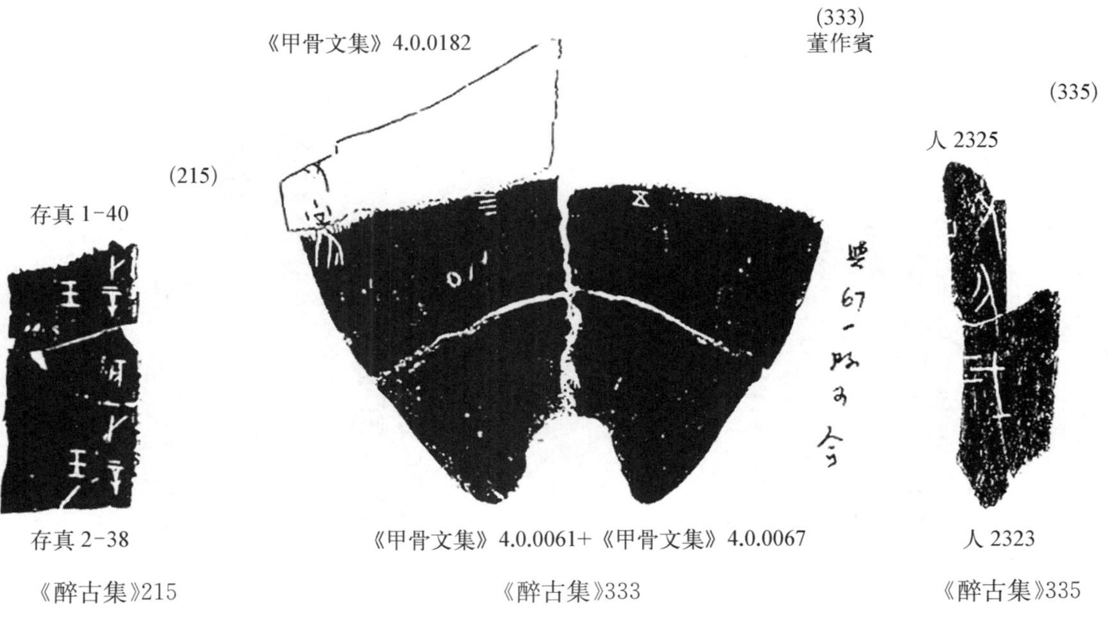

《醉古集》215　　《醉古集》333　　《醉古集》335

---

① 本片《大系》已注明漏收。

2.《大系》漏收《契合集》

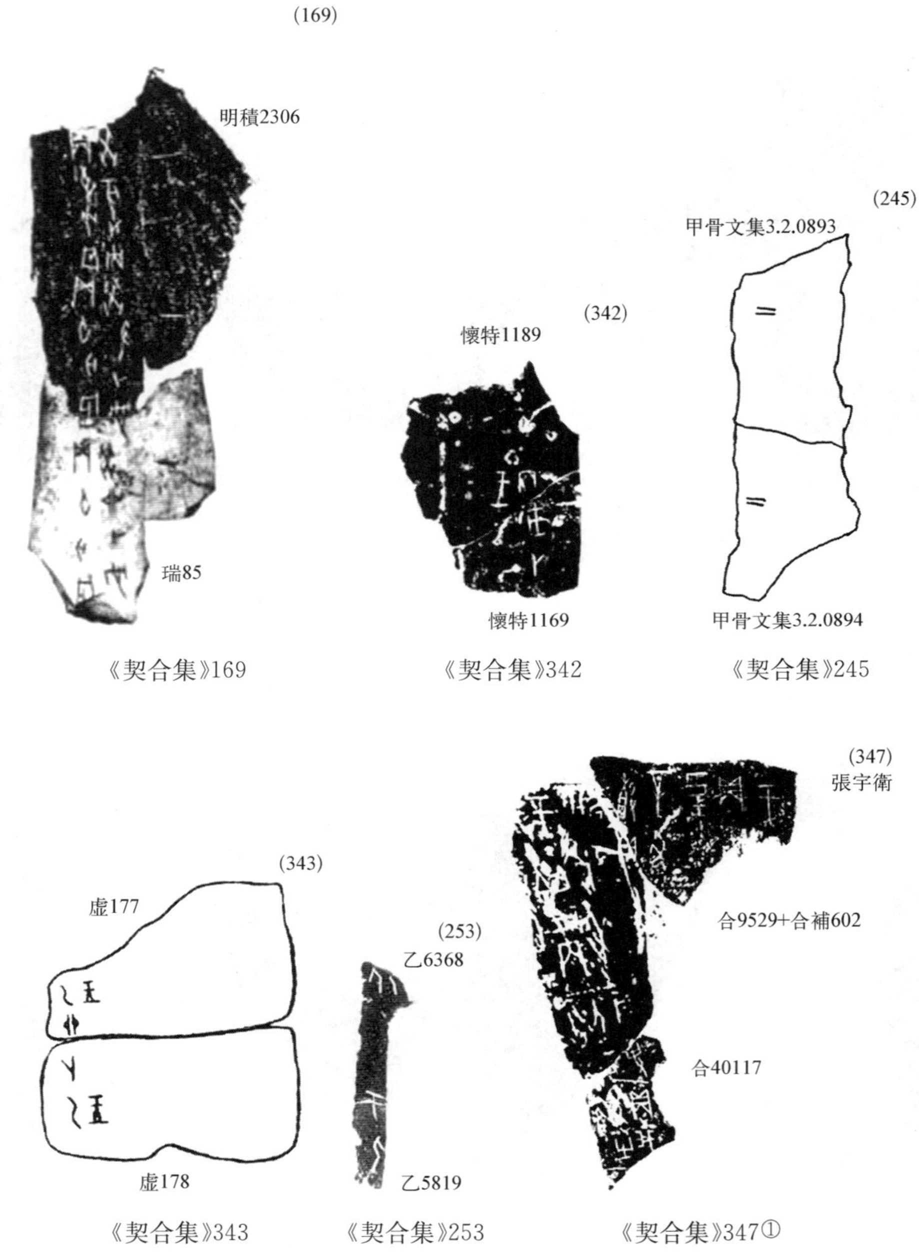

《契合集》169　《契合集》342　《契合集》245

《契合集》343　《契合集》253　《契合集》347①

① 《契合集》347 組,《大系》將其分爲《大系》15882、《大系》15883,《大系》的編者未收此綴合,可能是漏收或認爲此綴合有誤,根據林君《契合集》考釋指出《合》9530 爲同文例,且能補足"史""于"二字來看,此綴合應無誤。林宏明:《契合集》,萬卷樓出版社,2013 年,第 227 頁。

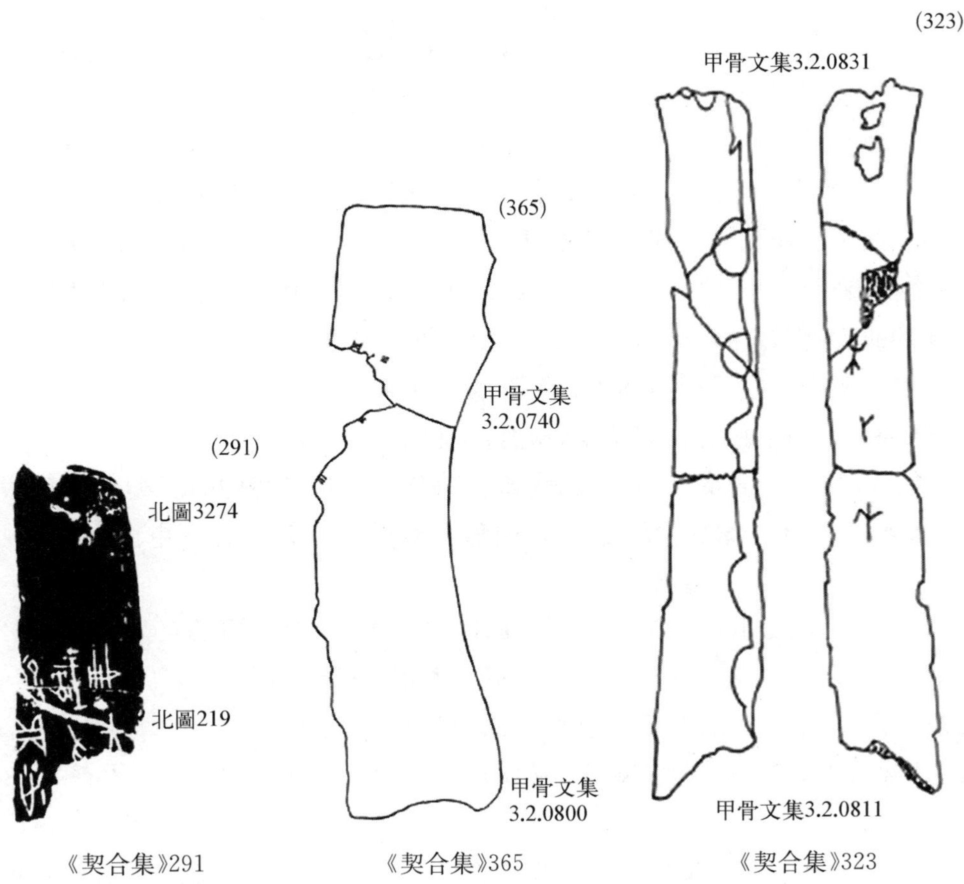

《契合集》291　　《契合集》365　　《契合集》323

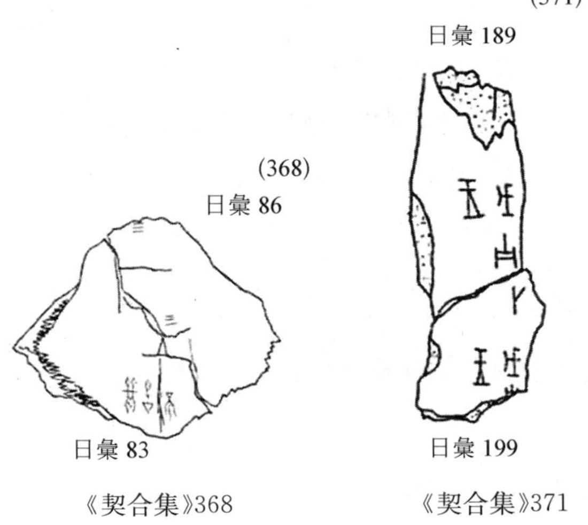

《契合集》368　　《契合集》371

三、收入錯誤綴合

《大系》收録的一些綴合中,有些綴合是過去學者已經指出有誤的。例如松丸道雄先生在《古文字與古代史》第 4 輯,曾指出《殷契遺珠》(下文簡稱《珠》)491(《合》26591)是一組由三塊龜甲組成的綴合,此綴合乃是錯誤的。[①] 這個意見後來《大系》已采用,並將《合》26591 拆分爲《大系》38911、38912、38913,可見《大系》的編者能够采用學界最新的研究,但其中仍收有不少錯誤的綴合。

1.《大系》8678:左甲橋綴錯了,請見《綴三》642 組。[②]

2.《大系》52204:拼合位置不對,接合處有兆序一漏摹。[③]

3.《大系》54179:爲許進雄綴,恐誤綴。54280 應與 54381 可遥綴,此爲許綴。[④]

4.《大系》56311:爲許進雄綴,但以田獵卜辭看《屯南》592+《屯南》603 同文例,此綴合恐誤。

5.《大系》50615:我在《綴三》600 以爲遥綴,《大系》改爲實綴,又漏摹《合》20506 左上戈字。我以爲不可實綴。折痕不合。[⑤]

6.《大系》54179:綴合是采用許進雄的,我懷疑是誤綴。

7.《大系》54179:爲許進雄綴合,林宏明的綴合《醉古》224,收在《大系》52847 的這組才對。

8.《大系》14191:《合補》1999 爲我綴合,王紅加綴《京人》921,我認爲此綴是錯誤的。

9.《大系》14266:爲林宏明綴合,收録於《契合》81,但此綴錯誤,宋雅萍調整爲《合補》4779+《安明》629,《大系》采用林綴。

10.《大系》26810:我綴合,收録於《綴集》163,此綴錯誤。

---

① [日]松丸道雄:《甲骨文斷代研究與〈珠〉491》,《古文字與古代史》第 4 輯,"中研院"歷史語言研究所,2015 年,第 65—73 頁。

② 蔡哲茂:《甲骨綴合三集》,第 136 頁。

③ 蔡哲茂:《甲骨綴合彙編(圖版篇)》,第 57 頁。

④ 蔡哲茂:《甲骨綴合彙編(圖版篇)》,第 77 頁。

⑤ 蔡哲茂:《甲骨綴合三集》,第 94 頁。

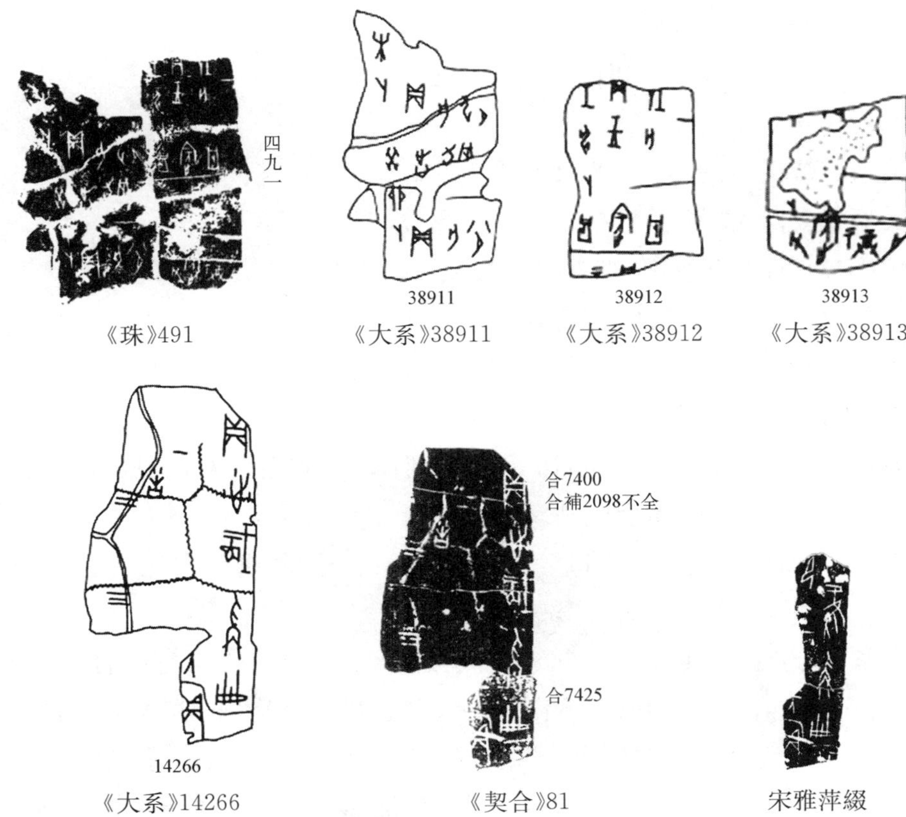

《珠》491　《大系》38911　《大系》38912　《大系》38913

《大系》14266　《契合》81　宋雅萍綴

另外,收入錯誤綴合還有一種情況,把别人的正確綴合位置擺放錯誤,例如《大系》840,收録的是蔣玉斌一組綴合,《合》21785+《合》21039+《合》15650①,蔣玉斌的綴合是正確的,《大系》圖版把《乙編》72的位置放錯,參見下圖:

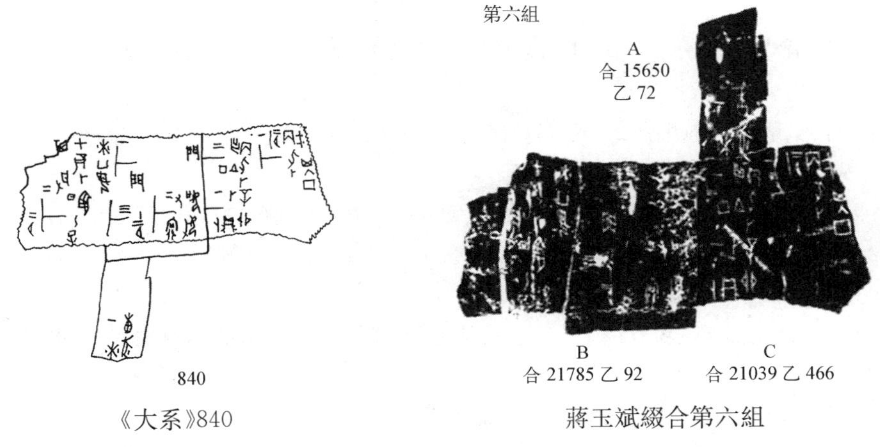

《大系》840　蔣玉斌綴合第六組

① 蔣玉斌:《殷墟甲骨新綴七組》,《文字學論叢》第5輯,綫裝書局,2010年,第206—210頁。

四、誤摹或漏摹

1.《大系》5070：大示十牢，釋文漏了大字。①

2.《大系》8693：漏摹“犾”殘文（我以前釋“求”）。②

3.《大系》31853：應改用《鐵雲藏龜》12－2，缺“貞其”“貞雨”四字。

4.《大系》1933：“中彔”的“中”字漏摹。③

5.《大系》2493 反：報乙丙丁之“報”字誤摹，正確是 L 形。

6.《大系》19227：反面漏摹不少朱書文字。④

7.《大系》35673：是用《合》24410 摹寫的，但此片合集已放大，應該改用《美藏》60 去摹才合比例。

8.《大系》7977：釋文貞以隹口（我在《綴三》73 補釋“鴻”，右側的“口”爲“工”之誤），前文也舉一例。⑤

9.《大系》6522 反：其上有不少朱書，左邊此版林宏明後來有綴合，楊熠也有綴合，明顯有“不隹”二字，右上有“蠱”及“王”還疑有“害”字。又此版釋文“叟入三”之“叟”字可疑。

10.《大系》27181 反：“郭”字下方有“殞”字，漏摹。⑥

11.《大系》15299：誤摹，“隹”右邊爲“工”非“口”，此字亦見《合》8744。⑦

12.《大系》13697：兩鳥字前有凹洞形漏摹。⑧

13.《大系》54100：亦有漏摹。⑨

---

① 蔡哲茂：《殷卜辭“伊尹鼉示”考——兼論它示》，《蔡哲茂學術文集 4 · 第二卷：殷商史卷（一）》，第 28—29 頁。

② 請見彩色附圖。蔡哲茂：《甲骨文“鼉”（舅）字補説》，《蔡哲茂學術文集 3 · 第一卷：甲骨文卷（三）》，第 711 頁。

③ 蔡哲茂：《讀契札記三則》，《蔡哲茂學術文集 2 · 第一卷：甲骨文卷（二）》，第 427—428 頁。

④ 蔡哲茂：《史語所藏一版復原完整龜背甲的新研究——〈丙〉65＋〈乙補〉357＋〈乙補〉4950》，《蔡哲茂學術文集 3 · 第一卷：甲骨文卷（三）》，第 652 頁。

⑤ 蔡哲茂：《甲骨綴合三集》，第 312—313 頁。另外也可參看《東文研》B0273，釋文作“甲申卜，賓貞：乎取鴻牛”。

⑥ 張宇衛：《綴興集》第 39 組，萬卷樓，2020 年，第 33 頁。

⑦ 蔡哲茂：《〈甲骨文字編〉指瑕》，《蔡哲茂學術文集 9 · 第五卷：書評、序文與雜著卷（二）》，第 406 頁。

⑧ 林澐：《一組卜辭的釋讀》，《林澐文集》，上海古籍出版社，2019 年，第 316—319 頁。

⑨ 蔡哲茂：《甲骨文釋讀辨誤五則》，《蔡哲茂學術文集 3 · 第一卷：甲骨文卷（三）》，第 659 頁。

14.《大系》53597：帚字左上漏摹三點，此字我釋爲“修”，“修雨”即“脩雨”。①

15.《大系》21636 反：圖片誤摹又倒置。②

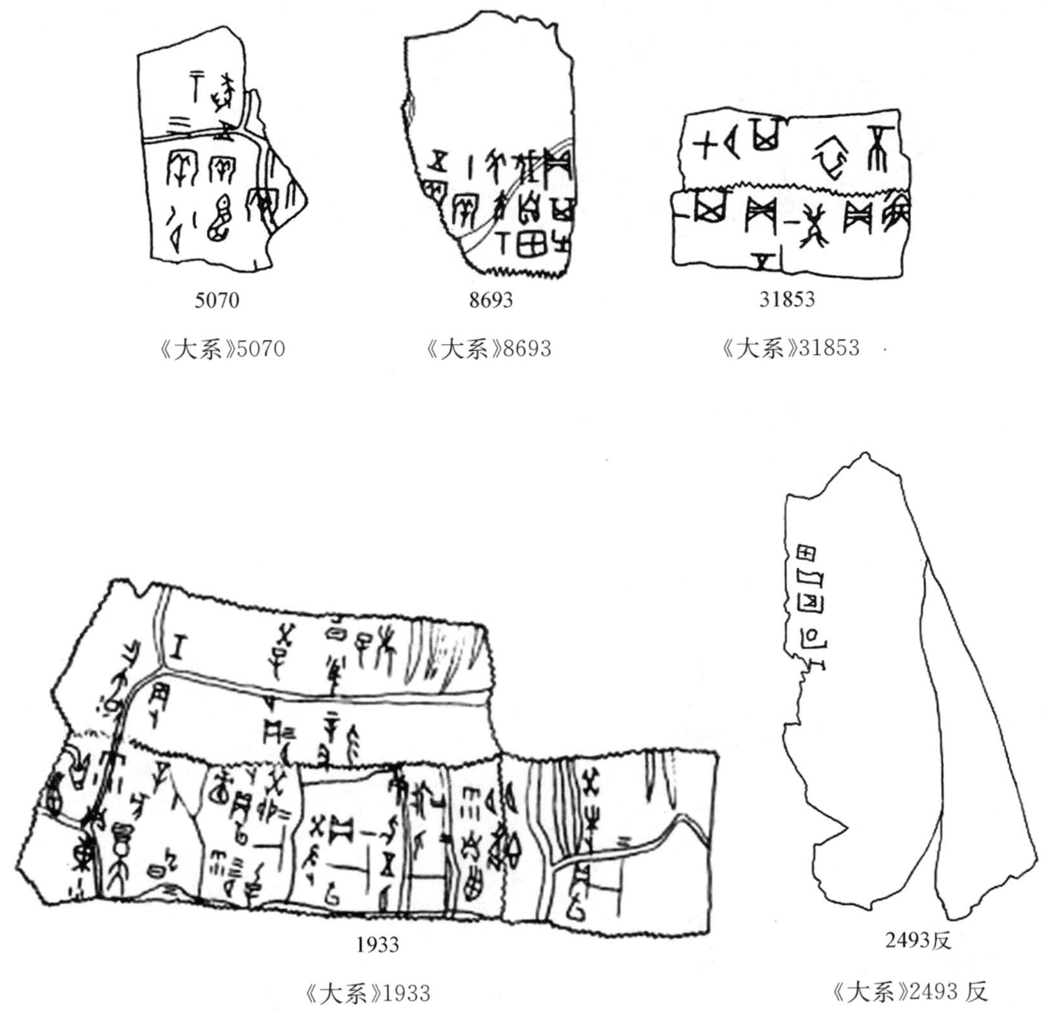

《大系》5070　《大系》8693　《大系》31853

《大系》1933　《大系》2493 反

① 蔡哲茂：《甲骨文試釋三則》，《蔡哲茂學術文集 2 · 第一卷：甲骨文卷(二)》，第 389—390 頁。

② 蔡哲茂：《讀〈英國所藏甲骨文集〉下編》，《蔡哲茂學術文集 8 · 第五卷：書評、序文與雜著卷(一)》，第 194 頁。

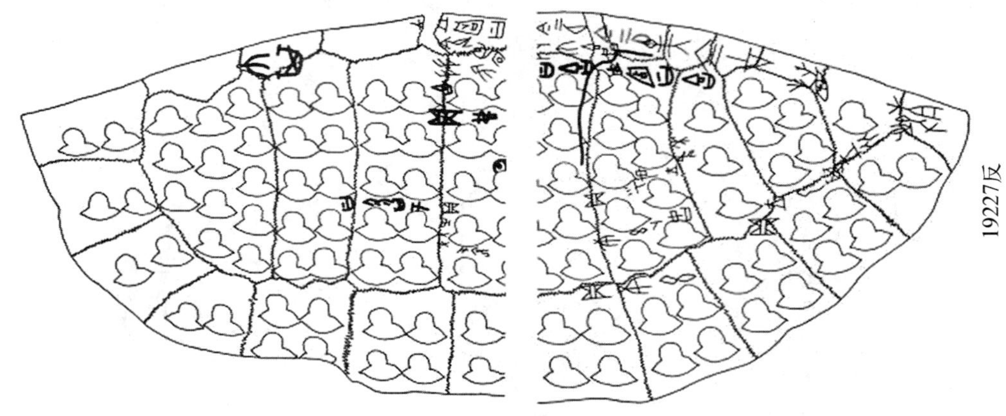

《大系》19227 反

35673　7977 正　6522反　27181反　15299

《大系》35673　《大系》7977 正　《大系》6522 反　《大系》27181 反　《大系》15299

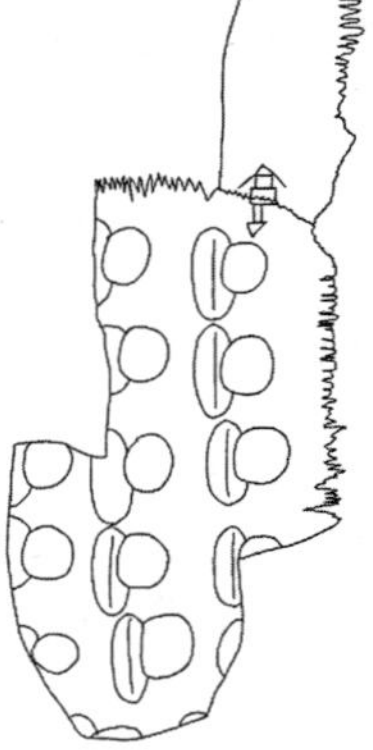

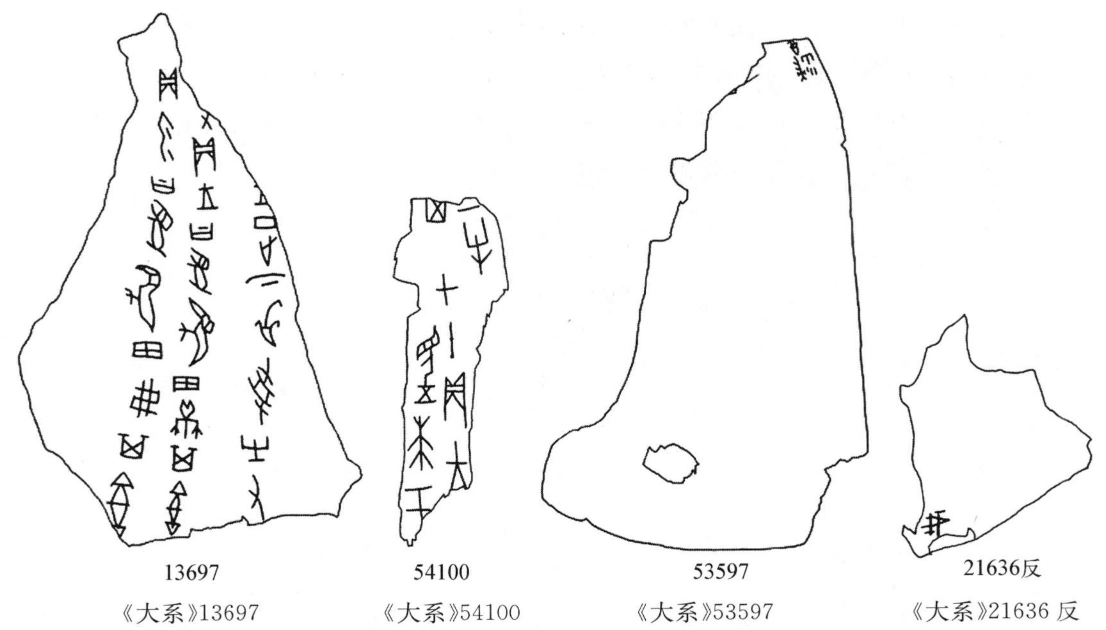

《大系》13697　《大系》54100　《大系》53597　《大系》21636 反

五、同文例分合有誤

1.《大系》51634 與 51591 爲同文例，51634 采用《醉古》239，應可加綴《合》33218（《大系》52592）。[①]

2.《大系》13267 到 13274 爲同文例，但其中 13269"争貞：王徝伐土方"不應該是同文例。

3.《大系》21724 正：與 13225、13226 爲同文例，應放置在一起。

4.《大系》26306：與 26354、26355、32158（頗疑能與《大系》26306 綴合）爲同文例，應放置在一起。

六、漏收正面或反面

1.《大系》6717：即《英》205，缺反面摹本，見《金》537，照片見《歐美亞所見甲骨録》。[②]

---

① 蔡哲茂：《論甲骨綴合的方法——以十二組甲骨綴合爲例》，《蔡哲茂學術文集 3・第一卷：甲骨文卷（三）》，第 725 頁。

② 蔡哲茂：《讀〈英國所藏甲骨文集〉下編》，《蔡哲茂學術文集 8・第五卷：書評、序文與雜著卷（一）》，第 193 頁。

2.《大系》20755：缺反面摹本，見《甲骨學》，《書道》18 反。[①]

3.《大系》9454：缺反面摹本，見《饒 plate》Ⅰ《日散(一)》88、89。

4.《大系》19259：缺反面摹本，見《國内四個文物商店所見甲骨》北京一反。

5.《大系》25244：缺反面摹本，見《掇三》165 反、《笏一》36。

6.《大系》21651：缺反面摹本，見《東洋文庫》266 正。

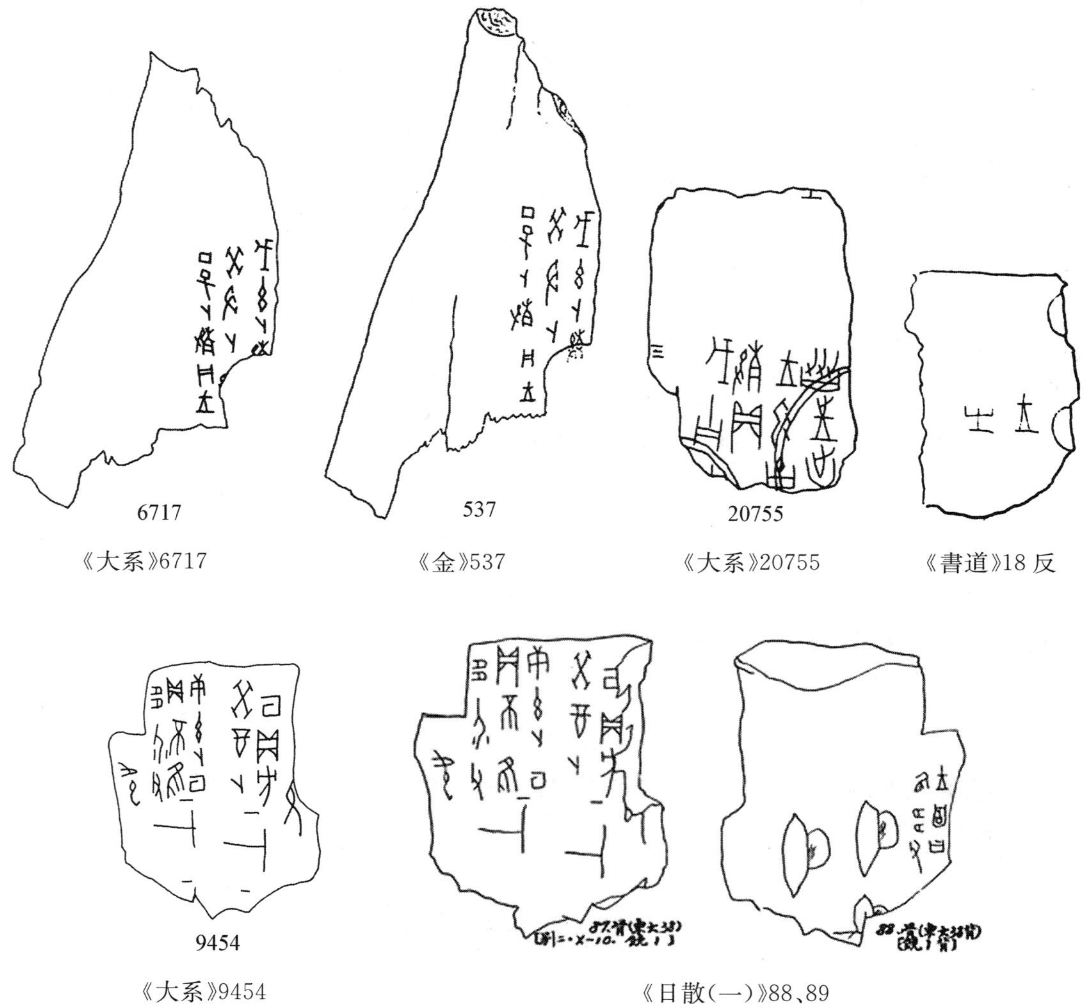

《大系》6717　《金》537　《大系》20755　《書道》18 反

《大系》9454　《日散(一)》88、89

① ［日］青木木菟哉：《書道博物館所藏甲骨文字》，《甲骨學》第 6 號，日本甲骨學會，1958 年，第 144 頁。

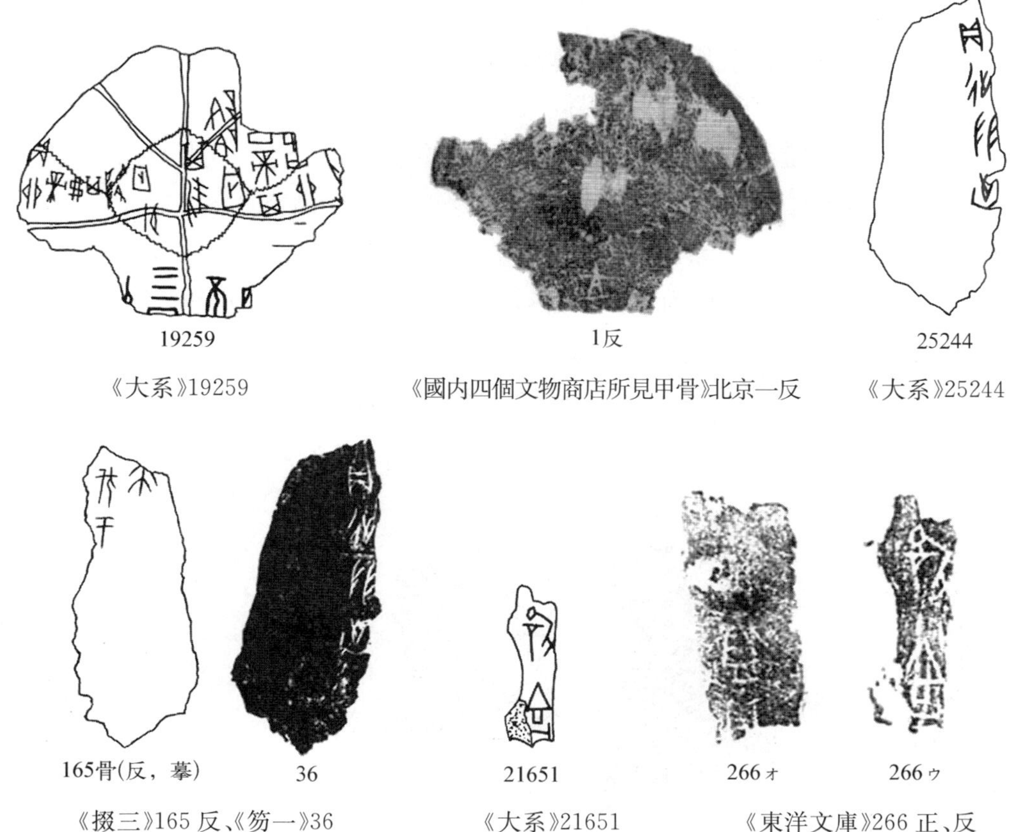

《大系》19259　《國内四個文物商店所見甲骨》北京一反　《大系》25244

《掇三》165 反、《笏一》36　《大系》21651　《東洋文庫》266 正、反

七、未能使用更完善的拓片

1.《大系》2585：用《合》22450，但該片已殘缺，《殷虛書契續編》六・九・七，最完整應改用《凡將齋藏甲骨文字》，（史語所、上海圖書館各藏一份原拓片）《善齋》5－55－6 亦有此片，另外在嚴一萍《凡將齋所藏殷虛文字考釋》也有將左邊"乎束"釋出，可以參看。①

2.《大系》2561：下半應改用《冬飲廬》8。②

3.《大系》58591：上半應改用《合》29070，版面就比較完整。

4.《大系》19436：本采用《合》14429，此版下半已殘，應改用《續》1－49－1。

5.《大系》51051：當用《七集》X14 補左下部分卜辭。

---

① 嚴一萍：《凡將齋所藏殷虛文字考釋》，藝文印書館，第 13 頁。

② 蔡哲茂：《甲骨綴合集》，樂學書局有限公司，1999 年，第 127—128 頁。

6.《大系》56188：上半《合》27392 應改用較完整拓片。①

7.《大系》28231：應改用《東洋文庫》23，下面龜尾無字部分可摹出。

8.《大系》25227：正面應改用《明後》1805a。

9.《大系》32632：《大系》骨邊部分不全，應改用《存補》7－21－1。

10.《大系》8609：正面版面不全，應改用《鐵》100－3(鐵新 948)。

11.《大系》32888：《大系》摹本部分裁切，應改用《國學叢刊》1－23－4。

12.《大系》15362：正面版面不全，下半有"不"字，應改用《鐵》29－2。

13.《大系》16177：左側不全，應改用《前》6－31－8。

14.《大系》31853：上部不全，"貞其""貞雨"未摹，應改用《鐵》12－2。

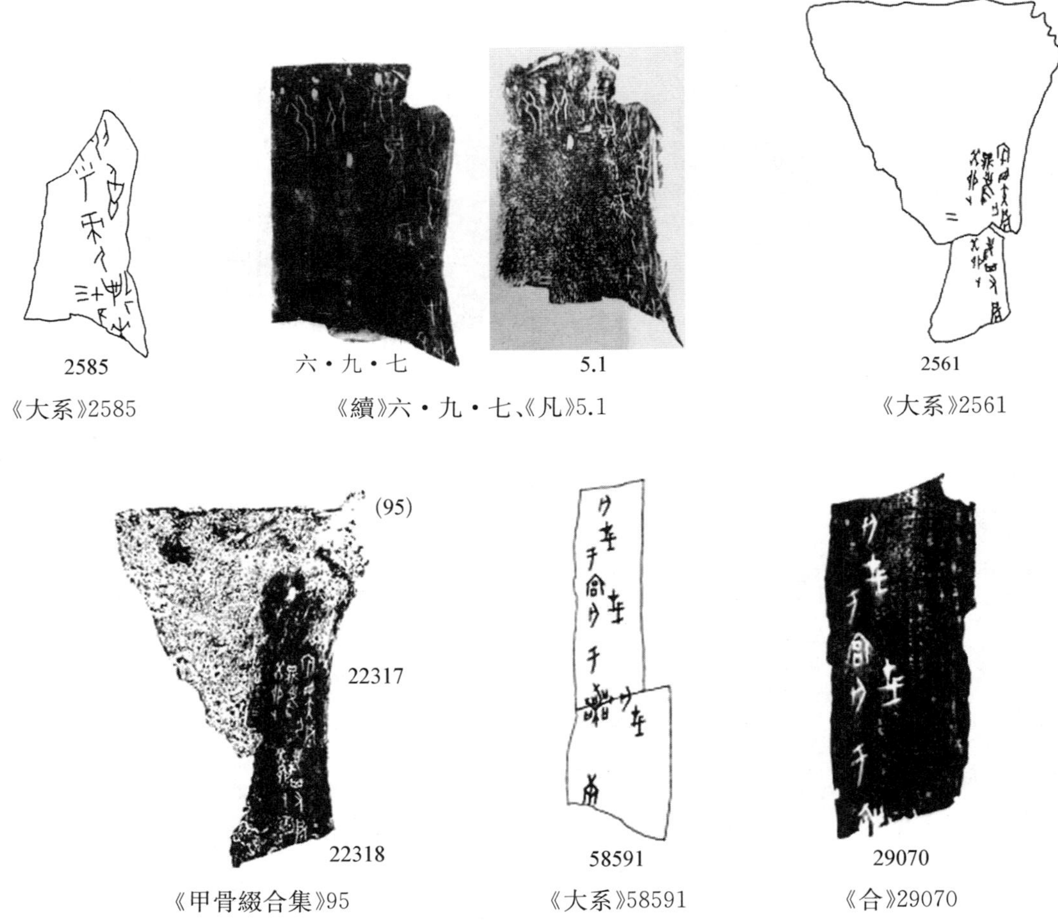

《大系》2585　《續》六·九·七、《凡》5.1　《大系》2561

《甲骨綴合集》95　《大系》58591　《合》29070

① 蔡哲茂：《甲骨綴合彙編(圖版篇)》，第 58 頁。

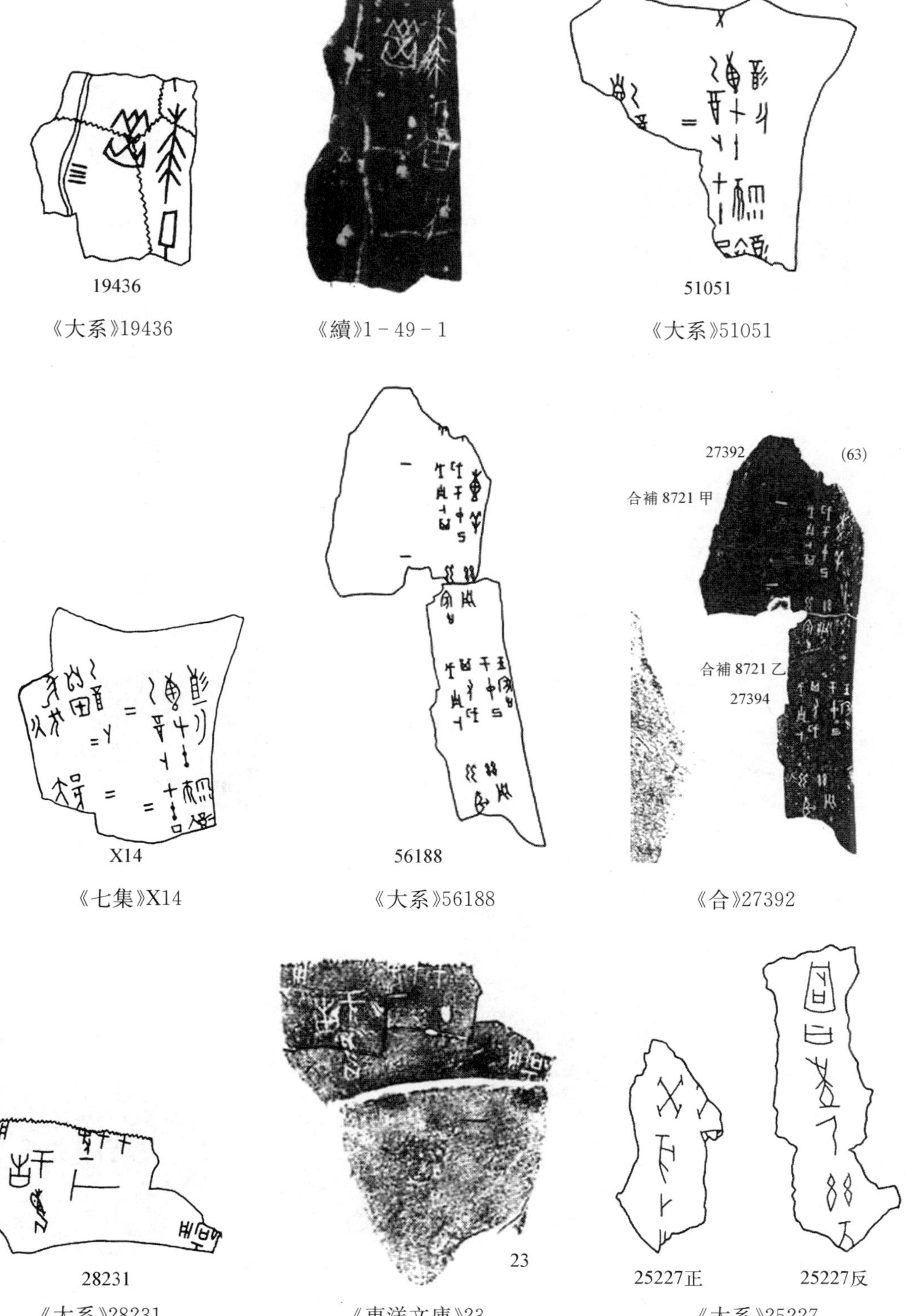

《大系》19436　《續》1－49－1　《大系》51051

《七集》X14　《大系》56188　《合》27392

《大系》28231　《東洋文庫》23　《大系》25227

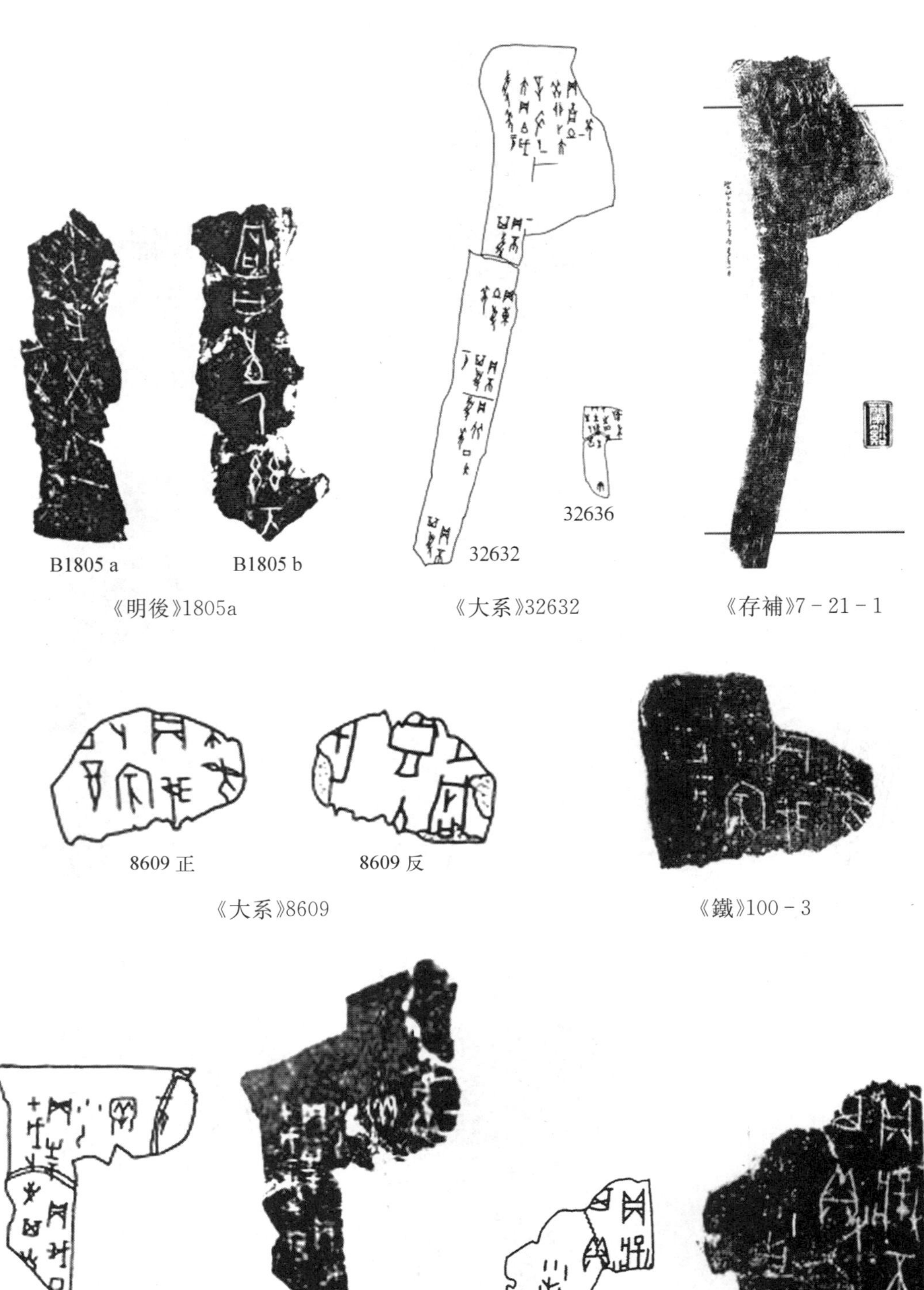

《明後》1805a　《大系》32632　《存補》7－21－1

《大系》8609　《鐵》100－3

《大系》32888　《國學叢刊》1－23－4　《大系》15362　《鐵》29－2

31132
《大系》31132

《前》6-31-8

31853
《大系》31853

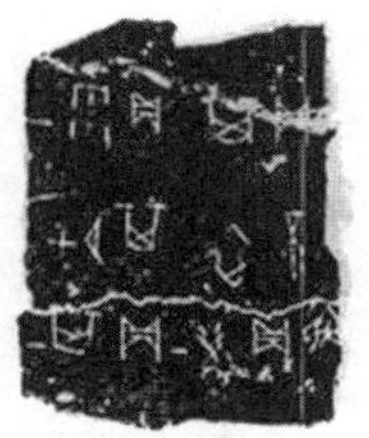
《鐵》12-2

八、釋文錯誤

1.《大系》7001：釋文作“貞：王南”，應改爲“貞：王老”，《大系》作者可能采取了《摹釋總集》的釋法。根據《東洋文庫》的拓本《東洋文庫》579，此字應釋爲“老”。

2.《大系》27181：釋文正面作“癸丑卜，賓貞：于雀郭”，反面作“郭☐”，其中在“雀郭”之間漏摹了“亡”字，這裏的“亡”實際要讀作“匄”，而反面漏了一個“殞”，翻找本書的索引，可知《大系》的來源是張宇衛《綴興集》39，但張文已改正，釋文可能采取了《摹釋總集》的釋法。[①]

3.《大系》26619：釋文作“王示”，實際上這不是“王”字而是“壬”，中間那筆漫漶，這裏作爲常見的祖先名“示壬”，也就是“主壬”。

《東洋文庫》579

《綴興集》39

① 詳見蔡哲茂：《伊尹(黄尹)的後代——武丁卜辭中的黄多子是誰》，《蔡哲茂學術文集4·第二卷：殷商史卷(一)》，第169頁。

結　　語

雖有上述問題，但由於甲骨材料體量龐大，黄天樹教授與他的團隊耗費多年所完成的《大系》大多數的摹寫仍是十分正確的，瑕不掩瑜。另外，黄天樹先生曾告知我原先打算在《大系》的每個摹本旁邊附上甲骨拓片，這樣做可以方便讀者對照，也能够順便檢驗摹本大系的摹寫是否準確，只可惜這個部分在後來出版的《大系》中未見。《大系》有部分甲骨著録未收，例如學界熟知的《東洋文庫藏甲骨》與《懷特氏藏甲骨》，但在《大系》中若有甲骨綴合使用到這兩部書的材料，《大系》往往會將這部分材料摹出。這可能是出於版權或是其他因素，期望未來《大系》能够克服困難，使用更好的甲骨拓片並收録更多甲骨著録，日後若要進行增補或修改，可以見到拓本與摹本對照的形式。

此外，《大系》的編輯者皆爲學界的賢才俊彦，據我所知進行編輯工作的研究者，後續還會根據《大系》進行《文字編》《人名索引》《地名索引》等等相關工作，期待這部分研究成果能早日完成面世，相信將會對甲骨學研究大有助益。

蛇紋與甲骨金文“它”“虫”本形的演變

艾　蘭　著

達特茅斯學院

韓宇嬌　譯

故宫博物院、“古文字與中華文明傳承發展工程”協同攻關創新平臺

一、殷墟裝飾藝術中蛇紋二元現象

在殷墟時期的藝術中，對蛇體背鱗紋的描繪有兩種不同的形式。一種是將蛇背部花紋繪成盾形“ᗜ”“ᗜ”，有時簡化作“◡◡”，這種蛇背花紋最早可見於山西襄汾陶寺遺址中出土的彩繪陶盤上。① 我們認爲這種花紋來源於亞洲蝮蛇(*Gloydius*)中具有橢圓形頭部和盾形鱗紋的種類，如短尾蝮蛇(*Gloydius brevicaudus*)等。② 另一種是將蛇背花紋描繪成菱形，最早出現在河南偃師二里頭遺址的出土文物中。這種花紋則來源於另一種蝮蛇——尖吻蝮蛇(*Deinagkistrodon acutus*)。在殷墟婦好墓出土的玉人服裝的紋飾上，可見這兩種不同蛇紋(圖 1)。

---

① 中國社會科學考古所、山西省臨汾市文物局編：《襄汾陶寺：1978—1985 年考古發掘報告》第 4 册，文物出版社，2015 年，彩版 17(M3072：6)、彩版 18(M3073：30)、彩版 19(M3016：9)、彩版 20(M2001：74)。

② 關於蛇紋的具體區别及歷史將另文詳論，請參見[美] 艾蘭、韓鼎：《祖靈在望：中國早期青銅時代的藝術與信仰》，待刊。

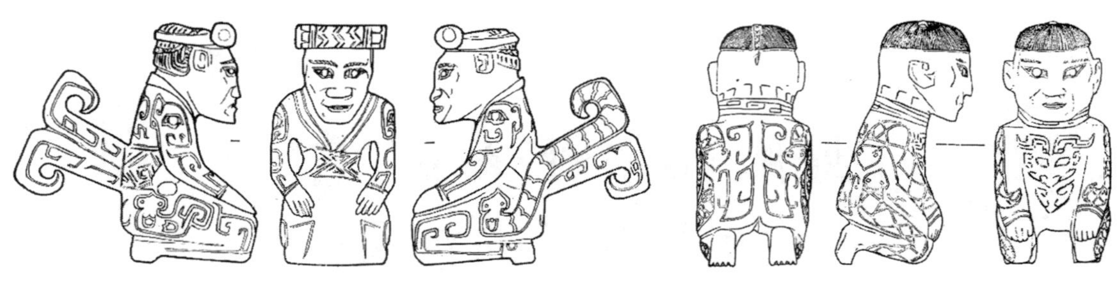

1. 玉人(M5：371)　　2. 玉人(M5：372)

圖 1　殷墟婦好墓出土玉人①

此外,兩種蛇紋也見於殷墟侯家莊大墓 M1001 出土大理石鴞形立雕及婦好墓出土的青銅鴞尊上,兩種不同蛇紋卷曲成匝,盤繞在鳥身翅膀部位(圖 2)。

1. 大理石鴞形立雕
(侯家莊 M1001：R10756)

2. 婦好鴞尊
(M5：785)

圖 2　鴞形器物上蛇紋②

龍紋中龍身樣式與蛇紋相似,其背部鱗紋同樣二元化。這種二元化的蛇(龍)紋常被有意地雕刻於同一件骨柶正反兩面(圖 3)。

① 圖版采自中國社會科學院考古研究所編:《殷墟婦好墓》,文物出版社,1980 年,第 152 頁,圖七九:1;第 153 頁,圖八〇:2。

② 圖版采自梁思永、高去尋:《侯家莊第二本:1001 號大墓》下册,"中研院"歷史語言研究所,1962 年,圖版七四;中國社會科學院考古研究所編:《殷墟婦好墓》,文物出版社,1980 年,第 55 頁,圖三六。另,婦好鴞尊蓋上立體的冠部,内側所飾瓶角龍紋中龍身鱗紋也呈菱形。

1. 骨柶拓片
(侯家莊 M1001：R7645)

2. 骨柶拓片
(侯家莊 M1001：R7605)

圖 3　殷墟侯家莊大墓出土骨柶上蛇(龍)紋①

二、作爲黄泉象徵的蛇(龍)

在全世界範圍内,蛇都是先民神話想象中重要的角色,尤其在新石器時期及青銅時代更爲普遍。一些種類的蛇帶有致命的毒液,因而人類及其他高級靈長類動物已經進化出帶有本能恐懼的神經生理反應,一看到它們的移動或類似移動方式的任何事物,就會做出反射。生物學家孟德克(Balaji Mundkur)指出這種不可控制的生理恐懼反應是人們宗教信仰的根源所在,也是蛇在全世界古代藝術及神話中都具有重要地位的原因。② 因爲有的蛇類會致命,並且它們習慣性地居於地下洞穴,所以人們自然而然地將蛇與死後的地下世界聯繫在一起。蛇就成了死亡與逝者所屬地下世界的重要隱喻形象。在中國,地下世界即黄泉。故而,蛇紋與龍紋經常出現在水器(如盤)的内側。

---

① 圖版采自陳仲玉:《殷虚骨柶上的裝飾藝術》,《"中研院"歷史語言所集刊》第 66 本第 3 分,1995 年,第 915 頁,圖 15: 7;第 913 頁,圖 14: 5。

② Balaji Mindkur, *The Cult of the Serpent: An Interdisciplinary Survey of Its Manifestations and Origins* (Albany: SUNY Press, 1983) and "Human Animality, the Mental Imagery of Fear, and Religiosity," in T. Ingold, ed., *What is an Animal*, (London: Routledge, 1988), pp.141-184; Sarah Allan, *The Shape of the Turtle: Myth, Art and Cosmos in Early China* (Albany, New York: State University of New York, 1991), p.163.

三、同時期的甲骨文

下文我們擬從紋飾二元化角度出發，對甲骨文字形進行闡釋，並對甲骨文字形中出現的相同的二元化現象進行討論。其後，再進一步討論西周早期相關金文字形。

（一）蛇

表 1 中的象形字曾被認爲象蠶之形，釋爲蠶字初文。在甲骨文中此字可用在“示”字前，二者搭配成語。所謂“蠶示”更被認爲是反映了商代時期蠶神崇拜。這種釋讀雖然仍被一些參考文獻收録，但學界已基本摒棄了這一説法。[①] 張政烺先生首先反對了釋“蠶”説，與蠶的形態相比較而言，這些字形表現出的細頸、曲身更接近蛇的形態。[②] 在卜辭中，該字與“示”連用時，有時與“元示”對文。裘錫圭先生及其他學者指出象蛇之“它”字在卜辭中用假借義，訓“其他”之意。例如：

（1）貞：元示五牛，它示三牛。

（《合補》4139，賓出[③]）

因此，該字應釋爲“它”字，蛇之初文。目前關於“它”字的釋讀已無争議。[④]

（二）繁體：A1 與 A2

“它”字的主要字形可以分爲兩種：A1、A2（參表 1）。參考李宗焜《甲骨文字編》中收録的字形範圍，可歸爲 A1 類字例的，其中賓組 6 例，歷組 1 例。A2 類的四例字形中，賓組 2 例，歷組 2 例。[⑤] 但從這一統計區别上，看不出字體的歷時演變規律，也没有體現出組類分布差異。因此，這一現象背後應另有原因。

---

① 孟世凱：《甲骨學辭典》，上海人民出版社，2009 年。

② 張政烺：《釋它示——論卜辭中没有蠶神》，《古文字研究》第 1 輯，中華書局，1979 年，第 63—70 頁。

③ 彭邦炯、謝濟、馬季凡：《甲骨文合集補編》，語文出版社，1999 年。本文簡稱“《合補》”，下同，不贅注。

④ 裘錫圭：《釋“蚩”》，《裘錫圭學術文集 · 甲骨文卷》，復旦大學出版社，2015 年，第 206—211 頁；陳劍：《試説甲骨文的“殺”字》，《古文字研究》第 29 輯，中華書局，2012 年，第 9—19 頁；劉雲：《釋“殺”及相關諸字》，復旦大學出土文獻與古文字研究中心網，2012 年 11 月 21 日，http://www.fdgwz.org.cn/Web/Show/1963。

⑤ 郭沫若主編：《甲骨文合集》，中華書局，1978—1982 年。本文簡稱“《合集》”，下同，不贅注。

表 1　甲骨文中的"它"字

A1 類		A2 類	

(a)《合集》14353,自賓①	(b)《合集》4813,典賓	(c)《合集》32509,歷二	(d)《合集》10065,賓組

A1 類與 A2 類在卜辭中意義相近,均主要用作人名、地名。但囿於甲骨卜辭材料範圍有限,並非商代語料全貌(也有本文所收集材料範圍有限的原因),僅見一例 A1 類字形用作"其他"之義。

A1 類與 A2 類字形上的二元化與商代裝飾藝術的蛇紋二元化是一致的,都來源於現實生活中不同的蝮蛇。A1 類字形中象蛇身的部分上畫有短橫綫,有些短綫或組成"＞""＜"形。部分字形爲突出眼睛部分,在頭部畫出兩點(參表 1: a、b)。也就是説,甲骨文字形中蛇身上的綫條都作簡化處理,使用直綫或者由直綫組合成尖角樣式。我們認爲這一形體來源於現實中亞洲蝮蛇的盾形鱗紋蛇類。相對地,A2 類字形中蛇身上的花紋形式則近似菱形鱗紋,並且突出尖吻部位(參表 1: c)。根據 A2 類字形特徵,A2 類字應以尖吻蝮蛇爲原型。

(三) 簡體: B1 與 B2

甲骨文中還有兩種簡化字形,從字形寫法來看,與蛇的形體類似,我們將其分爲 B1 類和 B2 類。有學者將其看作是 A1 類或 A2 類字的異體,釋爲"它",也有學者則認爲與"它"無關,當釋爲"虫"。②

B 類字形通常作爲合體字中的構件出現,B1 類和 B2 類都可作爲構件。如表 2 所示,在由 B1 類和 B2 類組成的合體字裏,二者均對照出現。但是,B 類字並不是 A 類字

① 李宗焜:《甲骨文字編》,中華書局,2012 年,第 667—668 頁。其中一字形,《甲骨文字編》摹作 ,屬於黄組(《合集》36960)。該版卜辭現藏於旅順博物館,據公布的彩色照片作" "(中國社會科學院甲骨學殷商史研究中心、旅順博物館:《旅順博物館所藏甲骨》上册,上海古籍出版社,2014 年,第 352 頁,2079 號),頭部中心爲一圓點,非十字綫條,象綫條交叉的部分實際爲骨板的裂痕。根據孫亞冰、林宏明先生的綴合,可知該字用在地名後,或釋爲"雲",讀爲"陰",詳參孫亞冰:《釋〈合集〉36960 中的" "字》,《甲骨文與殷商史》新 7 輯,上海古籍出版社,2017 年,第 113—115 頁。

② 詳參于省吾:《甲骨文字詁林》第 2 册,中華書局,1996 年,第 1777—1785 頁,1841 號、1842 號。

的異體。在甲骨文中,B類字如果不作爲合體字的構件使用,獨立成字的時候,其所記録的詞與A類字形所記録的是不同的,反而表示的是它們所組成的合體字,如表2中C字和D字。B1 和B2 代表它們組成合體字的最常見例子,是與"止"組成會意字,寫作C1 與C2 ,釋作"害",傷害之意,通常用在否定副詞"亡"之後,組成"亡害"短語。因此,B類形體即A類的簡體,是爲在合體字中作爲構件使用而簡化創造的。B類形體所代表的意義需要在其所代表的合體字中凸顯,承載的不是繁體A類字的字義。同時,B類也同樣保留了A1與A2二元對立的形式,但B1類與B2類的區别不體現在背部花紋上,而用頭部特徵來表現。B1類突出橢圓形的頭部,與A1類對應的亞洲蝮蛇相似,B2類則是寫作箭矢一樣的尖頭。B2類寫作尖頭狀,反映的是尖吻蝮蛇這一原型的三角形頭部和上翹窄長的特殊吻部,省略了背部的菱形鱗紋,與A2寫法不同。

表2 甲骨文中含有"它(虫)"構件的兩類字形①

A1	B1	C1	D1	E1	F1	G1	H1
A2	B2	C2	D2	E2	F2	G2	H2

(四) B1與B2組成的合體字

從表2中所列字形可以看出,B1與B2作爲合體字的構件時,是平行等位出現的。E1 和E2 是由重複的B1和B2構件組成的合體字,E組字形也反映了"它(虫)"類字的二元性。

另外,C至H這些合體字選擇B1還是B2作爲組成構件的原因,難以從時代差異或者組類差異等角度進行解釋。我們仍然以《甲骨文字編》所收字形爲考察範圍,共有94例C1 字形。其中,自賓間類2例,賓組55例,出組4例,何組2例,歷組30例,另有非王卜辭2例。C2 共有83例,自組3例,賓組6例,出組23例,何組1例,黄組4例,歷組35例,無名類2例,非王卜辭8例,含花東卜辭6例。② 由上可見,賓組更傾向使用C1字形,出組則傾向使用C2字形,歷組則兼用C1、C2二形。這也是對卜

① 表中C1至H1是含有B1構件的合體字,C2至H2是含有B2構件的合體字。表中同列上下二字互爲異體。

② 李宗焜:《甲骨文字編》,第668—673頁。

辭内容某種程度的反映。這種分布情況或可看出不同組類的用字習慣，但需要注意的是，這兩種形體均可出現在不同的組類中，出現在不同時期的卜辭中。

在我們可見的材料範圍内，僅有一個例外，即 F1 ，隸作“蠱”。F1 通常情況下使用 B1 形體作爲構件，使用 B2 作爲構件的，即寫作 F2 僅有 1 例，其中構件“皿”省去圈足，簡寫作“凵”形。

(五) 中間過渡字形

(2) 㞢(侑)于成、大丁、大甲、大庚、大戊、中丁、祖乙、祖辛、祖丁一牛，它羊。 二告
(《合補》100 正十，①賓一)

卜辭(2)中“它”字寫作“”，一般被看作是 A 類的異體字。此條卜辭貞問的是向成湯至祖丁九示舉行侑祭使用一頭牛，其他祖先則使用羊。“它”用作“其他”之義，與卜辭(1)中“它示”同義。值得注意的是，卜辭(2)的“它”字“蛇身”上没有描繪鱗紋的樣式，僅以雙鈎曲綫勾勒出“蛇身”輪廓。除此字之外，所有繁體“它”字都以交叉綫條或直綫表現鱗紋。這個形體的“”在“它”字的演進序列中十分重要，西周金文“它”字或被認爲是由此字演變而來。

如上文所論，A1 與 A2 類繁體(蛇身部分書寫完整，包括蛇身輪廓及鱗紋)是獨立使用的成字，不作爲合體字的構件。而 B1 與 B2 類簡體(蛇身以單鈎曲綫表現)則一般用在合體字中，作爲構件出現。在繁體 A 類與簡體 B 類中存在着過渡字形，即蛇身部分是雙鈎綫條。該形體適用於 A 和 B 類，但過渡字形也很少作爲合體字構件出現，在甲骨文中，我們僅找到一例，寫作(《甲骨續補編》5.394.2，自組②)。該字是 D1 與 D2 的異體字，D 字从攴、它(虫)，點狀象水滴或血滴之形(參表 2)。這個過渡字形(賓一)和其組成的合體字(自組)都是早期的武丁卜辭中出現的字體，那麼這個字形不太可能是兩周金文的直接來源。

裘錫圭、陳劍等多位學者將 D 字釋爲“殺”，其本義可解釋爲擊殺或椎殺，慢慢詞義擴大後，泛指所有的“殺”。③ 這種詞義的變化，與“伐”相似，本義爲砍殺，後發展爲其他形式的殺。D1 與 D2 通常按照字形解釋爲擊殺蛇，其中點畫象蛇血之形。但是，這種説法又有些難以融通，在卜辭中，D 字作爲祭祀動詞，後面所接的犧牲爲牲畜或

---

① 本版綴合詳參蔡哲茂主編：《甲骨綴合彙編》第 541 組，花木蘭文化出版社，2013 年。

② 胡厚宣：《甲骨續存補編》，天津古籍出版社，1996 年。

③ 于省吾：《甲骨文詁林》第 2 册，第 1796—1802 頁，1858 號；陳劍：《試説甲骨文的“殺”字》，《古文字研究》第 29 輯；劉雲：《釋“殺”及相關諸字》等。

人牲，而非蛇。此外，據目前所見卜辭及考古材料中，在商代没有以蛇作爲犧牲之例。因此，我們認爲D字包含兩個含有“殺”義的構件。其中的“它/虫”(蛇)爲聲符，即是死亡的代指，點畫是水滴的象形，指代黄泉，“攴”則表示殺的方式。

(六) 商代二元化的意義

綜上所論，商代藝術中，存在兩種不同鱗紋樣式的蛇紋，來源於現實生活中不同類别的蝮蛇。而在商代藝術的語境中，兩種蛇紋可以相互替换，也可以成對出現，説明蛇紋具有二元性。甲骨文中也存在同樣的二元化，在相關字形序列中，可以找到基於兩種蝮蛇原型的，兩種形體平行相對的甲骨文異體字群。這就帶來了更多的問題。以在藝術形式和文字上一致的表現來看，可以肯定這種二元化的現象是有意爲之的，商代人會有意識地决定使用其中一種。但是，我們現在難以得知他們如何選擇或者這種選擇表達了什麽樣的含義。即使商代人有意識地進行二元化，也很可能是他們憑直覺的選擇，或也可以説是從審美角度進行的選擇。另外，甲骨文裏二元化的一組字形是否存在讀音差異，我們也難以得知。

雖然我們目前還難以解釋商代的二元化，但是進入兩周時期，與蛇相關的藝術紋飾和文字寫法都發生了變化，這可以説明二元現象是商代特有的。下文我們將討論西周時期蛇紋的變化及與之相應的西周金文中與蛇相關異體字形的變化，繼而可以更好地理解兩周金文中“它”“虫”二字的來源與演變。

(七) 紋飾帶的S形小蛇紋

在商代及西周早期銅器的主紋飾帶上下，經常出現自身彎曲成S形的小蛇紋，作爲一個單元重複展開，也充當紋飾帶的作用。這種小蛇紋大多使用盾形鱗紋，同時期中雖有個别使用縱紋蛇背蛇紋的例子，其代替的也並非菱形鱗紋。如圖4：2、4所示的蛇紋，這種蛇紋體背縱紋綫靠近蛇頭處作箭矢形狀。這一紋飾模仿了甲骨文“ ”的形體，是尖吻蝮蛇的簡體形式，在甲骨文獨體字中多寫作菱形盾紋的形式。因此，S形的小蛇紋也延續着上文所論的商代蛇紋二元性。綜上，縱綫蛇紋需要與下文我們所討論的西周蛇紋區别開來。

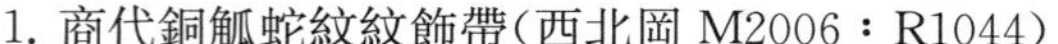

1. 商代銅觚蛇紋紋飾帶(西北岡 M2006：R1044)

2. 上海博物館藏商代銅觚紋飾

3. 西周銅鼎蛇紋紋飾帶

4. 山西天馬-曲村西周銅尊圈足(M6081：86)

圖 4　商周時期 S 形蛇紋拓本①

四、西周時期蛇紋的演變

在周滅商之後的最初幾十年内(約前 1050 年),周人沿用了包括饕餮紋在内的许多商代成熟流行的紋飾。但在不到一個世紀的時間裏,周人就摒棄了商人的藝術審美偏好。與饕餮紋等其他商代主流紋飾類似,西周早期的蛇紋及蛇身紋繼承了商代樣式,但是在周文化逐漸取代商文化後,蛇紋及蛇身紋樣不再使用,或形式發生了變化。在裝飾藝術中,蝮蛇紋的二元現象也消失了。進入西周中期後,很快就看不到帶有菱形鱗紋的蛇(龍)紋蹤迹,而帶有盾形鱗紋的蛇身形象則存在時間較長,並且盾紋演變爲獨立紋飾。另一種通體由一條中心綫縱貫背部的蛇(龍)紋類型,變成了主流。與此同時,金文中出現了一個新的"它"字形,該字與同時期蛇紋一致,在體背寫有一縱向綫條。

(一) 雙身蛇紋

在殷墟裝飾藝術中,常見紋飾爲單首雙身蛇紋。我們所見到最早的例子是偃師二里頭出土的陶鬲殘片紋飾。② 到殷墟時期,此類動物紋帶有足、角、蛇身,演變爲雙身龍紋,如婦好墓出土一對方壺(M5：794、807)壺身上腹部所飾淺浮雕單首

① 圖 4：1. 采自李濟、萬家保:《殷墟出土青銅觚形器之研究》,"中研院"歷史語言研究所,1964 年,第 94 頁;2. 采自上海博物館青銅器研究組編:《商周青銅器紋飾》,文物出版社,1984 年,220 頁,圖 615;3. 采自[日] 林巳奈夫著,[日] 廣瀨薰雄、近藤晴香譯:《殷周青銅器綜覽 · 殷周時代青銅器紋飾之研究》第二卷(圖片),上海古籍出版社,2019 年,第 296 頁,10—128;4. 采自北京大學考古學系商周組、山西省考古研究所:《天馬-曲村(1980—1989)》第 2 册,科學出版社,2000 年,第 345 頁,圖五〇九：3。

② 該陶片爲二里頭 IV 區 H57 所出陶鬲殘片,年代爲二里頭三期。詳參中國科學院考古研究所洛陽發掘隊:《河南偃師二里頭遺址發掘簡報》,《考古》1965 年第 5 期,圖版三：10。

圖 5　司㚸母方壺壺身上腹龍紋（殷墟婦好墓 M5：807）①

雙身龍紋（圖 5）。婦好墓方壺的雙身龍紋與二里頭的雙身龍紋具有淵源關係，二者都背飾菱形鱗紋。殷墟時期，對菱形鱗紋的傾向性選擇可能反映出了其來源。

在西周早期，仍然使用雙身蛇（龍）紋，但是蛇（龍）身飾以盾形鱗紋，而非菱形鱗紋。例如，令方彝根據其銘文可斷代爲西周早期銅器，但其紋飾仍延續殷墟的藝術審美傳統，器身腹部四面中間分别飾有饕餮紋，器口下方四面各飾一浮雕單首雙身龍紋。殷墟的單首雙身龍紋，一般是帶有瓶形角的饕餮頭部，而令方彝的單首雙身龍紋頭部則飾有一對虎耳，雙身背部則中間各以一條溝形曲綫由頭至尾分爲兩列，每列均填飾盾形鱗紋（圖 6）。事實上，具有盾形鱗紋的短尾蝮蛇背部也縱貫有一條中心綫。需要注意的是，這條蛇背的中心綫十分重要，此後不久，蛇紋背部就僅飾有一條縱向中心綫。

圖 6　令方彝雙身龍紋，西周早期②

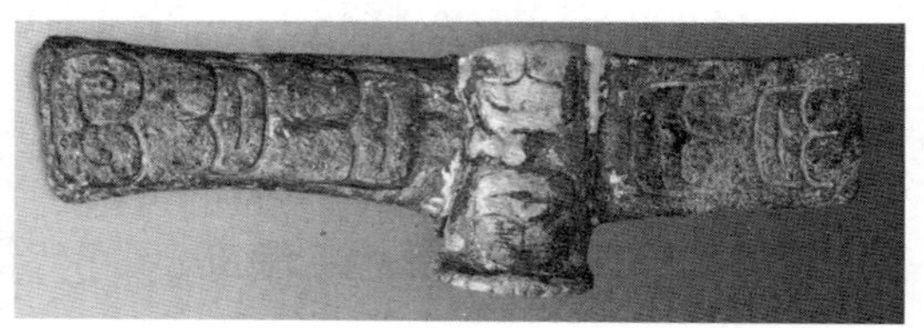

圖 7　盾紋青銅斧，陝西寶雞扶風莊白村窖藏，西周中期③

饕餮紋及與其組合出現的紋飾不再流行或是被加以改造的同時，盾形鱗紋的蛇紋也省掉了鱗紋。但是，這不意味着盾紋消失了，它反而成爲了一種重要的獨立紋飾，不再代表蛇（龍）身。例如，寶雞扶風窖藏的斧（圖 7）及㾓簋器身及蓋部的紋飾帶（圖 8）。

① 圖版采自張孝光：《殷墟青銅器的裝飾藝術》，中國社會科學院考古研究所：《殷墟青銅器》，文物出版社，1985 年，第 119 頁。

② 圖版采自 Freer Gallery of Art. *The Freer Chinese bronzes* (Washington, DC: Smithsonian Institution, 1967), vol.1, 213 (no.38)。

③ 圖版采自李伯謙編：《中國出土青銅器》第 16 册，科學出版社，1998 年，第 497 號。

1. 瘨簋器形綫圖

2. 瘨簋頸部紋飾拓片

圖 8 瘨簋,陝西扶風莊白西周青銅器 1 號窖藏(76FZH1:14)[①]

(二)商代縱紋蛇背的蛇(龍)紋

圖 9 日本泉屋博物館藏虎食人卣(局部)[②]

西周時期,背部帶有一條縱向中心綫的,縱紋蛇背的蛇(龍)紋取代了原有的菱形鱗紋或者盾形鱗紋的蛇(龍)紋。但西周時期的這種蛇(龍)紋也並不是完全新產生的。在日本泉屋博物館收藏的商代晚期虎食人卣上,就已有這種身背僅有一條縱綫的蛇紋出現。卣身上鑄有一對對稱的浮雕蛇紋,蛇頭與人頭的位置相應,蛇身從人肩部上方沿手臂至指尖,另有一對對稱的浮雕龍紋,從虎雙肩處沿虎臂至虎爪,就是縱紋蛇背的蛇紋。而從人臀部延伸至膝蓋處的對稱蛇紋則是菱形鱗紋(圖 9)。

(三)取代商代二元蛇紋的新興蛇紋

西周時期新出現的蛇紋是在蛇背中心縱紋兩側,帶有兩條淺些長紋的形式。例如,西周晚期的單五父方壺是這一時期飾以此類蛇紋的典型例子(圖 10)。在這個時期,鑄器者更强調包括形制及紋飾在內的器皿所呈現的整體性,而非紋飾圖像的具體內容。單五父方壺腹部紋飾是以一個雙身龍首爲主,纏繞多條蛇身的交龍紋。壺身側面與正

① 圖版采自北京大學考古文博學院、北京大學古代文明研究中心編:《吉金鑄國史——周原出土西周青銅器精粹》,文物出版社,2002 年,第 146、149 頁。

② 圖版采自中國青銅器全集編輯委員會編:《中國青銅器全集》第 4 册,文物出版社,1998 年,第 148 頁。

面的紋飾相似。纏繞的龍紋難以判斷一個軀幹到哪裏結束，另一個又從哪裏開始，但共同點是龍紋的體背都有一條縱紋，並且兩側各有與之平行的細縱綫。銅器紋飾上不同蛇背鱗紋説明可能是基於現實生活中其他種類的蛇，或爲黄脊游蛇（*Orientocoluber spinalis*），蛇體細長，又稱黄脊蛇、白脊蛇。黄脊游蛇背脊貫穿有一條非常明顯的縱向黄色或白色脊綫，蛇體兩側又各有一條淺色的縱綫（圖 11），對應來看，這也解釋了銅器紋飾中爲什麽會在蛇背中心縱紋兩側，添加兩條相對淺些的長紋。[①] 儘管不常見，但這種蛇類仍然廣泛分布於中國境内，包括周人祖地——今陝西省。

1. 單五父方壺乙照片

2. 單五父方壺乙正面拓本

圖 10　眉縣楊家村單五父方壺乙紋飾（2003MYJ：19）[②]

圖 11　黄脊游蛇，攝自中國遼寧[③]

---

① 參見趙爾宓：《中國蛇類》上册，安徽科學技術出版社，2006 年，第 188 頁；書中使用了 *Coluber spinalis* 的舊名稱。此處蒙韓宇嬌提示，在論文翻譯中，她還提出了其他建議及校對意見，謹致謝意。

② 陝西省考古研究所等：《陝西眉縣楊家村西周青銅器窖藏發掘簡報》，《文物》2003 年第 6 期，圖 29、圖 31。

③ 圖版采自趙爾宓：《中國蛇類》下册，第 112—113 頁。

西周時期蛇紋的發展演變説明從兩種不同的蝮蛇産生的，隱含着二元性的蛇紋，是晚商時期的特有現象，周人則摒棄了二元化的文化偏好。下文將着重討論，在兩周金文中也同樣存在，與裝飾藝術裏縱綫蛇背的蛇紋一致的字形。

五、兩周紋飾與金文字形

周代没有延續商代蛇紋二元化，同樣地，甲骨文字形的二元化也没有被西周金文繼承。西周早期時，菱形鱗紋的蛇紋就快速消失了，盾形鱗紋的蛇紋（短尾蝮）延續時間稍長，並且演變成爲獨立的盾紋，在兩周裝飾藝術中占據了一席之地。兩周時期盛行的是體表具有一條縱紋的蛇紋樣式。這一蛇紋樣式與金文字形相互對應，是“它（蛇）”字的本形（表 3）。新型的蛇紋取代商代二元蛇紋，而兩周金文新字形也相應地取代了商末字形。

表 3　兩周金文的“它(蛇)”字

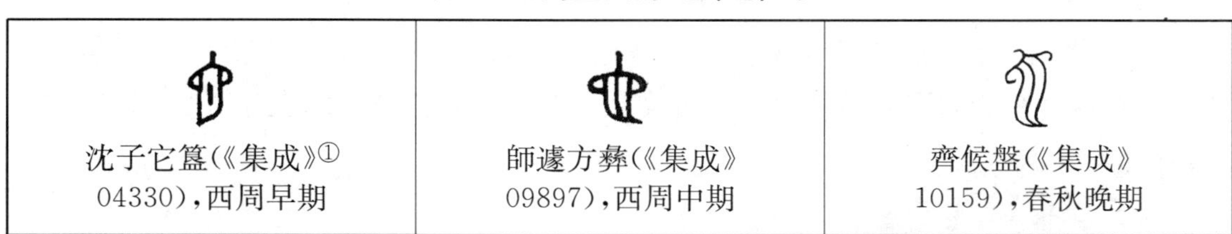

沈子它簋（《集成》[1] 04330），西周早期	師遽方彝（《集成》09897），西周中期	齊侯盤（《集成》10159），春秋晚期

如上文所述，甲骨文中 A 類字釋爲“它”，訓作其他之意，可以認爲是“蛇”的本字。金文字體與紋飾相似，是自源的新形體，不是直接繼承商代文字系統而來。

結　　論

商代蛇紋二元現象的含義目前尚不明確，但是毋庸置疑，在商代貴族信仰體系中，是具有特别的意義的，而對於周代統治者則無關緊要。這些字形在發展演變序列中難以解決的諸多問題，都與“虫”“它”的對應關係密切相關。在《説文解字》中，“虫”“它”都是部首。如所論無誤，那麽商代的二分蛇紋在進入西周之後，則逐漸消失。兩周金文中記録“蛇”這個詞的字是一個全新字形，字形特徵是蛇體背部是一條縱綫，該字形與商代甲骨文字形無關。

---

① 中國社會科學院考古研究所編：《殷周金文集成（修訂增補本）》，中華書局，2007 年。本文簡稱“《集成》”，下同，不贅注。

那麽，古代漢語中表示蛇義的另一個字“虫”的本源是什麽呢？在時代較晚的《説文解字》中，對“它”和“虫”的分析，二者有一定的聯繫。《説文解字》虫部：

> 虫，一名蝮，博三寸，首大如擘指。象其卧形。物之微細，或行，或毛，或蠃，或介，或鱗，以虫爲象。

《説文解字》“虫”字下的解釋牽合了兩種看似不相關的説解，很可能是有不同的來源。許慎首先將“虫”解釋作另名爲“蝮”，認爲是一種特定的蛇類。而“物之微細”之後的文句，是對昆蟲，也包括蛇在内的動物分類依據的闡釋。

此處“蝮”字先作爲“虫”的别名，而後演變爲蝮蛇的通名。蝮蛇的分類依據是其較大的頭部和較寬厚的身軀，《説文解字》的解釋具有一定的道理。在一些地區的方言裹，如短尾蝮蛇也被稱爲虺蛇（江蘇、上海地區）、土虺蛇（湖南地區）等，[①]“虺”被用來指稱短尾蝮蛇，可能是一種歷史遺留，也説明蝮蛇是“虫”的原型。這實際上也符合我們對蛇紋的觀察，解釋了爲什麽在推翻商代之後，蛇紋及盾紋在兩周藝術中仍然具有一定重要性。

《説文解字》第二層的解釋説明“虫”是昆蟲的類名。但是，在實際使用中，包括許慎自己在内，將“虫/蟲”的範圍擴大到了如蛇、龍一類披有鱗片的大型動物。《説文解字》它部：

> 它，虫也。从虫而長，象冤曲垂尾形。

許慎以“虫”解釋“它”並作區别，也説明“它”是另一種蛇。黄脊游蛇較之亞洲蝮蛇及尖吻蝮蛇，體態更加纖長卷曲，“从虫而長”也説明這一特徵。

如我們所論，若縱紋蛇紋是兩周金文“它（蛇）”的同源形態，是蛇的一般形式，那麽商代字形仍然可以看作是“虫”的本形。上文我們討論認爲簡體的 B1 和 B2  主要作爲合體字的構件出現。B 類字，特别是突出橢圓形頭部的 B1 形體或與背部帶有盾形鱗纹的亞洲蝮蛇相關，是兩周文字中“虫”的來源。

西周早期裝飾藝術及文字形體變化分析如無誤，則這些變化折射出了一種普遍的文化轉向：由商代以死亡爲核心的宗教信仰所觸發的儀式轉變爲兩周時期以青銅禮器組合陳列爲外在形式的禮儀，後者更着重於建立並鞏固政治和社會關係。

---

① 趙爾密：《中國蛇類》，第 121—123 頁。

從卜辭、金文中的納貢看九州的起源和形成

沈建華

清華大學出土文獻研究與保護中心

引　言

近十年來，地下文物不斷涌現，爲中國遠古國家的起源、結構及其特點，在建立時間和空間諸方面提供了新的分析資料，使我們進一步獲得了先秦社會的豐富信息。尤其是部分甲骨卜辭、金文、出土戰國文獻的新發現，與傳世文獻存在着驚人的對應，無疑大大增强了整個中華上古文明史的重要意義，也給我們的研究帶來更多的思考和檢討。

按照中國傳統，自古以來就以"九州"作爲國家疆域及地理區分的概念，或更以《禹貢》等而認定九州爲夏禹所定，乃夏、商、周三代一脈相承的劃分。過去一些學者以爲《禹貢》成書較晚，存在九州概念的形成不會早於戰國時期的看法。隨着地下文物出現，近年來越來越多的學者已經改變主張，正如李零教授指出："'禹迹'或'九州'，有出土發現爲證，不僅絶不是戰國才有的概念，可以上溯於春秋時代，而且還藉商、周二族的史詩和書傳可以上溯到更早，顯然是一種'三代'相承的地理概念。這種地理概念是一種彈性的概念，雖然夏、商、周或齊、秦等國，它們的活動範圍很不一樣，但它們都説自己住在'禹迹'，這點很值得注意。"①

究竟"九州"概念最早起源於何時？它又是經過怎樣的結構和形式上的演變，才形成千百年來這種固有的中國古代地域分野模式？據李零教授上引意見，至少在春秋時期九州這種天下分界已經確立，並可藉史詩、書傳而向上追溯。而卜辭、金文中有關

---

① 李零：《中國古代地理大視野》，《九州》第1輯，中國環境科學出版社，1997年，第12頁。

“州”的資料，提供了比口傳史料更加可靠的證據，利於解決這一問題。近年發現的銅器𤔲公盨和上海博物館《容成氏》楚簡的公布，揭示了《尚書・禹貢》九州體系的形成，實際早已超出某些人的估計，證明古人看法非虚。雖然商周甲骨文、金文“州”的記録，與傳世文獻所載“九州”兩者之間，在地理範圍和概念上還有一定的差别，但這並不重要。值得我們注意的是，商周卜辭、金文、戰國簡中存在與九州相同的州名、納貢制度，其職官功能和組織建構基本符合《禹貢》五服貢納的模式，這對我們探討“九州”的起源和形成，無疑有着很大的啓示和積極意義。鑒於過去諸多學者在討論古代城邑起源時，往往忽略了對“州”的探討，故本文擬就此作進一步的考證，貢獻一己之得。

一、商周甲骨文、金文中“州”的概念

古人對州的理解和認識，是與九州的分界以山水劃分有關的。“州”，《説文》曰：“水中可居曰州。水周繞其旁，从重川。昔堯遭洪水，民居水中高土，故曰九州。”後來九州漸漸成爲神州大地的一個地理或行政概念名詞，它是商、周政治體系天子所居的延伸。在卜辭中，有商王以“天邑商”“四方”“四土”“中土”，到後有周王“柔遠能邇”“余其宅兹中國”的驕稱，體現天子奉運承命天下爲中的政治觀，顯示了中國古代地理與宗教一體的獨特政治模式，故《大雅・文王有聲》説：“維之禹績，四方攸同。”《論語・泰伯》孔子謂文王時：“三分天下有其二，以服事殷。”多少反映了當時的狀況。

卜辭不見“九州”一詞，但事實上我們已經可以在《詩經》中循迹而尋。《商頌・玄鳥》“方命厥後，奄有九有”，毛傳：“九有，九州。”《商頌・長發》“帝命式於九圍”，“九有有截”，毛傳：“九圍，九州也。”“洪水茫茫，禹敷下土”説明至少商時九州的分界已繼承了夏代而大體確定。出現“以服事殷”的衆多諸侯國，商人都已在“咸有九州，處禹之堵（土）”（叔尸鐘）中獲得商王賜封土地，世代相襲。雖然目前還没有發現“九州”這種反映天下的理念性代詞，在殷王室特有的紀事卜辭具體占卜事項中表達出來，但是卜辭有關“州”的記載及種種迹象，已揭示商代社會的政治組織結構内涵是如何與“九州”的模式連繫在一起的。

“洲”與“州”字古通用，先秦時期古人將凡是地勢沿環水相連的地方稱爲“州”，九州的分界就是在山水劃分的基礎上建立的。《説文》曰：“水中可居曰州。水周繞其旁，从重川。”“圜土”即古代監獄，《毛詩正義》曰“民之無辜，並其臣僕”，鄭玄注：“古者有罪，不入于刑則役之圜土，以爲臣僕圜土，音圓。圜土，獄也。”從卜辭可知商代的監獄，是建在環水的州地即島上，直到今天人們依然利用環周的水域，主要爲了防止奴隸逃跑，如卜辭：

(1) 甲戌……貞䇂(失),自林圉,得。

(《英藏》[1]540)

對於逃跑的奴隸、獵物抓獲,商王占卜往往使用習語"䇂(失)",與"得"相對而言。[2] "[illegible](林)"字,與"州"字含義比較接近。"圉"字,"即後世囹圄的圄字"。[3] 這片卜辭記載了逃逸的罪犯被商王捕獲送入環水的監獄。卜辭中僅有三片記載"州臣",商王貞問是否能抓到州地逃跑的臣:

(2) 貞:州臣得。

(《合集》[4]850)

(3) 貞:州臣得。

(《合集》851)

(4) 乙酉卜穷貞,州臣有[illegible](失)自寷得。

(《合集》849)

"臣",早期郭沫若先生認爲"臣"爲奴隸,[5]高明先生對卜辭中的"臣"做了很具體的區别分析,認爲"臣"的身份在卜辭中含義很複雜,他們有的輔佐王室,有的是奴隸,引"《孟子·萬章》:'在國曰市井之臣,在野曰草莽之臣。'是指一般平民。《尚書·費誓》'臣妾逋逃',此又指奴僕。可見自朝庭官吏,平民百姓,到侍役奴僕皆可謂之臣"。[6] 除了上述所舉"州臣得"之外,也見"臣不其幸"(《合集》163)、"臣不其得"(《合集》641),説明卜辭中被武丁追捕的"臣"地位相當於奴隸。

據《墨子·尚賢下》記載:"昔者傅説居北海之洲,圜土之上,衣褐帶索,庸築于傅岩之城。"這些記載的傳説並非没有依據。清華楚簡《傅説之命》記載傅説邑在北海之州圜土,與墨子所講是一致的:

亓(其)隹(惟)敓(説)邑,才(在)北𣵦(海)之州,是隹(惟)㦻(圜)土。敓(説)【六】

---

① 李學勤、齊文心、[美] 艾蘭編:《英國所藏甲骨集》,中華書局,1985年。以下簡稱"《英藏》"。

② 趙平安:《戰國文字的"遳"與甲骨文"䇂"爲一字説》,《古文字研究》第22輯,中華書局,2000年,第275—277頁。

③ 于省吾:《甲骨文字釋林·釋幸、執》,中華書局,1979年,第295頁。

④ 郭沫若主編,胡厚宣總編輯:《甲骨文合集》,中華書局,1982年。以下省稱"《合集》"。

⑤ 郭沫若謂:"奴隸本來自俘虜,故奴隸字多有縲絏之象。"郭沫若:《釋臣宰》,《甲骨文字研究》,人民出版社,1952年,第3頁。

⑥ 高明:《論商周時代的臣和小臣》,吴榮曾主編:《盡心集——張政烺先生八十慶壽文集》,中國社會科學出版社,1996年,第107頁。

逨(來),自從事於嚳(殷),王甬(用)命敚(説)爲公。【七】[①]

"州臣"之臣,是指州地的奴隸,儘管卜辭有人地同名現象,而這裏所指"州臣"的"州"並非私名,其與"奠臣"(《合集》635反、7239,《英藏》1806)都是同等性質,指代表區域之奴隸或平民。卜辭所言的"州",是否如文獻所指爲"北海之州",我們無法知曉。但有一個現象值得注意,傳世文獻與出土文獻都同樣記載,北海之州設有圜土(監獄),而卜辭也同樣記載在州内發生奴隸逃跑事件,恐怕不是偶然現象,由此來看,武丁從"北海之洲"找到傅説,與卜辭"州",很可能有一定的内在聯繫。

著名的"沚戠"既是一名武將又是王臣,商王一次册封給他竟有三十邑的土地,如"乎戠臣沚,㞢晋三十邑"(《合集》707)。絶大多數卜辭伯、侯、公、子、男的人名前,均冠以其部族、方國名,實際上隱含了婚媾、世襲、親族、世官世守、戰争變遷,由部落逐漸建立發展的過程。[②] "州臣"之"州"是指一個區域是被商王册封的領地。"州臣"與卜辭"奠臣"都是同等性質,指代表區域之臣如:

(5) 貞攸自㞢邑

……収奠臣。(甲橋刻辭)

貯入一。 (甲橋刻辭)

(《合集》635反)

(6) 令弓帚,奠臣。

(《合集》7239正)

(7) □戌卜,□,貞余□帚奠臣于□

(《英藏》1806)

由第(5)辭"邑"和"奠臣"的關係,可知奠在邑的週邊。陳夢家先生主張"卜辭和金文中的'奠'之爲'甸'",《國語·周語》:"先王之制,邦内甸服。"[③]既然商時"州臣"和"奠臣"的職務管轄屬王畿邦内禦史,可見商代的"州"地,大致介於王邑和奠範圍之間,到了西周時期,也並没有嚴格的區别劃分形成可達到後來九州的範圍。

"州"地在卜辭、金文中究竟是範圍多大的概念,我們不得而知,如果"州"等同於"邑"不錯的話,州的區域大體應介於"鄙"和"奠"之間,相當於陳夢家先生劃分的"四

---

① 李學勤:《説命上》,清華大學出土文獻研究與保護中心編,李學勤主編:《清華大學藏戰國竹簡(叁)》,中西書局,2012年,第122頁。

② 拙作《商代册封制度初探》,載香港中文大學中文系編:《第二届國際中國古文字學研討會論文集》,香港中文大學中國語言及文學系,1993年,第188頁。

③ 陳夢家:《殷虚卜辭綜述》第九章《政治區域》,科學出版社,1956年,第324—325頁。

土”“四方”，限於王畿一帶範圍。《尚書序》“作《西伯戡黎》”，鄭玄注：“西伯，周文王也，時國于岐，封爲雍州伯也，國在西故曰西伯。”《周禮·王制》曰：“千里之外設方伯，五國以爲屬，屬有長；十國以爲連，連有率；三十國以爲卒，卒有正；二百一十國以爲州，州有伯。”此文“州伯”指一州之長。雖説是春秋以後較晚的稱謂，但明顯沿襲了商代“州”的概念區域劃分。

在金文銘文中很明確，“州”是等同於“邑”的一個地名：

(8) ……鬲比田，其邑競、楙、甲三邑、州、瀘二邑……

(鬲比盨，《集成》[①]04466)

(9) ……伯買父迺以厥戍漢、中、州曰叚、曰旋，厥人鬲廿夫……

(中甗，《集成》00949)

(10) ……䢅邢侯服，賜臣三品：州人、重人、庸人……

(焚作周公簋，《集成》04241)

第(10)例中曰“䢅邢侯服”，據郭沫若先生考證：“謂繼井侯之内服”，所賜三種人州人、重人、庸人“殆渭水沿岸之部落民族”；[②]而在銅器“中甗”南夷國漢水流域也有稱“戍漢、中、州”。由此可見古人將凡是地勢上沿環水相連的地方稱爲“州”，最初實際上指的是一個地理現象，但從商代“州臣”到周代“州人”均屬内服上來講，也不排除周與商代“州”漸轉成行政區域概念，二者在地理上有相承關係的可能性，《禹貢》中的九州就是在此基礎上發展建立的。

值得注意的是“州”的不斷發展，到了西周晚期銘文已經出現“州宫”[③]“州𩫖(就)”[④]的稱謂。“𩫖”字，王國維解釋説：“案殷墟卜辭與古金文多見‘𩫖’字，‘克鼎’、‘師兑敦’等均云：‘醽𩫖乃命’乃重之意，籀文就字當從省。”[⑤]可見此時的“州”已初露城邦的建築標誌：寢廟、京城。州，到了西周晚期已經有了城市雛形，按諸侯采邑分封制，《尚書大傳》曰：“古者諸侯始受封，必有采地；百里諸侯以三十里，七十里諸侯以二十里，五十里諸侯以十五里。”殷周王室封建“庶邦”正像“大盂鼎”曰是由“先王授民授疆土”始封，故由卜辭“州臣”到金文“州人”，其“州人”顯然是王室賜封的采邑和庶民，

① 中國社會科學院考古研究所編：《殷周金文集成》，中華書局，1987—1994年。以下簡稱“《集成》”，04466表示銅器序號。

② 郭沫若：《兩周金文辭大系考釋》，(日)文求堂書店，1935年，第40頁。

③ “師訇簋”(《集成》04342)曰：“……用作州宫寶……”

④ “散氏盤”(《集成》10176)曰：“……之有辭棗、州𩫖(就)……”

⑤ 王國維：《史籀篇疏證》，《海寧王静安先生遺書》第17册，商務印書館，1940年，第19頁。

因此才會有尉比盨、㸚作周公簋銅器主人將“州”地用來换作土地交易的見證。

“州”在字形上，初表示一個被水環繞的地域，古人以水劃界，疑先是地理上的一個通名，後來成爲“九州”的濫觴，也正是源自卜辭“州”字原始本義。大量的史前考古證明，古人以自然地勢形成作爲劃分九州的界定，其實很可能源於更早的人文地理理念，邵望平先生爲我們提供了許多考古上有力的依據，她認爲：“古代文化區系是自然形成的，雖各有中心區域，却無明確劃定的地界。區系之間存在着相當機動的中介地帶或中介文化類型。《禹貢》所述九州的情況亦大體如此。”①

二、由殷代的貢納與管理制度看“九州”起源

李學勤説：“‘九州’實際反映了中國古代政治、文化分布。如果我們能用夏、商、周的考古材料來講，會更好。”如果説卜辭、金文中“州”是虚的概念，還不足以證明九州起於遠古，那麽其中有關殷商貢納等制度，則可進一步説明實的存在。新發現豳公盨開宗明義講：“天令禹敷土，隨山浚川，乃差地設征。”②完全證實了《尚書・禹貢序》“禹别九州，隨山浚川，任土作貢”的傳説，至少在西周已經廣爲流行。“任土作貢”的起源，最早可追溯到商代。所謂“邦畿千里”真正意義上指王室的勢力範圍，國家天下觀已經很明確，商王是以“天邑商”、“中土”與“四封方”、“四土”内外相對而言王畿之外土地，殷周王室在政治上能維持統治，其中重要原因是通過外服諸侯土地封邑、納貢，我們從商代侯、甸、男、邦、采、衛職官之制上來看，西周五服制内容基本上均屬商代的孑遺，分封制度非起於西周，早在商代已有。

大量的卜辭反映，商代所建立的内服和外服體系，已經相當完善和十分明確具體。這種分工標誌着在殷王朝統治時期内，政治社會結構秩序有條不紊、臻於成熟。把承擔“終王”的“歲貢”看成是盡天職，直至商滅後周仍繼承商的貢納制，爲後來的四服改爲五服制奠定了基礎。如卜辭有“内禦史”(《合集》151、23706)、“内邑”(《合集》4476)稱謂，説明了商代“内”與“外”，在管理上有着嚴格的分别，而且卜辭中在内、外地域上也有着十分明顯的劃分，“外”字省形作“卜”通作“外”，如：

(11) 壬午卜天貞卜(外)有祟，在兹入(内)㞢不若。

(《合集》22592)

---

① 邵望平：《〈禹貢〉九州的考古學研究——兼説中國古代文明的多源性》，《九州學刊》第2卷第1期，香港中華文化促進中心，1987年。

② 李學勤：《論豳公盨及其重要意義》，《中國歷史文物》2002年第6期，第5頁。

(12) 甲寅貞在卜(外)有禍,雨。

(《屯南》[1]550)

(13) 辛巳卜貞卜(外)不雨。

(《合集》13004)

“内”省形作“入”通作“内”。如:

(14) 辛酉卜在入(内)戊有禍。

(《屯南》附 12)

(15) 癸酉卜出貞旬在入(内)。

(《京人》[2]3008)

第(11)辭王問在外會否有祟?在内會有不順嗎?這裏的“在内”和“在外”意指内邑和外邑,商人之所以重視内外有禍,也有可能包括有内服和外服的含義。

總之,我們所知以服國王各種官名,在商代已確立。《國語·周語》曰:“先王之制,邦内甸服,侯衛賓服,夷蠻要服,戎狄荒服。”殷王按職官的層次和地域的遠近來分配,諸侯一方面要捍衛王室的統治以戍邊,另一方面又承擔國家和王室“日祭,月祀,時享,歲貢,終王”的各種當地貢納義務。其目的是有備無患,正如《國語·周語中》周襄王説:“昔我先王之有天下也,規方千里以爲甸服,以供上帝山川百神之祀,以備百姓兆民之用,以待不庭不虞之患。”而在商人的信念背後,除了建立臣屬關係之外,其實職貢還有更深層的含義是商王藉“日祭、月祀、時享、歲貢”義務,增强效忠王室的凝聚力和向心力。毋忘祭典先祖,始終是商人心中的“國之大事”,成爲維持人際、君臣,最能被接受的一種潤滑紐帶和社會秩序。

卜辭中往往可以看到商王接受貢物,有的是直接表明用作於祭祀的祭品獸類和人殉;有的直接被商王分派去田獵和田役,例如:

(16) 庚子卜貞:牧氐(致)羌,于祊用。

(《合集》281)

(17) 壬寅卜貞:興方氐(致)羌,用自上甲至下乙。

(《合集》270 正)

(18) 丁卯卜,令執氐(致)人,田于𤎩。十一月

(《合集》1022 乙)

---

① 中國社會科學院考古研究所:《小屯南地甲骨》,中華書局,1980 年。以下簡稱“《屯南》”。

② [日]貝塚茂樹編著:《京都大學人文科學研究所藏甲骨文字》,日本京都大學科學研究所,1960 年。

(19) 戊辰卜，王乞氐(致)人，獸若于亂示。

(《合集》1023)

《爾雅·釋地》曰："邑外謂之郊，郊外謂之牧，牧外謂之野。"李學勤説："古人講'郊者，交也'，與'邑'的土地交聯，所以謂之'郊'外就是'牧'，之所以叫'牧'，是因爲'郊'外没有什麽人，是放牧的地方。"[①]第(15)辭中"牧"向商王室提供羌奴用於祭祀，大部分是來自邑外的戰俘和入侵的羌人，據裘錫圭先生考證：卜辭中"那些牧顯然是被商王派駐爲牧。這應該是'牧'字在商都以外某地從事畜牧的職官"，"古書裏還常常把九州中各州的諸侯之長稱較晚的一種用法"。[②] 但是"甸服者祭，侯服者祀"的"甸"與"侯"西周職官稱謂，還應該理解最初是沿襲商代發展而來的。

卜辭存有大量説明外服向商王進貢各種物品的記録，有助於先秦貢、賦、税源流研究，早在20世紀80年代王貴民先生已頗有心得，做了很好的統計和分析，總結殷代貢納分甲(品種有七種)、乙(數量)、丙(地區)，[③]提出極重要的思路。卜辭中反映的各地貢納商王的過程，很可以進一步説明九州的起源，值得我們深切的注意，下面試另作增補。

殷王在接受各地貢納時有宗室臣吏嚴格的分工管理，有一套繁雜的程式，並非直接入王邑，有的先存入某地，統計數字、登記來源、簽收人名，大部分先抵"奠"(相當於王都郊外)，然後再進入王"邑"。這種卜辭多見刻在骨臼和甲橋上，使作"[illegible]"形，于省吾先生釋氐，讀作底。底，致也。[④] 如：

入奠記録：

(20) 奠來三十。

(《合集》9613反)

(21) 奠來。　寧。

(《合集》4464反)

(22) 奠示十屯又一。　永。

(《合集》6527臼)

① 李學勤著，董喆整理，劉國忠審校：《〈牧誓〉(上)》，《金文與西周文獻合證》上册，清華大學出版社，2023年，第233頁。

② 裘錫圭：《甲骨卜辭中所見的"田""牧""衛"等職官的研究》，《古代文史研究新探》，江蘇古籍出版社，1992年，第354—355頁。

③ 王貴民：《試論貢、賦、税的早期歷程——先秦時期貢、賦税源流考》，《中國經濟史研究》1988年第1期。

④ 于省吾：《雙劍誃殷契駢枝·釋氏》，北京虎坊橋大業印刷局，1940年，第59頁。

入邑記録：

(23) 丙寅邑示十屯。 小帚。

(《合集》1534 臼)

(24) 辛丑卜古貞邑氐(致)。

(《合集》9057 正)

(25) 邑執兕七。

(《合集》10437)

這樣做的好處是將貢物進行分類歸整之後，才決定分配在何處。一方面減輕王畿屯集壓力和運輸，另一方面分散可以備戰事及時所用，故卜辭有商王爲入貢選擇兩地間或直接運入亩(鄙)地而貞問的記載如：

(26) 癸巳卜韋貞：行氐(致)有師暨邑。 二告。

貞：行弗其氐(致)〔有師〕暨邑。

(《合集》8985 正)

(27) ……亥……王貞：矤弗其氐(致)雍暨莫。四月

(《合集》8988)

(28) …………氐(致)……亩(鄙)……

(《合集》8989)

(29) 乙卯卜賓貞曰氐(致)乃邑。

(《合集》8986 反)

第(26)辭商王貞問將納貢物品送到軍隊和王邑處嗎？第(27)辭問送到雍城和莫地嗎？第(28)辭問誏把貢物送到邊地嗎？試想殷商時，假如没有一支可靠能幹的内府輔助隊伍和可推行的制度，是不可能達到"三分天下有其二，服事殷"而讓四方來朝貢的。

由上可見，當時商王的層層組織機構能力和方略，其中最重要的、必須具備的條件是交通開闢，《史記·夏本紀》謂禹時期："以開九州，通九道。"這與上述第(26)辭"行氐(致)"是相合的。除了王貴民先生列舉的七種地方物産之外，值得注意的是，還有一項極其重要的交通工具，即馬車和舟的貢納品需要補充：

(30) ……舟入。

(《合集》17012 反)

(31) ……䒦氐(致)馬自薛。十二月

允氐(致)三丙(輛)。

(《合集》8984)

(32)……宁征馬二丙(輛),辛巳雨,氐(致)□□□(鄰)。

(《合集》21777)

需要指出的是,商人貢納物品名稱不僅與《禹貢》大致相合,而且從使用馬車和舟代步來分析,商代的地域已經伸向更遠的北方草原或湖海。如果没有四通八達的交通道路設施,没有建立驛傳和羈舍設置,①没有設置九州那樣的全國行政系統,要達到四方賓服商朝,是不可能的。

三、再由西周"庭方"貢納制度看"九州"

由西周的相關制度,也可看出九州之形成是商周一脈相承的。《國語·周語上》記載了周穆王不聽祭公謀父勸誡征伐犬戎"荒服"部族,導致"自是荒服者不至",也就是説不來向周王宮廷朝貢。在金文中稱之"不廷方","廷"當與"庭"通,《詩經·大雅·常武》"四方既平,徐方來庭",毛傳:"來王庭也。"毛公鼎曰:

丕顯文武,皇天引厭,厥德配我有周,膺受大命,率懷不廷方,亡不閈于文武耿光。

(《集成》02841)

毛公講述先祖對周的政績首當是率民敬懷莫敢"不廷方",也見於卜辭商王問"……侯弗致?"(《合集》8990),説明殷周時期將"廷方"與"不廷方"納貢,既作爲效忠王室試金石又作爲臣服的象徵,對王室來説尤關重要。近時陝西郿縣馬家鎮楊家村古窯發現單氏家族27件銅器,舉世震驚,其中逨盤長文曰:

……方狄不享,用奠四國萬邦。雩朕皇高祖新室仲,克幽明厥心,柔遠能邇,會紹康王,方懷不廷。……②

《詩·商頌·殷武》説:"昔有成湯,自彼氐、羌,莫敢不來享,莫敢不來王,曰商是常(尚)。"逨盤銘文中的"方狄不享"的"狄"應指羌狄而言,③意猶《詩》言"自彼氐、羌,莫敢不來享"。"方懷不廷"與毛公鼎"率懷不廷方"實爲同義。按"狄"和"享"爲五服制

---

① 于省吾:《殷代的交通工具和馹傳制度》,《東北人民大學人文科學學報》1955年第2期;宋鎮豪:《商代的道路交通》,《華夏文明》第3集,北京大學出版社,1992年,第194—208頁。

② 陝西省文物局、中華世紀壇藝術館編:《盛世吉金——陝西寶雞眉縣青銅器窖藏》,北京出版社,2002年,第34—35頁。

③ 王輝:《逨盤銘文箋釋》,《考古與文物》2003年第3期,第83頁。

中"荒服"以藩屏周室必須每年向周王進貢。

一國的君主無論是怎樣修文德"乍臣厥沬唯德""憂(柔)在天下"[①](豳公盨語),總還會遭有非我族類"不廷"的抗逆。金文中周王歷次舉戰的原因都與此有關,特别是頑冥抗命進獻的東南淮夷大小部落,留下許多銘文的真實歷史記録:

……王令甲政(征)嗣(司)成周四方責(積),至於南淮夷。淮夷舊我帛晦人,毋敢不出其帛、其責(積)。其進人、其貯;毋敢不即次、即市。敢不用命則刑、剪伐。

(兮甲盤,《集成》10174)

王若曰:師寰,䟒!淮夷繇(舊)我帛晦臣,今敢博厥衆叚,弗速(積)我東國。今餘肇令女(汝)率師……征淮夷。

(師寰簋,《集成》04314)

南仲邦父命駒父即南者(諸)侯,率高父見南淮夷,厥獻厥服。我乃至於淮,小大邦亡(無)敢不具逆王命……

(駒父盨,《集成》04464)

《國語·周語》:"昔武王克商,通道於九夷八蠻,使各以方賄來貢,使無忘職業,於是肅慎氏貢楛矢、石砮。"所謂"帛晦臣"帛是賦,晦是賄,説明殷末周初"任土作貢"賦税制度已經建立形成。"厥獻厥服""成周四方積"就是按甸服徵税規定供給周王的農物和特産,如果"敢不出其帛、其積"違命者"則刑、剪伐"。關於周代貢納制,《左傳》昭公十三年中很明確地説道"昔天子班貢,輕重以列。列尊貢重,周之制也,卑而貢重者,甸服也",從淮夷的地理位置應屬甸服,貢納數最重,由於東、南淮夷大小部落不堪負重的反抗抵禦,幾乎成了各個西周時期王室以征貢之名興師動戈理由。這裏不僅僅是在經濟上得到利益,表明征服者與臣屬的關係,更重要的是表達了西周王朝對異邦控制的多元一體的政治格局和秩序。由此可見,無論經歷多少世代深仇恩怨,在"九州"一體這種大一統理念影響之下,根深蒂固的中國統治傳統、文化認同和地理概念,其實早在商周已經形成,並且深入人心。

四、《禹貢》州名與卜辭、金文地名

(一) 卜辭中的沇地與《禹貢》沇州

我們不僅可由商周卜辭、金文中有關"州"的概念及所記的貢納制度,看出九州形

① 朱鳳瀚《豳公盨銘文初釋》曰:"是説王與臣皆能以德洗面。"載《中國歷史研究》2002年第6期,第31頁。

成的端倪，而且更可直接將其中一些地名直接與《禹貢》乃至戰國簡牘所載九州部分州名相比對。

出土文獻年代最早可以與《尚書·禹貢》相對應的，是上海博物館戰國楚簡《容成氏》記載禹分九州，所述州名有的與《禹貢》相同，有的不同的州名，從卜辭和金文地名中却獲得《尚書·舜典》印證，由此看出《禹貢》所述九州分界成書之前，藍本勢必經過不同史官記録，口述傳授夏史的過程，最初《舜典》十二州名，可能源自商周其悠久的歷史淵源，例如簡中提到九州的兖州名：

> ……㠯波(陂)明者(都)之澤，决九河
>
> (簡 24)
>
> 之涹(阻)，於是虖(乎)夾州、滏(徐)州刣(始)可凥(處)……
>
> (簡 25)

李零先生在釋文中説："夾州《書·禹貢》所無，但與下'滏州'鄰近，疑相當《禹貢》等書的'兖州'。"[1]"兖州"在楚簡中爲何稱爲"夾州"？疑源於"夾"字與晚期卜辭"(寅)"繁體字形相近，故而混爲同字。[2] "夾"字，過去誤認从""，殊不知"夾"字是從"(寅)"字訛變分化而來，應讀作"寅"聲。如卜辭中的"(燕)"字从寅聲(《甲骨文編》附4700，4715)，與"(夾)"形近。信陽楚簡"夾"，讀袂。《集韻》："夾，衽也。"[3]"兖"古音餘母元部與"寅"古音餘母真部，兩字聲部相同音近通假，故楚簡"夾州"借作"兖州"[4]。卜辭"南方曰因風"的"因"字形與"夾"字也相近，過去學者稱之"夾風"，後又被裘錫圭重讀作"因"，[5]由此看來不排除另一種可能："因"與"兖"音通形近而導致訛字。

田獵卜辭地名"沇"，其字从允，上部兩側从水作或。于省吾先生考釋曰："允字上部兩側从水而以允爲聲符的形聲字，後來變爲左形右聲的沇字。典籍和漢碑'沇'字也作'兖'或兖，又與'台'或'兖'通用，兩者因音通形近而致僞。晚周人所作的《禹貢》，其中九州之名可證於甲骨文者，只有沇州由沇水得名而已。"[6]從卜辭來看，

---

① 李零：《容成氏》釋文，馬承源主編：《上海博物館藏楚國楚竹書(二)》，上海古籍出版社，2002 年，第 269 頁。

② 孫海波：《甲骨文編(修訂本)》，中華書局，1965 年，第 560 頁。

③ 何琳儀：《戰國古文字字典》下册，中華書局，1998 年，第 1428 頁。

④ 顧頡剛《州與嶽的演變》中認爲："兖與聲近衣，衣乃殷，殷本衛地。"由楚簡可知"兖"聲非從衣而來。載燕京大學《史學年報》1933 年第 5 期。

⑤ 裘錫圭：《釋南方名》，《古文字論集》，中華書局，1992 年，第 50—52 頁。

⑥ 于省吾：《釋沇》，《甲骨文字釋林》，中華書局，1979 年，第 135—138 頁。

“沇”地是商時主要獸獵區域，多見於廩辛卜辭如：

(1) 王其蓺沇迺麓，王于東立(蒞)，虎出，擒。

(《合集》28799)

(2) 翌日戊王叀沇田，亡災，擒。

(《合集》29243)

(3) 叀沇鹿射，弗悔。

(《合集》28353)

(4) 王沇叀田亡災。

(《屯南》4451)

(5) 叀沇牧……

(《屯南》2191)

《周禮·職方氏》曰：“河東曰兖州。”“兖州”爲冀州之東，位於商邑東部靠近濟甯一帶，自然劃分區應該地屬今山東省西部。按(1)辭中“王于東蒞”意指商王出獵於沇，蒞於東面。《尚書·禹貢》曰：“濟、河惟兖州。”又曰：“導沇水，東流爲濟，入於河，溢爲滎，東出於陶邱北，又東至於荷，又東北於汶，又北東入於海。”另一方面我們從卜辭“沇田”多見與牢、斿、陮、穆、虘等地存在同版關係來推測，絶大多數都是靠近商王邑的田獵區域，這些地名的地望正與“兖州”一帶相符。既符合田獵實際情況，也與典籍相合，可見于省吾先生關於“沇”地的考釋，爲不移之説矣。

(二) 卜辭、金文中的並地與《禹貢》莒州

楚簡《容成氏》在列舉九州在“競(青)州”之後有“簷(莒)州”，這是《禹貢》中所没有的州名。在《尚書·舜典》十二州中有“營州”，《爾雅·釋地》“齊曰營州”，郭璞注：“自岱東至海。”從地理範圍上看營州相當於《禹貢》青州，“莒”見於金文地名，其地望應在山東東部今莒縣境域。李零在《容成氏》釋文中指出：“簷州春秋莒國銅器以‘簷’自稱其國名。莒國之域在沂水一帶。《禹貢》無莒州，疑簡文‘莒州’即莒國一帶。案：二州似在古齊、莒之地。”[①]楚簡如：

墨(禹)迵(通)淮與忻(沂)，東豉(注)之海(海)，於是虖(乎)競州、簷(莒)州飼(始)可凥(處)也。

(簡 25)

① 李零：《容成氏》釋文，馬承源主編：《上海博物館藏楚國楚竹書(二)》，第 269 頁。

"莒州"的"莒"字,假借爲古金屬"鋁",見於卜辭和春秋先民有鑄銅器擇"黄簷(鋁)"記載。如：

(6) 丁亥卜大……其鑄黄吕(鋁)……乍凡利叀……

(《合集》29687)

(7) ……王其鑄黄吕(鋁),奠盟,叀今日乙荤利。

(《英藏》2567)

(8) 余擇其吉金黄鏞(鋁)。

(曾伯霥簠,《集成》04631)

由上述可知金文"鏞(鋁)"與金文"莒"爲同音假借,證實金文和楚簡"鏞""簷"皆"莒"字古文。"莒"國,西周、春秋、戰國晚期金文又作"簷"或"鄘","簷"字形,其實無論省形都是"莒"國代稱。例如：

(9) 簷(莒)叔之仲子平。

(簷叔之仲子平鐘,《集成》00172)

(10) 鄘(莒)侯小子析(析)、乃孝孫不巨。

(鄘侯少子簋,《集成》04152)

(11) 於靈公之壬(廷),庚率二百乘舟入鄘(莒)從河。

(庚壺,《集成》09733)

自50年代以來,山東莒縣以南沂水以及諸城縣,出土了一批大汶口晚期陶器刻符,①說明古老莒國悠遠的歷史,至少在夏代人類已經在此繁衍生息。據孫亞冰、林歡整理貢納地理"卜辭所見地名、人名、族名表"統計有51項。② 商人使用"以""取""共""入""來"涉及大量的族名、邊侯、商屬地、奠牧等行政領地,征取貢納的執行官員,形成了一個相當成熟的貢納體系。

據史書記載,周武王封少昊之後盈(嬴)姓於莒,1975年先後發現了出土地點明確的春秋時莒國銅器,③"簷叔之仲子平鐘"便是其中之一,"戕(巇)戕(巇)雍雍,聞于夏東"。銘文自稱爲華夏之東,④典籍稱:"莒雖小國,東夷之雄者也,其爲患不減荆吴。"這些都反映了莒由小國發展到東方强國,所以有時用"莒"作爲東方的州名。

---

① 蘇兆慶:《山東莒縣陵陽河陶文研究述要》,《中國先秦史研究動態》1994年第1期。

② 宋鎮豪主編,孫亞冰、林歡著:《商代地理與方國》,中國社會科學出版社,2006年,第198—200頁。

③ 中國先秦史學會編:《莒文化研究文集》,山東人民出版社,2002年,第20頁。

④ 李家浩:《齊國文字中的"遂"》,《著名中年語言學家自選集·李家浩卷》,安徽教育出版社,2002年,第49頁。

(三) 卜辭中的並地與《禹貢》的並州

楚簡《容成氏》有"藏州"如：

> 墨(禹)乃迵(通)蔞與湯，東𣏌(注)之
>
> (簡 25)
>
> 海(海)，於是虖(乎)藏州飼(始)可凥(處)也。
>
> (簡 26)

李零在"藏州"下注釋曰："藏州《書·禹貢》所無，疑即《周禮·夏宮·職方氏》'其川虖池、嘔夷、其浸涞、易'的'並州'。'並'與'藏'簡文寫法相近，或有混淆。"甲骨文的並字作"[illegible]"形，象二人並立，①故與"藏"字混訛。

另按九州分界，"並州"應在今山西、河北一帶。《尚書·舜典》載曰："肇十有二州，封十有二山，浚川。"《尚書正義》孔穎達曰："肇，始也。禹治水之後，舜分冀州爲幽州、並州，分青州爲營州，始置十二州。""並州"在《尚書·禹貢》《爾雅》均無，而在《周禮·夏官》中有記載曰："正北曰並州，其山鎮曰恒山。"正是周制承襲於商之原始遺迹。"並"字，卜辭和商銅器作"[illegible](並)"與側身的"[illegible](竝)"字均爲同一字。"竝"與商王的活動有着密切的往來關係，除經常參與商王的活動之外，"竝"族還承擔向王室貢納的義務，多作地名和族名如：

> (12) 己亥卜貞：王其田並，亡災。
>
> (《合集》33570)
>
> (13) 申，在並。
>
> (《合集》8137 反)
>
> (14) ……𢀛告……在並。
>
> (《合集》33174)
>
> (15) ……卜在攸貞……比在並……
>
> (《合集》37519)
>
> (16) 竝入十
>
> (《合集》9247、9248、17085)
>
> (17) 貞竝弗其氐(致)，有取。
>
> (《合集》9105 反)

---

① 于省吾在《釋古文字中附劃因聲指事字的一例》一文中指出："並字的造字本義系於從字的下部附加了一個或二個横劃，作爲二人相連的指事的標誌。"載于省吾：《甲骨文字釋林》，第 457 頁。

商代銅器有“竝”族與“竝”複合姓氏的有“已”“單”“[illegible]”“木”“幵”氏族聯姻，可見“竝”族的勢力發展，足以證明了“竝”族在商時的影響和地位如：

(18) 亞竝父己

(《集成》03326)

(19) 竝父辛

(《集成》07142)

(20) 單竝

(《集成》08180)

(21) 木竝

(《集成》08182)

對“竝”氏銅器早先有彭邦炯先生做過詳細的考證，並已注意到卜辭中“竝”地與山西石樓出土商戈銘文“竝”氏[1]及地處並州的文獻關係，指出：“我們知道太原簡稱並，過去都以爲因歷代並州治所之故。而古代所謂並州的命名，恐亦與殷之竝氏曾活動在這一帶有關。”[2]因此山西石樓出土“竝”氏商戈，並非出於然，“並州的由來似與竝氏也有一定的關係”。彭先生的提法應該説是可信的。

結　　語

2003年《九州》第3輯刊登著名《尚書》史學家劉起釪先生文，對九州起源和成書年代作深入討論，通過大量考古發現予以證明。他認爲：“我們今天可以贊同其前一可能(指九州概念源於夏代)，《禹貢》藍本出於商朝史官之手，則《禹貢》定本就是後一可能，是由周初史官所追記的了。”[3]近年㸓公盨的銘文和楚簡《容成氏》所述九州，完全説明了《禹貢》成書至少在西周初期的事實，可以説是最直接的有力證據。卜辭簡樸雖不像《禹貢》長篇結構詳細完整，然而透過卜辭我們依然可以找到有關《禹貢》種種成書文字的痕迹和模式，納貢和州名便是其中的例子。這些也是《禹貢》内容的主要核心，最能體現三代以來的王權和山海一統的天下大觀，見《禹貢》載：“九州攸同，四隩既宅。九山刊旅，九川滌源。九澤既陂，四海會同。”這種古代的政治思想、概念和模式，爲後來的改朝换代奠定了基礎，並代代延續下去。不管九州範圍如何變遷，

---

① 楊紹舜：《山西石樓新徵集到的幾件商代銅器》，《文物》1976年第2期，第94頁圖一。

② 彭邦炯：《竝器、竝氏與並州》，《考古與文物》1981年第2期，第50—52頁。

③ 劉起釪：《〈禹貢〉寫成年代與九州來源諸問題探研》，《九州》第3輯，商務印書館，2003年，第1—13頁。

中華各族生活的神州始終沒有離開這個框架，故有《何尊》中所稱道："余其宅兹中國！"其實我們的先祖早就把九州中國看成一個文化的載體，而不是封閉在一定的政治疆域之内。不論統治者如何更迭，國人如何學習外來思想，這個華夏文化體的特色古今始終保持不變，所以能源遠流長地傳下來，到21世紀仍是中華民族的象徵。

2018年5月14日　　2024年1月20日修訂

善夫克盨及其相關問題

汪　濤

芝加哥藝術博物館

一、善夫克盨的早期流傳與研究

藏於美國芝加哥藝術博物館的善夫克盨是一件比較有名的西周時期的青銅器，諸多學者皆有論及；它涉及的問題包括了它的出土流傳，以及與其他"克器"（例如大克鼎、小克鼎、克鐘、克鎛，還有師克盨、伯克壺等）的關係。這些銅器在各個方面相互聯繫，特别是它們的銘文内容對我們理解西周時期的王權統治、家族結構以及册命制度很有意義。另外，由於善夫克盨的銘文"四要素"（年、月、初吉、干支）俱全，是我們研究西周銅器分期斷代，特别是金文曆譜排序的重要證據。在這篇論文裏，我準備就這些相關問題做進一步討論，提出一些自己的看法。

a

b

c

圖1 善夫克盨

此器(圖 1a—c)爲橢方形,腹部微鼓,器身、蓋沿交接部均飾竊曲紋,器腹下部飾四道横條溝紋,兩側有一對帶螺旋紋角獸首提耳;圈足外侈,四面有矩形缺口,亦飾竊曲纹;蓋爲子母口,頂微隆起,飾溝紋、双頭捲身夔龍紋,上有矩尺形鈕,亦飾回首夔龍紋;器蓋内和器身底部鑄有長篇銘文 107 字(含重文 4):

> 唯十又八年十又二月初吉庚寅,王在周康穆宫,王命尹氏友史趛典善夫克田人,克拜稽首,敢對揚天子丕顯魯休揚,用作旅盨,唯用獻于師尹、朋友、婚遘,克其用朝夕享于皇祖考,皇祖考其數數龘龘,降克多福,眉壽永命,畯臣天子,克其日錫休無疆,克其萬年子子孫孫永寶用。

據博物館檔案,這件青銅器入藏芝加哥藝術博物館的具體時間是 1928 年 1 月份,從日本古董商山中商會紐約分店購藏,據稱是來自一位名爲松方的日本藏家。該器的影像最早發表於大村西崖編《獲古圖録》,書裏除了器照一張之外,還收録善夫克盨器身和器蓋内銘文的拓影。① 此書所收均爲山中商會的中國文物。山中商會創辦人爲山中定次郎,古董世家,1894 年就到美國紐約設店,1900 年在倫敦也開了分店,並於 1917 年在北京成立了辦事處,是當時全球最具影響力的東方藝術品經營商。他曾於 1912 年將恭親王府的藏品悉數買下,1913 年在紐約和倫敦公開拍賣,轟動一時。大村西崖在書中注明善夫克盨係"陶齋舊藏",這一點其他人都没提到。端方,號陶齋,晚清大臣,也是一名重要收藏家。他於 1911 年往四川鎮壓保路運動,途中部下新軍嘩變,端方和他弟弟被斬首索贖。端方死後,其後人將大量收藏品出售,其中最有名的西周青銅酒器柉禁一組 14 件,經福開森(John C. Furguson)中介賣給了紐約大都會藝術博物館,爲該館中國藝術鎮館之寶。山中商會也經手了不少

---

① [日] 大村西崖:《獲古圖録》上册,達摩山書店,1923 年,二十八號,定名"蟠螭簠"。

端方藏品,所以説善夫克盨來自端方舊藏或許不是空穴來風。1933—1935年,梅原末治編纂《歐米蒐儲支那古銅精華》,書裏也收録了該器的器影,以及蓋頂夔紋和蓋内銘文的墨拓本;並注明此器爲芝加哥藝術博物館 Buckingham(白金漢,舊譯柏景寒)收藏品。[①]

最早研究善夫克盨的西方學者是瑞典漢學家高本漢(Bernhard Karlgren)。高氏對中國語言學、先秦典籍、古代青銅器都做出了開創性的研究。在1935年發表的《殷商時代中國青銅器》中,他把善夫克盨與大克鼎、小克鼎、無其簋、鬲比盨、伊簋、鬲攸比鼎、虢叔旅鐘、散氏盤、克鐘等列爲同組,並斷代爲西周晚期。[②] 高氏的金文研究參照了王國維和郭沫若等學者的成果,同時他建立了一套人名與形制相結合的分組斷代方法,這在中國古代青銅器研究史上,殊爲難得。

容庚在1941年出版的《商周彝器通考》中記録了善夫克盨的基本信息和銘文釋文,並收入器物正面影像一張。容氏把該器作爲盨的標準器,糾正了古人把盨與簋混爲一談的錯誤,並指出"此器晚出,至西周後器始有之,與簠同。然春秋戰國期復不見有此類器,其行用之時期至短,故後人無能説之者"。[③] 1939—1940年間,身在昆明的陳夢家受國立北平圖書館副館長袁同禮之託,將其從歐美收集到的青銅器資料整理成《海外中國銅器圖録》,書中也收録了芝加哥藝術博物館的這件藏品,並寫道:"此器爲第二期晚葉所作,學者以之屬厲王。由此可知西周晚期銘文已成定式。第二期下。"[④]受當時中日戰争的影響,該書拖至1946年才得以正式出版。陳夢家本人於1944年9月與夫人趙蘿蕤一道赴美,在芝加哥大學進行了近三年的研究工作,然後於1947年8月返回中國。

陳夢家應該算是中國學者中對善夫克盨親自上手進行研究的第一人。在美期間,他除了遍訪公私收藏,調查歐美所藏中國古代青銅器,用英文撰述 Chinese Bronzes in American Collections: A Catalogue and A Comprehensive Study of Chinese Bronzes 之外,還與芝加哥藝術博物館亞洲藝術部當時的負責人凱萊(Charles

---

① [日] 梅原末治:《歐米蒐儲支那古銅精華》第2册,山中商會,1933年,彝器部,圖122,定名"虺龍文簠"。

② Bernhard Karlgren, "Yin and Chou in Chinese Bronzes", *Bulletin of the Museum of Far Eastern Antiquities*, no.8, Stockholm, 1936, pp.9-156.

③ 容庚:《商周彝器通考》第2册,哈佛燕京學社,1941年,第361—362頁,圖見第366頁。容庚的銘文轉寫基本正確,唯一可以更正的是他把"㲋"釋讀爲"熊"。

④ 陳夢家:《海外中國銅器圖録》,中華書局,2017年,第67頁。書裏的銘文釋文把"尹"誤寫作"友",或是手民誤植字。

Fabens Kelley)共同編纂了該館收藏的中國古代青銅器圖録。[①] 在圖録中,凱萊和陳夢家對善夫克盨是這樣描述的:

帶蓋盛食器盨(西周晚期)

研究中國青銅器的學者通常會將此器列爲同類器之首。它不僅在器型和功能的融合上符合要求,還充分體現了與商朝迥異的周朝銅器之特徵。平底的蓋子翻過來可以用作另外一個盤子。器身和蓋子内都有内容格外重要的銘文。紋飾布局巧妙,也體現在立體橢圓形獸首提耳上。器物通體發緑褐色,帶有緑灰色的鏽蝕。銘文記載了作器人名爲克,他做了這件青銅器,用來宴饗另一位高官,他遵照周王的命令,記録下克的田人。

通高:7¾英寸(19.9 公分) 寬(提耳不計在内):8⅜英寸(21.3 公分)

館藏號:28.144

該圖録還公布了器物的多幅黑白影照,包括正面、45°側面、蓋身分開、蓋頂俯視,以及器蓋和器身内的銘文。在後面注釋部分,作者對該器做了進一步的説明,並提供了銘文的中文轉寫和英文翻譯。[②] 他們吸取了王國維、郭沫若,以及高本漢的研究成果,强調把成組銅器的銘文放在一起做比較研究,可以作爲重建西周歷史的直接可信的證據。就斷代而言,陳夢家認爲善夫克盨與大克鼎爲同組,大克鼎銘文中克的祖父名師華父,是恭王時期的輔臣,這樣善夫克盨與大克鼎銘文中提到的克應該是恭王之孫夷王時人,所以它應該是夷王時器。歷史上有明確紀年自共和始(公元前 841 年爲共和元年),而夷王和共和之間的厲王在位時間是 16 年;再根據另一件有紀年銘文器伊簋來推斷,夷王在位約 30 年,即公元前 887 年至前 858 年;而善夫克盨銘文紀年是夷王在位的第十八年十二月,所以它的具體製作年代可定在公元前 870 年。目前看來,這個絶對年代的推論雖然不能成爲定論,但可以看出陳夢家在斷代方法上已自成一説。同时,凱萊和陳夢家的研究方法也不僅僅局限於銘文,例如在討論芝加哥藝術博物館收藏的另外一對西周青銅壺(館藏號 24.233、24.234)時,他們注意到壺的紋飾

---

① Charles Fabens Kelley and Ch'en Meng-chia, *Chinese Bronzes from The Buckingham Collection*, The Art Institute of Chicago, 1946. 此書有漢英對照本《白金漢所藏中國銅器圖録》(田率譯,嚴志斌校),金城出版社,2014 年。

② 銘文中的"數數纍纍",可能由於當時無法植字,只好用小方框替代,但在英文翻譯中它們的意思被正確地理解爲 abundantly。這跟它們在金文裏讀作"蓬薄""旁薄",形容豐盛之辭意相通。銘文中的"田人"英文翻譯作"field workers",但陳夢家在《美國所藏中國銅器集録(訂補本)》(中華書局,2019 年,第 377 頁)中把它理解爲田、人,即田及人;後來在《西周銅器斷代》(中華書局,2004 年,第 265 頁)中又改回舊説,田人即甸人,指附屬於天子所賜田上的一種人。

及頸部的獸首提耳跟善夫克盨帶螺旋紋角的獸首提耳十分相似，可以作爲比較斷代的依據。他們還徵引了清宫旧藏頌壺（現藏臺北故宫博物院），形制相似，帶有類似的紋飾，所以這幾件青銅器的時代相近，都可斷爲西周晚期。

在《美國所藏中國銅器集録》中，陳夢家對善夫克盨也做了更深入的討論。[①] 首先，他確認該器最早的收藏者是丁麟年。丁氏出生於山東日照官宦世家，一門三進士，光緒年間中過舉人和進士，歷任户部郎中、同州府知府和興安府知府，民國時期還做過山東省圖書館首任館長。他精於書法，嗜好金石收藏，與同時的有名收藏家如吴大澂、潘祖蔭、王懿榮、盛昱等交善，著有《移林館吉金圖識》，收録了青銅器全形拓本和銘文七百多件，於1910年付廠石印，可惜只印了30葉，承印廠就遭火災，所以這書是部殘本。現存的書裏有他收藏的小克鼎全形拓和銘文墨拓，但也不知道是否收入了善夫克盨。丁氏在致友人陳邦福的一封信中説，在他到同州任官時，將其收藏的青銅器、金石拓本還有書畫都帶到了西安，寄存大清銀行；可惜在1911年武昌兵變中損失殆盡，其中包括了他自己收藏的七十餘件青銅器。[②] 我們不確定丁麟年在這之前，還是之後購藏了善夫克盨。但善夫克盨的銘文在其他一些著録裏得以傳播：吴大澂《窓齋集古録》最早公布了善夫克盨的器銘拓本（15.18）；羅振玉《三代吉金文存》刊布了器身和器蓋上的銘文拓本（器銘拓本與《窓齋》同，蓋銘拓本是未經剔清前所拓）；鄒安《周金文存》也收録了器銘拓本，以及蓋上還未經剔清的銘文拓本（3.153.1—2），並標明此器藏於“日照丁氏”；可見當時的收藏圈内都知道此器的主人是丁麟年。有意思的是，民國初年就已經有此銘文的僞刻出現。《周金文存》還刊布了另外一件“克敦（簋）”的銘文（3.24.2），文字跟善夫克盨完全相同。鄒安在拓本旁寫下：“銘經加刻，殊乏自然之致。此敦先歸湖州陸氏（陸心源）。壬子在適盧三月。”他在注釋裏更明白地記載：“克敦器曾抵余窘，三月旋即取去。據滬上蘇估云，此敦經劫火，文細爲伊加刻。旋歸盧江劉氏（劉體智）。”容庚在《商周彝器通考》中説“傳世同銘者二器”，恐怕就是把這件僞刻也算上了。[③] 至於此僞刻器的下落，鄒安説它藏於“吴興陸氏，盧江劉氏，今歸瑞典”。劉體智《小校金閣金文拓本》中刊布了三張銘文拓本（9.42.1—3），應該就是善夫克盨的器銘、蓋銘（未剔）、器銘（未剔），但將其分列成“克簋一、二、三”，實屬未審，引起許多誤解。

---

① 陳夢家：《美國所藏中國銅器集録（訂補本）》，第373—380頁。

② 陳邦福：《陳邦福金石著述彙編（中）》，國家圖書館出版社，2018年，第537—539頁。信的日期是1918年10月。

③ 容庚（和張維持）在後來出版的《殷周青銅器通論》（科學出版社，1958年，第362頁）中就把這句删去了。

善夫克盨出土的情況也是疑雲密布。一般引用王國維和羅振玉兩種不同的説法。王國維據同時代的另一位金石家王文燾(爲曾做過廣雅書局提調的王秉恩之子)所告,認爲“克器出於寶雞縣南渭水南岸”。而羅振玉則曰:“予近以詢廠估趙信臣,言此器實出岐山縣法門寺之任村任姓家。岐山在鳳翔東五十里,在渭北。……趙君嘗爲潘文勤公親至任村購諸器,言當時出土凡百二十餘器,克鐘、克鼎及中義父鼎並在一窖中,於時光緒十六年也。”[①]這兩種説法,也許還是古董商趙信臣所言更接近事實,但也不甚精準;例如出土的時間,趙信臣説是光緒十六年,即1890年。而潘祖蔭於1890年11月病逝,所以陳夢家曾推測克器出土時間應該在光緒十五年(1889)。最近,在一份新出現的大克鼎及銘文拓本上有李文田於光緒十五年五月的題跋和釋文,證明了潘祖蔭入藏大克鼎的時間肯定是在這之前。[②] 葛亮在梳理了各種題跋、日記、年譜中的材料後,比較令人信服地提出了潘祖蔭購得大克鼎的時間下限當爲光緒十五年正月十九之前;推算起來,克器出土的時間應該是光緒十四年(1888),具體出土地點爲扶風縣法門鎮任家村。[③] 王月妍則根據一份中義父盨銘文拓本上盛昱的題跋“中義父簋,丁亥年岐山縣出土”,提出任家村窖藏發現的時間還要早一點,是光緒十三年(1887)。[④] 中義父鼎與克鐘、克鼎同出一窖藏的傳聞來自古董商趙信臣。它們與克器出土地地點相同應該没問題,但是否同一時間、同一坑出土還不好完全確定。盛昱題跋裏説同出有一對兩簋(盨),由陝西古董商蘇房山帶到北京,一隻被他買下,另一隻歸了吴大澂,並没有提到克器。不過,王月妍文中引用了兩條吴大澂的跋文則提供了善夫克盨遞藏的最早信息。一份是小克鼎拓本(北大圖書館藏)上吴大澂的題跋:“是鼎出陝西鳳翔府,尚有一大者與盂鼎相埒,爲潘文勤公所藏。又見一簋,拓多至八九十字,器極大而文至精,名同而年月不盡同,是簋尚在關中。”在另一份大克鼎未剔清之前拓本上也有吴大澂題跋:“克鼎有三,此其最大而字最多者,其次爲窓齋所得,又次亦歸潘文勤師……三鼎係同時出土……同時出一簋極大,多至二百餘字,亦善夫克所鑄之器,今在西安一候補之尹家,余曾得其拓本。”這裏提到的“簋”應該就是善夫克盨,其最早的收藏者是一位地方官員,吴大澂從他手裏直接得到了器銘拓本

---

① 羅振玉:《貞松堂集古遺文》卷三,1930年,35a。

② 姜鳴:《重考大克鼎的出土時間》,《文匯報》2001年12月4日。

③ 葛亮:《大克鼎的出土地、出土時間及其相關問題》,蘇州博物館編:《攀古奕世:清代蘇州潘氏的收藏》,鳳凰出版社,2018年,第1—13頁;又載《西泠藝叢》2019年第4期,第24—29頁。

④ 王月妍:《由新見全形拓重議大克鼎窖藏相關問題》,紀念陳介祺誕辰210週年:陳介祺學術思想與金石文字研究國際學術研討會,濰坊,2023年2月。感謝葛亮分享這篇還未正式發表的文章。

(應該就是《窓齋集古録》裏發表的拓本)。可見當初丁麟年還没有得到此器。丁氏曾於辛亥革命前後在陝西做官,或許就是在此期間他購藏了善夫克盨。

另據趙信臣所言,當時任家村窖藏一共出土了120多件青銅器,這個數字也難以求證。據1934年出版的《陝西金石誌》記載,"光緒十六年秋扶風任村任致遠掘土得之(大克鼎),由蘇子貞運歸潘文勤公。此鼎發現之處若土室,然共得鐘、鼎、尊、彝等器七十餘,惟克鼎暨四喜鐘最大,鐘文亦二百餘字"。[①] 這段記載應該是根據任家村窖藏的發現者任致遠或當地村民所言,故可信度較高。前面所引吴大澂題跋也印證了,當時出土青銅器中最重要的大克鼎和兩件小克鼎由蘇子貞直接賣給了潘祖蔭和吴大澂;他們後來還有陸續購入。但可以肯定,也有不少器物出土後,當時就賣給了其他的收藏家。我們如果看一下現知克器組的流傳情況,也許可以發現一些綫索。

任家村出土克器組(15件):

大克鼎1件,潘祖蔭舊藏,現藏上海博物館

小克鼎7件

(1) 潘祖蔭、端方遞藏,現藏日本東京書道博物館

(2) 潘祖蔭、端方遞藏,現藏南京大學考古與藝術博物館

(3) 潘祖蔭、端方遞藏,現藏日本京都黑川古文化研究所

(4) 潘祖蔭、端方、馮公度遞藏,現藏北京故宫博物院

(5) 丁麟年、徐世昌遞藏,現藏天津博物館

(6) 吴大澂舊藏,現藏上海博物館

(7) 日本某氏,現藏日本京都藤井有鄰館

克鐘5件

(1) 潘祖蔭、端方、李蔭軒遞藏,現藏上海博物館

(2) 丁樹楨舊藏,日本奈良寧樂美術館,現藏北京故宫博物院

(3) 潘祖蔭、端方、吴大澂遞藏,現藏上海博物館

(4) 丁麟年、徐世昌遞藏,現藏天津博物館

(5) 潘祖蔭、端方遞藏,現藏日本京都藤井有鄰館

克鎛1件:張燕謀舊藏,現藏天津博物館

善夫克盨1件:丁麟年、端方(?)遞藏,現藏美國芝加哥藝術博物館

由於不是考古發掘,没有科學的記録,這個數字肯定也不全面。不過從目前所知

---

① 武樹善編纂:《陝西金石誌》卷一,1934年,第19頁。

道的遞藏信息可以看出，潘祖蔭和端方最早收藏了克器組中的大克鼎、四件小克鼎、三件克鐘，可謂晚清收藏克器最多的藏家。吴大澂收藏了一件小克鼎，他後來還得到了經潘祖蔭、端方遞藏的一件克鐘，後入藏上海博物館。潘、端舊藏中的一隻小克鼎後來歸了馮公度，1956 年捐獻給北京故宫。至於丁麟年，除了現藏芝加哥藝術博物館的善夫克盨之外，還收藏了一件小克鼎、一件克鐘，這兩件銅器後來到了做過民國大總統的徐世昌手裏，現藏天津博物館。另一位有名的金石收藏家丁樹楨也收藏有一件克鐘，後流散到日本，入藏寧樂美術館，近年被北京故宫博物院購回。丁樹楨也是山東龍口人，他的青銅器收藏裏有不少名品，例如從李步農處得到的劉喜海舊藏頌簋，現藏山東省博物館。克鎛的收藏者張燕謀也是一位晚清的收藏家；據説他是於 1904 年從北京琉璃廠購得克鎛，這件克器後來也進了天津博物館。流散到海外的這幾件基本上都跟端方有關，應該是當年由山中商會經手賣給日本和西方博物館和藏家的。

克器組其實遠不止 15 件。宋代吕大臨的《考古圖》就著録有伯克壺。另外還有三件師克盨，據説也是 20 世紀初陝西扶風縣出土；一件於 1960 年由國家文物局調撥，現藏北京故宫博物院；一件僅存蓋，爲熊步龍舊藏，1957 年熊家後人捐獻給陝西省博物館，現藏中國國家博物館；第三件 1985 年出現在美國紐約蘇富比拍賣會，由美國私人收藏家購得，現借展聖路易藝術博物館。① 這樣加起來一共有 19 件克器。這 19 件克器中，人名有克（克鐘）、善夫克（大克鼎、小克鼎、善夫克盨），師克（師克簋）、伯克（伯克壺）；紀年有十又六年（克鐘），十又八年（善夫克盨）、廿又三年（小克鼎）。另外，據傳與克器組同坑所出的中義父器組，還有就是 1940 年 2 月出土於扶風縣任家村（與克器出土地點相同）的梁其、吉父器組，有學者認爲中義父即克本人，梁其、吉父也是克的後代或同宗，所以應作爲同組對待。② 其他還有一些可以確認爲跟克器組、中義父器組，或梁其、吉父器組同地同時出土的西周銅器，以及銘文中提到相同人名和事件的，這些也是我們研究克器組不能忽略掉的。③

---

① Yang Xiaoneng, "The Shi Ke Xu: Reconsideration of an inscribed Late Western Zhou ritual vessel", *Artibus Asiae*, vol.52, no.3/4(1992), pp.163 - 214.

② 韋心瀅：《克之家族結構與相關問題研究》，《青銅器與金文》第 2 輯，上海古籍出版社，2018 年，第 118—143 頁。

③ 張天恩主編的《陝西金文集成 · 寶雞卷（扶風）》（三秦出版社，2016 年）收入了 90 件（加一件不太確定的戈）任家村出土的銅器，是最新的資料彙集。筆者本人近年還在拍賣市場上見到過先前未經著録的兩件中義父鼎。可見還有一些流散待發現的器物。

二、善夫克盨與其他克器的年代關係

關於克器組,最棘手的問題莫過於它們的具體年代及其相互關係。大部分學者,從王國維到郭沫若都傾向於把大克鼎和其他克器定爲西周晚期厲王時器;但郭沫若同時也説:"此數器不屬於一王,而連接二王之在位年限一至少當得有十六年,一則至少當有十八或二十三年。"[①]所以他又説克器可以定在夷、厲二世。陳夢家則把克組諸器都定爲夷王時;他認爲克鐘一組應早於善夫克諸器,而善夫克器的先後次序爲大克鼎/善夫克盨一小克鼎。他還指出克鐘所記爲初命;大克鼎的銘文一分爲二,第一銘是克自述家世及所受王命,爲二命;第二銘記王在宗周的穆廟錫命善夫克,是三命。而善夫克盨銘文記載的錫命之禮還在這之後。他又將梁其器、師克盨與善夫克盨進行了比較,指出它們的形制花紋相近,所以都是夷王器。[②] 但他後來改變了自己的意見,認爲師克盨比善夫克盨略晚,師克與善夫克不是同一人,故可歸屬於厲王時;他還提出伯克與師克或係一人。[③] 郭沫若則堅持認爲所有克器(包括伯克壺、師克盨)都是同一主人,爲厲王時器。[④]

唐蘭則認爲小克鼎早於大克鼎,定爲厲王時是對的,但克鐘(鎛)要晚,其銘文明白寫了"周康剌宫",剌(通厲字)宫就是厲王的宗廟,所以克鎛當爲宣王時器,可根據銘文定爲宣王十六年,即公元前 812 年。克經歷了厲、宣二世。[⑤] 把克器組定得比較早的是馬承源,他把它們歸到西周中期,認爲是孝王時器。他的主要證據是大克鼎銘文中的人名釐季亦見於他定爲恭王時期的五祀衛鼎。[⑥] 近年來,由於新發現的青銅器不斷涌現,學者對克器的認識也有所改變。目前,諸多研究者主張將克器組都定到宣王時期。[⑦]

---

① 郭沫若:《兩周金文辭大系考釋》中卷,文求堂書店,1935 年,第 111 頁。

② 陳夢家:《西周銅器斷代》,第 279 頁。

③ 陳夢家:《西周銅器斷代》,第 316—317 頁

④ 郭沫若:《師克盨銘考釋》,《文物》1962 年第 6 期,第 9—15 頁。

⑤ 唐蘭:《關於大克鐘》,《唐蘭先生金文論集》,紫禁城出版社,1995 年,第 334—339 頁(最早發表於《出土文獻研究》,文物出版社,1985 年,第 121—125 頁)。

⑥ 見馬承源主編:《商周青銅器銘文選(三)》,文物出版社,1988 年,第 212—213、215—218、221—223 頁。

⑦ 見彭裕商:《西周青銅器年代綜合研究》,巴蜀書社,2008 年,第 435—478 頁;韓巍:《册命銘文的變化與西周厲、宣銅器分界》,《文物》2009 年第 1 期,第 80—85 頁。應該指出的是,高本漢早在 1936 年發表的 Yin and Chou in Chinese Bronzes (pp.41 - 43)中就提出了大克鼎、克盨、克鐘或許可以定爲宣王時期。劉雨在 1983 年發表的《多友鼎銘的時代與地名考訂》(《考古》1983 年第 2 期,第 152—157 頁)中也將所有克器組都定在宣王。

作爲克器組中唯一"四要素"俱全的善夫克盨，按道理它應該在更精準的斷代排序上起到關鍵作用。然而，偏偏是它給研究者出了一道難題。夏商周斷代工程的目標之一就是給西周（共和以前）各王確定比較準確的年代，而主要的途徑就是利用西周金文的資料重建周曆。① 不少許多學者在這方面都做出了有益的嘗試，但目前仍然存在不少分歧。② 李學勤最初也同意把大克鼎和善夫克盨歸在夷王或厲王，克鐘和克鎛則在宣王（唐蘭意見）；並認爲伯克壺和師克盨中的克與善夫克不是同一人（陳夢家意見）。③ 但他後來改從彭裕商等人的斷代意見，把克器組統統都歸到宣王。至於善夫克盨，他說："（善夫）克盨一直是排譜的難題。如果我們抛開曆日，只看形制和銘文，就可知道把它排得太早是不可能的。特別是它的文字風格整齊細勁，有異於厲王中年時期，而同宣王十幾年各器密合無間，格式也甚似此鼎及吴虎鼎，與同人的鎛、鐘亦屬一致。"④於是，他按照銘文"四要素"把（善夫）克盨排在克鎛、克鐘、此鼎、此簋之後，吴虎鼎之前：

克鎛、鐘：惟十又六年九月初吉庚寅

此鼎、簋：惟十又七年十又二月既生霸乙卯

（善夫）克盨：惟十又八年十又二月初吉庚寅

吴虎鼎：惟十又八年十又三月既生霸丙戌

可是，善夫克盨的干支與宣王紀年不合。李學勤於是提出是銘文干支有誤，爲了讓善夫克盨能够符合重建的西周曆表，只好把銘文中"庚寅"改爲"庚戌"。⑤ 姑且不論這種按照己意改動古代原始記載的方法是否成立，從西周青銅器類型學的發展來看，也很難把善夫克盨與吴虎鼎放在同一時期。按照銘文，善夫克盨與吴虎鼎是同一年，相差僅一個月。克盨與大克鼎的年代應該相近。但如果我們把大克鼎再跟吴虎鼎相比較，兩者形制與工藝風格差别甚巨（圖 2a—b）。爲什麽銘文相連，但器物差别如此之大？這個問題常常使學者陷入困惑之中。例如，周亞在討論大

① 參見夏商周斷代工程專家組編著：《夏商周斷代工程 1996—2000 年階段成果報告（簡本）》，世界圖書出版公司，2000 年。

② 就武王滅商的具體時間，以及西周諸王在位年代這兩關鍵問題上，就有數十家不同意見。參見陳曦：《西周有銘銅器斷代專題整合研究》，北京語言大學 2006 年博士論文（指導教師：趙金銘），第 158—161、163—165 頁。

③ 李學勤：《論克器的區分》，《夏商周年代學札記》，遼寧大學出版社，1999 年，第 151—156 頁。

④ 李學勤：《西周晚期金文曆日的歸納》，《夏商周年代學札記》，第 224—229 頁。

⑤ 李學勤：《西周晚期金文曆日的歸納》，《夏商周年代學札記》，第 224—229 頁。

克鼎的幾個問題時，就發現在器形和紋飾的排列中，大克鼎和小克鼎的時代似乎可以排到西周中期。① 這種銘文內容與器物形制相矛盾的現象充分反映了西周銅器斷代的不確定性。

a b

圖 2 大克鼎(a)；吴虎鼎(b)

三、善夫克盨的類型學考察

西周青銅器斷代是一個綜合性的方法，涉及各方各面。比較廣泛使用的是所謂"標準器"和"人名繫聯"，而在確定標準器時往往以銘文內容和書寫風格爲主。近年來，這種方法的可用性已經引起了學者們的進一步討論。② 因爲我們知道金文中異人同名現象十分普遍，而對銘文內容的解讀也因人而異，比較主觀。所以，如果想將某一器物比較精準地分期斷代，銘文的證據固然重要，但最重要的標準必須從器物本身出發，從鑄造、造型、紋飾找出可靠的時代特徵，及其客觀的發展邏輯。例如，唐蘭把克鐘(鎛)定爲宣王器的另一條證據就是從類型學着眼的，克鎛有四道鉏牙做裝飾，器型上開春秋時代叔夷鎛和秦公鎛之風氣，年代上跟宣王時期的楚公逆鎛(自名夜雷鎛)相近。③ 陳夢家給大克鐘斷代時也説："在夷王與宣王之間，我們采取夷王之説，是

① 周亞：《關於大克鼎的幾個問題》，《青銅器與金文》第 1 輯，上海古籍出版社，2017 年，第 306—322 頁。

② 韓巍：《今天的銅器斷代研究本質上是考古學研究——兼論新材料能否挑戰"康宫説"》，《中國史研究動態》2022 年第 3 期，第 49—53 頁。

③ 唐蘭：《關於大克鐘》，《唐蘭先生金文論集》，第 339 頁。

根據了花紋形制的繼承西周中期的上半部。”[①]那麽,我們是否也可以從類型學的角度來看一下善夫克盨呢?

林巳奈夫把西周中晚期出現的盨分成A、B兩型,並做了“器種別各型の時代的型式變遷圖”;他把善夫克盨定爲西周ⅢB型最有代表性的器物,承前啓後。[②] 王世民、陳公柔、張長壽對西周時期的16件有代表性的盨做了分期和斷代。他們把善夫克盨定爲Ⅱ型3式,時代爲厲王前後。[③] 到目前爲止對青銅盨做出最全面的研究是張懋鎔,他收集了出土和傳世青銅盨共150件,並根據它們的形制做了細緻的分類和排比。[④] 他把善夫克盨劃在Ⅰb型Ⅱ式,屬第四期,年代定在宣王幽王時期。我本人基本認同張懋鎔的分類方法,但對某些具體器物的歸類,以及他的斷代結論却不敢完全苟同。

首先,張懋鎔將善夫克盨定爲宣幽時的主要根據是把善夫克跟克鐘、師克盨的克當作同一主人。事實上,大、小克鼎,克盨上的善夫克跟克鐘、師克盨之克是否爲同一人仍有争議;即使同爲一人,兩器是否同屬一王世也是不能完全肯定的。下面,我們再來看看被他列爲與善夫克盨同時同型的幾件器物:

(1) 伯太師盨(圖3):橢方形器身,飾S形竊曲紋、横條溝紋;圈足外侈,四面有缺,素紋;帶螺旋角角獸首提耳,蓋亦飾S形竊曲紋、横條溝紋,圈形素面握手。出土情況不明,端方舊藏。該器的形制有些奇怪的地方,它的圈足有果葉形缺口,帶螺旋角獸首提耳與善夫克盨相近,但其蓋上的素面圈形握手跟其他同式的盨完全不同,圈足也是素紋。[⑤] 如果此器的真僞没問題的話,應該略早於善夫克盨。

(2) 伯多父盨(圖4):橢方形器身,飾竊曲紋、横條溝紋;圈足外侈,四面有缺,飾竊曲紋;帶分叉長角獸首提耳,蓋頂隆起,飾獸目交連紋,上有曲尺形鈕,飾透雕雷紋。1976年出土於陝西扶風雲塘窖藏,共4件。伯多父盨與善夫克盨最大的區别在於它的提耳是帶分叉長角獸首,而非螺旋角獸首提耳;另外蓋上曲尺形鈕透雕雷紋,也是比善夫克盨晚的特徵。

---

① 陳夢家:《西周銅器斷代》上册,第263頁。

② [日] 林巳奈夫:《殷周時代青銅器の研究——殷周青銅器綜覽一》,吉川弘文館,1984年,第211頁,圖26頁;他一共收集了32件西周到春秋的青銅盨,見《圖版》第151—156頁。

③ 王世民、陳公柔、張長壽:《西周青銅器分期斷代研究》,文物出版社,1999年,第102—109頁。

④ 張懋鎔:《兩周青銅盨研究》,《考古學報》2003年第1期,第1—28頁。

⑤ 《陶齋吉金録》(2.49)發表的器影是綫描,有蓋子;*Collection of Chinese and other Far Eastern art assembled by Yamanaka & Company, inc. now in process of liquidation under the supervision of the alien property custodian of the United States of America* (1943, New York and Chicago)裏的照片也是器蓋俱全(196號)。但西雅圖藝術博物館網公布的圖片缺蓋。

圖 3　伯太師盨

圖 4　伯多父盨

(3) 師克盨(圖 5)：橢方形器身，飾 S 形竊曲紋、横條溝紋；圈足外侈，四面有缺，素紋；帶螺旋角角獸首提耳，蓋亦飾 S 形竊曲紋、横條溝紋，圈形素面握手。據傳光緒年間出土於陝西扶風，存世 2 器 1 蓋。該器與善夫克盨比較接近，主要的區别在於它的提耳是矮角獸首，而非螺旋角獸首提耳，它跟杜伯盨很像。

圖 5　師克盨

圖 6　梁其盨

(4) 梁其盨(圖 6)：橢方形器身，飾竊曲紋、横條溝紋；圈足外侈，四面有缺，飾竊曲紋；帶螺旋角獸首提耳，蓋頂隆起，飾連體夔龍紋，上有四個卷雲形鈕。據傳 1940 年出土於陝西扶風任家村窖藏，存世 2 件。該器的提耳與師克盨與善夫克盨接近，也是螺旋角獸首提耳，但細節仍有差别，區别最明顯的是卷雲形鈕，這是比善夫克盨晚的特徵。

(5) 虢季盨(圖 7)：橢方形器身，圈足有缺，飾雲狀紋，器身飾 S 狀竊曲紋、横條溝紋，帶長角獸首提耳，蓋頂隆起，亦飾竊曲紋，上有矩尺形鈕，飾夔龍紋。1990 年出土於河南三門峽墓葬，共 4 件。該器從器型紋飾看都較晚。考古學家把它定爲西周最晚期，甚至有可能到春秋早期。

圖 7 虢季盨

圖 8 杜伯盨

(6) 杜伯盨(圖 8)：橢方形器身，飾竊曲紋、横條溝紋；圈足外侈，四面有缺，飾竊曲紋；帶矮角獸首提耳，蓋頂隆起，飾連體夔龍紋，上有矩形鈕，飾夔龍紋。據傳光緒二十年出土於陝西韓城一帶，存世 5 件。該器的形制和紋飾都與師克盨比較接近，應該晚於善夫克盨。

(7) 獸叔盨(圖 9)：橢方形器身，飾重環、横條溝紋；圈足外侈，四面有缺，飾垂鱗紋；帶螺旋紋角獸首提耳，蓋頂隆起，亦飾重環紋，上有透雕卷雲形鈕。1993 年出土於河南三門峽上村嶺墓葬，共 2 件。該器的形制也比較晚，除了帶螺旋角獸首提耳與善夫克盨近似，其他特徵如重環紋、垂鱗紋，以及透雕卷雲形鈕都是晚出的特徵。

圖 9 獸叔盨

圖 10 駒父盨[蓋]

(8) 駒父盨[蓋](圖 10)：橢方形蓋，隆起飾重環、横條溝紋，頂上飾蟠夔紋，有四個卷雲形鈕。1974 年出土於陝西武功迴龍村。該器上的重環紋、卷雲形鈕與獸叔盨近似。學者根據銘文把它定爲宣王器。

(9) 仲彤盨(圖 11)：橢方形器身，飾重環、横條溝紋；圈足外侈，四面有缺，亦飾重環紋；帶半環形豎立提耳，蓋頂隆起飾竊曲紋，上有四個卷雲形鈕。1973 年出土於陝西扶風五郡村窖藏，共 2 件。該器的器型，還有重環紋，以及卷雲形鈕都與獸叔盨近似，不同之處在於它帶半環形豎立提耳。

圖 11　仲彤盨

圖 12　魯伯愈盨

（10）魯伯愈盨（圖 12）：橢方形器身，飾竊曲紋、横條溝紋；圈足外侈，四面有缺，飾竊曲紋；帶螺旋角獸首提耳；蓋頂隆起飾圓雕虎鈕及象鼻紋，上有四個透雕夔龍形鈕。1977 年出土於山東曲阜墓葬。該器的形制也比較晚，它蓋子上圓雕虎鈕、象鼻紋，以及透雕夔龍形鈕都是比較晚的特徵。考古學家一般把它定爲西周最晚段，或春秋早期。

通過以上比較，我們可以看到善夫克盨明顯具有早期的特徵。所以王世民、陳公柔、張長壽把它放在杜伯盨、虢季盨、獸叔盨之前是有道理的。與善夫克盨形制比較接近的是上海博物館藏的遣叔吉父盨（圖 13），學者多把它們定爲西周中期。而再看梁其盨，其形制雖然與善夫克盨基本一致，但蓋子上的握手更加繁麗，竊曲紋也更加簡化抽象；時代明顯偏晚一點。已有學者指出梁其是克的兒子，所以當爲厲王或宣王時人。還有據傳與克器組同出一坑的中義父盨，雖然至今没有看到實物，但從全形拓看（圖 14），其形制與梁其盨接近，也可定爲厲宣之際。如果照這樣推理，似乎還是應當把善夫克盨定在厲王時爲善。當然，值得注意的是類型學有個規律，同一時期可以有不同類型的器物，同一類型的器物也可能分屬不同時代。例如翏生盨，器身和蓋子都飾瓦棱紋，豎提耳，形制與善夫克盨完全不似（Ⅰ型 2 式），但根據銘文仍被定爲西周厲王前後器。

圖 13　遣叔吉父盨

圖 14　中義父盨全形拓

凱萊和陳夢家當年曾經提出了善夫克盨的帶螺旋紋角的獸首耳跟芝加哥藝術博物館所藏另一對西周晚期銅壺，以及臺北故宫收藏的頌壺上的獸首紋十分相似，可以作爲斷代的依據。這裹我把這個帶螺旋紋角的獸首紋拿出來仔細觀察比較一下，看能否對我們的斷代討論有所幫助。

善夫克盨提耳帶螺旋紋獸首十分别緻，前額上是一蛇頭，身體分作兩叉，纏繞在獸角上(圖 15a—b)；這在其他器物上很少看到。帶螺旋角的獸首最早見於西周早期牛鼎，腹部飾大饕餮紋，帶蓋，鼎的提耳和蓋紐飾立體螺旋角的獸頭。[①] 此器現藏美國賓州大學考古博物館，早年購自盧芹齋。此蓋的真僞仍有争議。這裹可以忽略不計。美國舊金山亞洲藝術博物館收藏的王伯姜壺，飾一對帶螺旋角的獸耳。這件青銅壺被定爲西周早期懿王時。[②] 從考古發掘資料看，1960 年陝西扶風齊家村窖藏出土的幾父壺(圖 16a—b)，1976 年陝西扶風莊白村窖藏出土的興壺也都飾一對帶螺旋角的獸首提耳(圖 17a—b)。它們的時代都定爲西周中期。仔細觀察，它們的螺旋角獸首是有些區别的，幾父壺的獸首前額有立體像花瓣的裝飾，而十三年瘋壺獸首前額有一個菱形圖案。稍晚一些，這個螺旋角獸首開始出現在其他類型的器物上，例如簋、盨、鑐、匜、盤，一般作爲提耳。其中散伯簋、井南伯簋、王臣簋、宰獸簋、興簋等都可定爲西周中期後段(孝夷前後)。有名的虢季子白盤上的附耳也是帶螺旋角的獸首(圖 18a—b)，但它的年代有争議，大部分學者把它定爲宣王器，但王世民、陳公柔、張長壽認爲它在厲王前後。[③] 還有

a

b

圖 15 善夫克盨獸首

① 《中國青銅器全集》，西周 1：20。

② 《中國青銅器全集》，西周 1：145。

③ 王世民、陳公柔、張長壽：《西周青銅器分期斷代研究》，第 153 頁。夏商周斷代工程專家組編著《夏商周斷代工程 1996—2000 年階段成果報告(簡本)》(第 21、33 頁)把它定爲"厲王二十八年"。

a

b

圖 16　幾父壺

a

b

圖 17　興壺

a

b

圖 18　虢季子白盤

一些明顯比較晚的器物,如曼龔父盨、豢簋、仲義父𬭚、伯多父𬭚、蔡侯匜,這些銅器無論是從類型學,還是從銘文内容,可以比較肯定地説它們屬於西周晚期後段(宣幽時期)。除了提耳裝飾之外,帶螺旋紋角的獸首也見於器身紋飾。2003 年陝西眉縣楊家村窖藏出土了 27 件西周晚期青銅器,其中逨盤的附耳(圖 19),還有單五父壺上的紋飾也是這種帶螺旋紋的獸首(圖 20)。根據逨盤銘文内容和逨鼎銘文紀年干支,學者多把它們定爲宣王時代,但也有學者認爲它們的年代可以屬厲王。① 總之,這是一種延續使用了較長一段時間的紋飾,它最早也許可以上推到西周早中期,但不確定。它的流行期當在西周中期後段到西周晚期這段時間。我認爲這個紋飾有比較特殊的宗教含義,值得進一步深究,但此處就不展開討論了。

圖 19　逨盤附耳

圖 20　單五父壺

通過以上的研究可以看出,探討善夫克盨的意義遠遠超出了對單一器物的關注。雖然知識在不斷增多,解釋也逐漸深入,但我認爲它的斷代問題並没有得到完全解决,恰恰相反,這充分反映了西周銅器斷代方法的複雜性。我們對古代青銅文化的研究還遠没有達到能解决所有疑難問題的地步。

---

① 見葉正渤:《從曆法的角度看逨鼎諸器及晉侯穌鐘的時代》,《史學月刊》2007 年第 12 期,第 21—28 頁。

《上海博物館藏有銘文青銅器》整理札記三則

周　亞

上海博物館

上海博物館收藏的青銅器有 7000 餘件，其中有銘文的青銅器約 1400 餘件。這些有銘文的青銅器多數已被著録，但尚有數百件青銅器的銘文未曾發表過。在這些未發表的青銅器銘文中，也有些銘文的内容具有較高的研究價值。即使在已著録的青銅器銘文中，有些因爲器形未發表，導致在一些著録中出現器名錯誤，如把簋當作卣，或只稱"彝"等。也因爲器形未發表，會出現一些斷代的錯誤，這對認識和研究銘文内容及性質也會造成一些誤判。還有一些青銅器有器、蓋銘文，但過去只收録了器銘或蓋銘，這就形成銘文資料的不完整。

爲此，我們計劃編纂一部收録館藏有銘文青銅器比較完整、資料齊備、準確度高、充分吸收考古學及古文字學最新研究成果，且便於學者利用的著録書——《上海博物館藏有銘文青銅器》。

在編纂過程中，我們有一項工作就是舊著録的校核。我們希望通過我們的校核，可以爲學者們提供比較準確的銘文著録書目。在此工作中，我們還確實發現不少問題，本文就是將《上海博物館藏有銘文青銅器》編纂過程中舊著録校核時發現的問題，選擇三例供大家參考並指正。

一、戈 罟 簋

戈罟簋，上海博物館藏。器作口略侈，斜直腹，圈足，獸首耳下有勾曲形垂珥。頸飾列旗式獸面紋一周，前後各置一個突起的獸首，圈足飾斜角目雲紋一周。該簋以往多被認爲是商代晚期之器,吴鎮烽先生《商周青銅器銘文暨圖像集成》(以下簡稱"《銘圖》")認爲該簋爲西周早期之器,[①]我同意吴鎮烽先生的意見。因爲相似器形的簋 1972 年在甘肅靈臺姚家河墓 1 中有出土,該墓的時代據發掘者研究認爲是西周早期,大約康王時期。[②] 此外,1967 年在甘肅靈臺白草坡墓 2 中也出土器形相似的㔶伯簋,該墓的時代也被判斷爲西周早期的康昭時期。[③] 而且在相似器形的簋中,其獸首耳下置勾曲形垂珥的做法也多不見於商代晚期的青銅簋上。戈罟簋頸部所飾列旗式獸面紋,也是西周早期青銅器上常見的紋飾。此外同銘的爵、觚、卣、盉諸器據器形、紋飾判斷,都是屬於西周早期之器物。[④] 據此,我們認爲這件戈罟簋應該是西周早期之器(圖 1)。

圖 1

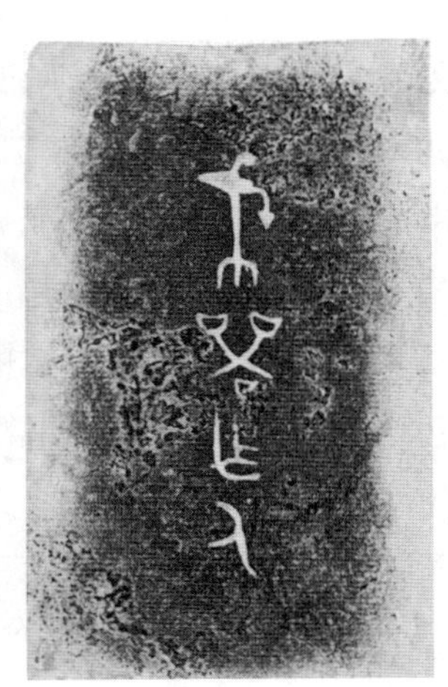

圖 2

戈罟簋器内底鑄銘文 4 字(圖 2)。此銘文屢經著録,經查各種著録書目,及我們自己的檢索,初步查到下列著録。

戈罟簋銘文最早著録於阮元的《積古齋鐘鼎彝器款識》(以下簡稱"《積古》")2.17,阮元的記録還是按照當時對簋名稱的習慣,稱爲"敦"。

劉喜海《清愛堂家藏鐘鼎彝器款識法帖》(以下簡稱"《清愛》")3 著録：器名稱爲"彝",並記"嘉慶甲戌(1814)春得于都門"。

① 吴鎮烽:《商周青銅器銘文暨圖像集成》第 8 册,上海古籍出版社,2012 年,第 346 頁。

② 甘肅省博物館文物隊、靈臺縣文化館:《甘肅靈臺兩周墓地》,《考古》1976 年第 1 期,第 39 頁,圖二.2。

③ 甘肅省博物館文物隊:《甘肅靈臺白草坡西周墓》,《考古學報》1977 年第 2 期,第 107 頁,圖七。圖版肆.2。

④ 器形圖像參見吴鎮烽:《商周青銅器銘文暨圖像集成》第 17 册,第 3 頁,第 18 册,第 453 頁,第 23 册,第 420 頁,第 26 册,第 104 頁。

吴式芬《攈古録金文》(以下簡稱“《攈古》”)1之2.57.2—3各著録一件同銘“彝”。

據該摹本與我們館藏簋銘比對,應該是《攈古》1之2.57.3爲上博藏戈罟簋的銘文。據《攈古録目録》卷一.35此二器,其一“江蘇山陽(淮安)李芝齡藏,積古齋録趙晉齋揭本”,其二“山東諸城劉氏藏”,也即《清愛》3所著録的銘文摹本。

盛昱《鬱華閣金文》(以下簡稱“《鬱華閣》”)93.3著録,根據拓片比對,此即我們館藏的戈罟簋銘文。拓片有“愙齋所得金石”朱文印。

朱善旂《敬吾心室彝器款識》(以下簡稱“《敬吾》”)下9.2、下32分别著録兩件,根據銘文拓片比對,《敬吾》下32著録的應該是上海博物館藏戈罟簋銘文。

吴大澂《愙齋集古録》(以下簡稱“《愙齋》”)7.12.1著録,此拓即上海博物館藏戈罟簋銘文。吴大澂注謂:“此敦爲愙齋所藏。”

劉體智《小校經閣金文》(以下簡稱“《小校》”)4.31.6,7.61.7和7.62.1分别著録同銘拓片,其中4.31.6稱爲卣,7.61.7和7.62.1則稱爲“敦(簋)”。經銘文拓片比對,《小校》4.31.6之所謂卣蓋銘文拓片和《小校》7.62.1敦(簋)銘拓片爲同一器銘文拓片,也即上海博物館藏戈罟簋銘文的拓片。

王辰《續殷文存》(以下簡稱“《續殷》”)上41.3著録爲敦(簋),此拓即上海博物館藏戈罟簋銘文的拓片。

羅振玉《三代吉金文存》(以下簡稱“《三代》”)6.22.7著録,此拓即上海博物館藏戈罟簋銘文的拓片,《三代》誤爲彝(簋)蓋銘文。

嚴一萍《金文總集》(以下簡稱“《總集》”)2016著録的是上海博物館藏戈罟簋銘文的拓片,但也將此銘誤作簋蓋銘文。

《殷周金文集成(修訂增補本)》(以下簡稱“《集成》”)3395著録有戈罟簋蓋器銘文,其中3395.1即上海博物館藏戈罟簋銘文,誤作簋蓋銘文。此外在《集成》5112.1再用此銘拓片,誤作卣蓋銘文。這兩張拓片可能是拓工的原因,略有差異,但仔細審視,還是可以確定爲同一銘文的拓片。

吴鎮烽《商周青銅器暨銘文圖像集成》4078沿用了《集成》的著録,其中也將上海博物館藏戈罟簋銘文誤作爲簋蓋銘文。

由於此簋器形未曾發表過,故自《小校經閣金文》始,或以爲此乃卣之器、蓋同銘,或多將此銘誤作簋蓋銘文,如《小校》《三代》《總集》《集成》《銘圖》等。此類形制的簋基本無蓋,如上文提到的甘肅靈臺姚家河墓1出土簋和靈臺白草坡墓2中出土的㦱伯簋。故所謂卣之銘文或簋蓋之銘文,均屬以訛傳訛之誤判。

經過梳理各著録拓片,我們最後確定的著録書目是:

《清愛》3,《攈古》1之2.57.3,《鬱華閣》93.3,《愙齋》7.12.1,《綴遺》6.12,《敬吾》下

32,《續殷》上 41.3,《小校》7.62.1(《小校》4.31.4 上重出,誤爲卣蓋),《續殷》上 41.3,《三代》6.22.7,《總集》1968(《總集》2016 重出),《集成》3395.1(《集成》5112.1 重出,誤爲卣蓋),《銘圖》4078,《重編窓齋》二册 429 頁。①

上海博物館所藏戈罟簋的流傳過程,多以爲曾由李芝齡、趙晉齋所藏,如《集成》3395 的銘文説明及《銘圖》4078 的介紹。此説當是由《積古》中阮元的題記和《攈古録目録》的記録而來的。《積古》所録銘文雖爲摹本,但據其所記銘文是根據趙晉齋(趙魏)所拓本摹入,故與其他著録中趙晉齋的該簋銘文應該是同一件器。據《攈古録金文目録》:《攈古》2.57.2 著録的是"江蘇山陽(淮安)李芝齡藏,積古齋録趙晉齋搨本",《攈古》2.57.3 著録的是"山東諸城劉氏藏",也即《清愛》3 所著録的銘文摹本。經過銘文拓片比對,《清愛》著録的就是上海博物館藏戈罟簋銘文,故《積古》著録的應該不是上海博物館藏戈罟簋的銘文。所以在相關流傳中,應該去除李芝齡和趙晉齋所藏。這件簋的流傳,應該是劉喜海、吴大澂先後收藏,上海博物館就是從吴大澂的後人吴湖帆處徵集的。

二、伯 魚 簋

伯魚簋,上海博物館藏。蓋有圈形捉手,侈口、鼓腹、圈足下接一周直壁,兩側設一對獸首耳,下有垂珥。蓋沿、器頸、圈足飾相間隔浮雕囧紋和曲體龍紋,頸部前後有突起的獸首。蓋面和器腹飾直棱紋。根據器形、紋飾判斷,該簋屬於西周早期之器(圖 3)。

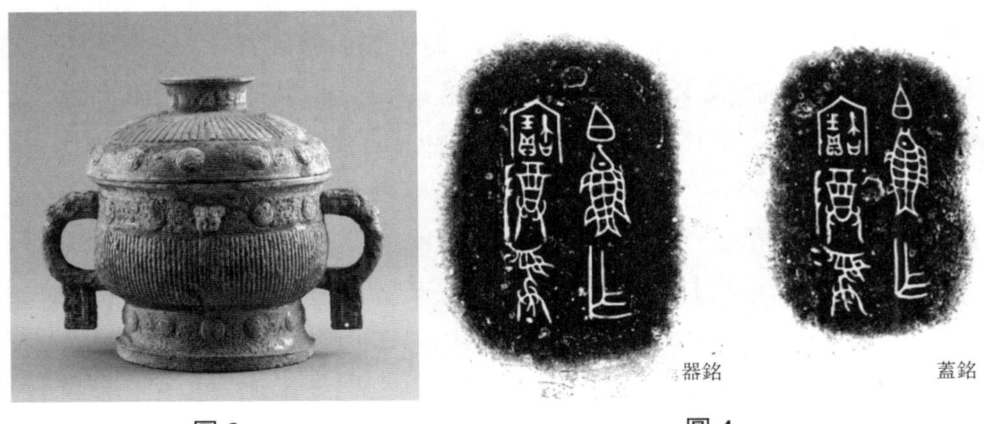

圖 3 **圖 4**

伯魚簋蓋、器各鑄 6 字(圖 4),《從古堂款識學》(以下簡稱"《從古》")15.29.1—2,

① 吴大澂編,吴湖帆重編:《窓齋集古録》,中華書局,2022 年。此書據上海圖書館藏吴湖帆重編《窓齋集古録》出版,故我稱之爲"《重編窓齋》"。

15.30.1 各著録有伯魚簋銘文。15.29.1—2 著録爲陳簠齋藏，蓋、器同銘，從其摹本看，其蓋銘與上博藏伯魚簋蓋銘相同，然其器銘中"魚"字缺了魚眼那一點。15.30.1 著録的器銘，也是陳簠齋所藏，雖與上博藏伯魚簋器銘相似，但其注謂"殘器"。因均爲摹本，雖難以確認其器銘究竟哪一個是上博藏簋的器銘，但 15.30.1 是"殘器"，恐非上博之器銘。

《攈古》1 之 3.56.2 亦爲摹本，其分别注明了蓋與器銘，與上博藏伯魚簋器蓋銘文相同。

《鬱華閣》176 頁收録有陳介祺所藏伯魚簋兩件，經拓片比對，其中 2—3 拓片當是上博藏伯魚簋的器蓋銘文。

《奇觚室金文述》(以下簡稱"《奇觚》")3.4.1 著録的是上博伯魚簋的蓋銘，然其注謂"陳壽卿器銘"。奇觚 3.4.2 著録的是上博伯魚簋的器銘，但與 3.5.1 之拓本合注謂"器蓋同銘"。

《周金文存》(以下簡稱"《周金》")3.96.4 上爲上博藏伯魚簋之器銘，從其拓片排列來看，當是將 3.96.4.1 和 3.96.4.2 合爲器蓋銘文。3.97.1 爲上博伯魚簋之蓋銘。周金卷三補遺 15 重出器銘拓片。

《簠齋吉金録》(以下簡稱"《簠齋》")3 敦 18.1 爲上博伯魚簋的器銘，敦 19.1 是上博伯魚簋的蓋銘。從《簠齋》著録來看，陳介祺是將敦 18.1 和敦 18.2 合爲一器，敦 19 是另置一器。這兩件伯魚簋都是陳介祺自藏之器，應該説他是不會弄錯的。如果敦 18 是器、蓋合一，那麼陳介祺所藏的伯魚簋應該是兩蓋一器。現在上博伯魚簋是《簠齋》之敦 18.1 和敦 19.1，估計是伯魚簋從簠齋流出之後，被誤置了。

《愙齋》10.2.1—2 同爲上博伯魚簋器、蓋銘文拓片，但其誤將蓋銘作器銘，器銘誤作蓋銘。《重編愙齋》二册 485、486 頁所收拓片延續了器、蓋銘文互换的錯誤。

《貞松堂集古遺文》(以下簡稱"《貞松》")5.9.3 著録的是伯魚簋銘文摹本，很可能就是上博伯魚簋的器銘。

《小校》7.70.7 收録了上博伯魚簋器、蓋銘文，但也誤將蓋銘作器銘，器銘作蓋銘了。

《三代》7.12.2—3 收録的是上博伯魚簋器、蓋銘文，雖未注明蓋銘和器銘，但從其排列來看，器銘排列在前，蓋銘排列在後，很可能也是誤將蓋銘作器銘，器銘作蓋銘了。

《總集》2196 收録的是上博伯魚簋器、蓋銘文，但將器銘置於上，蓋銘置於下，恐怕也是誤將蓋銘作器銘，器銘作蓋銘了。《總集》2198 重出蓋銘，誤爲伯魚簋另外一件蓋銘了。

《集成》3535 收録了上博伯魚簋器、蓋銘文，但也將器銘置於上，蓋銘置於下。

《銘圖》4310 的伯魚簋銘文，把蓋銘注爲器銘，器銘注爲蓋銘。

經過將伯魚簋各著録重新梳理，我們可以發現上博藏伯魚簋的器、蓋組合是從愙齋著録開始的，所以很可能是吴大澂得到的伯魚簋銘文拓片，已是從簠齋流出後器、蓋被另置的伯魚簋。吴大澂誤將伯魚簋蓋銘作器銘，器銘誤作蓋銘，此後的《重編愙齋》《小校》《三代》《總集》《集成》《銘圖》都延續了這一誤置。

經過對伯魚簋銘文著録的梳理，我們基本排定的著録如下：

《從古》15.29.1—2，《攈古》1 之 3.56.2，《鬱華閣》176.2—3，《奇觚》3.4.1—2，《周金》3.96.4 上（器）、3.97.1（蓋）、《周金》卷三補遺 15（重出器銘），《簠齋》之敦 18.1（器）、敦 19（蓋），《愙齋》10.2.1（器）—2（蓋），《貞松》5.9.3（器），《小校》7.70.7，《三代》7.12.2（器）—3（蓋），《總集》2196、2198 重出（蓋），《集成》3535，《銘圖》4310，《重編愙齋》二册 485、486 頁。

三、叔 䣄 父 簋

叔䣄父簋，上海博物館藏。蓋面隆起，上有圈狀捉手，下有子口。弇口鼓腹，矮圈足，沿外撇，有一對銜環鈕耳，通體飾瓦紋。與西周晚期的無曩簋器形紋飾相同，也是西周晚期器（圖 5）。《銘圖》5003 把英國阿斯莫麗博物館藏的叔䣄父簋斷代爲西周中期，但將其後 5004、5005、5006 器形、紋飾和銘文都相同的叔䣄父簋均斷代爲西周晚期，故其 5003 恐怕是筆誤了。

圖 5

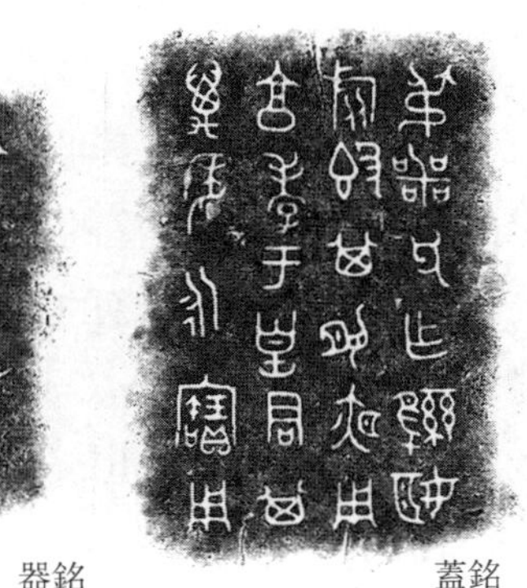

器銘　　蓋銘

圖 6

叔䣄父簋蓋内鑄銘文 23 字，器内底鑄銘文 8 字（圖 6）。這件簋的蓋銘以前未曾發表,2016 年《陝西金文集成》(以下簡稱“《陝集成》”)中上博首次提供了館藏叔郾父簋的器蓋銘文資料,故以往的金文著録中多有謬誤,需要予以糾正。

《集成》4057、《銘圖》5005 等都提到上博叔郾父簋的蓋銘著録有貞松 5.34.2(《集成》注爲 5.34.3,應該是將 5.34.1 的向䀠簋器、蓋銘文分作二器了),《貞松》著録雖是摹本,但細審還是可以發現其中“年”字與上博簋蓋銘文中的“年”字差别很大,故非上博簋的蓋銘。《銘圖》提到《貞松》5.11.3 著録的是上博器銘,也屬誤判,其實《貞松》5.12.1才是上博簋的器銘,這從銘文中“乍”字中缺了一横筆可以明確分辨出。

《集成》4057、《銘圖》5005 都未提及《希古樓金石萃編》(以下簡稱“《希古》”)3.13.2 著録過上博叔郾父簋的器銘。《希古》雖爲摹本,但其“乍”字一横筆甚短,“旅”字的寫法也與上博簋銘文的“旅”字相符,應該就是上博簋的器銘。

《集成》《銘圖》都將《三代》8.17.1 作爲上博簋蓋銘文,對比後可以看到《三代》拓片中的“父”字與上博簋蓋銘文中的“父”字差别較大,特别是《三代》拓片中的“𣪘”字的“皀”部中有一横筆,而上博簋蓋銘文中該字則缺此一横筆,故可排除。此外《集成》《銘圖》都將《三代》7.19.3 作爲上博簋的器銘,其實《三代》7.19.2 才是上博簋的器銘。

《銘圖》認爲《鬱華閣》113.3 收録的是上博簋蓋銘文拓片。其實這張拓片和《三代》8.17.1 拓片的問題是相同的,故也可排除。

《集成》《銘圖》認爲《中日澳美紐所見所拓金文彙編》(以下簡稱“《彙編》”)5.273 和 272 是上博簋的蓋、器銘文,經比對發現都不是。相反,《彙編》5.548 才是上博簋的器銘。

《銘圖》認爲《陝西金文彙編》(以下簡稱“《陝金》”)2.141 收録的是上博簋器銘拓片,其實《陝金》2.140 才是上博簋的器銘拓片。

《集成》將 4057 收録的拓片認爲是上博簋的器蓋銘文,《銘圖》也將《集成》4057 作爲上博簋的器蓋銘文。但都不確,只有《集成》4056.2 才是上博簋的器銘拓片。

《銘圖》5005 認爲其收録的是上博簋的器蓋銘文,其實都不是,反而《銘圖》5004 收録的器銘才是上博簋的器銘,5004 則被誤作已轉爲中國國家博物館收藏。

通過梳理叔郾父簋的著録,我們現在排定的著録書目是:

《貞松》5.12.1(器),《希古》3.13.2(器),《三代》7.19.2(器),《彙編》5.548(器),《陝金》2.140(器),《集成》4056.2(器),《總集》2305(器),《銘圖》5004(器),《陝集成》16 册 161 頁 1901。

清宫舊藏遽伯睘簋流散藏記説補

張光裕

香港恒生大學

遽伯睘簋，方座，腹飾饕餮紋，左右雙目呈人目形，方座饕餮目形更誇飾雙眉，於西周青銅紋飾頗爲鮮見。口沿下靠雙耳兩側各飾短尾垂冠鳳鳥。内底懸小銅鈴，鈕舌俱全（圖1）。西周早期器。原爲清宫舊藏，最早見於《西清續鑒甲編》12.39 著録，[①] 現藏美國密蘇里州堪薩斯城的納爾遜·阿特金斯藝術博物館（Nelson-Atkins Museum of Art，下簡稱"納爾遜"）。余嘗於 1979 及 2018 年兩度目驗原器，故記憶殊深。該器自清宫流散後，不乏晚清及現代金石學者寓目或研究，今試補記部分該器自晚清至近代流傳及收藏點滴。

① 《西清續鑒甲編》（下文簡稱"《西甲》"）。

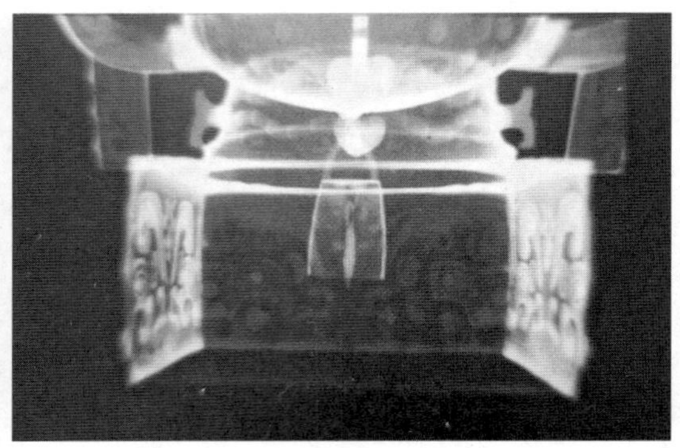

圖 1 遽伯睘簋器形、人目紋及方座下所繫小銅鈴

通高 32 公分,高至口 29.1 公分

口徑 22.2×22.7 公分

腹深 15.5 公分

方座底徑 21.4×19.6 公分

鈴長 8 公分,口徑 4.8×4 公分

左珥長 5.8 公分,右珥長 5.5 公分

蓋、器銘文,連合文計,兩行一十四字:

遽伯睘乍寶

尊彝用貝十朋(合文)又四朋(合文)

圖 2 遽伯睘簋的銘文照片與拓本

今按,《西甲》12.39 著録簋銘,僅録十一字,蓋、器各漏摹"用"及"十"字。又誤摹"十朋"二字。

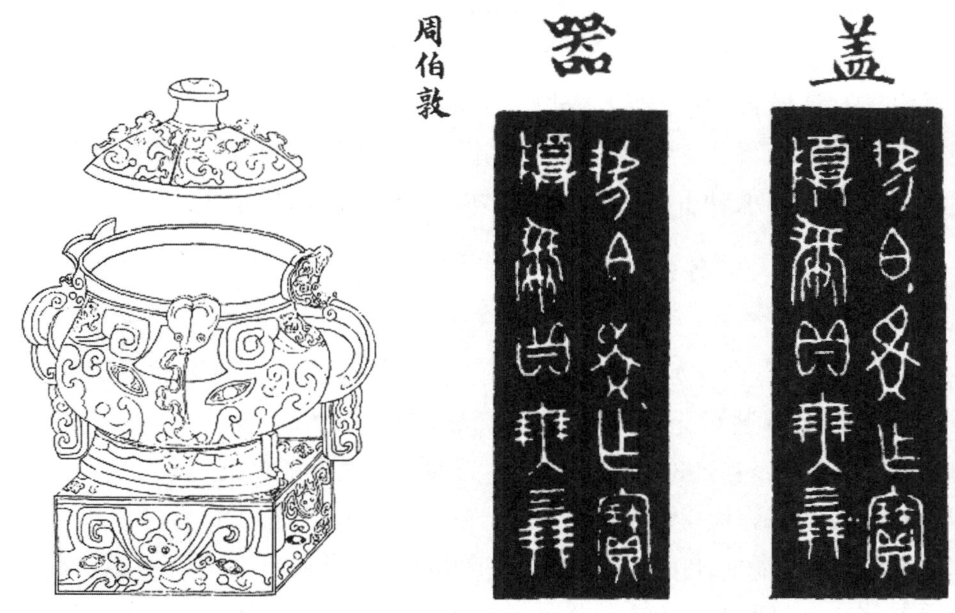

圖 3 《西清續鑒甲編》12.39

一、遽伯睘簋於清末之流傳

遽伯睘簋,《西甲》12.39 著録,原稱"周伯敦",蓋、器俱全,器身完好,然銘文摹刻拙劣,部分描摹更幾不成字。

阮元(1764—1849)於《積古齋鐘鼎彝器款識》(下稱"《積古齋》")中載録該器銘文摹本,其後爲江南藏家嘉興郭承勳(1792—1860)及烏程顧子嘉收藏。

《積古齋》成書於嘉慶九年(1804),書中 5.26—27 著録此器,[①]惟稱是器爲"彝",而非"敦",故學者稱述"敦"或"簋",大多忽略《積古齋》著録。阮元首將該器作器者定爲"遽伯睘",又云:

> 右遽伯睘彝銘十四字,據趙晉齋所藏搨本摹入。

是知阮氏乃據私人收藏拓本收録,有可能未曾目驗原器。由是或可推論該器於公元

① (清)阮元:《積古齋鐘鼎款識》卷五,清嘉慶九年(1804)自刻本景印,第 26 頁 B—27 頁 A;載劉慶柱、段志洪、馮時主編:《金文文獻集成》第 10 册,綫裝書局,2005 年,第 140 頁。

1804年(嘉慶九年)已經從清宫中流散在外。趙晉齋,即趙魏,與乾、嘉時期畢沅等金石學家從遊,本身亦爲藏書家,與阮元交往甚密,《積古齋》書中尚有不少著録據趙魏所藏拓本描摹録入。而阮元亦向趙魏購藏書籍,凡有"晉齋書畫""趙氏晉齋"者皆趙魏所鈐鑑藏印。①

此器自清宫流散後,究竟何人得以率先施拓?迄未見有載述。且乾嘉金石學家皆未提及此器乃清宫舊藏。有關是器之購藏記録,則首見於《周金文存》(1916),該書收録晚清道光年間郭承勳手拓遽伯睘簋拓本。② 郭氏於原拓本題跋云:

> 是器製度古秀,疑商器,《積古齋》釋周遽伯寰彝。恐未必然,候大雅采定。道光乙未(1835),嘉興郭承勳藏并識。

拓本左下鈐"郭承勳"(白文)及"嘉□(興)郭氏止亭所藏"印。題跋並不認同阮元考釋意見。及後此器輾轉遞藏至湖州南潯顧壽臧,並爲吴大澂發現,詳見下文。羅福頤《三代秦漢金文著録表》(1933)亦提及遽伯睘簋曾藏"止亭(郭承勳)、烏程顧氏(顧子嘉)",並稱"此器下有方座,座内有鈴,《窓》作敦,《奇》翻本"。

綜觀清代《積古齋》(1804)、《攈古録》(1895)著録皆爲摹本,其中《攈古録》摹本多能忠於原器銘文,較諸《積古齋》稍爲佳勝,如"乍"字豎筆不穿,而《奇觚室金文文述》摹本,則筆力纖弱,且"乍"字豎筆及整篇銘文格局,大抵根據《積古齋》摹本翻刻。

至於拓本,則以郭承勳及顧子嘉手拓本較佳。郭氏拓本已見上述。顧子嘉拓本,字口清晰,《謐齋金文拓本》收録,現藏臺灣"中研院"歷史語言研究所,拓本鈐"子嘉珍藏"鑒藏印,並有"昌泗"鑒賞印章。昌泗,即柯昌泗(1899—1952),民國早年金石學家。③《謐齋金文拓本》爲"民國二、三十年間(1931—1941)膠州柯氏手寫并黏拓本"、"原無書名及次第。1983年逐册逐葉編號後,始定今名及册次,皆原拓片,多册後有空

① 趙魏(1746—1825),號蓀森,一號洛生。齋堂爲竹崦菴、竹崦盦。貢生。家藏碑版極夥,訪於荒僻,不辭勞瘁,兼精篆、隸。中年游關中畢沅幕與孫淵如(星衍)、錢獻之(坫)、申鐵蟾(兆定)互相砥礪,見聞日廣。黄易極推重之。奚岡喜習隸書,常往過其門而問焉。間亦作畫,迥别時流。参"真微印網",2011年1月1日,http://sealbank.net/m2MainFind.asp? LM=2&L1=2&L2=1&L3=0&LS=C&SRCHTXT=Q4613&SK=MV。

② 鄒安:《周金文存》卷三,1916年倉聖明智大學刊本、廣倉學宭石印本景印,第110頁B;載劉慶柱、段志洪、馮時主編:《金文文獻集成》第32册,第172頁。

③ 柯昌泗,字燕舲。1899年(清光緒二十五年)生。近代北方著名史學家柯劭忞長子,精於史學以及金石研究。著有《語石異同評》。歷任直隸政治研究所所長,東北大學文學院教授,郁文學院國文系主任兼教授,故宫博物院專門委員,察哈爾省政府委員兼教育廳廳長,國立北京大學史學系、北平師範大學史學系、輔仁大學(1933年)講師,及任北京師範學院教授。

白。然爲輯原拓最多之書”。① 此外,1935 年劉體智《小校經閣金石文字》(下簡稱“《小校》”)亦收録徐傳經所藏拓本,上鈐“傳經私印”及“遁道士”印鑑。②《小校》於拓本下方抄録阮元《積古齋》中之辭條,然未知何故,省録“據趙晉齋所藏搨本摹入”一語。

除上述三人外,要數清陳介祺及吴大澂所藏金石拓本最爲人所稱道。吴大澂藏遽伯簋拓本於《愙齋集古録》(1918 刊本)著録,所見銘文字口稍有殘泐。陳介祺拓本則收録於《簠齋存古餘録》③,現藏美國柏克萊加州大學東亞圖書館,銘文字口則良佳。拓本鈐“韻林手拓”印,知是晚清全形拓良工魏韻林手拓,④上有吴大澂篆書跋文:

簋有方座,座内有鈴,鈕舌完好。大澂曾觀。

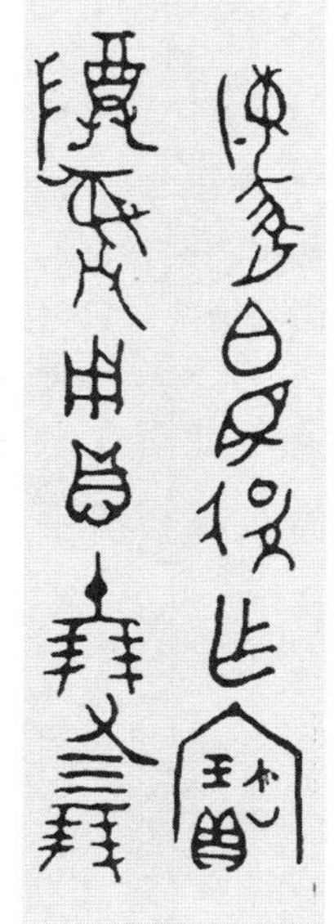

圖 4 左:《積古齋》(1804);右:《奇觚》(1902)

① 據臺灣史語所數位典藏資料庫整合系統,青銅器拓片,http://ihparchive.ihp.sinica.edu.tw/ihpkmc/ihpkm_op? @@1720302371。

② 徐傳經,字頌魚,曾官國子監典簿,工書畫。藏品曾於中國北京嘉德的拍賣會出現,其中有咸豐癸丑(1853)臨金冬心册十二開。

③ 原本由李宗侗(1895—1974)收藏,20 世紀 60 年代柏克萊加州大學東亞圖書館自東南亞購藏。見周欣平:《美國柏克萊加州大學東亞圖書館中文古籍善本文獻的整理與研究》,豆瓣網,2014 年 11 月 21 日,https://site.douban.com/246371/widget/notes/17701474/note/455461072/。

④ 魏韻林爲晚清全形拓拓工,活躍於同光年間,生平未詳,曾爲顧壽松作拓本《容齋蓋印本》,知顧氏藏器有三四百件以上。參見劉榮華:《顧氏兄弟的金石書畫收藏》,《湖州晚報》2010 年 7 月 8 日。

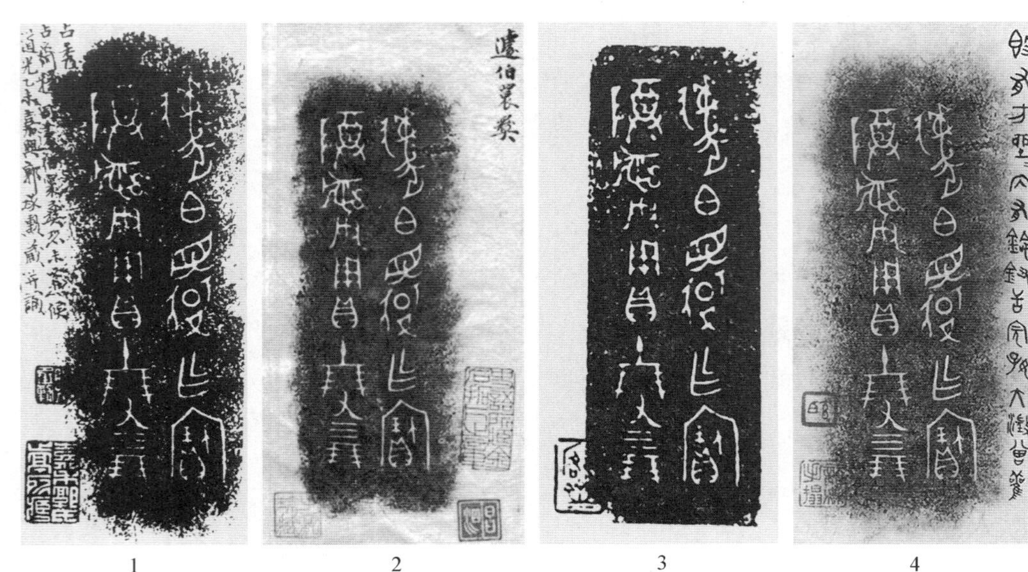

1　　2　　3　　4

圖 5　諸家收藏遽伯簋拓本

1. 郭承勳藏器並親拓,著録於《小校經閣》(1935)　2. 顧子嘉藏器及拓本,現藏臺灣“中研院”史語所　3. 鈐愙齋印拓本,《愙齋》(1918)著録　4. 鈐韻林手搨本,陳介祺《簠齋存古餘録》著録

該題跋並無鈐吴大澂印記。至於吴大澂何以於陳介祺拓本上題字,又吴大澂與陳介祺當時爲何與遽伯還簋拉上關係,我等可從吴大澂致陳介祺手札得見其中端倪:

> 又見顧氏藏簋,文曰:遽白還乍寶尊彝,用貝十又四朋(按:爲“十朋又四朋”之誤),有方座,内有一鈴,鈕舌完好,有文無□①

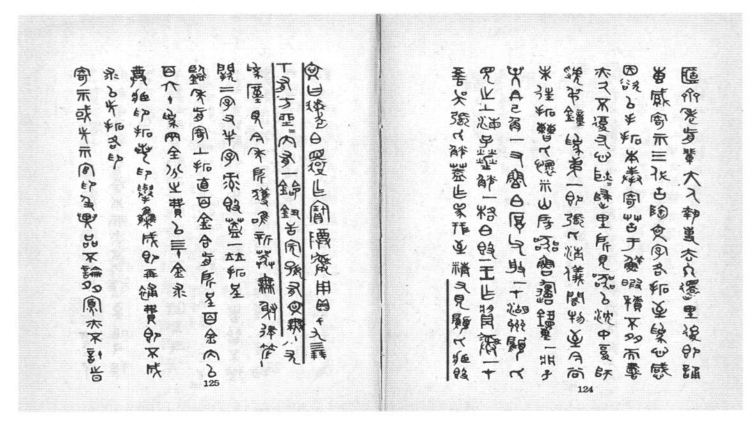

圖 6　吴大澂致陳介祺手札

---

① 謝國楨編:《吴愙齋(大澂)尺牘》,文史哲出版社,1983 年,第 124—125 頁。信札只署“三月廿二日”,並無年份。

以篆書直書，提及吴大澂曾於湖州顧壽臧處曾見遽伯睘簋。據白謙慎《吴大澂和他的的拓工》一書稱，吴大澂與顧壽臧時因金石多有往來，且與顧氏關係亦佳，而當時朝中以青銅器收藏著稱之潘祖蔭亦亟欲與顧氏結交。

在1870年代和1880年代，上海一個富商出手不凡，引起了官員收藏家的關注，他就是湖州南潯的顧壽臧(子嘉)，在1870年代，吴大澂便和顧壽臧建立了聯繫。

吴大澂曾於1875年花朝爲顧壽臧作“溪山圖”，此圖有吴大澂的孫子吴湖帆的邊跋：“光緒乙亥時公年四十一歲，方由陝西學使卸職時也……當時吴興顧子嘉商榷吉金文字甚密。是圖高曠獨絶，亦徇知之作也。”不過，吴大澂和顧壽臧有比較密切的金石交往却是事實。吴大澂在光緒三年(1877)三月致陳介祺的信中談到，他在上海見到了湖州顧氏所藏魯伯厚父敦和遽伯還敦。吴大澂在1877年回到北京後，向潘祖蔭談起了顧壽臧的收藏，潘祖蔭也有意和顧建立聯繫。①

圖7　吴大澂於1875年爲顧壽臧作《溪山圖》

據稱吴大澂在光緒2年(1876)嘗爲遽伯睘簋全形施拓。

遽伯睘敦，曾手拓一全形，鈴最難拓，恐傷其鈕。②

惜乎該全形拓未見傳世。然顧子嘉究竟是何人？晚清曾國藩幕僚潘祖蔭故友李鴻裔曾拜訪顧壽臧，並目驗其收藏，其中致顧澐手書云：

若波仁兄大雅：昨奉賜書，敬諗布帆無恙，已安抵滬瀆。顧子嘉兄收藏甚富，文從當不寂寞。【……】

有關顧氏事迹，劉榮華曾作介紹：

南潯的顧家却是兄弟三人共同喜好收藏，他們就是南潯“四象”之一——顧福昌的三個兒子。顧福昌于道光初(約1820年)在上海開設顧豐盛絲號，經營蠶絲致富後，在上海經營金利源碼頭，兼怡和洋行買辦和怡和打包公司經理，他還投資房地産，在上海、南潯等處建有巨宅。

① 白謙慎：《吴大澂和他的拓工》，海豚出版社，2013年。

② 謝國楨編：《吴愙齋(大澂)尺牘》，第135頁。

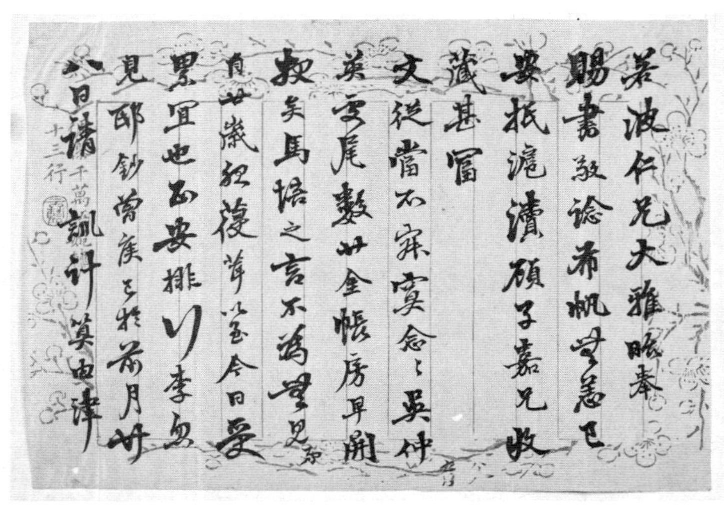

圖 8　李鴻裔致顧澐信扎,現藏香港近墨堂書法研究基金會

> 顧壽臧最有聲望,他從單純經營蠶絲進而轉向繅絲工業,在上海開辦旗昌繅絲廠和乾康絲廠,任上海絲業公所董事長,是 20 世紀初上海絲業界、繭業界的巨頭。……因喜收藏金石書畫,故以"石林山房"名其齋。……浙江著名金石收藏家鄒壽祺曾爲……顧壽臧編《石林山房彝器文字目》,據《潯雅》所述顧氏還有一本金石著録《拾古録》,但内容不詳。

由此可見,遽伯睘簋不僅爲清代南方私人收藏家所重,同時亦引起當時金石學名家吴大澂及陳介祺等人注意,足見遽伯睘簋確爲一件難得重器。

曾見某畫册收録張熊(1803—1886)博古畫(圖)作《歲寒益友圖》,左上自題:

> 歲寒益友,鴛湖張熊子祥甫寫,時年七十又七

博古畫(圖)或稱穎拓,於晚清及民初曾盛行於海上畫壇,文人追求崇尚存古趣,每以全形拓入畫,惟穎拓亦分兩類:一,在全形拓基礎上增繪花卉;二,雖云穎拓,其實器物與花卉皆爲手繪。張熊爲博古畫(圖)創作中之佼佼者。《歲寒益友圖》之繪製,即利用遽伯睘方座簋全形拓爲主體,簋腹内植松梅等花枝,銘文拓本位於簋之右側,方座内青銅小鈴拓本復置於全形拓下方,由是或可推知此乃根據遽伯睘方座簋原器所製之全形拓。張熊作畫時年七十七歲,即公元 1879 年。前文提及吴大澂所拓全形拓未得一見,於此圖中當可一睹其全貌。張熊一生收藏金石書畫過萬件,與潘祖蔭過從甚密。今據此畫作,遽伯睘方座簋有可能於 1879 年之前仍在國内,且當時已失器蓋。是否曾爲張熊收藏則未可確知。

圖 9 遽伯睘方座簋全形拓

二、遽伯睘簋外流及其真僞問題之討論

遽伯睘簋之收藏去向,自顧子嘉後一直未爲人所知。民國以後,此器却已外流美國。1947 年,美國藝術史學者斯克文(Laurence Sickman, 1907—1988)於紐約姚通英古董公司得見遽伯還簋,並迅即決定購藏,惟當時該器器蓋經已佚失。

斯克文於 1930 年代畢業於美國哈佛大學,跟隨法國考古學者伯希和(Paul Pelliot, 1878—1945)學習。他對中國和日本藝術感到濃厚興趣,亦諳漢語。1931 年領取哈佛—燕京獎學金,來華協助 Warner 負責購藏藝術品及中國畫(當時曾直接向溥儀洽購一批極具質素之清宫藏畫),1935 年出任東方藝術部主管,後來因"二戰",斯克文遠赴東京出任占領日本後之"遺迹及文物管理專員"(Monuments men),直至戰後始回調美國,1953 年晉升爲納爾遜總館長,直至 1977 年。[①] 當其時,學者間對該器

① https://dictionaryofarthistorians.org/sickmanl.htm; http://www.nytimes.com/1988/05/11/obituaries/laurence-sickman-scholar-and-expert-in-the-art-of-china.html.

真僞之意見分歧頗大，甚至曾被視爲12世紀仿西周早期風格之青銅器，主要原因蓋源於中西方認識上的差異，斯克文曾去信徵詢陳夢家意見，當時陳氏正在美國研究青銅器，回信中稱：

> 銘文方面，我相信是完全没有問題，可以據此斷定爲西周早期。該器首三字的鑄器者與現時所知的文獻暫未有關連，甚至我連首字亦未能解讀。這某某鑄造了此件尊貴的彝器，用了相當數量的"貝"。
>
> 我承認從未看過類似可以相比較的紋飾。獸目是人類，不是饕餮，但雙角是饕餮。這種設計上的裝飾和安排，令我未能對[此器的]可信性完全信服。這只是我的個人感覺。我希望我是錯的。

斯克文作覆云：

> 我可能十分愚昧，但我對此器的選購却是樂意推介的。我已經盡我所能小心地研究它，而且它亦已經過技術專家嚴謹地化驗器上銅鏽認爲，很難想像它是一件仿古的舊物，也不會是一件後人參考古代風格仿造的僞器。

然斯克文之意見始終未能説服陳夢家，故陳氏《美帝國主義侵略我國青銅器集録》(1962年)一書並未收録遽伯睘簋。而當時之鑒藏家與學者大都偏向認同陳夢家意見。享譽西方之藝術史學者 William Watson(1917—2007)亦以風格爲由，將此器定爲12世紀産物。甚至連納爾遜·阿特金斯藝術博物館之展覽圖録，亦標明爲"宋代"(參考 Roger Ward and Patrica J. Fidler, eds, *The Nelson-Atkins Museum of Art: A Handbook of the Collection*, New York, 1993, p.278)。

有關遽伯睘簋真僞鑒定之争議，直至前上海博物館館長馬承源先生(1927—2004)訪問納爾遜·阿特金斯藝術博物館，並親驗原器後，始有進一步進展。1997年，美國館方將該簋之笵芯樣本寄往上海博物館進行熱釋光化驗，化驗結果説明，此器之年代爲西周早期。馬承源復將遽伯睘簋與北京保利藝術館之青銅神面紋卣作比較，發現"兩者紋樣極其相似，都是額上有彎曲下垂角，鼻眼近於人形的神面紋"。[①] 由是更强而有力地紓解陳夢家懷疑此器紋飾之謎團。此外，馬承源更提出一項有力的證據——墊片的使用，[②]證明遽伯睘簋確是真品。至此，遽伯還簋近百年之真僞懸疑面

① 馬承源：《關於神面紋卣》，保利藏金編輯委員會：《保利藏金——保利藝術博物館精品選》，嶺南美術出版社，1999年，第354—357頁。

② 現代學者多有關注墊片在商周青銅器上的使用研究，而且應用廣泛，有助分析産地、時代，甚至辨僞，參見蘇榮譽、胡東波：《商周鑄吉金中熱片的使用和濫用》，《饒宗頤國學院院刊》創刊號，中華書局，2014年，第101—133頁。

紗,於焉得以揭除。余曾見美國紐約 Leon Black 藏山中方座簋,[①]器體碩大,内底銘文"山中乍寶簋"五字,方座下亦帶小銅鈴,造形紋飾與遽伯睘簋相約,異曲同工;又隨州博物館藏神面紋卣、罍及尊諸器,[②]及日本天理參考館藏獸面紋尊,[③]亦見誇飾雙眉人目形紋,皆可互作參證。

來國龍於《Orientaion》雜誌(2003 年第 11—12 期號)曾發表有關兩件舊藏青銅器的之辨僞故事,[④]其一即遽伯睘簋。及後張昌平於《南方文物》2011 年第 3 期發表《吉金類系——海外博物館藏中國古代青銅器(二):神面紋青銅器》[⑤],部分内容與來國龍原文互有詳略。來、張兩文皆有介紹遽伯睘簋在納爾遜館購藏前之經過事迹,值得參考。

過去對遽伯睘簋之研究及不同年代之著録,得見清人對青銅器瞭解程度之深淺,同時對近代學者及收藏家之觀點與視角,有更深之體會。而中國門户對外開放後,得與西方學者及中國學者共同進行研究,打破以往清代學者及藏家大多敝帚自珍,甚或秘不示人之積習。今日中外學者及收藏家鑒别之眼光,較諸往昔,已不可同日而語,除古文字學之探求及認知能力有所提升外,考古學、器形學,以及紋飾學等方面之研究成果,加上現代科技之運用,對古器物真僞之鑒定,已日趨精準及完善。爲今後學術研究,鋪設平穩基石。

---

① 参見《保利藏金——保利藝術博物館精品選》,第 355 頁。

② 隨州市博物館編:《隨州出土文物精粹》,文物出版社,2009 年,第 24—27、31 頁。神面紋尊,圖 31;乍寶彝提梁卣,圖 32;鄂侯方罍,圖 35。

③ 天理大學等編:《殷周的青銅器》,天理大學出版部,1995 年,圖 21。

④ Lai Guolong, *The tale of two tureens: Connoisseurship, Taste and Authenticity*, Orientation, 2008.11 - 12, pp.64 - 71.

⑤ 張昌平:《吉金類系——海外博物館藏中國古代青銅器(二):神面紋青銅器》,《南方文物》2011 年第 3 期,第 128—133 頁。

史懋壺銘文中的“路筮”

——兼談楚墓卜筮簡中的筮具“箬”“箠”“菁”

李家浩

安徽大學漢字發展與應用研究中心

“古文字與中華文明傳承發展工程”協同攻關創新平臺

史懋壺是西周中期的一件青銅器，其上鑄有銘文五行共 41 字，有很多金文書著録過，也有很多學者對其銘文進行過研究。我在這裏，擬對史懋壺銘文中的“路筮”談一點意見。爲了便於大家瞭解，先把壺銘按原行款釋寫如下：①

> 隹(惟)八月既死霸戊寅，
> 王才(在)莽京溼宫，寴(親)令(命)
> 史懋路(簬)筭(筮)，咸，王乎(呼)伊
> 白(伯)易(賜)懋貝。懋拜稽首，
> 對王休，用乍(作)父丁寶壺。

從釋文可以看出，銘文内容很簡單，除了“路筮”比较難懂之外，其他的文字既不難認也不難懂。我專門談“路筮”的原因，除了“路筮”比较難懂需要討論之外，還有一點是“路筮”關係到西周的占筮。

史懋壺的年代，唐蘭先生定爲周穆王時期，②郭沫若、陳夢家定爲周懿王時期。③如果按照前一種説法，壺銘“王”指周穆王；如果按照後一種説法，壺銘“王”指周懿王。

---

① 中國社會科學院考古研究所編：《殷周金文集成(修訂增補本)》第 6 册，中華書局，2007 年，第 09714 號。

② 唐蘭：《西周青銅器銘文分代史徵》，中華書局，1986 年，第 367—369 頁。

③ 郭沫若：《兩周金文辭大系圖録考釋》下册，上海書店出版社，1999 年，第 91—92 頁；陳夢家：《西周銅器斷代》上册，中華書局，2004 年，第 183 頁。

"史懋"還見於免卣、[①]免尊。[②] 從壺銘兩次稱史懋爲"懋"來看,説明史懋之"史"是職官,"懋"是名字。

學術界對"路筮"有不同解釋,但以楊樹達的意見得到多數人的贊同。楊樹達把壺銘"路筮"讀爲"露筮",説:"露筮也,謂露蓍也。古人將筮,必先露蓍。"楊氏所引書證是《漢書·張禹傳》"擇日絜齋露蓍"。又説:"古人用蓍爲筮,即稱蓍爲筮,此語言名動相因之例也。"[③]從表面上看,楊氏的説法似乎很有道理,但是仔細分析,實際上是有問題的。"筮"一般用爲動詞,很少作爲名詞來用。楊氏所引《漢書·張禹傳》的"露蓍",似乎也可以證明這一點。《漢書·張禹傳》顔師古注:"蓍,草名,筮者所用也。"所以,楊氏把壺銘"路筮"讀爲"露筮",等同於"露蓍",是有問題的。

我認爲要想正確理解"路筮",要先知道其語法結構。《論衡·卜筮》有"夫蓍筮龜卜"之語。"路筮"猶此"蓍筮",當是名動結構,而非楊樹達所説的動名結構。"路筮"是用"路"進行"筮"的意思。"路筮"之"路"在這裏跟"蓍筮"之"蓍"相當,顯然是一種筮具。古代有一種竹子叫作"簬",字或作"簵",或借"路"爲之。《吕氏春秋·直諫》:"荆文王得茹黄之狗,宛路之矰。"《説苑·正諫》第十二章記此事,"宛路"作"箘簬"。據此,我認爲壺銘"路筮"之"路"即《吕氏春秋·直諫》"宛路"之"路",當讀爲"簬"。"簬"或"簵"往往與"箘"連言作"箘簬"或"箘簵",除了見於《説苑·正諫》之外,還見於《書·禹貢》等。"箘簬(簵)"是一種竹子還是兩種竹子,歷來有不同説法。其實"箘簬(簵)"是兩種竹,因爲它們相似,所以可以偏指其中一種竹,正如"楊柳"是兩種樹,因爲它們相似,所以可以偏指其中一種樹一樣。

三易之一的《歸藏》所説的筮具共五種,其中有箭、竹。《歸藏》説:"蓍末大於本爲上吉,蒿末大於本次吉,荆末大於本次吉,箭末大於本次吉,竹末大於本次吉。蓍一五神,蒿二四神,荆三三神,箭四二神,竹五一神。"[④]"箭"指箭竹,因其可以用來做箭杆而得名。"竹"大概指一般的竹。簬竹也是箭竹之類。《玉篇》竹部:"簬,美竹,中箭也。"下文所引《竹譜》説簵(簬)竹"中矢","矢"即箭。《竹譜》於其後更明確地説"簵(簬)"是"箭類"。於此可見,把壺銘"路筮"之"路"讀爲"簬",解釋爲用簬竹做的筮具,於文意是十分貼切的。

作爲筮具的"簬",還見於下録戰國時期包山楚墓卜筮簡和葛陵村楚墓卜筮簡,但

① 中國社會科學院考古研究所編:《殷周金文集成(修訂增補本)》第4册,第05418號。

② 中國社會科學院考古研究所編:《殷周金文集成(修訂增補本)》第5册,第06006號。

③ 楊樹達:《積微居金文説(增訂本)》,中華書局,1997年,第224頁。

④ (宋)李昉等:《太平御覽》第3册,中華書局,1995年,總第3222頁下欄。

是字寫作从“竹”,“各”聲的“箬”:

(1) 屈宜習之以彤箬(簬)爲左尹卲𦁜貞。 (包 223)①

(2) ☐鄗郢之歲,夏栾之月,己丑之日,君䵏(黽{命})於(烏)箬(簬)☐ (葛零 216、乙三 49、乙二 21、乙二 8)②

(3) ☐郢之歲,夏栾之月,己丑之日,君䵏(黽{命})於(烏)箬(簬)☐ (葛乙一 5)

(2)(3)的“於箬”,宋華强博士認爲跟葛陵村楚墓卜筮簡甲三 41 所記“嗚䉐”是同一種筮具,皆讀爲“烏簬”,指一種黑色簬竹所做的筮具。③ 可從。戴凱之《竹譜》“箘簬載籍,貢名荆鄙”,自注:

箘簬二竹,亦皆中矢,皆出雲夢之澤。《禹貢》篇:出荆州。《書》云:“厎貢厥名。”言其有美名,故貢之也。大較故是會稽箭類耳,皮特黑澀,以此爲異。《吕氏春秋》云:“駱越之箘。”然則南越亦産,不但荆也。④

此説簬竹“皮特黑澀”,跟葛陵村簡文把簬稱爲“烏簬”相合,似乎證明簡文“箬”確實應該讀爲“簬”。據此,頗疑簡文的“箬”是“簬”的異體,跟《説文》竹部訓爲“桮箬也”的“箬”似非一字。當然,“烏簬”也有可能指經過人工漆上黑漆的簬,正如(1)的“彤簬”指經過人工漆上紅漆的簬一樣。

(2)(3)的“䵏”還見於其他楚國文字,从“曰”从“黽”。在楚國文字中,“黽”用爲形近的“黿”。我在一篇名曰《談古文字中的“標記字”》的未刊稿中指出,“䵏”是個標記字,“黽”下所从的“曰”是標記。加有標記“曰”的“䵏”,其所从“黽”作爲自用;不加標記“曰”的“黽”,作爲它用。也就是説,加有標記“曰”的“䵏”,其所从“黽”是作爲自身的“黽”來用的;不加標記“曰”的“黽”,是作爲跟它形近的“黿”來用的。根據這一觀點,我認爲(2)(3)的“䵏”,應該從宋華强博士曾經提出過的意見讀爲“命”,“命烏簬”即古書中所説的“命筮”。⑤ 關於“䵏”讀爲“命”和“命筮”的問題,我在未刊稿《談古文字中的“標記字”》中談標記字“䵏”的時候有較詳細論述,此不贅言。

壺銘“王……親命史懋簬筮”,也就是古書中所説的“命筮”。古代筮前,主人將所

① 湖北省荆沙鐵路考古隊:《包山楚簡》,文物出版社,1991 年,圖版九八。

② 武漢大學簡帛研究中心、河南省文物考古研究所編著:《楚地出土戰國簡册合集(二)》,文物出版社,2013 年,第 15 頁。以下所引葛陵村楚簡,皆出自此書,不再注明。

③ 宋華强:《新蔡葛陵楚簡初探》,武漢大學出版社,2010 年,第 80—81 頁。

④ 魯迅輯録:《魯迅輯録古籍叢編》第四卷,人民文學出版社,1999 年,第 602 頁。

⑤ 宋華强:《楚墓竹簡中的“䵏”字及“繩”字》,簡帛研究網,2004 年 6 月 13 日。

筮之事告訴筮者稱爲“命筮”。就史懋壺銘文來説，筮的主人是“王”，筮者是“史懋”。大概王所告之事屬秘密，故壺銘未作交待。筮的結果可能是吉卦，周王很高興，所以叫伊伯賞賜懋貝。

前面説過，史懋之“史”是職官，“懋”是名字。在古代，卜筮是史官的事。《資治通鑑·周紀四》“史占之”，胡三省注：“史，太史之屬，掌卜筮者。”①周王命史懋簬筮，跟懋任史之職正相吻合。

根據以上所説，壺銘的意思是説：某年八月戊寅這一天，周王在莽京的溼宫，親自命史懋用簬竹筮卦。筮畢，周王叫伊伯賞賜懋貝。懋作揖叩頭，感謝周王的賞賜，因此鑄作祭祀父丁的“寶壺”紀念這件事。

前面説到戰國時期楚墓卜筮簡所記筮具有“彤筶(簬)”和“於(烏)筶(簬)”。除此之外，楚墓卜筮簡所記筮具還有“篳”“蓍”，見於下録葛陵村楚墓卜筮簡和天星觀楚墓卜筮簡：

(4) ▨以衛篳爲君[貞]▨

(葛甲三 152)

(5) 公子虩命諺生以衛篳爲君貞

(葛乙一 16＋甲一 12))

(6) 諺生以衜(衛)篳爲君貞

(葛乙一 26、2)

(7) ▨衜(衛)篳，忻(祈)福於□

(葛甲一 7)

(8) ▨諺生以衜(衛)〔篳爲君貞〕

(葛零 268)

(9) 郏□以躗(衛)韋(篳)爲君卒歲之貞

(葛乙四 102)

(10) 奠(鄭)□以長篳爲君卒歲貞

(葛乙四 105)

(11) ▨彔滮諺生以長篳爲君貞

(葛乙三 7)

(12) ▨長篳爲君卒歲貞

(葛乙四 85)

---

① 参看(清) 孫詒讓撰，王文錦、陳玉霞點校：《周禮正義》第 7 册，中華書局，1987 年，第 1960—1961 頁。

(13) ☐長箽☐

(葛零 456)

(14) 長箽

(天星觀)[①]

(15) ☐箽爲君貞,忻(祈)福於卲王、獻惠王、柬大王☐

(葛甲一 21)

(16) ☐箽爲君貞,才(在)行,還☐

(葛乙四 55)

(17) ☐箽爲君貞,忻(祈)福,塞禱於☐

(葛乙三 6)

(18) 㯃(漆)箸

(天星觀)

先説"箽"。

(4)至(17)的筮具都是"箽",(9)的"箽"作"韋",當是假借;(4)至(9)是"衛箽",(10)至(14)是"長箽",(15)至(17)"箽"字之前殘斷,是"衛箽"還是"長箽",不詳。過去,包括我在内的學術界人士多認爲"箽"指蘆葦,所以《楚地出土戰國簡册合集(二)》葛陵村楚簡部分的整理者把"箽"徑釋寫作"葦"。《論衡·卜筮》説:"子路問孔子曰:'豬肩羊膊可以得兆,雚葦藁芼可以得數,何必以蓍龜?'孔子曰:'不然,蓋取其名也。夫蓍之爲言耆也,龜之爲言舊也。明狐疑之事,當問耆舊也。'"此所記孔子與子路答問,不見於其他古書記載,大概是王充託他們之口,以批評東漢時期流行的卜筮迷信思想。雖然子路説"葦"可用於筮,但是實際上卜筮一般不會用葦,從孔子的回答可以看出這一點。葛陵村卜筮簡所記被筮主人坪夜君是封君,地位很高,爲了筮的靈驗,絶不可能用低級的葦來筮,而且葦杆不結實,不適合作筮具。此外,蘆葦之"葦"見於望山二號楚墓遣策 48 號"二葦囩",[②]字从"艸"。筮具"箽"从"竹",説明"箽"應當是竹子一類的名字。《玉篇》竹部:"箽,竹。"古代又有竹名"篽",也是箭竹之類。《玉篇》竹部:"篽,箭也。"戴凱之《竹譜》"篽尤勁薄,博矢之賢",自注:

篽,細竹也,出《蜀志》。薄肌而勁,中三續射博箭。篽音衛,見《三蒼》。[③]

---

① (14)(18)兩條簡文,引自滕壬生:《楚系簡帛文字編(增訂本)》,湖北教育出版社,2008 年,第 70、443 頁。

② 湖北省文物考古研究所、北京大學中文系編:《望山楚簡》,中華書局,1995 年,第 61、112 頁,第 126 頁考釋〔一一〇〕。

③ 魯迅輯録:《魯迅輯録古籍叢編》第四卷,第 596 頁。

“籥”从“衛”聲，而“衛”“篫”皆从“韋”聲。頗疑簡文“篫”與“籥”是同一個字的異體。據下文所説，“籥”得名於衛國之“衛”，“籥”可能是“篫”後起的本字。對於“籥”來説，“篫”是“籥”的簡體；對於“篫”來説，“籥”是“篫”的繁體。如此，“篫”與蘆葦之“葦”似無關係。一直到中古時期的唐朝，“篫”仍用作竹名。敦煌卷子伯 2040 背《後晉時期净土寺諸色入破曆祘會稿》所記“篫簟”，即竹製的席子。①

(4)至(9)的“篫”前一字，(4)(5)作“衛”；(6)至(8)作“躗”，从“止”，“衛”聲；(9)作“鄐”，从“邑”，“躗”聲。戰國文字从“行”之字多加“止”，國名或地名之字多加“邑”。②根據戰國文字這一特點，“躗”當是“衛”的繁體，“鄐”當是衛國之“衛”的專字。在葛陵村楚墓的年代，衛國還存在。清華大學藏戰國竹簡《繫年》衛國之“衛”亦从“止”作“躗”。③

衛國生長的竹子很有名。《詩・衛風・淇奥》有“瞻彼淇奥，緑竹猗猗”句。戴凱之《竹譜》説：“淇園，衛地。殷紂竹箭園也，見鮑彪《志》。《淮南子》曰：‘烏號之弓，貫淇衛之箭也。’《毛詩》所謂‘瞻彼淇奥，緑竹猗猗’是也。”④(4)至(9)的“衛籥”當是以“籥”的産地來命名的，“籥”大概得名於衛。葛陵村甲三 114、113 號簡説：“應嘉以衛侯之箟爲坪夜君貞。”“衛侯之箟”很可能就是衛國國君所用衛國出産的籥竹做的箟具。至於(10)至(14)的“長籥”，當是以“籥”做的箟具長短來命名的。

再説“蓍”。

(18)的“蓍”見於天星觀卜箟簡。天星觀卜箟簡雖然是 1978 年出土的，但是到目前爲止尚未全部發表，上録簡文是據《楚系簡帛文字編(增訂本)》第 70 頁“莟”字下所收天星觀簡之字的文例而録的，文例注説是“卜具”。所謂“莟”字所从“舍”的部分，其實是“害”字的古文寫法，見《古文四聲韻》去聲泰韻“害”字下所引《古孝經》，⑤故把此字改釋爲“蓍”。

“蓍”从“艸”，“害”聲。“害”“蓋”古音相近，不論是傳世文獻還是出土文獻，都有通用的例子。⑥ 頗疑(18)的“蓍”應該讀爲“蓋”，指蓋竹。戴凱之《竹譜》“蓋竹所生，大

---

① 杜朝暉：《敦煌文獻名物研究》，中華書局，2011 年，第 148 頁。

② 滕壬生：《楚系簡帛文字編(增訂本)》，第 192、433、624—638 頁。

③ 李學勤主編，沈建華、賈連翔編：《清華大學藏戰國竹簡(壹—叁)文字編》，中西書局，2014 年，第 57 頁。

④ 魯迅輯録：《魯迅輯録古籍叢編》第四卷，第 603 頁。

⑤ 李家浩：《燕國“洀谷山金鼎瑞”補釋——爲紀念朱德熙先生逝世四週年而作》，《著名中年語言學家自選集・李家浩卷》，安徽教育出版社，2002 年，第 153 頁。

⑥ 高亨纂著，董治安整理：《古字通假會典》，齊魯書社，1989 年，第 614 頁【蓋與害】條；白於藍：《簡帛古書通假字大系》，福建人民出版社，2017 年，第 812 頁“害與蓋”條。

抵江東，上密防露，下疏來風，連畝接町，竦散崗潭”，自注：

> 蓋竹亦大，薄肌白色，生江南深谷山中，不聞人家植之，其族類動有頃畝。《典録·賀齊傳》云：“討建安賊洪明於蓋竹。”[1]蓋竹以名地，猶酸棗之名邑，豫章之名邦者類是也。[2]

“漆蓋”當指漆過的用蓋竹做的簸具。

2020年10月23日於北京肖家河新居

---

① 《典録》即《會稽典録》，魯迅輯録的《會稽郡故書雜集·會稽典録》收有這條佚文，參看魯迅輯録：《魯迅輯録古籍叢編》第三卷，第276頁。賀齊討洪明之事，亦見《三國志·吴書·賀齊傳》。

② 魯迅輯録：《魯迅輯録古籍叢編》第四卷，第601頁。

由黄君孟夫婦墓所出器説“行器”

朱鳳瀚

北京大學中國古代史研究中心

“古文字與中華文明傳承發展工程”協同攻關創新平臺

一

黄君孟夫婦墓於 1983 年 4 月發現於河南光縣寶相寺上官崗磚瓦廠，東北 20 里處爲春秋黄國故城。[①]

該墓爲一長方形土坑豎穴墓，其中有兩個並列的槨室，北邊編號爲 G1，南邊編號爲 G2（圖 1）。G1 早先已遭破壞，隨葬器物被追回。G2 南邊朝西半部也有盜擾現象。從 G1、G2 所出器銘、G2 墓主人骨骼鑒定結果（40 歲左右女性）可知，G1 墓主人應是男性，即黄君孟，G2 墓主人爲其夫人。

墓坑深 4.2 米，墓口下 0.4 米之下依次爲黄褐色五花土，下面填鬆散的青膏泥（1.2 米），再下面爲夯實的青膏泥。G2 坑底比 G1 低 70 釐米。

G1 外槨下邊有兩根墊木，南端正壓在 G2 外槨墊木的北端。一般來説，即使是合葬，特别是分槨並葬，兩位墓主一同去世的可能性較小，但 G1 墊木壓在 G2 墊木上，是否意味着 G1 晚於 G2？這要看兩個槨室是否先後建成，如果是先後建成，則 G1 要晚於 G2。[②] 如果兩個槨室是一次建成，下葬有先後，則不能證明 G1 墓主人必晚於 G2 墓主人去世。

---

① 河南信陽地區文管會、光山縣文管會：《春秋早期黄君孟夫婦墓發掘報告》，《考古》1984 年第 4 期。

② 根據報告“結語”所言，由於 G1 和 G2 的墓底不在一個平面上，G1 東墓壁呈圓弧形，與 G2 東墓壁不在一條直綫上，G1、G2 填土中的青膏泥之間有一段寬 1.5 釐米的黄泥痕，所以也不能排除此墓是兩次挖成的可能性。但由於 G1 破壞嚴重，許多現象無法弄清，故報告按一次挖成的合葬墓處理。

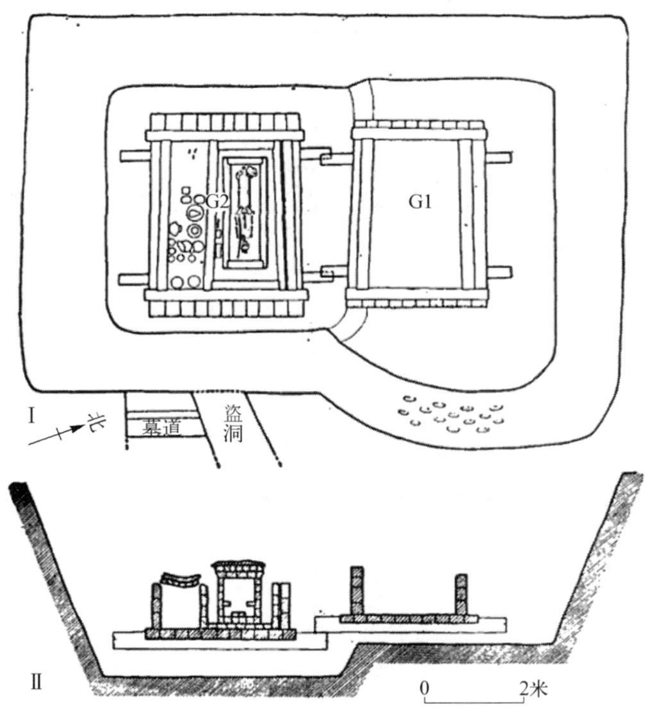

圖 1　黄君孟夫婦墓遺存

從二墓出土的器物之形制、紋飾特徵看，墓葬的年代應在春秋中期偏早，而 G2 所出器物中，有的年代相對稍早。①

G1 隨葬青銅器 14 件，其中容器有：

鼎 2(圖 2.1、2)，形制、大小同。銘文在上腹部凸棱與口沿間，共十四字，文曰：

> 黄君孟自作行器=[illegible]，子孫則永祜福。②

(《銘圖》02003、02004，"祜福"原篆作"㓞寤"。)

發掘報告云，兩件鼎"腹底有修補痕迹"。

豆 2(圖 2.3)，形制、大小同，折肩，口沿與折肩間有銘文十五字：

> 黄君孟自作行器，子子孫孫則永祜福。

(《銘圖》06146)③

---

① 詳拙著《中國青銅器綜論》，上海古籍出版社，2009 年，第 1747 頁。

② 此銘中"自作行器"後的筆畫，李學勤先生曰"當爲範上的羨畫"，見所撰《光山黄國墓的幾個問題》，《考古與文物》1985 年第 2 期。

③ 《銘圖》06146 銘文釋文佚一"則"字。

圖 2　1、2. G1 鼎　3. G1 豆

學者或讀"寚"爲"福",認爲區分寶、福二字,从"礻"者爲福,福亦偶从"缶"。福爲幫母職部字,寶、缶爲幫母幽部字,二者聲母相同,韻部却不屬於嚴格的陰入對轉。研究者認爲,此二字混用反映了上古這兩個韻部存在密切關係。①

壺 2(圖 3.1、2),形制、大小近同,口沿下有銘文十五字,同於豆。②

鐳 2(圖 3.3),紋飾稍異,形制、大小同,肩下有銘文十五字:

黄君孟自作行器,子子孫孫則永祜福。

(《銘圖》13996)

---

① 陳英傑:《西周金文作器用途銘辭研究(上)》,綫裝書局,2008 年,第 407 頁注 1。

② 圖 3.1 壺器物圖像據《考古》1984 年第 4 期,亦見《銘圖》12324。圖 3.2 壺器物圖像采自信陽博物館編著:《信陽博物館藏青銅器》,文物出版社,2018 年,圖 28。

圖 3　1、2. G1 壺　3. G1 鐳

盤 1(圖 4.1),内底有銘文三行十四字:

黄君孟自作行器,子孫孫則永祜福。

(《銘圖》14440)

匜 1(圖 4.2),内底有銘文三行十三字:

黄君孟自作行器,子孫則永祜福。

(《銘圖》14917)

圖 4　1. G1 盤　2. G1 匜

G2隨葬青銅器22件,其中容器有:

鼎2,兩件形制相近,略有異,主要是足有長短、粗細之分,且與腹相接位置亦稍有異。銘文不同,分別有十四字、十六字:

G2:A1(圖5.1):

> 黄子作黄甫(夫)人孟姬器,則永祜霝𡨦。
>
> (《銘圖》02038)

G2:A2(圖5.2):

> 黄子作黄甫(夫)人行器,則永祜福,霝冬(終)霝後。
>
> (《銘圖》02087)

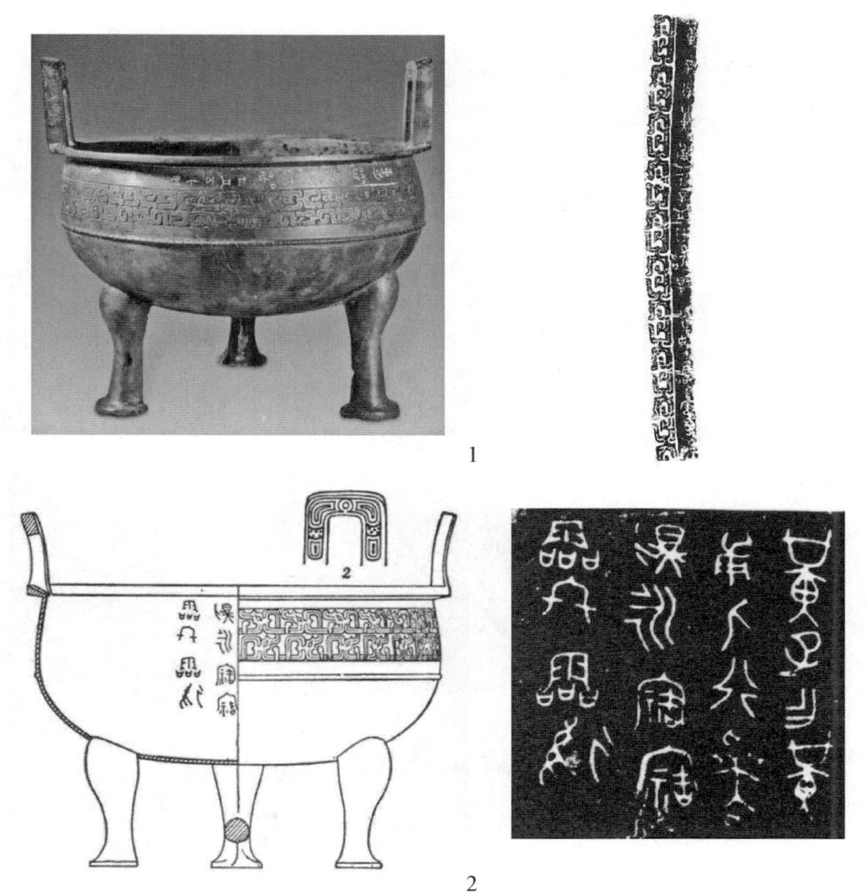

圖5 1. G2:A1鼎 2. G2:A2鼎

鬲2:形制近似,僅A4足略外撇,且有粗細之分。口沿下分別有銘文十六字和十字:

G2：A4(圖 6.1)：

黄子作黄甫(夫)人行器,則永祜福,霝冬(終)霝後。

(《銘圖》02945)

G2：A5(圖 6.2)：

黄子作黄甫(夫)人孟姬器,則①

(《銘圖》02844)

圖 6 1. G2：A4 鬲 2. G2：A5 鬲 3. 豆

豆 2(圖 6.3),形制、大小同。腹内側有銘文十六字：

黄子作黄甫(夫)人行器,則永祜福,霝冬(終)霝後。

(《銘圖》06148)

① 按：發掘報告公布的拓本及所作釋文皆止於"則"字,疑器有局部殘損、修補。

壺 2(圖 7.1),形制、大小同,頸部有銘文十六字:

黄子作黄父(夫)人行器,則永祜福,霝冬(終)霝復。

(《銘圖》12339)

鑷 2(圖 7.2),兩件鑷形制、紋飾、銘文同。潢川上油岡老李店磨盤山出土伯亞臣鑷(《銘圖》14007),形制與此二器形近同。頸下肩部上端有銘文十五字:

黄子作黄甫(夫)人孟姬行器,則永祜福霝。

(《銘圖》13997、13998)

盉 2(圖 7.3、7.4),分別爲曲柄的鬲形盉與甗形盉,甗形盉口沿下有十六字:

黄子作黄甫(夫)人行器,則永祜福,霝冬(終)霝後。

(《銘圖》14769)

圖 7 1. 壺 2. 鑷 3. 鬲形盉 4. 甗形盉

盤 1(圖 8.1),内底有十六字銘文:

黄子作黄甫(夫)人行器,則永祜福,霝宑霝復。

(《銘圖》14455)

匜1(圖8.2),器内原有銘,現僅可見"黄"字,據報告"底内有多處修補痕迹"。

圖8　1. 盤　2. 匜　3. 小罐

小罐1(圖8.3),蓋頂有一圈十六字銘文:

黄子作黄孟姬行器,則永祜□□□□□。

(《銘圖》19232)

方座1(圖9),頂部有銘文十一字:

黄子作黄甫(夫)人孟姬器,則永

(《銘圖》19302)

G1黄君墓與G2夫人墓所出隨葬器物,銘文中多自稱"行器"。關於青銅器中"行器"之性質,以往多釋爲出行所用之器,但也有部分學者質疑此種解釋,提出"行器"有一部分,或皆是專爲喪葬活動而備的隨葬之器。① 這個問題頗值得再商榷,再作深入

① 陳英傑:《讀曾國銅器劄記》,"曾國考古發現與研究"學術研討會,隨州,2014年12月;張聞捷:《楚國青銅禮器制度研究》,厦門大學出版社,2015年;吴鎮烽:《論青銅器中的"行器"及其相關器物》,復旦大學出土文獻與古文字研究中心網,2018年9月11日,http://www.fdgwz.org.cn/Web/Show/4287;嚴志斌:《遣器與遣策源起》,《故宫博物院院刊》2021年第10期。

圖 9　方座

討論，僅從上揭黄君孟夫婦墓中的“行器”之情況，似不足以簡單斷定“行器”皆爲隨葬之器。

黄君孟夫婦墓（G1、G2）出土銅器的組合可以排列如下（G1 即黄君孟墓，因遭到破壞，以下所舉器物組合未必完整）：

G1：鼎 2、豆 2、壺 2、鐳 2、盤 1、匜 1

G2：鼎 2(1)、鬲 2(1)、豆 2、壺 2、鐳 2、盤 1、匜 1、盉 2(1)、小罐 1

以上所舉凡標識“(1)”者，意即兩件器物中有一件自銘作“行器”。黄君孟與其夫人所隨葬的器物，絕大多數皆自名爲“行器”。對比來看，二人所隨葬銅器的組合近同（唯 G1 現存器物稍少，不排除因破壞而有遺失），可知這兩組器應是按照同一隨葬禮器制度下葬的。

如果僅按商周貴族墓隨葬器物的通行做法，即有理由質疑“行器”皆是專門用於隨葬之器。畢竟，自商、西周以來，具有較高身份等級的貴族隨葬，基本上都是使用其本人（或爲先人和配偶）使用或擁有的實用器，完全或大部分使用專供下葬的器物則是很鮮見的，目前似乎難以舉出多少確鑿的實例。

G1 即黄君孟所制“行器”，銘文均言“自作”，而貴族身前自己備好成套的專爲下葬使用的銅器，這種情形在商周時代實十分罕見。西周中期以降，社會風氣普遍期望長壽，諸如祈求“釁壽”“黄耇”“萬年無疆”之類的嘏辭，反復頻繁出現在貴族所作的銅器銘文上，因此很難想象，黄君夫婦會很早即爲自己專門預制成組的隨葬器。

下面重點分析一下黄君孟夫婦墓所出“行器”的銘文。黄君孟自作行器的銘文，基本格式爲：

“黄君孟自作行器”+“子孫則永祜福”或“子子孫孫則永祜福”

《説文》爲避漢安帝諱，僅言“祜，上諱”。段玉裁注：“假令補之，則曰‘祜，福也。从示，古聲’。”《詩・魯頌・泮水》“靡有不孝，自求伊祜”，鄭玄箋：“祜，福也。國人無不法傚之者，皆庶幾力行，自求福禄。”春秋銅器則習見“永祜福”之文例，如現藏中國國家博物館同形制、同銘的屖簠兩件（圖 10），銘文曰：

曾子屖自作行器，則永祜福。

（《銘圖》05826、05827）

《爾雅・釋詁下》“祜，厚也”，又《詩・商頌・烈祖》“有秩斯祜”，馬瑞辰傳箋通釋引賈子曰："祜，大福也。"①如單言"祜福"即可理解爲"厚福""大福"。但言"永祜福"，"永"則難以釋爲動詞，理解爲"永久有"。

圖 10　孱簠

學者或讀"祜"爲"嘏"，認爲"祜福"是"予福"或"受福"之義，可從。②《詩・大雅・卷阿》"純嘏爾常矣"，鄭玄箋："予福曰嘏。"《詩・周頌・我將》"伊嘏文王"，鄭玄箋："受福曰嘏。"則金文中常見之"永祜福"，可理解爲"永遠受福"，或"永遠予福""永遠賜福"。

總之，黄君孟自作器後言"子孫則永祜福"，即是説作此器、使用此器會使子孫後代得到長久的福佑，這是黄君孟以國族之長的身份，藉作器鑄銘表達自己對國族生生不息、子孫繁盛的一種願望。這種爲後人祈福的銘辭，亦多見於很多並非自名"行器"的器物上，應該不會專門鑄造於隨葬用的器物上，好像只有死後才能爲後人祈福。

上引曾子孱簠同樣屬於行器，却未言爲子孫祈福，而是直接講"自作行器，則永祜福"，意即自己鑄作行器，希望能永久受福，這應該是對自己未來生活、生存的祈願。而逝世後的事情，應該不是作器者祈求"永祜福"的目的，也非"永祜福"的體現。從已見銘文看，作行器後，多言子孫永寶用之，而將"永祜福"理解爲預言自己死後要授福於生人，能把握自己死後的能力，則有些費解。

G2 夫人墓中所出"黄子作黄夫人行器"，銘文後面多接"則永祜福，霝終霝後"。"霝終霝後"，有一例作"霝終霝復"（G2 壺銘），另一例作"霝审霝復"（G2 盤銘）。"霝終霝後"既置於"則永祜福"之後，則也應屬於"永祜福"的一種表現。霝，徐中舒先生曾引《廣雅・釋詁》"霝，令也"和《爾雅・釋詁》"令，善也"，認爲當讀爲"令"，其義爲"善"，則"霝終"猶言善終。③

---

① 馬瑞辰撰，陳金生點校：《毛詩傳箋通釋》卷三二，中華書局，1989 年，第 1162 頁。

② 陳劍：《簡談清華簡〈四告〉與金文的"祜福"——附釋唐侯諸器的"佩"(賵)字》，《出土文獻綜合研究集刊》第 13 輯，巴蜀書社，2021 年。

③ 徐中舒：《金文嘏詞釋例》，《徐中舒歷史論文選輯》，中華書局，1998 年，第 531 頁。

霝,或讀爲“靈”,《尚書·盤庚》:“肆予沖人,非廢厥謀,弔由靈各。”僞孔傳曰:“靈,善也。”總之,“霝”在此有“善”義。“霝終”即善終。“霝後”之“後”,或可讀爲“厚”,《釋名·釋言語》:“厚,後也,有終後也,故青徐人言‘厚’如‘後’也。”王先謙《釋名疏證補》:“俗薄則罔終,惟厚者能有終後也。”①“霝後”當與“霝終”義近。李學勤先生釋此“後”爲後嗣,“令後”,意謂有好的後嗣。② 按:似也可以理解爲後嗣吉祥。

G2 壺銘作“霝終霝復”,疑“復”爲“後”之訛,如非是訛寫,則“復”或可讀爲“覆”。《莊子·大宗師》“反覆始終”,成玄英疏:“始終,猶生死也。”是將生死看成反覆之輪回,則“霝復(覆)”是比“霝終”更進一步地展示了一種生死觀。盤銘“霝审”之“审”,從宀、中聲,“中”爲端母冬部字,“終”爲章母冬部字,韻同而聲母舌音、齒音近,故“审”可通“終”。③

在當時人們觀念裏,何謂“霝終”即“善終”呢?西周晚期追簋(《銘圖》05251—05256)銘文曰:“用孝于前文人,用亯(祈)匄釁壽永令(命),畯臣天子,霝冬(終)。”大意即是説,作此簋來祭享、表孝心於前文人,用以祈求眉壽長命,可以至誠地臣於天子而達到霝終。由此可見“霝終”亦即“善終”之體現,即釁壽永命,是長壽。又,西周晚期殳季良父壺(《銘圖》12432)銘文曰:“用祈匄釁壽,其萬年霝冬(終)難老。”《詩·魯頌·泮水》:“既飲旨酒,永錫難老。”難老,即是不易老,詞義與釁壽相近,故“萬年霝終難老”也是長壽而享有天命之義。如何能獲得“霝終”,即要向祖先祈匄。

這樣看來,黄君孟爲夫人所做行器,目的在於“則永祜福,霝終霝後”,即同樣是通過鑄器和作銘,來祈求夫人獲得福佑,能够善終,亦即長壽。顯然,如果夫人已經過世,只是爲其鑄作隨葬專用的禮器,何以還會在銘文中祈求受福和長壽呢?

研究者或認爲,行器乃是專門陪葬的器物,做工往往粗糙簡陋。不過,前揭黄君孟夫婦墓所出自名爲“行器”的銅器,據發掘報告云“器壁較薄,輕巧美觀”,這從上文所附器物照片亦可看出,尤其是紋飾相當精細。因此,就工藝水準而言,上述自名“行器”的銅器無法斷定爲專供隨葬之器。實際上,即便是其他春秋時期自名爲“行器”的銅器,從製造的精細程度上看,其中多數也難以視作專門的陪葬用器。

此外,上引黄君孟夫婦墓發掘報告還特别注明,黄君孟自做的兩件行鼎以及爲夫人所做的銅匜,器腹底部均有修補痕迹。一般來説,這應該是銅器經過日常使用的證

---

① (清)王先謙:《釋名疏證補》卷四,上海古籍出版社,1984 年。

② 見所撰《光山黄國墓的幾個問題》,《考古與文物》1985 年第 2 期。李學勤先生在講完此義後,云:“這種吉語,很可能是專爲女子而言的。考慮到這位黄夫人死時僅四十來歲,作器時也許她還没有生育,那麽器銘的這句話就是有爲而發的了。”

③ 李學勤先生已讀爲“終”。見所撰《光山黄國墓的幾個問題》,《考古與文物》1985 年第 2 期。

據,如專爲隨葬所用器,恐怕未必會有此舉。

二

在春秋貴族墓葬中,全墓所出銅器皆自名“行器”者,還有 1979 年河南羅山高店鄉高店村一座土坑墓出土的器物。[1] 羅山縣位於黄君孟夫婦墓所在光山縣的西北,二地相鄰近。下面先將高店村春秋墓内所出銅器及其銘文作一梳理。

鼎 2(圖 11.1),形制、大小相同,蓋内同銘 16 字,腹内同銘 18 字:

惟[illegible]子宿車作行鼎,子孫永寶,萬年無疆,自用。

(《銘圖》02154、02155,器銘)

壺 1(圖 11.2)

圖 11 1. 鼎 2. 壺 3. 鈚

① 信陽地區文管會、羅山縣文化館:《羅山縣高店公社又發現一批春秋時期青銅器》,《中原文物》1981 年第 4 期。

惟□季寬(宿)車自作行壺,子孫永寶用之。

(《銘圖》12326)

鈉(圖 11.3),無銘。

盤 1(圖 12.1),盤内底有銘文十五字:

□季寬(宿)車自作行盤,子孫永寶用之。

匜 1(圖 12.2),銘與盤同。

□季寬(宿)車自作行匜,子孫永寶用之。

圖 12 1. 盤 2. 匜 3. 盆

盆 1(圖 12.3),蓋、腹同銘十二字:

惟[illegible]子宿車自作行盆,子孫永寶用享,萬年無疆。

綜合造型、紋飾與銘文風格判斷,此器組的年代約在春秋早中期之際。①

郱季宿車或稱郱子宿車,季是器主在郱氏内部的排行,郱子爲該氏公族成員通稱。上面這組行器,皆曰“子孫永寶用之”或“子孫用寶”,盆銘更有語曰“萬年無疆”,與前揭黄君孟夫婦墓行器銘所表達的語意相同,均言製作行器,希望子孫能永遠珍存並使用之。若是專爲隨葬而作,子孫如何“寶用之”? 則這些銘文文意顯然皆與實際器用多有違離。類似的銘文文例,如:

叔師父壺:惟王正月初吉甲戌,邛立(大?)宰孫叔師父作行具,釁壽萬年無彊(疆),子子孫永寶用之。

(《銘圖》12414)

宿兒缶:惟正八月初吉壬申,蘇公之孫寬兒擇其吉金,自作行缶,釁壽無期,永保用之。

(《銘圖》14091)

這兩例中,作行器者均表達了希望自己能長壽的願望,並希望子孫能寶用之,這樣的語義如是銘在隨葬供在死後使用的器物上則難以理解。上引高店村墓的發掘簡報還曾提到,所出兩件自稱“行鼎”的銅鼎都“比較厚重”,此厚重之特點,亦與專爲隨葬而制的器物似有所不同。

“行器”之“行”應作何解,舊或解爲“出行”,但“出行”並非貴族日常生活的主流,且攜帶如此數量的銅容器外出,終究多有不便,所以我們不妨考慮對“行器”另作他解。就語意而言,這裏的“行”有如下可能的解釋:

《周禮·夏官·司爟》“掌行火之政令”,鄭玄注:“行,猶用也。”即使用之義。《大戴禮·少間》“將行重器,先其輕者”,盧辯注:“將持重器,必先効輕者,亦以諭政也。”王聘珍解詁云:“行,猶用也。”②

如依此,則所謂“行器”,即是持用之器,亦即實用之器。其銘文雖多不見祭祀先人之語,但亦不能排除用作祭器之可能。春秋時器物多不見銘有所祭先人之名。器銘或言作行器,“用征用行”,如“□□爲甫(夫)人行盨,用征用行,萬歲用尚(常)”(《銘圖》05590)。征,或指出行,“用征用行”是言此器可供出行與家用。

---

① 詳拙著《中國青銅器綜論》,第 1748 頁。

② (清) 王聘珍:《大戴禮記解詁》卷一一,中華書局,1983 年,第 215 頁。

2014年,隨州市公安局繳獲的被盜文物中("5.8"大案追繳),有唐侯爲隨夫人所作銅鼎三件,[1]三鼎均作附耳,蹄足,淺腹,口沿下上腹部有較粗獷的蟠螭紋(圖13)。從形制與紋飾特徵看,時代應在春秋早中期之際,研究者或認爲是盜出於隨州棗樹林墓地M190墓主人(曾公畎)的夫人墓(M191)。按目前已知尺寸的二鼎推測,三件鼎的尺寸可能呈遞減趨勢:

鼎一　通高22.7,口徑37釐米,重4095克

鼎二　通高22.5,口徑28.7釐米,重3580克

鼎三　未知

三鼎銘文相同,皆作:

壂(唐)侯 隨夫人行鼎,其永祜福。

圖13　唐侯制隨夫人行鼎之一

此三鼎中有一鼎銘文(即《銘圖三編》0221) 或寫作 。此字學者或釋作"佩",並因鼎名曰"行鼎",而有"行鼎"即隨葬之鼎的看法,乃將佩字又讀爲賵。[2] 佩是並母之部字,從古音角度讀爲賵,略顯迂曲。在這裏,似可讀爲並母職部的"備",之、職陰入對轉。西周晚期的叔向父簋銘文曰"叔向父爲備寶𣪘兩、寶鼎二"(《銘圖》04800),備有置備、具備之義。爲、備義近連用。

金文"佩"字,見於西周中期中葉的㺇盤(《銘圖》14532)、㺇簋甲、乙(《銘圖續》0457、0458)及衛簋甲、乙銘文(《銘圖》5368、5369),其中"王或睗(賜)㺇佩"、"王易(賜)衛佩"的"佩"寫作 、 ,但人旁向外,與 字人旁向内有别。近來另有學者提

① 隨州市博物館、隨州市公安局主編:《追回的寶藏:隨州市打擊文物犯罪成果薈萃Ⅰ》,武漢大學出版社,2019年。銘文亦見《銘圖三編》0219、0220、0221。

② 陳劍:《簡談清華簡〈四告〉與金文的祜福——附釋唐侯諸器的"佩"(賵)字》,《出土文獻研究集刊》第13輯。

出，該字實際應分析爲从“人”持“巾”，[①]即裘錫圭先生所云从“人”持“巾”表示刷拭之義、後加“食”爲聲符的“飾”字。飾，在此銘文中可依音近讀爲飭。[②]

三

最後需要討論的是所謂“大行”之器。2013 年隨州文峰塔墓地出土一件曾孫卲壺（M21：3）[③]，其銘文足以説明“大行”器用途。該銘曰：

曾孫卲之大行之壺。

據報導，同墓所出曾孫卲之器，還有曾孫卲簠（M21：5），銘曰：

曾孫卲之行匿。

但此二器均未給器形照片。

“大行”，《小爾雅・廣名》：“諱死之，謂之大行。”典籍所記漢代以後“大行”多專言天子。《漢書音義》“禮有大行人有小行人，主謚號官也”，韋昭曰：“大行者，不返之辭也。天子崩未有謚號，故稱大行也。”是説亦見《風俗通》“天子新崩，未有謚，故且稱大行皇帝”。故此曾孫卲大行之壺，或即專用以作隨葬之器，但銘文明言爲“大行之器”，當與一般言“行器”者有别。

另需注意的是，“敬事天王”鐘（《銘圖》15222—15230）在祈求眉壽無疆、敬事天王至於父兄後，又云“百歲之外，以止（之）大行”，亦是説逝世後以之隨葬，但此前仍是實用樂器，並非專門爲隨葬所制。

“大行”一詞，當有專門使用的情境，有别於一般意義的“行”。此猶如言“事”與言“大事”，内涵即有明顯不同，似不可以“大行”之義來囊括所有行器之“行”。

以上文峰塔 M21 出土曾孫卲大行之壺，既言“大行”，是人已逝去，此器當是家人爲其所制，並非生前自制。不過，同墓所出者尚有“曾孫卲之行匿”，此行簠即未必是專用隨葬之器，而是將其生前用器作爲陪葬品。同墓還出土有隨大司馬嘉有之行戈，如此大司馬嘉有並非曾孫卲，則其行器也能葬於他人之墓，亦與行器專用爲隨葬器説不合。

---

① 郭理遠：《新見唐侯作器銘文釋字一則》，復旦大學出土文獻與古文字研究中心網，2013 年 7 月 18 日，http://www.fdgwz.org.cn/Web/Show/11035。

② 裘錫圭：《文字學概要（修訂本）》，商務印書館，2013 年，第 155 頁。

③ 湖北省文物考古研究所、隨州市博物館：《湖北隨州市文峰塔東周墓地》，《考古》2014 年第 7 期。

綜合以上考述，“行器”之本義應是“用器”，即行用、使用之器。至少絶大多數的名“行器”的器物，尤其是器主人自作之“行器”，應該不是專門用於隨葬之器。① 即使有專爲隨葬所制之器亦稱“行器”，只能用“事死如生”(《荀子·禮論》)來解釋，②似不能將所有自名“行器”者皆斷定爲隨葬之器。

---

① 學者或引《儀禮·既夕禮》“行器，茵苞器序從，車從”，釋此文中“行器”爲明器。然鄭玄注曰：“目葬行明器，在道之次。”賈公彦疏：“包牲訖，明器當行鄉壙，故云行器。云目葬行明器者，即下云茵包已下是也，故云目葬行也。”“上陳明器訖，次列車以從明器，故云次器也。”故《既夕禮》所言“行器”是言“行明器”，“行”是動詞，是講入廟撤奠，將明器撤走而移入墓壙，此“行”有移動之義。移走的次序是視入葬次序而定，即先茵，後苞，繼而是各種器物。故此句話中“行器”不是個專有名詞，不是指明器。

② 2002—2003 年棗陽郭家廟墓地 M17 出土有曾亙曼鼎(圖 14)，同形同銘器兩件，據器形可斷爲春秋早期，與上述文峰塔 M21 大致同時，其銘文(《銘圖》02005、02006)云：“曾亙嫚非彔，爲爾行器，爾永祜福。”“爲爾”單占一列，其上無字，從照片上看，似有刮削痕迹。

圖 14　曾亙曼鼎

“彔”有“福禄”之義，此銘文中“非彔”之“彔”如是此義，而“非”有“無”義，《史記·孔子世家》“夫子則非罪”，王引之《經詞衍釋》卷十：“非，猶無也。”則此“非彔”即無福禄，爲之作“行器”，可理解爲“事死如生”。

學者或謂此“非彔”即《禮記·曲禮上》“天子死曰崩，諸侯死曰薨，大夫死曰卒，士曰不禄，庶人曰死”之“不禄”，鄭玄注：“不禄，不終其禄。”孔穎達疏：“士曰不禄者，士禄以代耕，而今遂死是不終其禄。”又《釋名》：“士曰不禄，不復食禄也。”由以上文字看，禄爲仕者之奉，“不禄”是當時對男子爲士者身死之稱。曾亙嫚，乃是嫁至曾國的亙氏嫚姓女子之稱，故銘文言“非彔”，似未必能解釋爲她年少而夭折。

彔之義在此或爲“剥”。《説文》：“彔，刻木彔彔也”，“剥，裂也。从刀、从彔。彔，刻割也。彔亦聲”。桂馥《説文解字義證》：“《易》剝卦，彖：剝，剝也。馥按：下剝字當作彔。”朱駿聲《説文通訓定聲》曰：“彔，實即剥之古文。”(但從古文字字形看，“彔”的本義乃是轆轤。)此“非彔”之“彔”，其義似亦可釋爲“剥”。僞古文《尚書·泰誓中》：“剥喪元良。”僞孔傳曰：“剥，傷害也。”非，《釋名·釋言語》：“非，排也，人所惡排去也。”或解釋爲“無”。非彔即排除傷害、無傷害，乃平安之義，亦祈願之辭，故與“爾永祜福”即你永遠會受福，前後句意相聯繫。

“卿　事”補　説

陳　劍

復旦大學出土文獻與古文字研究中心

“古文字與中華文明傳承發展工程”協同攻關創新平臺

古書常見的職官名“卿士”，出土文獻作“卿事”“卿李”或“向使”等，見於殷周金文和楚地出土戰國竹書。研究者已經辨明，此皆源於殷墟卜辭之“卿史（事）”。並且，“事”本即事情之“事”，不必亦不能破讀爲所謂“士大夫”之“士”。①

研究者亦多已將“卿事”與“御事”相聯繫討論。已經大致取得共識者如下所述幾點。“卿事”與“御事”二者結構相同，皆爲述賓關係。殷周金文職官名之“卿事”和“御事”，“事”字（或作“旋”）不必讀爲“史”。其字或有作“史”者（如《集成》04134、04135 御史競簋），仍應讀爲“事”。“卿事”與“御事”皆由動賓結構而轉指“卿事者”與“御事者”，遂轉化爲職官名。前者或省而僅稱“卿”，或變作後世通行之“卿士”；後者亦變作後世通行之“御史”。②

但同時，“卿”字究竟應作何理解，以及它與金文多見的“亯（享）”之關係等，現所見論著仍有認識模糊不清乃至不確之處。故草此文作爲補充。

---

① 較近的相關研究，可參看張富海：《清華簡〈繫年〉通假柬釋》，李守奎主編：《清華簡〈繫年〉與古史新探》，中西書局，2016 年，第 447—448 頁；收入《古文字與上古音論稿》，上海古籍出版社，2021 年，第 103—104 頁。又寧鎮疆：《由“卿士”源流説〈厚父〉的性質及周人的經典重建》，《社會科學戰綫》2023 年第 8 期，第 106—114 頁。

② 參看謝明文：《從周代金文看一些職官的得名——以“御事”“視事”“卿士”爲例》，《雲南日報》2023 年 10 月 28 日 08 版。

一

大家追溯所及之殷墟卜辭"卿事",可靠者見於如下兩辭(本文引用古文字資料,如無特别需要,釋文皆從寬):

癸酉王卜,在召庭:唯𠬝其令卿史(事)。

(《合集》37468〔黄類〕)

其執。○勿執,呼歸,克卿王史(事)。"引[吉]。"

(《合集》27796〔無名類〕)

研究者多認同,上兩辭之"卿",大致應即"行""做"一類義的動詞。① 但此説僅係據辭例推勘而得,"卿"字本身,並不能在舊有訓詁及古書用例中找到此義之根據。故研究者又多將"卿"字作破讀處理。得到較多贊同者,是讀爲趨向之"向/嚮"説。② 近年所見論著,又多謂讀爲"享"。但其具體理解仍有不同,或訓"享"爲服事之"服",③或解"享"作"奉上"義。④

我們認爲,"卿事"之"卿"就是由其本義"饗"引申而來的。因後來此義更多地係用"享"字表示,所以大家不够熟悉。下面先結合西周春秋金文等,把"享"字用法討論得更爲清楚一些。

二

1986 年出土於北京房山琉璃河周初燕國大墓的克罍(《銘圖》3831)和克盉(《銘

---

① 陳劍:《釋"甴"》,《出土文獻與古文字研究》第 3 輯,復旦大學出版社,2010 年,第 16—17 頁;寧鎮疆:《由"卿士"源流説〈厚父〉的性質及周人的經典重建》,《社會科學戰綫》2023 年第 8 期,第 109 頁。

② 此説似最早見於屈萬里《殷虚文字甲編考釋》第 427 片(即前引《合集》27796)。黄天樹亦有此説,見黄天樹:《殷墟甲骨文助動詞補説》,《古漢語研究》2008 年第 4 期,第 37 頁;收入《黄天樹甲骨金文論集》,學苑出版社,2014 年,第 247 頁。贊同者如夏含夷:《試論"鄉"字在何組卜辭裏的一種特殊用法》,《甲骨文與殷商史》新 6 輯,上海古籍出版社,2016 年,第 161 頁;謝明文:《從周代金文看一些職官的得名——以"御事""視事""卿士"爲例》,《雲南日報》2023 年 10 月 28 日 08 版。按謝文又提出另一種可能,謂"'卿事'之'事'所表之詞可能是'使'"、"卿""也可能讀作'饗'"云云,此則恐無道理。

③ 寧鎮疆:《由"卿士"源流説〈厚父〉的性質及周人的經典重建》,《社會科學戰綫》2023 年第 8 期,第 106—114 頁。

④ 黄博:《關於復原建構商代歷史問題的探討》,復旦大學 2024 年博士學位論文(指導教師:劉釗),第 312 頁。其説所據,即後文所引陳劍所謂"'奉上謂之享',可以包含臣下奉承、服事君主的各種行爲"云云。

圖》4789),其銘云"王曰:太保,唯乃明乃心,享于乃辟。余大對乃享,令克侯于燕……",研究者多以"獻"訓釋"享"字。[①] 其中李仲操説,可以説是近代以來,首先將金文"享"字義講得最爲清楚明晰的。其説略謂:

> 享字有獻也、祭也、歆也等義。器銘"享祀""享祭""享孝""享用"等應屬這類。孔安國謂:"奉上之謂享。"**奉上的内容較廣,生前的奉事、輔佐,死後的享祀、享祭等,都可用享字來表達**。如《大盂鼎》"敏朝夕入讕(諫),亯(享)奔走",《麥尊》"享旋(奔)徙(走)令"。可知爲王奔走效勞、朝夕納諫等,都是享的内容。享字確有奉事、輔佐之義。[②]

上引孔安國云云,見於《尚書·洛誥》"公曰:已!汝惟沖子,惟終。汝其敬識百辟享,亦識其有不享。享多儀,儀不及物,惟曰不享"僞孔傳。《洛誥》下文緊接謂"惟不役志于享。凡民惟曰不享,惟事其爽侮",孔穎達《正義》云:"'享'訓'獻也',獻是奉上之辭,故'奉上謂之享'。百官諸侯上事天子,**凡所恭承皆是奉上,非獨朝覲貢獻乃爲奉上**。"按"儀不及物"可與"言不及物"對比,"物"義皆謂"實"。所謂"役志"即"用心",係就享者即"百辟"言而非就王言。[③] 克罍和克盉銘云太保明其心以享周王,亦即《洛誥》之"役志于享"。

我舊在討論《清華簡(叁)·周公之琴舞》簡9"曰享會余一人"之"享"字時,曾謂:"所謂'奉上謂之享',可以包含臣下奉承、服事君主的各種行爲,實與'辟'義甚近"云云,[④]即來源於上引李仲操説。陳英傑曾謂,上引克罍克盉兩銘之"享","也是'享辟'義,可以理解爲'奉事''侍奉'","大盂鼎'享奔走'意思就是奉事于天子並爲王命而奔走效勞","親簋之'肇享'就是敏于供職、敏于奉事王命";從"享"字諸義中可以"抽繹出'奉事'義"云云,[⑤]其説亦相近。

同樣用法的"亯(享)"字又如,西周金文㦰鼎(《集成》2824)"厥復亯(享)于天子,唯厥使乃子㦰萬年辟事天子"("辟事"兩義近動詞連用,又見於《銘圖》2475師酉

---

① 諸家説參看周寶宏:《近出西周金文集釋》,天津古籍出版社,2005年,第20—55頁。

② 李仲操:《燕侯克罍盉銘文簡釋》,《考古與文物》1997年第1期,第70頁。

③ "儀不及物,惟曰不享,惟不役志于享",後兩小句係遞進關係。僞孔傳於"惟曰不享"處截斷,解其下文謂"言人君惟不役志於奉上,則凡人化之,惟曰不奉上矣"云云,不確。《孟子·告子下》:"《書》曰:'享多儀,儀不及物曰不享,惟不役志于享。'爲其不成享也。"亦可爲證。

④ 陳劍:《清華簡與〈尚書〉字詞合證零札》,《出土文獻與中國古代文明——李學勤先生八十壽誕紀念論文集》,中西書局,2016年,第220頁。

⑤ 陳英傑:《談親簋銘中"肇享"的意義——兼説册命銘文中的"用事"》,《古文字研究》第27輯,中華書局,2008年,第212—215頁;收入《文字與文獻研究叢稿》,社會科學文獻出版社,2011年,第41—45頁。

鼎"𢿋(恪)夙夜辟事我一人"。又參後文);《清華簡(叁)·周公之琴舞》簡1"無侮亯(享)君",《清華簡(叁)·説命下》簡3—4"余克亯(享)于朕辟"。介詞"于"可加可不加,係上古漢語常見的現象。逑盤(《銘圖》14543)"方逖不亯(享)",《國語·周語上》:"既,滎公爲卿士,諸侯不享,王流于彘。"古書此類"不享"之例頗多(如前舉《洛誥》文),其義即"不奉上"。專門探討金文"享"字義的論著,或以逑盤之"享"義爲"獻納",①不確。

近年新見西周晚期應侯鐘銘云:

> 楚公逯㠯(以)緐(繁)亯(享)于王,雁(應)侯逹(率)。王其邁(萬)年,雁(應)侯其日逹(率)楚罘緐(繁)亯(享)。②

研究者或解釋謂,"楚公逯向周王進貢時,由應侯所率領"云云;③或既已指出,"'享'字作爲動詞,有'奉上''奉獻'的意思",又謂:"'享'這一行爲既要有一定類别的貢獻物,還要有合乎規範的'儀'。……楚公逯偕繁享王的行爲,既要有合乎身份等秩的'威儀',還應包括獻給周王的、符合品類要求的貢物。"④即皆將"享"理解爲具體的"貢獻實物"義,恐不確。

我認爲,此銘末之"享"字既與"日"(即"每日/日日")搭配爲言,則顯然不能理解作具體的"進獻貢物"義,而只能是較籠統較虚的"奉事、爲周王奉獻心力"義。同銘前一"享"字理應同解,且"享于王"辭例又與前舉"享于乃辟""享于天子"和"享于朕辟"等相類,故仍只能解作"奉事周王"義。該銘全文大意,無非籠統地"逐級"向周王"表忠心"而已,其中並不存在某次具體地對周王舉行享獻禮儀活動的記載。銘文背景,大概是"繁"新近向楚表示臣服,楚公逯又帶領繁向(自己所奉事的奉事周王的)應侯表明此態度;在應侯看來,就是自己率領楚公逯所能左右的繁,大家共同盡心奉事周王,遂因此而作器,既"立此存照"、加以紀念,亦示其"矜誇"之意。繁、楚公逯與應侯三者間關係,確可體現出如管文韜所言"西周王朝的層級統治策略"云云;其器主,亦確應爲"應侯"而非"楚公逯"。

---

① 武振玉:《兩周金文"享"字釋義》,《古漢語研究的新探索:第十一届全國古代漢語學術研討會論文集》,語文出版社,2023年,第273頁。

② 有關信息及銘文拓本摹本,可參見管文韜:《新見應侯鐘與相關問題試説》,我思古人:第十一届出土文獻青年學者論壇,北京大學中國古代史研究中心,2024年8月。下引管文韜説亦見此文。

③ 李金鑫:《西周銅器銘文所見楚公世系補議》,復旦大學出土文獻與古文字研究中心網,2024年3月21日,http://www.fdgwz.org.cn/Web/Show/11130。

④ 馬立志:《"楚公逯"鐘研究》,中國古文字研究會第25届年會,福州,2024年10月。

温縣盟書中有一類，參盟者發誓要“判其腹心、恪慎其德，以徼主福”云云，即全面奉獻其心力與其“德”，以爲其主君求福。[①] 此亦可謂即“享君”之主要内容。春秋早期曾伯陭壺（《集成》09712）謂“用自作醴壺，用卿（饗）賓客。爲德無瑕，用孝用亯（享），用錫眉壽”云云，亦言以其無瑕之“德”奉獻於鬼神。鬼神接受其所奉獻之“德”亦曰“享”，如《墨子・明鬼下》天神謂秦穆公“帝享女（汝）明德”、《墨子・非攻下》“天不享其（謂商王紂）德”，等等。其字亦作“卿/鄉”，如同樣見於《墨子》之《尚賢中》“則天鄉（饗）其德”；又西周晚期邢仲䁵遣簋（《銘圖三》0508）：“自作寶簋，用亯（享）用孝，于其皇祖文考。用卿（饗）其德，作之永福。”“用卿（饗）其德”應係承上省略了主語“皇祖文考”。同類例又如《清華簡（壹）・祭公之顧命》簡 4—5“朕之皇祖周文王、烈祖武王，宅下國，作甸周邦。惟時皇上帝度其心，卿（饗）其明德，付畀四方”。

前舉陳英傑所引西周金文親簋（《銘圖》05362），於册命辭末云“汝肇亯（享）”。其他册命金文相應處一般説“用事”，可見“享”與意義籠統之動詞“事”相近。西周金文又有“享事”，見於伯或父鼎（《銘圖續》0231）“宗人其用朝夕亯（享）事于嫡宗室”，“事”係動詞（可對比伊[illegible]簋〔《集成》04533〕“伊[illegible]作簋，用事于考”），而同組器叔安父簋（《銘圖續》0440）作“宗人其朝夕用亯（享）孝于嫡宗室”，聯繫西周金文又數見之“享辟”（逑盤〔《銘圖》14543〕、逑鐘〔《銘圖》15634—15636、《銘圖續》1028〕、申仲朁簋（《銘圖三》0523），加上前文所述“辟事”，皆可證“享事”係兩義近動詞連用，而非如有研究者認爲的所謂“動賓關係”。[②]

以上這些“奉上”義之“享”，應來源於其更爲具體實在的“獻”“進上”義，即所進獻爲各種實物者。例如，《周禮・考工記・玉人》“璧琮九寸，諸侯以享天子”，鄭注：“享，獻也。聘禮，享君以璧，享夫人以琮。”又“瑑琮八寸，諸侯以享夫人”，鄭注：“獻於所朝聘君之夫人也。”戰國中期十年陳侯午敦（《集成》04648）“諸侯亯（享）以吉金”，等等（又參看後文所述）。

西周春秋金文常見“享”與“孝”對文連言者，兩字又皆可以“食”爲意符，更體現出“進獻實物”此點。从“食”从“孝省聲”之“餥”字，見於西周晚期伯公父爵（《銘圖》

① 參看魏克彬：《説温縣盟書的“恪慎其德”》，［美］艾蘭、邢文編：《新出簡帛研究》，文物出版社，2004 年，第 208—217 頁。

② 前引寧鎮疆《由“卿士”源流説〈厚父〉的性質及周人的經典重建》（《社會科學戰綫》2023 年第 8 期）第 109 頁，將伯或父鼎“享事”之“享”訓爲“服”，“享事”理解作“動賓結構”而説爲“服事”，不確。

14191—14192》、[1]春秋早期曾伯霥壺(《銘圖三》1069;銘云"用饏〔孝〕用亯〔享〕,于我皇祖,及我父考")、曾伯霥簠(《集成》04631、04632;銘云"用饏〔孝〕用亯〔享〕,于我皇文考")、春秋晚期番君召簠(《銘圖三》0567;銘云"用亯〔享〕用饏〔孝〕,用祈眉壽,[子]孫永寶。""饏〔孝〕"字亦入韻),以及戰國早期陳逆簠(《集成》04629、04630,《銘圖三》0591、0592;銘云"以亯〔享〕以饏〔孝〕,于大宗、皇祖、皇妣、皇考、皇母")等。春秋早期芮太子白壺(器)"子子孫孫永用饔(享)"(《集成》09645.2),亦以"食"爲意符(其形見後文所論。《集成》09645.1 蓋銘及 09644 另一器之蓋銘,則皆作一般之"亯〔享〕")。金文亦多見謂以其器對生人"孝""享"之例("享"或作"卿〔饗〕"),與上舉用於鬼神諸例一樣,既有就該器本身而言之較"實"部分(即以此器物盛進酒食),自然亦應不僅限於此,而還可包更多更"虚"者,即器主爲此所"奉獻"之"忠心、心力"之類。

"獻"義之"享",如其所奉獻者非食物貢品之類具體"實物",而係較爲籠統抽象的非物質者,亦即所謂"心力"之類,即引申爲"奉上""侍奉"一類義。"卿事"之"卿"换作"享"來讀,亦即"爲(君上之)事奉獻心力"義。

三

由以上討論可見,"享"之引申起點或者説其核心義,應係"進獻(實物)"。[2] 在舊注中,"享"亦常訓爲"獻"。但"享"字本身,並無從有此義。

從吴大澂《説文古籀補》開始,研究者就多以爲"亯"字"象宗廟之形",並説此爲其"本義"。所謂"宗廟乃祭祀之所,故引申之而有祭祀之義。……因享祀而有薦獻之舉,引而伸之,薦獻於神亦曰享"云云,[3]似乎早已成爲研究者公認的看法。如《説文新證》説"亯"字謂,"祭祀的建築場所。引申爲祭祀、享用、亨通"。[4] 較近的論著,討論"亯"與"卿"等之字際關係,謂"古文字中'亯'像某種建築,可能是祭祀鬼神的宗廟建築","祭祀的建築與祭祀的方式、祭祀的目的都有聯繫:祭祀的方式——進獻,祭祀的

---

① 其形作,"食"旁上部略有粘連省變。舊多釋爲"耇",研究者或已指出不確。銘云"用亯(享)用孝,于朕皇考。用祈眉壽,子孫永寶用～","孝、考、壽、饏(孝)"押幽部韻。其前文已有"孝"字,按同銘表同詞者其用字或有不同,西周春秋金文中其例頗有之,不足爲怪。

② 前引陳英傑《談親簋銘中"肇享"的意義——兼説册命銘文中的"用事"》曾謂,"享"之"'奉上'、'養'、'食'、'宴'、'饗'、'受'等義均由'獻神'義引申"。按不必謂"神",籠統言"獻上"即更爲準確。

③ 曾憲通:《亯及相關諸字考辨》,《古文字研究》第 22 輯,中華書局,2000 年,第 270 頁;收入《曾憲通自選集》,中山大學出版社,2017 年,第 61 頁。

④ 季旭昇:《説文新證》,藝文印書館,2014 年,第 455 頁。

目的——鬼神來饗”。① 討論金文“享”字用法的論著，則或總結謂，“享的各種意義都由‘宗廟’之義引申(準確地説應由“祭獻”義引申)”；②或謂“享”字“由‘宗廟之形’引申出‘獻祭、祭祀’義，再引申出一般的‘獻納’義”云云。③ 以上所述似早已成爲“一般共識”者，其實甚爲勉强。

就其形而言，甲骨金文“亯(享)”字實無從看出必爲“宗廟”。所謂由“宗廟”義引申而爲獻祭、祭祀云云，既迂曲又無確據。鄔可晶以其形爲“象城郭一類建築，用爲享獻之‘享’乃是假借”，④即亦不以所謂“宗廟”説爲然(他未指明享獻之“享”係假借何字)。我們則認爲，“亯(享)”形還是説爲本表“高臺上建築”之類義爲好。其下的長方形，即表高出地面之臺基，與甲骨文或作“”形(《合集》18258＝《乙編》4569)之“臺”字下部，⑤可相聯繫印證。“亯”形下方亦或可不封口，實即“高”字初文“”形；其下部可徑理解作“堂”字表意初文(亦即“尚”字原始形)，此形亦見於“踊”字表意初文(《合集》22249＝《乙編》8713)等之中部。⑥ “京”與“亯”應係一語一形之分化，兩字讀音至近。⑦ 甲骨文多見的地名或處所名“某京”，或應即具有此類高臺上建築之地；其字亦多作“亯”或“(高)”，例甚多，是當時三字尚混用而未分化開之證。“高下”之“高”一詞(見於“高祖”“高妣”等)，卜辭亦或用“京”形或“亯”形表示，⑧則出於早期表意字之“一形多用”，係以某實物之形兼表“其最顯著特點”義之詞，與大家所熟知的

① 李守奎：《論以“卿”爲核心的字際關係形成的過程》，《上古漢語研究》第5輯，商務印書館，2023年，第42頁。

② 陳英傑：《西周金文作器用途銘辭研究》，綫裝書局，2008年，第280—283頁。

③ 武振玉：《兩周金文“享”字釋義》，《古漢語研究的新探索：第十一届全國古代漢語學術研討會論文集》，第271—280頁。

④ 鄔可晶：《清華簡〈别卦〉札記》，《中國古典學》第五卷，北京大學出版社，2024年，第375—377頁。

⑤ 參看蔣玉斌：《甲骨文“臺”字異體及“鼜”字釋説》，《古文字研究》第31輯，中華書局，2016年，第42—43頁。

⑥ 參看陳劍：《金文字詞零釋(四則)》之“一、新出五年琱生尊‘通禄’之‘通’字”，及其中所引唐蘭説，張光裕、黄德寬主編：《古文字學論稿》，安徽大學出版社，2008年，第132—136頁。

⑦ 裘錫圭曾謂，“‘亯’、‘京’音近，‘京’字从‘亯’顯然有表音作用”。見郭永秉《“京”、“亭”、“亳”獻疑》引，《古文字與古文獻論集續編》，上海古籍出版社，2015年，第144頁脚注15。

⑧ 作“京”形者如，《合集》22616“高祖”之“高”。作“亯”形者，見後文注釋所舉。用作聲符之“亯”形，抑或取“高”音。《合集》822正(《乙編》7797)有一般隸釋作“萻”之形(《甲骨文字編》第747頁摹作)，殷墟甲骨文僅此一見，應即作(《合集》29375)、(《合集》28132)那類形之“蒿(郊)”字異體。其辭云：“貞：于～，若。”《合集》7841：“貞：于蒿(郊)。”略可爲證。

"夫—大""少(沙)—小/少"等,其間關係相類。[①] 前引芮太子白壺器銘"亯(享)"字作 ,即从"高"與"亯"之共同初形得聲(取"亯"音),是其曾"一形多用"之孑遺。

就用法而言,以"亯(享)"表{饗},殷墟甲骨文尚未見其例。[②] 但甲骨文中已多有以"卿"表{饗}者(且多見用於死者/神鬼,係祭祀動詞),是則説"亯(享)"之此類用法係出於假借而非所謂引申,甚爲自然。"亯(享)"與"卿(饗)"關係密切,是大家都認同的。過去論者曾多强調二者之别,謂"享"用於死者("祀鬼神"),"卿(饗)"用於生人("待賓客")云云。[③] 隨着後出材料的增多,現在研究者已多辨明,二者的區分不宜看得過死。"亯(享)"與"卿(/鄉—饗)"在兩周金文中均有混用現象(古書"享"與"饗"通用之例亦甚多),既有"享"用於生人的,也有"卿(/鄉—饗)"用於鬼神的。[④] 其例皆甚多,可不必備舉。清華簡中之例如,《清華簡(伍)·厚父》簡 13:"曰酒非食,惟神之卿(饗)。"《清華簡(肆)·筮法》第三節簡 1—4:"凡亯(享),月朝純牝,乃卿(饗)。月夕純牡,乃亦卿(饗)。"此及前舉邢仲𢝊遣簋例,似皆分用兩字,以"亯(享)"表"祭祀鬼神",而以"卿(饗)"表"(鬼神)歆饗"。[⑤] 聯繫排比所有相關材料可以看出,"亯(享)"與"卿(饗)"二者似一直存在分工趨勢,但始終未徹底分化開。

將以上所述結合起來看,最爲自然合理的結論就是,"亯(享)"之主要用法,應係出於假借"卿(饗)"而來。

---

① 陳秉新曾謂,"京、亯本爲一字";"高是京的孳乳字,高之義無以取象,古人見京宫高崇,遂於 (京)下加别義標指符號' ',造成 以表示高崇之高這個詞"。雖未明確指出"一形多用"此點,但其意與此所論實頗相近。見陳秉新:《釋𩫏及相關字詞》,《于省吾教授百年誕辰紀念文集》,吉林大學出版社,1996 年,第 243 頁;收入《安徽大學漢語言文字研究叢書·陳秉新卷》,安徽大學出版社,2015 年,第 49—50 頁。

② 《合集》32227:"壬申卜:如(?)又 伐亯(高)匕(妣)己。幺(兹)用。""亯"用爲"高",即前文所述"一形多用"之例。前引李守奎《論以"卿"爲核心的字際關係形成的過程》第 42 頁將此例理解爲祭享妣己,不確。該版"亯匕己"作三字合文,《安陽博物館藏甲骨》265 殘辭"亯(高)匕己"亦同,原釋作"……亯(享)……匕(妣)己……",不確。研究者除《合集》32227 外還舉有《合集》19649:"丁亥,呼耵(庭)亯。"説爲所謂"亯"通"卿",理解作"祭饗"義。見章莎菲:《由卜辭所見"卿"的用法談談〈周易〉的"亨"——兼論卦爻辭的形成及性質問題和〈周易〉"亨"的闡釋流變》,《上古漢語研究》第 5 輯,商務印書館,2023 年,第 83 頁。按此係殘辭,應釋作"丁亥▨呼▨耵亯▨","呼"與"耵亯"不能連讀(《漢達文庫》釋文疑"耵亯"即"聽京")。

③ 如劉雨:《西周金文中的饗與燕》,《金文論集》,紫禁城出版社,2008 年,第 61—73 頁。較近論著如李守奎:《論以"卿"爲核心的字際關係形成的過程》,《上古漢語研究》第 5 輯,第 34—50 頁。此文仍區分所謂"生人之饗"{饗}與"先祖之享"{享},似以{饗}、{享}爲兩詞。

④ 陳英傑:《兩周金文之"追、享、鄉、孝"正義》,《北方論叢》2006 年第 1 期,第 7—10 頁。

⑤ 前舉曾伯陭壺則以"饗"用於生人,以"享"用於鬼神。此類表同詞之兩字同銘並見者(又如前注所舉伯公父爵"孝"與"耇〔孝〕"),又或應看作有出於"用字避複"因素。

四

最後再對“卿(饗)”的意義引申脈絡,略作補充梳理。

“卿(饗)”字其形,只能表現出或者説“被理解作”,“兩人相嚮對坐而食”的“静態畫面”,而無法體現其間的“主從關係”。但由其用例歸納字義再追溯其引申起源,就可以體會出,其原始義應近於“由一人提供給另一人食物、再相嚮對坐而食”,即所謂“主人請對方飲食”,[①]“對方”一般應係“上位者”(金文所見周王“卿〔饗〕醴/酒”類除外)。所“卿(饗)”之物,與前所論“亯(享)”一樣,最初亦應係較爲具體實在者(字形中以“食物”爲代表)。以此爲起點,引申出一系列詞義。

“卿(饗/享)醴”或“卿(饗/享)酒”之類,係謂“卿(饗/享)以醴”“卿(饗/享)以酒”,與“享以騂犧”(《詩經·魯頌·閟宫》)及前引“享君以璧,享夫人以琮”之類最近。楚公逆鐘(《銘圖》05500、05501)“欽融納亯(享)赤金九萬鈞”,即不用“以”字。又前引十年陳侯午敦“諸侯亯(享)以吉金”,同人所作十四年陳侯午敦(《集成》04646、04647)和簠(《集成》04145)銘云“陳侯午以羣諸侯獻金”云云,用“獻”字,亦可略爲印證。古書“獻以某某”類説法,同樣多見。

“卿(饗/享)醴”等與“亯(享)君”等,和“卿(饗)事”及“卿(饗)王事”,三者皆係述賓結構,但其語義關係不同。“醴”等是提供給對方的具體東西,也可以説係“卿(饗/享)”的方式或者説憑藉;“君”等是“卿(饗/享)”之動作所及的目標、對象。“事/王事”則係“卿(饗/享)”之“奉獻(心力)”所“爲了”者,與古書多見的“死事”“死王事”或“死國”等,最爲相類。

再從“卿(饗)”義所具之“雙方”關係特點來看。就“提供者/主人”而言,所“卿(饗/享)”之物或較實在具體,如前舉從酒食到金玉等諸物,即一般之“獻”義;所“卿(饗/享)”之物較虚者,即各種“獻於上”的、“奉事”的行動或者籠統的“心力”等。再及於所奉心力之所“爲了”者,或者説其所表現於之處,即“卿(饗/享)事”“卿(饗/享)王事”之類。對於另一方即上位者(包括君主與神鬼)而言,接受其所奉亦曰“卿(饗)/享”,即引申爲饗食、歆享、享受、享有等義。

總結以上所論,“卿(饗)事”之義可概括爲,“爲某事(一般指君上之事)奉獻心力”。前文已講,職官名“卿士”由“卿(饗)事”而來,其義亦可概括作“爲(君上之)事奉

① 裘錫圭:《文字學概要(修訂本)》,商務印書館,2013年,第125頁。

獻心力之人”(其地位當高於“御事”)。[①] 又或省作“卿”,裘錫圭曾謂:“用它(按指“卿”字)來表示卿大夫的{卿},當是引申或假借的用法。”[②]現在可以修正爲,用“卿”字“表示卿大夫的{卿},當是引申的用法”。

附記:

本文的主要意思,裘錫圭先生在 2016 年中就已告我。當時他並將所搜集相關資料悉數付我,命據以與他合撰一文。但完全是因爲我自己的疏懶,拖宕至今始簡單寫出,深感愧疚。文中有些觀點,如“享”之常用義係假借自“卿(饗)”,“亯”與“京”爲一語一形之分化,又“高”字出於“亯/京”之“一形多用”等,我曾多次在研究生課堂講授。

初稿完成後,裘先生提出修改意見,並囑改由我獨立署名。今遵照他的指示處理。因本文肯定未能將裘先生的觀點按照他的預期和標準論證得精確全面且妥帖到位,某些看法裘先生亦未必能够同意而應由我自己負責。謹此説明。

2024 年 10 月 13 日初稿

2024 年 11 月 25 日改定

---

① 《左傳》定公四年:“其(指蔡叔)子蔡仲改行帥德,周公舉之,以爲己卿士。見諸王,而命之以蔡。”楊伯峻注説“卿士”爲“卿大夫之通稱”云云,謂“言周公舉之,立于王朝,爲己助手也”。見楊伯峻:《春秋左傳注(修訂本)》,中華書局,1995 年,第 1540 頁。按,周公舉蔡仲爲己卿士,即使之作周公“家”之“卿(饗)事”。如按楊注所謂“立于王朝”,則周公又何必再“見諸王”?《史記·管蔡世家》作“周公聞之,而舉胡以爲魯卿士”,已有誤解。

② 裘錫圭:《文字學概要(修訂本)》,第 125 頁。

説加芈編鐘“龖”及戰國楚文字之“剬”和“刖”*

陳斯鵬

中山大學中國語言文學系

“古文字與中華文明傳承發展工程”協同攻關創新平臺

湖北隨州棗樹林春秋曾國墓地 M169 新出加芈編鐘銘文中有如下一句話：

> 余滅顋(没)下犀，龏(恭)敃(畏)僔公及我大夫，龖[=](龖龖)豫(舍)政，乍(作)哼(台)邦豪(家)。
>
> (《江漢考古》2019 年第 3 期第 17 頁)

其中叠音詞“龖龖”顯然是用來修飾“舍政”的。“龖”字原篆作：

A. 

材料發布者釋“龖”，云：“龖，从二龍，一正一反，其中一龍从匕，即牝龍。《説文》：‘龖，飛龍也。从二龍，讀若沓。’龖字下重文符據第三、四組補。龖，詞義不詳。”[①]將二“龍”形之間的“刀”形誤認爲“匕”，從而導出牝龍之説，顯然是不可信的。其後的研究者仍有不少沿用發布者之誤，將此字隸釋作“龖”的，如小新、藝槃、吴冬明、田成方、付雨婷、[②]

---

* 本文爲國家社科基金重大項目“上古漢語字詞關係史研究”(22&ZD300)、古文字與中華文明傳承發展工程規劃項目“《新見金文字編》增訂本”(G3215)和貴州省哲學社會科學規劃國學單列課題“21 世紀新見商周金文疑難字詞考釋”(21GZGX06)的階段性成果之一。

① 郭長江、李曉楊、凡國棟、陳虎：《嬭加編鐘銘文的初步釋讀》，《江漢考古》2019 年第 3 期，第 14 頁。

② 以上諸家之説見付雨婷：《曾國三件長篇編鐘銘文集釋》，吉林大學 2015 年碩士學位論文(指導教師：李春桃)，第 133—134 頁。

程浩[1]等諸家即是。明確認爲此字从二“龍”从“刀”的，則有石小力、[2]蔣偉男、[3]黄錦前、[4]李春桃、凡國棟[5]等諸家及筆者[6]，多隸定作“𠟫”。

在具體讀法上，大概仍受發布者意見的影響，較多研究者從“𪚰”聲出發求解，如小新先生將此叠音詞讀作“沓沓”，藝檠先生讀“習習”，田成方先生讀“遝遝”等。也有研究者從“龍”聲出發求解的，如吴冬明、吴毅强、[7]黄錦前等先生讀爲“龔龔”。應該説，這兩種思路都有一定道理，但也都有缺點。“讀若沓”的“𪚰”字，在古文字中最明確的就是“襲”字之聲符，但“襲”字西周金文寫作“”（䧹簋，《集成》4322），所从“𪚰”作二“龍”並列兩尾相交之狀，與二“龍”顛倒者有别，未必可以等同之。而以爲二“龍”顛倒可讀同“龍”，同樣也是缺乏證據的。況且鐘銘同句有“龏（龔-恭）敳（畏）”字作“𪚴”，同篇還有“龏（龔-恭）公”字亦作“𪚴”，倘再以此奇字爲“龔”，也難免可疑。

石小力君另闢蹊徑，謂二“龍”一正一反，爲“化”之異體，字从“化”，“刀”聲，讀“翹”，“翹翹”爲惶恐謹慎貌。石君注意到二“龍”顛倒與“𪚰”之差異，是可取的，但是否即可認爲“化”之異體，似亦難定。而且从“化”，“刀”聲究爲何字，亦無可説。故此字之解讀，恐須另尋出路。

今察此字“刀”形穿插在二顛倒“龍”形之間，從三個構建的組合形態來看，我認爲它更可能是一個會意字，而不是形聲字。字當取象於以刀屠剖二龍。上古固有屠龍之傳説。《墨子·貴義》：“日者曰：‘帝以今日殺黑龍於北方。’”《事類賦》引“殺”作“屠”。《莊子·列禦寇》：“朱泙漫學屠龍於支離益。”此字之取象大概即以屠龍傳説爲基礎。以“刀”屠分二“龍”，其結構正與“班”字之以“刀”剖分二“玉”相似。而二“龍”形作顛倒狀者，有可能是强調其遭屠奔突之態。基於這種理解，我主張將此字隸定爲“𪚰”，這樣較隸定作“𠟫”更能體現其會意的性質。

那麽，“𪚰”究竟相當於何字呢？我認爲它應該是“辨”或“判”（“辨”“判”音義俱通）之異構，以屠剖二“龍”之形，表辨判之義。加芈編鐘銘文“𪚰𪚰”即“辨辨”，這個詞

---

① 程浩：《加孃編鐘與楚莊王服曾》，《北方論叢》2021年第4期，第14—17頁。

② 石小力：《隨州棗樹林墓地出土加芈編鐘銘文補釋》，“青銅器銘文研究”學術研討會，北京語言大學，2020年9月。

③ 蔣偉男：《孃加編鐘器主身份補説》，《出土文獻》2022年第1期，第40—49頁。

④ 黄錦前：《加孃編鐘及有關曾楚史事》，《簡帛》第25輯，上海古籍出版社，2022年，第1—16頁。

⑤ 李春桃、凡國棟：《孃加編鐘的定名、釋讀及時代》，《江漢考古》2022年第6期，第113—120頁。

⑥ 陳斯鵬：《曾、楚、周關係的新認識——隨州棗樹林墓地M169出土編鐘銘文的初步研究》，《出土文獻》2020年第2期，第29—37頁。

⑦ 吴毅强：《孃加編鐘銘文新釋及相關問題考辨》，《北方論叢》2021年第4期，第18—25頁。

古書或作“辯辯”“便便”“平平”。《史記・張釋之馮唐列傳論》“《書》曰‘不偏不黨，王道蕩蕩；不黨不偏，王道便便’”，徐廣曰：“一作‘辨’。”今本《書・洪範》作“平平”。《詩・小雅・采菽》“平平左右，亦是帥從”，毛傳：“平平，辯治也。”孔穎達《正義》引服虔曰：“平平，辯治不絶之貌。”《論語・鄉黨》：“孔子於鄉黨，恂恂如也，似不能言者。其在宗廟朝廷，便便言，唯謹爾。”《史記・孔子世家》作“辯辯”。用字雖有不同，但音義實一，可用以形容政事之明辨理治或言論之辯給分明，其音義正根源於分辨之“辨”。鐘銘以“辨辨”修飾“舍政”（布行政令），正甚恰當。

加芈鐘銘“𩞁”字還可以與戰國楚文字中的“䚸”“肙”聯繫起來。其例如下：

a1. [字形]鑄二十金～。（郾客銅量，《集成》10373）

[字形]粈三～一筎（叁）。（九店 56－7）

[字形]～。（清華肆《算表》1）

a2. [字形]豕玫苛訡利之金一鎰～鎰。（包山 146）

[字形]～鎰。（半鎰環權，《集成》10378）

a3. [字形]貣越異之金三鎰～鎰。（包山 116）

[字形]受二匿又二赤又～又杓。（新蔡甲三：211）

[字形]三～。（清華肆《算表》14）

戰國文字“刀”旁或作“刃”形，[①]故 a1 可統一隸定作“䚸”，[②]a3 可統一隸定作“肙”（从“肉”非从“月”），而 a2 字形則介乎“䚸”與“肙”之間。

經過多位學者的研討，及新出材料的驗證，目前已經有了幾點比較確定的共識：

---

① 半鎰環權一文所从“刃”形倒刻。賈連翔《試析戰國竹簡中的“辡”及相關諸字》（第七届出土文獻青年學者論壇，中山大學，2018 年 8 月）以爲“夸”之變體，非是。

② 清華肆《算表》一文“音”旁所從“肉”形内兩斜畫稍有錯落出邊。賈連翔《試析戰國竹簡中的“辡”及相關諸字》不以之爲“音”，而以爲“辡”字合併上部之變體，實不可信。另外，晉璽有“[字形]”（《璽彙》2226）、“[字形]”（《璽彙》3327）與楚文字“䚸”同形，字又可加“广”作“[字形]”（《璽彙》0324），過去一般都將這幾個字與楚文字“䚸”相認同。最近，有學者主要根據晉系文字内部綫索，改釋爲“宰”。參盧義樂《釋晉系文字中的“宰”》（《中國篆刻》2023 年第 4 期）、薛培武《釋三晉文字中用爲“錙”的“宰”》（第二届戰國文字研究青年學者論壇，合肥，2023 年 11 月）。此説值得重視。故本文不將此幾例納入討論。

(1) a1、a2、a3 爲同一個字的變體;(2) 它們都記録一個量制單位(郾客銅量中該字可理解爲器名,但這也是由量制單位衍生出來的);(3) 此量制單位之量值爲二分之一。相關研究簡史可參看石小力君的概述。①

這一系列表示二分之一量制單位的字,具體應讀爲哪個詞呢?現在絶大多數學者都認可讀爲“半”。從詞義和文例來看,這顯然是最爲合適的。但此系列字形何以能讀“半”,則諸家看法頗有不同。白於藍先生釋“肒”爲《説文》訓“半體肉也”之“胖”之會意初文,並認爲 a2 形所从“”爲有意綴加之聲符,與“殄”相近。② 李學勤先生分析“削”爲从“肉”,“剚”聲,謂“剚”是“辨”之簡省,並認爲“削”經由 a2 形逐步省簡爲“肒”。③ 董珊先生在李説基礎上,對三個變體之間的關係有新的解釋,他認爲先有“肒”,是名詞“胖”或動詞“判”的表意字;“肒”加“辛”旁以與“刀”旁結合成聲符“剚”,屬於表意字形聲化;而 a2 形才是由“削”簡化而來。④ 徐在國先生贊同白先生將“肒”釋爲“胖”,而將“削”分析爲“辛”“肒(胖)”雙聲符。⑤ 最近,盧義樂先生則分析爲从“肉”从“刀”,“辡”省聲。⑥

我認爲李學勤先生對 a1、a2、a3 三種變體之遞嬗關係的理解是最順適合理的,也就是説,“削”應較“肒”原始,a2 是由“削”省爲“肒”的過渡形態。但我不同意李先生對“削”字結構的分析,因爲其左旁“音”顯然是一個整體,除非有很明確的證據,否則要將它割裂開來看待是有較大困難的(上述其他諸家將“音”割裂看待的意見,同樣存在此問題)。即使可獨立析出“辛”旁,但“刀”(或“刃”)旁往往與之稍有間隔,且可上下偏移,在位置關係上説二者組合成“剚”字,亦嫌勉强。再退一步説,即使割裂組合出“剚”來,實際上也缺乏有力證據説明“剚”是“辨”字之簡省,因爲“辨”从“辡”聲,省作“剚”並不符合一般規則。

盧義樂先生將“音”之上部看作“辡”省聲,是同郭店簡《五行》37、39 的“”“”和清華簡《五紀》84、116 的“”“”這些所謂“辡”字省體聯繫起來爲説的。其實,就字形而言,“”“”應是“丵”之變體。商周文字“丵”作“”,爲上有鑿齒之鑿器之

① 石小力:《東周金文與楚簡合證》,上海古籍出版社,2017 年,第 101—104 頁。

② 白於藍:《包山楚簡補釋》,《中國文字》新 27 期,藝文印書館,2001 年,第 155—162 頁。

③ 李學勤:《楚簡所見黄金貨幣及其計量》,《中國錢幣論文集》第 4 輯,中國金融出版社,2002 年,第 61—64 頁;收入《中國古代文明研究》,華東師範大學出版社,2005 年,第 367—372 頁。

④ 董珊:《楚簡簿記與楚國量制研究》,《考古學報》2010 年第 2 期,第 171—206、265—266 頁;收入《簡帛文獻考釋論叢》,上海古籍出版社,2014 年,第 174—218 頁。

⑤ 徐在國:《談楚文字中從“胖”的幾個字》,《楚簡楚文化與先秦歷史文化國際學術研討會論文集》,湖北教育出版社,2013 年,第 484—487 頁。

⑥ 盧義樂:《釋晉系文字中的“宰”》,《中國篆刻》2023 年第 4 期,第 20 頁。

象形，即“鑿”之初文，“菐”“對”等字从之。“丵”字一般下端不帶“刀”形，但與之形義皆近、常可通用的“㝵”則下端或帶“刀”形，自甲骨文已然。① “丵”之帶“刀”形，蓋受“㝵”字影響類化所致。“辡”本从二“辛（㝵）”會意，楚簡多作“”（清華簡《治邦之道》2及清華簡《治政之道》1、5、9等），又偶有从二“丵”作“”（清華簡《參不韋》117）者，屬於形義均近之意符通用。謂“丵”爲二“丵”形之“辡”之省，不合通則，不可無疑。盧先生援“襲”字聲符“龖”可省作“龍”爲證，然似未見單字“龍”可用爲“龖”者。郭店簡《五行》“不丵於道”，馬王堆帛書本與“丵”對應之字作“辯”，這似乎對將之釋爲“辡”之簡體有利。但以“丵”爲聲符之系列字形在戰國文字中頗多見，用來記録“察”“竊”“淺”“踐”等詞，其古音在舌齒音月、元等部。② 據此，很早即有學者將郭店簡《五行》“丵”讀作“察”，音義均甚適合。③ 清華簡《五紀》文例分别作：（1）“大角爲耳，建星爲目，南門之丵爲畀（鼻）”；（2）“四冘敓（説）祀，石建丵盟”；整理者都釋“丵”爲“辡”，於例（1）讀“間”或“畔”，於例（2）則連“盟”字讀爲“辨明”，④在音義解釋上並不理想。我認爲例（1）“丵”應讀“際”，“南門之際”指南門二星之間的連接綫。例（2）“石建丵盟”則應讀“庶建察盟”。“庶建”指諸建星，與上句“四冘”相對，“察盟”指察司盟詛之事，與上句“説祀”相對。可見，以“丵”爲“辡”省的説法並不可靠。況且楚文字“剖”所从“咅”上部“辛”形，從未見作“丵”形者，即此亦未可遽與“丵”字形牽合。另外，《五行》《五紀》之“丵”雖末端含帶“刀”“刃”之形，但實際仍是一個整體，因此，也不可與李學勤先生構擬的“刅”字相比附。

所以，應該承認，已有諸家之説尚未能很好地解決“剖”“刖”讀“半”的理據問題。

現在結合加芈鐘銘“龖”字來考慮，我很懷疑“龖”應是“剖”字更原始的寫法。實際上，早年即有研究者將“剖”字左旁同“龍”聯繫起來。如何琳儀先生曾將郾客銅量之“剖”分析爲从“刀”，“龍”聲，讀作“筩”。⑤ 雖然結論不對，但視“咅”同“龍”，則是很有見地的。準確地説，“咅”是“龍”之省體。

“龍”之省作“咅”，典型的例證有：

---

① 參裘錫圭：《甲骨文字考釋（八篇）》，《裘錫圭學術文集 · 甲骨文卷》，復旦大學出版社，2015年，第72頁。

② 參劉釗：《利用郭店楚簡字形考釋金文一例》，《古文字研究》第24輯，中華書局，2002年，第277—281頁。但劉文不以之爲“丵”，而以之爲“辛”之變體。有關“丵”及相關問題，容另文討論。

③ 參周鳳五：《讀郭店竹簡〈成之聞之〉札記》，《古文字與古文獻》試刊號，臺北楚文化研究會籌備處，1999年，第49頁。

④ 清華大學出土文獻研究與保護中心編，黄德寬主編：《清華大學藏戰國竹簡（拾壹）》，中西書局，2021年，第118頁注釋[一二]、第129頁。

⑤ 何琳儀：《長沙銅量銘文補釋》，《江漢考古》1988年第4期，第97—101頁。

另外,《璽彙》3390、3391有字作▢、▢,何琳儀先生認爲从"龍"省聲,疑是"龔"字異體,[①]很可能也是正確的。

據此,可以認爲"削"即等同"龓",乃由"龖"簡省其一"龍"而成。在不影響表意的前提下,對重複的偏旁加以删複爲單,這是古文字演變的一條普遍規律,大家熟知的如由"敱"而"敗",由"雧"而"集"等,其例甚多,無煩贅舉。至於由"龖"到"削",中間是否經由完整"龍"形之"龓"這一環節,則有待今後新材料之驗證。無論如何,省作"削"形之後,仍然能表示屠剖龍體之意。"削"逐步省簡爲"刖"之後,雖不能體現屠龍之原始取象,但可理據重構爲以"刀"剖"肉",則仍然能與"辨"之音義相切合。"辨"古音並母元部,則讀爲幫母元部的"半",音理上是非常合適的。其實,從詞源的角度來看,"辨"(包括"判")和"半",本即可以認爲是同源的。[②]

總之,將"龖"與"削""刖"串聯起來,既符合古文字演變規律,又有利於講清楚"削""刖"讀"半"的構形理據,同時反過來也對"龖"字的釋讀提供語音支持,相互爲證,或許比較圓通。

附記:

本文寫作過程曾先後與陳哲、古廣政、石小力諸君討論,諸君提出有益意見,提示相關學術信息,特此致謝!

---

① 何琳儀:《戰國古文字典:戰國文字聲系》,中華書局,1998年,第428頁。

② 參看王力:《同源字典》,商務印書館,1982年,第523—524頁。

介紹一枚新見“繫”字三孔布*

黄錫全

鄭州大學漢字文明研究中心

“古文字與中華文明傳承發展工程”協同攻關創新平臺

寫在前面：

復旦大學出土文獻與古文字研究中心成立於2005年1月20日，是復旦大學直屬的實體性的研究機構，至今已走過不斷發展壯大的20年歷程。今年又恰是裘錫圭先生九十華誕，可謂“雙慶”！中心是裘先生回到復旦後建立的，劉釗主任是裘先生到復旦後引進的；没有裘先生的到來，復旦不會這麽快就聚集這麽多優秀人才；没有劉釗主任的精心組織及中心諸位的共同努力，中心也不可能取得如此大的成就。中心的建設和發展很值得學術界借鑒、研究。

裘先生是當今學界泰斗，於古文字、古代史、古文獻等方面的研究成果纍纍、多有創見，六大册《裘錫圭學術文集》就是代表性成果之一；所著《文字學概要》是其對文字學理論方面的重大貢獻；培育的學生成爲古文字研究等方面的中堅力量。

劉釗主任不僅長期協助裘先生主持復旦中心工作，勞苦功高，卓有成效，學界有目共睹，而且個人學術成就突出，令人敬佩！

中心成員現有汪少華、施謝捷、陳劍、張小豔、蔣玉斌、周波、張富海、劉嬌、謝明文、張傳官、鄔可晶、石繼承、蔣文、任攀等學者，個個身懷絶技，在各自的研究領域作出了突出貢獻，受到學術界稱讚！如施謝捷教授，就是當今古璽文研究大家，並兼及其他；陳劍教授是我極力推崇的中青年學者旗手，學術根基深厚；青年學者如蔣玉斌教授，因考釋甲骨文“蠢”字一舉奪魁，享譽海内外！

---

* 本文爲“古文字與中華文明傳承發展工程”項目“先秦貨幣文字新編”(G1428)的階段性成果之一。

中心特色似可歸納爲：(1) 裘先生治學有方，影響深遠；(2) 劉釗主任管理有法，團隊建設鞏固；(3) 成員各有專長，獨樹一幟；(4) 中心陣容齊整，實力雄厚，學術水準一流，榜樣作用顯著。

大家緊密團結在裘先生、劉釗主任的周圍，奮發有爲，齊心協力，爲中心争得了榮譽。

在此，祝賀中心20年取得的輝煌成就！恭祝裘先生九秩華誕，健康長壽！

三孔布是先秦貨幣中大家比較關注的品種，有不少學者專門做過研究。如裘先生所撰《中國貨幣考(十二篇)》中的"圓肩圓足三孔布匯考"就是其中代表作，考釋三孔布幣文十四種，發前人所未發。[①] 我們在此簡介一枚新見品種，供學術界進一步討論參考。

2020年11月13日，錢幣修復專家、收藏家唐晉源先生微信發來下列三孔布，説是新見，未見到實物，圖是别人發給他的，説以後見到清晰圖再轉發，問問我上面是什麽字。由於當時所見圖片文字不是很清晰，建議他再設法弄到清晰的圖片或拓片。2020年12月12日，收到唐先生發來較清楚的文字拓片，注明是"繫"字，問我對不對。我不知是他查閲了有關書籍所釋還是請教過别人，回答釋"繫"是對的，至於地點需要研究。因一直没有時間考慮其文字構形及地點，故未撰文。近期重新琢磨此布，有點不成熟的意見，寫出來供大家參考。

圖1

此布殘去上首與下足，但文字較爲清晰。根據文字構形與風格，實物没有疑問。有關字形見於下列材料(有的字形因造字不便未存原形)：

---

① 裘錫圭：《戰國貨幣考(十二篇)》，《北京大學學報(哲學社會科學版)》1978年第2期；收入《裘錫圭學術文集·金文及其他古文字卷》，復旦大學出版社，2012年。其他學者研究，可參見黄錫全：《先秦貨幣通論》，紫禁城出版社，2001年，第141—151頁。

1. 清華簡二[①]《繫年》簡 119—120：

韓虔、趙蘆（籍）、䰯（魏）繫（擊）率師與戉（越）公翳伐齊。

整理者注：䰯繫，文侯斯之子魏擊，後爲武侯。繫作。

2.《繫年》簡 133—134：

韓緅（取）、䰯（魏）繐（擊）率師回（圍）武陽

繐（擊）作，爲繫，省“攴”。其與簡 120“䰯（魏）繫（擊）”爲同一人。兩“繫”字書寫有别。

3. 清華簡四[②]《别卦》簡 1：

三繐

繐作。

整理者讀爲“繫”。第 130 頁注釋四談到，今本作“姤”，係通假關係。繫，見母錫部；姤，見母侯部。並指出上博簡第七册 252 頁《凡物流形（甲本）》這類寫法的字也應釋爲“繐”，原報告整理者釋讀爲“陳”。見簡 15“於四海”。此字或有不同意見。[③]

4. 上博簡三《周易》簡 40：

初六，繫於金柅，初吉。[④]

繫字作。“繫於金柅”與今本《周易》合。馬王堆漢墓帛書《周易》作“擊於金梯”。繫與擊、柅與梯音近可通。柅爲塞在車輪下阻止其啓動的木塊。整理者解釋爲“以金柅止之，而又繫之加固，不進則吉。進則漸盛陽，見凶”。或有不同的解釋。[⑤]

5. 傳抄古文《古文四聲韻》4.14 繫作（王惟恭《黄庭經》）。[⑥]《集篆古文韻海》

---

① 清華大學出土文獻研究與保護中心編，李學勤主編：《清華大學藏戰國竹簡（貳）》，中西書局，2011 年。本文簡稱“清華簡二”。

② 清華大學出土文獻研究與保護中心編，李學勤主編：《清華大學藏戰國竹簡（肆）》，中西書局，2013 年。本文簡稱“清華簡四”。

③ 參見俞紹宏、張青松編著：《上海博物館藏戰國楚簡集釋》第 7 册，社會科學文獻出版社，2019 年，第 206—209 頁。

④ 馬承源主編：《上海博物館藏戰國楚竹書（三）》，上海古籍出版社，2003 年，第 190—191 頁。本文簡稱“上博簡三”。

⑤ 參見俞紹宏、張青松編著：《上海博物館藏戰國楚簡集釋》第 3 册，第 111 頁。

⑥ 李零、劉新光整理：《汗簡·古文四聲韻》，中華書局，1983 年。

4.15作"[glyph]"。[1] "柬"横置,从殳。

6. 上博簡二《容成氏》簡22:

> 皷(撞)鼓(鼓),垔(禹)必速出。[2]
>
> 皷作[glyph]。

7. 上博簡三《周易》簡1:

> 上九:毄(擊)尨(蒙)[3]

今本《周易》作"上九:擊蒙"。擊作[glyph]([glyph])。

8. 睡虎地秦墓竹簡17.135"人奴妾毄(繫)城旦舂",毄作[glyph];32.6"毄(系)一歲",毄作[glyph]。馬王堆漢墓帛書相馬經41下"未有所毄,非良馬也",毄作[glyph]。[4]

上舉《容成氏》簡22的"[glyph](擊)鼓(鼓)",整理者釋讀爲"皷(撞)鼓"。裘錫圭先生認爲:"從文義看,使鐘出聲可以説撞鐘,使鼓出聲似没有説撞鼓的,而'擊鼓'之語則常見。""所討論的字,其左旁顯非'童'字,但跟在古文字中與'童'相通的'重'字的一般寫法,的確很相近。然而我們所能看到的楚簡中的'重'字,中間作'目'形,下部作'壬'或'𡈼'形,與此字左旁明顯有别。所以此字既不从'童',也不像是从'重'的,似難讀爲'撞'。""'毄'字左旁'𠁁'所包含的'柬'被寫成'車',就演變出了《説文》的'𠁁'形和隸楷的'𠁁'形。"此字"可以分析爲从'土'从'毄'省,即'墼'字,在簡文中讀爲與之同从'毄'聲的'擊'"。[5] 也有不同説解或大同小異者。如魏宜輝懷疑甲骨文的[glyph](《合集》18160)、早期金文的[glyph](亞𣪊爵,《集成》7798)有可能就是"毄"字的初文;蘇建洲認爲將其理解爲"繫"字初文爲好;白於藍以爲"陳"與"䰙"有關,等等。[6]

---

① 參見杜從古撰,丁治民校補:《集篆古文韻海校補》,中華書局,2013年,第56頁。

② 馬承源主編:《上海博物館藏戰國楚竹書(二)》,上海古籍出版社,2002年,第267頁。本文簡稱"上博簡二"。

③ 馬承源主編:《上海博物館藏戰國楚竹書(三)》,第136頁。

④ 字形可參見漢語大字典字形組編:《秦漢魏晉篆隸字形表》,四川辭書出版社,2015年,第204、1205頁;陳振裕、劉信芳編著:《睡虎地秦簡文字編》,湖北人民出版社,1993年,第98頁"毄";張守中編著:《睡虎地秦簡文字編》,文物出版社,1994年,第44頁"毄";睡虎地秦墓竹簡整理小組:《睡虎地秦墓竹簡》,文物出版社,1978年,第318頁"毄"字索引。

⑤ 裘錫圭:《讀上博簡〈容成氏〉劄記二則》,《古文字研究》第25輯,中華書局,2004年,第316—317頁;收入《裘錫圭學術文集·簡牘帛書卷》,復旦大學出版社,2012年,第445頁。

⑥ 參見俞紹宏、張青松編著:《上海博物館藏戰國楚簡集釋》第2册,第277—281頁。

此形還可列出與下列簡牘有關的字形,以資比較:①

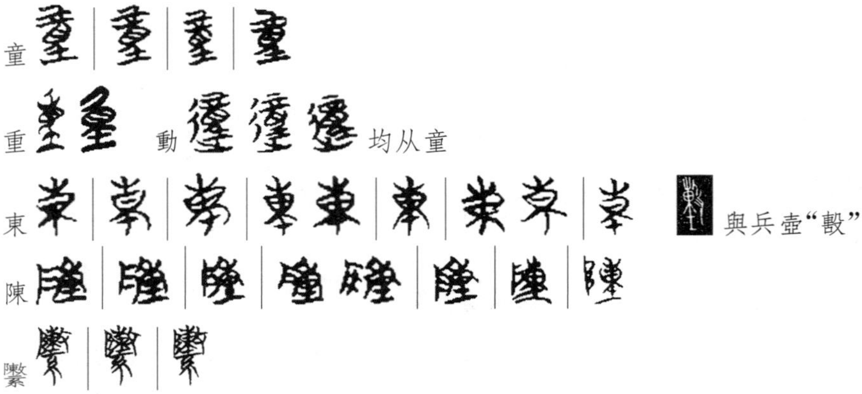

童

重　動　均从童

東　與兵壺“毄”

陳

繫

根據新見三孔布及有關竹簡材料,以及諸位學者的研究,我們對於童、重、陳、毄等字的初步認識約略如下:

1.“童”與“重”上部不同。《説文》:“童,男有辠曰奴。奴曰童。女曰妾。从䇂,重省聲。”毛公鼎“童”作,中間从“目”“東”,讀爲“動”。番生簋作。中山王鼎作(从重。容庚《金文編》154 頁)。《説文》:“重,厚也。从壬,東聲。”所謂壬、𡈼爲字形演變的結果。井侯簋作,外卒鐸變作(容庚:《金文編》582 頁)。楚簡童、重中間多从“目”,是“重”受到“童”从“目”影響的結果,區别主要在上部;因形音相近,二字或偏旁多相互借用。

2. 童、重構形均與“東”有關。童从“重”省,重本爲人負“橐囊”(東)形。

3. 陳从“東”,故與童、重所从之“東”構形時有類同。

4. 毄、毃或擊、繫應是从“東”“重”。《説文》:“毄,相擊中也。如車相擊,故从殳、从害。”“車”爲“東”訛誤,“害”爲“重”訛誤。“東”爲橐囊,手持棍棒或其他器具撲打“東”,爲“毄或毃”,增手爲“擊”;以繩索捆紮“東”爲“纏”或“繫”。

按理,童應从目,重應从東。但楚簡東與重、童書寫有别,值得留意。“陳”从“東”,可能與“𤕦”無關。單獨的“東”之上部没有向左撇出的一筆,與“重”有别,也值得注意。

三孔布的,右从糸、殳。左旁其實就是从“重”。“東”中間未貫通,包山楚簡多見,如 125 、131 、129 、129 等。左旁結構與清華簡三《琴舞》16 的“文非𢻫市(shi)”的“𢻫”作類同,報告讀爲“動”,義爲“變化”。其實,也可能是“毄”字,字

① 參見滕壬生:《楚系簡帛文字編(增訂本)》,湖北教育出版社,2008 年,第 232 頁“童”、第 766 頁“重”、第 1154 頁“動”、第 556 頁“東”、第 1193 頁“陳”、第 1109 頁“繫”。吴鎮烽《金文通鑒》12445 鄭與兵壺。

義還可進一步考慮。

三孔布屬於三晉,"繫"字寫法與楚小别。無論對"繫"字構形如何分析,此枚三孔布應釋讀爲"繫"是可以肯定的。

根據發現的三孔布面文多爲地名的情況,[①]"繫"也是地名。古地名中,以"繫"名地且與三孔布分布範圍接近者,就是位於山西陽曲縣東北的"繫舟山"。其他均不合。"繫舟山"爲滹沱河、汾河分水嶺,見於《寰宇記》卷四二忻州秀容縣:"繫舟山,堯遭洪水繫舟於此,在縣南四十里。"[②]三孔布的"繫"與"繫舟山"是否有關,或者説此山是否可以簡稱"繫",這一地帶是否有名"繫"的地名,目前還没有證據。因此,儘管地理位置較爲合適,但不能確定二者的關係。目前只能推測,"繫舟山"之名來源較古,三孔布的"繫"可能與這一地帶有關。

如果三孔布的"繫"與"繫舟山"之地無關,或有可能就是"鬲",因繫、鬲讀音相近。繫,見母錫部。"鬲"有兩讀(全按:讀 lì 與 gé),古音學家分别列入見母錫部與來母錫部。从"鬲"得聲的隔、膈等屬見母錫部。[③] 繫从"毄"聲。《説文》:"瑴,玉也。从玉,毄聲。讀若鬲。""䙐,裘裏也。从裘,鬲聲,讀若擊。""虩,虎聲也。从虎,毄聲。讀若隔。"典籍从"毄"的字多與从"鬲"的字相通。如《尚書·益稷》"戛擊鳴球",《漢書·揚雄傳》作"拮隔鳴球"。《文選·長楊賦》"拮隔鳴球",顔注:"古文隔爲擊。"《荀子·禮論》"尚拊之膈",楊注:"揚子雲《長楊賦》曰:'拮膈鳴球。'韋昭曰:'古文膈爲擊。'"《史記·屈原賈生列傳》"摇增翮逝而去之",《漢書·賈誼傳》翮作擊。[④] 因此,"繫"可讀爲"鬲"。

地名鬲,即夏代諸侯國有鬲氏所在地,在今山東德州市德城區東南抬頭寺鄉武家莊。《左傳》襄公四年(前 569)魏絳曰:後羿代夏,又爲韓浞所弒,夏臣靡"奔有鬲氏""靡自有鬲氏,收二國之燼,以滅浞,而立少康"。此地秦置鬲縣,屬濟北郡。西漢屬平原郡(《漢書·地理志》)。東漢建武十三年(37)封朱祐爲侯國,後復爲縣。[⑤] 此"鬲"地,屬於趙國東部與齊國交接地帶。如"鬲"地所在德州西南不遠的武城即屬趙。[⑥]《史記·趙世家》:始皇十三年(前 234),"秦攻武城"。《秦始皇本紀》:十

① 參見黄錫全:《先秦貨幣通論》,第 141—156 頁。

② 參見史爲樂主編:《中國歷史地名大辭典》,中國社會科學出版社,2017 年,第 1381 頁。

③ 唐作藩編著:《上古音手册》,江蘇人民出版社,1982 年,第 40、78 頁。

④ 參見高亨纂著,董治安整理:《古字通假會典》,齊魯書社,1989 年,第 453 頁。

⑤ 參見史爲樂主編:《中國歷史地名大辭典》,第 2218 頁;復旦大學歷史地理研究所編:《中國歷史地名辭典》,江西教育出版社,1989 年,700 頁。

⑥ 參見錢穆:《史記地名考》,商務印書館,2001 年,第 377 頁。

四年(前 234)攻趙,"桓齮定平陽、武城",《正義》:"即貝洲武城縣外城是也。七國時趙邑。"《史記·曹相國世家》"還定濟北郡,攻著、漯陰、平原、鬲、盧",《索隱》:"《地理志》著縣屬濟南,盧縣屬泰山,漯陰、平原、鬲三縣屬平原。"《正義》引《括地志》云:"平原故城在德州平原縣東南十里。故鬲城在德州安德縣西北十五里。"盧縣,今濟州理縣是也。

三孔布中有"大西",讀"夫西",即"扶柳"。《戰國策·趙策四》:"趙攻中山,取扶柳。"其地在今河北冀縣西北,[①]東距德州(鬲地)不遠。

目前學術界多傾向三孔布屬趙。如此。三孔布"繫"即"鬲",也當屬趙。其地在今山東德州。

20 世紀 90 年代山東乳山縣(今乳山市)文管所徵集到一件鐱頃戈。戈胡的一側鑄銘文二字"鐱頃",内上一字"𩰫",共三字,報導者連讀爲"鐱頃鑄"。[②] 吴良寶改釋"𩰫(鑄)"爲"鬲",齊國"鬲"地在今山東德州市南(《漢志》隸平原郡)。[③]

圖 2

此地之名,也可能屬齊時用"鬲"字,屬趙或三晉用音近"繫"字,爲"同地異字"。同地而文字不同者,傳世與出土文獻多見。如清華簡《繫年》簡 19 的地名"睘(環)",即《左傳》的"熒澤",戰國環錢作"環㚔(澤)"。[④] 三孔布"大西"即"扶柳"。它如"夫椒"

① 参見黄錫全:《先秦貨幣通論》,第 144、150 頁。

② 姜書振:《介紹山東乳山縣文物管理所藏四件銅戈》,《文物》1993 年第 4 期,第 94 頁。吴鎮烽《金文通鑒》16533。

③ 吴良寶:《戰國文字資料中的"同地異名"與"同名異地"現象考察》,《出土文獻》第 5 輯,中西書局,2014 年,第 68 頁。

④ 黄錫全:《解析一枚珍稀環錢——出土文獻、傳世文獻、古幣文字互證之一例》,《出土文獻》第 4 輯,中西書局,2013 年,第 149—155 頁。

作“夫湫”。[①] 魯國之郰，即鄹，金文作邾等。[②]

若所述不誤，説明趙國東擴時一度占領過鬲地。當然，這只是目前一時的推測，問題的解決還有待新的發現與進一步的研究。[③]

另，近年河南三門峽市陝州區出土窖藏空首布中有十二枚“鬲”字布，報導以爲是齊邑“鬲”。[④] 齊地與空首布多出於洛陽一帶“三晉兩周”之鑄地不合。或讀爲“櫟”，一爲春秋晉邑，在今山西南部，黃河北岸，見《左傳》襄公十一年（前 562）“秦、晉戰於櫟，晉師敗績”；二爲河南禹州市，爲“鄭别都也”，見《左傳》桓公十五年（前 697）“鄭伯突入於櫟”。二“櫟”地是否爲空首布“鬲”地，也難確定。[⑤] 其與三孔布鑄地也可能無關，確切地點待定。[⑥]

2022 年 8 月據舊稿改訂

---

① 錢穆：《史記地名考》，商務印書館 2001 年，第 945 頁。

② 王獻唐：《春秋邾分三國考》，齊魯書社，1982 年；黄錫全：《“取子”所鑄鍦器考》，《古文字與古貨幣文集》，文物出版社，2009 年，第 107 頁。

③ 鬲、歷音近。歷縣，参見臧勵龢等編：《中國古今地名大辭典》，上海書店出版社，2015 年，第 1221 頁。漢置，爲侯國，故城在今河北故城縣北，即位於扶柳東、德州西北，戰國晚期當屬趙。史爲樂主編：《中國歷史地名大辭典》，第 392 頁，“歷縣，西漢置，屬信都國。治所在今河北景縣西南。東漢廢”。“歷”地也是值得考慮的地點之一。

④ 三門峽市博物館：《三門峽市陝州區春秋空首布窖藏整理簡報》，《中原文物》2021 年第 4 期，第 4—24 頁。

⑤ 沈家慧：《三門峽出土空首布釋地六則——兼談平肩空首布的流通區域》，《中原文物》2022 年第 3 期，第 138 頁。

⑥ 近見《簡帛》第 25 輯（上海古籍出版社，2022 年）刊有李芳梅、劉洪濤《郭店竹簡〈唐虞之道〉“湰”字考釋——兼論上博簡〈凡物流形〉和天星觀卜筮簡的“縶”字》，對有關字形作了介紹與分析，讀者可以參閲。2023 年 2 月 25 日補記。

齊國師孺子鼎考*

傅修才

龍巖學院

"乳"字最早見於甲骨文，是典型的會意字，爲母親抱子哺乳之象。《説文》根據訛變後的小篆，認爲"乳"字从"孚"从"乙"不可信。因爲缺乏甲骨文和小篆中間環節演變的文字資料，很長一段時期，古文字中"乳"字的演變序列都是不完整的，"乳"字相關的古文字資料也未得到正確釋讀。

近年來，陳劍先生最早將上博簡《周易》"需"卦卦名之字釋爲"乳"字異體，考釋出了戰國文字中的"乳"字。① 但當時相關材料不足，此説一直未被學界廣泛接受。其後，趙平安、郭永秉二位先生先後撰文，對戰國楚系、三晉、秦系文字中的"乳"字形體和演變進行深入討論，並對相關器物和簡文"乳"字材料全面考釋。他們認爲東周金文中以往常誤釋爲"嗣子"的辭例，見於龍陽燈（《銘圖》19285）、右嗣鼎（《銘圖》02067）、令狐君壺（《銘圖》12434—12435）等，皆應改釋爲"乳（孺）子"。② 他們的意見

* 本文爲國家社科基金西部項目"散見商周金文資料整理研究及數據庫建設"（21XYY027）的階段性成果。

① 陳説以網名"陳炎"發表，參見陳炎：《竹書〈周易〉需卦卦名之字試解》，簡帛研究網，2004 年 4 月 29 日，http://www.jianbo.org/admin3/list.asp?id=1171；後收入陳劍：《戰國竹書論集》，上海古籍出版社，2013 年，第 112—113 頁。

② 趙平安：《釋戰國文字中的"乳"字》，中國文字學會第六屆學術年會，張家口，2011 年 7 月—8 月（此文經過修改，已收入趙平安：《金文釋讀與文明探索》，上海古籍出版社，2011 年，第 112—117 頁）；《釋睡虎地秦簡中一種古文寫法的"乳"字》，《漢語言文字研究》第 1 輯，上海古籍出版社，2015 年，第 217—220 頁。郭永秉：《從戰國楚系"乳"字的辨釋談到戰國銘刻中的"乳（孺）子"》，"簡帛・經典・古史"國際論壇，香港浸會大學，2011 年 11 月—12 月（此文修改後收入陳致主編：《簡帛・經典・古史》，上海古籍 （轉下頁）

已爲多數學者所認同。通過三位先生的研究，古文字中“乳”字的演變序列得以完整呈現，古文字資料中與“乳(孺)子”相關的材料基本都被蒐羅考釋完畢。不過，在戰國時期齊國文字資料中有件器物的“乳(孺)子”却爲學界所忽視。

1992年，山東省淄博市臨淄區商王村田齊墓地M1出土一件戰國晚期銅鼎，此鼎現藏於淄博市博物館，其外底刻有銘文。銘文拓本先後著録於《近出》261、《新收》1075、《山東成》211、《銘圖》01339。[①] 銘文字口較浅，所以現有金文著録專書收録的拓本筆畫不清。2018年，李伯謙先生主編《中國出土青銅器全集》第六册362號首次刊布了此器銘文的高清彩照，爲鼎銘釋讀提供了新材料。[②] 鼎銘原篆作如下：

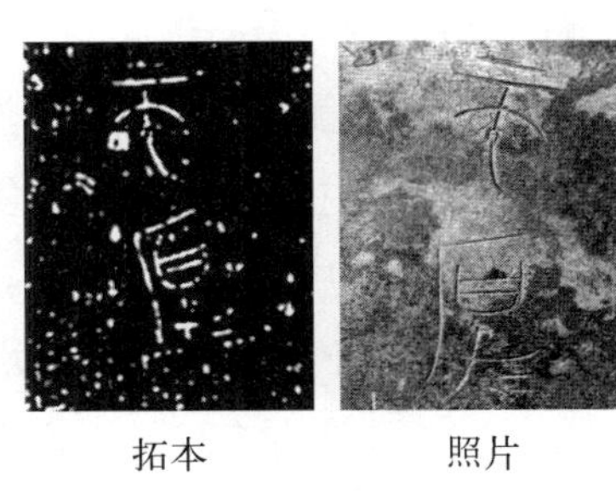

拓本　　照片

圖1　鼎銘原篆

銘文首字，學者或釋爲“工币(師)”二字合文。從形體上看此字明顯應釋爲“币(師)”。下一字右下有清晰的合文符號。就目前所見，學界一般將後一字釋爲“厚子”合文，或者闕釋。從形體上看，銘文寫法與“厚子”差異較大，古文字資料中目前也未見過“厚子”二字合文。從照片看，銘文下一字的下部作，形體所从確爲“子”。至於其上部所从，我們認爲應是“乳”字俯身之形。此字寫法可以與下列“乳(孺)子”合文比較：

令狐君孺子壺(《銘圖》12435)　　、《璽彙》2202、2371

龍陽燈(《銘圖》19285)　　梁上官鼎(《銘圖》02015)

從戰國文字看，甲骨文“乳”字原所从的母親攬手之象，上部俯身之形已經多寫作“广”

(接上頁) 出版社，2013年，第345—352頁；郭永秉：《古文字與古文獻論集續編》，上海古籍出版社，2015年，第3—13頁)；《戰國工官屬吏中的成童——再談三晉銘刻中所見“孺子”的身份》，《嶺南學報》復刊第10輯，上海古籍出版社，2018年，第109—128頁。

① 吴鎮烽：《商周青銅器銘文暨圖像集成》第3册，上海古籍出版社，2012年，第41頁。

② 李伯謙主編：《中國出土青銅器全集》第6册，龍門書局，2018年，第384頁。

形，手形則訛作“口”“甘”。比較鼎銘字形可知，銘文“子”上部的“甘”形，與令狐君孺子壺的寫法形同。只是鼎銘“乳”所从俯身之形上部筆畫拉直，寫作“厂”形。“厂”和“广”二旁在古文字中常相通用，同類的變化可以參考“廣”“庫”二字：

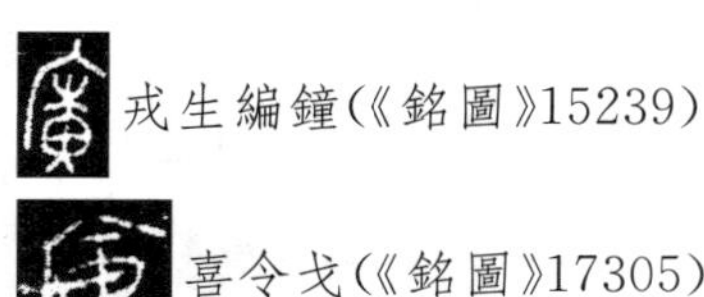
戎生編鐘（《銘圖》15239）
喜令戈（《銘圖》17305）

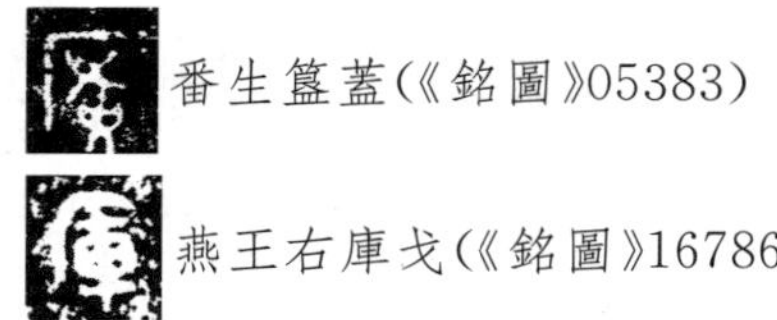
番生簋蓋（《銘圖》05383）
燕王右庫戈（《銘圖》16786）

由此可見，我們將鼎銘此字釋作“乳子”二字合文，是完全没有問題的，這正可以補充戰國文字中“乳”字字形。鼎銘“帀（師）乳子”，“乳子”無疑也應讀爲“孺子”。鼎銘“師孺子”的“師”應是姓氏，《春秋》中就記載晉國有師服。先秦“孺子”常用爲古人之字，可以推知“師孺子”是人名，則鼎銘内容屬於典型的物勒主名。此外，“孺子”先秦時期還可以作爲貴族夫人的稱呼，古書中不乏其例。《戰國策·齊策三》：“齊王夫人死，有七孺子皆近。”《漢書·王子侯表上》“東城侯遺爲孺子所殺”，顔師古注：“孺子，妾之號也。”所以，鼎銘“師孺子”也可能是師氏家的貴婦。根據墓葬發掘簡報可知，M1墓主爲女性，墓中出土其他器物銘文也有“夫人”之稱。[①] 結合墓主性别考慮，“師孺子”是墓主的可能性也不能排除。值得注意的是，郭永秉先生全面考察“乳（孺）子”古文字資料後，否定了過去對三晉銘刻中所見的部分“孺子”身份的判斷，認爲“孺子”還可以是負責器物檢定斠量等輔助工作的工官。根據目前的資料，“孺子”屢見於三晉工官銘刻内容中，其身份和職司與工官確實緊密相關。據此，鼎銘“師孺子”也可能是以“師”爲氏的“孺子”之職。

關於師孺子鼎的國别，過去囿於銘文字形和辭例特徵不明顯，學界多根據出土地，直接將其歸入齊國。其實從器型上看，師孺子鼎這類扁球形鼎主要流行於戰國時期三晉地區，而且同墓所出銅壺也與魏國安邑下官鍾相同，鼎銘“乳（孺）子”寫法也近於上舉三晉地區文字資料。我們知道，由於戰争、婚姻和饋贈等原因，戰國時期青銅器流動頻繁，貴族墓葬常可見不同國家的器物。如果“師孺子”是師氏家貴婦，師孺子鼎雖然出土於齊國墓地，很有可能是M1墓女主人師孺子從三晉帶來的陪嫁器物。“師孺子”如理解爲以“師”爲氏的“孺子”之職，“孺子”工官材料現在也主要見於戰國三晉銅器銘刻中，這説明師孺子鼎更有可能本屬於戰國三晉地區。綜上所述，戰國時期齊國臨淄故地所出的這件師孺鼎應是戰國時期三晉器物，其形體也屬於三晉文字，而不是齊國文字。

---

① 淄博市博物館：《山東臨淄商王村一號戰國墓發掘簡報》，《文物》1997年第6期，第14—26頁。

附記：

本人提交復旦大學出土文獻與古文字研究中心博士學位論文《東周山東諸侯國金文整理與研究》(2017 年)討論師孺子鼎時,認爲“乳(孺)子”合文應闕疑。今根據新出鼎銘照片作此改釋。本文初稿曾提交清華大學出土文獻研究與保護中心主辦的“中國青州古文字與古代文明論壇”(2023 年 8 月 11—13 日)。本次發表内容有所調整。寫作過程承郭永秉先生指正,謹致謝忱。

釋晉系銘文的“⿰貝豖工”並論相關問題*

周　波

復旦大學出土文獻與古文字研究中心

“古文字與中華文明傳承發展工程”協同攻關創新平臺

一、以往舊説及其檢討

戰國時代晉系趙國及兩周銅器、兵器銘文中屢見一用作機構、職官的疑難詞，多作合文形式，寫作“昰=”“昰”，或寫作“旻工”等。上述文字舊有多種釋讀意見，而尤以釋“㝵(旻/得)工”最爲通行。其中有代表性的字形及辭例如下：

A1. 王何立(涖)事，A=，冶□所教馬重(童)爲。

(王何立事戈，《集成》11329)

A2. 十年，A=嗇夫杢(廉)相女(如)，左 A 帀=(工帀—工師)𨌲(韓)叚，冶尹朝執齋(劑)。

(廉相如鈹，《集成》11685)

A3. 二十一年，A=，欨(赵)。

(鏃，《通鑒》18419)

A4. 二十三年，A，冶由。

(戈柲帽，《通鑒》18553)

---

* 本文爲國家社科基金重大項目“戰國至漢初出土文獻字詞關係整理研究及語料庫建設”(24&ZD247)、國家社科基金冷門絶學研究專項學術團隊項目“中國出土典籍的分類整理與綜合研究”(20VJX006)、“古文字與中華文明傳承發展工程”資助項目“戰國題銘分系分國編年整理與研究”(G3216)及“東周金文所見職官整理與研究”(G3908)的階段性成果。

A5. 左 A。

(鏃,《集成》11974)

A6. 右 A。

(鏃,《集成》18371)

A7. 左 A= 所爲,三(四)兩九朱(銖)。

(金飾件,《通鑒》19626)

B1. 六年,B 工,冶安。

(六年戟,《中原文化大典 · 文物典 · 青銅器》1001 頁)

B2. 七年,B 工戕(戟),冶左自。

(七年戟,《集成》11271)

B3. 五兩半厲分=(八分)卅=(三十)分,左 B,中貣(府)左酉(糟) · 甘孝=(孝子)。

(甘孝子銀杯,《通鑒》19605)

C1. 四年,昌國 C 帀(工帀—工師)叒(狄)犾(?),冶更所爲。

(昌國君鼎,《集成》02482)

C2. C 工,二兩二朱(銖)。

(銀節約,《集成》12033)

A 類銘文中 A=、A 一般隸定爲“㫷=”、“㫷”,以下爲書寫方便也采用這種隸定方法。其中 A1“㫷=”作,A2“㫷=”作,A3“㫷=”作,A4“㫷”作。後兩字上下部分距離較大。舊多將“㫷=”看作合文,不論是從形體,還是從辭例來看,都是合適的。“㫷=”常見於趙國兵器銘文,也如 A3—A6 書作“㫷”,省略合文符號。A2“㫷=”字從“目”旁少一横筆來看,下方“工”無竪筆應屬缺刻。河北易縣燕下都辛莊頭 M30 出土大量金銀器,此墓葬及所出器物國别均應爲趙國(參下文)。A7 即爲其中一件。此字圖版作,“目”形中間横筆缺刻。同出另一件羊首鳥喙金飾件銘文作“右 A= 所爲”,此字作,屬 A 類一般寫法。趙左㫷鏃“左”後一字或作、(《集成》11974、11977),上作横“目”之形,下“工”形上部與“目”形下部筆畫借筆,此形當看作“㫷”字簡省筆畫的異體。

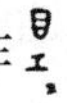

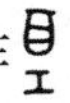

B 類寫法目前所見僅有數例。銘文中前兩例“B 工”皆分别書寫。其中首例 B 字照片作。次例 B 字拓本作。此字《三代吉金文存》摹本作,《殷周金文集成(修訂本)》摹本作。首字下部筆畫雖然有殘泐,但與上形相比較輪廓相近,當爲一類寫法。此兩形一般被看成是上从“目”旁下从“又”形。第三例出於洛陽金村東周古墓,其國别多認爲屬於晉系兩周。同出甘孝子杯有多件,既有“左 B”,也有“右 B”,與“㫷=”分左右同。“左(或右)B”當是“左(或右)B 工”之省。此字《洛陽金村古墓聚英》

摹本作，從字形來看，上似少摹一横筆，本亦从“目”旁。諸家多將此類形體隸定作“旻”。從同出器物及職官來看，金村古墓所出“旻工”器，可能屬於周王或東周、西周君。①

C類寫法例子不多。1979年内蒙古準格爾旗西溝畔M2墓出土的6件銀節約均作此類寫法。這些銀節約銘文，均屬趙國遺物。其中末例C字摹本作。類似寫法或作、、。四年昌國鼎之“昌國”指昌國君樂閒。《史記・樂毅列傳》：“於是燕王復以樂毅子樂閒爲昌國君；而樂毅往來復通燕，燕、趙以爲客卿。樂毅卒於趙。”燕昭王封樂毅爲昌國君，樂毅亡趙以後，燕惠王仍然讓他的兒子樂閒在燕國承襲“昌國君”之爵位。從銘文來看，樂閒雖然是燕國封君，但其文字、工官制度仍沿用趙國系統，故此鼎可看作趙器。此鼎C字拓本作。此拓本下方雖有殘泐，但從文字筆畫、字形結構來看，應與銀節約文字屬同一類寫法。

“⿱日工=”“⿱日工”等文字，前人有各種釋讀意見。如郭沫若最早將趙國箭鏃銘文中的“⿱日工=”“⿱日工”看作从“目”，“工”聲，釋爲眼空之“空”，讀爲“左控”“右控”之“控”，引《説文》“控，引也”，謂：“匈奴引弓控弦，燕趙與其接壤，而習用胡語。”②又如陶正剛釋山西窯頭古城出土的王何立事戈銘文的“⿱日工=”爲“目工”，讀爲“木工”，引《禮記・曲禮下》“天子之六工：曰土工、金工、石工、木工、獸工、革工”證之。③ 兩説皆僅據其中一種異體立論，未能聯繫其餘形體，其考釋也缺乏文字學上的證據，故少有人信從。

黄盛璋、李學勤、何琳儀、湯餘惠、董珊對這一問題討論較爲深入，影响也較大。下面便先詳述諸位學者觀點，再作討論。

黄盛璋搜集、整理了“⿱日工=”“⿱日工”等文字資料，並對之有較爲系統的探討。他在《新出戰國金銀器銘文研究(三題)》一文中最早指出西溝畔M2墓出土的銀節約、昌國君鼎、易縣辛頭莊出土金飾件皆屬趙器，並將上舉諸形統一看待，皆釋爲“导工”。又據銀節約、金飾件等同見“少府”銘文，認爲趙器“导工”爲趙國王室少府下屬機構，金村銀器“导工”爲東周“中府”下屬機構。又引《漢書・百官公卿表》少府屬官考工“主造器械”，認爲“导工”當即考工之屬。他還指出，西溝畔所出銀節約、金牌飾均與趙武靈王“胡服騎射”相關，是少府製造的胡服上佩飾。④

其後，他在《關於魯南新出趙导工劍與齊工師銅泡》一文中對相關文字的字形有

① 董珊：《戰國題銘與工官制度》，北京大學2002年博士學位論文(指導教師：李零)，第70頁。

② 郭沫若：《郭沫若全集・考古編・金文叢考》，科學出版社，2002年，第528—529頁。

③ 陶正剛：《山西臨縣窯頭古城出土銅戈銘文考釋》，《文物》1994年第4期。

④ 黄盛璋：《新出戰國金銀器銘文研究(三題)》，《古文字研究》第12輯，中華書局，1985年，第340—348頁。

進一步的討論。他將上舉銀節約及昌國君鼎銘文字形視爲一類，皆摹作，釋爲"导"，指出：銀節約之"导"上从目，是"貝"之省；下从"攴"，與"又"同意；中間加"冂"當屬戰國文字飾筆。此字與"导"結構基本相同，應釋爲"导"；"导工"與箭鏃銘文"昰="同；後者爲"导工"合文，兩字合書時僅保留該字上半之"目"，而省去其下半，與"工"字合書，故加合文符，以明此爲合文省略。並重申趙國"导工"屬少府，主造兵器與用器，其性質當和考工相似。他還認爲據廉相如鈹銘文，导工嗇夫當總管左、右导工，爲导工最高長官。①

何琳儀最早將昌國君鼎、銀節約銘文"工"前一字分别摹寫作、，均釋爲"睬"，讀爲"稽"，引《周禮·天官·内宰》"稽其功事"，疏"稽，計也"證銀節約"稽工"官名之含義。又認爲此處"稽"訓考亦通。昌國君鼎"稽工師"，則認爲即稽考之工師。② 他並未將昌國君鼎、銀節約銘文寫法與寫作合文的"昰="" 昰"相等同。他在《戰國古文字典》中將前者收入"得"字下，謂"周器得工，疑即秦器寺工"，並舉宋公得即《史記》之宋公特爲證。又認爲後者从"目"聲，讀爲"服"，器服；"服工"爲製造兵器的機構。③ 在其後出版的《戰國文字通論》中對上述觀點又有修訂。他認爲：昌國君鼎、銀節約銘文之字應隸定爲"睬"，疑讀"稽"。《廣雅·釋言》"稽，考也"。所謂"稽工"，可參《周禮·天官·内宰》"稽其功事"。趙國兵器銘文的"昰"从"工""目"聲，讀爲"服"。《尚書·旅獒》"無替厥服"，傳"無廢厥職"。《山海經·西山經》"是司帝之百服"，注"服，器服也。"趙器"服工"大概是製造器物的機構。④

李學勤曾將上舉昌國君鼎銘文釋爲"四年，昌國庖，工師□狁，冶更所爲"。指出：庖字从貝。最近内蒙準格爾西溝畔出土一批戰國銀飾刻銘有"庖工"，字也从貝，應爲皮甲上的飾件。⑤ 針對A4新出珍秦齋藏戈柲帽的"昰"，李學勤亦有探討。他指出："昰"合文多見於趙器，是冶鑄機構名。此合文應讀爲"貢工"，"貢"字"工"旁借用。"貢工"也即"供工"，漢代器銘多見。至於趙國一些飾件的"賝"字，或釋爲"得"，與此字有明顯區别，恐不宜混淆。⑥

湯餘惠謂上舉金銀器銘文"工"前一字作，省寫或作，二字合書又作。其

① 黄盛璋：《關於魯南新出趙导工劍與齊工師銅泡》，《考古》1985年第5期。

② 何琳儀：《戰國文字形體析疑》，吉林大學古文字研究室編：《于省吾教授百年誕辰紀念文集》，吉林大學出版社，1996年，第224頁。

③ 何琳儀：《戰國古文字典——戰國文字聲系》，中華書局，1998年，第16、1481頁。

④ 何琳儀：《戰國文字通論(訂補)》，江蘇教育出版社，2003年，第120—121、123—124頁。

⑤ 李學勤：《秦國文物的新認識》，《文物》1980年第9期。

⑥ 蕭春源：《珍秦齋藏金·吴越三晉篇》，澳門基金會，2008年，第14—15頁。

考釋意見如下：此字省變的軌迹殆由而而，考察此字當以形爲依據；此字上从貝省，下方之"豖"實爲"冢"形之省，隸定應作"�"；此字亦見戰國楚器銘文，無錫前洲出土的郪陵君豆之一寫作，从貝不省，冢旁省豖，與當是一字；晚周器物銘文之"賝工"，即冢工；冢訓爲"總""統""宰""長"，有統製、總攝、主宰之義；作爲鑄器的有司，其名殆取義於總攝百工之事。①

董珊認爲"𣅀""㝵工"等疑難字詞尚無法確釋，僅以"得工"作爲要探討職官的代稱。他通過系統比較題銘資料，得出如下結論：趙國工官機構"得工"的總管者稱爲"得工嗇夫"，其下分爲左、右兩部，每一部以"工師"爲長官。所見"得工"制器的種類繁多，不限於兵器，他在對"得工"題銘器物作總體考察以後，認爲"得工"在趙國工官系統中是屬於宫廷工官。他也認爲趙國工官"得工"所制造的器物跟戰國中晚期趙武靈王"胡服騎射"有關。並在黄盛璋説的基礎上有進一步的討論，指出得工所制造的銅鏃是出於"騎射"所需；上述得工所制造的金銀器，是作爲冠、帶和武器(如劍鞘)的裝飾來用的，這是趙國人"胡服"所需要的物品。因此使用這些"得工"所制武器和裝飾品的人，都是趙國人。②

黄盛璋在上舉諸器的國别年代、官署性質探討方面貢獻頗多，如他據工官制度將昌國君鼎、易縣辛頭莊出土金飾件及西溝畔 M2 墓出土的銀節約的國别均訂爲趙器，並最早認爲後兩處所金銀器應與趙武靈王"胡服騎射"有關，上述説法已爲學界廣泛認同。但他將上舉銀節約、昌國君鼎銘文字形誤摹作，分析爲上从"目"("貝"省)，中加"冂"爲飾，下从"支"，以爲"㝵(得)"字異體，是有問題的。上舉 B 類寫法雖近似於"㝵(得)"，但從三種形體來看，只是因字形簡省而混同(此形與標準"㝵"寫法仍有細微差異，詳參下文)，不能作爲釋"㝵(得)"的字形依據。此外，正如諸家早已指出的批評意見，"得工"一詞於義無取。黄盛璋認爲"得工"同秦之"寺工"，但"得""寺"二字讀音差異較大，無法相通，故其釋讀意見不可信據。③

何琳儀、李學勤將上舉 A 類寫法與 B、C 兩類寫法截然分開，分别作解。黄盛璋、董珊則認爲這幾類寫法當聯繫起來解釋。我們認爲不論是字形寫法還是辭例，三類銘文都聯繫緊密，還是應該統一來看待。因此，分别釋讀爲"稽工"與"服工"、"庖工"與"貢工"等釋讀意見恐皆有疑問。

① 湯餘惠：《讀金文瑣記(八篇)》，《出土文獻研究》第 3 輯，中華書局，1998 年，第 63 頁。

② 董珊：《戰國題銘與工官制度》，第 38、63—71 頁。

③ 王輝、蕭春源認爲"得工"可讀爲"侍工"，有同樣的問題。參王輝、蕭春源：《珍秦齋藏秦銅器銘文選釋》，《故宫博物院院刊》2006 年第 2 期。

何琳儀、湯餘惠在論及C類寫法時,均認爲此字从"豕"。湯餘惠還認爲"豕"爲"冢"形之省,隸定應作"豚",並讀銘文"豚工"爲"冢工"。上述觀點皆頗有道理。湯餘惠認爲當以C類寫法爲依據,其餘諸形看作其省寫,這一思路也是正確的。不過,兩位學者考釋意見均較爲簡略,其間論證又不無可疑之處,尚缺乏足够的説服力,重新系統梳理字形、辭例仍是有必要的。

近年來,又新出部分B、C兩類寫法,對探討文字釋讀及三類字形的演變關係頗有助益。我們擬在諸位學者討論的基礎上,利用新見寫法重新探討上舉晉系銘文及相關文字的釋讀、訓釋及職官制度等問題,希望能推進對相關問題的認識。

二、晉系銘文"豚""豚工"的釋讀問題

近年來此字新見C類寫法及辭例如下:

C3. 十三年,C工,冶生。

(杖首,《通鑒》31386)

C4. □□C币₌(工币—工師)□□,冶□。

(冢工師弩牙,《通鑒》18558)

C5. 三年,代相肖(趙)□,左C币₌(工币—工師)公孫樊,工閒執隮(劑)。

(三年代相鈹,《通鑒》41603)

首例C字照片作▨,經反轉並加粗筆畫後作▨。次例C字照片作▨。此字《通鑒》釋爲"□冢子",誤。從此字殘存筆畫來看,與首例應屬同一種寫法。將此字反轉並補全筆畫後,形作▨。第三例C字照片作▨,經反轉並加粗筆畫後作▨。兩種寫法形體結構有類似之處。細審字形,前兩例可看作最後一例的進一步簡省、規整化,故歸爲一類。

《説文》:"冢,高墳也。从勹,豕聲。"又:"豕,彘也。竭其尾,故謂之豕。象毛足而後有尾。讀與豨同。"又:"豖,豕絆足行豖豖。从豕繫二足。"何琳儀指出,《説文》謂"冢"从"豖"聲,但"豖"字的獨體在戰國文字中尚未見,目前公認的"冢"字均从"豕"或"豕"省,"主"聲。① 其總結大體可從。戰國文字"冢"既有从"勹"形者,也有將形"勹"變形音化作"主"聲者。"冢"字秦簡作▨、▨、▨、▨、▨、▨,②馬王堆帛書《刑德甲》110行作

① 何琳儀:《戰國文字形體析疑》,吉林大學古文字研究室編:《于省吾教授百年誕辰紀念文集》,第224頁。

② 王輝主編:《秦文字編》,中華書局,2015年,第1475頁;陳松長主編:《嶽麓書院藏秦簡(壹—叁)文字編》,上海辭書出版社,2017年,第367頁。

，張家山《二年律令》簡 66 作，銀雀山漢簡簡 744 作，[1]皆作从“宀”或“勹”，从“豕”。從這些綫索來看，《説文》“冢”字从“豕”當是後來變形音化的結果。[2] 西周金文“冢”作、、等形。其外部所从“勹”形，戰國文字變形音化作“主”形，但“勹”形來源如何，目前並不清楚，可存疑待考。“勹”下所从動物形，謝明文據西周金文認爲應是“彖”，並結合新見伯□父簋蓋“彖（冢）嗣（司）工”辭例進一步認爲“冢”字所从之“彖”很可能是聲符，即便不是聲符也當兼有表音作用。他還指出西周晚期金文“冢”或作，下从“豕”，東周文字“冢”字當是承襲此類从“豕”的寫法而來。[3] 其説或是。

“豕”本象彘形，戰國文字“豕”字、“豕”旁或作、、，仍保留有部分象形的寫法。戰國中晚期字“豕”字、“豕”旁形體進一步規整化，變斜筆、曲筆爲直筆，書作、、、、、等形。在晉系、齊系文字中字形又有進一步簡省。晉系文字“豕”多書作。如貨幣文字“家”字作，晉璽“家”字作（經翻轉），中山王鼎“家”字作，[4]均如是作。齊璽“豥”字作、，“豩”字作，“豿（狗）”作，[5]“豕”字寫法與晉系文字相類。上舉 C3 此字下部作，與形體接近，似可釋爲“豕”。

此外，C3 此字下部或也可看成是“冢”字的借筆、簡省寫法。上舉楚簡“豕”旁或作，上有同樣的横筆。但楚文字本即用爲“豕”，、等外加“勹”形，或屬“冢”“豕”混用。也就是説，或許本就應看成是“勹”形。清華簡“逐（邇）”字或作、、、，後一例整理者指出“逐，一説隸作‘逐’”，就代表了這一觀點。[6]

從侯馬盟書、温縣盟書等“冢”字寫法來看，將 C3 下部看作“冢”字的借筆、簡省寫法是很有可能的。侯馬盟書“冢”字常作、，也作、。後一種形體是用借筆、簡省的方法構成的，即把“勹”和“豕”旁相重叠，借“勹”旁充當“豕”旁上端的一部分。[7] 在侯馬盟書中第二種形體進一步簡省、變形，又書作。此字“勹”旁上端獨立出來作一横筆，與 C3 下部結構、寫法皆近。此形進一步簡省，很容易變作 C3 下部這種寫法。温縣

---

① 駢宇騫：《銀雀山漢簡文字編》，文物出版社，2001 年，第 307 頁。

② 曹磊認爲“冢”字从“豕”或在東漢以後，參曹磊：《秦漢文字“冢”“家”眾字形辨析及相關釋文校補》，第九届文字發展論壇，安陽，2024 年 11 月。

③ 謝明文：《説“冢”》，《商周文字論集續編》，上海古籍出版社，2022 年，第 285—288 頁。

④ 徐在國、程燕、張振謙：《戰國文字字形表》，上海古籍出版社，2017 年，第 1339—1344、1021 頁。

⑤ 孫剛：《齊文字編》，福建人民出版社，2010 年，第 253—254 頁。

⑥ 參趙平安：《試説“邇”的一種異體及其來源》，《安徽大學學報》2017 年第 5 期。

⑦ 李家浩：《戰國時代的“冢”字》，《著名中年語言學家自選集·李家浩卷》，安徽教育出版社，2002 年，第 2 頁。

盟書“冢”字作 ，“塚”字作 ，兩字“勹”形上端亦作獨立横筆。二年寧冢子得鼎“塚”字作 ，其所从“冢”旁寫法簡省情況與C3下部如出一轍。吴振武曾指出，戰國文字“豕”“冢”二旁常混用不别，且往往省去頭部作 、 、 形，並舉晉系、齊系文字“冢”、“塚”作 、 ，“隊”作 ，“豩”作 ，“瘃”作 等爲例以資説明。① 此外，中山王圓壺“冢”字作 ，春平相邦葛得鼎“塚”字作 ，與C3此字、上舉寧冢子得鼎“冢”旁應屬同類簡省寫法。上舉C4下部作 。此形與上舉侯馬盟書“冢”字作 、 形體、筆畫皆近似，可看作此類寫法的進一步借筆簡省。C4下部或也應該釋爲“冢”。

昌國君鼎C字拓本作 ，《集成》將之摹寫作 ，黄盛璋將之摹寫作 ，均與拓本形體不符。此字經對比度處理並補全筆畫後可復原作 。上舉銀節約此字作 ，兩字屬同一類寫法。此形下部的 、 ，從上舉字形來看視爲“豕”或“冢”旁簡省皆可。

上已指出戰國文字“豕”“冢”作爲偏旁因借筆、簡省常相混同，因此上引諸例不論是隸定作从“目”从“豕”，還是隸定作从“目”、从“冢”，它們無疑是同一個字，皆應統一看成是从“目”，“冢”聲。

再來看B類寫法。新見洛陽金村東周古墓所出甘孝子杯銘文如下：

B3. 右B，再(稱)三(四)兩半厲八分₌，中貸(府)右酉(糟)。·甘孝₌(孝子)。②

此器現藏美國哈佛大學藝術博物館。哈佛大學藝術博物館官網公布的B字圖版作 ，③可摹寫作 。此字與前面兩例B類寫法頗有不同。目前所見晉系文字“㝵(得)”或作 、 、 ；或“又”形加飾筆，作 、 。④ 此字不論上部寫法還是下部形體，皆與“㝵(得)”字一般寫法有别，將之直接釋爲“㝵(得)”字是有疑問的。

上部偏旁仍應看成是“貝”旁省體。三晉文字“目”字“目”旁多書作 、 、 ，其特徵是上端較尖。“貝”字“貝”旁多書作 、 ，也書作 、 、 ，後者“目”形形體較圓。後一類形體在書寫草率的情況下，很容易變作 字上部這類寫法。楚文字“得”或作 、 ，⑤“貝”旁也有類似變化。仔細比較， 字上部應看作是“貝”旁之省。

---

① 吴振武：《試説齊國陶文中的“鍾”和“溢”》，《考古與文物》1991年第1期；《齊官考》，吴榮曾主編：《盡心集——張政烺先生八十慶壽論文集》，中國社會科學出版社，1996年，第153—161頁。

② 《洛陽金村古墓聚英》收此器摹本，記爲“銀製小像”，與實物相比較，應有誤。

③ 甘孝子杯，哈佛大學藝術博物館官網，https://www.harvardartmuseums.org/collections/object/204396?position=2724。

④ 徐在國、程燕、張振謙：《戰國文字字形表》，第246頁。

⑤ 徐在國、程燕、張振謙：《戰國文字字形表》，第246頁。

字下部與上舉“㝵(得)”字所从“又”旁寫法明顯不同,其特點是首筆向右收筆時有一個折角。我們認爲所謂“又”旁當看成是“豕”或“冢”省略頭部的省體。上已指出,戰國文字“豕”“冢”二旁常省去頭部作、、形,這類形體拉直筆畫、規整化很容易變成形。銀節約銘文下部作兩筆書寫,就與寫法接近。齊璽(《璽彙》2599)有从“豕”从“幾”之,“豕”形下部亦與形接近。齊璽(《璽彙》175)有(經翻轉),諸家多釋爲“豕”,下亦从“又”形。

晉系文字“墬(地)”所从“豕”旁甚至直接簡省作、形。如七年鄭令矛、八年鄭令戈“墬(地)”字分别作、,[①]即如是。兩形顯然是古璽(《璽彙》2737)字的進一步簡省。、這類形體很容易進一步變作形,甚至一般“又”形。

齊璽(《璽彙》265)又有字,或作(336)、(312)、(334)。此字上从“网”,下部或以爲“又”,或以爲“豕”旁。該字下部與常見的“又”形在形體上存在着一些差别,故吴振武認爲即“豕”“冢”二旁省體、、。[②] 此字前兩形下部與類同,如果此説可信,也可資佐證。

晉系文字“墬(地)”所从“豕”右下部或拆分獨立出“又”形。如行氣玉銘“墬(地)”作、中山圓壺“墬(地)”作,侯馬盟書“墬(地)”或作,或作、。謝明文曾指出,諸字从“又”形有很早的來源,西周文字“墬(地)”作、、諸形,“豕”形中部已作近似“又”形,此即上舉晉系文字“地”字所從出。[③] B類寫法“㝵”下部作“又”形,或與晉系文字“豕”字有从“又”形異體也有一定關聯。

從字形來看,與上舉B類、、三例無疑屬同一類寫法。其中B1下部首筆書寫變得較爲圓轉,但整體仍與較接近。B2、B3與“㝵(得)”作、寫法接近,下部已與一般“又”形相混同。晉璽(《璽彙》3135)有字作,舊多以爲兩字,釋爲“目又”。此形左旁與上引“豕”“冢”省體、構形近似,與“豕”“冢”省體寫法也很近,僅存在短横筆有無的差别。此形或可看作是一左右結構之字,即B類形體之變。如果這一看法成立,字便可看作是從“豚”或“䐁”變作“㝵”形的中間環節了。

總之,C類形體“豚”或“䐁”是經逐步簡化變作“㝵”形的,所謂“又”形本即由“豕”“冢”下部形體、、進一步簡省變形而來。B類寫法“㝵”下部“又”形變化情況

---

① 湯志彪:《三晉文字編》,作家出版社,2013年,第1797頁。

② 吴振武:《齊官考》,吴榮曾主編:《盡心集——張政烺先生八十慶壽論文集》,中國社會科學出版社,1996年,第153—161頁。

③ 謝明文:《説“狄”》,《商周文字論集續編》,第280頁注2。

如下：

這一簡體與"㝵(得)"字寫法接近甚至混同，但來源有別，顯然應分爲兩字。由於"貝"旁與 或"又"形的偏旁組合關係，加之物勒工名類銘文中此字作爲機構或職官的辭例限制，"⿰目豖"或"⿰目冢"即使簡化爲"⿱日又"形，亦不會造成認知上的困難。

從上面的討論來看，所謂"⿱日又"形與"⿰目豖"或"⿰目冢"無疑應統一起來，看作一字。"⿱日又"形是"⿰目豖"或"⿰目冢"省略"豖"或"冢"頭部的變體。"⿰目豖"或"⿰目冢"應看成从"貝"省"冢"聲，釋爲"⿰貝冢"。

上引湯餘惠説已將"⿰貝冢"字與楚文字"重"作 聯繫起來，此説或可從。楚文字"重"書作从"貝"，"主"聲，三晉文字"冢"或"塜"所从"勹"旁常變形音化作"主"，所以"⿰貝冢"確有可能是輕重之重的異體。

至於A類形體"⿱日工₌""⿱日工"，從辭例來看只是"⿰貝冢工"二字在兵器銘文中的特殊省體。晉系銘文中"⿰貝冢工"作爲機構或職官名常見，"⿰貝冢工"二字中"目"形不省且與"工"字同時出現，兩字形有固定搭配關係，故"⿰貝冢工"在工官系統内部可以極度簡省作"⿱日工₌""⿱日工"。

三、"⿰貝冢工"之"⿰貝冢"的詞性、用法及其相關問題

上舉晉系銅器、金銀器銘文中的"⿰貝冢工""左(或右)⿰貝冢工"從辭例來看應是製造器物的工官機構，是"製器之工府或工場"。[①] "⿰貝冢工"機構設有"工師"與"冶"，"⿰貝冢工"的總管者則稱爲"⿰貝冢工嗇夫"。目前所見趙國銘文中既有"⿰貝冢工"，又有"左(或右)⿰貝冢工"，應有時代早晚的區别。黄盛璋曾指出，王何戈僅稱"王何立事"，銘文僅稱"导工"與"冶"，尚未分作左、右"导工"。廉相如鈹既有"导工嗇夫"，又有"左导工工師"與"冶"，"导工"已分有左、右，各置"工師"與"冶"，應較王何戈晚，上限不得超過惠文王，可能在惠文王以後。其説可從。[②] 疑"⿰貝冢工"後來因人員機構或職權擴大才分置爲左、右兩部。分置後，"⿰貝冢工"左、右兩部均以"工師"爲長官。

趙國兵器銘文三級監造辭銘中"⿰貝冢工嗇夫"爲監造者，"左(或右)⿰貝冢工工師"爲主造者，"冶尹(或冶)"爲實際製造者。"嗇夫"與晉系兵器銘文中常見的"令"相當，其前

① 黄盛璋：《新出戰國金銀器銘文研究(三題)》，《古文字研究》第12輯，第342頁。

② 黄盛璋：《關於魯南新出趙导工劍與齊工師銅泡》，《考古》1985年第5期。

不冠地名，顯然應看作與地方相對的中央職官。四年昌國鼎銘屬封君工官制度，爲兩級監造格式，“昌國䝬工師”爲主造者，“冶”爲實際製造者。“䝬工師”即“䝬工工師”之略，因涉下文“工師”合文而省。秦器銘文“寺工工師”，或簡省作“寺工師”，可以互證。①

“䝬工”機構的器物種類比較繁雜，從質地來看有金銀器跟銅器兩種。從品類來看有兵器、銅器及與胡服騎射有關的雜飾件。董珊曾據“䝬工”所造器涉及大量貴重金銀器，認爲趙國“䝬工”應屬於趙國王室宫官。他指出：“在先秦時代，金銀器都比較貴重，白銀很難冶煉，因此用金銀製成的器物並不是尋常人可以服用的，器物使用者的身份高貴就決定了制造這些器物的工官的級别也一定很高；跟‘得工’同時出現的‘中府’‘少府’，在先秦兩漢時代都屬於帝王，我們知道當時的邦國財政跟君王或帝室財政是分立的兩套系統，兩者之間是‘公’與‘私’的關係，從上述情況來看，戰國題銘所見的‘得工’應該是屬於君王宫廷的私家工官，在昌國，是屬於昌國君；在趙國，是屬於趙王，在兩周，是屬於周王或者東、西周君。”②其説是合乎當時實情的。

西溝畔 M2 同出的七件銀節約有一件有“少府”銘文，上舉洛陽金村東周墓所出甘孝子杯則是“䝬工”與“中府”同見。不少研究者多據“䝬工”與“少府”“中府”並見，而認爲“䝬工”爲“少府”“中府”下屬機構。黄盛璋曾認爲趙器“㝵工”爲趙國王室少府下屬機構，洛陽金村銅器“㝵工”爲中府下屬機構。他還將“㝵工”與《漢書·百官公卿表》“少府”所轄主造器械的“考工”聯繫起來，認爲“㝵工”當即“考工”之屬。後來黄盛璋又一次講到該職官，認爲秦和三晉制度最爲接近，晉系的“㝵工”應即《漢書·百官公卿表》及秦器少府所轄“考工”“寺工”之屬。③ 李學勤後來將“旦₌”釋爲“貢(供)工”，也是因爲漢代“供工”爲少府下屬機構。董珊則認爲：“在秦漢時代官制裏，宫内工官最初都屬於少府機構。少府的出現是戰國比較晚期的事情，古文字材料見到當時的秦、韓、魏(“平安少府”)、趙都有少府。西溝畔 M2 所出的七件銀節約有一件有‘少府’銘文，從西溝畔 M2 的情況並看不出少府是屬於得工上一級的機構。我們認爲少府之出現在趙國可能跟西溝畔 M2 的年代相當，當時少府還不是統領宫内工官的機構，而只是跟得工並列的。”④如此理解，則“䝬工”與“少府”“中府”機構是造器者與置用地(或保藏機構)的關係。黄盛璋則據韓國少府鑄器有銅器、兵器、金銀器，認爲戰國三

① 黄盛璋：《關於魯南新出趙㝵工劍與齊工師銅泡》，《考古》1985 年第 5 期。

② 董珊：《戰國題銘與工官制度》，第 70 頁。

③ 黄盛璋：《寺工新考》，《考古》1983 年第 9 期。

④ 董珊：《戰國題銘與工官制度》，第 70 頁。

晉少府亦有主造兵器、金銀器職責。[①] 從現有證據來看，韓、秦少府或非孤例，也許代表了戰國中晚期工官制度的一般情況，黄説仍有成立的可能。由於秦漢工官基本上都整合進了“少府”系統，我們可以將“豚工”與秦漢“少府”下屬類似性質工官相互比較，以資發明。上引黄盛璋、李學勤之説應該就是如此設想的。

“豚工”之“豚”究竟應讀爲何字，“豚工”一詞又應如何理解呢？前引湯餘惠文認爲“豚工”當讀爲“冢工”，冢訓爲“總”“統”“宰”“長”，“冢工”是總攝百工的意思。謝明文同意讀爲“冢工”的意見，並認爲此“冢”字與西周金文“冢司馬”“冢司土”“冢司工”之“冢”用法相同。兩説均頗具啓發性。我們想在上述説法的基礎上，進一步探討晉系銘文“豚工”之“豚”的詞性、用法，“豚工”機構或職官的性質等相關問題。

先來看將銘文“冢”訓爲“總攝”這一觀點。從出土及傳世文獻來看，先秦時代“冢”少有表“總攝”一類意思的用例。

春秋早期的復封壺有“齊大(太)王孫逘(復)丰 D 𤔲(司)右大徒”。D 字甲、乙兩壺分别作□、□。[②] 此字舊有多種釋法。魏宜輝將之釋爲“彖”，讀爲“專”，並指出：“專”“司”皆有掌管之義，屬於同義複語；“大徒”即大司徒之省，“專司右大徒”，指負責執掌右大徒。[③] 傅修才釋此字爲“豠”。他讀“豠”爲“主”，認爲是主持、掌管之義，銘文“主司”屬於同義連用，“主司”一詞也見於古書，如《山海經·西山經》“是神也，主司反景”，《史記·陳涉世家》“陳王以朱房爲中正，胡武爲司過，主司群臣”。[④] 謝明文釋爲“彖”，將兩字讀爲“冢司”。他認爲“冢”當是副詞，作狀語修飾其後的動詞，這種用法的“冢”應與“大”“全面”“總”一類意思比較接近。[⑤] 魏宜輝、傅修才對用法、文意的把握，我們認爲是可信的。近年來，西周金文中的“䙴(總)”字已爲學界所熟知。李學勤曾有專門討論，他指出金文中的“總司”都是統領管理的意思，從其對象來看，“總”帶有統合下屬的意思。[⑥] 其説可信。“總司”可看作並列動詞。類似辭例金文中還有“死(尸)𤔲(司)”“官𤔲(司)”，都是掌管、管理的意思。兩詞也都是並列動詞。“尸”“官”都有執掌、管理之義，與“司”訓管理詞義接近。伊簋(《集成》04287)還有“總官𤔲(司)”，乃是將“總”與同義複合詞“官𤔲(司)”並列。從這些辭例來看，將復封壺的“D

---

① 黄盛璋：《新出戰國金銀器銘文研究(三題)》，《古文字研究》第 12 輯，第 342—343 頁。

② 摹本參葛亮：《復丰壺探研》，復旦大學出土文獻與古文字研究中心網，2020 年 1 月 11 日，http://www.fdgwz.org.cn/Web/Show/4530。

③ 魏宜輝：《文字文獻探論》，中西書局，2024 年，第 81 頁。

④ 傅修才：《東周山東諸侯國金文整理與研究》，復旦大學 2017 年博士學位論文(指導教師：裘錫圭)，第 25 頁。

⑤ 謝明文：《説“冢”》，《商周文字論集續編》，第 289—292 頁。

⑥ 李學勤：《由沂水新出盂銘釋金文“總”字》，《出土文獻》第 3 輯，中西書局，2012 年，第 119—121 頁。

嗣(司)”兩字看作並列動詞是很合適的。

不過,將D字釋爲“狟”與字形不符,恐不可信。從字形來看,D當釋爲“彖”。邾公華鐘“彖”字作,晉璽(《珍秦齋古印展》25、《古璽彙編》3262)“彖”字分别作、,[①]清華簡《兩中》簡61、64“彖”字分别作、,皆與D字寫法接近。謝明文將兩字讀爲“冢司”,但“彖”“冢”古音不近,其説恐有問題。魏宜輝讀之爲“專司”,“彖”讀爲“專”語音上没有問題。他引《禮記·檀弓下》“我喪也斯沾,爾專之,賓爲賓焉,主爲主焉”,鄭玄注“專,猶司也”證之,謂“專”有主持、掌管之義,“專司”連言屬同義復指,應是目前最好的説法。《廣雅·釋詁四》:“甾、拎、專、職、端、緒、紬,業也。”王念孫疏證:“專、職,皆主其事之名,故爲業也。”可知“專”與“主”“職”“尸”“官”“司”詞義接近,皆可表主管、執掌。“專司”也與前引出土及傳世文獻“主司”“尸司”“官司”結構、用法相合。故復封壺所謂“冢司”的釋讀是有問題的,不能作爲“冢”可表“總攝”義的證據。或認爲銘文“冢工”也應讀爲“主工”。但出土及傳世典籍中“主某”作爲職官名頗爲罕見,這一看法恐不可取。

這樣看來,將晉系銘文中的“冢”看作動詞,將“冢工”理解爲總攝百工之官,尚缺乏堅强、可信的證據。與這種觀點相反,“冢”作爲形容詞,訓爲“大”,不論是出土還是傳世文獻,皆是常訓。特别是在職官稱謂中,“冢”“大”作爲形容詞用在名詞前均極爲常見。

先來看西周金文的“冢司馬”“冢司土”“冢司工”“冢君”等辭例:

1. 王乎(呼)乍(作)册尹册𤕌(申)令(命)䚄曰:䙴(更)乃且(祖)服(服)乍(作)冢嗣(司)馬,……

(䚄簋,《通鑒》5362)

2. 王若曰:趞,命女(汝)乍(作)𢻻(豳)𠂤(師)冢嗣(司)馬,啻官僕、射、士。

(趞簋,《集成》04266)

3. 王命左右曰:𡱦(纂)乃且(祖)考乍(作)冢嗣(司)工于㣇(蔡),昜(錫)女(汝)幽黄(衡)、攸(鋚)勒、䜌(鑾)旂,用事。

(伯□父簋蓋,《通鑒》30449)

4. 王乎(呼)尹氏册令(命)曶,曰:䙴(更)乃且(祖)考乍(作)冢嗣(司)土于成周八𠂤(師),……

(曶壺蓋,《集成》09728)

---

① 古文字“彖”字釋讀參陳劍:《金文“彖”字考釋》,《甲骨金文考釋論集》,綫裝書局,2007年,第243—250頁;《“萑”“彖”兩字合證補説》,《出土文獻與古文字研究》第11輯,上海古籍出版社,2024年,第43—65頁。

5. 王令毛公以邦冢君、土(徒)馭、或人伐東或(國)痛戎。

(班簋,《集成》04341)

上述銘文“冢”皆爲形容詞,作定語修飾名詞(職官、邦君)。這種用法的“冢”一般認爲同“大”。如張世超等《金文形義通解》認爲:大也。見金文“冢子”“冢君”“冢賃”“冢嗣(司)土”“冢嗣(司)馬”各條。《爾雅·釋詁上》“冢,大也”,郝懿行疏:“蓋冢本封土爲名,而凡大亦皆稱冢。……然則大君謂之冢君,大宰謂之冢宰,大子謂之冢子,大祀謂之冢祀,不但《詩》之‘冢土’独擅冢名矣。”戰國寧冢子鼎“冢子”,大子,即長子。金文“冢君”,猶言大君,諸侯之敬稱。同金文“邦冢君”。中山王圓壺“冢賃(任)”,大用,重用。學者或讀“冢”爲“重”,亦通,然“冢”本有大義,自可引申爲重義或厚重義,故不必以假借讀之。金文“冢嗣(司)土(徒)”“冢嗣(司)馬”,職官名,猶言大司徒、大司馬。①

認爲“冢君”“冢嗣(司)土(徒)”“冢嗣(司)馬”同大邦君、大司徒、大司馬,可從。職官名“大司徒”“大司馬”稱謂由來已久。西周中晚期的仲車父簋(《通鑒》4682)有“楷(黎)大嗣(司)徒中(仲)車父”,西周晚期的楷大司工壺(《通鑒》30833)有“楷(黎)大嗣(司)工尚僕”。從金文來看,西周中期“冢司徒”“冢司馬”作爲周王朝職官名常見,西周晚期以來“大司徒”“大司馬”已作爲諸侯國職官名,到春秋時代各諸侯國“大司徒”“大司馬”更是常見,而“冢司徒”“冢司馬”不再出現,當已被前者全面替代了。從職官名的時代交替來看,將上述“冢”訓爲大,是没有問題的。

中山王圓壺“冢賃(任)之邦”,從典籍用字來看,還是讀爲“重”爲好。《左傳》襄公十年:“余羸老也,可重任乎?”“重任之邦”,委以國之重任。銘文中指司馬賈擔任相邦,總攬國事。

值得注意的是,當時三晉韓、趙、魏三國皆有“冢子”職官。“冢子”應是由貴族身份而演變成職官名的,或屬於世官性質。黄盛璋曾指出:“職官世襲來自奴隸社會,所謂世官,一般皆以長子即冢子承襲,但統治階級可以利用在位時職權,任用其子,占據官位,甚至代理自己處理政務,等於變相之世襲,久之即以‘冢子’名官。新鄭出土韓兵器有以冢子爲執政與監造者,而三晉兵器中也有以庶子爲主造者,而少庶子爲三晉縣之屬官,見《韓非子》,冢子、庶子此時皆爲官名,但來源必與長子、庶子長期占據某一官位有關。”②其説可供參考。值得注意的是,三晉“冢子”也屬工官性質。李學勤指出“冢子”在魏國設在地方、在韓國設於朝中,其共同點是所轄有冶,

---

① 張世超等:《金文形義通解》,日本京都中文出版社,1996年,第2287—2288頁。

② 黄盛璋:《新出信安君鼎、平安君鼎的國別、年代與有關制度問題》,《考古與文物》1982年第2期。

職責是製作青銅器,包括兵器在内,都是工官。① 三晉"冢子"既然可作爲職官名,"冢子"本來源於貴族身份的"大子",那麽趙國等晉系銘文的"冢工"之"冢",是不是也應訓爲"大"呢?

西周金文"冢司徒""冢司馬",三晉銘文"冢子"這些職官名與"冢工"的結構是很接近的。將"冢工"之"冢"訓爲大,看作尊稱,從當時職官稱謂來看,也是很自然的。《周禮·天官·冢宰》"乃立天官冢宰,使帥其屬而掌邦治。治官之屬,太宰卿一人",鄭玄云:"變冢言大,進退異名也。百官摠焉則謂之冢,列職於王則稱大。冢者,大之上也。山頂曰冢。"其説"冢"更尊於"大",從出土文字資料來看,不一定合適。"冢""大"本爲異名,皆可用作職官前之尊稱,則是顯而易見的。

前引黄盛璋、李學勤均將"冢工"與秦漢時代的工官"寺工""供工"相聯繫,這一思路是可行的。不過,由於釋字問題,上述觀點並不可信。我們認爲三晉銘文"冢工""冢工師"可與戰國時代工官"大攻(工)看(尹)""工大人""大匠"等相互比較。

《左傳》文公十年"王使爲工尹",杜預注:"掌百工之官。"在趙國、燕國、楚國、曾國銘文中都有"大攻(工)看(尹)",是各國朝廷工官之長,同於典籍"工尹"。此外,齊黏鎛(《集成》00271)"余爲大攻(工)戹、大(太)事(史)、大逸(遂)、大(太)宰","大攻(工)戹"亦當爲工官類官長。從鄂君啓節、燕客量、包山楚簡來看,"大"可以看作尊稱,以與地方所設"工尹"相區别。趙守相廉頗鈹(《集成》11701):"十五年,守相杢(廉)波(頗),邦右庫帀₌(工帀—工師)볁(韓)帀,冶巡敎(執)齋(劑)。·大攻(工)看(尹)公孫桴。"趙國中晚期實行相邦、大工尹兩級督造制度,銘文中"守相(即假相)"與"大攻(工)看(尹)"同爲監造者,"邦左(或右)庫工師"爲主造者,"冶"則爲實際製造者,後兩類工官可看作"大工尹"的直接下屬。趙國中晚期還設有"主父工正"。二年主父工正戈(《集成》11364):"二年,宔(主)父攻(工)正□□□,左帀₌(工帀—工師)鄗許,驛₌(馬重—馬童)丹所爲。"銘文"二年"應指趙惠文王二年(前297)。"主父"是趙武靈王退位以後的自號。《史記·趙世家》:"(武靈王二十七年)五月戊申,大朝於東宮,傳國,立王子何以爲王。……武靈王自號爲主父。主父欲令子主治國,而身胡服將士大夫西北略胡地。""工正",亦爲掌百工之官。《左傳》宣公四年:"及令尹子文卒,鬬般爲令尹,子越爲司馬。蔿賈爲工正,譖子揚而殺之,子越爲令尹,己爲司馬。"則"工正"亦爲朝廷工官之長。"主父工正",主父所屬工正,主父系統工官之長。據銘文其下設有"左(或右)工師",爲主造者。"馬童"是指尚未傅籍的成童,銘文中是學

① 李學勤:《馬王堆帛書〈刑德〉中的軍吏》,《當代學者自選文庫·李學勤卷》,安徽教育出版社,1999年,第459—462頁。

徒身份,是實際製造者,職責相當於"冶"。從上引銘文來看,"冢工"是趙國王室宫官機構,戰國中晚期其官長稱"冢工嗇夫",其下亦相應設有"左(或右)工師",爲主造者;"冶(或冶尹)",爲實際製造者。從上述職官來看,趙國惠文王初年,趙國一度設有中央工官、宫廷工官、主父工官三套平行系統,其官長分别爲"大工尹""冢工嗇夫""主父工正"。"大工尹""冢工"可看作一類職官稱謂,"大""冢"皆爲形容詞,用作敬稱。"工正"别爲一類職官稱謂,"正"訓爲長。戰國晚期秦國工官有"工大人"。十三年相邦張義戈(《集成》11394):"十三年相邦義之造,咸陽工師田,工大人耆,工穨。"可知"工大人"地位高於"工",低於"工師"。四年戈(《通鑒》31258):"四年□□□之造,咸陽工帀(師)□、丞嘉、工大人□。"據此可指知"工大人"地位在"工師丞"之下,約相當於戰國時趙國的"冶尹""冶吏"。"大人"自然也是敬稱。此亦可資參考。從"冢工"與"大工尹"這種對應關係來看,將"冢"字看作形容詞,以爲官名前常見的尊稱"大"也是很合適的。

秦漢時代工官被整合進了"少府"系統,我們也可將"冢工"與"少府"所轄"大匠"相比較。《史記・田敬仲完世家》:"桓公使爲工正。"正義解釋"工正":"工巧之長,若將作大匠。"便認爲齊國"工正"與秦漢時代"大匠"職能接近。《史記・五帝本紀》"堯曰不可而試之工師",正義:"工師,若今大匠卿也。"認爲大匠與工師職能近似。上述説法是有問題的。"泰(或大)匠"作爲官名或機構名多見於傳世典籍及秦漢文字資料。《吕氏春秋・審分覽》:"猶大匠之爲宫室也,量小大而知材木矣。"可知大匠主要職責包括宫室營建。"大匠"景帝中六年更名"將作大匠"。《續漢書・百官志》"將作大匠"下本注:"承秦,曰將作少府,景帝改爲將作大匠。掌修作宗廟、路寢、宫室、陵園木土之功,並樹桐梓之類列於道側。"綜合出土文獻及傳世典籍來看,"泰(或大)匠"當主宫室等土木營造,磚瓦燒造可能也是其職事之一。其與"工正""工師"職能明顯有别。不過,"泰(或大)匠""冢工"分别爲宫廷土木工程、器物製造之長,其職官命名具有相似性,這也有助於我們理解"冢工"之"冢"應訓爲"大"。

黄盛璋在《寺工新考》一文中最早將"冢工"與秦漢時代的工官機構"寺工""考工"相聯繫,認爲職能接近,這是很敏鋭的觀點。我們認爲"冢工"機構正可與性質類似的"寺工""考工"相互比較。以下就據秦漢出土文字資料對這一問題稍作補充。

"寺工",黄盛璋指出《漢書・百官公卿表》訛作"寺互"。張家山漢簡《二年律令・秩律》簡461"大官""寺工""右工室"並稱,皆屬少府,可證"寺工"就是《漢書・百官公卿表》少府下作爲工官機構的"寺互"。從秦漢時代帶有"寺工"銘文的器物看,它隸屬少府,下轄有丞、工,主要承擔國家、皇室兵器、容器、車馬器等鑄造。這與"冢工"的職能重合。趙國置有“冢工師”，秦國設有“寺工師”，分别是“冢工工師”“寺工工師”之省，兩者分别下設“冶”及“工”，職官設置上也有類同之處。“寺工”之“寺”雖有多種觀點，但一般理解爲動詞，這與“冢工”構詞不同。陸德富據漢代工官“共(供)工”及《爾雅·釋詁》“供、峙、工，具也”，認爲“寺”是備置之義，[①]其説較優。秦封泥有“寺車府印”，將“寺車”理解作爲皇室備置車馬，較爲合適。

《二年律令·秩律》“右工室”疑與《漢書·百官公卿表》少府下“考工室”有關。漢封泥有“左工室印”“右工室丞”，可知漢代中央“工室”分有左右。《二年律令·秩律》無“左工室”，或抄寫有遺漏，或因漢初機構有裁撤。秦五年相邦吕不韋戈(《通鑒》17254)有“少府工室阾”，十三年少府戈(《集成》11550)有“少府工儋”，“少府工”是“少府工室”之省。“少府工室”也是秦國少府下負責鑄造兵器、銅器等器物的機構之一。“冢工”與“少府工室”機構職能也有類似之處。我們知道戰國時代三晉及秦不少中央、地方機構的“嗇夫”“令”在稱謂上存在時代先後關係，《二年律令·秩律》所見“寺工”“右工室”均爲六百石秩，其官長稱“令”，這與“冢工”之官長稱“嗇夫”屬於平行現象。

結　　語

戰國晉系(趙國、兩周)銘文的“旦=”“旦”(A 類)、“旻”(B 類)、“睬”或“睞”(C 類)，舊或分爲兩字(A 與 B、C 别爲兩字)分别作解；或以爲一字，釋爲“㝵(㝵/得)”或“賝”，莫衷一是。聯繫相關字形，並結合新見 B、C 兩類寫法及銘文辭例，我們認爲諸字當統一作解，看作一字。

其中 C 類應看作基礎形體，其餘諸形則爲其省寫。C 類字形書作从“目”、从“豕”或从“目”、从“冢”，它們無疑是同一個字，皆應統一看成是从“目”，“冢”聲。三晉文字“貝”常簡省作“目”形，故此字當從湯餘惠釋爲“賝”。楚文字“重”多作“貾”，从“貝”，“主”聲；三晉文字“冢”或“塚”所从“勹”旁常變形音化作“主”，所以“賝”有可能就是輕重之重的異體。

B、A 兩類是 C 類寫法的進一步簡省、訛變字形。C 類形體“睬”或“睞”是經逐步簡化變作“旻”形的，所謂“又”形本即由“冢”字下部形體[illegible]、[illegible]、[illegible]進一步簡省變形而來。這一簡體與“㝵(得)”字寫法接近甚至混同，但來源有别，顯然應分爲兩字。至於 A 類形體“旦=”“旦”，從辭例來看只是“賝工”二字在兵器銘文中的特殊省體。

---

① 陸德富：《寺工續考》，《考古》2012 年第 9 期。

關於機構或職官名"䝤工"之"䝤"的讀法,舊亦有不少意見。湯餘惠將"䝤工"讀爲"冢工",認爲冢訓爲"總""統""宰""長","冢工"即總攝百工,是其中影響最大的説法。但是,從出土及傳世文獻來看,先秦時代"冢"少有表"總攝"一類意思的用例。將晉系銘文中的"冢"看作動詞,將"冢工"理解爲總攝百工之官,尚缺乏堅實、可信的證據。

與這種觀點相反,"冢"作爲形容詞,訓爲"大",不論是出土還是傳世文獻,皆是常訓。特别是在職官名中,"冢""大"作爲尊稱均極爲常見。《周禮·天官·冢宰》"乃立天官冢宰"下鄭玄注:"變冢言大,進退異名也。""冢""大"本爲異名,皆可用作職官前之尊稱。因此,我們認爲"䝤工"應讀爲"冢工","冢"即大,爲職官尊稱。"冢工"這一職官稱謂可與西周金文的"冢司馬""冢司土""冢司工""冢君",戰國文字的"冢子""大工尹",秦少府系統的"大匠"等相比較。

從晉系銘文來看,"冢工"機構與"少府""中府"關係密切,應爲當時宫廷宫官機構,主要負責王室兵器、車馬器、雜器等鑄造。趙惠文王初年趙國一度設有中央工官、宫廷工官、主父工官三套平行系統,分别以"大工尹""冢工嗇夫""主父工正"爲長。

黄盛璋最早將"冢工"與秦漢時代的工官"寺工""考工"相聯繫,認爲職能接近,是很敏鋭的觀點。我們認爲"冢工"機構正可與性質類似的"寺工""考工"相互比較。從秦漢時代帶有"寺工"銘文的器物看,它隸屬少府,主要承擔國家、皇室兵器、容器、車馬器等鑄造。這與"冢工"的職能重合。趙國置有"冢工師",秦國設有"寺工師",分别是"冢工工師""寺工工師"之省,兩者分别下設"冶"及"工",職官設置上也有類同之處。秦國還設有"少府工室",也是少府下負責鑄造兵器、銅器等器物的機構之一。"冢工"與"少府工室"機構職能也有類似之處。

包山楚簡官文書簽署文字“××戠之”“××爲李”補識*

李天虹

武漢大學簡帛研究中心

“古文字與中華文明傳承發展工程”協同攻關創新平臺

荆門包山二號楚墓竹簡官文書居多，文書末尾習見“××戠之”“××爲李”的簽署性文字，有時候“戠之”者的姓名前冠以官職名稱“正”或“×路公”。關於“戠”“李”的解釋，迄今尚無定論。“戠”主要有兩説：一讀爲“識”，訓爲記録；二讀爲“職”，訓爲主理。近年第二説得到較多學者認可。“李”，以其原有“法官”之義（這種用法的“李”同“理”），多理解爲受理、理獄，也有不少學者提出“爲李”者的工作具有輔助性質。① 近來史傑鵬提出“李”當讀爲“史”，“××戠之，××爲李”，意思是“××主管此案，××爲記録文書的史”。② 包山楚簡人名很多，所見姓氏在150個左右。③ “戠之”和“爲李”者中，除去較少出現的“×路公×”（第一個×代表“路”的名稱，第二個×表示“路公”之名）不記姓氏、情況不明外，其他均同時記氏和名，包含秀、疋、坓等十餘個姓氏，兩者的姓氏高度重合，可是這些姓氏之人通常很少在文書其他地方出現，這使得“戠之”者和“爲李”者成爲一個比較特殊的“群體”。之前已有學者在相關研究中對

* 本文是國家社科基金冷門絶學研究專項學術團隊項目“中國古代喪葬簡牘文獻整理研究及資料庫建設”(23VJXT008)的階段性成果。

① 這些訓釋參看朱曉雪：《包山楚簡綜述》，福建人民出版社，2013年，第71—75頁；王捷：《包山楚司法簡考論》，上海人民出版社，2015年，第91—97頁。

② 史傑鵬：《包山楚簡中“××爲李”之“李”試解》，《古文字研究》第32輯，中華書局，2018年，第449—452頁。

③ 參看朱曉雪：《包山楚簡綜述》，第790—806頁。

“戠之”者和“爲李”者合併作過討論,[①]巫雪如在對包山簡作姓氏研究時,更是對簽署文字中的姓氏給予了不少關注。[②] 本文擬在已有研究基礎上,主要由姓氏入手,對“戠之”者和“爲李”者作進一步的專門梳理,希望藉此豐富、加深對這一群體的身份及其職掌的認知,對進一步明確“戠”“李”的内涵有所裨益。

首先需要説明,《楚地出土戰國簡册合集》第六册《包山楚墓竹簡》最近出版,[③]這是具有文本集釋性質的最新研究著作,本文所引包山簡釋文以此書爲底本(下面簡稱“《合集(六)》”),有不同、需要作説明時再補充論證或隨文出注。引包山簡原整理報告意見,以“整理者”稱之。

一、“××戠之”“××爲李”的簽署方式

包山楚簡的官文書,《合集(六)》以整理者説爲基礎區分爲七類,除去《集箸》《所誼》外,其他五類均有“××戠之”“××爲李”式的簽署,不過具體簽署方式不盡相同。[④]

《疋獄》包括簡 80 至 102,共 23 枚簡。相比而言其簽署最完整、規範,多數以“××戠之,××爲李”的形式記録在單份文書(一簡記一事、即一份文書)的末尾,“戠之”者、“爲李”者皆只一個人。或省略“戠之”二字,如簡 94、102;或省略“爲李”二字,如簡 88;或“戠之”“爲李”皆略去,僅記人名,如簡 87、92。另外簡 95 没有作簽署。

《受幾》包括簡 19 至 79,共 61 枚簡。其記事方式與《疋獄》類同,一簡一事,之後爲簽署。簽署方式則跟《疋獄》有一定區别,往往僅有一個人名,其中只有 9 例人名之後標記“戠之”。早先李零提出《受幾》不標識“爲李”者,並且常略去“戠之”二字,[⑤]當可信從,可以補充的是簡 42、60 均簽署有兩個人名,比照《疋獄》文例,他們應該分别是“戠之”者、“爲李”者。[⑥] 另外 30、33、47、56、58、63、73 等 7 枚簡没有簽署文字。

《貸金》共 17 枚簡,分爲兩組,簡 103 至 114 爲第一組,内容涉及十地的貸金情況;

---

① 如朱曉雪:《包山楚簡綜述》,第 72—73 頁。

② 巫雪如:《包山楚簡姓氏研究》,臺灣大學中國文學研究所 1996 年碩士學位論文(指導教師:周鳳五)。

③ 劉國勝、胡雅麗、陳偉:《楚地出土戰國簡册合集(六):包山楚墓竹簡》,文物出版社,2024 年。

④ 對這種簽署方式,有不少學者作過梳理和研究,如李零:《包山楚簡研究(文書類)》,《李零自選集》,廣西師範大學出版社,1998 年,第 131—147 頁(原刊李零:《包山楚簡研究(文書類)》,南開大學歷史系先秦史研究室編:《王玉哲先生八十壽辰紀念文集》,南開大學出版社,1994 年,第 88—107 頁);張伯元:《包山楚簡案例舉隅》,上海人民出版社,2014 年,第 281—287、293—305 頁。

⑤ 李零:《包山楚簡研究(文書類)》,第 138 頁。

⑥ 參看巫雪如:《包山楚簡姓氏研究》,第 41、62 頁。

簡 115 至 119 爲第二組，涉及見於一組的八地的貸金情況。《貸金》按組記録“戠之”和“爲李”者，分别寫在一組第一枚簡 103 的背面和二組最後一枚簡 119 的背面，這是跟《疋獄》《受幾》簽署方式上的最大不同。此外，兩組的“戠之”者均是一個人，但是“爲李”者分别是 2 人、8 人。以往學者或據此籠統認爲“爲李”者可以有多人，張伯元提出簡 119 背多人署名，可能是將各處貸金的簽署人合寫在一起。① 兩相對比，張説更爲合理，“爲李”者不僅一人，當與按組簽署有關。特别是二組記八地貸金事，正好有八位“爲李”者，不禁使人推想是每位“爲李”者分别對應一地的相關事宜。

《案卷》包括簡 120 至 161，共 42 枚簡。這類文書按案例作簽署（每例用簡多不止一枚），約 20 個案例，只有 5 例有簽署，似乎比較隨意。其中簡 142 的簽署完整且規範。簡 146 簽署作“秀几，㓤紳爲李”、簡 150 作“白路公慎，登行”，按《疋獄》文例，通常視作“秀几戠之，㓤紳爲李”“白路公慎戠之，登行爲李”的省寫形式。簡 125 背、145 背僅有“爲李”者的簽署，不見“戠之”者，比較特别。

《集箸言》包括簡 14 至 18，共 5 枚簡。其中簡 18 文末有簽署“兇路公角戠之，義得”。

二、“××戠之”“××爲李”群體的姓氏和人員

因爲主題各有側重，以往所見研究對“戠之”“爲李”群體的梳理、統計不够系統和明晰。下面主要以姓氏爲綱，對“戠之”“爲李”者作全面整理。同一姓氏，簡文或用異體字，或在姓名前標注官職“正”，我們一併列出。爲避繁瑣，無争議的人名用字一律釋寫爲通行字。同一姓名間以空格隔開。《貸金》簡 103 背、119 背同姓氏的不同“爲李”者或連署，姓名間以頓號提示。姓名之後集中括注所在簡號。

1. 秀氏

(1)“戠之”

秀不孫　正秀不孫(23、31、43、44、45、50)

秀免(20、53、59、78)

秀齊　正秀齊　郄齊(89、90、142)

秀履(54、57)

秀倅(25)

秀義(66)

① 張伯元：《包山楚簡案例舉隅》，第 302 頁。史傑鵬有類同看法，氏作：《包山楚簡中“××爲李”之“李”試解》，《古文字研究》第 32 輯，第 451 頁。

秀几(146)

(2)“爲李”

秀履(80)

秀期(84)

秀滭(85)

秀紳(101)

秀陷、秀剱、秀□、秀亞、秀獲志(119 背)

“秀”是這一群體中最大的姓氏，共 15 人，“戠之”“爲李”者分别有 7 人、9 人，人數大體相當。其中秀履出現三次，兩例“戠之”，一例“爲李”。秀不孫、秀齊前或標注官職名稱“正”，其他姓氏的“戠之”者多存在類似情形。關於簽署文字中“正”的性質和職掌，學者看法不一。認爲“正”不是縣正，而是左尹部屬，且具備司理獄訟的職能，大概没有問題。[①]

簡 187 記有“正秀暘”，存在也是左尹部屬“正”而姓“秀”名“暘”的可能，但是此人未在文書簽署場合出現，包山簡中官名“正”的情況也比較複雜，[②]穩妥起見，暫不將“正秀暘”與“戠之”者中的“正××”等同。包山簡中不屬於這一群體的確切的秀氏有兩人，分别是簡 62 和 169 的司悳郲鄒、簡 193 的秀偳。

2. 旦氏

(1)“戠之”

正旦塙 正邱塙 旦塙 邱塙(21、27、32、37、76)

旦娩(88)

邱忈(93)

邱佗(102)

(2)“爲李”

旦坪(83)

旦餲(88)

邱尚(90)

但捭　旦捭(96、97)

屬於這一群體的旦氏共 8 人，“戠之”者、“爲李”者各半。此外，包山簡中不屬於

---

① 參看朱曉雪：《包山楚簡綜述》，第 72—73、79 頁。

② 除縣正(如簡 59“長沙正”)外，又有“司寇正”(簡 102)。簡 51 記“陰侯之正佐”，可能説明還有“侯正”。侯正有佐，可與縣正有佐相類比，如簡 78 有“長沙正佐”。

這一群體的旦氏有兩人，分别是簡 188 的郘蹭、簡 189 的州加公郘秦。

3. 宵氏

（1）“戠之”

宵逆(71、75、87)

宵親(51)

宵褱　宵𢜞(72、119 背)

（2）“爲李”

宵采(86)

宵吴(98)

宵隖(119 背)

宵氏共 6 人，“戠之”者、“爲李”者各半。荆門郭店楚簡《緇衣》簡 41 有“𡐦”字，過去通常認爲是“壞”的訛字，讀爲“懷”。劉信芳據之將這裏簡 72“褱”、簡 119 背“𢜞”分别釋爲“褭”“懷”。[①] 2019 年公布的安徽大學藏戰國竹簡《詩經》有三例“褱”，今本均作“懷”，李家浩認爲以“褱”爲“褭”或是楚人書寫習慣，與《説文》訓爲“以組帶馬也”的“褭”當非一字。[②] 兩相比照，李先生的解釋比較合理，包山簡“褱”“𢜞”可從劉釋，如此宵褱、宵𢜞很可能是同一個人，可統一釋讀作“宵懷”。

4. 圀氏

（1）“戠之”

圀勁(42)

圀諻(60)

圀紻(67)

（2）“爲李”

囜猬(42)

圀勁(82)

囜蔡(142)

圀紳(146)

屬於這一群體的圀氏共 6 人，“戠之”者、“爲李”者的人數大體相當。其中囜勁(圀勁)在“戠之”“爲李”中各出現一次，情形與上文秀履類同。

---

① 劉信芳：《包山楚簡解詁》，藝文印書館，2003 年，第 39、71、106 頁。

② 安徽大學漢字發展與應用研究中心編，黄德寬、徐在國主編：《安徽大學藏戰國竹簡(一)》，中西書局，2019 年，第 75 頁注釋 3。

簡77記"让令人周甬受〈訟〉正李剧耴以斆田於章國鄗邑",[①]一般認爲"李剧耴"是人名,姓"李"、名"剧耴"。但是包山簡官文書有"正令""正婁""正佐"等官名,[②]這裹不排除"正李"也是官名、"剧耴"爲姓名的可能,如然剧氏又多一人,姑且存疑。

5. 羅氏

(1)"誆之"

郘狂　正羅狂(22、24)

正羅壽　羅壽(26、68)

(2)"爲李"

羅軍(93)

屬於這一群體的羅氏共3人,其中2人"誆之",1人"爲李"。此外,不屬於這一群體的羅氏有一人,即簡180的少童羅角。

6. 義氏

(1)"誆之"

正義牢　義牢(77、97、99、100、101)

鄴强　正義强(40、84)

義賠(19)

義筥(49)

義癸(92)

(2)"爲李"

義得(18、94)

義亞(145背)

義氏共7人,其中5人是"誆之"者,占據多數。義牢出現5次,在包山簡"誆之"者的出現頻次中僅次於秀不孫。與"爲李"義得搭配的"誆之"者都是"×路公";而簡145背僅見"爲李"者義亞,没有"誆之"者,這使得義氏的兩例"爲李"者情形有些特殊。

7. 疋氏

(1)"誆之"

疋期　洍期　正洍期　正疋期(36、80、83、96)

---

① "受"字的解釋從史傑鵬:《讀包山司法文書簡札記三則》,《簡帛研究 二〇〇一》,廣西師範大學出版社,2001年,第22—23頁。

② 參看朱曉雪:《包山楚簡綜述》,第786、787、788頁。

疋忻　正疋忻(34、39、91)

疋膥(28、38、70)

疋硍　疋崐　疋崐(46、55、64)[1]

疋瘣(52)[2]

疋越(61)

疋獲(62)

疋獻(79)

疋吉(85)

(2)"爲李"

疋□(81)

屬於這一群體的疋氏共 10 人,大體與後文的坓氏並列這一群體的第二大姓氏。其中 9 人是"戠之"者,只有簡 81 疋□一例"爲李"者。需要留意的是簡 81 的"戠之"者是"郯路公",不是常見的"(正)××"。此外,包山簡中不屬於這一群體的疋氏有一人,即簡 164 的疋起。[3]

8. 王氏

王婁逯(65、74、103 背)

王婁(48、69)

屬於這一群體的王氏有 2 人,都是"戠之"者。簡 65、74、103 背簽署均以"王婁逯"連言。學者或認爲"王婁"是人名、"逯"是記録的意思,巫雪如依據包山簡文例否定此説,同時提出"王婁逯"與簡 48、69"王婁"是同一人,"婁"與"逯"係一字一名。[4] 張伯元也認爲"王婁逯"與"王婁"是同一人,不過他分析作"逯"係人名,"王婁"表示身份,單獨出現的"王婁"是省略了人名。[5]《合集(六)》將簡 65、74 的"王婁"與"逯"斷讀,認爲"逯"與"王婁"一樣,恐是人名,依據主要是簡 48、69 另見"王婁",簡 74"婁""逯"下均有點狀標記。今按巫雪如對"逯"訓"記録"説的辨析可從,但是她認爲"王婁逯"是字、名連稱,證據亦不足。張伯元的"王婁"係身份説存在同樣問題。簡文"××戠之"

---

① 此姓名的考釋,參看巫雪如:《包山楚簡姓氏研究》,第 44 頁。

② 結合前文對"宵懷"姓名的梳理,此字可視作从"疒"从"懷"。

③ 簡 167 整理者所釋姓氏字"疋",是"足"之誤釋,《合集(六)》已據何琳儀説更正。

④ 巫雪如:《包山楚簡姓氏研究》,第 31—32 頁。

⑤ 張伯元:《包山楚簡案例舉隅》,第 62—63 頁。張先生認爲這裹的"王"指楚王王府;"婁"是官署屬員,如簡 66"鄢正婁蔡玄"、簡 75"羕陵正婁郘奇"中的"婁"均是官署屬員,因此"王婁"表身份。

“××爲李”的標記方式没有一定之規，諸姓名之間、之後及“𢦏之”“爲李”之後或加標記，或不加。但是，簡文記“𢦏之”“爲李”者，除去“×路公”外，都同時記有姓氏；同一姓氏之人連署時，未見確切省略氏稱的例子，如簡 103 背連署“𡎼夏𡎼[illegible]”，兩位𡎼氏都是“爲李”者，均記録了氏，所以《合集（六）》“逯”是人名的看法，也存在可疑之處。簡 74“婁”字下的墨點的性質可以再斟酌，楚簡中存在誤點標記的情形。《合集（六）》圖版簡 65“王婁”之下有類似墨點的較淡的印記，也可能是污痕。簡 103 背“王婁”與“逯”之間確定没有標記，《合集（六）》大概因此直接釋寫爲“王婁逯”。綜合考慮，我們暫且將“王婁逯”“王婁”視作兩個人名。

此外，包山簡中不屬於這一群體的王氏有一人，即簡 193 的王丹青。①

先秦文字資料中王氏之人衆多，可是包山簡所見王氏只有上述三人。巫雪如懷疑包山簡中的王氏是他國來楚之人，楚國没有以“王”爲氏的習慣。②

9. 𡎼氏

（1）“𢦏之”

正𡎼得　偒得（29、35）

（2）“爲李”

𡎼坷（99、100）

𨛭𫕢（102）③

𡎼慪（87）

𨛭是舉（89）

𡎼還（92）

𡎼夏、𡎼[illegible]（103 背）

𨛭賞、𨛭遶（119 背）

𡎼倚（125 背）

屬於這一群體的𡎼氏共 11 人，其中 10 人是“爲李”者，僅𡎼得一人是“𢦏之”者，與前面諸氏“𢦏之”“爲李”的人數比例明顯相左。此外，簡 152 記有“王士之後𨛭賞”，④

① “王”，整理者原釋“壬”，巫雪如《包山楚簡姓氏研究》（第 31 頁）改釋。

② 巫雪如：《包山楚簡姓氏研究》，第 30—31 頁。

③ 不排除“𡎼坷”與“𨛭𫕢”係同一人的可能性，如然也不影響本文的結論。

④ 整理者在簡 155 下注“王士”：楚王之士。湖北省荆沙鐵路考古隊：《包山楚簡》，文物出版社，1991 年，第 51 頁注釋 293。

巫雪如懷疑與簡 119 背的“爲李”者鄴賞不是同一個人。[①]

10. 句氏

屬於這一群體的句氏僅簡 60 句[illegible]一人，據文例是“爲李”者。此外，包山簡中不屬於這一群體的句氏有兩人，分别是簡 28 的司敗郇㕣夷、簡 56 的郇逼。

11. 郘氏

包山簡中郘氏僅見簡 91“爲李”者郘從一人。

12. 登氏

簡 150 簽署“白路公慎，登行”，據文例兩人分别是“戠之”者、“爲李”者。作爲姓氏，“登”同“鄧”。包山簡中登氏共 44 人，是人數最多的一個姓氏，不過地位高者不多。[②]

13. ×路公

郯路公蠹(81、82)

兕路公角(18、86)[③]

羕路公(41)

郝路公壽(94)

白路公慎(150)

包山簡共見 5 位“×路公”，都是“戠之”者。路，簡文本作“逄”，一般認爲是行政區劃，下轄有基層政區“邑”。王準認爲路是中央直轄的行政組織。[④] 鄭威懷疑讀爲“落”，會聚落之意，是爲了安置滅於楚的列國遺族而設。[⑤] 郭濤認爲其級别大致與縣相當，是楚滅國爲縣的一種類型。[⑥] “公”是路的職官。路至少還有職官“尹”(如簡 128、141 等“郯路尹”，簡 143“鄗路尹”)。簡文對“路公”通常直書名，不署姓氏，或因姓氏與路的名稱相同所致，容另文討論。

14. 灊公朔

灊公朔(98)是“戠之”者。學者或認爲灊是縣名。[⑦] 從包山簡簽署内容和文

---

① 巫雪如：《包山楚簡姓氏研究》，第 70 頁。

② 參巫雪如：《包山楚簡姓氏研究》，第 120—121 頁。

③ “兕”字考釋參徐在國：《談楚文字中的“兕”》，《中原文化研究》2017 年第 5 期，第 10—12 頁。

④ 王準：《包山楚簡所見楚邑新探》，《中國史研究》2013 年第 1 期，第 20—22 頁。

⑤ 鄭威：《“夏州”小考——兼談包山楚簡“路”的性質》，《江漢考古》2014 年第 4 期，第 124 頁。據作者注，讀爲“落”承吴振武提示(第 125 頁注釋 21)。

⑥ 郭濤：《秦代南郡“陰”地考》，《中國歷史地理論叢》2015 年第 4 期，第 105 頁。

⑦ 參看朱曉雪：《包山楚簡綜述》，第 107—108、772、774 頁。

例看，簡文“公”字之前有訛脱“路”字的可能性，此處或本作“灊路公朔”，姑存疑備考。

三、“戠之”“爲李”群體中諸氏的分布與分工

爲方便討論，茲依上面的梳理，將“戠之”“爲李”群體列表（表 1 至 4）。姓名前括注“正”的，表示簡文或標署此人爲“正”、或省略“正”。附設“其他”欄，收録不屬於“戠之”“爲李”群體的同氏之人。暫將簡 187 的“正秀暘”納入“其他”。簡 77 的“正李㓷耴”，不能確定是李氏還是㓷氏，姑存疑未納入表格。各欄在人名最後括注該欄總人數。爲避繁瑣，將有異體的姓氏用字亦作統一。

表 1

姓氏	秀	旦	宵	㓷	羅
戠之	(正)秀不孫　秀免　(正)秀齊　秀履　秀倅　秀義　秀几(7)	(正)旦墇　旦娩　旦忎　旦佗(4)	宵逆　宵親　宵懷(3)	㓷勁　㓷諻　㓷紻(3)	(正)羅狂　(正)羅壽(2)
爲李	秀履　秀期　秀滭　秀紳　秀陷　秀㔾　秀□　秀亞　秀獲志(9)	旦坪　旦　旦尚　旦捭(4)	宵采　宵吴　宵㮚(3)	㓷猬　㓷勁　㓷蔡　㓷紳(4)	羅軍(1)
其他	司悳秀郘　秀偁　正秀暘(3)	旦熷　州加公旦秦(2)			羅角(1)

表 2

姓氏	義	疋	王
戠之	(正)義牢　(正)義强　義賠　義筐　義癸(5)	(正)疋期　(正)疋忻　疋署　疋崐　疋癰　疋越　疋獲　疋獻　疋吉(9)	王婁逯　王婁(2)
爲李	義得　義亞(2)	疋[illegible](1)	
其他		疋起(1)	王丹青(1)

表 3

姓氏	坐	句	郘	登
戠之	(正)坐得(1)			
爲李	坐坷 坐涧 坐傴 坐是舉 坐還 坐夏 坐[illegible] 坐賞、坐遶 坐倚(10)	句[illegible](1)	郘從(1)	登行(1)
其他	王士之後坐賞(1)	司敗句旮夷 句逼(2)		共 43 人

表 4

路公		附
戠之	郲路公蠚 兒路公角 羕路公 郕路公壽 白路公慎(5)	鄺公朔
爲李		
其他		

據表 1 至 3,"戠之""爲李"者來自秀、旦、宵、剴、羅、義、疋、王、坐、句、郘、登共 12 氏。[①] 表 1 旦、宵二氏各自的"戠之""爲李"的人數相同,秀、剴、羅三氏人數大體相當。表 2 義、疋二氏尤其是疋氏明顯以"戠之"爲主。據前面的梳理,這二氏"爲李"的情形有些特殊,似乎有主要與"戠之"者"×路公"配伍的迹象。或許因爲"×路公"的身份比較特殊,或級别本高於"正",其作"戠之"者時,本應爲"戠之"的兩氏之人轉而"爲李"。如然則進一步表明義、疋二氏主要爲"戠之"者。王氏僅 2 人,均爲"戠之"者。表 3 坐氏以"爲李"爲主;句、郘、登三氏各僅 1 人,都是"爲李"者。諸氏"戠之""爲李"者合計 71 人;除去登氏外,不屬於這一群體的合計 11 人。表 4 中的 5 位"×路公"和"鄺公朔"都是"戠之"者,惜姓氏不明。加上 6 位"戠之"的"公",包山簡"戠之""爲李"群體共計 77 人。

就目前資料看,包山簡中"戠之"者和"爲李"者的姓氏來源大體一致,且同姓氏之人通常在文書其他地方較少出現。早年間巫雪如在對包山簡所見姓氏作整體研究時,已經指出這一點,並考證認爲:出現在"××戠之""××爲李"簡文中的人,其姓氏在包山簡中是相當特别的一類,大多集中在幾個當時及後代罕見的姓氏中,如秀、疋、

① 巫雪如《包山楚簡姓氏研究》第 217 頁已經指出這一點。

狂、宵、義、旦等，它們大都是以楚地名爲氏，具有楚地方特色。[①] 通過我們的梳理，似乎諸氏在“戠之”“爲李”中的分布或分工也有規律可尋。羅、王、句、郘、登五氏的例子偏少，這裏姑且以有一定基數的秀、旦、宵、剭、義、疋、䇈七氏的情形爲據試作分析。首先，諸氏都能充任“戠之”者、“爲李”者。其次，諸氏在“戠之”“爲李”中的分工應有不同，有的主要爲“戠之”，有的主要是“爲李”。如大體並列此群體第二大姓氏的疋氏和䇈氏各有10人、11人，其中疋氏“戠之”者、䇈氏“爲李”者分别是9人、10人，相應地疋氏“爲李”者、䇈氏“戠之”者都是1人，二氏的職司明顯不同，即疋氏主要“戠之”（義氏可與之類比），䇈氏主要“爲李”。而此群體第一大姓氏秀氏，“戠之”者、“爲李”者分别是7人、9人，人數大體相當，看不出明顯的“戠之”“爲李”上的分工（旦、宵、剭氏可與之類比），跟疋氏、䇈氏又有所區别。

應該注意，《受幾》往往没有“爲李”的簽署，所以依據現有簽署的總體情況來考察諸氏在“戠之”“爲李”上的分布或分工，存在産生較大誤差的可能性。下面對簽署相對規範的《疋獄》單獨進行考察，先以姓氏爲綱將相關情況列表（表5），不止一次出現的人名後括注其出現的次數。

表5

姓氏	秀	旦	宵	義	疋	䇈	剭	郘	羅
戠之	（正）秀齊（2）	旦娩 旦岳 旦佗	宵逆	（正）義牢（4） 正義强 義癸	（正）疋期（3） 疋吉 疋忻				
爲李	秀履 秀期 秀溿 秀紳	旦坪 旦鐲 旦尚 旦捭（2）	宵采 宵昊	義得	疋[illegible]	䇈坷（2） 䇈洀 䇈傴 䇈是舉 䇈還	剭勁	郘從	羅軍

可以看到疋氏、義氏依然以“戠之”爲主，䇈氏則只有“爲李”者，只是用例較多的秀氏、旦氏，“爲李”者偏多於“戠之”者。但是綜合考慮，表5所呈現的諸氏在“戠之”“爲李”上的分布或分工，與表1至3不構成本質上的矛盾。那麽可以認爲，諸氏在“戠之”“爲李”上確實存在一定的分工或區别。

《疋獄》《集箸言》《貸金》的簽署方式説明，“戠之”者與“爲李”者是工作“搭檔”，這應該是制度規定。《疋獄》表明，一事各有一位“戠之”者、一位“爲李”者。“戠之”“爲

① 巫雪如：《包山楚簡姓氏研究》，第42、44、70、102頁。

李”者中都有人重複出現。《貸金》按“組”簽署,兩組的“訦之”者各爲一人,“爲李”者則分别有 2 人、8 人,這從側面説明,“訦之”者的身份或者説職位當高於“爲李”者,也在一定程度上佐證了“爲李”者的工作具有輔助性質的看法。需要强調,《貸金》第二組的 8 位“爲李”者,可能分别對應該組内八地的貸金事務,與一事有一位“爲李”者的常態隱合。據表 1 至 4,同一人爲“訦之”、又在其他場合“爲李”的情況只有秀履和剾勁兩例,可見“訦之”者和“爲李”者的身份雖然可以轉化,但還是比較穩定。

同一位“訦之”者,姓名前有時標注“正”,如“秀不孫”(簡 23)又作“正秀不孫”(簡 31)、“義牢”(簡 97)又作“正義牢”(簡 77)等。推測姓名前未見標注“正”的“訦之”者,其身份也都是“正”。除外,《疋獄》《受幾》《案卷》《集箸言》的“訦之”者中還有“路公”,與“(正)××訦之”相比,看不出兩者所“訦”之事務有什麽區别。據陳偉研究,《疋獄》《受幾》《貸金》等是左尹官署的工作記録或留存文書,而“××訦之”“××爲李”的簽署都出自左尹部屬。① “訦之”者的官職能够明確的只有“正”和“路公”,或許這些路公是在左尹官署兼職,因此跟“正”的職司、地位有了共通性。

還需提及,“訦之”“爲李”群體的姓氏主要是小姓氏,少見於文書的其他地方,但登氏是個例外。包山簡中登氏是大姓,而“訦之”“爲李”群體内登氏僅有簡 150 登行一人。

餘　　論

“××訦之”“××爲李”群體的姓氏集中,大都是具有楚地特色的小姓氏,且這些姓氏之人主要作爲文書簽署人出現,這自然令人想到其社會身份當具有某種特殊性和關聯性。巫雪如就此作過很有意義的探討,提出三種可能:其一,這些姓氏如秀、疋、旦、狂、義、宵等大都以地名爲氏,其人應當也多集中於同地,其地可能距離左尹官署所在地不遠,因此出現諸多姓氏相同之人供職於左尹官署的情況。其二,同一姓氏的人屬於同一個家族,楚國有同一家族之人任職於同一官署的慣例。其三,這些姓氏相同的人,可能與傳世文獻中的“世吏”(指世世爲吏)有關。② 這三種可能彼此有所關聯,其中第三種想法更值得注意。周代爲世官制,各行業世代相傳,直至戰國,族與生

① 陳偉:《包山楚簡初探》,武漢大學出版社,1996 年,第 45—47、54—55、64 頁。還需要留意,張伯元認爲包山文書簽署人“可能附屬於地方的行政官員和書吏,或爲楚王府、左尹官府派出的屬官”,見氏作:《包山楚簡案例舉隅》,第 304 頁。

② 巫雪如:《包山楚簡姓氏研究》,第 217 頁。

業依然關係密切。睡虎地秦簡《秦律十八種・内史雜》簡 191"非史子也,毋敢學學室,犯令者有罪",整理者注釋説"古時以文書爲職務的史每每世代相傳",①徐富昌認爲這反映秦代仍有世官的遺存,②邢義田提出"恐怕不限於文書之史,一般小吏都是如此","除了學校,父子相承習法,在西漢不乏其例"。③ 包山簡"××戠之""××爲李"一類的簽署人,也許大都是這樣的世傳小吏。④ 尤其是如果"李"確實用作"史",世傳吏的可能性就更大了。這種世業,秦漢時代發生變化,主要集中於包括"史"在内或者可以説以"史"爲代表的一些帶有專業技能性質的職業上,文獻中或稱之爲"疇官""疇人"。⑤

此外,"戠之""爲李"群體内諸氏存在一定程度的分工,如疋氏以"戠之"爲主,尚氏以"爲李"爲主,因此這一群體内部的世業,應當也有一定的性質或地位差異。不過這種差異不會很大,如秀氏、旦氏、宵氏之人或"戠之"或"爲李",人數比例上看不出明顯區别,這可能因爲二者的工作關係密切、身份性質本來接近,而"戠之"者能力較强、級别較高。張家山漢簡《二年律令・史律》規定,史、卜、祝學童依據考课成績安排職役,⑥可以作爲參考。

附記:

本文初稿蒙朱曉雪博士、鄭伊凡博士指正,博士生劉松清惠爲提供參考資料,謹此致謝。鄭伊凡博士提示筆者:包山楚簡多見姓氏,應與楚(尤其是官文書中)的稱氏習慣分不開,這一點在與秦的對比之下更顯特别。後來學習到張淑一、明鏡《戰國楚簡公文書人名記寫形式論議——兼與秦簡記名的比較》(《史學集刊》2022 年第 2 期)中有類似意見。請讀者參考。筆者謹記。

---

① 睡虎地秦墓竹簡整理小組:《睡虎地秦墓竹簡》,文物出版社,1990 年,"釋文注釋"第 63 頁。

② 徐富昌:《睡虎地秦簡研究》,文史哲出版社,1993 年,第 359 頁。

③ 邢義田:《從戰國至西漢的族居、族葬、世業論中國古代宗族社會的延續》,載黄寬重、劉增貴主編:《家族與社會》,中國大百科全書出版社,2005 年,第 118 頁;原載《新史學》第 6 卷第 2 期,1995 年。巫雪如已經提示此文。

④ 陳偉據簡 141—142 提出,"戠(職)之"者上面還有左尹及其屬員,所謂"戠(職)之"實爲具體操辦某事,"爲李"者是"戠之"者的輔佐。朱曉雪認爲可以肯定"戠之""爲李"者地位不高,應該只是左尹官署的辦事人員。陳偉:《包山楚簡初探》,第 42—44 頁;朱曉雪:《包山楚簡綜述》,第 72—73 頁。

⑤ 參看鄭伊凡:《秦至西漢疇官身分與職役》,《歷史研究》2024 年第 4 期。

⑥ 張家山二四七號漢墓竹簡整理小組:《張家山漢墓竹簡〔二四七號墓〕:釋文修訂本》,文物出版社,2006 年,第 80—81 頁。

"舄"字略説*

——兼釋清華簡《子儀》篇的" "字

郭理遠

中國美術學院漢字文化研究所

《説文》:"舄,䧿也。象形。䧿,篆文舄从隹、昔。"①在典籍和金文中,"舄"字常用來表示"複履"義。《釋名·釋衣服》:"履,拘也,所以拘足也。複其下曰舄。舄,腊也。行禮久立,地或泥濕,故複其末下,使乾腊也。"可見舄是一種行禮或穿越泥濕之地的時候穿的鞋子。

西周、春秋金文中確定的"舄"字的字形可以分爲以下幾類:②

* 本文得到浙江省冷門絶學重點課題"楚地出土文獻疑難字詞的整理與研究"(22LMJX01Z)、古文字與中華文明傳承發展工程規劃項目"楚簡書法研究"(G3928)、中國美術學院基本科研業務費項目"近出古文獻字詞考釋"(YW2024SK09)的資助。

① 研究《説文》的學者多已指出"昔"下當有"聲"字,參看丁福保:《説文解字詁林》,中華書局,1988年,第4286—4288頁。

② 嚴一萍釋甲骨文"雈"字爲"舄",認爲其字爲从隹,止聲,按"止""舄"古音分别爲之部、鐸部,並不相近,此説不可信(他又認爲金文"舄"字爲甲骨文"雈"字之訛,亦不可信,詳下文)。李孝定認爲甲骨文"雈"字上部的"止"形是舄之毛冠,並非从止得聲,但他仍讚同嚴一萍釋爲"舄"(二説並見李圃主編:《古文字詁林》第四册,上海教育出版社,2000年,第263頁)。季旭昇釋甲骨文 字爲"舄"(季旭昇:《甲骨文字根研究》,文史哲出版社,2003年,第349頁),僅據字形推測,並無確證,宜存疑。據目前的研究來看(一般的甲骨文工具書均未設立"舄"字字頭),甲骨文中似無"舄"字。金文中還有一些被學者釋爲"舄"的字,未獲公認,我們未列出,如宋右師延敦(《銘圖》06074)的 (器)、 (蓋),曾子斿鼎(《集成》02757)的 ,倣 白戈(《集成》11333)的 【編按:宋右師延敦之字,作者後來改釋爲"乍",見郭理遠:《宋右師延敦銘文補説》,《出土文獻》2020年第3期,第62—68頁】。伯晨鼎(《集成》02816)的 字,一般學者多據文例將其釋爲"舄",字編類工具書也都收入此字,但其字形與一般的"舄"字不類,張亞初認爲此 (轉下頁)

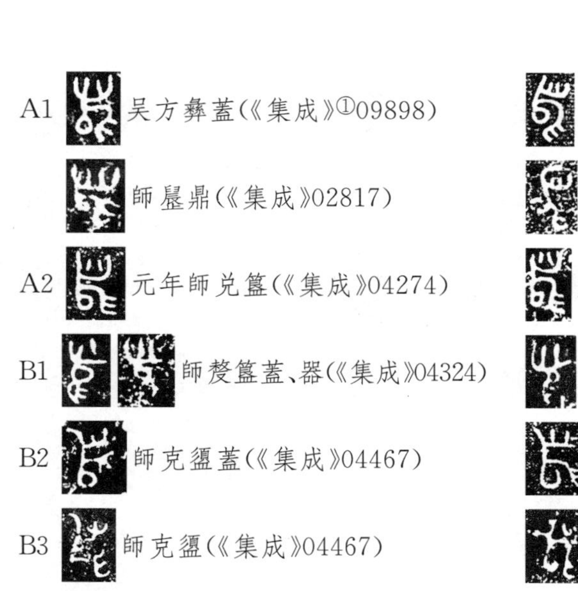

A1 吴方彝蓋(《集成》[1]09898)　十三年瘐壺乙蓋(《集成》09723)

師晨鼎(《集成》02817)　衍簋(《銘續》[2]455)

A2 元年師兑簋(《集成》04274)　元年師兑簋蓋(《集成》04274)

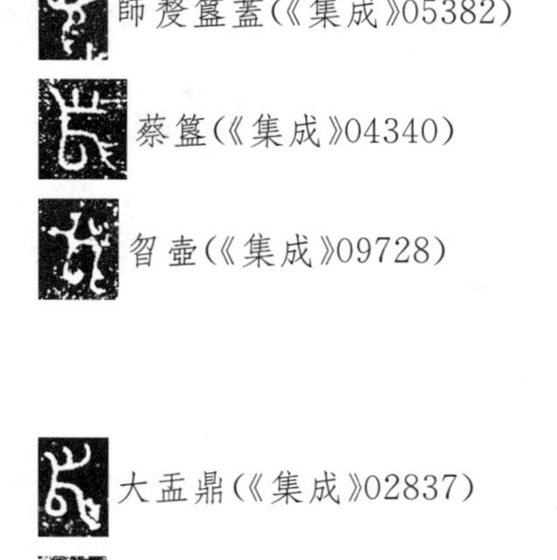

B1 師嫠簋蓋、器(《集成》04324)　師嫠簋蓋(《集成》05382)

B2 師克盨蓋(《集成》04467)　蔡簋(《集成》04340)

B3 師克盨(《集成》04467)　曶壺(《集成》09728)

麥尊(《集成》06015)

B4 九年衛鼎(《集成》02831)　大盂鼎(《集成》02837)

C1 弭叔師察簋(《集成》04253)　弭叔師察簋(《集成》04254)

C2 (水平翻轉後作)弭伯師耤簋(《集成》04257)

C3 師虎簋(《集成》04316)

D1 ( )卌三年逑鼎癸(《吉金鑄華章》第 126 頁[3])

卌三年逑鼎己(《銘圖》[4]02508)

(接上頁) 字是一個人脚上穿鞋子的會意字(張亞初:《古文字分類考釋叢稿》,《古文字研究》第 17 輯,中華書局,1989 年,第 239 頁),不一定可信。伯晨鼎字形訛省嚴重(如"韋"旁作 、 ,"瀍"字作 ,"障"字作 等),也有誤字("旂"字與"旅"同形),此字有可能是省訛較爲嚴重或筆畫有誤的"舄"字,當然也有可能並非"舄"字(僅從字形上看,疑與"㫃"有關)。

① 中國社會科學院考古研究所編:《殷周金文集成(修訂增補本)》,中華書局,2007 年。

② 吴鎮烽編著:《商周青銅器銘文暨圖像集成續編》,上海古籍出版社,2016 年。

③ 陝西省考古研究院、寶雞市考古研究所、眉縣文化館編著:《吉金鑄華章:寶雞眉縣楊家村單氏青銅器窖藏》,文物出版社,2008 年,第 87 頁。《銘圖》02507 爲甲器拓片之誤植。

④ 吴鎮烽編著:《商周青銅器銘文暨圖像集成》,上海古籍出版社,2012 年。

D2 卌三年逑鼎甲(《銘圖》02503)　卌三年逑鼎乙(《銘圖》02504)

卌三年逑鼎丁(《銘圖》02506)

D3 卌三年逑鼎辛(《銘圖》02510)　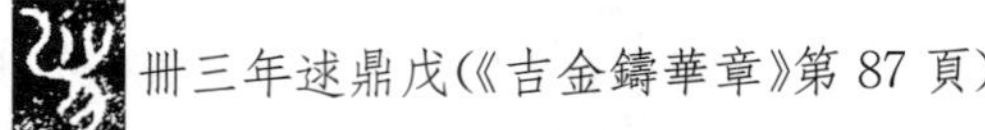卌三年逑鼎戊(《吉金鑄華章》第87頁)

D4 卌三年逑鼎丙(《銘圖》02505)

E1 差鐘　差鎛①

E2 曐盨(《集成》04469)

F 伯舄戈(《銘圖》16629)

A類字形較爲規整,其他幾類字形與之相比都有一定程度的省簡,當是較爲原始的字形。② 爲方便描述,我們姑且將其筆畫拆分爲“”形、“”形和“”形。A類字形已經見到“”形外框的左弧筆和“”形的豎筆結合起來的寫法(這種寫法在下面的幾類字形中多見),A2“”形内的兩豎筆脱離出去,作“八”形。B類字形中“”形均省去一筆,其中B1、B2的右弧筆省去,B4可以看作“”形的兩個豎筆省去一個;B1的“”形和“”形合寫,與“隹”類似。C類字形的“”形和“”形合寫作“”形,“”形也有訛變,其中C1“”形中的兩豎筆變爲横筆,C2訛變的“”形與合寫的“”形和“”形分離,C3則變爲上下對稱的結構。D類字形中合寫的“”形和“”形訛變得比較厲害,其中D1尚能見到“O”形,D2、D3、D4則不見封閉的“O”形,變爲弧筆,D2、D4的弧筆格外扭曲;D4“”形中的兩豎筆已脱離

① 此二器爲私人收藏的春秋中期晉國器,暫未公布。

② 在列舉金文“舄”字字形的幾種工具書中,第三版《金文編》(容庚:《金文編》,科學出版社,1959年,第210頁)、《古文字譜系疏證》(黄德寬主編:《古文字譜系疏證》,商務印書館,2007年,第1608頁)即將吴方彝的字形列爲首字,第四版《金文編》(容庚:《金文編》,中華書局,1985年,第266頁)、《金文形義通解》(張世超等:《金文形義通解》,日本京都中文出版社,1996年,第928頁)、《古文字類編》(高明、涂白奎:《古文字類編(增訂本)》,上海古籍出版社,2008年,第1373頁)、《説文新證》(季旭昇:《説文新證》,藝文印書館,2014年,第310頁)、《字源》(李學勤主編:《字源》,天津古籍出版社,2012年,第334頁)、《新金文編》(董蓮池編著:《新金文編》,作家出版社,2012年,第455頁)則把大盂鼎的字形列爲首字。我們認爲第三版《金文編》和《古文字譜系疏證》將吴方彝的字形視爲較爲原始的字形是可取的。

“”形底部。E類字形訛變得比較厲害，E1、E2左側爲合寫的“”形和“”形，E1寫法與D3、D4、D5類似，E2與C類寫法同。其右側是分離出去的訛變的“”，與C2是類似的現象（“烏”字字形也有類似的演變），E2上部僅剩“八”形，E1中“八”形下尚有短横或小點當是“”形底部的省寫。F類字形較爲特殊，有可能是從C類寫法演變而來。

上舉金文中“舄”字的釋讀基本没有什麽困難，蔡簋、𨟭盨中的“舄”字，宋人已經釋出。[①] 在字形的説解上，大多數學者讚同《説文》“象形”的説法，如許瀚認爲師虎簋字象鵲飛之形；林義光認爲師虎簋的字形較爲原始，象張兩翼形，吴方彝、大盂鼎之形由其演變而來；高鴻縉讚成林義光的説法，並補充説其形似鳥而羽旁有白條；[②]《字源》認爲大盂鼎字形爲初文，象鳥張翅飛象之形；[③]季旭昇認爲字象鵲形，其中的“O”形是鳥體的簡化；[④]何琳儀、[⑤]《古文字譜系疏證》[⑥]均籠統説字象鵲形。也有學者認爲此字應分析爲形聲字，如馬叙倫認爲“”象鳥形，疑“”爲齒之初文，“舄”字是从鳥、聲的形聲字。嚴一萍釋甲骨文“雈”字爲“舄”，認爲金文中大盂鼎、師虎簋、師嫠簋字形較原始，下部爲“隹”之訛，上部爲“止”，分析爲从隹，止聲。[⑦]

根據我們上文對字形的排比，可以看出師虎簋的字形（即C1）應是從C3簡省而來，整個字的表意性已經遭到了破壞，許瀚、林義光、高鴻縉等人據之説解字形當不可信。《金文形義通解》已經指出“林、高所言，乃據《説文》而發揮者，於金文字形僅得見所謂‘兩翼形’而無所尋其首尾。且形僅見而非早期器銘，故‘舄’初形所象有疑”，[⑧]是很有道理的。馬叙倫認爲“舄”字上部爲“齒”之初文，按甲骨文中“齒”之初文作、等形，西周金文中未見齒字，但東周文字中“齒”字所从初文尚作，[⑨]與“”是有區别的。嚴一萍認爲“舄”字上部爲“止”，從字形上看也不可信。本文第250頁注②已經説過，“止”“舄”二字古音並不相近（“齒”从“止”得聲），因此這兩種把“舄”字分析爲形聲字説法

---

① 蔡簋見《歷代鐘鼎彝器款識法帖》133，𨟭盨見《考古圖》3.39、《歷代鐘鼎彝器款識法帖》152，分别見中華書局編：《宋人著録金文叢刊初編》，中華書局，2005年，第389、63、398頁。

② 以上諸説並見周法高主編：《金文詁林》第4册，香港中文大學，1975年，第2440—2442頁。

③ 李學勤主編：《字源》，第334頁。

④ 季旭昇：《甲骨文字根研究》，第349頁。

⑤ 何琳儀：《戰國古文字典——戰國文字聲系》，中華書局，1998年，第576頁。

⑥ 黄德寬主編：《古文字譜系疏證》，第1608頁。

⑦ 此二説並見《古文字詁林》編纂委員會編纂：《古文字詁林》，第4册，第261—263頁。

⑧ 張世超等：《金文形義通解》，第928—929頁。

⑨ 字形參看黄德寬主編：《古文字譜系疏證》，第110頁。

是完全靠不住的。

《説文》認爲“舄”字象形的説法,是基於小篆字形的。“舄”字《説文》篆形作“”,高鴻縉據石鼓文“寫”字(作等形)所从指出其上部有誤。[1] 其實這種上部从“臼”的寫法不止見於小篆,睡虎地秦簡中“寫”字作、,里耶秦簡“寫”字作,[2]均是其類。可見這種寫法在戰國時期已經存在。秦文字中的“舄”旁的下部與“鳥”的下部完全相同。

“舄”字中的“”形在“鳥”類字中也常常見到,如“烏”字:

表 1

西周			春秋	戰國	
毛公鼎 《集成》02841	𢦚鼎 《集成》02824	叔趯父卣 《集成》05428	僕兒鐘 《集成》00183	荆曆鐘 《集成》00038	清華簡《程寤》

“烏”字是在鳥形上部畫出張開的鳥喙,孫詒讓指出“上爲開口盱呼形”。[3] 後來其口形的右上筆與鳥形脱離,並逐漸變爲“人”形,鳥形則變爲“”(其下部的斜筆或爲三畫、或爲兩畫)。在戰國文字中,“”形下部的斜筆變爲横筆,並與竪筆脱離,移到“人”形的下面。另外,在晉系文字中,一些从“鳥”之字的“鳥”旁也常常見到“”形的寫法。[4]

“”形同見於“舄”字和一些鳥類字形,似乎也能説明“舄”字字形與鳥形有關。但是,通過仔細觀察,我們會發現二者還是有一些不同的。首先是來源不同。“舄”字中“”形來自合寫的“”形和“”形,而鳥類字形中的“”形則是鳥形的省變。其次,筆畫不同。“舄”字中“”形右下的斜筆爲兩畫,較爲固定,而鳥類字形中的“”形則有三畫的寫法。再次,出現時間不同。就目前資料來看,“舄”字中“”形的寫法出現得較早,在西周時期的C類、D1、E2等字中已經形成,而一些鳥類字形中的“”形則

① 周法高主編:《金文詁林》第4册,第2442頁。

② 王輝主編:《秦文字編》,中華書局,2015年,第1179—1180頁。另外,里耶秦簡中“寫”尚有未訛變的寫法,如(8-135)、(8-663)。

③ 周法高主編:《金文詁林》第4册,第2436頁。

④ 湯志彪編著:《三晉文字編》,作家出版社,2013年,第534—542頁。

到春秋以後才出現。

因此,""形雖同見於"舄"字和一些鳥類字形,但實際上是來源不同的構件演變成同形而已。而"舄"字較原始的 A 類字形,則完全看不出和"鳥"類字形的關係。

我們再來看"舄"字的用法。上舉金文中除伯舄戈爲人名外,餘皆用爲"複屨"義。[1] 戰國文字中,也有幾例確定的"舄"字。楚文字中"舄"字作(信陽簡 2－07)、(信陽簡 2－024),[2]與上舉 F 類是同樣的寫法,[3]在簡文中讀爲"錯"。齊文字中"舄"字作,[4]其形與上舉較爲原始的 A 類字形一致,唯其上下部分斷開,上部的"八"形筆畫有交合,[5]此字何琳儀懷疑讀爲"寫"。[6] 秦文字中"舄"字作,[7]是單字璽,可能是人名。[8] 在傳世典籍中,除字書外也從没見到有鵲義的"舄"字。[9]

就目前資料來看,"鵲"字至遲在戰國文字中已出現,如上博簡《孔子詩論》中三見"鵲"字(均爲《詩經》篇名《鵲巢》),[10]温縣盟書中有人名"鵲",[11]睡虎地秦簡中有"誰"字。[12]《説

---

① 其中除九年衛鼎外,其他各器的"舄"都是賞賜物。九年衛鼎"㸚舄甬(筩)皮二"句,唐蘭先生認爲"㸚"是受賞賜的人名,"舄甬皮"是鞋筩的皮(唐蘭:《陝西省岐山縣董家村新出西周重要銅器銘辭的譯文和注釋》,原載《文物》1976 年第 5 期;收入《唐蘭先生金文論集》,紫禁城出版社,1995 年,第 194—204 頁)。

② 前字考釋見朱德熙、裘錫圭:《信陽楚簡考釋(五篇)》,《考古學報》1973 年第 1 期;又朱德熙:《朱德熙古文字論集》,中華書局,1995 年,第 69 頁。後字考釋見李家浩:《信陽楚簡中的"柿枳"》,《簡帛研究》第 2 輯,法律出版社,1996 年,第 8 頁。

③ 伯舄戈字即爲張光裕、吴振武根據朱德熙、裘錫圭文所釋,見張光裕、吴振武:《武陵新見古兵三十六器集録》,《香港中文大學中國文化研究所學報》1997 年第 6 期,第 337 頁。

④ 孫剛:《齊文字編》,福建人民出版社,2010 年,第 90 頁。

⑤ 類似情況可與"臼"旁類比:、(湯餘惠主編:《戰國文字編》,福州:福建人民出版社,2001 年,第 491 頁)。

⑥ 何琳儀:《戰國古文字典——戰國文字聲系》,第 576 頁。

⑦ 許雄志編:《秦印文字彙編》,河南美術出版社,2001 年,第 72 頁。

⑧ 上博簡《孔子見季桓子》簡 5 有字,郭永秉根據吴振武的意見,懷疑此字上从"舄",表鞋義,下从"尾(屖)"聲,是"屣"的專字(郭永秉:《上博竹書〈孔子見季桓子〉考釋二題》,《文史》第 4 輯,中華書局,2011 年;收入《古文字與古文獻論集續編》,上海古籍出版社,2015 年,第 235 頁)。

⑨ 宗福邦等:《故訓匯纂》,商務印書館,2003 年,第 1890—1891 頁。

⑩ 徐在國:《上博楚簡文字聲系(一～八)》,安徽大學出版社,2013 年,第 1564 頁。

⑪ 魏克彬:《温縣盟書 T4K5、T4K6、T4K11 盟辭釋讀》,《出土文獻與古文字研究》第 5 輯,上海古籍出版社,2013 年,第 338 頁(釋文)、第 339 頁(圖版)。

⑫ 張守中撰集:《睡虎地秦簡文字編》,文物出版社,1994 年,第 56 頁。此爲日書甲種簡 119 圖表上的"誰門",對應簡 114 的"顴(顧)門",參看陳偉主編:《秦簡牘合集[壹]・睡虎地秦墓簡牘》,武漢大學出版社,2014 年,第 409—410 頁注 15。

文》最早將“舄”與“鵲”聯繫起來,但從字形和用法兩方面看,“舄”象鵲形説是經不起推敲的,其字形本義當存疑。

清華簡《子儀》篇簡 18 有字作、。整理者隸作“鴬”,認爲字形與《説文》古文“於”接近,又懷疑是“烏”之專字,或从龹省聲讀爲“鸛”,字表附於“於”字後。① 楊蒙生隸作“鴩”,讀作“鸛”。②

將此字左旁隸定爲“鳥”其實是有問題的,雖然“鳥”旁寫作“”見於“烏”字和晉系文字中的“鳥”旁,但“烏”字是整體象形字,不可拆分,而楚系文字的“鳥”旁多有“目”形,與此不同。

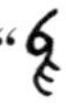

我們認爲此字應釋爲“舄”,其形與上舉金文“舄”的 C2 字形最近似,其左旁與 C2 同,唯其右側“八”下多出兩横。C1 右旁的“八”形下尚有短横或小點,這兩横應是由短横或小點變來的,類似情況可參看“龹”旁的演變。③

釋此字爲“舄”還有一個讀音上的旁證。上博簡《采風曲目》簡 4 有“()”字,整理者闕疑未釋。④《上海博物館藏戰國楚竹書(一—五)文字編》⑤和《上博藏戰國楚竹書字匯》⑥都將它列入存疑待考字中。季旭昇先生隸定爲“鷨”,疑此字左旁从“鳥”殘,“厽”旁作用待考,右旁下从“皋”,“皋”可視爲聲符,字似可讀爲“翱”。⑦張通海先生認爲左半是“糸”,右半上部是“龹”,下部是“臭”,應釋爲“絭線”二字,讀爲“歡樂”。⑧

---

① 清華大學出土文獻研究與保護中心編,李學勤主編:《清華大學藏戰國竹簡(陸)》,中西書局,2016 年,第 134 頁注 51,第 171 頁。

② 楊蒙生:《清華六〈子儀〉篇簡文校讀記》,清華大學出土文獻研究與保護中心網,2016 年 4 月 16 日,http://www.ctwx.tsinghua.edu.cn/publish/cetrp/6831/2016/20160416052732765197964/20160416052732765197964_.html。

③ 參看蘇建洲、吴雯雯、賴怡璇:《〈繫年〉集解》,萬卷樓圖書股份有限公司,2013 年,第 804—806 頁;謝明文:《金文叢考(二)》,《出土文獻綜合研究集刊》第 3 輯,西南師範大學出版社,2015 年,第 26—37 頁。這兩横也有可能是與、等字類似,是在 E2 的基礎上在右下空白處加的飾筆,但 E2 是宋人摹刻本的字形,可能在摹刻、流傳過程中會有筆畫出入。

④ 馬承源主編:《上海博物館藏戰國楚竹書(四)》,上海古籍出版社,2004 年,第 168 頁。

⑤ 李守奎、曲冰、孫偉龍:《上海博物館藏戰國楚竹書(一—五)文字編》,作家出版社,2007 年,第 682 頁。

⑥ 饒宗頤主編:《上博藏戰國楚竹書字匯》,安徽大學出版社,2012 年,第 821 頁。

⑦ 季旭昇:《〈上海博物館藏戰國楚竹書(四)〉讀本》,萬卷樓圖書股份有限公司,2007 年,第 22 頁。

⑧ 張通海:《釋楚系簡帛中的幾個合文》,《紀念何琳儀先生誕辰七十週年暨古文字學國際學術研討會會議論文集》,第 224—225 頁;《讀〈上博四〉隨記(三則)》,《漢語言文字研究》第 1 輯,上海古籍出版社,2015 年,第 214—215 頁。

此字除去右下的“臭”之後的字形，顯然與上舉《子儀》篇的字是同一個字，[①]“臭”當從季旭昇和張通海視作聲符。“臭”在古文字中多用爲鐸部字或鐸部字的聲符，恰與“舄”之讀音相近。[②] 可惜其簡殘損，無法確定字義。

把《子儀》篇的“□”字釋爲“舄”，義爲穿越泥濕之地時穿的鞋子，從文意看要比釋作鳥類字合適。簡文作：

> （子儀）曰：“臣贎（觀）於漳籞（澨），見敢舄适（徛）凄（濟），不夂（終），需（濡）舄。臣亓（其）歸而言之。……”

“漳”是水名，見於同篇簡 6。“澨”字整理者釋爲水邊、涯岸，可從。“敢”在“舄”之前，當是動作，或可讀爲“着”。《詩經·邶風·静女》：“搔首踟躕。”《説文》：“躇，峙躇，不前也。从足、屠聲。”《説文繫傳》引詩作“搔首跱躇”。可證豆聲字與者聲字音近。着即穿着，《周禮·天官·屨人》“屨人掌王及后之服屨。爲赤舄、黑舄，赤繶、黄繶；青句，素屨；革屨”，鄭玄注：“天子諸侯吉事皆舄，其餘唯服冕衣翟著舄耳。”“适”字整理者釋爲“徛”之異體，並引《説文》：“徛，舉脛有渡也。”又説指放在水中用以過河的石頭或渡橋。按後説大概本於《爾雅·釋宫》“石杠謂之徛”，此句郝懿行義疏曰：“徛，本渡水之名，因以爲布橋名。”《説文》訓“舉脛有渡也”，《玉篇》作“舉足以渡也”，“徛”又从彳，應指渡水的動作，“徛”“濟”當是同義聯用。“需”整理者訓爲等待，按應讀爲“濡”。整段話是講子儀在漳水邊遊玩，看到（有人）穿舄渡河，没有渡過去，弄濕了舄。

附記：

本文在寫作過程中得到謝明文、傅修才二位先生的幫助，謹致謝忱。

2016 年 12 月 21 日

編按：

此文爲作者於 2016 年 12 月 23 日至 25 日参加北京大學出土文獻研究所主辦的“商周金

---

① 唯右上撇捺之間有圓點，這種字形在“关”形的演變中也有。

② “舄”與“澤”有互爲異文的例子，《史記·河渠書》“溉澤鹵之地”，司馬貞索隱：“澤，一作舄。”“舄”與“鵲”音近，“昔”聲字與“睪”聲字也音近，《墨子·尚同中》“古者上帝鬼神之建設國都立正長也，非高其爵、厚其禄、富貴佚而錯之也”，畢沅云：“錯，讀如舉措。”《尚同下》類似文句作“是故古者天子之立三公、諸侯、卿之宰、鄉長家君，非特富貴游佚而擇之也”，孫詒讓云：“擇，當依中篇讀爲措。”（〔清〕孫詒讓撰：《墨子閒詁》，中華書局，2001 年，第 86、91 頁）

文、青銅器與商周歷史”博士生論壇時宣讀的會議論文，當時作者正在復旦大學出土文獻與古文字研究中心攻讀博士學位。作爲在讀學生第一次參加學術會議的論文，現在讀來頗覺稚嫩，但結論似仍有理，因此在基本保存原貌的基礎上發表於此，以慶祝中心成立二十週年，並懷念在中心的求學時光。

2024 年 7 月 9 日

《老子》第二章與《莊子·秋水》篇比較研究

劉　剛

安徽大學文學院

一、《老子》第二章解釋

《老子》(唐易州龍興觀《道德經》碑本)第二章云:

> 天下皆知美之爲美,斯惡已;皆知善之爲善,斯不善已。故有無相生,難易相成,長短相形,高下相傾,音聲相和,前後相隨。是以聖人處無爲之事,行不言之教。萬物作而不辭,生而不有,爲而不恃,成功不居。夫唯不居,是以不去。

王弼注:"美惡猶喜怒也,善不善猶是非也。喜怒同根,是非同門,故不可得而偏舉也。此六者(指有無、難易、長短、高下、音聲、前後)皆陳自然不可偏舉之名數也。"[①]説明事物正反兩方面是相輔相成、互相依存的。後世的研究者或把第一句話解釋爲"天下都知道美之所以爲美,醜的觀念也就産生了;都知道善之所以爲善,不善的觀念也就産生了"。[②] 這一觀點强調了"美"與"惡"、"善"與"不善"對立的一面,却忽略了矛盾雙方統一的一面,恐怕是有問題的。

郭店簡《老子》與第二章首句對應的文字作"天下皆知美之爲美,惡已;皆知善之

---

① (魏)王弼注,樓宇烈校釋:《老子道德經注》,中華書局,2011 年,第 7 頁。

② 陳鼓應:《老子今注今譯》,中華書局,2020 年,第 60 頁。王力主編《古代漢語(校訂重排本)》(中華書局,1999 年,第 374 頁)把前半句翻譯成"如果天下人都知道美好的東西是美的,就顯露出醜來了",意思與之近似。

爲善,此其不善已”。[①] 省去了前一個“斯”,後一個“斯”則作“此其”。[②] 這樣一來,更加明確了“惡”指代的對象是“天下皆知美之爲美”,“不善”指代的對象是“皆知善之爲善”。朱謙之先生把《老子》第二章首句譯爲“故有美者,則有更美者與之相争,而美之爲美斯不美已。有善者,則有更善者與之相争,而善之爲善斯不善已”,[③]應該比上面那種看法更有道理。

《老子》第二章上半部分的本義,不是爲了説明矛盾的雙方相互呈現,而是側重於矛盾雙方的相互轉化。在特定的條件和環境下,“美”可能轉化成“惡”,“善”也可能轉化成“不善”。第十一章云“三十輻共一轂,當其無,有車之用。埏埴以爲器,當其無,有器之用。鑿户牖以爲室,當其無,有室之用。故有之以爲利,無之以爲用”,有助於我們理解“有”和“無”這一對矛盾體的對立統一關係。同理,“難”與“易”也是相對而言的,在“更難”面前,“難”就變成了“易”。對“長短”“高下”“音聲”“前後”等關係的認識,可以據此類推。

前文所得到的結論還可以從文本結構上進行驗證。第二章在“聖人處無爲之事,行不言之教”句之前,使用了“是以”這個連詞,揭示出上下文之間存在因果關係。如果僅僅因爲“美”與“惡”、“善”和“不善”等矛盾體相互依存、相互呈現,就推斷出聖人應當“無爲而治”這一結果,是不太合理的。老子想要表達的是:“美”和“善”這些概念都具有相對性,並不存在一個“放之四海而皆準”的“美”和“善”,也不能制定絶對的標準來規範和定義它。社會上的一切事物皆應作如是觀,然則“無爲而治”才具有邏輯上的合法性。

二、《莊子·秋水》篇與《老子》第二章的對應關係

《莊子·秋水》是郭象注本外篇十五篇之一,[④]其確切成書時代尚存争議,大致出自莊子後學之手。陳引馳先生指出,此篇結構井然,逐層推進而自成統緒。[⑤] 但在一

① 荆門市博物館:《郭店楚墓竹簡》,文物出版社,1998 年,第 112 頁;楊炳安著,楊雯整理:《老子古本合校》,中華書局,2014 年,第 8 頁。

② “此”用作指示代詞還是連詞,學者有不同的認識,相關的討論參看李天虹:《讀荆州王家嘴楚簡〈孔子曰〉劄記》,《出土文獻研究》第 22 輯,中西書局,2024 年,第 65 頁。

③ 朱謙之:《老子校釋》,中華書局,1984 年,第 8 頁。

④ 據《世説新語·文學》的記載,唯《秋水》《至樂》兩篇注出自郭象本人,其餘諸篇沿襲向秀注。

⑤ 陳引馳:《無爲與逍遥:莊子六章》,中華書局,2016 年,第 200 頁。

般的讀者看來,《莊子・秋水》的行文"忽而叙事,忽而引證,忽而譬喻,忽而議論",不免有天馬行空、變幻莫測之感,影響了對其主旨的理解,以至於有學者認爲其中一些章節並非《莊子・秋水》原文,而是後人模擬附益而成。①

我們發現《莊子・秋水》與《老子》第二章似乎存在某種聯繫,爲方便比較,先將二者的對應關係通過表格的形式展示出來,然後加以説明。

	《老子》第二章	《莊子・秋水》
第一部分	天下皆知美之爲美,斯惡已;皆知善之爲善,斯不善已。故有無相生,難易相成,長短相形,高下相傾,音聲相和,前後相隨。	自"秋水時至,百川灌河。涇流之大,兩涘渚崖之間,不辯牛馬。於是焉河伯欣然自喜,以天下之美爲盡在己"至"故曰,無以人滅天,無以故滅命,無以得殉名。謹守而勿失,是謂反其真"。(七問七答) "夔憐蚿,蚿憐蛇,蛇憐風,風憐目,目憐心"章
第二部分	是以聖人處無爲之事,行不言之教。	"孔子遊於匡,宋人圍之數匝,而弦歌不輟"章 "公孫龍問於魏牟"章
第三部分	萬物作而不辭,生而不有,爲而不恃,成功不居。夫唯不居,是以不去。	"莊子釣於濮水"章 "惠子相梁,莊子往見之"章
第四部分		"莊子與惠子遊於濠梁之上"章

《莊子・秋水》第一部分主要記述了河伯與北海若的七問七答。河伯在見到北海的一望無垠之後,意識到此前的"夜郎自大",於是"望洋興歎",向北海若俯首稱臣。北海若云"我在天地之間,猶如太倉一粟、九牛一毛"。河伯接着依次提出問題"可否以天地爲大,以毫末爲小""世俗對小大標準的設定是否符合事實""如何區别貴賤、小大""應該做什麽,不該做什麽""爲何要以道爲貴""自然和人爲的界限是什麽"。北海若的一系列回答,刻意誇大事物的相對性,進而得出"貴賤""小大""多少"皆不可以區分的結論,主張本乎天道以行,而終歸於"無爲"。② "夔憐蚿,蚿憐蛇,蛇憐風,風憐目,目憐心"章則論述了"强弱""勝負"等矛盾體的相對性,實質上是對前文的補充。綜合來看,與《老子》第二章第一部分的主旨相同。

第二部分"孔子遊於匡,宋人圍之數匝,而弦歌不輟"章描繪了一個"知窮之有命,

① 鍾泰:《莊子發微》,上海古籍出版社,2022 年,第 339、366—367 頁。

② 陳鼓應:《莊子今注今譯(最新修訂重排本)》,中華書局,2009 年,第 441—462 頁。鍾泰《莊子發微》合後二問答爲一,共計六問六答(第 355 頁)。

知通之有時,臨大難而不懼”的“聖人”形象,這與同屬於《莊子》外篇的《胠篋》《駢拇》《馬蹄》等猛烈抨擊“仁義”和反對“聖人”的態度明顯不同,①大概出自不同作者之手。孔子“弦歌不輟”而圍困自解,正合《老子》第二章所謂“聖人處無爲之事”。“公孫龍問於魏牟”章則通過魏國公子牟批評“困百家之智,窮衆口之辯,自以爲至達已”的“辯者”代表人物公孫龍,説明“言語不足爲恃”,②“求之以察,索之以辯”不過“用管窺天,用錐指地”而已。此章大意與《老子》第二章“行不言之教”可以對觀。

第三部分是以莊子爲主人公的兩則寓言故事。一則願效仿神龜“曳尾於塗中”而輕辭楚王之聘,一則以鵷鶵自比而不屑魏國相位,反映了莊子“終身不仕,以快吾志”的人生態度,是道家“無爲”思想的傳承與發展。③ 這一部分顯然和《老子》第二章“夫唯不居,是以不去”高度契合。

第四部分“莊子與惠子遊於濠梁之上”章是一段著名的公案,濠上觀魚而禪機盡顯,引發後世學者無數猜想。此章在《老子》第二章中並無相應的文句可資比較。《莊子·秋水》的後一篇即《至樂》,從文義的關聯程度看,“濠梁之辯”不妨作爲《至樂》篇的引子,或爲後人“分篇不當”出現的錯誤也未可知。

三、《莊子·秋水》篇是一種詮釋《老子》的著作

《老子》是一部非常重要的哲學著作,根據郭店簡本可以斷定,至晚在戰國中期,已經有《老子》“五千言”在社會上流傳了。④《漢書·藝文志》記載的注本有《老子鄰氏經傳》四篇、《老子傅氏經説》三十七篇、《老子徐氏經説》六篇,可惜均亡逸不傳,難以知曉其注解體例詳情。⑤

傳世文獻中較早明確地詮釋《老子》的著作,當屬《韓非子》中的《解老》《喻老》以

① 裘錫圭:《關於〈老子〉的“絶仁棄義”和“絶聖”》,原載《出土文獻與古文字研究》第1輯,復旦大學出版社,2006年;後收入《老子今研》,中西書局,2021年,第77頁。

② 《莊子·天下》篇云:“桓團、公孫龍辯者之徒,飾人之心,易人之意,能勝人之口,不能服人之心,辯者之囿也。”

③ 裘錫圭:《説〈老子〉中的“無爲”和“爲”》,原載《中華文史論叢》2019年第4期;後收入《老子今研》,第193頁。

④ 裘錫圭:《郭店〈老子〉簡初探》,原載《郭店楚簡國際學術研討會論文集》,湖北人民出版社,2000年;後收入《老子今研》,第16頁。

⑤ 顧實:《〈漢書·藝文志〉講疏》,上海古籍出版社,2023年,第116—118頁。

及《淮南子·道應》。這些篇章或以論説爲主,或援引事例,而證之以《老子》道德之言。它們有一個共同的特點,即在每一章的末尾以"故曰"引出《老子》文句。《莊子·胠篋》中的一些章節也有類似的情況:

> 夫川竭而谷虚,丘夷而淵實。聖人已死,則大盜不起,天下平而無故矣。聖人不死,大盜不止。雖重聖人而治天下,則是重利盜蹠也。爲之斗斛以量之,則並與斗斛而竊之;爲之權衡以稱之,則並與權衡而竊之;爲之符璽以信之,則並與符璽而竊之;爲之仁義以矯之,則並與仁義而竊之。何以知其然邪?彼竊鉤者誅,竊國者爲諸侯,諸侯之門,而仁義存焉,則是非竊仁義聖知邪?故逐於大盜,揭諸侯,竊仁義並斗斛、權衡、符璽之利者,雖有軒冕之賞弗能勸,斧鉞之威弗能禁。此重利盜蹠而使不可禁者,是乃聖人之過也。**故曰:"魚不可脱於淵,國之利器不可以示人"(《老子》第三十六章)**。①

基於《莊子·秋水》和《老子》第二章的嚴格對應關係,我們認爲《莊子·秋水》是爲"喻老"而作,體現了作者對《老子》第二章内容的理解。該篇和其他詮釋《老子》著作的最大區别,在於章節末尾缺少標誌性的"故曰"字樣,遂導致其文本性質十分隱晦。如果把"故曰"及《老子》第二章相應的文句補入《莊子·秋水》,就可以得到一篇完整的"喻老"之作了。

王夫之論述《莊子》外篇云:"内篇雖與《老子》相近,而别爲一宗,以脱卸其矯激權詐之失;外篇則但爲《老子》作訓詁,而不能探化理於玄微。故其可與内篇相發明者,十之二三,而淺薄虚囂之説,雜出而厭觀,蓋非出一人之手,乃學莊者雜輯以成書。"②雖説總體上"崇内而抑外",但對外篇的領會實在是很深刻的。《莊子》外篇中像《秋水》那樣詮釋《老子》的篇章或許還有一些,小文權作引玉之磚。

---

① 參看陳引馳:《無爲與逍遥:莊子六章》,第 48—52 頁。

② (清)王夫之撰,王孝魚點校:《莊子解》,中華書局,1964 年,第 75 頁。

清華玖《成人》分段釋文及語譯

季旭昇

鄭州大學漢字文明研究中心

“古文字與中華文明傳承發展工程”協同攻關創新平臺

一、引　　言

子曰：“若臧武仲之知，公綽之不欲，卞莊子之勇，冉求之藝，文之以禮樂，亦可以爲成人矣。”曰：“今之成人者何必然？見利思義，見危授命，久要不忘平生之言，亦可以爲成人矣。”

《論語·憲問》

《成人》篇是《清華大學藏戰國竹簡（玖）》的第二篇，全篇内容描述國家失型，各地妖象流行，國君懼而徵問解决之道。“成人”出而告訴國君，天生烝民，立君立官以治民，庶稷群獸以養民，然而官治失當，刑罰不彰，五兇不罰，五亂無刑，各地因此動亂。王必需嚴審五兇，整治五無型。於是“成人”告訴國君治理刑獄的態度、步驟、特殊狀況的處置。

原整理者賈連翔先生在《説明》中已經指出：

簡文可分爲五個段落：首段介紹邦中司正失刑，妖象横生，王欲糾正過往，故徵詢群臣。第二段至第五段皆以“成人曰”開頭，記述了成人向王獻策的四段言辭。文中對法律制度的意義、司法原則以及斷獄程式等方面進行了詳細論述，涉及五類“無赦”以及“五常”“五正”“五罰”等重要刑罰概念，並以嘉穀的“五時”生長爲喻，提出了“德政亦用五時”的主張。這些内容爲先秦時期的政治思想、法治觀念和司法制度等方面的研究，提供了新資料。

又在《清華簡〈成人〉及有關先秦法律制度》[①]中對《成人》篇所牽涉到的諸多法律問題進行了探討。此外,還有不少學者對《成人》篇提出了很多意見,爲理解《成人》篇奠定了重要的基礎。[②] 但是,因爲對全文的法律審理過程還有一些細節過程没有處理,所以一些字詞句的解釋還有争議。本文擬從文章結構、法律審理程序兩個角度理解《成人》,並試圖解決一些疑難字詞句。

簡文有四個"成人曰",以此爲分段依據,自然有一定道理。但是,依照今天對文章結構的觀念來看,可能會有不同的分法。從内容來看,本篇應分三段:1. 前言:國家出現妖象,王悚惕畏恐,徵詢問百官庶衆。2. 主體:成人提出建言。下分四小段:(1) 天降妖祥的意義:民不秉德,四輔不輔,司政荒怠,刑獄無成;(2) 斷獄的態度:秉中司直,探求真象,厚薄圖刑,守法存惠;(3) 斷獄的標準流程:五辭→五常→五正→有衆→示所/公;(4) 斷獄的補充説明。3. 結語。下分二小段:(1) 以農作的生長收殺比喻德政也必須生長收殺;(2) 末尾再度强調吉凶不易,恪哉毋怠。

段落區分清楚後,有些字詞句的考釋就可以比較容易判斷。以下是《成人》的分段釋文及語譯:

二、釋文及語譯

【分段釋文】

1. 前言:國家出現妖象,王悚惕畏恐,徵詢問百官庶衆

隹(惟)郘(吕)中(仲)秌(秋),方才(在)膠(翏)黄,司正�(失)型,土多見(現)祆(妖),流而灊(淫)行。王則蕙(悚)替(惕)鬼(畏)忈(恐),邚(越)諻(徵)歬(前)罰(發)舊(緣),【一】不志(識)氒(厥)褖(祥)之燮(發)于(爲)吉兇。迺兮(考)傒(訊)庶衆,聖(聽)壬(任)群疊(秩),曰:"害(曷)隹(惟)若夠(兹)? 毋則社(貢)祀是(寔)不共(恭)? 毋則【二】型(刑)是(寔)不厇(度)? 毋則司典遈(失)棠(常),以進退朙(晦)朔? 毋則五音是(寔)亂(亂)易,思(使)民悳(德)不蒦(獲)? 尚念之【三】毋惎(虞),各旚(揚)乃聖(聲),孞(勉)獻乃力,以羕(永)飤(祠)乃先毋替。朕亓(其)卬(孚)于龜簭(筮),以

① 賈連翔:《清華簡〈成人〉及有關先秦法律制度》,《文物》2019 年第 9 期,第 50—55、2 頁。

② 爲了避免繁瑣,本文没有討論的就不一一加注,釋文所用各家説,詳見我們正在整理並將在日後出版的《清華玖讀本》。《清華玖讀本》是我在聊城大學帶的讀書會即將集結出版的一項成果,參與成員有高中華老師,同學有王作順、劉德臨、魏紅玲、曾思夢、郝瀟、王緒雲、駱珍伊、楊愛静、王雪晴、宋静瑩、尹星、何松雨。其中《〈成人〉讀本》是由曾思夢同學負責撰寫,我修訂,高老師及同學提意見。在此一併致謝。

靜(靖)求嘉箬(若)。”

2. 成人提出建言

(1) 天降妖祥的意義：民不秉德，四輔不輔，司政荒怠，刑獄無成

埅(成)【四】人曰：“亞(嗚)虖(呼)！我句(后)，古天舐(致)降下民，復(作)寺(之)句(后)王、君公，正之以四楠(輔)—祝、宗、史、帀(師)—乃又(有)司【五】正、典獄，隹(惟)曰董(助)上帝𤔔(亂)絧(治)四方之又(有)辠(罪)無辠(罪)，隹(維)民統(綱)紀(紀)，以羕(永)訛(化)天昷(明)。四楠(輔)是(寔)毋易，【六】典獄毋𫲛(差)，是隹(惟)崇(常)㝵(德)。乃降庶蒐(稷)、群獸(獸)、非(飛)正(征)，各有䴡(選)勿(物)，䖡(牝)犕(牡)䲈(雌)鮌(雄)，各又(有)聖(聲)伀(容)，毋集(雜)英(殃)【七】相炊(虞)，飤₌(飤人)不攺(已)。

“今民多不秉㝵(德)，以滛(淫)行不分(勉)，是裻(勞)氒(厥)折(哲)正(政)，反𤔔(亂)先型(刑)；四楠(輔)不楠(輔)，司正【八】㠩(荒)宓(寧)；䀢(晦)朔趕(枉)憙(違)，四維以舎(會—危)綎(傾)；五䠷(盜)不罰，五審訐(信)莳(蔽)，獄甬(用)無埅(成)；五霸(臬)湫(沈)逡(滯)，五訶(辭)不【九】聖(聽)。非天復(作)㾫(吝)，隹(惟)民昌(猖)兇，不失(先—循/市—持)古(故)崇(常)，咸旟(揚)亓(其)又(有)港(訌)。天悉(愛)戕(殘)民之命，甬(用)眆(昒—昧)見(現)之祅(妖)羕(祥)，禲(賴)祅(妖)【一〇】卑(俾)民毋惷(動)。

“民若誥(告)妖，乃丨(審)㞢(之)五兇，隹(惟)欽(念)隹(惟)厇(度)，隹(惟)相隹(惟)貝(視)，五兇之訛(疵)，隹(惟)五無型(刑)：祝、【一一】宗忘(亡)豊(禮)，史、帀(師)遂(失)崇(常)，無型(刑)。市無臫(垣)，商無瘬(肆)，價不崇(常)，無型(刑)；邦正(征)無亙(亟/極)，闢(關)攷(賦)斂(會—過)堂(當)，敹(采)敓(奪)要(激)【一二】弜(强)，無型(刑)；邦器不古(/固)，五衩(飭/飾)不厇(度)，無型(刑)；五訶(歌)不典，迵(誦)彔(謡)無即(節)，戌(一)耑(短)戌(一)長，無型(刑)。凡五無型(刑)，亓(其)戌(一)【一三】㝵(得)是胃(謂)㚸(始)生，亓(其)戓(二)㝵(得)是胃(謂)邦正，亓(其)𢎞(三)㝵(得)是胃(謂)㸒(將)温(盈)，亓(其)四㝵(得)是胃(謂)大埅(成)，亓(其)五㝵(得)是胃(謂)【一四】嘉宓(寧)，邦乃和坪(平)。亓(其)一不㝵(得)是胃(謂)詥(始)縈(營)，亓(其)戓(二)不㝵(得)是胃(謂)少昊(〈傾〉)，亓(其)三不㝵(得)是胃(謂)麌(虐)争【一五】，亓(其)四不㝵(得)是胃(謂)𤔔(亂)芔(並)，亓(其)五不㝵(得)是胃(謂)流(繆)清(眚)，邦則不宓(寧)。”

成人曰：“吁，銮(來)，典獄司正，舎(余)【一六】方告女(汝)于型(刑)之無𧨝(赦)：則(賊)人、臁(攘)人、道攺(奪)、肩(堂)寶(抶)，無𧨝(赦)；臣妾记(起)辟(嬖)，㰚(竊)義(儀)、坥(越)墇(主)，無𧨝(赦)；戕(翦)豙(家)【一七】、焚(僨)宗、大攻少(小)，無𧨝

(赦);軋(犯)欽(禁)、喬(矯)飤(敕)、毁槑(盟)、宔(主)匿(慝),無與(赦);遊(誘)述(怵)女又(有)夫、士又(有)妻遊,無舉(赦)。"

(2) 斷獄的態度:秉中司直,探求真象,厚薄圖刑,守法存惠

"朕聿(盡)【一八】告女(汝)于獄之又(有)譬(聽):司审(中)司悳(直),監才(在)民昃(側);毋非审(中)非戠(察),以偮(作)不厇(度);各审(中)乃訐(信),隹(惟)殆(辜)【一九】隹(惟)灋(法);獄屖(成)而逾(渝),典獄寺(持)惠,勿亞(惡)屖(成)卬(孚),以求肳(昒—昧)青(情);厚専(薄)煮(圖)罰,以求宜型(刑)。"

(3) 斷獄的標準流程:五辭→五常→五正→有衆→示所/公

"凡民五争,【二〇】正之于五=詞=(五辭,五辭)亡(無)詘(屈),正之于五棠(常);五棠(常)不逾,正之于五正;五正之詣(稽),隹(惟)爽、隹(惟)方(妨)、隹(惟)或(惑),咸傜(訊)亓(其)【二一】又=衆=(有衆,有衆)無貽(示),則审(中)幾之于示所,争贜(獵)入于公。五争之訛(疵)隹(惟)交=(殽,殽)隹(惟)於=(虞,虞)而訐(信),則比辠(罪)爯(稱)罰,【二二】隹(惟)并是貝(視)。"

(4) 斷獄的補充説明

"不及五罰,獄屖(成)又(有)幾,日求乓(厥)審,非緩隹(惟)緪(亟),傜(訊)詘(屈)于訐(信),毋审(中)夭(妖)詞(辭),以安【二三】紙(寓)乃身。獄屖(成)又(有)耳(尼),勿以不型(刑),煮(圖)詞(辭)又(有)䕭(業),隹(惟)齊(齋)非坸(順),爯(稱)而讙(權)之,鐘(通)而葲(原)之,壅(差)而【二四】敚(揣)之,戠(察)詞(辭)思(息)絀(屈),兩誥訐(信)豉(屬),尚毋有不正,一日折獄,剌(斷)詞(辭)有謱(數),獄至無青(猜/眚),則幾【二五】詞(辭)于戠(歲),豉(屬)之于鄉里。"

3. 結語

(1) 以農作的生長收殺比喻德政也必須生長收殺

屖(成)人曰:"句(后),于叚(承—證)——嘉敎(穀)五竅(稷)之有時,秀(抽)蕂(萌)一時(時),芋(華)卉(草)一時(時),豙(稼)一時(時),實果一時(時),殺一時(時),收饐(稔)一時(時),悳(德)正(政)亦甬(用)五時(時):解亦解,芋(華)亦芋(華),實亦實,殺【二七】亦殺,收亦收。凡社(功)悳(德)正(政),㝵(得)時(時)而司(嗣)窒(從),至復般(返)純若,濬去兇央(殃)。五時(時)不厇(度),【二八】司事又(有)豉(誅)。"

(2) 結尾再度强調吉凶不易,恪哉毋怠

屖(成)人曰:"句(后),朕聿(盡)告女(汝),吉兇不易,畧(恪)竍(哉)毋詞(怠),毋敗朕型,以夫(循/持)興(繩)下蚘(尤)。夂(終)【二九】隹(惟)䕭(業)飤(飭),隹(惟)肳(昒)觀之。"【三〇】

【語譯】

依律吕制定的時節屬中秋，四季時序來到西方的翏黄離，負責政治的官長喪失了典範，各地多出現祆祥等各種怪象，四處流布而且持續很久。王感到驚悚警惕、畏懼害怕，於是稽考前代、發掘緣由，不知道這些徵兆要表示的是什麽吉凶？於是查問衆人、聽於群官，説："是什麽原因造成這樣的呢？莫非是我對神明的祭祀不够恭敬？莫非是我施刑不合規矩？莫非是我的司典之官曆算失常，使得晦朔的日子有早有晚？莫非是我國家制定的五音混亂，使得人民的作爲不能有收獲？希望你們好好地想想，不要欺瞞我，每個人都要發出你的聲音，努力貢獻出你的力量。以長久地祭祀你的先祖而不要衰敗。我會求信於龜筮占卜，以祈求安好順利。"

成人説："嗚呼！我的君王，上天降生人民，爲他們設置了君王、君公，又以四輔——祝、宗、史、師——來導正國家的施政，因此有司政、司典之官，其功能是幫助上帝治理四方有罪無罪的人，作爲人民的綱紀，長久地以天道教化人民。四輔不怠惰慢易，典獄無有差忒，這就是政治的常德。上天於是降下各種穀物，各種野獸，飛鳥，各自有着好的部分(善物)；雌雄公母，各自有着自己的聲音面貌，不會混雜互相誤害，而能供人食用不止。

"現在人多半不肯秉持好的德行，過度的行爲不肯改除，讓聰明有智慧的長官勞煩無功，毁亂了祖先留下來的典範；四輔不好好地輔佐，主政的司正荒怠自安；晦朔錯亂不準，國家的四維頽危覆傾；五種盜劫没有受到處罰，五種審判也真的被任意蒙蔽，獄政因此没有成效；五種法制沈滯荒怠，五種獄辭也没有人認真聽。不是天要降下災難，實在是人民太猖狂凶暴了，不肯依循/持守故常，總是張揚内部的争鬩。上天捨不得殘害民命，因此用各種事物顯現妖祥(來警惕人)，藉着這些妖祥讓(作亂的)人民不敢蠢動。

"(君王遇到)人民如果報告有災祥，那麽就要對'五兇'特别留意，要思考、要衡量、要觀察、要監看。五兇的缺失，就是'五無刑'：祝宗忘了禮，史師失去了常法，没有處罰：市場没有牆垣，商人没有店面，價錢不固定，没有處罰；國家徵税不固定(或横徵暴斂無窮盡)、關口收税過當，徵收攘奪過度强横，没有處罰；邦器製作不堅固/不循故常，各種工藝(佩飾)不合法度，没有處罰；各種歌唱不典正、誦謡没有節度，或短或長很隨意，没有被處罰。這些'五無型'，一樣做好叫作'始生(開始成長)'，兩樣做好叫作'邦正(能正常發展)'，三樣做好叫作'將盈(將要富庶)'，四樣做好叫作'大成(大有成就)'，五樣做好叫作'嘉寧(幸福安寧)'，國家於是和諧太平。一樣做不好叫作'始縈(開始紊亂)'，兩樣做不好叫作'少傾(開始不平)'，三樣做不好叫作'虐争(暴虐争執)’,四樣做不好叫作‘亂茾(混亂争併)’,五樣做不好叫作‘流清(繆亂殘敗)’,國家不得安寧。”

成人説:“啊! 過來,典獄、司正,我要告訴你們幾樣不可赦免的罪刑:賊害人、搶奪人,在道上殺人、闖入人家堂上殺人,不可赦;臣妾被寵愛重用,私下竊用威儀,行事超越主人,不可赦;翦滅大夫之家,僨滅宗室,以大攻小,不可赦;違犯禁令,假造上級的命令,棄毁盟誓,主導犯罪之事,不可赦;引誘有丈夫的女子、有妻子的男子冶遊,不可赦。

“我完全告訴你們對審案斷獄(應有)的戒慎恐懼(的態度):要秉持中正、秉持正直,監看你的人就在人民的旁邊;不要不中正、不細察,而做出不合法度的處置;每個案子都要考察得到實情,審定罪刑都要依法;獄刑判決完畢而要重新改變,典獄要秉持寬惠之心,不要厭惡一再求取孚信,以探求隱密難知的實情;用適度的輕重來思考刑罰,以求合宜的刑度。

“凡是人民的五争(五種争訟),要以五辭來判斷;五辭没有問題,要以五常來判斷;五常没有逾越,就交給五正(五位官長)來判斷;五位官長的稽察,主要是看有無錯誤、有無相妨、有無疑義? 都要詢問國内的衆人,衆人没有表示的,就交到神明前面,有争議的(複雜案件)就交給公來處理。五争的瑕疵是出於殽亂,殽亂是由於詐欺,詐欺而查明確實是真的,那就比照應有罪給予適度的處罰,所有案情都要這麼看待。

“不到五罰的小罪,完成斷案的日期有規定,每天的審案,要快不要慢,審訊都要遵從實情,不要被夭辭所連累,以平安地保護己身。獄訟審判完成後如果執行有阻力,不要因此不用刑。審圖獄辭遇到危懼,要公正(嚴肅恭敬)而不是順從,(每個案子都要)衡量而細細地思考再做出裁決,要疏通全案而探察本原,要辨識案子的差別來精細判決。細察訟辭息止冤屈,兩造都把信任(交付給你),希望没有不公正。一旦裁定了獄訟,判斷訟詞有法(的依據),獄刑判決做到没有疑猜/缺失,那麽就稽察案件中合適的,每年頒布至鄉里(讓他們遵照辦理)。”

成人説:“后,舉個例證——就像承接嘉穀五稷有一定的時候:抽條生長一時,開花一時,耕稼一時,結實一時,割刈一時,收藏穀物一時。施行德政也用五時:該解的時候就解,該華的時候就華,該實的時候就實,該殺的時候就殺,該收的時候就收。凡是致力於德政,能把握住最適當的時刻並照着原則施行,就能達到美好和順的地步,去除凶險災殃。(官吏施政的)五時不依適當的時間,負責辦事的官吏要受責罰。”

成人説:“后,我全部告訴你了,吉凶(複詞偏義,主要指凶)不容易面對,要恭敬不要懈怠,不要毁敗了我説的規矩,要依此規矩糾正在下臣民的過失。既要大大地整飭,也要細細地觀察。”

三、一些疑難詞句的解釋

分段明確後,有些疑難詞句就比較容易判斷了。如：2.(2)是屬於“斷案的態度”,其中“各中乃信”應釋爲“都符合案子的實情”,“乃”回指上文的“獄”,而不是指“斷案者”。2.(3)“斷案的標準流程”比較棘手的是“咸傒(訊)亓(其)【二一】又₌衆₌(有衆,有衆)無貽(示),則审(中)幾之于示所,争贜(獵)入于公。五争之訛(疵)隹(惟)交₌(殽,殽)隹(惟)忿₌(虞,虞)而訏(信)”。“咸傒(訊)亓(其)【二一】又衆”,原整理者已提出《周禮・小司寇》“三曰訊萬民”,可從。“争贜(獵)入于公”是最困難的案子,則交由公處理,公要處理的就是案子中的“交(殽)虞”,揪出案子的“交(殽)虞”,是非曲直就能斷定了,接着就可以“比辠稱罰”。以上這些衆説紛紜的部分,我們已經寫成《〈清華九・成人〉“獄之有難”段三則》,擬於 2024 年的古文字研究會第 25 届年會提出發表。

2.(4)屬於“斷案的補充説明”,“獄壓(成)又(有)耳(尼),勿以不型(刑)”,既説“獄成”,又説“勿以不刑”,那麼這兩句就是指“獄成而將施刑”之際,此時有“耳(尼)”,應當是施刑有阻力,“尼”訓爲“阻止”“阻攔”,即有力者施壓,這時要能秉公處理,不要因此不敢施刑。“煮(圖)詞(辭)又(有)粪(業),隹(惟)齊(齋)非垧(順)”的情況類似,要斷案時遇到使人危懼的壓力,應該也是來自有力者的威脅,這時要“齋敬”面對案情,而不是“垧(順)高壓”。

“3. 結語”,又分成兩部分。第一部分以農作比喻施政,用了修辭的“譬喻”手法,很有説服力。第二部分諄諄告以國政“吉凶”不易面對,必需“恪敬毋怠”。最費解的是末尾二句。各家的解釋都不足以收束全文,顯得本文結尾虛軟無力。我們采用王引之《經傳釋詞・卷九・終衆》條的思路,把結尾兩句讀爲“終惟業飭,(且/又)惟昒觀之”,成人於此運用當時的熟語“既………,且/又……”,告誡執政者“既要大大地整飭,也要細細地觀察”,以此收束全文,凝練有力,應該是很合適的。

“哀公問”諸篇的互文關係初探

顧史考

新加坡國立大學中文系

壹、前　　言

在孔子語録文獻當中，除了《論語》諸章外，其重要篇章多集中於《禮記》《大戴禮記》二書之内。因而欲瞭解孔子及其後學的思想，非深入研究二戴《禮記》攸關文章不可。其中的孔子，固然既是歷史人物，同時又是文學化的人物，其對話内容實在難以視爲實録，然其中所傳達的思想若非純粹代表孔子本人的哲理，至少該反映其後學的關懷及戰國儒者在當時思潮之内的某種形態，亦無非是孔子思想的一種發展。[①] 筆者曾經寫過專文討論大、小戴《禮記》孔子“閒居類”文獻的互文關係，今則以孔子與魯哀公（約前 508 年生；前 494—前 468 年在位）的假設對話爲研究對象。[②]

---

① 近年來的英文著作，多偏重於將《論語》等書中的孔子當文學人物看待，而多以行文修辭策略爲主要研究對象，如 Oliver Weingarten，“*Textual Representations of a Sage: Studies of Pre-Qin and Western Han Sources on Confucius* (*551 - 479 BCE*),” Cambridge, Ph. D. dissertion, 2009；及 Michael Hunter, *Confucius Beyond the Analects*, Leiden: Brill, 2017.筆者認爲這種研究固然重要，不過欲强調的是此種“文學化”的程度不得不多少以歷史實情及當時的可信性爲限；詳拙著（Scott Cook）：“Confucius as Seen through the Lenses of the *Zuo zhuan and Lunyu*,” *T'oung Pao* 101 - 4 - 5 (2015), pp.298 - 334.

② 前文見顧史考：《從“閒居”類文獻看上博簡〈民之父母〉及〈禮記〉、〈孔子家語〉相關篇章的性質》，初發表於 2018 年 10 月臺灣政治大學中國文學系主辦的“第十一届漢代文學與思想國際學術研討會”。後來删節本收入該系主編《第十一届漢代文學與思想國際學術研討會論文集》，臺灣政治大學中文系，2019 年，第 279—310 頁；全文亦以《從“閒居”類文獻看上博簡〈民之父母〉及相關篇章的性質》爲題，收進拙作《上博竹書孔子語録文獻研究》，中西書局，2021 年，第 225—269 頁。

孔子與哀公的對話，散見於先秦兩漢不同文本當中，然最主要者集中於大、小《禮記》及《荀子》三書之内（《孔子家語》固然亦有相應的對話）。[①] 本文將以此三書中以“哀公問”爲題之文章當作研究對象，然由於篇幅所限，亦將以《禮記·哀公問》（亦即《大戴禮記·哀公問於孔子》）所載兩章對話爲主（《大戴禮記·哀公問五義》及《荀子·哀公》兩篇内容則列於本文後面附録）。因爲各篇與各章對話的分合不一，所以今將以“章”（亦即個别對話）爲研究對象而對各章分别加上章號，如下表所示：[②]

表 1

對話	《禮記》	《大戴禮記》	《荀子》
A	《哀公問》	《哀公問於孔子》	
B	《哀公問》	《哀公問於孔子》	
C		《哀公問五義》	《哀公》
D			《哀公》
E			《哀公》
F			《哀公》
G			《哀公》

① 《論語》亦有兩次相類的小對話，其一即《爲政》第十九章“哀公問曰：‘何爲則民服？’孔子對曰：‘舉直錯諸枉，則民服；舉枉錯諸直，則民不服’”；其二即《雍也》第二章“哀公問：‘弟子孰爲好學？’孔子對曰：‘有顔回者好學，不遷怒，不貳過。不幸短命死矣！今也則亡，未聞好學者也’”。此外，長短不一的“哀公問”對話亦見於《禮記》的《中庸》與《儒服》；《荀子》的《子道》（然以夫子與子貢的後續對話爲主）；《説苑》的《君道》《政理》《尊賢》《敬慎》《指武》及《雜言》；《新序》的《雜事第四》與《雜事第五》；《韓詩外傳》卷一與卷四；及《孔子家語》與《孔叢子》諸篇當中。儒家（或偏儒家）以外的文獻，“哀公問”對話亦見於《韓非子》的《内儲説上》《外儲説左下》及《難三》；《吕氏春秋》的《察傳》；及《莊子》的《德充符》（“孔子”或稱“仲尼”）。最後，《大戴禮記》亦有《千乘》《四代》《虞戴德》《誥志》《小辨》《用兵》及《少閒》等所謂《孔子三朝記》七篇，其中的“公”應該也是魯哀公，因而或亦可視爲相關文獻。《孔子三朝記》見《漢書·藝文志》“論語”類，而《三國志·秦宓傳》裴松之注引劉向《别録》云：“孔子三見哀公，作《三朝記》七篇，在今《大戴禮》”；見（清）王聘珍撰，王文錦點校：《大戴禮記解詁》，中華書局，1983 年，第 6—7 頁。除了《中庸》彼一章之外，以上其他章節不在本文所論的範圍之内。

② 對話 G 的别版亦見於《説苑·尊賢》及《韓詩外傳》卷四；對話 C 的部分内容亦散見於《韓詩外傳》卷一與卷四。

本文的基本前提即是:"哀公問"於孔子此種叙述框架蓋是有目的而設的,並非光是某種無義的修飾。固然,此種框架爲後人加上去的可能性亦並非没有,然本文想探討的是此種框架與文本所論内容是否存有有機的關係,是否該視爲純然一體而從一開始即具有此種相輔相成的兩面(此即與筆者對"閒居類"文獻的前提相同)。[①] 從此論之,首先該注意的即除了哀公外,作文者本來亦可以假設孔子與定公的對話而以彼當其叙述框架。據《左傳》所記,孔子於魯定公(前556年生,前509—前495年在位)當權時曾經當過高官,於定公薨時年紀亦已五十六,因而其與定公的實際對話蓋並不會少。[②] 然而除了《論語》兩小章及《孔叢子》《孔子家語》幾段短文以外,孔子與定公的對話幾乎不見書面上的痕迹。[③] 之所以如此,蓋主要以定公既爲一國之君,年紀又比孔子大五歲,因而孔子該是對定公格外尊重,即使尚敢直諫,而言論必然亦有未能盡者。然而至於哀公,則少於孔子四十三歲之多(於孔子過世時仍未達而立之年一歲),故哀公之於孔子,本即小主對於年尊賢聖的關係,而且孔子此位年尊重臣亦甫從週遊列國歸還,門下弟子衆多,特别富有知識、經驗與學問,年少的哀公勢必亦對之格外尊重,只要其稍有禮賢下士之志,則該是樂於接受孔子的教導才是。[④] 如下面所論,"哀公問"對話的某些特點恰有助於顯現此種"重臣反受少主尊敬"的特定關係。

本文在探究"哀公問"類文獻的互文關係時,亦將顯現其與其他早期儒家文獻的一些極有趣的關聯,而這些關聯亦絶非一般共同字眼或共同叙述方式所能解釋的,反而意味着某種共同來源。今接於初步文本分析之後,將對此有進一步的説明,然後亦將按照所得出的結論及如《民之父母》《緇衣》等出土文本所提供的證據,再重新探討像《哀公問》《仲尼燕居》《中庸》等重要早期文獻的著作年代。

兹先就《禮記》與《大戴禮記》所共存的兩場"哀公問"對話分别加以探索。

---

① 參拙文《從"閒居"類文獻看上博簡〈民之父母〉及〈禮記〉、〈孔子家語〉相關篇章的性質》。

② 孔子之官位見於《左傳》者,見定公元年、十年及十二年傳;參楊伯峻:《春秋左傳注(修訂本)》,中華書局,1990年,第1527、1577—1578、1587頁。

③ 《論語》彼兩章見《八佾》第十九章及《子路》第十五章。《孔子家語》見《郊問》與《正論解》兩篇;《孔叢子》兩次極短的對話並見其《論書》篇。

④ 據《左傳》,孔子於哀公十一年(前484)歸魯,故孔子與哀公的對話必須設於前484—前479六年之間,亦即孔子六十七歲至七十二歲之間。

貳、《哀公問》的文本分析①

《禮記·哀公問》,亦即《大戴禮記·哀公問於孔子》,是由兩節似乎截然分開的對話合併而成的。其前者較短,叙述框架亦相對簡單,直接以哀公的問題開場。與《禮記》中其他孔子語録文本(如《仲尼燕居》)的主題相同,此其所問即是孔門所始終關懷的"禮"這個概念:

對話 A:

> 哀公問於孔子曰:"大禮何如?君子之言禮,何其尊也!"
> 孔子曰:"丘也小人,不足以知禮。"②
> 君曰:"否,吾子言之也。"

此哀公之問顯得相當突然,較難以想象一場實際對話會如此開始,此"大禮何如"云云之問顯是爲了開啓孔子下面對"禮"之高論而設的。哀公既加了一句"君子之言禮,何其尊也",則可知文本寫作當時,"禮"(及主"禮"之學者)的重要性已頗受時人的懷疑,而孔子所論的主要目標蓋亦是爲了對此種懷疑加以反駁。

此對話内的孔子一面用謙詞説自己"不足以知禮",另一面則恰以其如此適當地運用謙詞而表現其於應答之道確實是"知禮"的。此種聲稱自己"不足"於某事的對話策略,其他相關文獻亦時而見到。迫於哀公之追問以後,孔子才敢述以所聞:

> 孔子曰:"丘聞之,民之所由生,禮爲大。非禮無以節事天地之神也,非禮無以

---

① 下所列文據(清)孫希旦撰,沈嘯寰、王星賢點校:《禮記集解》,中華書局,1989 年,第 1258—1266 頁;亦參(清)朱彬撰:《禮記訓纂》,饒欽農點校,中華書局,1996 年,第 740—744 頁。《哀公問於孔子》的版本,參(清)王聘珍撰:《大戴禮記解詁》,第 12—17 頁;及(清)孔廣森撰,王豐先點校:《大戴禮記補注(附校正孔氏大戴禮記補注)》,中華書局,2013 年,第 26—30 頁。第一場對話,亦相當於《孔子家語·問禮》篇的首段,而第二場則相當於《孔子家語·大婚解》的全篇,分别見《欽定四庫全書》本《孔子家語》卷一第 17 上—18 上頁及 10 上—13 上頁。如王鍔已指出,"哀公問"於孔子的對話必定發生於前 484—前 479 年間;王氏以爲這些對話該是實録,筆者則認爲其文學化的成分較明顯,不得不視爲假設對話。王文見其《〈哀公問〉和〈仲尼燕居〉成篇年代考》,《古籍整理研究學刊》2006 年第 2 期,第 5—8 頁。

② "不足以",《大戴禮記》本作"何足以"。(按:本文原本注脚中對各本間的異文作了詳盡的記録〔二戴兩本大同小異,《家語》異文則相對多〕,今則由於篇幅所限,除了《大戴禮記》本的兩三處異文外幾乎全部從略。)

辨君臣、上下、長幼之位也,非禮無以别男女、父子、兄弟之親,昏姻、疏數之交也。君子以此之爲尊敬然。①

於此,孔子乃直接説明人間各種家族、社會與政治上的縱向與橫向關係當中,及活人對鬼神乃至天地的祭祀活動内,禮是不可或缺的事物,無之則無以維持其間正當的調理。禮之本質即在此,而從其基本精神言之,禮之大義亦超乎所有具體禮儀、禮器及禮文之上而又充滿其中,正如孔子接着所云:

"然後以其所能教百姓,②不廢其會節。有成事,然後治其雕鏤、文章、黼黻以嗣。其順之,然後言其喪筭,備其鼎、俎,設其豕、腊,脩其宗廟,歲時以敬祭祀,以序宗族。即安其居節,③醜其衣服,卑其宫室,車不雕幾,器不刻鏤,食不貳味,以與民同利。昔之君子之行禮者如此。"

凡是這些禮儀、禮文及禮器等,全是爲了使"百姓"(百官族姓)能够"歲時以敬祭祀,以序宗族",離開此其本意並不存在獨立的價值,因而孔子乃進一步説明,凡是無助於達至此種目標的繁文縟禮必須加以節儉,好讓百官貴族所受益處可以"與民同利"。

公曰:"今之君子,胡莫行之也?"

孔子曰:"今之君子,好實無厭,淫德不倦,荒怠敖慢,固④民是盡,午(忤)其衆以伐有道,求得當欲,不以其所。昔之用民者由前,今之用民者由後。今之君子莫爲禮也。"

於此,禮之儉省理念即以"今之君子"所行作爲反襯。换句話説,哀公當初所疑問的"禮"本身並無問題,問題在於如今使用者之濫用之耳,禮之本價仍是不可低估的。第一場對話即到此爲止。

再看第二場對話之前,有幾個較爲獨特之詞語值得留意,而此可先看前文所提的"今之君子"一詞。往世勝於當代、今人不如昔賢此種概念,先秦文獻固然恆見,然"今之君子"此一詞語反而相當特殊。本文以外,於二戴《禮記》當中,僅見於《禮記·彈弓

---

① 句末"然"字,《大戴禮記》的或本無之。

② 文中的"百姓",筆者理解爲大略相當於"百官",似並非一般平民之謂。

③ "即安其居",《大戴禮記》作"則安其居處"。《禮記》現代標點本將此與下句斷爲:"即安其居,節醜其衣服",然以對文的平衡考慮,似乎改斷於"節"字下爲宜,而句首之"即"則視爲連詞而非動詞。

④ "固",鄭玄注讀如"故",孔廣森則讀爲"錮"。

下》(出於子思之口)及《大戴禮記·主言》(出自孔子之口)兩篇,[①]其他古籍則兩次見於《孟子·公孫丑下》(出於孟子之口),三次見於上博楚簡的《仲弓》篇(出自仲弓之口),及《新序·雜事第四》(趙衰之口)、《列女傳》、及《説苑·反質》各一見,如此而已。後者特别值得留意:

衛叔孫文子問於王孫夏曰:"吾先君之廟小,吾欲更之,可乎?"對曰:"古之君子,以儉爲禮;今之君子,以汰易之。夫衛國雖貧,豈無文履一奇,以易十稷之繡哉?以爲非禮也。"文子乃止。[②]

王孫夏雖爲春秋時期人物,尚在孔子之前,然此其回答與《哀公問》的孔子所言實如出一轍,其將"以儉爲禮"視作"古之君子"所尚而與"今之君子"反之者相同。[③]

對話 B:

《哀公問》(《哀公問於孔子》)的第二場對話如下:

孔子侍坐於哀公,哀公曰:"敢問人道誰爲大?"孔子愀然作色而對曰:"君之及此言也,百姓之德也。固臣敢無辭而對:人道政爲大。"

此一對話雖於前面多加了一個場合敘述之句,然哀公之一問仍是極其突然的,比起前一場對話更加難以想象一國之君會無緣無故地提出此種根本性的問題。連本篇所設的孔子似亦感到訝異,一聽到此種大問題即"愀然作色",接着則事先説明他何以敢於直接回答此一問,因爲一般的情況下被詢問大問題時,該先以推辭爲禮才是(如第一場對話那樣)。然由於哀公此一問題實在太根本,孔子才不敢或以拘禮而錯過,因而乃直接以一個五言短句"人道政爲大"先概括其答——此即本文一種戲劇化的特點。[④]接著,此一簡略的概括當然即引起哀公的追問:

公曰:"敢問何謂爲政?"孔子對曰:"政者,正也。君爲正,則百姓從政矣。君之所爲,百姓之所從也。君所不爲,百姓何從?"公曰:"敢問爲政如之何?"孔子對曰:"夫婦别,父子親,君臣嚴,三者正,則庶物[⑤]從之矣。"

---

① 與後者相當的《孔子家語·王言》篇亦見同詞。

② (漢)劉向撰,向宗魯校證:《説苑校證》,中華書局,1987年,第526頁。該本"文履"誤作"十履",今改正。

③ 至於《哀公問》對話A末所見的"今之用民者"與"昔之用民者",值得注意的是除了《管子·法法》一篇外,"用民者"一詞並不見於其他古籍(儘管"用民"一詞相對多見)。

④ 此種特點與筆者《從"閒居"類文獻看上博簡〈民之父母〉及相關篇章的性質》一文所提《主言》篇中的孔子一直推辭的情況適成對比。

⑤ "庶物",《大戴禮記》作"庶民"。

哀公此段兩次追問,兼是以格外謙遜的詞語("敢問")問之,蓋是由於自識其年資淺及悟到題目之嚴重性兩種因素所致。既然逐漸得到孔子對"政"道的進一步説明,亦即以身作則及倫理道德的原理,乃以更加謙虚之態而繼續追問:

> 公曰:"寡人雖無似也,願聞所以行三言之道,可得聞乎?"孔子對曰:"古之爲政,愛人爲大。所以治愛人,禮爲大。所以治禮,敬爲大。敬之至矣,大昏爲大,大昏至矣。①大昏既至,冕而親迎,親之也。親之也者,親之也。是故君子興敬爲親,舍敬,是遺親也。弗愛不親,弗敬不正。愛與敬,其政之本與?"

清儒孫希旦曰:"哀公以妾爲妻,國人不服,則夫婦失其正,而父子、君臣從之矣。故問所以行三言之道,而孔子特以大昏之重告之",以爲孔子此言以哀公立公子荆母親當夫人爲歷史背景,其理或然。② 儘管如此,孔子此所言之道理更爲深刻,講得無非是"愛"與"敬"(或"親"與"正")的辯證關係。③ 對此兩種看似相反實乃相成之對立心態的和諧統一,即便是所有家庭上、社會上及政治上的業務之所以能成功、滿足且長久的關鍵所在。凡此皆是通過"禮"的調諧作用,以婚姻爲人倫自然之本,而將此其本意推至極點,亦即全國的治理。大昏之禮當中,一國之君既以親迎新娘表示其愛與親,又以穿戴隆重的禮服與禮帽表示其對婚姻之本意的敬心與正義,如此乃同時體現"愛"與"敬"(亦即"親"與"正")兩面。然而年少的哀公尚未掌握其中的真理,因而敢於對此一傳統大禮的正確性表示懷疑:

> 公曰:"寡人願有言然。冕而親迎,不已重乎?"孔子愀然作色而對曰:"合二姓之好,以繼先聖之後,以爲天地、宗廟、社稷之主,君何謂已重乎?"④

聽到哀公此種對先王之禮疑之過重的問題,孔子乃不得不再次"愀然作色"而如此答之。然哀公終於開始識趣,知已之不是而向夫子請益:

---

① "大昏"指天子或諸侯的婚禮。

② (清)孫希旦:《禮記集解》,第1261頁。具體事件見《左傳》哀公二十四年傳;楊伯峻:《春秋左傳注(修訂本)》,第1723頁。

③ 其他早期文獻亦偶見"愛"與"敬"以類似方式爲對,如《樂記》所云:"大樂與天地同和,大禮與天地同節。和,故百物不失;節,故祀天祭地。明則有禮樂,幽則有鬼神。如此,則四海之内合敬同愛矣。禮者,殊事合敬者也;樂者,異文合愛者也。禮樂之情同,故明王以相沿也。故事與時並,名與功偕。"見(清)孫希旦:《禮記集解》,第988—989頁。

④ 鄭玄注曰:"已猶太也。怪親迎乃服祭服。先聖,周公也。"幾乎相同的問題與(稍短)的回答亦見《穀梁傳》桓公二年傳,然彼問之者乃子貢而非哀公;見(清)廖平撰,郜積意點校:《穀梁古義疏》,中華書局,2012年,第83—84頁。

公曰:"寡人固。不固,焉得聞此言也?寡人欲問,不得其辭。請少進!"孔子曰:"天地不合,萬物不生。大昏,萬世之嗣也。君何謂已重焉?"孔子遂言曰:"内以治宗廟之禮,足以配天地之神明;出以治直言之禮,足以立上下之敬。[①] 物恥足以振之,國恥足以興之。[②] 爲政先禮,禮其政之本與?"

孔子前面已謂"愛與敬"爲"政之本",此則謂"禮"乃"政之本",然此並非"政"有兩本之謂,而是説"愛與敬"此兩種誠懇的心態適是通過"禮"(尤其是此"大昏之禮")來達成其和諧的統一。然而或因爲"敬"比"愛"或更容易忽略,孔子接着乃先論及"敬"的三種道,而此三者亦皆基於對父母乃至宗族本源的孝順之心:

孔子遂言曰:"昔三代明王之政,必敬其妻子也,有道。妻也者,親之主也,敢不敬與?[③] 子也者,親之後也,敢不敬與?君子無不敬也,敬身爲大。身也者,親之枝也,敢不敬與?不能敬其身,是傷其親;傷其親,是傷其本;傷其本,枝從而亡。三者,百姓之象也。身以及身,子以及子,妃以及妃,君行此三者,則愾乎天下矣,大王之道也。[④] 如此,則國家順矣。"[⑤]

孔子將此三種"敬"道,直推到"三代明王"亦即"大王"的身上以爲其權威來源,而這些古昔"大王"之行之亦皆行之"有道",以便使其敬心之氣能塞滿天下乃至使社會各層皆得以治理。正因爲此"敬"道之來歷與效用如此之非凡,哀公乃不得不進而問其細目:

公曰:"敢問何謂敬身?"孔子對曰:"君子過言則民作辭,過動則民作則。君子

---

① 鄭玄注曰:"宗廟之禮,祭宗廟也。夫婦配天地,有日月之象焉。《禮器》曰:'君在阼,夫人在房,大明生於東,月生於西,此陰陽之分,夫婦之位也。'直,猶正也,正言謂出政教也。政教有夫婦之禮焉。《昏義》曰:'天子聽外治,后聽内職,教順成俗,外内和順,國家理治,此之謂盛德。'"《昏義》之文,見(清)孫希旦:《禮記集解》,第1422頁。

② 鄭玄注曰:"物,猶事也。事恥,臣恥也。振,猶救也。國恥,君恥也。君臣之行有可恥者,禮足以救之,足以興復之。"

③ 孔穎達疏曰:"'妻也者,親之主也',言妻所以供粢盛祭祀,與親爲主,故云'親之主'也。"

④ "愾",鄭玄謂"猶至也";段玉裁《説文解字》謂"此叚愾爲訖"。《孔子家語》王肅注則訓爲"滿"。筆者疑此"愾"蓋與"氣"爲同源字,或爲"氣滿"之類的意義,句意似與《孔子閒居》"志氣塞乎天地"義近。

⑤ 鄭玄、陸德明均讀"大王"爲"太王",即古公亶父。《孔子家語》本"大王"前加"昔"字,王肅注亦以爲指"太王"。葉夢得亦支持此説,引《孟子·梁惠王下》以爲證:"[孟子]對曰:'昔者大王好色,愛厥妃。詩云:"古公亶甫,來朝走馬,率西水滸,至于岐下。爰及姜女,聿來胥宇。"當是時也,内無怨女,外無曠夫。王如好色,與百姓同之,於王何有?'"(葉氏説見《禮記集解》所引)。然實或不如讀如字,即古昔"偉大之王"的意思,亦與其時見配對的"三代之王"義近(説見下)。孔廣森所引《永樂大典》引文"大王"恰作"先王"。

言不過辭,動不過則,百姓不命而敬恭。如是,則能敬其身;能敬其身,則能成其親矣。"

於此,對自身的尊敬放在衆所習知的"修己以安百姓"的框架之内,然同時又終落在其能以"成其親"的結果之上,因而哀公乃再次追問:

公曰:"敢問何謂成親?"孔子對曰:"君子也者,人之成名也。百姓歸之名,謂之君{子}之子①,是使其親爲君{子}也②,是爲成其親之名也已。"

孔子此回答似以"君子"之爲詞爲解,亦即"君"之"子"之謂,因而能"敬己"以成爲"君子"者,同時即是宛若使其父母能成爲"君"似的。哀公固然本即實際之君子,亦即魯國先君定公的兒子,但是孔子所希望哀公能達成者,乃是道德方面之"君子",如此方能真正名副其實地使自己有資格繼承先君之位,自己以"君子"之德亦當一國之君。接此,孔子乃回到本次對話所重的另一個心態,亦即"愛人"之心及其對治國的關鍵性,而首先重複其先前已言過的概括性詞句:③

孔子遂言曰:"古之爲政,愛人爲大。不能愛人,不能有其身;不能有其身,不能安土;不能安土,不能樂天;不能樂天,不能成其身。"

欲安定立身於人間世,固非得他人的相助與愛護不可,人人皆如此,更何況當權之君。推到極致,則愛人之心不但足以保全己身,且亦足以成己以安命。聽到此理之後,哀公乃問及"成身"及樂於"天道"概念的詳情:

公曰:"敢問何謂成身?"孔子對曰:"不過乎物。"公曰:"敢問君子④何貴乎天道也?"孔子對曰:"貴其不已。如日月東西相從而不已也,是天道也。不閉其久,是天道也。無爲而物成,是天道也。已成而明,是天道也。"

孔子睿智的教訓終落在某種形而上的論點,將聖主之道,及其所世世繼承先君之道,隱隱比作老天的自强不息之道,强調其永恆不已、無爲而治的理想特徵。

本場對話的最後一次問答,乃重複"孝"之爲此一切之本,事親與事天實無二致:

---

① "君子之子",《孔子家語》本僅作"君子",實較合理。

② 本句,《孔子家語》本作"則是成其親爲君而爲其子也",亦似較爲合理。今視此與前句"君子"之"子"爲衍文,《孔子家語》本或偶存其底本未衍之文,或爲《孔子家語》編者憑意修改所致也未可知。

③ "古之爲政,愛人爲大",已見於前面孔子對哀公之問"所以行三言之道"時的回答。此一"某者,某某爲大"的句式,本次對話已數見,而前次對話(對話 A)孔子的首次詳答亦以相同的句式開口:"丘聞之,民之所由生,禮爲大。"此點,下面將進一步討論。

④ 此"君子",《大戴禮記》僅作"君"。

公曰:"寡人惷愚、冥煩,子志之心也。"孔子蹴然辟席而對曰:"仁人不過乎物,孝子不過乎物。是故仁人之事親也如事天,事天如事親。是故孝子成身。"①公曰:"寡人既聞此言也,無如後罪何!"孔子對曰:"君之及此言也,是臣之福也。"

哀公最後不但爲孔子之論所説服,亦明告以己不足以行之的憂慮,而此種憂慮於其他孔子語録文獻内,反多出自弟子口中。② 由於哀公遠非一般意義上的"弟子",孔子當然乃不得不以相對謙遜的敬詞勸導之。

叁、總體分析及互文關係

《哀公問》對話 B 的叙述模式,與其前一個對話所已見的輪廓相近。與彼相同,對話論題是哀公首先突然提出來的,而且亦是根本性的大問題。孔子此次並不推辭,然對其所以不敢推辭特加説明,接着即給予最爲概括的答覆("人道政爲大"),以便使哀公不得不請益。凡此皆與對話 A 之模式大同小異,亦同樣是爲了加重其下面所論且爲之引人矚目。等哀公追問詳情之後,孔子乃終於暢所欲言,而其所言一以傳統之成業、先王之禮典爲重。因着此對話之進行下去,哀公乃愈來愈謙,而孔子則始終持敬,儘管爲了某種修文效用而哀公兩次所問竟使一種"愀然"之色形於孔子顔面。

孔子此所論之大旨,在於成功之政是由君主以身作則而爲民之榜樣,而此則必從其自身先修好夫婦、父子、君臣三種人之大倫爲基。"人道"以"政爲大","政"則以"愛人爲大",而"愛人"又非通過"禮"與"敬"以便維持正道不可。凡此皆以"大昏"爲意義莫大之典禮,體現"愛"與"敬"(及"親"與"正")之相輔相成者實莫過於之。"大昏"之禮正位於二姓異族之和好與公室先祖之繼承兩者的樞紐,因而修正此一婚姻方能作爲整個社會的正當榜樣。從宇宙大體言之,"大昏"之禮亦即是天地自然的體現,與天地之相配同道。從此種種層面視之,"大昏"亦實能當上"禮"本身的首要代表,亦即社會治理之要及人道政治之本,同時亦即"愛"與"敬"的和諧統一之道也。

哀公之所以當初感到疑惑者,蓋以夫婦關係當中婦要服從於夫,然則對於所愛之

---

① 此與《孝經》第十六章開頭之大義相近:"子曰:'昔者明王,事父孝,故事天明;事母孝,故事地察。'"

② 孔子弟子之外,上博楚竹書的《史蒥問於夫子》一篇亦以齊吏史蒥的一種類似憂慮及夫子的勸勉之語終篇,與本篇情況相近。然其中的"夫子"是否確爲孔子則尚無定論。見拙著:《上博九〈史蒥問於夫子〉再探》,復旦大學出土文獻與古文字研究中心編:《出土文獻與傳世典籍的詮釋》,中西書局,2019 年,第 41—52 頁;亦收入《上博竹書孔子語録文獻研究》,第 364—378 頁。

婦爲何要特別表示尊敬呢？再者，孔子後來亦講到除了"敬親"之外尚要"敬己"與"敬子"，不正是有點顛倒？然之所以必須如此，乃因爲"敬婦""敬子"及敬雙親之子（"敬己"）正是所以能安定父母及祖宗所傳業本身的唯一渠道，因而此三種敬道同時敬親與敬祖，而從此視之，"親之也者"亦正是所以敬己之"親"也。凡此皆爲繼承宗家之"孝"心的最大表現，亦正即所以使之能參與永恆不息的光明天道。

本次對話頗堪玩味，因爲其本身即一種相對獨特且令人尋思的會話，饒有不同思想意念在內。然而同時亦頗與其他先秦儒家文獻相互輝映，今將對此作進一步的探討。

A）與《中庸》的互文關係

首先可注意者，即《哀公問》對話 B 與《禮記·中庸》篇的一個核心部分有許多較爲獨特的共同詞句，若綜合視之尤可見其間之關聯非凡。比如成就某事"有道"的句式，上見於孔子"昔三代明王之政，必敬其妻子也，有道"的開頭句，而《中庸》中則有一整段（同段亦見於《孟子》）是以此種句式構成的：

> 在下位不獲乎上，民不可得而治矣。獲乎上有道：不信乎朋友，不獲乎上矣。信乎朋友有道：不順乎親，不信乎朋友矣。順乎親有道：反諸身不誠，不順乎親矣。誠身有道：不明乎善，不誠乎身矣。①

此段當中，各句"有道"之道即以否定詞"不"開頭，與《哀公問》對話 B 之情況雖不盡相同，然後者之文終落於"敢不敬與"一問，以必須避免"不敬"爲其前提，則亦有類似之處。值得注意的是，《中庸》此段適見於或定爲"哀公問政"的哀公與孔子一場對話之內（即第二十章；至少朱熹是如此分章的），若然則同樣是出自孔子口中。只是其是否

---

① 《中庸》第十九章；見（宋）朱熹撰：《四書章句集注》，中華書局，1983 年，第 31 頁。《孟子·離婁上》（第十二章）之文作："孟子曰：'居下位而不獲於上，民不可得而治也。獲於上有道：不信於友，弗獲於上矣；信於友有道：事親弗悦，弗信於友矣；悦親有道：反身不誠，不悦於親矣；誠身有道：不明乎善，不誠其身矣。是故誠者，天之道也；思誠者，人之道也。至誠而不動者，未之有也；不誠，未有能動者也。'"見（宋）朱熹撰：《四書章句集注》，第 282 頁。《孟子》此段最後兩句，《中庸》同段下一章亦有相近之句："誠者，天之道也；誠之者，人之道也。誠者，不勉而中，不思而得，從容中道，聖人也。"《淮南子·主術》亦有相近的一段，似是從《孟子》彼章引過去而改寫的："士處卑隱，欲上達，必先反諸己。上達有道：名譽不起，而不能上達矣。取譽有道：不信於友，不能得譽。信於友有道：事親不説，不信於友。説親有道：修身不誠，不能事親矣。誠身有道：心不專一，不能專誠。道在易而求之難，驗在近而求之遠，故弗得也。"見劉文典撰，馮逸、喬華點校：《淮南鴻烈集解》，中華書局，1989 年，第 317 頁。不但與《孟子》之文較近，且其最後幾句亦略見於《孟子·離婁上》彼章的前一章（第十一章）："孟子曰：'道在爾而求諸遠，事在易而求之難'"；（宋）朱熹：《四書章句集注》，第 281 頁。

確屬於同章、同一對話内則難以確知(此點下面將再論)。另外值得一提的則是,早期儒家文獻當中,此種詞句並不多見。二戴《禮記》内唯一相類之例見於《大戴禮記・曾子事父母》,其中的門生連問曾子:"事父母有道乎""事兄有道乎"及"事弟有道乎"三個問題。有趣的是,曾子對第一個問題以諫父母之道詳答之,而其中的核心答案即是"愛而敬"。"有道"之句亦見於《孟子》其他章,最顯著的即孟子講桀、紂之何以失其民以便失天下的一段:"得天下有道: 得其民,斯得天下矣;得其民有道: 得其心,斯得民矣;得其心有道: 所欲與之聚之,所惡勿施爾也。"①此外,《荀子》見兩次相類之例,而於較雜的彙編或儒家以外的文獻内,僅見於《管子》《吕氏春秋》及《説苑》的散見對話或章節。②

第二個值得留意的一種相對獨特的共同句式,於《哀公問》對話 B 出現八次之多,於對話 A 亦出現一次,亦即某事當中"某某爲大",如對話 B 哀公之首問"敢問人道誰爲大"即是。此一句式,最相近之例恰亦見於《中庸》,而此次則蓋確切屬於其"哀公問政"對話的一章之内:

> 哀公問政。子曰:"文武之政,布在方策。其人存,則其政舉;其人亡,則其政息。……故爲政在人,取人以身,脩身以道,脩道以仁。仁者,人也,親親爲大;義者,宜也,尊賢爲大。親親之殺,尊賢之等,禮所生也。在下位不獲乎上,民不可得而治矣。故君子不可以不脩身;思脩身,不可以不事親;思事親,不可以不知人;思知人,不可以不知天。"③

孔子之言是否到此爲止難以斷定,然只要"在下位不獲乎上,民不可得而治矣"一句確然屬於孔子之答,則朱熹將前所引的一段文同置於此場對話内應該無誤,因爲彼段亦見有同一句話。緊接於以上一段之下(或仍爲孔子之言),此章乃論及天下的所謂五種"達道"與三種"達德",前者即"君臣""父子""夫婦""昆弟"及"朋友之交",而此前三

---

① 《離婁上》第九章;(宋)朱熹:《四書章句集注》,第 280 頁。另外,《梁惠王下》第三章載齊宣王之問:"交鄰國有道乎";《滕文公上》第五章記孟子曰:"掩之誠是也,則孝子仁人之掩其親,亦必有道矣";而《公孫丑上》第二章則載公孫丑的"不動心有道乎"之問。見《孟子集注》,第 215、263、229 頁。

② 《荀子》之《宥坐》篇首章載子路問孔子曰:"敢問持滿有道乎"(《説苑》與《韓詩外傳》亦見此章)。《臣道》篇則云"故仁者必敬人。敬人有道,賢者則貴而敬之,不肖者則畏而敬之;賢者則親而敬之,不肖者則疏而敬之。其敬一也,其情二也";亦恰以"敬"與"親"的正確關係爲論。此外,《君道》篇謂"古之人"曰"其取人有道,其用人有法",然用法與此句式不同。見(清)王先謙撰,沈嘯寰、王星賢點校:《荀子集解》,中華書局,1988 年,第 520、256、240—241 頁。《管子》《吕覽》及《説苑》諸例則幾乎全是形成問句:"……有道乎?"於此,或亦該算進《莊子・胠篋》篇盜跖被詢問的名言:"盜亦有道乎?"

③ (宋)朱熹:《四書章句集注》,第 28 頁。

者亦正即《哀公問》對話B之孔子所强調的,"爲政"的所謂"三言之道"(儘管其順序不同)。尤可注意者,即《哀公問》與《中庸》此兩次"哀公問"對話内均以"親親"與"敬"或"尊"之心態的平衡關係爲一種重點,只不過《中庸》是以"賢者"爲其尊敬之對象而以"仁義"爲其辯證關係的核心概念耳。凡這些共同點,自然便意味着此兩篇文本的關聯實在非凡。①

若從共同詞句轉到共同術語,可先注意"天道"一詞,爲哀公之一問的重點,以及孔子對此之回答中的核心概念。"天道"此種術語(包括"天之道"及"天地之道")固然多見於早期文獻,如《老子》《莊子》《管子》及《國語》等書,然於純粹的儒家文獻内則並不太見使用。《論語》只有一例,且是從一種反面角度提及:"子貢曰:'夫子之文章,可得而聞也;夫子之言性與天道,不可得而聞也。'"②《孟子》僅見兩次,其一同樣是以"性"與"命"的關係爲言:孟子説我們口、目、耳、鼻及四肢之慾屬於"性"而"有命焉",而至於"仁之於父子也,義之於君臣也,禮之於賓主也,智之於賢者也,聖人之於天道也,命也,有性焉,君子不謂命也"。③ 其另外一例則恰見於前所已提與《中庸》有重文的彼章,亦即其"是故誠者,天之道也;思誠者,人之道也"該句。④ 連《荀子》也只見兩例,其一即意義不大的"舞意天道兼"一句,其二例則適好否定"天道"與人道的必定關係:"道者,非天之道,非地之道,人之所以道也,君子之所道也。"⑤正由於"天道"少見(且少見重視)於儒家文獻,所以其出現於二戴《禮記》之例乃更加可注意,而雖然此一術語見於其數篇當中,但除了《中庸》之外,唯一多次出現之者即《哀公問》一篇,而且彼正以此術語當其對話中一整小段落的關注點。⑥

然更可矚目的一個術語便是於"天道"彼段同見的"無爲"。除了衆所周知的幾個

---

① 《中庸》之外,《禮記》他篇有如《樂記》云:"故曰:'生民之道,樂爲大焉'"及《禮器》篇云:"禮,時爲大,順次之,體次之,宜次之,稱次之";而《祭義》篇則記曾子所曾聞於夫子曰:"天之所生,地之所養,無人爲大。父母全而生之,子全而歸之,可謂孝矣。"亦即此種句式的變種。見(清)孫希旦:《禮記集解》,第1007、627、1228頁。

② 《公冶長》第十二章;(宋)朱熹:《四書章句集注》,第79頁。

③ 《盡心下》第二十四章;(宋)朱熹:《四書章句集注》,第369頁。

④ 見本文第281頁注1所引《離婁上》第十二章。

⑤ 分見《樂論》與《儒效》兩篇;見(清)王先謙:《荀子集解》,第383、122頁。

⑥ 《中庸》之文句則包括前所提的"誠者,天之道也;誠之者,人之道也"及下面即將提到的另外一例。他篇中最值得一提之例或乃《禮運》所記:"孔子曰:'夫禮,先王以承天之道,以治人之情,故失之者死,得之者生。'"

例外,"無爲"一詞亦少見於儒家文獻,而在二戴《禮記》當中,則除了《禮運》一個意義不大的孤例之外,只有《哀公問》(對話 B)與《中庸》兩篇方見,且見於極其相近的文脈之内:[①]

《哀公問》:

> 孔子對曰:"貴其不已。如日月東西相從而不已也,是天道也。不閉其久,是天道也。無爲而物成,是天道也。已成而明,是天道也。"

《中庸》:

> 如此者,不見而章,不動而變,無爲而成。天地之道,可壹言而盡也:其爲物不貳,則其生物不測。天地之道,博也,厚也,高也,明也,悠也,久也。[②]

B)與《孔子閒居》的互文關係

《中庸》之外,與對話 B 互文關係極近的一篇乃《禮記》的《孔子閒居》;如筆者前文已論,其前半對話亦相當於上博楚簡的《民之父母》篇。[③] 尤該注意者,乃下面《哀公問》對話 B 一段底綫所標的開頭及末尾之詞句:

> 孔子遂言曰:"昔三代明王之政,必敬其妻子也,有道。……身以及身,子以及子,妃以及妃,君行此三者,則愾乎天下矣,大王之道也。如此,則國家順矣。"

首先,從較廣的角度言之,其"愾乎天下"的概念,似頗與《孔子閒居》(《民之父母》)中孔子最爲核心的話語輝映:"夫民之父母乎!必達於禮樂之原,以致五至而行三無,以横於天下。"[④]"愾乎天下"的涵義雖然難以確知,然從《孔子閒居》將類似的概

---

① 《禮運》之例即"王中心無爲也,以守至正";《文王世子》亦見"無爲",然用法全然不同。見(清)孫希旦:《禮記集解》,第 615、565 頁。其他儒家文獻用例,則有《論語・衛靈公》第四章:"無爲而治者,其舜也與";《荀子・解蔽》:"故仁者之行道也,無爲也;聖人之行道也,無彊也";及《荀子・宥坐》所述"孔子"之言:"夫水遍與諸生而無爲也,似德。"見(宋)朱熹:《四書章句集注》,第 162 頁;(清)王先謙:《荀子集解》,第 404、524 頁。

② (宋)朱熹:《四書章句集注》,第 34 頁。

③ 顧史考:《從"閒居"類文獻看上博簡〈民之父母〉及相關篇章的性質》。《民之父母》一篇,見馬承源主編:《上海博物館藏戰國楚竹書(二)》,上海古籍出版社,2002 年,圖版第 3、15—30 頁,濮茅左釋文考釋第 149—180 頁。

④ (清)孫希旦:《禮記集解》,第 1274 頁。"致",《民之父母》作"至";"横",《民之父母》作"皇",或是假爲"横",或可讀如字。類似的"横"或"塞"滿天下的概念亦見於《禮記・祭義》與《大戴禮記・曾子大孝》同見的一段話中,前者的版本作:"曾子曰:'夫孝,置之而塞乎天地,溥之而横乎四海,施諸後世而無朝夕,推而放諸東海而準。'"見《禮記集解》,第 1227 頁。

念稱爲"志氣塞乎天地"[①],且文中多强調"氣志"一詞來看,則《哀公問》之"愾乎天下"蓋實亦指"氣"之充滿四海。於《孔子閒居》,"志氣"或"氣志"即所以"行三無"("無聲之樂""無體之禮""無服之喪")的主要管道,因而《哀公問》之"愾乎天下"恰亦被看作"行此三者"的結果("此三者"指"身""子""妃"),或並非完全偶然的(儘管其所指"三"者與"三無"不同)。

然更加值得注意的則是底綫所標的另外兩個詞句。古籍言及"三王"者固然多在,然"三代明王"一詞則僅見於《哀公問》本對話及《禮記·表記》,後者云:"子言之:'昔三代明王皆事天地之神明,無非卜筮之用,不敢以其私,褻事上帝。'"[②]然若亦將"三代之王"視爲同一個詞語的變例,則尚有一例可言,亦恰見於《孔子閒居》(下半篇),位於孔子之教訓的末段:

> "三代之王也,必先其令聞。詩云'明明天子,令聞不已',三代之德也。'弛其文德,協此四國',大王之德也。"[③]

於《哀公問》對話 B 彼段,孔子以"三代明王之政"當前,而以"大王之道也"殿後,而此《孔子閒居》末段之孔子恰同樣以"三代之王也"當前,而以"大王之德也"殿後。不僅如此,"大王之道"與"大王之德"兩詞,於早期文獻當中一無他見,實在難以視爲偶然。或正因爲其極爲少見,乃使歷代注家誤將此"大王"讀爲"太王"而謂指古公亶父也。[④]

C) 與《緇衣》《坊記》及《表記》的互文關係

具體的共同詞句與術語之外,這些文本之間亦有許多稍廣的思想特徵可言,如《哀公問》對話 B 的"百姓不命而敬恭"等句,與《中庸》末章的"故君子不動而敬,不言

---

① 《民之父母》該句稍殊,似或亦有訛文,詳情可參陳劍:《上博簡〈民之父母〉"而得既塞於四海矣"句解釋》,朱淵清、廖名春主編:《上博館藏戰國楚竹書研究續編》,上海書店出版社,2004 年,第 251—255 頁。

② (清) 孫希旦:《禮記集解》,第 1318 頁。於此該指出,"三代之興王"及"三代(之)聖王"兩詞分見《吕氏春秋》(一次)與《墨子》(數次),或亦可視爲同詞變例。然早期儒家文獻(或其他早期文獻)並不另見"三代×王"之例。

③ (清) 孫希旦:《禮記集解》,第 1279 頁。所引詩句並見《詩經·大雅·江漢》末章,本是贊美宣王及其大臣召伯虎之詩,此則斷章取義。

④ 《哀公問》"大王之道"的讀法,參第 278 頁注 5。《孔子閒居》"大王之德也",《孔子家語·問玉》(《欽定四載全書》本)作"太王之德也"。"大""太"二字同源,"大王"固然可以讀作"太王",然在已敘完"三代之德"之後乃另殿以對古公亶父之稱讚,雖然勉强可通,然似乎有點顛倒,實似不如讀"大王"如字,即"偉大之王"的意思,即對三代各大王的總括之稱。《問玉》作"太王"則或屬誤解,而其又將"太王之德也"句移至"三代之德也"句前,或與此種誤解有關也未可知。

而信”含義相當接近。① 固然，類似語句亦見於如《莊子》《吕氏春秋》《淮南子》等書，而於儒家文獻亦有如《禮記·表記》的開頭：“子言之：‘歸乎！君子隱而顯，不矜而莊，不厲而威，不言而信。’”②然於《哀公問》對話 B 同一段話之内，另值得注意的是其“君子過言則民作辭，過動則民作則”所見的“君子 X 則民 Y”句式，則極少見於其他早期文獻。除了《論語》一例及《韓詩外傳》與《説苑》兩例外，其他四例均見於《禮記》的《緇衣》《坊記》及《表記》三篇，亦即與《中庸》一樣被傳統視爲子思所作的三篇。《坊記》曰“子云：‘君子貴人而賤己，先人而後己，則民作讓’”，又曰“故君子信讓以莅，則民之報禮重”；《表記》云“子曰：‘君子不以口譽人，則民作忠”；而《緇衣》則曰“故君子寡(顧)言而行以成其信，則民不得大其美而小其惡”。③ 更可注意的是，此四例之二者並亦見“則民作 X”之句，恰如《哀公問》對話 B 的“則民作辭”與“則民作則”相同。此一句另外又在何處可見到呢？只有六例，而其間四例亦適見於《緇衣》與《坊記》。《坊記》曰：“子云：‘善則稱君，過則稱己，則民作忠’”；又曰：“子云：‘善則稱親，過則稱己，則民作孝’”；又曰：“子云：‘長民者，朝廷敬老則民作孝’”；而《緇衣》則云：“子曰：‘好賢如緇衣，惡惡如巷伯，則爵不瀆而民作愿，刑不試而民咸服。’”④其他兩例亦均見於二戴《禮記》，此外則並無例可言。⑤

結語　互文關係的意義

凡此種文本比較究竟意味着什麼呢？此因證據之類型而異。以共同術語而言，

---

① (宋)朱熹：《四書章句集注》，第 39 頁。

② (清)孫希旦：《禮記集解》，第 1297 頁。

③ (清)孫希旦：《禮記集解》，第 1285、1286、1317、1332 頁(郭店楚簡本《緇衣》“寡”作“賜”，似該讀爲“顧”；鄭玄亦讀“寡”爲“顧”)。這三篇中尚有許多“……則民……”之句，只是“則”前作榜樣者未明指定爲“君子”耳。《論語》之例見《泰伯》第二章夫子所云“君子篤於親，則民興於仁；故舊不遺，則民不偷”。《韓詩外傳》卷一云：“故君子衣服中，容貌得，則民之目悦矣；言語遜，應對給，則民之耳悦矣；就仁去不仁，則民之心悦矣”；相近之句亦見《説苑·脩身》。《韓詩外傳》卷二則云：“故君子脩身及孝，則民不倍矣。敬孝達乎下，則民知慈愛矣。”即使以“君”代替“君子”，亦少見文例，只有《管子》幾例可言。

④ (清)孫希旦：《禮記集解》，第 1287、1289、1322 頁。郭店楚簡與上博楚簡的《緇衣》與傳本有些出入，且並缺“爵不瀆而民作愿”一句。詳情見拙作(Scott Cook)：*The Bamboo Texts of Guodian: A Study and Complete Translation, Volume I* (Ithaca: Cornell East Asia Series, 2012), pp. 375 - 378.

⑤ 《禮記·鄉飲酒義》曰“先禮而後財，則民作敬讓而不争矣”；而《禮記·聘義》與《大戴禮記·朝事》並曰“諸侯相厲(勵)以輕財重禮，則民作讓矣”。見(清)孫希旦：《禮記集解》，第 1428、1462 頁；(清)王聘珍：《大戴禮記解詁》，第 235 頁。“則民作×”之句，《哀公問》兩例“作”之賓語並是名詞(“辭”“則”)，而其他例多是形容詞(“忠”“孝”“敬”等)，然效用是一樣的。

此或者只能説明兩個文本是形成於同一時代或同一思想環境之中,不見得即代表其有更加密切的關係。儒者會從諸子他家借來如"天道""無爲"等術語,此點本身並不足怪,不過兩個不同文本並在相近的文脈之内兼用二者,則至少意味着其該有相對親密的關聯。至於較爲抽象的、並無共同用語的哲學概念,則所能藉以得出的結論乃更加值得保留。然若夫更具獨特性的共同詞句,此則確較有可能意味着相當直接的關聯,尤其是其中並不特别引人注目者,亦即是既獨特然又不易於被他人借用之語。

一般而言,此種較親密的關係可分兩類。最直接的一類關係是兩個(或兩個以上的)文本,或這些文本的某種前身文本,是由同一個作者或作者群來寫的。因爲就像每個人都有其獨特的指紋或獨一無二的簽字風格一樣,每一個作者亦難免有其獨特的用語或獨異使用的詞句。另外亦有間接的一類關係,亦即是文本間的共同特徵是由後人有意的模仿所致。在有意模仿的情況下,模仿者爲了達成某種目標,有時會極其細心地試圖復制其所模仿對話中的細節及其人物最爲獨特的習慣用語。此外,在"共同作者"及"後人模仿"此兩類可能關係當中,實亦有其他的可能介於其間,如"共同作者"或亦可包括師徒相傳中的不同人物,即是一個弟子或一組門生有意或無意間模仿其經常耳聞於己師或目見於其文者,此種情況則同時兼有"共同"與"模仿"的因素在内。此幾種場合自然均有其研究意義。

儒家學派本身以外,有意模仿孔子對話者尚有《莊子》内許多或帶諷刺或戲謔意味的、極其有趣的章節可論。這些對話當中,模仿的細節時而相當周至,以便使孔子與其文中的對象躍然活現於字裏行間,宛若實有其事的樣子。非大有文才之作者,實在難以致此效用。以所采用的共同語言而論,《達生》與《知北遊》並記有迷惑的弟子以"敢問何謂"的詞語向孔子(文中稱"仲尼")請益,亦即《哀公問》數見的請教用詞。可注意的是,在二戴《禮記》之内,除了《孔子閒居》與《主言》兩篇"閒居類"文獻外,此一詞句並不另見(且於《孔子閒居》上半與下半篇均見,亦值得留意)。[①] 另外亦有相對多見然尚屬獨特的"吾語汝"(或作"吾語女""吾語若"等),於《莊子》的《人間世》《秋水》及《漁父》等篇亦出自孔子對弟子所講話當中,而同時亦見於《莊子》内其他相類的假設對

① 按照拙著《從"閒居"類文獻看上博簡〈民之父母〉及相關篇章的性質》一文推論,《孔子閒居》兩半篇本來即是一個整體,而《民之父母》只不過是其前半篇的摘本,與多半學者所謂"後來合併"的主流意見不同。二戴《禮記》外,"敢問何謂"亦見《孟子·公孫丑上》第二章,且於别種文脈内亦見於《管子》(一次)及《左傳》(三次)。相關詞語"敢問何如",則亦見《哀公問五義》(對話 C)(然不見於《莊子》),而又見於《孔子閒居》及《仲尼燕居》兩篇(另亦見於《孟子》及《樂記》各一次);從此亦可見《哀公問》諸篇與"閒居類"文獻的關係之緊密。在《哀公問》諸篇之内,"敢問何謂"之采用似是爲了使哀公呈現某種以略似弟子之語氣而師事夫子之狀。

話，其中的人物雖或並非孔子與弟子，然實亦扮演類似的角色，講“吾語汝”者同爲某種聖明的大師。① 最後，且以叙述特點而言最有趣的，或可推“愀然”（及其異文“蹴然”“愀焉”“憱然”“憱焉”“蹵然”等）或“愀然作色”之作爲對話人物之表情上的形容詞。《哀公問》諸篇當中，“愀然”一詞三見於對話 B 且又另一見於對話 F（《荀子・哀公》），均用來描述孔子對哀公所謂或所問的某種顔面反應。② 二戴《禮記》其他篇當中，亦一次見於“閒居類”的《主言》篇孔子對應曾子所不該問之問題的一種不耐煩表情；而另亦三次見於《四代》與《少閒》兩篇所謂《孔子三朝記》（參本文第 272 頁注 1）之對話内，儘管其中兩次所形容是魯公的反應而並非孔子。此外，“愀然”亦尚偶見於其他早期文本的不同對話或叙述段落内，而大體上是以孔子當主要人物者居多。③《莊子》亦不例外，其中約一半的用例確實見於以孔子爲人物的假設對話之内，如在《大宗師》與《讓王》兩次回答顔回時，在《外物》回應老萊子時，及兩次在《漁父》答覆漁客時皆是。④ 凡是這些具有孔子對話特徵用詞的反覆使用，很明顯是作者一種有意的滑稽模仿所致，而此種滑稽模仿的可能，固然必已有時人所熟悉的文本範例以爲資源，且此種預先存在之文本的種種叙述上之特點，亦必須爲《莊子》諸篇之讀者所習知的，方有望於享受其滑稽對話之幽默的可能。

從某種角度視之，或可推測此種有意模仿其實會較少見於同一個學派師徒相傳的情況之下，因爲師傳之重點該是放在哲學概念及思想立場之傳授，而並不以成功模仿預先存在的文本爲重。然而此種有意模仿若是確亦見於師徒相傳的過程之中，此對戰國思想發展史的意義當然也是比較大的。

但是最有趣的詞句用例，或即是那些並不見於有意模仿之文章的獨特用詞。如上所論的“敢問何謂”“吾語汝”“愀然作色”等叙述上較爲顯著且帶有特定語氣的詞句，蓋

---

① 此種對話見《在宥》《天運》《達生》及《庚桑楚》等篇。另可注意的是，在二戴《禮記》内，此句亦見於《仲尼燕居》與《主言》兩篇“閒居類”文本，此外亦見《大戴禮記》的《曾子天圓》及《衛將軍文子》兩篇對話之内。其他先秦文獻當中，《論語》一見，《荀子》記有孔子對話的不同篇數見，而《墨子・非儒下》所假設的孔子對話亦一見，後者自然特别值得留意。

② 其間兩次“愀然”作“蹴然”。

③ 以孔子爲人物之例，包括《吕氏春秋・慎人》孔子答覆顔回時，《説苑・敬慎》孔子與哀公的對話内（然此次形容哀公表情），《韓詩外傳》卷四顔回回應孔子時，及《列子・仲尼》孔子回答顔回時（此一對話亦恰放在“仲尼閒居”的框架之内）。然“愀然”之用例雖與孔子相關者爲多，實亦見於其他人物的對話之中，如數次見於《晏子春秋》晏子與齊景公的對話内者即是。

④ 《大宗師》之例作“蹴然”，而《外物》之例作“蹵然”。不以孔子爲人物之例（均作“蹴然”），見於子産與兀者之對話（《德充符》），陽子居與老聃之對話（《應帝王》與《寓言》），子貢與老聃的對話（《天運》），文王與諸大夫之對話（《田子方》），及虚構人物南榮趎與庚桑子的對話（《庚桑楚》）。

較容易引起模仿者矚目而被使用,以便使其自己的對話與原文有許多酷似之處。相對來講,諸如"某某爲大""某某有道"等並不耐人尋味然尚屬比較獨特的句式,甚至"三代明王"與"大王"在同一段落内的並置,或乃微妙到難以引起有意模仿者注意的程度,而更可能應該視爲共同作者所致:若不是由同一位作者寫的,則至少該是後學由於經常誦讀師傳文本而此種用詞已不知不覺滲透到自己的撰文習慣之中。固然,此種種共同語言若於兩三個文本間僅見一兩例,乃尚不足以爲其關係密切之證,然若是許多此種獨特用詞反而聚集於同一種特定文本群之内,而同時又罕見甚或一不見於此群文本之外,則似乎可以較確切地視作同一作者或同一門派所寫的共同作品。

如本文上面所論,《禮記·哀公問》(《大戴禮記·哀公問於孔子》)一篇的對話(尤其是其下半篇,對話 B),與《中庸》部分内容及《孔子閒居》全文,在不同層面有數種異乎尋常的關聯,且亦與《緇衣》《坊記》《表記》等彼此相關之篇甚或與《孟子》某些章節有難以忽略的雷同之文。凡此,能給這些文獻的作者與撰作年代等問題帶來何種訊息呢?

首先論《孔子閒居》的情況。如前已論,此篇與《哀公問》的互文不僅見於其與竹本(《民之父母》)略相當的上半篇,而亦見於於竹本無徵的下半篇,似可視爲筆者前文從其他角度而得出之結論的有力旁證,亦即《孔子閒居》的兩半篇蓋本即一個融合的整體,而《民之父母》只不過是其前半的摘録耳。[①] 若確是如此,可見《禮記》所收的《孔子閒居》全文最晚該是寫作於公元前第四世紀中(此以上博楚簡蓋約元前 300 年下葬推之),而《哀公問》若確是由與之共同的作者來撰寫的,則《哀公問》(或至少其對話 B)亦該是此時所撰。此亦可從《哀公問》與《緇衣》及與《緇衣》密切相關的《坊記》《表記》等文的緊密互文關係證之,因爲至少郭店、上博楚簡同出的《緇衣》可定爲公元前 300 年前之作品無疑。

再論《中庸》的情況。衆所周知,《中庸》即是與《緇衣》《坊記》及《表記》在文體上密切相關的一篇(亦相傳皆爲子思所作),然《中庸》之年代斷定同時又是最爲棘手的難題。如前賢曾論,其第二十八章所謂"今天下車同軌,書同文,行同倫,雖有其位,苟無其德,不敢作禮樂焉;雖有其德,苟無其位,亦不敢作禮樂焉",所形容似爲天下統一後的狀況。[②] 然此段是否確爲戰國後所附會之文,實在難以論定,因爲

① 見拙著《從"閒居"類文獻看上博簡〈民之父母〉及相關篇章的性質》。

② 參馮友蘭:《中國哲學史(增訂本)》,臺灣商務印書館,1983 年,第 446—448 頁。馮氏疑《中庸》的中間部分(即朱熹所定的章二至章二十〔至"親親之殺,尊賢之等,禮所生也"爲止〕)大體上皆爲子思所作,而首章及最後幾章則是後人或晚至西漢的附會)。第二十八章文,見(宋)朱熹,《四書章句集注》,第 36 頁。

此種“今……雖……”的結構當中,“今”後的部分多可視爲假定條件之語而並非當時事實之謂,[①]如《禮記・曲禮上》所云“今人而無禮,雖能言,不亦禽獸之心乎”,或《荀子・宥坐》中的孔子所云“今有其人,不遇其時,雖賢,其能行乎? 苟遇其時,何難之有?”,即是其例。若《中庸》此段亦乃如此,則僅能意味着其撰文時天下的統一已爲時人所能設想的一種可能,而到了公元前第四世紀末年,此種設想確已爲思想家所提出來。[②]

然即使將此一段視爲秦朝統一天下後所附會之文,也不一定意味着《中庸》全文皆如此,更何況其在文體及思想上與其他先秦儒家著作有如上所示的種種密不可分之關聯。我們可以想象,《中庸》或本是以其“哀公問政”的對話爲核心(即朱熹定爲第二十章彼段),而後以其他章節加上去而成的。只要考慮到此一對話既與《中庸》其他章節在文體上大不相同,然同時又與那些章節在思想概念及用語上是完全一致的,乃可見此一推測有一定的道理。此一問題固然尚待進一步的研究,然《中庸》的“哀公問政”對話與《哀公問》對話 B 既有如前所示的密切關係及相互共鳴之處,且《哀公問》蓋已可定爲公元前第四世紀的作品,因而《中庸》此一歷代所寶重儒家著作的年代斷定問題,實在值得我們重新認真考慮。

最後,如前所示《哀公問》不但與《孔子閒居》之關係緊密,同時亦與《仲尼燕居》及《主言》其他兩篇“閒居類”文獻的關聯非凡,而如筆者前文已論,此後三篇之間的關係本亦是密不可分的。[③] 其間,《主言》有較明顯的戰國晚期特色,似乃是相對晚撰寫的,或確可視爲前所論的同一門派内後學有意模仿的一種特例。[④] 至於《孔子閒居》與《仲尼燕居》兩篇,則從風格及哲學概念而言似實可能爲同一個作者或作者群所撰,而於此值得另外注意的,是此兩篇不但亦與《哀公問》諸篇的對話 C 有共同詞句可言,[⑤]其後者亦與對話 B 同有一種據筆者所知並不見於二戴《禮記》其他篇中的獨特句型,即

---

① 李學勤似曾提出類似的説法,筆者雖然未能找到其出處,然不敢掠美,今謹記於此。

② 此再可説者,即是遠在李斯上奏之前,“同軌”一詞已數見於先秦文獻中,當諸國或諸人於言行上團結的某種代表性稱謂,如《韓非子》的《八姦》與《内儲説上》兩篇並如此用到“一辭同軌”之句;見(清)王先慎撰,鍾哲點校:《韓非子集解》,中華書局,1998 年,第 54、217 頁。另外,《管子・君臣上》以“書同名,車同軌”當周朝“至正”之象;見黎翔鳳,梁運華整理:《管子校注》,中華書局,2004 年,第 559 頁。尤可注意者,是《左傳》早已用到“同軌”一詞當周朝王室最廣泛的統轄地盤及其所屬諸侯之謂:“天子七月而葬,同軌畢至。”見隱公元年傳;楊伯峻:《春秋左傳注(修訂本)》,第 16 頁。

③ 見拙著《從“閒居”類文獻看上博簡〈民之父母〉及相關篇章的性質》第四節。

④ 見該文第四節第三條所論。

⑤ 見拙著《從“閒居”類文獻看上博簡〈民之父母〉及相關篇章的性質》。

"A之所B,C之所D也"之句,如下:①

《孔子明居》:

君之所爲,百姓之所從也。

《仲尼燕居》:

禮之所興,衆之所治也。禮之所廢,衆之所亂也。

如前已論,此種獨特的相同點本或可以視爲偶然,然一與《哀公問》《孔子閒居》及《仲尼燕居》其他種種共同語言及思想相同點合起來看,這幾篇之爲同一作者或作者群所作的可能性乃相當高。

針對那種可能性,今可試作一種初步的推測,即:《哀公問》《孔子閒居》及《仲尼燕居》此三篇本爲孔門弟子某一門派内同一位作者或作者群所撰,而這位作者或作者群有一種特定的修文策略,即是采用諸如"哀公問"或"孔子閒居"等既相類而又互異的叙述框架,來使其所欲以表達思想内容能更生動地涌現出來,乃令其讀者産生某種深入印象,如孔子於其與弟子"閒居"場合時才將其最深刻、至難得聞的哲理説出來,或其答應魯少主哀公之大問時方將其最主要的政論加以講述。然後這些文本必亦傳諸門外而廣播天下,以便爲諸子百家之門徒所習知,乃至好事者可學之且有意地摘取其中獨特詞句而用來作其滑稽的模仿品,同時亦必(或經古文竹本的重新發現)流傳至漢代以至收進二戴《禮記》之内,甚或(如《民之父母》)被葬入楚國古墓而直至前世紀末年才終於再次問世。他如《緇衣》《坊記》《表記》及《中庸》諸篇,以及如《哀公問五義》等其他先秦"哀公問"對話,似亦與這些文本息息相關。凡此諸篇間之關聯,其確切性質儘管難詳而尚待進一步的研究或新考古發現才能提供的信息,然從現在已有的證據來看,此諸篇是否確爲戰國儒家思想史上一組早已具有開創性且影響深遠的文章,自然乃是一種值得方家繼續探討的研究課題。

後記:

本文約略來自拙著(Scott Cook)英文稿:"Consulting the Elder: Intertextuality in the 'Lord Ai Asked' Confucian Dialogues",曾口頭發表於 International Academic Conference on Intertextual Dialogue in Early Chinese Texts 國際學術研討會,Yale-NUS College(耶魯—新加坡國立大學學院),2022年5月5日—7日主辦;該文後來亦刊登於 *Early China* 47(2024)。

---

① 此限於首句當後句主語之例,即是説如《禮記·三年問》的"是百王之所同,古今之所壹也"以"是"爲後兩句謂語之主語那種例子乃不算在内。二戴《禮記》之外,本類句型亦有幾例散見於他篇,如《荀子·臣道》之"故明君之所賞,闇君之所罰也;闇君之所賞,明君之所殺也",或《管子·地數》之"戈矛之所發,刀幣之所起也"即其例。

附録　《哀公問》諸篇對話 C 至對話 F

《哀公問五義》①

對話 C:

魯哀公問於孔子曰:"吾欲論吾國之士,與之爲政,何如者取之?"孔子對曰:"生乎今之世,志古之道;居今之俗,服古之服;舍此而爲非者,不亦鮮乎!"哀公曰:"然則今夫章甫、句屨、紳帶而搢笏者,此皆賢乎?"孔子曰:"否,不必然。今夫端衣、玄裳、冕而乘路者,志不在於食葷;斬衰、菅屨、杖而歠粥者,志不在於飲食。故生乎今之世,志古之道;居今之俗,服古之服;舍此而爲非者,雖有,不亦鮮乎?"

哀公曰:"善! 何如則可謂庸人矣?"孔子對曰:"所謂庸人者,口不能道善言,而志不邑邑;不能選賢人善士而託身焉,以爲己憂。動行不知所務,止立不知所定;日選於物,不知所貴;從物而流,不知所歸;五鑿爲政,心從而壞。若此,則可謂庸人矣。"

哀公曰:"善! 何如則可謂士矣?"孔子對曰:"所謂士者,雖不能盡道術,必有所由焉;雖不能盡善盡美,必有所處焉。是故知不務多,而務審其所知;行不務多,而務審其所由;言不務多,而務審其所謂。知既知之,行既由之,言既順之,若夫性命肌膚之不可易也。富貴不足以益,貧賤不足以損。若此,則可謂士矣。"

哀公曰:"善! 何如則可謂君子矣?"孔子對曰:"所謂君子者,躬行忠信,其心不買;仁義在己,而不害不志;聞志廣博,而色不伐;思慮明達,而辭不争。君子猶然如將可及也,而不可及也。如此,可謂君子矣。"

哀公曰:"善! 敢問何如可謂賢人矣?"孔子對曰:"所謂賢人者,好惡與民同情,取舍與民同統;行中矩繩而不傷於本,言足法於天下而不害於其身;躬爲匹夫而[不]願富,貴爲諸侯而無財。如此,則可謂賢人矣。"

哀公曰:"善! 敢問何如可謂聖人矣?"孔子對曰:"所謂聖人者,知通乎大道,應變而不窮,能測萬物之情性者也。大道者,所以變化而凝成萬物者也。情性也者,所以理然不然取舍者也。故其事大,配乎天地,參乎日月,雜於雲蜺,總要萬物。穆穆純純,其莫之能循;若天之司,莫之能職,百姓淡然不知其善。若此,則可謂聖

① 《哀公問五義》之文見(清)王聘珍:《大戴禮記解詁》,第 8—12 頁;又參(清)孔廣森:《大戴禮記補注》,第 23—25 頁。此篇亦相當於《荀子・哀公》篇的前半;見(清)王先謙:《荀子集解》,第 537—542 頁。亦相當於《孔子家語・五儀解》;見《欽定四庫全書》本《孔子家語》卷一,第 20 下—22 下頁。今附録中《荀子》與《家語》之異文全從略。

人矣。"

哀公曰:"善!"孔子出,哀公送之。

《荀子·哀公》下半[①]

對話 D:

魯哀公問舜冠於孔子,孔子不對。三問,不對。哀公曰:"寡人問舜冠於子,何以不言也?"孔子對曰:"古之王者,有務而拘領者矣,其政好生而惡殺焉。是以鳳在列樹,麟在郊野,烏鵲之巢可附而窺也。君不此問而問舜冠,所以不對也。"

對話 E:

魯哀公問於孔子曰:"寡人生於深宫之中,長於婦人之手,寡人未嘗知哀也,未嘗知憂也,未嘗知勞也,未嘗知懼也,未嘗知危也。"孔子曰:"君之所問,聖君之問也。丘,小人也,何足以知之?"曰:"非吾子無所聞之也。"孔子曰:"君入廟門而右,登自胙階,仰視榱棟,俯見几筵,其器存,其人亡;君以此思哀,則哀將焉而不至矣?君昧爽而櫛冠,平明而聽朝,一物不應,亂之端也;君以此思憂,則憂將焉而不至矣?君平明而聽朝,日昃而退,諸侯之子孫必有在君之末庭者;君以思勞,則勞將焉而不至矣?君出魯之四門,以望魯四郊,亡國之虚則必有數蓋焉;君以此思懼,則懼將焉而不至矣?且丘聞之:'君者,舟也;庶人者,水也。水則載舟,水則覆舟';君以此思危,則危將焉而不至矣?"

對話 F:

魯哀公問於孔子曰:"紳、委、章甫,有益於仁乎?"孔子蹴然曰:"君號然也?資衰苴杖者不聽樂,非耳不能聞也,服使然也。黼衣、黻裳者不茹葷,非口不能味也,服使然也。且丘聞之,好肆不守折,長者不爲市。竊其有益與其無益,君其知之矣。"

對話 G:[②]

魯哀公問於孔子曰:"請問取人。"孔子對曰:"無取健,無取詌,無取口啍。健,貪也;詌,亂也;口啍,誕也。故弓調而後求勁焉,馬服而後求良焉,士信慤而後求知

---

① 《荀子·哀公》之文見(清)王先謙:《荀子集解》,第 542—547 頁。此其下半篇略相當於《孔子家語·五義解》,不過其首章與第三章(對話 D 與對話 F)反而見於《家語》的《好生》篇;分見《欽定四庫全書》本《孔子家語》卷一,第 22 下—24 下頁;及卷二,第 14 上—14 下頁與第 17 上頁。在此,《家語》之異文仍是從略。

② 此一小對話亦有版本見於《韓詩外傳》卷四及《説苑·尊賢》。見(漢)劉向撰,向宗魯校證:《説苑校證》,第 186—187 頁;(漢)韓嬰撰,許維遹校釋:《韓詩外傳集釋》,中華書局,1980 年,第 131—133 頁。

能焉。士不信慤而有多知能,譬之其豺狼也,不可以身尒也。

"語曰:'桓公用其賊,文公用其盗。'故明主任計不信怒,闇主信怒不任計。計勝怒則彊,怒勝計則亡。"①

① 《説苑》《韓詩外傳》及《孔子家語》的版本無此"語曰"的最後一段,從内容看似非本節原有,蓋爲後人所加。此小段另見於《新序·雜事第五》,上下文亦完全不同。《荀子·哀公》接此之後,尚有一節定公與顔淵的對話,内容與本篇其他章節不類,今在此從略;與之相當的一節亦見於《孔子家語·顔淵》《韓詩外傳》卷二、《新序·雜事第五》及《吕氏春秋·適威》(但後者設爲莊公與顔闔的對話)。

關於上博簡和清華簡“盨”字的釋讀*

沈　培

香港中文大學中國語言及文學系

一

“盨”字已在上博簡、清華簡中出現過多次,①但其字形結構和用法仍有不明之處,需要重新討論。爲了便利,我們先把此字所在的辭例列舉出來。

見於上博簡的例子是:

(1) ……公乃身命祭。有司祭服毋紻,器必盨愈,毋内錢器。犧牲圭璧,必全如故,加之以敬。……

* 本文是“古文字與中華文明傳承發展工程”規劃項目“出土文獻學科建設與中國古典學的當代轉型”(G2607)的階段性研究成果。

① 何琳儀將《古璽匯編》第372號晉璽璽文讀爲“王盨”(見何琳儀:《戰國古文字典》,中華書局,1998年,第379頁),頗有人從之,其實未必正確。付梟改釋爲从皿从罜之字。參看付梟:《〈古璽彙編〉字釋綜覽》,復旦大學2016年碩士學位論文(指導教師:施謝捷),第121頁。有學者還認爲另有幾方晉璽上有“盨”,參考施謝捷:《古璽彙考》,安徽大學2006年博士學位論文(指導教師:黄德寬),第288頁;陳劍:《與清華簡〈五紀〉相關的兩個字詞問題:“蠲”與{統}》,《中國文字》2022年夏季號(總第7期),第56頁。其中也有可疑之處,因與本文關係不大,暫不討論。又上博五《鮑叔牙與隰朋之諫》還有一個被整理者釋爲“盟”的字,不少人從此説。但經范常喜先生研究,此字並非“盟”字。參看范常喜:《〈鮑叔牙與隰朋之諫〉“盟”新釋》,《簡帛探微——簡帛字詞考釋與文獻新證》,中西書局,2016年,第20—32頁。

(上博五《鮑叔牙與隰朋之諫》簡7+簡3)①

(2) 凡天子歆氣,邦君食蠲,大夫承薦,士受餘。

(上博六《天子建州》甲本簡8、乙本簡7—8)②

見於清華簡的例子都出自《五紀》篇,下面按此字出現的先後照録整理者的釋文:③

(3) 后【二七】曰:天下之神示(祇),神之受算立(位)者,亓(其)譻(數)女(如)此。天曰攺(施),墜(地)曰𦚯(型),禾(和)曰寺(時),緐曰成。子曰生,丑曰忎(愛),寅曰音,【二八】卯曰蠲(蠲),唇(辰)曰身(震),巳曰和,午曰言,未曰味,申曰忎(愛),酉(酉)曰甘,戌曰故(苦),亥曰亞(惡)。(下略)【二九】

(4) 大川尚水,魚鼈(鱉)黿鼉禽(蛤)象,青芔(草)百勿(物)生之。亓(其)水湛(沈)澤,五穀(穀)膚(濾)【三二】酉(酒),蠲(蠲)𩈉濯汽(溉)浴涂(沐)。(下略)【三三】

(5) 宗乃秉息(仁),善(壇)于【五九】南垕(宅)曰:祭器香柔,曰隹(唯)蠲(蠲)香。(下略)【六〇】

(6) 后乃𠧢(劃)嘅(溉)𢼸(蔽)浴(谷)於夳(奎),蠲(屬)躳(躬)於婁＝(婁女),匴(藏)於胃,𢼊(造)羣於【七六】鼎(昴),(下略)【七七】

(7) 足曰立步屖(遲)迖(速)還,手曰𢹎(搤)𢭫(捧)𢓊(御)量秉。睪(擇)蠲(蠲)飤(食)歠(飲)飽(飽),(下略)【八九】

以下就來分別討論。

二

例(1)是大家最先看到的"蠲"字辭例。簡文"器必蠲悤",整理者陳佩芬先生原釋

① 參看馬承源主編:《上海博物館藏戰國楚竹書(五)》,上海古籍出版社,2005年,圖版見該書第37、33頁。簡序、文字隸定、讀法已據陳劍之説對原整理者所作進行了改動,其中"鱅"的讀法陳文從季旭昇先生的説法,本文也從之。"必全如故"的讀法也是季旭昇先生的意見。參看陳劍:《談談〈上博(五)〉的竹簡分篇、拼合與編聯問題》,簡帛網,2006年2月19日,www.bsm.org.cn/?chujian/4424.html;此文已收入《戰國竹書論集》,上海古籍出版社,2013年,第168—182頁。季旭昇:《上博五芻議(上)》,簡帛網,2006年2月18日,www.bsm.org.cn/?chujian/4416.html。

② 參看馬承源主編:《上海博物館藏戰國楚竹書(六)》,上海古籍出版社,2007年,圖版見該書第134、149—150頁。"歆"字的讀法從裘錫圭:《〈天子建州〉(甲本)小札》,《簡帛》第3輯,上海古籍出版社,2008年,第105—106頁;此文已收入《裘錫圭學術文集·簡牘帛書卷》,復旦大學出版社,2012年,第530頁。

③ 參看清華大學出土文獻研究與保護中心編,黃德寬主編:《清華大學藏戰國竹簡(拾壹)》,中西書局,2021年,圖版見該書第35—66頁,釋文見該書第101—120頁。

爲“器必蜀䙍”,並解釋說:

“蜀”,即“蜀”字,讀作“蜀”。《方言》十二:“一,蜀也,南楚謂之蜀。”郭璞注:“蜀猶獨耳。”《爾雅·釋山》:“獨者蜀。”郭璞注:“蜀亦孤獨。”“器必獨視”,器物要單獨放置,必須看得見。①

陳劍先生改釋“䙍”爲“𪾢”,並認爲:

“蜀”疑即“蠲”字之省體。“𪾢”字當以“介”爲聲符,與“潔”音近可通。

此說影響很大,此後讀此篇簡文者大都從陳說。曾憲通、陳偉武主編《出土戰國文獻字詞集釋》進一步認爲:“上博五《鮑叔牙》3號簡中的‘蜀’當可直接讀作‘蠲’,不必將其視作‘蠲’字之省體。”②陳文發表之後,讀“蜀”爲“蠲”之說還被大家推而廣之,用以解釋後出的新材料。清華簡《五紀》簡文中的所有“蜀”字,整理者大都從陳說讀爲“蠲”。陳劍先生看到《五紀》之後,還撰文從字形上解釋了“蜀”字爲何能讀爲“蠲”,爲己說提供進一步的證據。③

我們準備主要從文義上探討一下例(1)的“蜀𪾢”到底應該如何理解,再以此爲基礎討論其他用例。④

陳劍先生認爲“𪾢”从介聲,應當正確。陳佩芬先生認爲“蜀”讀爲“蜀”,並引郭璞注說“蜀猶獨”,這也值得重視。我們知道,《廣雅·釋詁》有這樣一條:

乘、蜀、壹,弌也。

王念孫《疏證》說:

蜀者,《方言》:“蜀,一也。南楚謂之獨。”郭璞注云:“蜀,猶獨耳。”《爾雅·釋山》云:“獨者蜀。”《説文》“蜀,葵中蠶也”,引《豳風·東山》篇:“蜎蜎者蜀。”今本作“蠋”,正義引郭璞《爾雅注》云:“大蟲如指,似蠶。”案:凡物之大者,皆有獨義。蠋,獨行無羣匹,故《詩》以比敦然獨宿者。鄭箋云:“蠋蜎蜎然特行。”是也。《爾雅》:“雞大者蜀。”義亦同也。卷三云:“介,獨也。”獨謂之蜀,亦謂之介;大謂之介,亦謂之蜀,義相因也。《管子·形勢》篇“抱蜀不言而廟堂既循”,惠氏定宇《周易述》云:

① 見馬承源主編:《上海博物館藏戰國楚竹書(五)》,第184頁。

② 曾憲通、陳偉武主編:《出土戰國文獻字詞集釋》第5册,中華書局,2018年,第2561頁。

③ 參看陳劍:《與清華簡〈五紀〉相關的兩個字詞問題:“蠲”與{統}》,《中國文字》2022年夏季號(總第7期),第51—74頁。

④ 前引陳劍先生文在“蠲”字的溯源方面做了不少工作,但不無可疑之處。如有讀者感興趣,可做進一步檢討。

“抱蜀，即《老子》‘抱一’也。”①

由此可見，“獨”和“介”是同義詞，把簡文的“蜀悊”讀爲“獨介”是最直接的。如果結合簡文後面所説的“錢器”，則會對“獨介”有更清楚的認識。

關於“錢器”，已經有很多討論。② 我認爲最值得參考的意見是王凱博先生提出的。他説：

“錢器”應該讀爲“散器”。從通假慣例與用字習慣看，楚簡材料中存在一些“戔”聲字讀爲“散”的前例。（原文注：從語音上説，“戔”聲字多屬從母或精母元部，“散”爲心母元部，二者韻部相同，聲母均爲齒頭音。）郭店簡《老子》甲篇簡25有“後”，今本《老子》與之相應的字爲“散”，上博簡《容成氏》簡6“戔施”，孫飛燕據文例及前述郭店簡的例證讀爲“散施”，得到了學者們的普遍認同。鄧少平近又撰文補充論證了楚簡中的另兩個應讀爲“散”的“戔”字，即《容成氏》簡41“判宗離族戔群”及《融師有成氏》簡6“毀折離戔”，均屬可信。此外，上博九《卜書》簡8“戔於百邦”，也先後有學者讀爲“散於百邦”。所以，我們將此處的“錢”讀作“散”，從楚簡的通假習慣上講，没有問題。

典籍中“散”有次等的、粗劣的、不賢良的等意思，如：

《莊子·人間世》：“散木也，以爲舟則沈，以爲棺槨則速朽，以爲器則速毀，以爲門户則液樠，以爲柱則蠹。”成玄英疏：“散木，不材之木，故致閒散也。”

《周禮·天官·鹽人》：“祭祀，共其苦鹽、散鹽。”孫詒讓正義：“苦鹽味大鹹，爲鹽之最貴者。散鹽則味微淡，用多而品略賤，祭祀則次於苦鹽，賓客則次於形鹽，故謂之散，散之爲言雜也。……此經凡言散者，皆麤沽猥雜、亞次於上之義。故《屨人》散屨次於功屨；《巾車》散車次於良車；《充人》之散祭祀，别於五帝先王之祭；《旄人》之散樂，别於雅樂；《司弓矢》之散射，别於師田之射。事異而義並相近也。”

《周禮·天官·屨人》：“辨外内命夫命婦之命屨、功屨、散屨。”孫詒讓正義：“今攷此功屨、散屨，猶《巾車》言良車、散車，葢尋常燕居之屨，降於功屨者。……凡此經言散者，並取麤沽猥雜、亞次於上之義。”

《周禮·春官·巾車》：“凡良車、散車不在等者，其用無常。”賈公彦疏：“作之有精粗，故有良散之名。”孫詒讓正義：“此經凡言散者，並麤沽亞次於上之義。”

如此，“散器”就是指製作不精良、不堅致、粗劣的祭器。《禮記·月令》：“是月也，命工師效功，陳祭器，按度程，毋或作爲淫巧，以蕩上心，必功致爲上。”《吕氏春

① 引自（清）王念孫著，張其昀點校：《廣雅疏證》，中華書局，2019年，第34頁。

② 可以參看兩篇集釋類的學位論文：朱豔芬《〈競建内之〉與〈鮑叔牙與隰朋之諫〉集釋》，吉林大學2008年碩士學位論文（指導教師：吴良寶）；高强：《上博簡〈鮑叔牙與隰朋之諫〉等四篇集釋續補及相關問題研究》，復旦大學2019年碩士學位論文（指導教師：劉嬌）。

秋・孟冬記》:“是月也,工師效功,陳祭器,案度程,堅致爲上。”可見古代祭器之製作,其品質以堅固、密致爲上。“毋内散器”意即粗劣之器不入祭祀,是從反面立説,要求所納祭器要功致、精良、利固,是祭器製作時就已形成的内在屬性,而“器必蠲潔”是要求祭器在使用的過程中須保持潔净,是言其外在屬性。①

王文讀“錢器”爲“散器”,非常正確。但是,他囿於“散”含有粗劣義,把“散器”解釋爲製作不精良、不堅緻、粗劣的祭器,則忽視了簡文前後之間的聯繫。我們認爲,簡文前面説“獨介”,後面説“散器”,二者是相對的。“散器”的“散”當理解爲“閒散”之“散”。“獨介”即“獨一”,“獨介之器”是指“專用之器”,“散器”則是平時可用於其他用途的器具,好像是“閒散之器”,猶“散民”之“閒散之民”,即無專業工作之人。根據孫玉文先生的研究,“散”本有上去二讀,其義有别:

從《經典釋文》看,“散”上去兩讀詞義不同。《莊子・人間世》:“散木也,以爲舟則沈,以爲棺槨則速腐。”郭象注:“不在可用之數,故曰散木。”《音義》:“散木,悉但反,徐悉旦反。下同。”音悉但反,是上聲,“散”指零散不合用;音悉旦反,是去聲,“散”指枝杈四處散布。疏云:“疏散之樹終于天年,亦是不材之木,故致閑散也。”又《資治通鑑・梁紀》二十二:“淵明求度衛士三千,僧辯慮其爲變,止受散卒千人。”胡三省注:“散,蘇旱翻。散卒者,冗散之卒,非敗散之卒也。敗散之卒,去聲。”《墨子・非儒下》“散人焉知良儒”,孫詒讓《閒詁》引畢云:散人,猶冗人。杜甫《寄柏學士林居》“青山萬重静散地”,楊倫《鏡銓》:散地,閒地也。散樂,《周禮・春官・旄人》“旄人掌教舞散樂”,孫詒讓《正義》:“賈意散樂即謂冗散之樂。今考此爲褋樂,亦取亞次雅樂之義。”②

其中所引胡三省注正説明“散卒”讀上讀去在意義上有區别。③ 例(1)簡文的“散器”當取上聲,我們可以模仿胡三省對“散卒”的解釋,把它解釋爲“散器者,冗散之器,非敗散之器也”。

古書“散”與“專”往往相對而言。

《孫子・九地》:凡爲客之道,深則專,淺則散。

《尉繚子・兵令》上:專一則勝,離散則敗。

《春秋繁露・隨本消息》:楚子昭蓋諸侯可者也,天下之疾其君者,皆起惌而乘之,兵四五出,常以衆擊少,以專擊散,義之盡也。

《白虎通・五行》:專勝散,故木勝土。

---

① 參看王凱博《“錢器”小考》,《簡帛》第11輯,上海古籍出版社,2015年,第45—47頁。

② 見孫玉文:《漢語變調構詞考辨》下册,商務印書館,2015年,第1378頁。

③ 當然,我們並不否認二者在意義上有引申關係。

古書“獨”與“專”往往意思也相關，相對或連言之例都不少：

《前漢紀・孝文皇帝紀上》：貴不專寵，富不獨奢。

《吕氏春秋・驕恣》：自驕則簡士，自智則專獨，輕物則無備。無備召禍，專獨位危，簡士壅塞。

《孔子家語・入官》：專獨者，事之所以不成也。

《六韜・軍勢》：倏〔然〕而往，忽〔然〕而來，能獨專而不制者，兵也。

《淮南子・繆稱訓》：獨專之意樂哉，忽乎日滔滔以自新，忘老之及己也。

《白虎通・封公侯》：名山大澤不以封者，與百姓共之，不使一國獨專也。

因此，《鮑叔牙》的“器必獨介”，就是指祭祀時的用器必須是專門用來祭祀的，不能用平時閒置的器具。因爲閒置的器具，往往既可用於此，又可用於彼，非專門所用的祭器。如果再回過頭去看《鮑叔牙與隰朋之諫》這句話前面的“有司祭服毋黼”，正是説祭服不要用“黼”這種黑白相間並有花紋的衣服，也是强調祭服之“純”，跟“器必獨介”在文義上都是一貫的。

順便説明一下，古書有“獨介”的説法。《史記・張耳陳餘列傳》：

將軍今以三千人下趙數十城，獨介居河北，不王無以填之。且陳王聽讒，還報，恐不脱於禍。①

“獨介居河北”就是單單地、獨獨地居河北的意思。古書還有“介獨”。《漢語大詞典》本有“介獨”條，釋義爲“孤傲清高，不隨流俗”，用例也較晚。《漢語大詞典訂補》爲“介獨”補充另外一個詞義，釋義和用例是：

單獨；獨自。《漢書・匈奴傳上》：“趙信者，故胡小王，降漢，漢封爲翕侯，以前將軍與右將軍并軍，介獨遇單于兵，故盡没。”②

“獨”“介”是同義詞，説“獨介”，也説“介獨”，這很正常。以上兩例古書中的用例，跟上博簡“獨介”雖然不完全相同，但顯然是有引申關係的。

三

通過上一節的討論，可知“盥”可讀爲“獨”，當分析爲从皿蜀聲之字。有了這個基

① 引自（漢）司馬遷撰，（南朝宋）裴駰集解，（唐）司馬貞索隱，（唐）張守節正義，中華書局編輯部點校：《史記》（第 2 版），中華書局，1982 年，第 2575—2576 頁。

② 見漢語大詞典編纂處編：《漢語大詞典訂補》，上海辭書出版社，2010 年，第 105 頁。

礎,其他用例中的"盨"當如何理解,就有了一個明確的方向。

下面按照簡文的難易程度來逐一討論,先談比較容易理解的用例。

例(3)説"祭器香柔,曰唯盨香","盨香"正好也是針對"祭器"而言的。過去大家讀爲"蠲香",意爲"潔且香"。現在看來,簡文前面並沒有説到跟"潔"相關的話,只説到"祭器香柔",因此,不當添加"潔"義的詞語在其中。按照我們的讀法,正當讀爲"祭器香柔,曰:唯獨香",可以理解爲"祭器香柔",是因爲它是專用而馨香。大概是因爲祭器没裝過其他物品,不爲其他氣味所熏染,所以才能"香"。

再看例(2)。整理者曹錦炎先生本來讀爲"邦君飤濁"。① 裘錫圭先生本來從整理者讀爲"濁",後來又聽從郭永秉先生建議,增加讀爲"蠲"一説,認爲讀爲"食蠲"似乎比讀爲"食濁"要好,但仍然説明"也還不能完全論定"。② 此例後來不止一人不同意讀爲"蠲"。如曹建墩先生仍讀爲"濁",解釋爲"褻味"。③ 無論把"濁"理解爲髒、不乾净或褻味,恐怕都不合文義。④ 邦君食不乾净的東西,於理不通。"褻味"指生前所嗜好的食品。祭祀的時候奉上被祭者生前嗜好的食品,這是常規。但是爲什麼要單獨指明在祭祀完之後邦君而不是别人要食被祭者生前嗜好的食品呢? 這也於理難通。我們認爲,按照"盨"可讀爲"獨"的用法,簡文就應當讀爲"邦君食獨"。所謂"食獨",當指從祭品中拿出單獨給定的食物來食。簡文後面説"大夫承廌,士受餘"當從裘先生讀爲"大夫承餕,士受餘",大夫所承的"餕"是指祭品中除去單獨拿出來給邦君所食之外的部分,士則再受大夫食剩下的部分。

再看例(6)。整理者所讀"盨(屬)䑣(躬)於婁₌(婁女)"一句,是説"婁女"宿的,整理者注釋説:

> 《史記·天官書》:"婁爲聚衆。"正義:"婁三星爲苑,牧養犧牲以共祭祀,亦曰聚衆。"⑤

---

① 見馬承源主編:《上海博物館藏戰國楚竹書(六)》,第324頁。

② 參看上引裘文的"補記",見《裘錫圭學術文集·簡牘帛書卷》,第530頁。

③ 參看曹建墩:《上博簡〈天子建州〉"天子歆氣"章的釋讀及相關問題》,復旦大學出土文獻與古文字研究中心網,2011年9月30日,www.fdgwz.org.cn/Web/Show/1672;《上博簡〈天子建州〉與周代的饗禮》,《孔子研究》2012年第3期,第93—100頁。

④ 《攻研雜志(一)——復旦大學出土文獻與古文字研究中心學生讀書會札記》(此文未署作者名,復旦大學出土文獻與古文字研究中心網,2008年1月9日,www.fdgwz.org.cn/Web/Show/301)受陳劍讀"盨"爲"蠲"的影響,讀《天子建州》此字爲"蠲",意思跟讀爲"濁"正好相反。

⑤ 參看清華大學出土文獻研究與保護中心編,黄德寬主編:《清華大學藏戰國竹簡(拾壹)》,釋文第114頁,注釋〔九〕第115頁。

這裏並没有解釋“蠲”讀爲“屬”當如何理解，但從文義看，整理者似乎是把“屬躬”理解爲聚衆一類的意思。簡文後面還有“敨(造)羣於昴(昴)”，整理者解釋“造羣，疑指聚衆”。這樣，“奎”“昴”二宿都能“聚衆”。網友“ee”對此表達了異議，同時提出了他對“蠲”的看法：

> “蠲”還是讀爲“蠲”好，參簡33“蠲頮濯溉浴沐”，“蠲”即讀爲“蠲”。《史記·天官書》“婁爲聚衆”，正義：“婁三星爲苑，牧養犧牲以共祭祀，亦曰聚衆。”二者所言不同。《五紀》76+77則言：“敨(聚)羣於【76】昴”，“敨(聚)羣”猶“聚衆”。《史記·天官書》：“昴曰髦頭。”正義：“昴七星爲髦頭，胡星，亦爲獄事。”二者所言亦異。整理者説“昴宿七星，團簇一處，有團簇意，故可聚衆”，則應以《五紀》“造(聚)羣於昴”所言爲佳。那麽“婁女”就不能爲“聚衆”相關之事了。我們推測婁女應該與正義所言的“祭祀”所關，故需潔身以奉祭祀。《文選·思玄賦》“湯蠲體以禱祈兮，蒙庬褫以拯民”，此之“蠲體”猶《五紀》之“蠲躬”也。
>
> 又，“造”讀爲“聚”從“gefei”2021年12月20日125樓言，“造”讀爲“聚”比較明顯的例子還可參《三德》簡12：“臨川之都，兩澗之邑，百乘之家，十室之俈。”蘇建洲先生在《〈上博(五)〉柬釋(二)》一文中即把《三德》的“俈”讀爲“聚”。①

《五紀》簡文通篇以“躬”爲“身”，因此，整理者的意見其實就是讀爲“屬身於婁女”。古漢語“屬”字固然有“會”“合”一類的意思，②但“屬身”很難解釋爲聚衆的意思。《史記正義》説“婁三星爲苑，牧養犧牲以共祭祀”，乃説“婁”是養動物的“苑”，是爲祭祀提供犧牲，並非要去祭祀。因此，用“蠲體”與之聯繫，恐怕比較勉强。這樣，此例就不能當作“蠲”讀爲“蠲”的證據。相反，“屬身於婁女”則顯得比較合理。至於如何解釋“屬身於婁女”，可以參照古書“屬劍於頸”(《左傳》)、“屬國於子之”(《史記》)、“屬政於執事”(《史記》)、“屬怨於趙”(《戰國策》)之類的説法，“屬”是連屬、託付、施加之類的意思，因此可以把“屬身於婁女”理解爲“託身於婁女”。這是説“婁”宿是人可託身之地，跟“聚衆”還是有分别的。

接着談例(4)。這一段話已經有不少討論，爲了避免繁瑣，下面先寫出我所作的釋文，然後對相關問題進行解釋。參考其他學者的意見，我認爲例(4)後半部分當讀爲：

> 其水湛，澤五穀、濾酒，蠲瓤，濯溉、浴沐。

---

① 參看武漢大學簡帛網簡帛論壇·簡帛研讀·《清華簡〈五紀〉初讀》第144樓“ee”的發言，2021年12月22日，http://www.bsm.org.cn/forum/forum.php?mod=viewthread&tid=12694&extra=&page=15。

② 參看宗福邦等主編：《故訓匯纂》，商務印書館，2003年，第628頁“屬”之第50—60義項。

"其水湛"的"湛"指水很清澈。[①] "澤五穀"即潤五穀。"潤五穀"的説法見於古書，但比較晚，如宋人史彌堅《鎮江徐偃王廟記》説：

> 惟龍之見在乎常不常之間，其爲用，從雲而降雨，**潤五穀**，成豐年。[②]

比較早的説法可能就是"澤五穀"一類的説法。古書"澤"都有"潤"義，比較常見，此不贅。[③]

"盟衁""濯汽(溉)""浴沐"當中，"濯溉""浴沐"的讀法大概没有疑問。唯需要注意的是，"濯""溉"連用，説明"溉"是洗滌義，不是灌溉義。《詩・大雅・洞酌》"可以濯溉"，朱熹集傳："溉，亦滌也。"剩下的"盟衁"應當是一個單位。其中"衁"的讀法，整理者已指出：

> 衁，似即清華簡《保訓》"演"字。《書・顧命》："王乃洮頮水。"[④]

本篇簡 71 有讀爲"瀗"之字，寫作""(這樣寫法的"瀗"又見於《命訓》簡 12，作""[⑤])，跟清華簡《四告》簡 8 的"瀗"作""爲代表的一類字，[⑥]主要是从皿、从水之别。《五紀》的"衁"从"血"，可以與"皿"同等看待，如果把"血"换成水旁，就是"演"字。簡文的主語是"水"，因此把"衁"釋爲"演"是最爲直接的，這説明整理者的意見可信。"盟衁(演)"連言，就很難把"盟"讀爲"蠲"。"盟"很可能是一個跟"演"相關的詞。比較容易想到的，就是把"盟"讀爲"注"。[⑦] "注演"乃指水的灌入(《水經注》常説某水注某水，例多不必舉)和流演。簡文分三個層次説"水"，即"澤五穀、濾酒""盟衁""濯溉、浴沐"。"盟衁"和"濯溉、浴沐"之間很可能有因果關係，即因"盟衁"而帶來"濯溉、浴

---

① 參考趙市委的讀法和解釋，見清華大學出土文獻讀書會：《清華簡第十一輯整理報告補正》，清華大學出土文獻研究與保護中心網，2021 年 12 月 16 日，https://www.ctwx.tsinghua.edu.cn/info/1081/2749.htm。

② 參看曾棗莊、劉琳主編：《全宋文》第二百九十四册・卷六七〇〇，上海辭書出版社、安徽教育出版社，2006 年，第 237 頁。

③ 參看宗福邦等主編：《故訓匯纂》，第 1327 頁"澤"第 3、14 等義項。

④ 見清華大學出土文獻研究與保護中心編，黄德寬主編：《清華大學藏戰國竹簡(拾壹)》，第 102 頁注〔四〕。整理者認爲"蠲、衁、濯、溉、浴、沐"皆訓爲清洗、清潔，恐不準確。

⑤ 參看清華大學出土文獻研究與保護中心編，李學勤主編：《清華大學藏戰國竹簡(伍)》，中西書局，2015 年，第 208 頁。

⑥ 參看清華大學出土文獻研究與保護中心編，黄德寬主編：《清華大學藏戰國竹簡(拾)》，中西書局，2020 年，第 205 頁。

⑦ 古書从蜀、从主之字有相通之例，參看張儒、劉毓慶：《漢字通用聲素研究》，山西古籍出版社，2002 年，第 273 頁。

沐”的效果。如果這樣理解正確,“蠲鹹”下面也可以施以冒號。

再接着看例(7)。我認爲應該讀爲:

手曰搤,捲、笅、量、秉、睪(擇)、蠲,食飲飽。[①]（下略）

顯然,“搤”之後、“食飲飽”之前的話,都是説明“手”的各種動作的。“笅”,整理者讀爲“御”,網友“汗天山”疑是“杵”,[②]都不能肯定是正確的,但無疑是手的動作。“蠲”既然也是手之動作,而且似乎都跟飲食有關,可以有兩種思路:一、讀爲“注”,指注水,跟“飲”有關。二、既然是“手”的動作,有可能讀爲“觸”,《莊子·養生主》有“手之所觸”之説。考慮到用字的統一性,第一種的可能性比較大。

至於例(1)“卯曰蠲”,暫時還不能肯定是何義。“某曰某”即“A 曰 B”之類的表達,所存在的語義關係比較多,或者 A 與 B 之間有主謂關係,或者 A 與 B 是同源詞,或者 A 與 B 之間有語義引申上的關係,或者還有别的可能性。我們目前無法斷定屬於哪一種情況,只能存疑。

總之,目前所見戰國簡中的“蠲”字,恐怕没有一例可以肯定讀爲“蠲”。它在相關辭例中的讀法,都是以“蜀”聲爲出發點的。由於部分簡文深奥難懂,我們的讀法只是一種嘗試,還望博雅君子多多批評和指教。

2024 年 5 月 24 日初稿

2024 年 5 月 31 日略改

附記:

2022 年 10 月 11 日,本人受吉林大學考古學院古籍研究所、吉林大學中國古文字研究中心之邀,做了一場題爲“談談清華簡《五紀》釋讀中的幾個問題”的講座。在此對邀請方表示衷心的感謝。本篇論文是根據講座中的部分内容整理而成,講座的其他内容將撰另文發表。又,本文曾在“中國出土文獻與古代文明國際學術研討會”(香港大學中文學院、北京大學歷史系聯合主辦,香港大學,2024 年 5 月 25—26 日)上宣講,會上蒙何景成、徐剛、周博群等先生提出寶貴意見,本人深表感謝。

---

① 這一段簡文所在的一大段還有不少疑難之處可以討論,詳另文。

② 見武漢大學簡帛網簡帛論壇·簡帛研讀·《清華簡〈五紀〉初讀》第 337 樓“汗天山”的發言,2022 年 2 月 7 日,http://www.bsm.org.cn/forum/forum.php?mod=viewthread&tid=12694&extra=&page=34。

上博簡《靈王遂申》"申成公"小考[*]

侯乃峰

山東大學文學院

"古文字與中華文明傳承發展工程"協同攻關創新平臺

《上海博物館藏戰國楚竹書》第九册有《靈王遂申》篇，[①]經過學者們的研究，其文義及思想主旨現已基本可以瞭解。大致説來，《靈王遂申》篇按題材應該歸入到上博簡中比較常見的"楚國(楚王)故事"類，内容講述申成公之幼子名叫"虎"者的故事，其思想主旨在於反映"小虎"之"幼慧"，年紀雖小却見識甚高，亦有機變。[②]

《靈王遂申》篇中出現的申成公之名，原整理者隸定成上从"止"、中从"日"、下从"水"，認爲此字是人名，未見史籍，待考。[③] 蘇建洲先生進一步指出：成公的名字从水从旹；"旹"在楚簡中常讀爲"時"，則本字可以釋爲"溡"，見於《集韻》。[④] 但到後來，蘇建洲先生又轉而贊同陳劍先生將此人名與上博簡(六)《平王與王子木》所見的"成公乾"看成是同一個人的説法，將字形分析爲"从水从倝省聲"，從而將此字釋讀爲"乾"。[⑤]

今按：申成公之名用字，就應當分析成从"水"，"旹(時)"聲，釋爲"溡"。原整理者的隸定大致不誤，唯字形上部所从是"之(㞢)"，而非"止"，隸定成上从"止"似稍嫌不

* 本文爲"古文字與中華文明傳承發展工程"規劃項目"《古文字類編》最新版校訂增補"(G3962)的階段性成果。

① 馬承源主編：《上海博物館藏戰國楚竹書(九)》，上海古籍出版社，2012年，第155—164頁。

② 此爲陳劍先生意見，參看蘇建洲《上博九〈靈王遂申〉釋讀與研究》(《出土文獻》第5輯，中西書局，2014年，第118—119頁)一文轉引。

③ 馬承源主編：《上海博物館藏戰國楚竹書(九)》，第160頁。

④ 蘇建洲：《初讀〈上博九〉劄記(一)》，簡帛網，2013年1月6日，http://www.bsm.org.cn/?chujian/5961.html。

⑤ 蘇建洲：《上博九〈靈王遂申〉釋讀與研究》，《出土文獻》第5輯，第92—120頁。

精確。當然,原簡字形上部確實寫成類似"止"形,原整理者的隸定似無可厚非。但我們推測,寫成類似"止"形很可能是由於左上部筆畫殘泐導致的,原本當是从"之(㞢)"。因楚簡中的"時"字,上部皆寫成从"之(㞢)",未見寫成"止"形的。① 蘇建洲先生最初對字形的分析可從,後來釋讀爲"乾"看作是"成公乾"的意見反而是錯的。對於"申成公溡"其人,原整理者認爲未見史籍。筆者以爲,"申成公溡"就是見於《左傳》《國語》的"申叔時"。試分析如下:

首先,從文字上看。

"溡"字从"時"得聲,可以與"時"通用。《左傳》昭公十二年(前 530)"有酒如澠",杜預注:"澠水,出齊國臨淄縣北,入時水。"《經典釋文》"入時水"條下云:"如字,本或作溡,音同。"《集韻·之韻》"溡"字頭下云:"水名,在齊。通作時。"也即,古代典籍中"時"與"溡"二字本來就是互爲異文,可以通用無別。因此,將簡文人名"(申成公)溡"與《左傳》《國語》中的人名"(申叔)時"看作是同一個人名,從文字通用的角度來看,不存在任何障礙。

其次,從人物身份上看。

由《靈王遂申》篇中虎答曰"君爲王臣"云云,可以推知"申成公溡"是楚國大夫;而《左傳》《國語》中的"申叔時"也是楚國大夫;二者的身份一致。

同時,兩個名稱前的"申",當是地名,指原來的申國,被楚所滅後成爲楚國的申縣。《左傳》《國語》中"申叔時"之"申",明確是指楚國的申地,而且當是申叔時受封之地。如《左傳》成公十五年(前 576)"申叔時老矣,在申",杜預注:"老,歸本邑。"《左傳》成公十六年(前 575)"過申,子反入見申叔時",杜預注:"叔時老,在申。"

申國被楚國滅亡而成爲楚國縣邑的時間,可參考以下文獻。《左傳》莊公六年(前 688):"楚文王伐申。過鄧。"莊公十八年(前 676):"及文王即位,與巴人伐申,而驚其師。"哀公十七年(前 478):"彭仲爽,申俘也,文王以爲令尹,實縣申、息,朝陳、蔡,封畛於汝。"杜預注:"楚文王滅申、息以爲縣。"由上可以推知,申國被滅成爲楚縣邑當在楚文王在位之時。申國被楚文王(前 689 年即位)滅亡,下距申叔時活動的楚莊王(前 613 年即位)時期有將近一個世紀的時間。由此似可推測,《左傳》僖公二十六年(前 634):"楚申公叔侯戍之。"僖公二十八年(前 632):"楚子(引按:指楚成王,前 671 年即位)入居于申,使申叔去穀。"其中所見的"申公叔侯"或稱"申叔"(與"申叔時"也可以稱爲"申公"同,見下),雖然杜預注等並沒有指出其人與後來的申叔時有何關係,但根

① 此字形上部寫成類似"止"形,承蒙王輝兄提示,謹致謝忱。又,此字形與楚簡中所見的"𣃦(㫃)"字寫法區別明顯,可以不論。

據時代先後關係及其稱呼來推測，其人很可能當是申叔時的祖輩。①

《左傳》昭公十三年(前 529)記載:“平王封陳、蔡，復遷邑，致群賂，施舍寬民，宥罪舉職。”“楚之滅蔡也，靈王遷許、胡、沈、道、房、申於荆焉。平王即位，既封陳、蔡，而皆復之，禮也。”由此可知，楚靈王時曾進一步將申縣遷於楚國境内；到楚平王即位後，又讓原來遷於楚的民衆再遷回原地(或將“復之”理解爲“復其國”②)。由此，若是嚴格依據《左傳》等典籍所記載的史實，再結合簡文内容，《靈王遂申》篇所述故事的歷史背景就可以約略得知了。《史記・管蔡世家》記載:

> (蔡)景侯元年，楚莊王卒。四十九年，景侯爲太子般娶婦於楚，而景侯通焉。太子弑景侯而自立，是爲靈侯。(蔡)靈侯二年，楚公子圍弑其王郟敖而自立，爲靈王。九年，陳司徒招弑其君哀公。楚使公子弃疾滅陳而有之。十二年，楚靈王以靈侯弑其父，誘蔡靈侯于申，伏甲飲之，醉而殺之，刑其士卒七十人。令公子弃疾圍蔡。十一月，滅蔡，使弃疾爲蔡公。

清華簡《繫年》第十八章第 98—99 簡記載:

> (楚)靈王即位。靈王先起兵，會諸侯于申，執徐公，遂以伐徐，克賴、朱邡，伐吴，爲南懷之行。縣陳、蔡，殺蔡靈侯。③

據以上史料記載，可知楚靈王即位後所做的大事，除了遷徙諸多被滅之小國於楚外，就是“縣陳、蔡，殺蔡靈侯”。再結合簡文開頭的“靈王既立，申、息不憖。王敗蔡靈侯於吕，命申人室出，取蔡之器”以及下文“君爲王臣，王將述(墜)邦，弗能止”等内容，似可推測《靈王遂申》篇故事發生的背景當是在楚靈王即位後，殺蔡靈侯，將縣陳、蔡，同時欲將申等被楚滅亡的小國遷於楚的背景下發生的。簡文“王將述(墜)邦”中的“述”字，原整理者讀爲“遂”，研究者多認爲當讀爲“墜”。④ 其實，此字在簡文中讀爲“墮”更爲妥當，字在典籍中又通作“隓”“隳”。如《左傳》定公十二年(前 498):“仲由爲季氏宰，將墮三都，於是叔孫氏墮郈。季氏將墮費……遂墮費。”《孔子家語・相魯》作:“乃使季氏宰仲由隳三都……遂隳三都之城。”《説文》“隓，敗城阜曰隓”，徐鉉曰“俗作隳，非”，段注:“隸變作墮，俗作隳。”《玉篇・阜部》:“隓: 廢也，毁也，捐也。亦作

---

① 邵炳軍:《范氏、文氏、申叔氏族屬、世系暨作家群體事略考》,《廣東社會科學》2013 年第 3 期，第 179—184 頁。

② 楊伯峻編著:《春秋左傳注(修訂本)》，中華書局，2009 年，第 10 頁。

③ 清華大學出土文獻研究與保護中心編，李學勤主編:《清華大學藏戰國竹簡(貳)》下册，中西書局，2011 年，第 180 頁。

④ 蘇建洲:《上博九〈靈王遂申〉釋讀與研究》,《出土文獻》第 5 輯，第 104 頁。

墮。”“墮”即毁壞、毁棄、廢棄之義。簡文中的“王將墮邦”，蘇建洲先生贊同王寧先生的意見，以爲“邦”當指“蔡國”，“將墜邦”很可能是指要滅蔡而言，[①]説雖不誤，却似稍嫌拘泥。我們認爲，“王將墮邦”可能既指楚靈王將縣陳、蔡，也指欲遷諸小國於楚之事。“縣陳、蔡”即滅陳、蔡二國，使之成爲楚國的縣邑，屬於“墮邦”無疑；而將原來諸小國的城邑遷徙，則原有城邑必然毁壞廢棄，是亦爲“墮邦”。如果將“墮邦”僅理解成是指要滅蔡（實際上可能還包括陳國），則簡文開頭的“申、息不憖”在故事中就無着落了。再者，“滅蔡”和申成公的利害關係似乎並不大，若將歷史背景設定爲申成公僅僅是出於反對“滅蔡”而對楚王不滿，采取不合作態度，則故事中的矛盾衝突就顯得微乎其微了。而將“申成公”的“申”與簡文“申、息不憖”的“申”聯繫起來，將“申、息不憖”的“申”看作是“申成公”的封邑之“申”，則故事中的矛盾衝突就顯得更加尖鋭劇烈。若如此，則所謂“申、息不憖”，其中作爲申成公封邑的“申”之所以“不憖”，可能主要是由於要遷徙城邑。《説文》：“憖，問也。謹敬也。从心、猌聲。一曰説也。一曰甘也。《春秋傳》曰：‘昊天不憖。’又曰：‘兩君之士皆未憖。’”簡文“憖”當是取“説也”“甘也”之訓，“不憖”即心有不甘、内心不悦、不願意、不樂意之義。一方面，申縣所居住的民衆當是原來的申國之人，久居此地，安土重遷，讓他們遷徙他處自然心裏不願意。另一方面，申成公作爲申縣的縣公，勞民動衆，廢棄原有的城邑，遷徙到别的地方，想來内心也是不悦。與“申”並提的“息”，作爲春秋時期的一個小國，早在楚文王在位時就已經被楚國滅亡。《左傳》莊公十四年（前 680）記載：“楚子如息，以食入享，遂滅息。”息國滅亡成爲楚國的縣邑，距離楚靈王即位（前 540）已有一百四十年的時間。雖然在《左傳》昭公十三年（前 529）所記載的楚靈王遷於楚的小國中没提及“息”，但其作爲楚國的縣邑，之所以“不憖”恐怕也是要遷徙城邑於楚的緣故。

當然，以上所論皆是依據史料進行的推測。實際上，由於《靈王遂申》篇包含較多造作故事的成分（説見下），所以也不能排除簡文的作者根據史料虚構一個歷史背景的可能性。若是那樣的話，嚴格依據文獻記載的史實來討論故事背景就意義不大了。不過，無論從哪個角度來看，簡文既然説“申、息不憖”，而“申成公”之稱呼中又有“申”字，則據上所論將“申”理解成地名，指原來的申國，後來的申縣，應該問題不大。

如此，簡文“申成公滸”作爲人名，其中的“滸”是私名；“成”應該是謚號；“公”是尊稱，在當時的楚國是指縣公；“申”當是“申成公滸”所封之地名，指原來的申國，後來的申縣。《左傳》《國語》中的“申叔時”，所謂的“申”也同樣是其人封邑之地名；當然，根據時間推算，初始被封的應該是其祖輩，或當是上文提到的“申公叔侯”（或稱“申

① 蘇建洲：《上博九〈靈王遂申〉釋讀與研究》，《出土文獻》第 5 輯，第 117—118 頁。

叔")。"申叔時"的"叔"應該是表示其在兄弟輩中的排行次序。而且,"申叔時"同樣也可以稱爲"申公"。如《國語·楚語上》"莊王使士亹傅太子葴"條"王卒使傅之。問於申叔時,叔時曰:……",韋昭注:"叔時,楚賢大夫申公。""申叔時"其人"申公"的稱呼與"申成公"的稱呼具有内在的統一性。

據上所論,簡文"申成公澔"與《左傳》《國語》中的"申叔時",二者的身份同樣是楚國大夫,私名也相同("澔""時"可通用),封地又都在申,若不將其看成是同一個人,恐怕無法解釋以上諸多的一致現象。

有學者主張將"王將墜邦"的"墜"訓解爲"失""喪失",所"墜"之"邦"理解爲楚國,認爲成公只顧申國,而虎不僅考慮申國,還考慮到楚國。[①] 此説恐無成立的可能。首先,幼小的主人公虎應該没有此等"預言"的能力,在楚靈王在位之時就敢於斷言楚靈王將"喪失"楚國。簡文中的"王將墜邦"只能理解爲楚靈王已經發布的將對其他邦國采取某種舉動的政令,且見諸行動者。其次,在此故事中,楚靈王明顯是作爲反面人物出現的。此故事主旨應當只是表現虎之"幼慧",申成公父子二人的根本立場當是完全一致的,虎似没有考慮楚國的必要。再者,從實際情況來講,若説是考慮楚國之安危,也應當是由作爲楚國著名大臣的申成公來考慮,而不會讓幼小的虎來承擔此等"重任"。

再次,從人物的思想主張上看。

"申叔時"其人,四次見於《左傳》。除了上引的成公十五年(前576)、成公十六年(前575)兩次之外,還有宣公十一年(前598)、宣公十五年(前594)兩次。其中宣公十一年記載,楚莊王率諸侯伐陳,殺夏徵舒,欲廢陳置縣,後經申叔時勸諫,"乃復封陳"。這是申叔時一生中最爲後人所豔稱之事。由此可見,申叔時是明確反對"廢陳""縣陳"的。而《靈王遂申》篇的"申成公澔",由簡文中其人對於楚靈王"命申人室出,取蔡之器"的消極不合作態度,以及其幼子虎批評他説"王將墮邦,弗能止"(其實是申成公假裝發怒,欲試探幼子虎,虎解釋自己爲何不取蔡器時説的話,不能算是嚴格意義上的批評)來看,他也是從心裏反對楚王毁滅廢棄諸小國(如陳、蔡等)使之成爲楚國之縣的做法的。"申叔時"與簡文"申成公澔"在思想主張上的一致性,也可以證明他們當是同一個人。

附帶補充説明一下,申叔時爲何反對"縣陳"的問題。《左傳》宣公十一年的解釋

① ［日］海老根量介:《靈王所"遂"者究竟爲何國?——〈靈王遂申〉再考》,中山大學古文字研究所、出土文獻與中國古代文明研究協同創新中心、中山大學中國語言文學系編,田煒主編:《文字·文獻·文明》,上海古籍出版社,2019年,第115—123頁。

是:"諸侯之從也,曰討有罪也。今縣陳,貪其富也。以討召諸侯,而以貪歸之,無乃不可乎?"《史記·陳杞世家》中的解釋之辭類似:"今王以徵舒爲賊弑君,故徵兵諸侯,以義伐之,已而取之,以利其地,則後何以令於天下?"其中出現了"義"字。《孔子家語·好生》:"孔子讀史,至楚復陳,喟然歎曰:'賢哉,楚王!輕千乘之國,而重一言之信。匪申叔之信,不能達其義;匪莊王之賢,不能受其訓。'"其中也出現了"義"字。北宋范祖禹《范太史集》卷四四《資政殿學士范公墓誌銘》:"昔楚子滅陳而縣之,申叔時惡其滅人之國,而欲復之也,故有蹊田之譬。"由以上記載結合"申叔時惡其滅人之國"的評論來推測,春秋時期以滅人之國、絶人之祀爲大不道義之事,故申叔時反對"縣陳",應該主要是出於當時通行的政治道義,並非是由於陳國和他本人有着什麽利害關係。如《論語·堯曰》篇所説:"興滅國,繼絶世,舉逸民,天下之民歸心焉。"將"興滅國"看作道義之舉,反之,"滅國"自然屬於不道義之事了。同樣,《靈王遂申》篇中的申成公澣(申叔時)反對"隓邦",應該也是同樣的理由。即他之所以反對"隓邦",主要是出於政治道義,而非個人之私利。當然,《靈王遂申》篇的故事所設定的背景,似又牽涉到申縣的遷徙問題,所以也不能説完全與個人利益無關。但這種設定可能只是故事情節發展的需要,應該不是歷史的真實情況。

最後,由故事的思想主旨來看。

《靈王遂申》篇屬於"幼慧"故事,主要是表現申成公澣之幼子虎聰慧過人,而申成公澣在此故事中不過是起到陪襯的作用(可參上引蘇建洲先生之文中所引陳劍先生的分析)。但即便是陪襯性的人物,同樣也可以表現出其人很有見識,有智慧。而《左傳》《國語》中每次記載申叔時,都是意在表現其人有見識,有智慧。同時,《左傳》中還多次提及申叔時的子孫。如《左傳》成公二年"巫臣盡室以行。申叔跪從其父,將適郢,遇之,曰'異哉!夫子有三軍之懼,而又有桑中之喜,宜將竊妻以逃者也'",杜預注:"叔跪,申叔時之子。"《左傳》襄公二十一年(前552)"楚子使薳子馮爲令尹,訪於申叔豫。叔豫曰:'國多寵而王弱,國不可爲也。'遂以疾辭",杜預注:"叔豫,叔時孫。"則叔豫當是申叔跪之子輩。此外,《左傳》襄公二十二年(前551)也提及申叔豫。這些記載也都是意在表現其人聰慧有見識的。記載之人大概隱含一種父輩有智慧,其子孫也必然聰慧之意在其中。這種現象還可以參看上博簡中所見的楚國歷史上另外一位政治名人葉公諸梁及其子孫的相關文獻。① 如此,設若"申成公澣"就是《左傳》《國語》中的"申叔時",則《靈王遂申》篇中的"小虎"作爲"申成公澣(申叔時)"之子,簡文着重表現其聰慧過人,其思想主旨和《左傳》中所記載的申叔時之子孫輩皆聰慧有見識就

① 劉信芳:《上博藏竹書〈柬大王泊旱〉聖人諸梁考》,《中國史研究》2007年第4期,第16—20頁。

可以合觀了。從這個角度來講，也可以側面證明"申成公澭"應當就是《左傳》《國語》中的"申叔時"。

綜上所述，《靈王遂申》篇中的"申成公澭"和《左傳》《國語》中的"申叔時"應該就是同一個人，似可論定。

當然，將"申成公澭"看作是"申叔時"也有不好解釋之處。即《左傳》《國語》中的申叔時主要仕於楚莊王在位時期(前 613—前 591)，距離楚靈王即位(前 540)約有五六十年的時間。設若其人青壯年時出仕，到楚靈王時大概已至七八十歲的高齡，似乎不大可能還有個"未蓄髮"(即尚未加冠成年，年齡當在十歲左右)的幼子。這大概就是很多學者未將"申成公澭"和《左傳》《國語》中的"申叔時"看作同一個人的主要原因。

其實，簡文所記述的内容和人物在年代上的不合情理很容易解釋，上文也已經提及，這應當屬於古人造作故事，並不是真實的史料。余嘉錫先生《古書通例》有"古書多造作故事"一節，曾説過：

> 若夫諸子短書，百家雜説，皆以立意爲宗，不以叙事爲主。意主於達，故譬喻以致其思；事爲之賓，故附會以圓其説。本出荒唐，難與莊論。……
>
> 夫引古不必皆虚，而設喻自難盡實，彼原假此爲波瀾，何須加之以考據？……
>
> 五曰：諸子著書，詞人作賦，義有奥衍，辭有往復，則設爲故事以證其義，假爲問答以盡其辭，不必實有其人，亦不必真有此問也。[①]

如上博簡(七)《鄭子家喪》篇，葛亮先生曾指出：

> 我們認爲《上博七・鄭子家喪》是一個雜糅而成的故事……簡文所見的楚王故事與史實有所差異，由不同的歷史事件"移花接木"而成，這一點並不奇怪。由於編寫楚王故事的目的並不是記録史實，而是重在説教，所以其涉及的時間、人物、事件都可能跟史籍存在較大的出入(如《上博六・莊王既成》就將魯莊公鑄編鐘無射的故事移植到了楚莊王的身上)。這一點與《戰國策》中的許多故事非常相似。[②]

由此，上博簡中所見的楚王故事類文獻，皆當視爲造作故事，包含較多的虚構杜撰成分，而不應看作實際的史料。《靈王遂申》篇中的不合情理之處，自然亦當如此解釋，並不能據此來推翻以上"申成公澭"就是《左傳》《國語》中的"申叔時"的論斷。

---

① 余嘉錫：《古書通例》，上海古籍出版社，1985 年，第 77—78、83 頁。

② 葛亮：《〈上博七・鄭子家喪〉補説》，復旦大學出土文獻與古文字研究中心網，2009 年 1 月 5 日，http://www.fdgwz.org.cn/Web/Show/616。

一粟居讀簡記(十六)

王　輝

陝西省考古研究院

一

清華楚簡《大夫食禮》簡 1:“既槀,君子既䕬(畢)内(入),宔(主)人乃出,立於宔(主)𨻰(階)之東南,西南卿(鄉)。”影本注:“槀,字見於《望山楚簡》二・四五‘一牛樫,一豕樫,一羊樫,一尊樫’,注釋八三:‘此簡“樫”字四見,據文義當是盛放牛、羊、豕等體積較大的食物的木器。’“‘𦉵’、‘延’音近。疑‘樫’當讀爲‘梴’。此墓出大型‘高足案’四,大小不等,疑即簡文所記‘樫’。’……該書補正又疑‘樫’當讀爲‘斷木爲四足’之‘梡’。……《禮記・明堂位》‘俎用梡嶡’,孔疏:‘虞俎名梡,梡形四足如案。……夏俎名嶡,嶡亦如梡,而横柱四足中央如距也。’嶡則包山簡、信陽簡之‘椐’,‘椐’、‘梡’古音相近,形制亦無區别。參看李家浩《包山二六六號簡所記木器研究》。……‘樫’釋‘梡’可從,簡文‘既樫(梡)’相當於《儀禮》所謂羹定(肉羹既熟)、載俎。……一説,‘槀’字或讀爲‘筵’,‘既槀(筵)’指既已布席。《仪禮・士冠禮》‘主人之贊者,筵于東序,少北西面’,鄭注:‘筵,布席也。’”[①]又簡 7—8:“客者褭(就)客₌(客,客)進,方槀西耑(端),東卿(鄉)夫〈而〉立。客者趣進,立於槀西,北末。”又簡 21:“客者遈(退),立槀西耑(端),既豆(屬)饋於宔(主),乃豆(屬)饋於晉(友)者。”又簡 29—30:“客者退,方槀西耑(端)而立。”“槀”影本亦讀爲“梡”。

影本注引望山簡整理者説“牛樫”“豕樫”“羊樫”之“樫”讀爲“梡”,自己也傾向此

---

① 清華大學出土文獻研究與保護中心編,黄德寬主編:《清華大學藏戰國竹簡(拾叁)》下册,中西書局,2023年,第 106—107 頁。

説,但又引一説"棬"讀爲"筵",可見尚有猶豫。《楚地出土戰國簡册[十四種]·望山二號墓簡册》注94則云:"棬,整理者:據文義當是盛放牛、羊、豕等體積較大的食物的木器。……上古音'棬'、'完'都是元部字,頗疑'棬'當讀爲'梡',但二字聲母不近,有待進一步研究。"[①]同樣疑而未決。傳世文獻未見元、卷聲字通用之例,[②]却有卷與巽聲字通用之例。《逸周書·允文》:"遷同氏姓,位之宗子。"《玉海》五十引遷作選,[③]黄懷信譯文:"選擇同姓氏者,立爲各氏族的宗子。"[④]認同《玉海》的異文。出土文獻亦未見元、卷聲字通用之例。[⑤] 簡7—8、21、29—30"方槀西端","槀"解爲木器"梡"固然能講通,但簡1"既槀"之"既"是副詞,《廣雅·釋詁四》"既,已也",相當於已經,其後所接應該是動詞,而不是"梡"這個名詞。可見,讀"槀"爲"梡",並不完全適合。

對望山簡的"牛棬""豕棬""羊棬",何琳儀讀"棬"爲"臇"。[⑥] 何氏引《廣韻》:"臇,切熟肉更煮也。"又引《集韻》:"腪,《説文》:'切孰肉内於血中和也。'或作臇。"臇當然是動詞。我以爲要找一個既是名詞又是動詞的巽聲字,則莫若"饌",且臇、饌亦通用。《文選·盧子諒〈贈劉琨一首並書〉》"匠者時眄,不免臇賓",李善注:"《廣雅》曰:'臇,進食也。'饌與臇同。"[⑦]

《説文》"籑(此字今通作籑,下引同),具食也。从食,算聲。饌,籑或从巽",段玉裁注:"廾部曰:'具,共置也。'《禮經》凡言饌,注曰'陳也',陳與置義同。《論語》曰:'有酒食,先生饌。'……馬云:'飲食也。'鄭作餕,食餘曰餕。……據《禮經·特牲》《少牢》注,皆云:'古文籑作餕。'許書則無餕有籑、饌,是則許於《禮經》從今文不從古文也。但《禮經》之籑訓食餘,而許籑、饌同字,訓爲具食,則食餘之義無箸。且《禮經》言饌者多矣,注皆訓陳,不言古文作餕;食餘之字皆作籑,未有作饌者,然則《禮》籑、饌當是各字,饌當獨出,訓具食也;籑、餕當同出,訓食餘也。乃與《禮經》合。若《論語》魯餕古饌,此則古文假饌爲餕。"[⑧]段氏分别籑、饌爲二字,但又指出二者有通用的情形,

---

① 陳偉等:《楚地出土戰國簡册[十四種]》,經濟科學出版社,2009年,第296頁。

② 參看高亨纂著,董治安整理:《古字通假會典》,齊魯書社,1989年,第116—118頁西字聲系,第157—159頁元字聲系。

③ 參看高亨纂著,董治安整理:《古字通假會典》,第118頁。

④ 黄懷信:《逸周書校補注譯(修訂本)》,三秦出版社,2006年,第44頁。

⑤ 參看王輝:《古文字通假字典》,中華書局,2008年,第713—714、743頁;又白於藍:《戰國秦漢簡帛古書通假字彙釋》,福建人民出版社,2012年,第785頁卷字聲系,第811頁元字聲系。

⑥ 何琳儀:《戰國古文字典:戰國文字聲系》,中華書局,1998年,第1041頁。

⑦ 參看高亨纂著,董治安整理:《古字通假會典》,第215頁。但引文有誤字。

⑧ (清)段玉裁:《説文解字注》,上海古籍出版社,1981年影印經韻樓藏本,第219頁。

見解深刻。不過從古文字的用例(如屖、徙既可通饌,又可通纂)來看,也不排除饔、饌是一字之異。饌訓具食,即備辦、準備、陳設食品。《儀禮·聘禮》:"饌于東方,亦如之,西北上。"《士冠禮》"具饌于西塾",鄭玄注:"饌,陳也。"《周禮·天官·酒正》"掌其厚薄之齊,以共王之四飲三酒之饌",賈公彦疏:"云'以供王之四飲三酒之饌者,謂饌陳具設之也。"簡文"既槼"讀爲"既饌",謂已經陳設食品也。

"饌"又指飯食,名詞。《儀禮·燕禮》"膳宰具官饌於寢東",鄭玄注:"膳宰,天子曰膳夫,掌君飲食膳羞者也。具官饌,具其官之所饌,謂酒也、牲也、脯醢也。"賈公彦疏:"云'具官饌,具官之所饌'者,謂卿大夫、士之饌揔饌之。《大射》亦用燕禮,直云'官饌'不言'膳宰',與此同。不言者,文不具。云'謂酒也,牲也、脯醢也',知者,案下所設亦有此三者,牲即'其牲狗也'。(引者按:《燕禮記》云:"其牲狗也,享於門外東方。")"饌既有狗,則有豕、牛、羊,也説得過去。豕饌,即盛放熟豕之食具,牛、羊饌同例。饌還有酒,則望山簡"一酙(尊)槼"即一尊酒之食具,此殆酒器,而非"斷木爲四足"之梡。

在《儀禮》中,"饌"常與"羹定"連用。如《大射》"官饌。羹定",鄭玄注:"百官各饌其所當共之物。享肉孰也。《射義》曰:'諸侯之射也,必先行燕禮。'《燕禮》牲用狗。"其意思是:"爲百官準備的食物都分放在他們的位前。這時牲肉都已經煮熟了。"①又《士昏禮》"饌於房中,醯醬二豆,菹醢四豆,兼巾之;黍稷四敦,皆蓋。大羹湆,在爨",鄭玄注:"大羹湆,煮肉汁也。"饌是準備、陳設食品,其食品有醯醬、菹醢、黍稷、煮肉汁,當然也可以有牛、羊、豕肉;盛放之器可以有豆、敦,當然也可以有其他酒食器。影本注既然看到了"既槼"與"羹定"關係密切,却不選用二者相連的"饌",而要解"槼"爲名詞"梡",似乎失之交臂。

又清華楚簡《大夫食禮記》簡11:"如其散(徹)也。……"簡12:"凡大飤(食),少(小)飤(食),必既遅,乃命所豆貴者(所屬饋者)。"影本注引裘錫圭《讀逨器銘文札記三則》,讀"遅"爲"饌"。② "謂飲食既備,乃命所屬饋者"。裘先生舉了大量屖(沙)、徙與巽、算聲字相通的例子,其説可信。《儀禮·有司徹》"徹室中之饌",鄭玄注:"有司饌之,婦人徹之,外内相兼,禮殺。"賈公彦疏:"云'有司饌之,婦人徹之,内外相兼,禮殺'者,此徹室中之饌者,於上經有司徹饋饌於室中西北隅者,今使'婦人徹之',故云'外内相兼'。"簡文和《儀禮》"饌"字前後都提到"徹""饋",語境相同,"遅(沙、徙)"讀

---

① 楊天宇:《儀禮譯注》,上海古籍出版社,2004年,第173頁。

② 裘錫圭:《讀逨器銘文札記三則》,《文物》2003年第6期,第74—77頁;又收入《裘錫圭學術文集·金文及其他古文字卷》,復旦大學出版社,2015年,第167—172頁。

“饌”無可疑。

“饌”字先秦出土文獻無用例,漢武威簡《儀禮·少牢》始有之。① 後世“饌”字楚簡或作“橐”,或作“屖(徙、沙)”,都是假借,只是用字習慣不同。遷、徙義同。《詩·小雅·伐木》“遷于喬木”,鄭玄箋:“遷,徙也。”二字應當也可通用。同在《大夫食禮》篇,後世“辭”字或作“辥”,或作“訇”,或作“譎”,或作“詞”;同一“友”字,或作“友”,或作“舂”,或作“晉”,皆其例。“饌”字還有異體作“餕”“籑”。

二

清華楚簡《大夫食禮》簡46—47:“凡閼(縣)夫₌(大夫)飤(食),公則酓一長,莫囂(敖)則上弌(一)長,緐(連)囂(敖)二倀(長),司馬則上參(三)倀(長)。非邦所軌(幹),倀(長)則莫敢上夫₌(大夫)。唯(雖)其倀(長)也,則北(必)自客階阩(升),以弇夫₌(大夫)。”影本注:“本篇答拜字或作‘弇’,則‘酓’可讀爲‘厭(壓)’。上文言諸長堂上南面,以西爲上,統於賓客之席。此言縣公則在諸長之西;莫敖則在一長之東,自西之第二席;連敖在二長之東,司馬在三長之東。與‘推手曰揖,引手曰厭’之‘厭’不同。”“弇,讀爲‘厭’,謂先於大夫。”②

按弇、厭上古音均談部影紐,二字雙聲叠韻,可以通用。河北滿城出土西漢中山靖王銅壺鳥蟲書銘:“盛兄(況)盛味,於心佳都。揜於口味,充閏血膚。”張政烺疑“揜”讀爲饜,飽也。③ 壓有“自上加下”之義,④用在“公則酓一長”句似也合適。但“公弇大夫”句“弇”似仍以讀“答”爲好。《儀禮·公食大夫禮》:“公辭,賓升,再拜稽首,公荅再拜。”

“合”字甲骨文、西周文字作“”,小篆作“”,秦、漢文字作“”“”。戰國楚文字作“”(包山楚簡166)、“”(郭店簡《老子》簡19),⑤其下“”爲增飾。後世从合或音合之字或作合,或作酓。戰國中山王礨大鼎:“覩弇夫〓(悟),長爲人宗。”詛楚文:“輡輸棧輿。”“弇”即弇字,“輡”即軨字。

---

① 漢語大字典字形組:《秦漢魏晉篆隸字形表》,四川辭書出版社,1985年,第333頁。

② 清華大學出土文獻研究與保護中心編,黄德寬主編:《清華大學藏戰國竹簡(拾叁)》下册,第121頁。

③ 張政烺:《滿城漢墓出土錯金銀鳥蟲書銅壺(甲)釋文》,《中華文史論叢》1979年第3輯,第1—6頁;又《張政烺文史論集》,中華書局,2004年,第546—549頁。

④ 宗福邦、陳世鐃、蕭海波主編:《故訓匯纂》,商務印書館,2004年,第449頁引《玄應音義》《慧琳音義》。

⑤ 參湯餘惠主編:《戰國文字編》,福建人民出版社,2001年,第330頁;又李守奎:《楚文字編》,華東師範大學出版社,2003年,第319頁。

《説文》:“弇,蓋也。从廾从合。”段玉裁注本改“从合”爲“合聲”。今人則多以爲弇是“會意兼形聲字”。①

“合”可讀爲“答”。陳侯因資(齊)敦:“淖(朝)問諸侯,合槑(揚)氒德。”“合揚”即“答揚”。《左傳》宣公二年“既合而來奔”,杜預注:“以合爲答。”②“弇”既然是合聲,自然可讀爲“答”。本篇簡 16“宔(主)右階左楹弇拜”,簡 34“宔(主)弇拜”,皆其例。

楚簡中有幾個相關字的釋讀也值得我們進一步思考。

曾侯乙墓簡册簡 1—2:“右令建所乘大轍(旆)……二韐……”“二韐”又見簡 6、8、23、25、26、58,是車具之一。③ 文物出版社 1989 年出版《曾侯乙墓》一書,簡文由裘錫圭、李家浩整理、釋讀,收入《曾侯乙墓竹簡釋文與考釋》一文。整理者疑“韐”即“韐”字,可能讀爲“鞥”。何琳儀説同。④ 劉信芳讀爲“罨”。⑤ 白於藍讀爲“函”。⑥

革、韋義近,作爲形聲字的形符常可互换,故説韐、韐一字異體不無可能。弇、奄聲字通用,韐讀爲鞥,解爲車具也有一定道理,但究爲何種車具仍不明白。《説文》:“罨,罕(罕)也。从网,奄聲。”又云:“罕(罕),网也。”段玉裁注:“謂网之一也。《吴都賦》注曰:‘罼、罕(罕)皆鳥網也。’按罕(罕)之制蓋似畢。”罨、罕同類,是捕鳥之網,何以裝在車上不明。“函(圅)”甲骨文作“”“”,象盛箭之囊橐。⑦ 白氏殆因簡文有“矢”而讀“韐”爲“函”,但簡 2 開頭提到“箙”“二懸箙”,箙爲“盛矢器也,以皮革爲之”(《周禮·夏官·司弓矢》“中秋獻矢箙”鄭玄注),同簡箙、函同出,豈非多事?

既然合、弇、答通用,則“韐”似亦可讀爲“韐”“荅(答)”“鞳”。“韐”爲古代革製的胸甲。《管子·小匡》“輕罪入以蘭盾,韐革二戟”,尹知章注:“韐革,重革。當心著之,可以禦矢。”《説文》“鞳,防汗也。从革,合聲”,段玉裁注:“此當作‘所以防捍也’,轉寫奪誤。……《篇》《韻》皆曰‘防捍’,是相傳古本。捍亦作扞,故爲汗……鼂錯曰:‘匈奴之革笥、木薦弗能支。’孟康曰:‘革笥以皮作如鎧者被之。’……此皆防捍之説。”《淮南子·主術》“韇韐、鐵鎧,瞋目扼掔,其於以禦兵矢,縣矣”,劉家立集證:“此韇韐亦言合綴革札爲甲也。”

---

① 李學勤主編:《字源》,天津古籍出版社,2012 年,第 202 頁。

② 王輝:《古文字通假字典》,第 765 頁。

③ 陳偉等:《楚地出土戰國簡册[十四種]》,第 341—345 頁。

④ 何琳儀:《戰國古文字典:戰國文字聲系》,第 1386 頁。

⑤ 劉信芳:《楚簡帛通假彙釋》,高等教育出版社,2011 年,第 50 頁。

⑥ 白於藍:《曾侯乙墓竹簡考釋(四篇)》,《中國文字》新 30 期,藝文印書館,2005 年,第 193—202 頁;又收入《拾遺録》,科學出版社,2017 年,第 79—88 頁。

⑦ 徐中舒主編:《甲骨文字典》,四川辭書出版社,1988 年,第 756 頁。

“軩”又音 tà,表鐘鼓聲。字又作鞳或鞳。《淮南子·兵略》“若聲之與響,若鏜之與軩”,高誘注:“軩,鼓鞞聲。”《漢書·司馬相如傳上》“金鼓迭起,鏗鎗闛軩,洞心駭軍”,顔師古注:“闛軩,鼓音也。”“軩”,《史記·司馬相如列傳》作“鞳”。白居易《敢諫鼓賦》:“又如殷其雷在南山之隈,音鏘鏘以鏜鞳。”蘇軾《石鐘山記》:“有窾坎鏜鞳之聲,與向之噌吰者相應,如樂作焉。”

《玉篇》又解鞳爲兵器。

我注意到,革製禦矢兵器有名“荅”者。《漢書·貨殖傳》“荅布皮革千石”,顔師古注:“麤厚之布也。其價賤,故與皮革同其量耳。……荅者,厚重之貌。”“荅”字《史記·貨殖列傳》作“榻”,索隱作“荅”。《墨子·備高臨》“城上以荅”,畢沅校注:“荅即幨也,音之緩急。《説文》無幨字,疑古用荅爲之。”又《備城門》以“城上之備渠譫”,畢沅校注:“疑渠荅假音字。譫與幨同。《淮南子·氾論》云‘渠幨以守’,高誘注:‘渠,壍也。一曰甲名。’《國語》:‘奉文甲之渠。’是幨、幰所以禦矢也。”《廣雅·釋器》:“幨謂之幰。”王念孫疏證:“《淮南子·氾論訓》‘隆衝以攻,渠幨以守’,高誘注云:‘幨,幰也,所以禦矢也。’《兵略訓》云:‘雖有薄縞之幨,腐荷之櫓,然猶不能獨穿也。’《齊策》云:‘攻城之費,百姓理襜被,舉衝櫓。’襜興幨通。幨者蔽也。説見上文‘幨,蔽䣛也’、下‘幰之言扞蔽也’。《衆經音義》卷一四引《倉頡篇》云:‘布帛張車上爲幰。’《釋名》云:‘幰,憲也,所以禦熱也。’幨謂之幰,車幔謂之幰,車裳帷謂之襜,其義一也。”①

由上所説,可知古代軩、鞳、荅、幨、襜、幰通用,是用厚重的粗布或皮革做成的防禦性器具,可防禦箭矢,可以是鎧甲、盾,也可以是兵車的帷幔。《玉篇·巾部》:“幨,帷也。亦作襜、裧。”《古今韻會舉要·鹽部》:“幨,以幃障車旁,如裳,爲容飾,其上有蓋,四旁垂而下,謂之幨。”《周禮·春官·巾車》“王后之五路……皆有容蓋”,鄭玄注引鄭司農云:“容謂幨車,山東謂之裳幃,或曰潼容。”賈公彦疏:“《衛詩》云:‘漸車幃裳。’毛氏亦云。童容,是容潼容,與幨及裳帷爲一物也。”《新唐書·魏徵傳》:“乃用素車,白布幨帷。”《後漢書·蔡茂傳》:“敕行部去幨帷,使百姓見其容服。”《説文新附》:“幰,車幔也。”《廣韻·阮韻》:“帛張車上爲幰。”“韥”讀爲荅、幨、幰,解爲車帷,是合適的。曾侯乙竹簡整理者釋“韥”爲“鞥”,讀爲“鞥”,解爲車具也有道理。我們讀爲軩、荅、韂,解爲車具帷,更加具體。詹、弇、奄均上古談部字,讀音相近,是否通用不知,但可能性是存在的。

荅亦爲城守設施,文獻常“渠”“荅”連言。《尉繚子·攻權》:“城險未設,渠荅未張。”《漢書·鼂錯傳》“以便爲之,高城深塹,具藺石,布渠荅”,顔師古注引蘇林曰:“渠

① (清)王念孫:《廣雅疏證》,中華書局,1983年,第237頁。

荅，鐵疾藜也。”蘇説非是，渠應爲盾。《國語·吴語》“行頭皆官師，擁鐸拱稽，建肥胡，奉文犀之渠”，韋昭注：“文犀之渠，謂楯也。文犀，犀之有文理者。”《墨子·備城門》：“城上七尺一渠，長丈五尺，貍三尺，去堞五寸；夫長丈二尺，臂長六尺。”《漢語大字典》“渠”字條下引岑仲勉注：“古人常渠荅連言，此兩者必互有關係。余以爲渠制先立一柱，鑿兩孔，臂是横木，於當中鑿一孔，懸之柱上，作十字形，然後外面張荅。渠夫長十二尺，荅亦長十二尺，可見其相配之迹。渠荅既用來阻擋矢石，則立柱必易受拋擲之力而摇動，故埋柱處須用瓦填充。……”[①]拙文《一粟居讀簡記（十一）》[②]説渠荅是革盾之類的守城器械。革盾、革帷都是厚布、革做成的防禦箭矢器具，可施於兵車上，也可施於城防。

三

清華楚簡《大夫食禮記》簡8—9：“賓宔（主）既頭（屬饋）者，乃陞（升），豞（乘）凥（處）初凥（處）。”影本注：“‘’字上半見於儹匜（《集成》一〇二八五）‘女上先誓’。‘䢓’試讀爲‘延’，《儀禮·覲禮》‘擯者延之曰“升”’，鄭注：‘從後詔禮曰延。延，進也。’”[③]注者對“”字的隸定及解釋恐都有問題。

儹匜“”字隸定諸家無定論，但多不可取。容庚等《金文編》隸作“䢓”，無説。[④]千字戰國文字作“”“”等形，[⑤]雖與“”相似，但字書無“䢓”字。同頁又收入字形相近的“”“”（𨚕其卣）字，隸作“𠧢”，其實二者應是一字。我先前從衆隸作“𠧢”，讀“忒”，現在看來也不盡妥。[⑥]張亞初隸作“𨙶”，讀爲“侹”。[⑦]壬甲骨文作“”“”，西周金文作“”，與“”左旁有差距。[⑧]《説文》：“侹，長皃。一曰箸地，一曰代也。”匜銘似非此義。

① 漢語大字典編輯委員會：《漢語大字典（縮印本）》，四川辭書出版社、湖北辭書出版社，1993年，第691頁。

② 王輝：《一粟居讀簡記（十一）》，《文博》2021年第6期，第66頁；又《華學》第13輯，中西書局，2023年，第110頁。

③ 清華大學出土文獻研究與保護中心編，黄德寬主編：《清華大學藏戰國竹簡（拾叁）》下册，第126頁。

④ 容庚編著，張振林、馬國權摹補：《金文編》，中華書局，1985年，第644頁。

⑤ 李學勤主編：《字源》，第165頁。

⑥ 王輝：《商周金文》，文物出版社，2006年，第180頁。

⑦ 張亞初：《殷周金文集成引得》，中華書局，2001年，第158頁。

⑧ 李學勤主編：《字源》，第727頁。

""字左上""與戰國文字"弧"字作""""，"孤"字作""""左旁"瓜"字近，①但"⿰瓜卩"字書未見，其構形、字義也難於推求。下部""與"延"西周金文作""《説文》小篆作""，秦文字作""不類，而更近於辵之省體止。所以影本的隸定不可信。

我以爲此字上部應新隸作"⿰必卩"。甲骨文"⿰必卩"字作""(《合》536 賓組)、""(《合》17176 賓組)、""(《合》34320 歷組)、""(《屯南》1090 歷組)、""(《屯南》691 無名組)，②與商金文二祀⿰必卩其卣"⿰必卩"字作""、四祀⿰必卩其卣"⿰必卩"字作""，③以及簡文上部相同或接近。

⿰必卩三卣的""字，丁山釋爲"⿰必卩"，④裘錫圭《釋"柲"》⑤從之。裘先生説："第三、四期卜辭裏'⿰必卩'字常見，好像都是用作表示時間關係的介詞的。'必''比'古音極近，'⿰必卩'似應讀爲'比'。《孟子·梁惠王下》'比其反也'，《音義》：'比，及也。'《論語·先進》'比及三年'，《皇疏》：'比，至也。'《儀禮·既夕記》'比奠，舉席埽(掃)室……卒奠，埽者執帚……'，《禮記·祭義》'比時具物，不可以不備'，鄭玄注把上引兩處文字的'比'都解釋爲'先'，其實這兩個'比'都是臨到、臨近的意思，就是訓爲'及'或'至"也没什麽不可以。三、四期卜辭裏的'⿰必卩'(比)大概也都應該當'及''至'或'臨近'講。"依其説，𠑇匜"女(汝)上⿰必卩先誓"，意爲"你(牧牛)以前曾臨近發誓"，文從字順。匜銘下稱"今女(汝)亦既又(有)卩(節，信也)誓"，謂"現在你又有信誓"，前後照應。

《説文》卷九收有"⿰比卩""⿰必卩"二字。《説文》："⿰比卩，輔信也。从卪，比聲。《虞書》曰：'⿰比卩成五服。'"段玉裁注："相輔之信也。信者，卪也。从比，故以輔釋之。《周禮·掌節》：'掌守邦節，而辨其用，以輔王命。'"桂馥義證："本書：'弼，輔也。'通作比。《釋詁》：'比，俌也。'《易·比象》：'比，輔也。'《詩·杕杜》'胡不比焉'，箋云：'比，輔也。'又通作毗。《書·微子之命》：'毗余一人。'"⑥周寶宏説："⿰比卩字的基本詞義爲輔佐，初寫作弼，或比，⿰比卩字當爲後起字。……文獻未見⿰比卩字。"《説文》"⿰必卩，宰之也"，段玉裁注："未聞。蓋謂主宰之也。主宰之則制其必然，故从必。按《衛風》'有斐君子'，釋文

---

① 湯餘惠主編：《戰國文字編：戰國文字聲系》，第 831、968 頁。

② 劉釗主編：《新甲骨文編(增訂本)》，福建人民出版社，2014 年，第 530 頁。

③ 謝明文：《商代金文研究》上册，中西書局，2022 年，第 242、246 頁。

④ 丁山：《⿰必卩其卣三器銘文考釋》，上海《中央日報·文物周刊》1947 年 6 月 4、11 日，第 37、38 期。

⑤ 裘錫圭：《釋"柲"》，《古文字研究》第 3 輯，中華書局，1980 年，第 7—31 頁；又收入《裘錫圭學術文集·甲骨文卷》，復旦大學出版社，2012 年，第 51—71 頁。

⑥ 桂馥：《説文解字義證》，上海古籍出版社，1987 年影印連筠簃叢書本，第 772 頁。

云：‘韓詩作邲，美皃。’蓋即此字，而今本《釋文》及《廣韻》皆誤从邑作郊。”桂馥義證“邲”字下無説。可見段、桂二位《説文》大家皆不知邲字本義。周寶宏解説邲字，引了裘先生的話，又説：“甲骨文邲字這種用法雖然很早，但絶非本義，這種用法的邲字只能是一種假借用法。甲骨文和《詩》中的邲字用法都與邲字的形體結構聯繫不上，因此其本義不詳，只能待考。”①我猜想，𠨘、邲二字讀音相同（上古音質部幫紐），意義相近（比），應爲一字異構，只是出現早晚不同（邲早𠨘晚）。𠨘、邲字都以卩爲形旁，必、比爲聲旁，是形聲字。𠨘字从卩从比，比亦聲。卩甲骨文作“”。《甲骨文字典》：“象人席地而坐之坐姿。段玉裁謂：‘古人之跪與坐皆厀著於席，而跪聳其體，坐下其脽。’（《説文》居字下注）跪爲殷人祭祀時跪拜姿態，坐爲燕居閒處姿態，因皆爲雙膝著於地之形，故得同以象之而不復區别，字因有祭祀時禮拜之義。《説文》：‘卩，瑞信也。……象相合之形。’所説義爲假借義，説形不確。”②𠨘、邲从卩，必或比聲，本義殆禮拜輔弼。

所謂“䢜”字上部實从邲，下部从辵之省體，應改隸作迎，即必字異體。必字《説文》未收。《龍龕手鑑·辵部》：“必，毗滅反。”《字彙補·辵部》：“必，音鼈，見《篇》《韻》。”

其實，甲骨文已有必字，作“”（《合》4373 賓組）、“”（《屯南》660 無名組）、“”（《合》36594 黄組）、“”（《合補》11103 黄組）、“”（西周甲骨 H31：4）。③

裘先生《説“秘”》在引了《合》36537“癸巳卜，才（在）反，貞：王旬亡𡆥。才五月，王必于上𩁹……”及《合》36426“丁丑王卜貞：其遻（振）旅，徙必于盂，□來亡巛。王固曰：吉，才□［月］”之後，説：“上引貞必之辭的第 1 至第 5 條，是刻在同一塊卜骨上的一組卜辭。從這組卜辭可以知道商王爲了必於某地，可以花很長的時間，走很遠的路程。這説明必是具有很嚴肅的意義的一種行動。第 9 辭説‘其振旅，徙必于盂’，這又説明爲了‘必’，還需要興師動衆。從上述這些情況看來，把‘必’讀爲有敕戒鎮撫之義的‘毖’，是合理的。”④《甲骨文字典》“必”字條下引了裘先生的説法，云：“《説文·比部》：‘毖，慎也。’《廣雅·釋詁四》：‘必，敕也。’王念孫《疏證》：‘必當爲毖。《酒誥》“厥誥毖庶邦庶士”“汝劼毖殷獻臣”“汝典聽朕毖”，皆戒敕之意也。’對某一對象加以戒敕

① 李學勤主編：《字源》，第 797 頁。

② 徐中舒主編：《甲骨文字典》，第 999—1000 頁。

③ 劉釗主編：《新甲骨文編（增訂本）》，第 100—101 頁。

④ 裘錫圭：《釋“柲”》，《古文字研究》第 3 輯，第 19 頁；又收入《裘錫圭學術文集·甲骨文卷》，第63 頁。

鎮撫,每須前往其處,故䜌从辵。"①

《説文》:"敕,誡也。臿地曰敕。从攴,束聲。"又有謹飭、言行謹慎之義。《方言》卷一三:"敕,戒備也。"《釋名·釋書契》:"敕,飭也,使自警飭不敢廢慢也。"《廣雅·釋言》:"敕、慎,謹也。"《漢書·禮樂志》"敕身齊戒,施教申申",顏師古注引應劭曰:"敕,謹敬之貌。"

《説文》:"戒,警也。"《周禮·天官·大宰》"祀五帝,則掌百官之誓戒",孫詒讓正義:"戒者,告以其事,警敕其共職。"《管子·幼官》"戒審四時以别息",集校引丁士涵云:"戒,慎也。"《慧琳音義》卷二"戒蘊"引《字書》:"戒,謹慎也。"

既然䜌可讀爲毖,毖有敕戒義;敕有戒慎、謹慎、謹敬義;戒有警告、戒慎,謹慎義,則簡文"迦(䜌)"讀爲毖,解爲戒,是完全可以的。

《儀禮》多處提到"戒",所戒對象有賓客,也有其他人。以下略舉數例:②

(1)《士冠禮》"主人戒賓,賓禮辭,許",鄭玄注:"戒,警也,告也。賓,主人之僚友。古者有吉事,則樂與賢者歡成之;有凶事,則欲與賢者哀戚之,今將冠子,故就告僚友,使來。"賈公彦疏:"(此)一節,論主人筮日訖,三日之前廣戒僚友,使來觀禮之事也。""同官爲僚,同志爲友,此賓與主人同是官,與爲同志,故以'僚友'解之。"又曰:"戒賓曰:'某有子某,將加布于其首,願吾子之教之也。'"此被戒者爲僚友。

(2)《士昏禮·記》"女出于母左,父西面戒之,必有正焉,若衣,若笄。母戒諸西階上,不降",鄭玄注:"'必有正焉'者,以託戒使不忘。"賈公彦疏:"以母出房户之西南面,女出房西行,故云'出于母左'。父在阼階上西面,故因而戒之。云'母戒諸西階上'者,母初立房西,女出房,母行至西階上,乃戒之也。……云'託戒使不忘'者,謂託衣、笄恒在身而不忘,持戒亦然,故'戒使不忘也'。"《記》又曰:"父送女,命之曰:'戒之敬之,夙夜毋違命。'"又曰:"母施衿結帨,曰:'勉之敬之,夙夜無違宫事。'庶母及門内,施鞶,申之以父母之命,命之曰:'敬恭聽,宗爾父母之言,夙夜無衍。視諸衿、鞶。'"這是父母、庶母告誡出嫁的女兒,要她到婆家後要謹慎、恭敬,不違舅姑教導。

第1條提到"賓",鄭玄解爲"僚友"。第2條父母戒女地点父在阼階,母在西階,不降。簡文上文稱"所豉(屬)貴(饋)於宔(主)之尻₌(處,處)東栭(楹)之西;所戜(屬)饋於客,尻(處)西栭(楹)之東;所豉(屬)貴(饋)於夫₌(大夫)與友者尻(處)其閖(間),亓(其)卿(鄉)麿(皆)東,北蠶(直)眉(楣)。既豉(屬)貴(饋),乃降,所戜(屬)饋於客,先

① 徐中舒主編:《甲骨文字典》,第205—206頁。

② (漢)鄭玄注,(唐)賈公彦疏,王輝整理:《儀禮注疏》,上海古籍出版社,2008年。以下凡引《儀禮》文皆出此本。

降，所屬饋於友者與所豆（屬）於宔（主）坐（從）之，皆自客䧛（階）降，寺（待）於初寺（待）之凥（處）”，簡文提到“賓”“客”“友”“主（人）”，提到了“客階”“降”，與所引《儀禮》語言背景相似，則簡文“迖”極可能用同戒。

（3）《鄉飲酒禮》“主人就先生而謀賓介。主人戒賓，賓拜辱，主人荅拜”，鄭玄注：“賓、介，處士賢者。”又《記》：“鄉朝服而謀賓、介，皆使能，不宿戒。”所戒者爲賓及其助手，他們都是處士之賢者。

（4）《鄉射禮・記》：“大夫與，則公士爲賓。使能，不宿戒。”鄉射禮之賓一般用處士，若有大夫参加射禮，則賓用公士。賢能者爲賓，只請一次。又曰：“三耦者，使弟子，司射前戒之。”此司射告誡三耦（三組射者）。

（5）《燕禮》“燕禮。小臣戒與者”，鄭玄注：“與者，謂留群臣也。君以燕禮勞使臣，若臣有功，故與群臣樂之，小臣則警戒告語焉，飲酒以合會爲歡也。”此爲公使小臣告群臣。

（6）《大射》“大射之儀。君有命戒射。宰戒百官有事於射者，射人戒諸公、卿大夫射，司士戒士射與贊者”，鄭玄注：“將有祭祀之事，當射，宰告於君，君乃命之。言‘君有命’，政教宜由尊者。”此爲大射儀之前，由宰、射、司土戒告百官、諸公、卿大夫、士、贊者，“戒”爲宣告、通知之意。

（7）《聘禮》“既圖事，戒上介，亦如之”，鄭玄注：“戒，猶命也。”此“戒”爲任命，乃告之引申義。

（8）《公食大夫禮》“公食大夫之禮。使大夫戒，各以其爵”，鄭玄注：“戒，猶告也，告之必使同班敵者，易以相親敬。”賈公彦疏：“云‘各以其爵’者，此篇雖據子男大夫爲正，兼見五等諸侯大聘使卿之事，故云‘各以其爵’也。”公食大夫屬小聘禮，但此句却兼大小聘禮而言，“大夫”兼卿、大夫。若大聘，卿爲使者，主國使卿戒；若小聘，大夫爲使者，主國使大夫戒，戒者與被戒者職級相當。又曰：“大夫相食，親戒，速。”大夫食賓，要親自去告請。

（9）《覲禮》：“天子使大夫戒曰：‘某日，伯父帥乃初事。’”覲禮是諸侯秋天覲見天子之禮，天子使卿大夫告諸侯伯父覲見之期。

（10）《少牢饋食禮》：“宿。前宿一日，宿戒尸。”此招請“尸”，即選擇的受祭者。

（11）《有司》：“乃議侑于宾，以異姓。宗人戒侑。”此“宗人”戒告“侑”（選擇的賓介）。簡文多見“沓”“晳”，如簡 19：“某夫₌（大夫）之所粧（疏）食不可飤（食），命所晳食。”影本注：“晳，讀爲‘友’或‘侑’，謂就君子大夫中命某大夫爲友，與賓同食（與“獨食”相對）。《儀禮・有司徹》既祭賓尸，亦爲尸設侑，猶賓之有介。”[①]所説甚是。

---

① 清華大學出土文獻研究與保護中心編，黄德寬主編：《清華大學藏戰國竹簡（拾叁）》下册，第 113 頁。

侯馬、温縣盟書"麻夷非是"異文考*

魏克彬　著

堪薩斯大學

聶菲 譯

南京大學

從傳世文獻看,盟書這種體裁的文本對中國早期的政治活動至關重要,侯馬、温縣遺址出土的盟書正是這類文本的典例。盟書這種文體將零散個人同組織團體約束在一起,要求個人對盟主效忠,並要求他們遵守其他特殊行爲或禁令。盟誓也是自我詛咒,一旦違背誓言就會觸發災厄。侯馬、温縣所出各種類型的盟書中,幾乎都用到一句相同的自我詛咒語,文字寫作"麻𡗝非是"。① 侯馬盟書出土距今已逾 50 年,但學界對這句話的理解仍未達成普遍共識。通過對侯馬和温縣出土的約 4500 件盟書片進行調查,本文認爲朱德熙、裘錫圭先生把這句話讀爲"靡夷彼氏"("鏟除那個氏")是正確的。②

---

* 本文的研究得到了以下資助:堪薩斯大學新教師研究基金;美國學術團體理事會東亞考古學與早期歷史研究獎學金(由亨利-盧斯基金會資助);美國哲學學會富蘭克林研究基金;美國國家人文基金會(NEH)獎學金。美國國家人文基金會(NEH)要求我發表以下聲明:"本出版物中表達的任何觀點、研究成果、結論或建議並不一定反映美國國家人文基金會的觀點、研究成果、結論或建議。"堪薩斯大學在我獲得研究期間慷慨地提供了補充工資資助。

① 本文中"字"(character)和"字形"(graph)這兩個術語是混用的。在有必要進行區分時,具體出土文物上的字被稱作"字形"(graphs)。

② 朱德熙、裘錫圭:《戰國文字研究(六種)》,《考古學報》1972 年第 2 期;又見於朱德熙著,裘錫圭、李家浩整理:《朱德熙古文字論集》,中華書局,1995 年,第 31—53 頁(具體參看第 31—32 頁)。朱、裘二位先生的釋讀是對陳夢家意見的修訂。具體參看陳夢家:《東周盟書與出土載書》,《考古》1966 年第 5 期,第 271—281 頁(具體參看第 275—276 頁)。後文將對這一釋讀意見作詳細分析。

我認爲"氏"是指參盟人及其直系男性子孫後代。[①] 這一詛咒説明,製作盟書的精英階層認爲,對他們而言最具强制性的威脅是破壞個人的宗族關係。

我們對侯馬盟書和大量温縣盟書所見詛咒短語的例子進行調查,是想要探究能否根據短語的異文揭示其含義。這些異文既包括用其他字來記録對應的詞的情況,也包括措辭表述上的改變。我的結論是,大多數異文都支持朱、裘二位先生的釋讀意見。我指出那些不支持這一釋讀的異文可以解釋爲個别書手在抄寫公式化套語時的錯誤或書手的個性化特徵。這方面的分析説明在分析出土文獻時需要特别關注書手的個人習慣和公式化套語。

一、引　　言

盟約和誓言見於各種文明,且在社會和政治的動蕩時期尤爲常見。早期社會中,"盟約"一詞是指地位、權力不平等的雙方所達成的協議。在這種情況下,協議中的義務往往全由權勢較弱的一方承擔。在理解古代社會的盟約時,我們不能只把它看作單純的書面文本,而應把它視作包含了繁雜儀式、通常還含有祭祀的禮儀事件,其目的是讓參盟者莊重宣誓,使他們將這段經歷和誓言銘記於心。[②]

東周時期,盟約和誓言在各諸侯國内部及各國之間頻繁發生的結盟事件中扮演着極爲重要的角色。[③] 傳世文獻中有不少關於盟誓的記載,如據劉伯驥先生的統計,春秋這 242 年間就有 128 次盟誓記録。[④] 不過,傳世文獻很少直接引用參盟者誓言的具體内容,如有記録,往往也只截取其中一兩個簡短的語詞。而侯馬和温縣盟書則讓

---

① Crispin Williams(魏克彬),"*Early References to Collective Punishment in an Excavated Chinese Text: Analysis and Discussion of an Imprecation from the Wenxian Covenants*"(出土文獻中有關集體懲罰的早期記載:《温縣盟書》中詛咒語的分析和討論),*Bulletin of the School of Oriental and African Studies* 74.3(2011), pp.437 - 467.

② 我們曾對盟書類型作過概述,參看 Crispin Williams(魏克彬),"*Interpreting the Wenxian Covenant Texts: Methodological Procedure and Selected Analysis*"(温縣盟書文本釋讀:閱讀出土文獻的方法及材料選釋)(Ph.D. diss., University of London, 2005), pp.76 - 89。

③ 如 Mark E. Lewis(陸威儀),*Sanctioned Violence in Early China*(早期中國的合法暴力)(Albany: State University of New York Press, 1990), pp.43 - 52。

④ 劉伯驥:《春秋會盟政治》,臺北中華叢書編審委員會,1962 年,第 216 頁。由於《春秋》《左傳》及其他傳世文獻對盟誓的記載並不全面,故我們可以肯定,實際發生的盟誓數量應遠超這個數字,例如傳世史料中就没有關於侯馬、温縣盟書的任何記録。

我們第一次真正見到古代中國盟誓的完整文本，見到了它們爲盟約典禮的具體儀式而創造出來時的真實樣貌。

侯馬盟書在 1965 年出土於山西省南部的侯馬市，①温縣盟書在 1980 年至 1981 年間出土於河南省北部的温縣。② 這兩批盟書的時代大約爲公元前 5 世紀至公元前 4 世紀初，③主盟者分别是晉國的兩大公卿家族：侯馬盟書爲趙氏家族，温縣盟書爲韓氏家族。盟書辭文皆用毛筆書寫在玉石片上，並埋葬在祭祀坑中。祭祀坑位於居民區城墻外高出地面的土臺上。侯馬盟書的出土地一般認爲就是晉國晚期(公元前 6 世紀初至公元前 4 世紀初)都城"新田"所在。④ 温縣的城址尚未得到發掘，但一般認爲其所在地就是傳世文獻中的"州"城。⑤ 侯馬、温縣遺址皆位於高出地面的土臺上，土臺曾在過去很長一段時間裏用於祭祀活動，其中有大量祭祀坑。侯馬遺址東西長約 70 米，南北寬約 55 米。考古學家從中發掘到 326 個祭祀豎坑，大多數祭祀坑中都埋有用於祭祀的獸骨和玉器，其中 43 個祭祀坑埋有盟書。⑥ 温縣遺址東西寬約 50 米，南北長約 135 米，含有 124 個祭祀坑，其中 16 個含有字迹還可辨的盟書。⑦ 各祭祀坑所含盟書的數量在幾十至幾千片不等。⑧ 盟書被埋藏在用於祭祀的平臺上，往往還有犧牲等祭品伴隨同出，這些現象都表明，盟書文本要在盟誓儀式上送呈給被召唤來監督宣誓的

---

① 山西省文物工作委員會：《侯馬盟書》，文物出版社，1976 年。

② 河南省文物研究所：《河南温縣東周盟誓遺址一號坎發掘簡報》，《文物》1983 年第 3 期，第 78—89 頁。完整的發掘報告另見河南省文物考古研究所：《河南温縣東周盟誓遺址》，文物出版社(待刊)。

③ 參看 Crispin Williams(魏克彬)，"*Dating the Houma Covenant Texts: The significance of recent findings from the Wenxian Covenant Texts*"(侯馬盟書的年代：新出温縣盟書的重要性)，*Early China* 35(2012 - 2013)，pp.247 - 275；另參魏克彬：《温縣盟書 T3K5、T4K6、T4K11 盟辭釋讀》，《出土文獻與古文字研究》第 5 輯，上海古籍出版社，2013 年，第 293—296 頁。

④ 該遺址情況的概述可參看 Lothar von Falkenhausenp(羅泰)，"The Waning of the Bronze Age: Material Culture and Social Developments，770 - 481 B.C."(青銅時代的衰微：公元前 770—前 481 年的物質文化與社會發展) in *The Cambridge History of Ancient China*，ed. Michael Loewe and Edward L. Shaughnessy (Cambridge: Cambridge University Press，1999)，pp.450 - 544，具體參看該書第 457—459 頁。

⑤ 河南省文物研究所：《河南温縣東周盟誓遺址一號坎發掘簡報》，第 89 頁。

⑥ 各祭祀坑内的遺物信息，出土報告用表格作了詳細記録，參看山西省文物工作委員會：《侯馬盟書》，第 401—420 頁。

⑦ 河南省文物研究所：《河南温縣東周盟書遺址一號坎發掘簡報》，第 78 頁。

⑧ 侯馬遺址所出盟書數量參看山西省文物工作委員會：《侯馬盟書》，第 401—420 頁。温縣遺址不同坑所出盟書數量的最終統計數據尚未公布，不過筆者曾在博士論文中對其總數作過估算，具體參看我的博論"Interpreting the Wenxian Covenant Texts"(温縣盟書文本釋讀)第 47 頁。

神靈閲覽。[①]

盟書文本可據内容分爲幾種類型，每類文本都重複出現在不同的玉石片上，各片盟書所寫參盟人姓名不同。盟書文本的主要内容是效忠的誓言，包括對家族首領效忠的具體要求和禁令，這些條令的主要目的是鞏固氏族的内部團結，並對已知或未點名的敵人進行甄别和摒棄。每條盟誓所涉參盟人在幾十至上千人不等。公元前 5 世紀是韓、趙、魏三大家族逐漸蠶食瓜分晉國公室的時期，到該世紀末，韓、趙、魏已成爲獨立的諸侯國。侯馬、温縣出土的盟書反映了趙氏、韓氏宗族加强内部團結的過程，而該過程最終使他們成爲獨立的國家。

侯馬、温縣盟書文本中最引人注目的一點是它們具有鮮明的個性化特徵，即每一類型的盟書會在大量石片上反復出現，而每一塊具體石片所涉參盟人均不同。這對我們瞭解當時的政治和社會組織具有重要意義。[②] 這對本研究的意義是，書手是在大量不同的石片上抄寫相同的文本，由於盟書采用高度公式化的語言表述，所以某些短語被使用了數百甚至上千次。儘管甲骨卜辭、楚卜筮祭禱簡和銅器銘文也可見到公式化的語言，但像盟書這樣爲同一事件製作大量本質上完全相同的文本，則是非常特别的。

羅鳳鳴(Susan Roosevelt Weld)曾對盟書文本嚴格的公式化結構作過描述。[③] 她注意到每一類盟誓文本都由一個基本的四條款結構組成：姓名、規定、召喚和詛咒。

---

① 根據筆者的考證，盟書所載監督盟誓的神靈爲“嶽公”，是山神。在一些盟書中，監督盟誓的神被簡稱作“吾君”，其所指應該也是“嶽公”，或者是指晉國以前的君主。具體參看魏克彬：《侯馬與温縣盟書中的嶽公》，《文物》2010 年第 10 期，第 76—83、98 頁。這篇考釋的英文概述參見拙著“Dating the Houma covenant Texts”(侯馬盟書的年代)。關於祭祀坑中埋藏玉石片意義的討論，可參看 Susan Roosevelt Weld(羅鳳鳴)，“*Covenant in Jin's Walled Cities: The Discoveries at Houma and Wenxian*”(晉國城址中的盟書：關於侯馬和温縣盟書的研究)(Ph.D. diss., Harvard University, 1990), pp.332 - 338。

② 關鍵在於這表明中國古代上層集團的個人可以不受姓氏血統限制，自由地參與政治聯盟。參看 Crispin Williams(魏克彬)，“*Ten Thousand Names: Rank and Lineage Affiliation in the Wenxian Covenant Texts*”(萬姓：温縣盟書所見等級與世系)，*Asiatische Studien* LXIII.4(2009), pp.959 - 989; Crispin Williams(魏克彬)，“Early References to Collective Punishment in an Excavated Chinese Text”(出土漢文文獻中有關集體懲罰的記載)。同時，這也反映了上層集團將政治控制力擴展到個人和個體家庭的意願，具體參看陸威儀(Mark Edward Lewis)有關“行政個人”的討論，見 Mark Edward Lewis(陸威儀)，*Writing and Authority in Early China*(早期中國的書寫和權威)(Albany: State University of New York Press, 1990), p.20 等。

③ 參看 Weld(羅鳳鳴)，“*Covenant in Jin's Walled Cities: The Discoveries at Houma and Wenxian*”(晉國城址中的盟書：關於侯馬和温縣盟書的研究), pp.353 - 354。

姓名部分包含參盟人姓名,有時還有其他短句,最常見的是表示誓言有效期的句子。規定部分是參盟人宣誓要遵守的具體要求或禁令,通常第一條要求參盟者對立約團體的領袖效忠,接下來的一條或幾條内容則是具體要做或禁止做的行爲。在召唤部分中,立約人祈請制裁之神監督參盟人遵守誓言。詛咒部分規定如果參盟人違背誓言,制裁之神將對參盟人施加懲罰。上述内容就是侯馬和温縣所出主要盟書類型中的四項基本條款。① 在這些條款中,規定部分在不同類型的盟書中差異最大,而其他各項則傾向於使用常見的公式化套語。

盟書的表述是高度公式化的,並用毛筆大量重複抄寫,這些性質使得盟書材料非常適合用來研究文字異寫和詞彙異文。② 同一類盟書的内容(除參盟人姓名外)皆完全相同,這爲我們提供機會去觀察"同一"文本中詞彙的變化範圍。這些文本的公式化性質意味着某些常用短語會在多個不同類型的盟約中使用,從而大大增加了它們重複出現的頻次。在研究詞彙變化時,公式化短語值得特别關注,因爲它們往往更容易被曲解,尤其是隨着時間的推移,其原意變得模糊,語言也變得晦澀難懂了。

---

① 温縣盟書一般僅出現一套四項條款,其中包含兩種不同的規定條款。而在侯馬盟書中,"宗盟類"和"委質類"盟書篇幅較長,具體條款有時重複了不止一次。具體例子可參看 Susan Roosevelt Weld(羅鳳鳴),"*The Covenant Texts from Houma and Wenxian*"(侯馬和温縣的盟書文本)in *New Sources of Chinese History*, ed. Edward L. Shaughnessy(Berkeley: The Society for the Study of Early China and The Institute of East Asian Studies, University of California, Berkeley, 1997), pp.125-160; Williams(魏克彬),"Interpreting the Wenxian Covenant Texts"(温縣盟書文本釋讀), pp.40-41。正如羅鳳鳴指出的,這種公式化的誓言不僅在早期中國可以看到,也多見於其他早期文化,如古代近東和古希臘的誓辭即是如此。具體參看 Weld(羅鳳鳴),"*Covenant in Jin's Walled Cities: The Discoveries at Houma and Wenxian*"(晉國城址中的盟書:關於侯馬和温縣盟書的研究), p.46, n.1; Williams(魏克彬),"*Interpreting the Wenxian Covenant Texts*"(温縣盟書文本釋讀), pp.83-86。

② 我這裏説的"文字異寫"(character vatiation)是廣義的概念,既指構件層面的,也指書法層面的異寫(也就是包括結構層面和風格層面的異寫)。具體術語的含義請參看 Crispin Williams(魏克彬),"A Methodological Procedure for the Analysis of the Wenxian Covenant Texts"(釋讀温縣盟書的方法), *Asiatische Studien* LIX.1 (2005), pp.61-114,具體參看第 70—72 頁。Matthias L. Richter(傅敏怡),"*The Fickle Brush: Chinese Orthography in the Age of Manuscripts: A Review of Imre Galambos's Orthography of Early Chinese Writing: Evidence from Newly Excavated Manuscripts*"(善變之筆:手稿時代的漢字正字法——對高奕睿《早期漢字正字法:新出寫本的證據》的評介), *Early China* 31 (2007), pp.171-192,具體參看第 181 頁。高奕睿論著的第六章(即傅敏怡評介的章節)爲如何利用侯馬盟書材料進行異文研究提供了很好的示範,具體參看 Galambos(高奕睿),*Orthography of Early Chinese Writing: Evidence from Newly Excavated Manuscripts*(早期漢字正字法:來自新出寫本的證據)(Budapest: Department of East Asian Studies, Eötvös Loránd University, 2006), pp.127-142。

這批材料的另一顯著特徵是，同一位書手會在多塊石片上抄寫盟書。這使我們可以對同一書手重複抄寫的文本進行研究。正如我們將要證明的那樣，對具體書手進行鑒定，這對本研究至關重要，因爲它可以揭示出某些異文是個别書手的作品，從而可以對這些異文的意義做出更準確的判斷。特别是，如果一個有問題的異文經常出現，但實際上只是一個或兩個書手所寫，那麽就可以推測該異文並非正確的、有意義的另一種寫法，而只是個别書手的錯誤或誤解。

有不少研究曾對具體書手作過研究或對不同書手之間的差異進行過分析，①如李峰

① 除我們在正文中舉到的例子外，相關討論還有 Matthias Richter(李孟濤)，"*Towards a Profile of Graphic Variation*"(異文情況分析)，*Asiatische Studien* LIX. 1 (2005)，pp. 169 - 207；Enno Giele(紀安諾)，"*Signatures of 'Scribes' in Early Imperial China*"(早期中國帝國的"書手"簽名)，*Asiatische Studien* LIX. 1 (2005)，pp.353 - 387；Matthias Richter(李孟濤)，"*Tentative Criteria for Discerning Individual Hands in the Guodian Manuscripts*"(辨别郭店簡中書手的暫定標準) in *Rethinking Confucianism: Selected Papers from the Third International Conference on Excavated Chinese Manuscripts*，Mount Holyoke College，April 2004，ed. Xing Wen，International Research on Bamboo and Silk Documents：Newsletter 5.2 (San Antonio，Trinity University，2006)，pp.132 - 147；Adam Smith(亞當・史密斯)，"Writing at Anyang"(安陽書寫)(Ph. D. diss.，University of California，2008)，pp. 247 - 253，303 - 362；Matthias Richter(李孟濤)，"*Faithful Transmission or Creative Change: Tracing Modes of Manuscript Production from the Material Evidence*"，*Asiatische Studien* LXIII. 4 (2009)，pp. 889 - 908；Olivier Venture(風儀誠)，"*Looking for Chu People's Writing Habits*"(探尋楚人的書寫習慣)，*Asiatische Studien* LXIII. 4 (2009)，pp.943 - 957；Daniel Morgan (墨子涵)，"*A Positive Case for the Visuality of Text in Warring States Manuscript Culture*"(戰國寫本文化之可視性的正面例證)，The Creel-Luce Paleography Forum，University of Chicago，24 - 25 April 2010，http://cccp.uchicago.edu/archive/2010Creel-LucePaleographyWorkshop/；Matthias Richter(李孟濤)，*The Embodied Text* (具象化文本)(Leiden，Brill，2013)。另外有不少單篇論文可參看，收録於 Li Feng(李峰) & David Prager Branner(林德威) eds.，*Writing and Literacy in Early China* (早期中國的書寫與識字能力)(Seattle：University of Washington Press，2011)"Part II：Scribal Training and Practice"，pp.141 - 236。具體論文包括：Ken-ichi Takashima (高嶋謙一)，"*Literacy to the South and East of Anyang in Shang China*：*Zhengshou and Daxinzhuang*"(中國商代安陽南部和東部的讀寫能力：鄭州和大辛莊)；Adam Smith(亞當・史密斯)，"*The Evidence for Scribal Training at Anyang*"(安陽書手培訓的證據)；Matthias Richter(李孟濤)，"*Textual Identity and the Role of Literacy in the Transmission of Early Chinese Literature*"(中國早期文獻流傳中文本一致性以及識字能力的作用)。在該書中還有一篇文章可參看：Anthony J. Barbieri-Low(李安敦)，"*Craftsman's Literacy: Uses of Writing by Male and Female Artisans in Qin and Han China*"(工匠識字：秦漢時期男女工匠使用文字的情況)，pp.370 - 399.此外還有判定郭店簡書手的討論，參看 Scott Cook(顧史考)，*The Bamboo Texts of Guodian: A Study and Complete Translation* (郭店竹簡：研究與全譯本)，(Ithaca：Cornell East Asia Series 164 - 165，2012)，pp.47 - 54。中文的相關研究請參看李松儒：《戰國簡帛字迹研究》，吉林大學 2012 年博士學位論文(指導教師：馮勝君)，第 7—20 頁。

1997年的文章《古代的複製與書體的變異——西周同銘青銅器研究》就是其中之一。[①] 通過對具體書手進行辨别,李峰指出有幾個書手負責將同一篇文本鑄刻在成套的青銅器上。不同的書手抄寫相同的文本内容,這一情況與我們討論的盟書情況相同,只是二者規模有所不同。從方法論的角度看,文本内容相同,可以讓我們對同一個字的不同寫法進行對比。[②] 要想辨别書手,還可以在此基礎上對書寫風格或其他書寫特徵進行對比。

李松儒在其碩士論文中提出了一種分析方法,可以對毛筆所寫文本尤其是楚地出土的竹簡進行分析。[③] 她提出了辨别書手的幾條標準,[④]具體包括: 1. 書手的熟練程度(包括: 筆畫流暢度和運筆控制,文字内部結構平衡〔如比例匀稱〕,文字排列〔如字符間距均匀,字符大小一致〕等)。2. 書寫風格,即指總體筆勢。如起筆和終筆的風格(如形成楔形筆畫,或末端向下彎曲的水平筆畫),草書筆畫(由於連續筆畫的速度加快而産生),筆畫的相對長度(和寬度),字内不同筆畫的相對間距,筆畫與其他筆畫相交或相交處的位置,字内構件的一般排列(如相對位置和距離、緊或松)。3. 用字寫法特徵,主要指書手在記録同一個字(詞)時所習慣使用的文字寫法(既包括構件層面不同導致的異寫,也包括具體寫法不同造成的異寫),以及寫特定部件時所用的一致寫法。4. 飾筆,即在字符上添加裝飾性筆畫(如點、短綫)。5. 總體文字布局,包括字符的大小及其總體排列和間距,以及任何將字符傾斜成斜體的趨勢。李松儒還提出了一些重要的限定性因素,如書手可能用一種以上的風格書寫,書手的風格可能隨時間的推移而改變,以及書手在抄寫文本時可能受到底本風格的影響。[⑤] 這些標準都可以應用到同樣用毛筆抄寫的出土盟書上,我們可以據此判定盟書的書手類型。

---

① Li Feng(李峰),"*Ancient Reproductions and Calligraphic Variations: Studies of Western Zhou Bronzes with 'Identical' Inscriptions*"(古代的複製與書體的變異——西周同銘青銅器研究),*Early China* 22 (1997), pp.1 - 41.李峰指出,松丸道雄先生在1977年就也對這一問題有過關注,見 Matsumura Michio(松丸道雄),《西周青銅器製作の背景》,《東京大學東洋文化研究所紀要》第72期,1977年,第1—128頁。

② 正如李孟濤指出的,要想區分書手,"需要對大量重複出現的文字構件進行觀察",對於漢字而言,意味着要對單字和部件予以特别關注。參看 Richter(李孟濤),"*Tentative Criteria for Discerning Individual Hands in the Guodian Manuscripts*"(辨别郭店簡書手的暫行標準), pp.137 - 138。而重複出現的文本就是進行這種分析的理想材料。

③ 參看李松儒的碩士、博士論文。李松儒:《郭店楚墓字迹研究》,吉林大學2006年碩士學位論文(指導教師: 吴振武、馮勝君);李松儒:《戰國簡帛字迹研究》;另參看李松儒:《由〈君人者何必安哉〉甲乙本字迹看先秦文獻的傳抄》,《出土文獻與古文字研究》第4輯,上海古籍出版社,2011年,第259—269頁。

④ 李松儒:《郭店楚墓竹簡字迹研究》,第9—16頁;另參看李松儒:《戰國簡帛字迹研究》,第74—108頁。

⑤ 李孟濤也對相關問題有過討論,參看 Richter(李孟濤),"*Tentative Criteria for Discerning Individual Hands in the Guodian Manuscripts*"(辨别郭店楚簡中書手的暫定標準), pp.134 - 136,142。

認定不同的書手的基本原則是：沒有兩個人的書寫風格是完全相同的。對同一書手進行判定時，就包括根據上述標準來辨别該書手一系列可識别的“特徵”。另一項基本原則對第一項原則進行了限定，即一個人不會以完全相同的方式書寫兩次，在個人特有的可識别特徵範圍内，我們必須預期樣本之間存在一定程度的“正常差異”。①

在下文中，我首先對“麻㚲非是”這一詛咒語的含義及其釋讀意見進行評析。然後，我對這一短語的異文情況進行介紹和討論，我認爲大多數異文都支持朱、裘二位先生對該短語的釋讀意見。通過對盟書中的書手進行判别，我認爲與該短語的釋讀意見不符的異文都應看作個别書手的錯誤或其個性化特徵。

二、“麻夷非是”的含義

下文所舉之例是温縣盟書中常見的一類文本。我們按上文提到的四分法對其内容進行標點和斷讀。我們用釋文轉録原文内容如下，除最後一句外，皆采用寬式隸定。②

温縣盟書 WT1K1－3802：③

Ⅰ．　十五年十二月乙未朔辛酉。自今以往，乔

---

① 這些標準以及術語“特徵”(features)和“正常差異”(normal variation)出自 Ron N. Morris, *Forensic Handwriting Identification: Fundamental Concepts and Principles*(司法筆迹鑒定：基本概念和原則), (San Diego：Academic Press, 2000), pp.63－65,131－135.“正常差異”是指書寫時仔細或粗心、書手專注或疲憊、書寫工具性質等因素造成的細微變化。它也被稱爲“自然變化”(natural variation)，參見 Roy A. Huber & A.M. Headrick, *Facts and Fundamentals*(筆迹鑒定：事實與基本原理)(Boca Raton：CRC Press, 1999), pp.132－134.關於司法界的筆迹鑒定方法在古文字書手鑒定中的應用，見 Tom Davis, “*The Practice of Handwriting Identification*”(書手鑒定的實踐), *The Library* 8.3(2007), pp.251－276。

② “釋文”是指用現代規範漢字對出土實物上的文字所記録的詞進行轉録。“寬式隸定”是指將出土實物上的古文字用對應的楷書偏旁進行轉寫，而非嚴格按其構件拆分隸定。相關術語可參看 Williams(魏克彬),“*A Methodological Procedure for the Analysis of the Wenxian Covenant Texts*”(分析温縣盟書的方法), pp.73－83。

③ 這片盟書的摹本和照片參看河南省文物研究所：《河南温縣東周盟誓遺址一號坎發掘報告》，第85頁圖版柒。温縣盟書編號皆以“WT”開頭，其後接探方號、坑號(用K標記)、片號，有時編號會省略字母，如“WT1K1－1”也會寫作“1－1－1”。侯馬盟書編號以“HM”開頭，後加坑號、冒號和片號，如“HM1：1”。

Ⅱ.A 敢不繩繩[①]焉中心事其主

Ⅱ.B 而敢與賊爲徒者,

Ⅲ. 丕顯嶽公大塚,諦極[②]視汝,

Ⅳ. 麻臺非是。

句譯:

Ⅰ. 十五年,十二月,乙未是這個月的第一天,(今天是)辛酉(該月第27天)。
從這一天以後,(如果)喬

Ⅱ.A 膽敢不謹慎忠誠地侍奉他的君主,

Ⅱ.B 膽敢與敵人爲伍,

Ⅲ. 偉大的神明嶽公大山正在聚精會神、不辭辛勞地盯着你(參盟人喬)[③]

Ⅳ. 麻臺非是。

侯馬、温縣盟書文本都是參盟者的誓言,我們據此推測"麻臺非是"是對參盟者自己的詛咒,該詛咒會在誓言打破時應驗。多數學者都贊成這一推論,這一點也可由只在同一位置出現的另一短句("俾毋有胄後")證實。"俾毋有胄後"在温縣盟書中有兩種使用情況:一是跟在"麻臺非是"的一種異文後,一是單獨出現。"俾毋有胄後"的含義是"使你斷子絶孫",這句話無疑是一種詛咒。[④]

學者們雖一致認同"麻臺非是"是咒詛之語,但關於其具體含義爲何,則衆説紛紜。因爲該句無法單憑字面義直譯(翻出來的句子是無意義的、讀不通的),所以需要想辦法對句子進行破讀,難點就在於哪幾個字需要破讀、應該讀爲什麽詞。

關於"麻夷非是"的含義,學界至少有八種釋讀意見。我認爲朱德熙、裘錫圭先生的意見是最令人信服的。[⑤] 朱、裘二位先生的釋讀是對陳夢家先生讀爲"摩夷我

---

① 具體參看何琳儀、吴紅松:《繩繩釋訓》,《中原文物》2006年第1期,第62—64頁。另外有更多證據支持這一釋讀意見,參看魏克彬:《温縣盟書T4K5,T4K6,T4K1盟辭釋讀》,第341—342頁。

② "極"的釋讀參考了陳劍先生的意見(2009年2月22日私人交流)。

③ 同一件盟書文本可以用不同的人稱代詞指代參盟者,如這件盟書中既出現了"其"(他的、她的),也出現了"女"(你)。盟書的書手使用不同的人稱代詞,這也許正反映出盟書文本是盟誓儀式中的口頭誓詞。這説明盟書的不同部分可能是由不同人宣讀,也許先由官員宣讀部分内容,再由參盟人重複,並相應調整了其中的人稱代詞。

④ 參看Williams(魏克彬),"*Early References to Collective Punishment in an Excavated Chinese Text*"(出土文獻中有關集體懲罰的早期記載)。

⑤ 過去的釋讀意見有(具體出處詳後):讀爲"靡夷匪䄷",含義是"(希望參盟人)永無安寧快樂"(郭沫若,1966);讀爲"摩夷我氏",含義是"斷絶我的子孫後代"(陳夢家,1966);讀爲"無夷非是",含義是"無夷(河神河伯之名)將會懲罰違背盟約的行爲"(戚桂宴,1979);讀爲"滅地破氏",含義是"摧毁(並奪 (轉下頁)

氏"意見的修正。[①] 下面我將對這種分析作介紹,並在必要時補充相關辭例和論證。

字 1:"麻"

陳夢家先生將"麻"與"摩"聯繫起來,訓爲"滅"。(《方言》:"摩,滅也。")[②]朱、裘二位先生指出,同"摩"一樣,"靡""糜"也从"麻"得聲,傳世文獻中也有用作"滅"義之例。[③] 其實,陳夢家所舉《方言》"摩"條,在一些版本中並不寫作"摩",而正作"靡"("靡,滅也")。[④]

傳世文獻所見"靡""糜"表"滅"義的辭例如下:[⑤]

(接上頁) 取)你的土地並且粉碎(你的)血統"(彭静中,1979);讀爲"麻夷[之]非氏",含義是"殺死(盟約者),消滅(其)血統"(李裕民,1983);讀爲"靡夷非是",含義是"不把他毁滅是不合理的"或者"毁壞没有(降臨在他身上)是不正確的"(Imre Galambos〔高奕睿〕,2005)。上述諸説具體參看郭沫若:《侯馬盟書試探》,《文物》1966 年第 2 期,第 4—6 頁;陳夢家:《東周盟書與出土載書》,《考古》1966 年第 5 期,第 275—276 頁;戚桂宴:《"麻臺非是"解》,《考古》1979 年第 3 期,第 272、230 頁;彭静中:《古文字考釋二則》,《四川大學學報(哲學社會科學版)》1979 年第 2 期,第 102—104 頁;李裕民:《古字新考》,《古文字研究》第 10 輯,中華書局,1983 年,第 117—121 頁;Imre Galambos(高奕睿),"A *Corpus-Based Approach to Palaeography: The Case of the Houma Covenant Texts*"(基於語料庫的古文字研究:以侯馬盟書爲例),*Asiatische Studien* LIX.1 (2005), pp.115 - 130。此外,杜正勝《編户齊民》(聯經出版社,1990 年,第 442—448 頁)中也有討論。朱、裘二位先生的釋讀見朱德熙、裘錫圭:《戰國文字研究(六種)》,第 31—32 頁。唐鈺明先生贊成朱、裘的意見,並對戚桂宴先生的觀點作了反駁,具體參看唐鈺明:《重論"麻夷非是"》,《著名中年語言學家自選集:唐鈺明卷》,安徽教育出版社,2002 年,第 101—110 頁;原載於《廣州師院學報》1989 年第 2 期。關於"麻夷非是"相關研究的總結和討論,可參看曾志雄:《侯馬盟書研究》,香港大學 1993 年博士學位論文(指導教師:C.Y. Sin),第 111—112 頁,第 146 頁注釋 143。【譯者按:原文作"no.43",今查當改爲"no.143"。】另可參看 Imre Galambos(高奕睿),"A Corpus-Based Approach to Palaeography: The Case of the Houma Covenant Texts"(基於語料庫的古文字研究:以侯馬盟書爲例),pp.121 - 123。

① 參看上一脚注。

② 陳夢家:《東周盟書與出土載書》,《考古》1966 年第 5 期,第 276 頁。該字摹本參看山西省文物工作委員會:《侯馬盟書》,第 325 頁。

③ 朱德熙、裘錫圭:《戰國文字研究(六種)》,第 50 頁注釋 4。

④ 周祖謨:《方言校箋》卷一三,中華書局,1993 年,第 86 頁;華學誠:《揚雄方言校釋匯證》卷一三,中華書局,2006 年,第 961—963 頁。【譯者按:原文作"691—693",今核查當改。下同。】

⑤ 其他用例可參看華學誠:《揚雄方言校釋匯證》卷一三,第 961—963 頁;焦循:《孟子正義》卷一四,中華書局,1987 年,第 954 頁。

王若行之,將妨於國家,**靡**王躬身。

(公元前5—前4世紀晚期,[①]《國語·越語下》[②])

梁惠王以土地之故,**糜**爛其民而戰之。

(公元4世紀,《孟子·盡心下》[③])

萬鈞之所壓,無不**糜**滅者。

(公元1世紀,《漢書·賈鄒枚路傳》[④])

上舉諸例中"摩""靡""糜"皆未用作其基本義。"摩"的基本義是"摩擦,使光滑","靡"的基本義是"不,没有","糜"的基本義是"稀粥,粥"。這三個字的意符分别表明了它們的造字本義:"摩"从"手",與"摩擦"動作有關;"靡"从"非",表否定;"糜"从"米",與"粥"有關。這三個字的本義都與"滅"無關。因此我們可以推測,這三個字都可以用來記録表示"摧毁""毁滅"義的詞,是因爲該詞的讀音與"摩""靡""糜"相近,而該詞没有用一個固定的字來記録。我們在西漢的兩部文獻中找到了記録這個詞的另外兩個字:一個是《説文解字》中的"糠",這個字雖未見於其他早期文獻,但其含義爲"碎"(將物體打擊成碎片),正與該詞相應。[⑤] 另外,《後漢書》有"東攠烏桓",其中"攠"在"靡"上又叠加了意符"扌(手)",這可能是爲表"滅"義而造的專字。[⑥] 據此我們可以推測,盟書中所有以"麻"爲聲符之字可能都是表達同一個詞"滅"的。這個詞可能是

---

① 引文後面所標先秦典籍的時代一般是該書的編纂年代或成書年代。標注時代信息是爲了便於在討論時進行比較。需要注意的是,文獻的時代問題在多數情況下都是有争議的。此外,傳世文獻往往在它被創作出來後經過了漫長階段的傳抄和編輯。因此在討論具體的某個字(詞)時,如果一個詞始終没有用一個專門的字去記録,那麼它就很可能在後續傳抄的過程中用不同的字(差别很大的異體)去記録。我們這裏討論的"麻"字所記録的詞就屬於這種情況。關於傳世文獻的時代問題,具體可參看 Michael Loewe(魯惟一),*Early Chinese Texts: A Bibliographical Guide*(早期中國文獻:書目指南)(Berkeley: The Society for the Study of Early China and The Institute of East Asian Studies, University of California, 1993)。傳抄對早期文本影響的討論可參看 Richter(李孟濤),*The Embodied Text*(具象化文本),pp.1-9; William H. Baxter(白一平),"Zhou and Han Phonology in the Shijing"(《詩經》中的周漢音韻)in *Studies in the Historical Phonology of Asian Languages*(有關亞洲語言的歷史音韻學研究),Current Issues in Linguistic Theory 77, ed. William G. Boltz(鮑則嶽)and Michael C. Shapiro(Amsterdam and Philadelphia: John Benjamins, 1991), pp.1-34。

② 《國語》卷二一,上海古籍出版社,1995年,第641頁。

③ 《孟子正義》卷一四,第953頁。

④ (漢)班固撰,(唐)顔師古注:《漢書》卷五一,中華書局,1962年(1992年),第2330頁。【譯者按:"顔師古"原文脱"古"字。】

⑤ (漢)許慎:《説文解字》卷七上"米"部第二十二葉上,中華書局,1963年,第148頁。

⑥ (南朝宋)范曄:《後漢書》卷八〇,中華書局,1965年(1995年),第2600頁。

動詞“摩”(“摩擦,使光滑”)的引申或派生,“摩”也可表“研磨”義(這個義項一般用“磨”字表示),上舉傳世文獻和出土盟書中表示“滅”義之詞,就是“摩擦”“研磨”含義的進一步引申和加强,表示“壓碎”“消滅”“粉碎”含義,也可訓作“摧毁”。① 下面在指稱這種用法和含義時,我們用“靡”字來表示。②

---

① “摩”的上古音可構擬爲 mo<mɑ<*mˤɑj,“麻”的上古音可構擬作: mɑ 麻<mɑe<*mˤrɑj。因此“麻”可以用來記録*mˤɑj 或*mˤrɑj 這兩個音(這兩個音的差别只在於有無介音*-r-)。我采用 William H. Baxter(白一平)和 Laurent Sagart(沙加爾)的上古音構擬方案,具體參看: William H. Baxter(白一平) & Laurent Sagart(沙加爾),*Old Chinese: A New Reconstruction*(上古漢語新構擬)(Oxford University Press, 2014)。【譯者按: 該書已有中文版,相關内容參看[美] 白一平、[法] 沙加爾著,來國龍等譯:《上古漢語新構擬》,上海教育出版社,2020 年,第 74—75 頁。】擬音先給出中古音構擬,再接上古音構擬。白一平、沙加爾認爲,上古漢語有基於詞綴派生構詞的痕迹。例如,他們認爲加中綴*-r-,可以使動作動詞表分布式動作,使静態動詞表加强義。因此,在本文討論例子中,我們可以推測有一個詞根“摩”*mˤɑj,其含義是“揉擦”“研磨”;這個詞根加中綴*-r-,派生出一個詞表示動作的重複和加强,即表示“壓碎”“擦去”“粉碎”,引申表“毁滅”。同樣由“mo 摩/磨”派生的詞還有加尾綴*-s 可以使詞根名詞化,*mo* 磨<mɑH<*mˤɑj-s。這可以解釋名詞“塺”的來源: mo 塺<mɑH<*mˤɑj-s。

② 我不確定“摩”“靡”“縻”所記録的詞是否就是“毁”。“毁”與“摩”“靡”“縻”在早期文獻中很少交替使用,不過他們讀音相近: hui 毁<xjweX<*[m̥](r)aj?,ma 麻<mɑe<*mˤɑj。若擬音正確,則“麻”(及从“麻”得聲之字)完全可以用來表示“毁”。“毁”字該如何分析,學界尚無統一意見,一般認爲其基本義與“摩”本義相近,“毁”可分析爲从臼、土、殳。Karlgren(高本漢)認爲其造字本義是用“殳”在“臼”中擊打“土”。參看 Bernhard Karlgren(高本漢),*Analytic Dictionary of Chinese and Sino-Japanese*(中日漢字分析字典)(New York: Dover Publications, Inc., [1974]1991), p.65。《説文解字》把“毁”字訓爲“缺”(殘缺的,破損的),不過這並非“毁”的常用義;且《説文》將“毁”分析爲“毇省聲”(參看《説文解字》卷一三下土部第十二葉上,第 289 頁)。“毇”的含義是“舂米”,字形可看作是把米放在臼中舂擣(參看許慎:《説文解字》卷七上“毇”部第二十三葉上,第 148 頁)。“毇”从“毁”,“毁”“毇”聲符相同,二者顯然是同源派生關係,“舂米”(毇)與“毁滅”(毁)語義密切相關。由於音義皆近,“毁”很可能與“摩”的派生詞(“粉碎”“消滅”)是同一個詞。在傳世先秦文獻中,“毁”通常用來表示家族、世系、國家的毁滅,如《吴越春秋·夫差内傳第五》“而吴伐二國,辱君臣,毁社稷”(如果我們攻伐這兩個國家,侮辱他們的君主和大臣,毁滅他們的祭祀土地、糧食的祭壇,參看周春生:《吴越春秋輯校彙考》,上海古籍出版社,1997 年,第 95 頁)。白一平先生曾推測“燬”是“毁”的變體,可能與“火”同源,“毁”的含義是“用火毁滅”,這一分析與前文所引他的觀點有所不同(William H. Baxter〔白一平〕,*A Handbook of Old Chinese Phonology*〔漢語上古音手册〕,〔Trends in Linguistics. Studies and Monographs 64〕〔Berlin; New York: Mouton de Gruyter, 1992〕, p.417)。【譯者按: 參看該書第 10.1.3.2 節。該書已有中譯本,具體參見[美] 白一平:《漢語上古音手册》,龔群虎等譯,上海教育出版社,2020 年,第 468 頁。】不過,“毁”的早期用法並不僅局限於用火毁滅,還包含“詆毁”意(指用語言摧毁别人,也可寫作“譭”)。因此,“燬”字所表示的可能是“毁”的引申義,而非其本義。在許思萊的上古音構擬方案中(筆者 2013 年 2 月 3 日與許思萊先生的私人通信),“麻”(*mâi)與“墮/隳”(*hmai)(拉扯向下摧毁) (轉下頁)

字 2:"臺(夷)"

陳夢家先生指出"臺"是"夷"的異體,他據《廣雅》"夷,滅也"將"臺"訓爲"滅"。①朱德熙、裘錫圭先生贊成這種釋讀。"夷"的基本義是"平",動詞義是"使某物平整",如果指使地面或建築物平整,就可以理解爲"摧毁",如"是以人夷其宗廟,而火焚其彝器"(《國語·周語下》)。② 盟書"臺"字附加意符"土",應該就是用來表示動詞義的"夷"的。動詞"夷"後所接賓語成分也可以是人,其含義是"消滅,根除,斷子絶孫",這種用法也見於在盟書中,"臺"後的賓語"氏"指參盟人的直系男性後代。

侯馬、温縣盟書所見"臺"字寫法有如下的例子:

HM 200∶11 1-1-2887

第一種寫法見於侯馬盟書,凡五例。該形體含有構件"歺",該構件常用作意符,含義與"死亡"有關("死"字就是从"歺"的)。"臺"字添加意符"歺",與"夷"要表達的"消滅,根除,斷子絶孫"義相合。③

第二種寫法見於温縣盟書,附加的意符是"烏",該字一般被隸定爲"鴺"("烏""鳥"作意符相當)。該字又見於上博簡《鮑叔牙與隰朋之諫》,用於記録"雉"這個詞。④ 意符"烏"表示該字顯然與鳥有關,盟書用从烏之字表示毁滅義的"夷"應屬於假借現象。⑤

(接上頁) 讀音相近,則前面討論的"麻"聲字所對應的詞也可能是"墮/隳"。而白一平則認爲"墮/隳"韻尾是"*oj",與"麻"聲音距離較遠(Baxter〔白一平〕,*A Handbook of Old Chinese Phonology*〔漢語上古音手册〕,p.422、857, n.312.)【譯者按:參看該書第 10.1.3.4 節,見於中譯本第 473 頁。】

① 陳夢家:《東周盟書與出土載書》,《考古》1966 年第 5 期,第 276 頁。該字摹本參看山西省文物工作委員會:《侯馬盟書》,第 321 頁。《廣雅》訓釋參看(清) 王念孫:《廣雅疏證》卷四下,上海古籍出版社,1983 年,第 483 頁。

② 《國語》3.111。

③ 已有學者注意到這一點。參看李裕民:《古字新考》,第 119—120 頁;Galambos(高奕睿),"A Corpus-Based Approach to Palaeography: The Case of the Houma Covenant Texts"(基於語料庫的古文字研究:以侯馬盟書爲例),p.128。

④ 馬承源:《上海博物館藏戰國楚竹書(五)》,上海古籍出版社,2005 年。該字見於《競建内之》簡 2(第 168—169 頁)。整理者將該簡歸入《競建内之》,陳劍先生已指出,這枚簡應歸入《鮑叔牙與隰朋之諫》,參看陳劍:《談談〈上博(五)〉的竹簡分篇、拼合與編聯問題》,簡帛網,2014 年 4 月 16 日,www.bsm.org.cn/?chujian/4424.html。【譯者按:另參看陳劍:《談談〈上博(五)〉的竹簡分篇、拼合與編聯問題》,《戰國竹書論集》,上海古籍出版社,2013 年,第 168—182 頁。】

⑤ 我們將在下文進一步討論,上博簡用"夷"聲字表示"雉",這是很重要的信息。"雉"中古音爲齒音聲母(*zhi* 雉<*drijX*),"夷"中古音爲顎音(舌音)聲母。《説文》有"鴺"字,與温縣盟書、上博簡《鮑叔牙與隰朋之諫》"鴺"字等同(它們有相同的聲符和義符),"鴺"訓作"鴺胡",又作"鵜鶘",《説文》"鴺"字或體作"鵜",這是"夷"可以和齒音聲母發生關係的又一例證。

基於上述分析，盟書咒語中“靡夷”兩個動詞的含義是“壓毁、夷平”，用比喻的手法表達滅絶參盟人男性子孫之意。

字 3:“非”

陳夢家先生把“非”字釋作“我”，朱德熙、裘錫圭二位先生否定了這一看法，指出盟書該字與金文中“非”字寫法相同，應釋作“非”。[1] 朱、裘二位先生指出，“匪”字从“非”得聲，在早期文獻中常與否定詞“非”互作；同時，“非”與“彼”讀音相近，在傳世文獻裏常訓作“彼”。據此他們認爲盟書中的“匪”也可以訓爲“彼”。朱、裘二位先生用術語“訓”（而不是“讀爲”），表示他們並不認爲“非”是直接用來表示“彼”的，而是認爲語言中存在兩個獨立的指示代詞，它們發音相似，分别寫作“匪”和“彼”，有時“匪”字也會用來表示“彼”（一般用“彼”字記録的那個詞）。本文認爲，這些字都是用來記録同一個指示代詞的。“匪”“非”古音極近，差别只在於“匪”收*-ʔ 尾；“匪”“非”與“彼”主元音不同：fei 非＜pj＋j＜*pəj，bi 彼＜pjeX＜*pɑjʔ。不過，白一平認爲*-ɑj 和*-əj 很可能在一些方言中合併了，至少在一些語音環境中是這樣的。[2] 我們没有在甲骨文或金文中看到“非”或“匪”用作指示代詞的例子，因此我們推測“匪”（或“非”）用作指示代詞的情況發生在*-ɑj 與*-əj 讀音合併的地區，所以可用“匪”字來記録“彼”。

字 4:“是”

陳夢家先生認爲“是”是“氏”的假借，其依據是《儀禮》《禮記》的注釋中多有以“是”爲“氏”之例。[3] 這種用法在出土的戰國時期文獻中也很常見。[4] 在陳文發表之後，侯馬、温縣盟書的新出資料進一步佐證了他的觀點，即在盟書中“是”的位置上出現了“氏”字。[5]

基於對上述四字的分析，“麻耋非是”所記録的詞是“靡夷彼氏”，其字面義是“摧

---

① 朱德熙、裘錫圭：《戰國文字研究（六種）》，第 32 頁。温縣盟書所見“非”字之例詳見下文。侯馬盟書之例參見山西省文物工作委員會：《侯馬盟書》，第 315 頁。

② Baxter（白一平），*A Handbook of Old Chinese Phonology*（漢語上古音手册），p.417.【譯者按：中文版見［美］白一平：《漢語上古音手册》，第 468 頁。】

③ 陳夢家：《東周盟書與出土載書》，《考古》1966 年第 5 期，第 276 頁。該字摹本參看山西省文物工作委員會：《侯馬盟書》，第318 頁。

④ 詳參何琳儀：《戰國古文字典》，中華書局，1998 年，第 750—751 頁；白於藍：《簡牘帛書通假字字典》，福建人民出版社，2008 年，第 123—124 頁。

⑤ 陳夢家先生在其文章發表時只看到了很少一部分的盟書材料，其中包括所謂的“沁陽載書”，這批材料中有一個以“氏”爲“是”的例子，這是陳夢家論證的依據。“沁陽載書”是對 20 世紀中葉温縣遺址非科學發掘而得一批盟書的稱呼。具體參看陳夢家：《東周盟誓與出土載書》，《考古》1966 年第 5 期，第 271—281 頁；另見 Williams（魏克彬），“Interpreting the Wenxian Covenant Texts”（温縣盟書文本釋讀）。

毁、夷平那個‘氏’”，也就是“消滅那個‘氏’”，“氏”指後裔、世系，也就是盟誓者的兒子、孫子及所有的直系男性後代。

有學者不同意上述分析，他們提出的理據有二。第一條，由戚桂宴、李裕民以及高奕睿先生提出，他們不贊成把“非”釋作“彼”。[①] 他們認爲這種用法的例證只見於傳世文獻，而從未見於其他出土文獻；且盟書中該字皆寫作“非”，而從無一例例外支持該字就是“彼”。第二條，由李裕民先生提出，他注意到侯馬盟書中有與温縣盟書“麻夷非是”含義相似的表述，作“麻臺之非是”（HM1：41 與 HM1：42）和“……非臺……”（HM79：8），他認爲這些異文皆與“麻夷非是”的分析相矛盾。[②] 事實上，學者們提出的這兩條反證都是可以解釋的。

首先，新見出土文獻資料裏就有不少“非”字用爲“彼”的例證。其中最具説服力的例子見於上博簡《用曰》（公元前 4 至前 3 世紀）：

> 脣亡齒寒。凡恭人，非（彼）人是恭，厥身是衛。[③]

該句以成語開頭，含義是兩個獨立的個體或群體相互依賴；後面緊接一個例子補充論述：在對别人表示恭敬的同時，也要注意保護自己。“非（彼）人是恭”和“厥身是衛”句法結構相同，都是“代詞＋名詞＋是＋動詞”的結構，“代詞＋名詞”充當前置賓語，其後是放在動詞前的復指代詞（resumptive pronoun）“是”。代詞“非（彼）”與“厥”分别是第三人稱代詞和第三人稱所有格，二者在結構上平行。[④] 因此，該例可看作“非”用爲“彼”的强證。[⑤]

---

① 戚桂宴：《“麻臺非是”解》，《考古》1979 年第 3 期；李裕民：《古字新考》，《出土文獻研究》第 10 輯，第 117—121 頁；Imre Galambos（高奕睿），“*A Corpus-Based Approach to Paleography: The Case of the Houma Covenant Texts*”（基於語料庫的古文字研究：以侯馬盟書爲例），pp.123－124。

② 李裕民：《古字新考》，第 120 頁。

③ 馬承源主編：《上海博物館藏戰國楚竹書（六）》，上海古籍出版社，2007 年，第 282 頁。關於“非”用爲“彼”的意見，參看何有祖：《楚簡散劄六則》，簡帛網，2007 年 7 月 21 日，www.bsm.org.cn/?chujian/4858.html。

④ 何有祖先生認爲“非（彼）人是恭，厥身是衛”中代詞“非（彼）”“厥”都是指被尊重的人（出處參看前一脚注），但這既不符合代詞的搭配，也不符合句子語境。從所引成語看，此處兩個代詞顯然是指雙方二者。顧史考也有相似的看法，參看顧史考（Scott Cook）：《上博楚簡〈用曰〉章解》，中國簡帛學國際論壇，臺灣大學，2007 年 12 月 10 日。

⑤ 上博簡《曹沫之陣》“非山非澤，亡有不民”中“非”字可能也用爲“彼”，參看劉洪濤：《説“非山非澤，亡有不民”》，簡帛網，2007 年 3 月 24 日，www.bsm.org.cn/? chujian/4753.html。不過該句中“不民”的釋讀尚存疑，故我們尚無法斷定“非”的含義。此外，楚帛書中“非”出現在“九天”之前，李學勤認爲這裏“非”應讀爲“彼”，參看李學勤：《楚帛書中的古史與宇宙觀》，張正明編：《楚帛書中的古史與宇宙觀》，湖北人民出版社，1984 年，第 145—154 頁。不過，楚帛書文字釋讀多有問題，此處“非”讀爲“彼”也非定論。

用一個字來表示兩個常見的、語義不相關的詞，如我們這裏討論的用“非”表示否定詞“非”以及指示代詞“彼”，這種現象在先秦文獻中並不罕見。例如“而”也可用來記録連詞“而”和代詞“你的”這兩個不同的詞。以“非(匪)”爲“彼”在傳世及出土文獻中並不多見，這大概是因爲這種用法只在特定的區域中出現，如上文已經提到過的，“非(匪)”用爲“彼”大概只發生在*-ɑj 與*-əj 讀音合併的區域，這就限制了這種用字現象只在這些地區出現。

不過，侯馬、温縣盟書中並無一例用“彼”表“非”，這一點值得特别關注。盟書“是”“氏”互通，雖然“是”幾乎完全替代了“氏”，但我們還是能見到用“氏”之例。指示代詞“彼”見於公元前 4 世紀晚期的中山國銅器中，其字作“皮”；此外，江西出土的一件春秋時期編鐘類樂器銘文有“皮”，可能也是用作“彼”。① 因此，侯馬、温縣盟書中的咒語也許本可用“皮”字來表示“彼”。不過，重要的是，三晉地區“皮”字常用來表示“皮”氏家族，姓氏字“皮”多見於戰國時期魏國、韓國的兵器和貨幣。② 因此，在這段時期裏，人們看到出現在“氏”字前的“皮”(即“皮氏”)時，可能第一反應是它所指爲皮氏家族而非“彼氏”之義，那麼盟書咒語“麻夷皮氏”可能就會被誤解爲“消滅皮氏血脈”之意，那麼“皮氏”一族就成了被詛咒的唯一目標了。這或許可以解釋爲什麼温縣、侯馬盟書的書手都盡量避免在咒語中寫“皮”字，而一定要用“非”字來指代“彼”這個詞。

戚桂宴和李裕民先生都反對以“非”爲“彼”，他們的理由是若“氏”前果爲代詞，那也應是物主代詞“其”或“而”，二者常在盟書中指代參盟人。我們認爲，盟書此處用“彼”是有意爲之，其目的是將狹義的參盟人的家族(特指參盟人自己及其直系男性後代)與廣義的氏族概念(即趙、韓兩國的主要世系)區分開來。上文已經討論過，與“此”和“已”(或《用曰》中出現的“厥”)相比，“彼”指代的對象往往與説話人距離較遠。用“彼”的含義是詛咒的對象僅限於每一個具體參盟人的男性後代，而非整個家族。盟書中代詞“非(彼)”出現在固定套語中，這避免了它被常見的“其”或“而”所替代。英語中也有同類現象，代詞在套語中保持不變，如“fare thee well”。【譯者按：該短語中“thee”是古英語中“you”的單數形式，一直在套語中延續下來，該套語的含義是“祝好”“祝您一切順利”。】

戚、李二位先生都反對把“非”看作“彼”，但他們均未指明“非”應該如何理解。李裕民先生認爲，“非”和“麻”“臺”一樣，其含義都是“毁滅”。他認爲盟書咒語或作“麻臺之非是”(HM1：41、HM1：42)，這是該短語的完整形式，動詞“臺”後有代詞賓語“之”，因

---

① 參看張世超：《金文形義通解》，日本京都中文出版社，1996 年，第 709—710 頁。

② 湯志彪：《三晉文字編》，吉林大學 2009 年博士學位論文(指導教師：馮勝君)，第 182—183 頁；另參見湯志彪：《三晉文字編》，作家出版社，2013 年，第 440—442 頁。

此該句應看作“麻𡱝之”和“非氏”兩個小句,含義是“消滅他(參盟人)”和“消滅(他的)家族”。李裕民先生認爲,因爲指代參盟人的“之”已在上文“諦極視之”中出現過,所以“麻𡱝之非是”中的“之”常可省略,句子作“麻夷非是”。他認爲這種分析可以使短語異文“麻𡱝之非是”和“非𡱝”(HM79：8)均得到合理解釋。其實,他的解釋都是有問題的。文言文語法中,雖然“以”和及物動詞後的賓語代詞“之”常常可以省略,但像李先生所説那樣在三個並列的近義動詞中省略賓語代詞“之”,則非常罕見,恐怕不能如此推論。如果賓語代詞只是被偶然地省略了,那麽我們應該在盟書中見到大量的完整形式“麻𡱝之非是”,但事實是我們一共只見到兩例,且這兩例都出自同一位書手(詳參下文)。此外,李裕民先生也没有給出例證説明“非”可以表示“毁滅”義,我也没有見到此類用法。①

三、“麻夷非是”的異文

爲了更好地理解“麻𡱝非是”的含義,我對侯馬、温縣盟書所見該咒語及其異文進行了調查。對於侯馬盟書的調查,根據的是《侯馬盟書》這本發掘報告中收録的656件盟書摹本。② 對於温縣盟書的調查,根據的是整理者郝本性、趙世綱先生最早選取拍攝的約3900張盟書照片。③ 本文統計的“異文”情況包括：使用不同的字來記録咒語中同一位置的詞;在原有咒語的基礎上增字或缺字;咒語中各字排列順序不同。字形層面或構件層面的異寫,因其顯然與常見寫法記録的是同一個詞,故忽略不計。我們把調查結果列在表格中,具體參看“附録一”。

總體看來,咒語最常見的寫法是“麻夷非是”。④ 從温縣盟書照片看,有2155片盟書含有“麻夷非是”(全部或部分字清晰可辨),其中1126片“麻夷非是”四字皆清晰完

① 彭静中認爲“非”應讀爲“破”(他對盟書句子的理解參看第329頁脚注⑤,另參看彭静中：《古文字考釋二則》)。上古漢語中“破”的讀音是po＜phɑH＜*phʕaj-s,“彼”的上古音是bi＜pjeX＜*pajʔ,二者音近,可相通假。不過,該通假關係未見實例證據。

② 山西省文物工作委員會：《侯馬盟書》。

③ 照片的拍攝和處理是前文提到的合作項目的一部分。波士頓馬薩諸塞州總醫院計算機科學實驗室的Carl Andrews爲該項目作出了巨大貢獻,他負責原始圖像的拍攝、掃描、圖像增强和數據庫建設。2009年夏天,我們對最初未被選中的盟書石片進行了進一步拍攝,在這之前,我已完成本研究所涉及的調查工作。2009年新拍攝的盟書資料未包括在本文的調查中。需要强調説明的是,本文完成以後,後期拍攝的照片中,有不少盟書片含有字迹清晰的“麻夷非是”,因此本文所作調查,並非對每一塊含有“麻夷非是”的盟書片都進行搜集的窮盡性調查。

④ 在後文的討論中,“𡱝”字徑作“夷”,“土”旁省去(“𡱝”是“夷”的異體)。

整，另有 504 片爲該句的異文。在侯馬盟書中，有 376 片含有盟書咒語，其中 181 片咒語四字清晰完整，另有 25 片可確定爲異文。在上述兩組數據中，文字皆清晰可辨的不同異文共有 26 例。此外還有 11 例異文含有一個或兩個無法確定的字，因此咒語“麻夷非是”的不同異文總數可能高達 37 例。不過，因爲有 11 例含不能辨認的字，它們可能並非真正的異文，因此異文的總數有可能少於 37 例。

我們在下文對盟書的異文情況進行介紹和討論。首先，我們介紹了盟書中常見的和一些不那麽常見的異文情況，指出它們都支持把“靡夷非是”理解爲“滅除那個氏族”的釋讀意見。其次，我們對咒語中有些看起來不符合上述分析的異文情況進行討論。通過辨析其書手，我們論證了這些異文應視作抄寫失誤或書手的個人特徵，而非上述釋讀意見的真正反例。

（一）異文情況

1. 麻夷非氏

最常見的異文形式爲“麻夷非氏”，末字“是”被寫作“氏”。根據我們的統計，以“氏”爲末字之例有近 400 條（不考慮其他異文或闕文）。在戰國時期及更晚的傳世、出土文獻中，“是”“氏”二字常互作，這兩個字都可以用來表示世系之“氏”以及指示代詞“是”。[①]“麻夷非氏”這一異文的出現，是把“麻夷非是”之“是”讀爲“氏”的强證。[②]

---

① 具體例證請參看高亨著，董治安整理：《古字通假會典》，齊魯書社，1989 年，第 461 頁；白於藍：《戰國秦漢簡帛古書通假字彙纂》，福建人民出版社，2012 年，第 281—284 頁。二者互作的現象並未見於西周金文，參看張世超編：《金文形義通解》，第 67—71、2918—2823 頁。

② “氏”“是”可互作，是因爲“氏”發生了音變。白一平、沙加爾指出，由通假和諧聲證據來看，“氏”字聲母本爲軟齶音前綴，後來音首脱落才變成了齒音（具體參看［美］白一平、［法］沙加爾：《上古漢語新構擬》第 4.4.4 節）。只有在這一音變完成後，才可能用“是”來表示“氏”。二者擬音如下：氏：*k.deʔ>*g.deʔ>*deʔ>dzyeX>shi，是：*deʔ>dzyeX>shi。當“氏”開頭的*g-脱落後，這兩個詞變得同音（都讀爲*deʔ），這爲記録兩個詞的字可互作提供了條件。在侯馬和温縣盟書中，這兩個字都可以用來記録“氏”，用“是”字的情況更多。同時用借字和本字來記録詞的情況，也見於其他字例中，如“册”和“策”，“飛”和“蜚”，“眉”和“麋”等（詳參裘錫圭：《文字學概要（修訂本）》，商務印書館，2013 年，第 179 頁。【譯者按：作者用的是英譯本《文字學概要》，今直接按中文版標出處。】）盟書中“是”出現的頻率高於“氏”，並不能據此推測它們要記録的詞爲“是”。因爲像這樣的頻次統計並不是可靠的、有意義的，這只要比較二者在温縣盟誓遺址的兩個大型祭祀坑 WT1K1、WT1K14 的情況就明白了。這兩個坑中均埋藏了數千件盟書，在 WT1K1 中，末字明確作“氏”的只占0.4%；而在 WT1K14 中，這個數字高達56.3%。顯然，這兩個坑中盟書上“氏”所記録的詞是相同的，在 WT1K14 中“氏”比“是”更常見，而在 WT1K1 中則幾乎全部寫作“是”。雖然我們可以猜測造成這種差異的原因是這兩個祭祀坑的年代不同（即 WT1K14 更常用“氏”，説明在當時“是”尚未流行），但它也可能只是反映了不同書手群體的習慣，或者他們在抄寫時所據底本不同。

2. 亡夷非氏/是

“麻”字或作“亡”。[①] 這類異文在侯馬（具體見於第 67 和 92 號坑）和温縣（WT1K2）盟書中都能見到。温縣盟書 WT1K2 坑字迹清晰可辨者中只見到寫作“亡”之例；而在侯馬盟書中，67 號坑既有“亡”也有“麻”，二者頻次相當；92 號坑則只有“亡”。與“麻”處在相同位置的“亡”，可能是近義異文（“亡”可理解爲“毀滅”義），也可能是音節斷讀有誤（發生了音節的重新分析）的結果。

李裕民先生直接將這一異文中的“亡”訓釋爲“滅”。[②] 如果這種理解是正確的，那麽這就是漢以前“亡”訓“滅”的早期例證。“亡”在早期文獻中一般表“失去”義，如“亡國”（動賓結構“失去某人的國家”，或爲定中結構“一個已經滅亡的國家”）、“國必亡”（用爲不及物動詞）；在漢以前的文獻中，該字很少表“毀”義。而在侯馬盟書中，“亡”出現在“X 毀滅 Y”的結構中，其含義是具有制裁權的神靈要“滅絶他的子孫”。李裕民先生在他的文章中引用了《左傳》所載的一段盟辭，其中含有“亡”，其含義似與盟書辭例相近。具體内容如下：

> ……明神殛之，俾失其民，隊（墜）命亡氏，踣其國家。
>
> （《左傳》襄公十一年，公元前 5 至前 4 世紀）[③]

不過，該例中“亡”的語義是有些模糊的：它既可以理解成“消滅（他的）氏族”，也可以理解爲“失去”義。句中“俾”後接有三個動詞“失”“墜”“亡”，三者語義相近，都表“失”義；即句子應理解爲“……明神將要殺掉他，使（他）失去自己的百姓，（使他）失去他的天命，（使他）失去自己的家族，並且（讓）他顛覆自己的國家”。

此外，似乎也有“亡”的用例可以按盟書中的含義來解釋。例如：

> 亡鄧國者，必此人也。
>
> （《左傳》莊公六年，公元前 5 至前 4 世紀。該句可翻譯爲“毀滅了鄧國的人，一定就是這個人”）[④]

不過，此類用法多見於漢代文獻，如《史記》和《戰國策》：

---

① “亡”的具體例子參見山西省文物工作委員會：《侯馬盟書》，第 325 頁（放在字頭“麻”下）。含有該字的温縣盟書之例，其末字有“氏”“是”兩種寫法。

② 李裕民：《古字新考》，第 120 頁。

③ 楊伯峻：《春秋左傳注》，中華書局，1990 年，第 989—990 頁。

④ 楊伯峻：《春秋左傳注》，第 168 頁。其實該例中“亡”字也不必理解爲“毀滅”義，可以理解爲“失”，即“丢失了鄭國，【原因】一定會是這個人”。

知伯曰:"吾始不知水可以亡人之國也,乃今知之。"

(《史記·魏世家》,公元前2至前1世紀)①

……秦滅韓亡魏,……

(《戰國策·魏策》"秦王使人謂安陵君"章,公元前1世紀晚期)②

出土文獻中,這種用法也見於漢代文字材料中,如馬王堆帛書:

吴不亡越,越故亡吴,齊不亡燕,燕故亡齊。吴亡於越,齊亡於燕。

(《戰國縱横家書》"秦客卿造謂穰侯"章)③

在更早的出土文獻中,"亡"未見此種用法。甲骨文中"亡"只用作否定副詞。銅器銘文中,"亡"常跟在名詞後面,用作不及物動詞,含義是"被失去""被毁滅",如班簋(公元前10世紀)銘文曰"惟民亡遂在彝,昧天命,故亡"。④ 又如時代較晚的中山王壺(公元前4世紀晚期)銘文"邦迲(亡)身死"。⑤ "亡"也可以用作及物動詞,其含義爲"丢失(某物)""遭受損失(某物)",如叔家父簠(公元前8至前7世紀)銘文"用祈眉壽考無疆,慎德不亡"。⑥ 又如中山王鼎"迲(亡)其邦"。⑦ 在戰國和漢代時期,"亡"字也可用來表示存現否定詞(existential negative);"無"也可以用作名詞,其含義爲"損失"。

基於上述證據,我們可以得出如下結論:"亡"表"X毁滅Y"義,這一用法在漢以前的出土文獻中未見,在漢以前的傳世文獻中少見。而盟書的時代是公元前5世紀至前4世紀早期,因此用"亡"表"毁滅"義,可能應視爲這一用法較爲特殊的早期用例。

另一種可能是盟書"亡"所在句子的斷讀有誤。⑧ 盟書中"麻"所記録的詞我們認爲表"摧毁"意,這個詞可以寫作从"麻"得聲諸字,如"靡"等。"亡"與"麻"讀音有别(韻尾不同),並非合格的假借字:靡 mi<mje<*m(r)aj;亡 wang<mjanŋ<*maŋ。

---

① (漢)司馬遷:《史記》,中華書局,1982年,第1855頁。

② (漢)劉向編:《戰國策》,上海古籍出版社,1985年,第922頁。

③ 馬王堆漢墓帛書整理小組:《戰國縱横家書》,文物出版社,1976年,第81頁。

④ 《集成》4341。銘文釋讀參考李學勤:《班簋續考》,《古文字研究》第13輯,中華書局,1986年,第181—188頁。

⑤ 《集成》9735.3。值得關注的是,中山國銅器銘文在表示動詞"亡"是特地添加意符"辶",從而和存現否定詞(existential negative)"無"區别開來。

⑥ 《集成》4615。

⑦ 《集成》2840。

⑧ 這種現象在英語中也有相似的例子,如在Jimi Hendrix的歌曲Purple Haze中"kiss the sky"一句很容易被誤聽爲"kiss this guy"。

不過,在傳世和出土文獻中"亡"常用來表示否定詞"無"。[①] 這種用法也見於温縣盟書,如人名"亡智"(WT1K1－1223)。蒲立本指出:"'亡''無'在詞源上關係密切。甲骨文中已有'亡','無'出現在稍晚的文字材料中。"[②]如果像一般認爲的那樣,在這種用法中,"亡"讀爲"無",那麽它就與"靡"讀音相近:亡/無 wu<mju<*mɑ;靡 mi<mje<*m(r)ɑj。[③]"無"没有韻尾*-j,但在"麻夷非是"中後面的"夷"字的詞首與之讀音相似。這也許可以説明"麻夷非是"音段斷讀有誤,兩個相鄰的音節發生了重新分析。[④] 盟書中第二個詞擬音爲 yi 夷<yij<*ləj,如果這個詞的詞首已經變成了 y-,那麽它就可能與前一個詞的詞尾*-j 相同:靡<mje<*m(r)ɑj,這就爲音節的重新分析提供了條件。[⑤] 在我們討論的例子中,"無"是短語中理想的第一個音節:

靡	夷
mje	yij
*mɑj[⑥]	jəj<*ləj
*mɑ+[j]+əj<*ləj	
無	夷

① 傳世文獻例子參看高亨著,董治安整理:《古字通假會典》,第 316—317 頁。出土文獻用例參看白於藍:《戰國秦漢簡帛古書通假字彙纂》,第 662—664 頁。

② Edwin G. Pulleyblank(蒲立本),*Outline of Classical Chinese Grammar*(古漢語語法綱要)(Vancouver: University of British Columbia Press, 1995), p.109. Schuessler(許思萊)推測"亡"*mɑŋ 是由詞根*mɑ 添加詞綴-ŋ 變來的。"無"所記録的就是詞根*mɑ。他根據傳世文獻中否定詞"靡"*m(r)ɑjʔ(許思萊擬音:*mɑi)也可以用在"無"出現的位置推測"靡"也是由詞根*mɑ 變來。參看 Axel Schuessler(許思萊),*ABC Etymological Dictionary of Old Chinese*(ABC 古漢語詞源詞典)(Honolulu: University of Hawai'i Press, 2006), p.507,518,382。白一平先生曾告訴我(2014 年 5 月 19 日私人通信),他認爲這個詞根的完整形式是"*mɑŋ","*mɑ"則是一個無重音變體(只在另一詞緊跟其後的情況下如此讀)。

③ 蒲立本提出《詩經》韻讀不支持"亡"讀爲"無"(Pulleyblank〔蒲立本〕,*Outline of Classical Chinese Grammar*〔古漢語語法綱要〕,p.109.),這可能和這些例子的特殊性有關(如在前一脚注中我們提到的白一平先生的意見,即這些詞在句末不能讀作非重音形式)。

④ 關於該現象的討論和例子可參看:William H. Baxter(白一平),"Aspects of Old Chinese Morphology: Reading between the Characters in Early Chinese Texts"(古漢語詞法:閲讀早期漢文文獻的字裏行間),4th International Conference on Classical Chinese Grammar (Vancouver, 2001)。

⑤ 即便"夷"開頭的"*l-"還没有開始變爲"y-"(yi 夷<yij<*ləj),但因二者都是輔音冠音,所以效果是差不多的。有些學者(如蒲立本和鄭張尚芳)就把"靡"所屬歌部構擬爲收"*-l"尾,從而和"夷"的開頭相配。

⑥ "靡"的上古音一般構擬爲"*m(r)ɑj",*(r)表示詞中*r 是不確定的。如果按我們的推論,"靡"可以與"無"相混,那麽"靡"大概中間是没有 r 介音的,因此我們在表中直接構擬作*mɑj。

這種現象在程式化的套語中較常見(下文我們還會討論盟書中的另一個例子)。可能書手也並不明確第一個詞究竟爲何,因而發生了音節的重新分析,從而導致了誤記。

"亡夷非是/氏"只見於兩處祭祀坑：侯馬遺址第 67 號坑和温縣遺址 WT1K2。① 這兩個坑所出盟書類型都是該坑所獨有的。② 在侯馬遺址所出盟書中,有 9 例作"亡",10 例作"麻",這表明該坑書手"亡""麻"並用。侯馬該坑共出土 58 片盟書,據此推測抄寫這批盟書的書手數量應該不會很多;他們抄寫的内容多是公式化的套語,可以想見書手及這項工作的負責人大概只會在石片上抄寫一種版本的盟書内容。因此,我們在本小節開頭曾提出假設,認爲産生"亡夷非是/氏"異文有兩種可能：一是"亡"與"麻"構成了近義異文,一是語音重新分析導致的誤記。現在看來前者大概是要被排除的,由誤讀而來的異文已經在盟書中被接受下來了。在温縣遺址祭祀坑 WT1K2 中,明確作"亡"的盟書有 31 件,這表明對於温縣的書手來説,"亡"是他的首選。值得關注的是,兩個祭祀坑所出盟書内容和風格十分相似：它們都在辭文中省略了對盟主宣誓效忠的誓言,且内容都是"如果參盟人做了×事,或者他知道別人做了×事却不舉報,那麽就……"的結構。這些共同點使得這兩個坑中的盟書與其他盟書區别開來。從内容上看,這批盟書更像是特别的規定,而非效忠的誓言;這也許反映了這批盟書的時代是在其他盟書所對應的政權鞏固期之後的一段時間,因此盟書套語首字選用了與之前不同的"亡"字。侯馬遺址第 67 號坑同時使用"麻"和"亡",寫作"亡"可能是較爲晚近的創新形式,其條件就是前文已經提到過的"夷"詞首發生了音變。③ 温縣遺址 WT1K2 坑所出盟書皆作"亡夷非是/氏",首字只有"亡"一種寫法,對於這批盟書的書手而言,這已是固定寫法。這種變化可能應歸因於音節的重新分析,或是句子時代久遠、含義模糊不清所致。又或者"亡"應該理解爲表"摧毁"義。無論哪種分析是正確的,套語有異文作"亡",都不影響前

---

① 有一例見於侯馬遺址第 92 號坑(92：5),屬於宗盟類四,參見山西省文物工作委員會:《侯馬盟書》,第 115、226 頁。

② 侯馬遺址第 67 號坑所出盟書爲納室類,參看山西省文物工作委員會:《侯馬盟書》,第 39—40、73—74 頁;Weld(羅鳳鳴),"*The Covenant Texts from Houma and Wenxian*"(侯馬、温縣所出盟書),pp.148－150。温縣遺址 WT1K2 所出盟書例子參看 Williams(魏克彬),"*Early References to Collective Punishment in an Excavated Chinese Text*"(出土文獻中有關集體懲罰的早期記載:《温縣盟書》中詛咒語的分析和討論),pp.440－441。相關討論還可參看 Williams(魏克彬),"*Interpreting the Wenxian Covenant Texts*"(温縣盟書文本釋讀),pp.373－447。

③ 該坑所出 4 號盟書中,套語同時有"亡"和"麻"兩種寫法,這説明該套語選用哪一種都是可以的。書手可能在兩個不同的範本中進行了選擇,每個範本使用了不同異文。

輩學者對“麻夷非是”含義的分析。

3. 勿夷非氏

“麻夷非是”的第三類異文作“勿夷非氏”，首字“麻”作“勿”，末字“是”作“氏”。套語首字作“勿”，只見於温縣遺址 WT1K14 坑中的一部分盟書。該坑所出字迹清晰的石片中，有 42 片套語首字作“勿”，678 片首字作“麻”，“勿”占總數的 5.8%。

該字釋爲“勿”是没有問題的。温縣盟書該字字形如下：

1-14-1886.5

1-14-953.5

1-14-2944

1-14-4178

《説文》“勿”字小篆作“□”，與盟書形體相近。① 傳世及出土文獻材料都證實了這一釋讀。如郭店《老子》“勿”作“□”（郭店《老子（甲）》簡 31），傳本該字作“物”，簡文“勿”形體與上舉温縣盟書形體相近。②

與上文所説“亡”的情況不同，盟書套語首字作“勿”，不大可能是因爲它和“麻”聲音相近。“勿”“靡”主元音、韻尾皆異：“勿”wu<mjut<*mut，“麻”ma<mae<*mˤraj。因此“勿”記録的是與“麻”不同的詞。“勿”一般用作否定詞，在郭店簡等出土文獻中常用作“物”，③這兩種用法放在盟書文辭中皆無法説通。事實上，“勿”本來是爲“刎”所造，其造字本義放在盟書中合適的。裘錫圭先生已經指出，“勿”字从“刀”（小篆“刀”作“□”形），另外兩短斜筆表示刀所割的東西。④ “勿”的本義後來一般用“刎”表示，“刎”是在“勿”的基礎上又疊加了意符“刀”，從而與否定詞“勿”區别開來。後來，“刎”專門用來表示割喉之意，尤其用來指割喉自殺的行爲，字書釋義就反映了這一點。不過，從甲骨文和傳世文獻中的用例看，“刎”更多情況下用作其本義。裘先生所舉傳世文獻例子如下：

> 剥脱之，砥厲之，則劙槃盂、刎牛馬，忽然耳。
>
> （《荀子·彊國》，公元前 3 至前 1 世紀）⑤
>
> 虞人致百祀之木，可以爲棺椁者斬之，不至者，廢其祀，刎其人。
>
> （《禮記·檀弓下》，公元前 1 世紀）⑥

---

① 《説文》卷九下“勿”部。《説文解字》，第 196 頁。

② 張光裕：《郭店楚簡研究：第一卷（文字編）》，藝文印書館，1999 年，第 88 頁。

③ 參看白於藍：《戰國秦漢簡帛古書通假字彙纂》，第 547—550 頁。

④ 裘錫圭：《釋“勿”“發”》，《古文字論集》，中華書局，1992 年，第 70—84 頁。

⑤ （清）王先謙：《荀子集解》，中華書局，1988 年，第 291 頁。

⑥ 《禮記正義》，（清）阮元編：《十三經注疏》，中華書局，1980 年，第 1314 頁。

把“勿”讀爲“刎”，訓爲“割裂、劈開”，則盟書套語異文可理解爲“刎夷彼氏”（斬斷、消滅那個氏），其含義與“麻夷非是”相同。①

4. 麻/亡夷我(?)氏/是

有一類“麻夷非是”的異文，其中“非”字寫得與“我”形體類似。② 這類異文中，首字或作“亡”，末字或作“氏”。盟書所見“非”形體一般作如下之形：

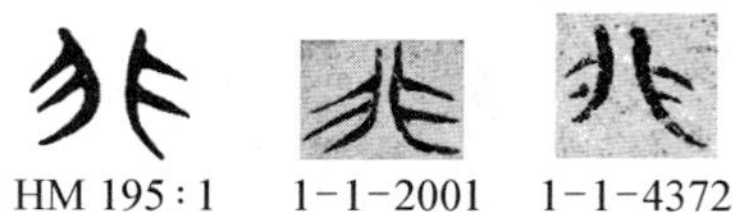

HM 195：1 1-1-2001 1-1-4372

不過，也有一小部分相當特殊的異寫，其形體作：

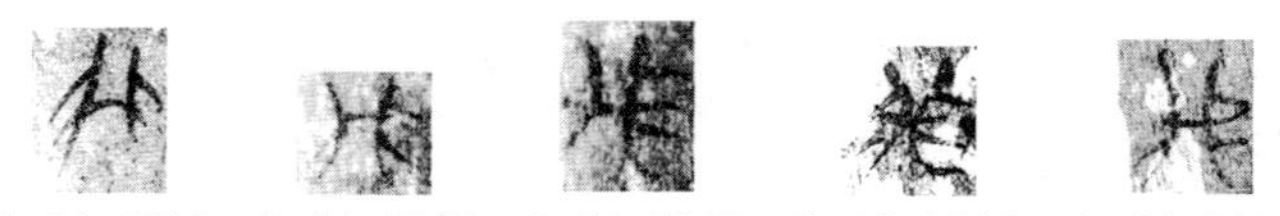

1-14-1910 1-14-5205 1-14-1943 1-14-1946 1-14-5196

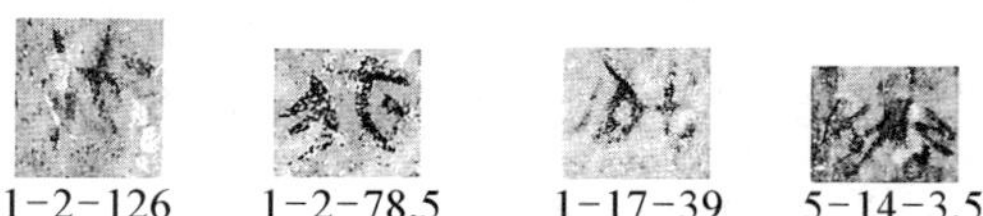

1-2-126 1-2-78.5 1-17-39 5-14-3.5

第3—5例（1-14-1943/1946/5196）爲同一書手所寫。WT1K2（1-2-126/78.5）所出盟書可能也是同一書手所寫，但這批盟書上没有足够清晰可辨的字來比較和確認這一點。上舉諸例中，左右兩個分開的部件中都添加了一横筆，其結果是形體變得與古文字“我”相近：③

① 見下文第360頁脚注①，盟書套語“麻夷非是”似乎在時代較晚的傳世文獻《公羊傳》中也能看到，寫作“眛雉彼視”，陸德明（公元556—627年）認爲“眛”舊音“刎”。這或許是巧合，不過也可據此推測，其來源或許就是我們這裏討論的異文“勿夷非氏”。此外值得注意的是，“麻”的兩種異文“亡”“勿”都可表否定。出土資料如中山國文獻中有用“麻”表存現否定詞（existential negative）“靡”（讀第三聲）的例子。書手把盟書第一字寫作“亡”，可能就是因爲“麻”“亡”讀音相近，且二者都可表否定詞。這能在一定程度上解釋盟書“麻”“亡”互爲異文的原因，尤其是如果書手已經搞不清楚盟書套語第一字所指究竟爲何，這種可能性就更大了。否定詞“勿”與“靡”“亡”讀音有别，且語義功能不同，“勿”是禁止否定詞（prohibitive negative），而非存現否定詞。因此書手並不大可能用“勿”代替“靡”。因此，不能據“勿夷非氏”推論該句第一字原本是否定詞。

② 因爲很難弄清“麻”作“我”究竟是有實義的異文，還是偶然的字形訛誤，故我們没有把“麻夷我是”單列在表中。

③ 例子可參看張世超：《金文形義通解》，第2980—2981頁；湯志彪：《三晉文字編》，第736—737頁。

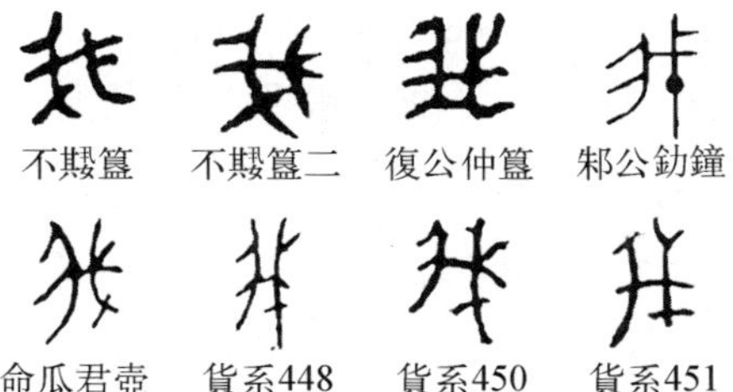

不𩵦簋　不𩵦簋二　復公仲簋　邾公釛鐘

命瓜君壺　貨系448　貨系450　貨系451

後面四例爲三晉文字。温縣盟書中有人名“詸”，其中含有構件“我”：

1-1-1976

温縣盟書中的“非”皆與“我”有不同程度上的相似，1－14－5196、1－2－126 和 1－17－39形體與“我”十分接近。不過，我們觀察到，至少在晉系文字中，“我”所从“戈”旁的下斜綫筆畫總是與豎綫筆畫相交叉，但在盟書“非”字的異寫中，相應的筆畫似乎並不與豎綫相交。如果書手果真混淆了這兩種形體，可能意味着他們認爲“我”放在盟書套語此處是合適的，從而支持了“非”本身應被理解爲代詞(即“彼”)的觀點。如果把這些異文視作“我”，那麼該短語應理解爲“靡夷我氏”，即“斷絶我的血脈”，這顯然是自我詛咒了。①

5. 缺字諸例

盟書中有部分異文是在原句的基礎上有所缺字。具體情況如下(所標數字是出現的總頻次)：

(a) 麻非是	22	(b) 麻非氏	7	(c) 麻非……	2	(d) 夷非是	5
(e) 夷非氏	1	(f) 麻夷是	4	(g) 麻夷氏	2		

缺字之例總體比較少見，很可能是無意的缺漏。不過，若按前文提到的理解來釋讀套語的標準形式，這些有缺字的例子也都能説通，即：

(a)(b) 麻非是/氏：靡彼氏——毀滅那個氏族

① 根據這類異寫，我們可以推測盟書的書面文本所寫是“彼”，而參盟人在盟約儀式上口頭宣誓進行自我詛咒時必須把代詞改换爲“我”“我的”。這與盟書文本其他地方指稱參盟人所用代詞不一致的情況相吻合(見上文第 329 頁脚注③)。書面盟誓召唤部分和詛咒很少使用第一人稱代詞，這或許是因爲書手不願意反復書寫對自己的詛咒。

(d)(e) 夷非是/氏：夷彼氏——鏟除那個氏族

(f)(g) 麻夷是/氏：靡夷氏——毁滅並鏟除那個氏族

據統計，有 31 例省略“夷”字，作“麻非是/氏”；只有 6 個例省略“麻”作“夷非是/氏”。這説明書手認爲第一個動詞(即“靡”)是更重要的動詞，而“夷”則是毁滅過程中的次要階段。支持這一看法的是，目前我們所見套語中只有一例動詞順序相反，作“夷麻非是”(WT1K1－1)。

6. “麻女夷非氏”(WT1K14－3226)與“麻□夷非是”(WT1K17－96)

這兩類異文是在“麻”和“夷”之間添加了一個字。添加的兩個字似乎並不相當。盟誓 WT1K14－3226 增加了“女”字，“女”在出土盟書中一般用爲“汝”，因此該短語可讀爲“靡汝夷彼氏”(毁滅你並且鏟除那個氏族)，這與前文所述對盟書套語的理解相合，也支持“麻”“夷”爲動詞的釋讀意見。

WT1K17－96“麻”和“夷”中間也有一個另外添加的字，但字形不是非常清楚。如圖 1 所示，從筆畫輪廓看，“麻”“夷”中間添加的字應該並非“女”字，而與這片盟書中出現的參盟人名(圖 1)形體相似。[①] 參盟人名(“奇”?)字形模糊，不過可以看出，該字上半爲“大”，這與“麻”“夷”中間之字左上筆畫相近。若該字果爲參盟人名，那麽套語的結構就是“動詞＋賓語，動詞＋賓語”，“靡奇(?)夷彼氏”(毁滅〔奇?〕，鏟除那個氏族)。上舉缺文諸例都支持前文所述對“麻夷非是”的釋讀意見，但鑒於它們出現的頻率不高，我們不能排除它們是某種無意的書寫錯誤的可能性。

“麻”和“夷”中添加的字

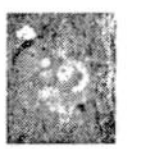

添加的字

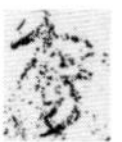

參盟人名

圖 1　WT1K17－96

上舉諸例都可以解釋爲標準套語“麻夷非是”的異文。但此外有些異文在理解上尚有疑問，似不能按前文所述意見進行釋讀。爲準確判斷這些異文的含義，有必要考慮這些異文在多大程度上與書手有關。我們將在下一節對這些例子進行討論。

---

① 參盟人名可能是“奇”字，但該字下部的中心筆畫又似乎與“奇”所从“口”差别較大。

(二) 異文與書手之間的關係

某一種異文反復出現,這究竟是多個書手所爲,還是出自同一書手,這會影響到我們判斷這種異文的有效性。其背後的邏輯是:假如某種異文均出自一人之手,那麽這種異文很可能只是這名書手的個人習慣,是他的誤書(或是他個人對句子的理解)。當遇到某種異文不能按我們前文分析的那樣理解,我就傾向於認爲和書手有關。多數情況下,所見材料都支持這種假設。因此我認爲,與套語標準寫法有别的異文,是對該套語的誤讀或誤書,不能據此否定對套語的理解。

由於我們假設的基礎是書手確實經常會出錯,所以我們有必要考慮這方面的相關證據。中國古代的訓詁和注釋歷來都對傳世文本中傳寫錯誤的判定和分類相當重視,有不少著作都總結了常見錯誤的類型和案例。[①] 20 世紀以來,中國出土了大量毛筆書寫的寫本,這讓學者有機會觀察到文獻早期傳抄階段所産生的錯誤。已有不少研究指出了這些錯誤,並提示分析這些寫本時應注意這一現象。[②]

圖 2 WT1K1 - 3071 下半

有時,誤抄誤寫的情況是非常明顯的,如 WT1K1 - 3071 作"麻麻夷非是",第一個字"麻"抄寫了兩遍(參看圖 2)。書手在第二行寫滿後,换行至最後一行繼續抄寫,第二行末最後一字在第三行開頭又寫了一遍。類似的筆誤在盟書中並不罕見,如盟書中也常見漏抄的情況,有時漏抄的字會寫在後面一欄邊上補出。這類例子很容易辨别,顯然都是無意的筆誤。

不過,有些異文則很難直接判定爲筆誤,尤其當原文的含義有争議時更是如此,本文討論的例子就屬於這種情況。在這種情況下,熟悉傳世和出土文獻中常見的傳抄錯誤類型有助於我們進一步討論。[③] 需要注意的是,異文或誤書可能和語音、語義及正字

---

① 具體例子可參看俞樾:《古書疑義舉例五種》,中華書局,1956 年;該書後人另有補充,見裴學海:《古書疑義舉例四種》,《華裔學志》第 50 期,2002 年,第 549—654 頁;又見陳垣:《校勘學釋例》,北京:中華書局,1959 年。

② 裘錫圭:《談談上博簡和郭店簡中的錯别字》,《中國出土古文獻十講》,復旦大學出版社,2004 年,第 308—316 頁;李松儒:《戰國簡帛字迹研究》,第 99—100 頁。關於用傳寫錯誤來解釋難解之句,可參看陳劍:《〈上博(六)·孔子見季桓子〉重編新釋》,復旦大學出土文獻與古文字研究中心網,2008 年 3 月 22 日,www.fdgwz.org.cn/Web/Show/383;具體參見該文第三節《考釋》部分第三例對讀爲"敷"之字的討論。

③ 參看 347 頁脚注①②。

法等因素相關(有時是這些因素的綜合),也與用字習慣(用特定的字形來表示一個詞〔讀音和意義〕聯繫密切)。[①] 此外,瞭解這些因素在大腦中的處理方式,也能爲一些異文或誤書的産生提供解釋。莫大偉(David Moser)對現代漢語語音和書寫錯誤的研究展示了這種研究方法的潛力。[②] 這種方法在判斷早期寫本中的異文以及可能存在的誤書方面頗有成效,因此下面我將概述寫作認知過程的模型,再據此反觀温縣盟書中的異文。

寫作認知模型將人書寫過程的心理機制劃分爲不同部分,包括語義系統(詞彙及其含義的知識)、語音詞典(存儲已知詞彙的讀音)和正字法詞典(存儲詞彙的書寫形式及其組成部分)。[③] 學者對書寫過程中的認知過程的理解提出了不同的模型,但一般會區别兩種基本通路: 如要寫的内容是已經學過的、在已有知識系統中的,就采用詞法通路;如果要寫的内容是此前未知的,就采用亞詞彙(sub-lexical)層面通路,或稱"非詞法"(non-lexical)通路,即依靠語音拼讀(用現有的正字法詞典)來書寫。在詞法通路中,語義系統通常會直接激活正字法詞典,同時也會借助語音詞典。這種聯合輸入讓人避免寫錯字形或寫錯字。因此,爲避免寫成同音字(如把"bare"寫成"bear"),在腦中檢索適當的字形時,語義系統必須同時向正字法詞典輸入信息。同樣,如果没有語音詞典的輸入,就有可能出現語義上不正確的激活,例如,同義詞的激活(如把"road"寫成"street")。當正字法詞典中没有儲存與特定單詞相關的字形時(即没有學習過這個字怎麽寫時),就會采用亞詞彙通路進行書寫(例如,聽到/naɪf/可能會寫成"nife",而非"knife")。也有證據表明詞法通路和亞詞彙通路相互作用,例如,實驗表明,正字法詞庫中最近被激活的内容可能會影響通過亞詞彙通路拼寫的結果,這支持

---

① Man-Tak Leung (梁文德) et al., "A Model of Writing Chinese Characters: Data from Acquired Dysgraphia and Writing Development"(漢字書寫模型: 後天習得障礙與書寫進步的證據) in *Writing: A Mosaic of New Perspectives*, ed. Elena L. Grigorenko et al. (Hoboken: Taylor and Francis, 2012), pp.357 -368,具體參看第 361 頁。

② David Moser(莫大偉), *Slips of the Tongue and Pen in Chinese*(漢語中的口誤與筆誤), Sino-Platonic Papers 22 (March, 1991).亞當・史密斯(Adam Smith)將對閱讀認知過程的研究應用到讀寫能力産生的問題中,參看 Adam Smith(亞當・史密斯), "Writing at Anyang"(安陽書寫), pp.49 - 137。他的討論也適用於中國早期文本中的異文和誤寫,具體參看第 53—57、80—82、111—112 頁。

③ 除非另有説明,下文内容主要參考"*Cognitive Model of Writing*"(寫作的認知模型), Encyclopedia of the Human Brain (Oxford: Elsevier Science & Technology, 2002), http://search.credoreference.com/content/entry/esthumanbrain/ii_cognitive_model_of_writing/o。感謝同事三ツ木紗奈子爲本節初稿提供的意見。

了亞詞彙通路和詞法通路激活同一正字法詞庫的觀點。[①] 漢語中,一個漢字往往記録一個音節,一個字中含有意符或聲符,因此,書寫漢語的亞詞彙通路是(從正字法詞庫中)檢索出讀音相近的字,或者找到一個聲符和義符進行組合。[②] 無論采用哪種通路,檢索到的字形形式都會在進一步處理(例如轉换成特定的文字形式)時在工作記憶中被暫時激活。就中文而言,有人認爲工作記憶中的基本處理單元並不一定與語義或語音成分相對應,而是與單字的最底層構件相對應。例如,我們一般會把“湖”分析爲由意符“氵”和聲符“胡”組成;但有一種觀點認爲,在工作記憶中,基本處理單元對應於“氵”“十”“口”和“月”等元素。[③]

這個模型是非常有意義的,它幫助我們預測書寫中可能産生的錯誤的範圍和性質,從而更好地評估異寫究竟是合法的還是錯誤的。在將這一模型應用於書手抄寫文本時,我們還需要考慮抄寫過程如何受到抄寫行爲的影響,抄寫行爲可以是根據底本抄寫,也可以是根據口述抄寫(也可能是根據自己背誦的文本來寫)。

因此,在研究早期文本中的書寫變化和錯誤時,我們可以采用這種方法,它不僅可以與之前確定的錯誤類别進行比較,還可以根據對書寫過程中的認知過程的理解來評估異文的性質。有鑒於此,我們現在要考慮的是,我們是否能爲那些不符合對“麻夷非是”的分析建議的異文提出解釋。

1. 含有“䙾”的異文

“麻夷非是”的異文中有不少是含有“䙾”字。一些例子中,該字作如下之形:[字形圖](1-14-3860)。下面是我們找到的異文類型(後面用數字標出例子數量,異體字用“△”表示):[④]

---

① Jocelyn R. Folk & Brenda Rapp, “*Interaction of Lexical and Sublexical Information in Spelling: Evidence from Nonword Priming*”(拼寫中詞法信息和語法信息的相互作用:來自非詞啓動的證據), *Applied Psycholinguistics* 25 (2004), p.565-585; Katherine K. White et al., “*Why Did I Right That? Factors That Influence the Production of Homophone Substitution Errors*”(我爲什麽這麽寫[“right”]?影響同音替换錯誤産生的因素), *The Quarterly Journal of Experimental Psychology* 67,7 (2008), pp.977-985.

② 後一種推測的默認邏輯是:寫漢字和讀漢字的人都能在字形層面分析漢字結構。參看 Man-Tak Leung(梁文德)et al., “A Model of Writing Chinese Characters”(漢字書寫模型), pp.358-359。

③ Man-Tak Leung(梁文德)et al., “*A Model of Writing Chinese Characters*”(漢字書寫模型), p.362. 作者把這些基本單元稱爲“字符”(logographemes)。

④ 表格所列數字是按類統計的結果。同一類異文中,有些句例或有殘缺,據推測,所缺内容應與同類文本一致。如(i)類“麻夷䙾非是”21 例中,除完整的“麻夷䙾非氏”外,還有“□夷䙾非□”“麻□䙾□□”等例,都被算作同一類。具體情況可參看附録二表 2.2。

(i)	麻夷覘非氏	21	(iv)	麻覘非女	2
(ii)	麻覘非是/氏(or 麻△非是/氏)	32	(v)	麻覘女夷非氏	1
(iii)	麻覘是	1	(vi)	■夷覘⍰非氏	1

“覘”見於各類型盟書文本,它常出現在咒詛句之前表示提請呈文句子中,“覘”一般認爲是“視”的異體,[①]“諦極視汝”的含義是請求有制裁效力的神靈對立約者進行監督。[②]

在上舉異文中,“覘(視)”或取代“夷”或加在“夷”之後,如果認爲這個位置是一個表“毀滅”義的詞,那麽“視”就不能理解爲“注視、觀察”。爲了更好地判斷異文的含義,我對這種寫法在不同書手作品中出現的頻率進行了統計。

附録二表 2.1 羅列了 58 片含有這類異文的盟書石片,並按書手進行了分類。我們從每件石片中選取了部分字形進行比較,以此作爲判斷書手的依據。在考慮到正常差異的情況下,根據每組可識別特徵是否一致來判定文本是否由同一書手所寫。

這種一致性在字的構形層面尤爲明顯,書寫者往往傾向於使用某種特徵寫法(部件和書風層面)來書寫文字,相同部件的書寫方式往往一致。書風的一致性還表現在反復使用短楔形筆畫、中段加粗的横向筆畫、右端向下彎曲的横向筆畫等。點畫的使用一般也很一致,如同一位書手要麽在長横筆上都加一短横,要麽就都不加(如“不”“丕”“其”“而”“主”等字)。書手還會在字的大小和布局上表現出一致性,不過這些特徵在這些表格中並不明顯。附録二表 2.2 列出了包含“覘(視)”字的異文,並列出盟書編號和書手。這樣,我們就可以知道哪些書手寫了哪些異文,以及各自的出現頻率。

通過對温縣盟書中書手的判定,我們可以得出以下結論。在 58 片盟書中,我們共找到 15 位書手。這 58 片盟書片分别來自三個不同的祭祀坑(WT1K1、WT1K14 和 WT1K17),同一位書手所抄盟書皆出自同一坑。寫有“麻覘(視)非是/氏”(“夷”被替换爲“覘”)這種異文的盟書,至少出自 11 位書手之筆,且在三個祭祀坑中都有發現。如果不考慮殘缺情況,那就有 14 位書手皆如此寫。與此相反,保留“夷”而加入“覘(視)”的異文,即作“麻夷視非氏”的,僅由兩名書手(書手 A 和 B)書寫,他們都爲 WT1K14 抄寫盟書。[③] “覘”字寫作“ ”形的盟書均出自同一位書手(書手 H)。在已

① 山西省文物工作委員會:《侯馬盟書》,第 34 頁。

② 賓語代詞一般作“女”(汝)或“之”。短語第一字有異文作“永”,與“諦”義近。

③ 有缺文的兩例(表 2.2 中 c 和 d 行)可能也是這種異文,但無法確定是哪位書手所寫,因此可能還有一兩位書手也是這麽寫的。

經確認的書手中，書手 H 尤其傾向於把句子抄寫成各種異文形式，如他常寫“眂”，並且只有他的抄本中有“麻眂非女”“麻△非女”和“麻眂是”。此外，我還發現他所抄另外兩片盟書甚至省略了該短語(WT1K14－3764、3785)。

通過上述觀察，我們可以提出以下猜想。把“夷”改作“視”、將句子寫成“麻視非是/氏”的頻率較高，這表明它要麼被認爲是合法的表述，要麼就是大家都容易犯的錯誤。而保留“夷”添加“視”的異文只在兩個書手的抄本可見，且這種異文並不能使句子讀通，因而這大概只是他們的個人習慣。書手 H 總是令人捉摸不定，我們應對他的抄本保持警惕。因此，我們的首要任務是解釋爲什麼有 11 位或更多的書手將“夷”字替换爲“眂(視)”字。

至少有 11 位(可能有 14 位)書手用“眂(視)”字代替“夷”，把套語寫作“麻視非是/氏”，這表明對這些書手來説，“視”與“夷”讀音相近，他們剛在上句中寫過“視”字，就又把它用在後面的詛咒語中。白一平、沙加爾把“視”的上古音構擬爲“shi＜dzyijH＜*gijʔ-s”。不過，根據出土盟書中“視”用“眂”字表示看，“氏”爲聲符，“氏”上古音爲“di＜tejX＜*tˤijʔ”。這意味着，在公元前 5 至前 4 世紀初的晉國，在盟書抄寫的時段裏，“視”的聲母已變成齒音，我們可以把它重新構擬爲“*dʑijʔ”。① 而“夷”字擬音尚不明，我們無法確定它到底屬於*-ij 還是*-əj 韻類。② 根據《詩經》押韻證據，白、沙把“夷”歸入*-əj 韻，即 yi＜yij＜*ləj，則其韻尾與“視*dʑijʔ”不同。白一平指出，*-ij 和*-əj 經常混押。③ 如“弟”字在《詩經》早期與*-əj 相押，在晚期又與*-ij 相押，他推測“弟”可能發生了*-əj＞*-ij 的音變。我們可以推想“夷”大概也有類似的情況，在春秋時期的晉國，這種音變已經發生了。④ 盟書中“夷”可以構擬爲*lij。至於聲母方面，

---

① 前元音*i-前的輔音*g-發生齶化屬規則音變，參看 Baxter(白一平)，*A Handbook of Old Chinese Phonology*(漢語上古音手册)，pp.210－213。【譯者按：參看該書第 6.1.5.2 節。參見中譯本第 224—228 頁。】

② Baxter(白一平)，*A Handbook of Old Chinese Phonology*(漢語上古音手册)，pp.446－464，重點參看第 450 頁。【譯者按：參看該書第 10.1.8 節。】

③ Baxter(白一平)，*A Handbook of Old Chinese Phonology*(漢語上古音手册)，pp.456－458.【譯者按：參看該書第 10.1.8.5 節。參見中譯本第 513—515 頁。】

④ 這種音變被稱爲“*ɨ-前化”，在聲母和韻尾都是鋭音的音節中，原本的央元音 ə(ɨ-)會前化爲 i。白一平指出這種音變在不同的時代的不同上古方言中有不同的表現。參看 Baxter(白一平)，*A Handbook of Old Chinese Phonology*(漢語上古音手册)，p.456，577.【譯者注：作者原文作“*i-fronting”，大概是筆誤。應該是“*ɨ-fronting”或者是“*ə-fronting”。是央元音高化/前化。】【譯者按：參看該書第 10.1.8.5 節及附録 A 第 23 條。參見中譯本第 513、656 頁。】

“夷”則與“眎”有别。“眎”爲齒音聲母 *dʑ-,“夷”爲流音聲母 *l-,這兩種聲母類型很少相通。不過,“夷”的諧聲系列中有不少中古音爲牙音聲母的字(如“洟”“荑”“桋”),“夷”聲字經常假借用來記録中古齒音聲母字。[①] 如“洟”从“夷”得聲,ti 洟＜thejH＜l̥ˤəj-s;“遲”(chi 遲＜drij＜*lrəj)的假借字經常从“夷”得聲;在馬王堆文獻中,“娣”經常假借表示“夷”: 娣 di＜dejX＜*lˤəjʔ。[②] 此外,我們在上文曾提到過,温縣盟書中“夷”有異體作“䧅”,該字又見於上博簡《鮑叔牙與隰朋之諫》,在楚簡中用爲“雉”: zhi 雉＜drijXˤ＜*lrijʔ。如果在這些詞中,“夷”已經開始變爲齒音,那麽可以推想在聽到這些詞時很可能就會誤認爲是齒音字。我們用[T]來表示齒音聲母,“夷”就可以構擬爲*[T]ij,那麽其讀音就與“眎(視)*dʑijʔ”非常接近了。

根據上文介紹的書寫認知模式,我們可以推測,由於“眎(視)”剛剛在“諦極視汝/之”中被激活,因此在後文中,“眎(視)”就被用來頂替與之幾乎同音的“夷”了。[③] 一般來説,細心的書手是不會重複犯這種錯誤的,事實上,大多書手都只犯過一兩次錯誤。然而,某些抄寫員確實重複犯錯: 書手 E 犯了 4 次,而難以捉摸的書手 H 則犯了 10 次。

現在我們來看書手 A 和 B 所抄寫的異文,“眎(視)”被加在“夷”後,作“麻夷視非氏”。[④] 這兩位書手皆多次抄寫了這種異文(書手 A 重複了 9 次),表明這並非無意中的疏忽。書手 A 的抄本中還有作“麻視非是”的,因此我們可以推測,書手熟悉“麻夷非是/氏”(標准寫法)和這種寫法,並將二者混爲一談。又或者書手原本是要對“麻視非是”進行校訂,其本意是把“視”替换爲“夷”,但最終把“夷”“視”都寫了下來。[⑤]

---

① 高亨著,董治安整理:《古字通假會典》,第 530—533 頁。

② 白於藍:《簡帛古書通假字字典》,第 140 頁;王輝:《古文字通假釋例》,(臺北)藝文出版社,1993 年,第 611 頁。

③ 這與莫大偉(David Moser)提出的“擴散激活”概念一致。他曾討論過現代漢語中讀音導致誤書的例子,參看 David Moser(莫大偉),*Slips of the Tongue and Pen in Chinese*(漢語中的口誤與筆誤),p.27(例 75)。關於傳世文獻中的此類例子,可參看俞樾《古書疑義舉例》“上下文同字異義”條(《古書疑義舉例五種》,第 3—4 頁)。

④ 書手 A 也有異文作“■夷眎?非氏”(WT1K14 - 2069)。“夷”前石片殘缺,缺字爲“麻”。“?”作兩横筆形“ ”,與“二”相近,温縣 WT1K1 所出盟書中有日期“ ”(1 - 1 - 1991)。盟書此處爲何加“二”,很難解釋。我認爲這正是書手 A 不確定應該如何正確書寫套語的另一體現。

⑤ 在該例中,修訂意見可能是口頭發出的,也可能是在已寫好的誤書的盟書文本邊作了校訂,然後在謄抄時把二者都抄録了下來。這類情況在傳世文獻中也能見到,具體參看陳垣:《校勘學釋例》,第 30—33 頁。

我們認爲，書手 A 和 B 可能已經弄不明白自己所寫盟書套語的含義，這一點可以通過他們所抄盟書文辭前一句來證明。“麻夷非是”前一句一般寫作“諦極視汝/之”，首字多數情況下寫作“啻”“埅”或其他以“帝”爲聲符之字。但在書手 A 和 B 的抄本中，第一字寫作“是”。“是”“帝”讀音相近，但並不相同：諦 di＜tejH＜*tˤek-s；是 shi＜dzyeX＜*deʔ。二者聲母都是齒音，主元音相同，韻尾不同，“諦”韻尾*-k，在“是”中是没有的。這表明把套語“諦”寫作“是”是因爲發生了語音的重新分析，該字後接“極”：ji 極＜gik＜*[g](r)ək，書手在聽到這句話時，把“諦”的韻尾當成了後一字的聲母，因此把第一字的韻尾與主元音分開，故而把第一字聽成了“是”字：

諦	極
tejH	Gik
*tˤek①	*gək②
*de+[k]+ək	
是	極

由此我們可以推斷，書手 A 和 B 並不知道“諦極視汝/之”中前兩個字的正確寫法。這也爲他們是因誤解而把後句抄作“麻夷視非氏”提供了間接證據。

值得注意的是，這兩位書手的抄本都有兩種較爲特别的異文，這説明他們可能所據爲同一底本，或者是一個人抄寫了另一人的抄本，又或者是他們二人曾互相合作，共同認爲這些異文是正確的。

下面我們來討論那位令人捉摸不透的書手 H。根據我們的推測，書手 H 因音近而用“眡(視)”來代替“夷”。他所抄異文中有的省略“非”字，作“麻視是”。

假借“眡(視)”表示“夷”，這與我們前面討論過的“麻夷是/氏”情況相當。此外，只有書手 H 在抄寫“麻視非是”時將其中的“視”寫作“”(1-14-3860)，與他一般

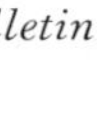

① “諦”字擬音一般作*tˤek-s，韻尾*-s 與中古音去聲相對應。如果此處確實發生了語音的重新分析，説明在書手的方言中，該字不讀去聲(該字無*-s 尾)。這種方言差異是有所依據的，如陸法言(約出生於公元 562 年)爲《切韻》作序時就提到有些地方不區分入聲和去聲。具體參看 Göran Malmqvist(馬悦然)，“Chou Tsu-Mo on the Ch’ieh-yün”(周祖謨論《切韻》)，*Bulletin of the Museum of Far Eastern Antiquities* 40(1968)，pp.33-78，具體參看第 35—37 頁。

② 白一平、沙加爾把該字構擬爲*[g](r)ək。方括號表示聲母可能更複雜，但若這裏是單輔音，更符合發生音段重新分析的假設。“(r)”表示不能排除有介音*-r-的可能性，從盟書的誤讀來看，“極”可能是没有介音“*-r-”的。

把這個字寫作“□”(1－14－3939)的情況不同。“□”左半也从“氏”,但右半部件寫法較異,上从宀形,下半與“豸”相似。不過右半構件總體看上去與“見”相似,寫成這樣大概是誤書。[①] 這就説明,書手 H 是從一個寫作“麻觋(視)非是”的底本上謄抄而來的。我們可以推測,這是一個字形激活發生延遲導致的抄寫錯誤,即書寫該字時,工作記憶中字形的臨時激活被阻斷、遲滯,繼而寫成了檢索得到的替换構件。還應進一步注意的是,書手 H 在短語“麻視非是”中所書“視”的異體“□”,該形體不用於緊挨着的上一句的“諦極視汝”之“視”中。[②] 這表明書手認爲這兩句中的“視”並不是一個字(儘管書手自己可能没有意識到這一點),這也是工作記憶中字形激活受到影響的部分原因。

書手 H 的抄本中還有“麻觋非女”和“麻△非女”,盟書套語“麻夷非是”末字作“女”;據我們上文的分析,短語應讀爲“麻夷彼汝”,指示代詞“彼”放在第二人稱代詞“汝”前,句子是無法讀通。這恐怕是書手剛抄寫了“諦極視汝”,末字是“汝”,所以在抄後句時也把最後一字寫成“汝”。這説明書手 H 既不專心,也不懂所抄短語的含義。[③]

在我提到的兩個例子中,書手 H 直接把套語内容省略,也説明他對句子的理解没有把握。書手 H 筆下的許多異文,也不是盟書咒語的另外的書寫方式,而只是因爲書手對其含義和標準寫法不够確定。

此外,還有異文作“麻觋女夷非氏”(WT1K14－4423),出自書手 O。[④] 在這片盟書中,書手省略了“諦極視汝”一句;在他抄寫的另外兩片盟書中,他把該句簡省“視汝”。由此看來,“麻觋女夷非氏”可能是他把“視汝”插入到“麻夷非是”中的結果。[⑤]

---

① 像這樣的書寫錯誤多見於傳世文獻,即因形近而産生的誤字,具體參看陳垣:《校勘學釋例》,第 20—23 頁。在本例中,書手只是寫出了一個與原字右半看起來輪廓相似的構件,而未成字。古文字發展過程中,部件的重新分析是很常見的。參看劉釗《古文字構形學》(福建人民出版社,2006 年)第 6 章及全書各處。

② WT1K14－3663“諦極視汝”的“視”字很難辨認。

③ 我們可以推測,抄寫時,書手的視綫回到底本上,無意間看到了前一句短語的最後一字(也許是因爲它在一行字的最末,十分顯眼),從而導致了錯誤的發生。又或者書手記住了這兩句話,但對後一句話的理解有混淆,所以抄寫時出現錯誤。如果我們推測書手認爲這個異文是能讀通的,那麽“非”就必須看作動詞,這就與前述李裕民先生對句義的分析相符合。

④ 書手 O 常把最末的“氏”字寫作與之形近的“氐”,筆者有另文專門討論。

⑤ 這表明書手在無意中混淆了這些短語,如上文所論,“視”與“夷”讀音相近,這可能是造成錯誤的原因之一。也就是説,書手原本省略了“視汝”,但在寫下“麻”字之後,下面的“夷”與“視”音近,這觸發了他寫下“視汝”,然後再寫“夷非是”完成原來的短語。

書手O在抄寫最後一個短語時還有兩點變化值得注意。首先，他把最後一字寫作“氏”，如“”(WT1K14－4423)，這顯然是“氏”(一般作“”形〔WT1K14－4158〕)的形近訛字。盟書前文出現了“眡(視)”字，“氏”在其中充當聲符，因此我們可以推測，這大概影響了書手對字形的記憶，激活了它對該字形的檢索，因而把“氏”字寫成了“氏”。這一現象和書手A、B同時使用“夷”和“眡(視)”的情況類似，書手混淆了兩種異文，或者被短語的訂正版本所迷惑。總之，書手O所抄異文表明，他對自己所抄套語的含義和正確形式也弄不明白。

2. “麻夷不氏”(WT1K14－1046)與“麻夷女非氏”(WT1K14－1229)

“麻夷不氏”(WT1K14－1046)與“麻夷女非氏”(WT1K14－1229)這兩種異文均出自一人之手。本研究所涉字迹清晰的盟書中，這兩種異文皆僅一見。“麻夷不氏”句子無法讀通，大概可以解釋爲“非”和“不”讀音相近(不：bu<pjuw<*pə；非：fei<pjəj<*pəj)，且二者都是否定詞，故而誤書。[1]

“麻夷女非氏”中，“女(汝)”女加在“麻夷”後、“非氏”前。而在這片盟書“諦極視”一句中，書手漏抄了代詞賓語“女(汝)”，可見書手是無意中調换了兩句的語序。[2] 這名書手所抄的其他盟書也有粗心大意的地方。在盟書WT1K14－1047中，他抄寫了標准寫法的“麻夷非是”，但却省略了前面的“諦極視汝”和“岳公大塚”中的“大塚”。同一片盟書中還漏抄了“與賊爲徒”中的“與”字，WT1K14－1141則漏抄“徒”字。在WT1K14－1046、1047和1235中，書手省略了“敢不繩繩焉中心事其主”中的“不”字，從而使得句子的意思與原文相反了，句義變成了“立約者如果忠於他的君主，就會導致自我詛咒的事件發生”，這顯然是書手粗心大意了，因此我們可以確信，這兩處異文只是偶然的誤寫，而非“麻夷非是”的另一種表達形式。

3. “麻夷之非氏”(HM1：40與HM1：41)

侯馬遺址1號坑所出兩件盟書石片(HM1：40與HM1：41)都在“麻夷非是”中間添加了“之”字。這兩件盟書及HM1：42都出自同一位書手。[3] “麻夷非是”未見

---

[1] “非”韻尾“*-j”脱落後就與“不”讀音相近，因此該例可看作心理處理單詞過程中的“語音衰落”導致的錯誤。具體參看：Moser(莫大偉)，*Slips of the Tongue and Pen in Chinese*(漢語中的口誤與筆誤)，pp.24－27。

[2] 類似的例子多見於傳世文獻，參看俞樾：《古書疑義舉例五種》，第119—125頁。此處插入“女(汝)”字，可能也和“夷”與“視”音近有關。

[3] 摹本見山西省文物工作委員會《侯馬盟書》第171—172頁，HM1：40、HM1：41照片見《侯馬盟書》第89頁。

於 HM1：42，是因爲盟書抄寫的位置不够了。[1] 前文已經討論過，這兩例異文是李裕民反對陳夢家、朱德熙、裘錫圭先生釋讀意見的主要例證。然而，我認爲這一異文幾乎可以確定是出於筆誤，或者是出自某個書手個人的特殊理解。李裕民先生對該句的分析意見恐怕不能令人信服。若如李先生推測的那樣，“麻夷之非是”是“麻夷非是”的完整形式，那麼按理我們應該還能看到許多相同的例子，但事實是這種異文只見於這一位書手的抄本，而未見他例。[2]

不過，儘管我們在上文討論到，有些異文確實是書手粗心或是他對句子含義把握不準造成的，但這位書手的幾種異文大概確實是盟書文辭的另一種表述，表明書手對所抄誓言的内容是有正確理解的。首先，在盟書第一條約定的表述中就有兩處改動：該句的標準説法是：

敢不判其腹心以事主

書手把這句話寫作：

敢不剖判其腹心以事嘉……

書手在動詞“剖”前添加了動詞“判”。“剖”和“判”語義相近，都是將某物劈開、切開之意。[3] 書手還將“主”(指參盟人的首領)替换爲“嘉”(具體人名)。[4] 這些都是這位書手特有的異文，並且都是合理的。

該書手所抄“變”字寫法也很特别。盟書中“變”字一般作“”(HM85：2)形，該字異寫衆多，[5]都含有構件“”，該構件一般看作“覍(弁)”之省。[6] 該字寫法的唯一例外就出自我們這裏討論的這位書手，字形作“”(HM1：40)。[7] 該形體省變得很

---

① 山西省文物工作委員會：《侯馬盟書》第 172 頁。

② “麻夷女非是”(WT1K14－1229，“女”讀爲“汝”)與“麻夷之非是”結構相似。不過後者已被證明是粗心書手的筆誤。

③ 我讀爲“剖”的字从“付”得聲：fu 付<pjuH<*p(r)o-s，pou 剖<phuwX<*p^{hʕ}(r)oʔ。參看魏克彬：《温縣盟書 T4K5，64K6，T4K11 盟辭釋讀》，第 288—289 頁。

④ 關於該字的釋讀，具體參看 Williams(魏克彬)，“Dating the Houma Covenant Texts”(侯馬盟書的時代)。

⑤ 山西省文物工作委員會：《侯馬盟書》，第 328 頁。該書列舉了 33 種寫法。

⑥ 參考李家浩：《釋“弁”》，《古文字研究》第 1 輯，中華書局，1979 年，第 391—395 頁。

⑦ 山西省文物工作委員會：《侯馬盟書》，第 328 頁。

厲害,與盟書中表"變"之字的一般簡省原則(大多保留聲符)不同。[1] 如果脱離了盟書的語境,光看這個字形很難判斷它是什麽字。

該書手對盟書文辭進行了合理改動,這表明他能讀懂盟書,且有自信對文本進行部分調整。不過,從他漏抄"敢不盡從嘉之盟"(HM1:41)中的"不"字看,他也有粗心大意的時候。他把"變"省寫得很厲害,可能是他對正字法原則不敏感,也可能是他非常自信,從而導致了這種(可能是很隨意的)極端省寫。我認爲雖然該書手在抄寫盟書時常有特殊寫法,不過他總體還是合格稱職的。如果他所抄"麻夷非是"句異文並非誤書,那就反映出他個人對句子的理解與標準義不同。與他所作的有效的詞彙替換不同,目前我們尚不清楚詛咒語的異文的含義究竟爲何。[2] 再結合這種異文只與特定書手有聯繫來看,"麻夷之非氏"恐怕並非與標準形式等同的套語,該異文並不對"麻夷非是"的釋讀構成挑戰。

4. 非夷■(HM79:8)

該異文見於侯馬遺址第79號坑的殘片。殘片的一面寫有兩行字(見圖3)。[3] 左邊一行内容爲"■之非夷■"。"之"應該是"永極視之"的最後一字,原本後面一句應以"麻夷"開頭,但書手寫成了"非夷"。李裕民先生引用這一異文以及前文討論過的"麻夷之非是"爲證,認爲"非夷"應是動詞。不過,我們認爲這應該是抄寫上的錯誤,而非有意識的詞彙替换。首先,在侯馬、温縣所見字迹清晰的1750片盟書中,只有這一例寫作"非夷",這種情況僅占0.057%。其次,即便在同一片盟書片上,書手也不都這樣寫。該石片右側一欄還有兩個字,作"■之麻■"。侯馬盟書這類辭文中,每塊石片上會同時出現幾次誓詞,因此召唤句和咒詛句會出現兩次。"之麻"二字應是第一次在這片盟書上出現,原句當作"[永亟閱]之,麻[夷非是]"。因此我們可以看到在該句中,書手是打算用標準形式來抄寫詛咒語的,而非采用異文形式。鑒於只有一位書手的文本寫作"非夷",且即便在同一片盟書辭文中,書手也没有始終如一地這樣寫,我們可以確定"非夷"更可能是書手的偶然誤書,而非標準寫法有效異文。

之麻
之非夷

圖3 HM79:8(示意圖)

在本節中,我證明了盟書誓辭中與前文討論讀法不符的異文皆出自特定的書手。通過對書手的抄寫習慣進行觀察,我們認爲這些異文大多是抄寫過程中的訛誤,只有

① Galambos(高奕睿), *Orthography of Early Chinese Writing: Evidence from Newly Excavated Manuscripts*(早期漢字正字法:來自新出寫本的證據),pp.127–142,145,尤其參看第141頁。

② 參看第337頁脚注①關於書手所寫"破"的依據。

③ 在《侯馬盟書》中有摹本,但没有原始照片。參看山西省文物工作委員會:《侯馬盟書》,第264頁。

極個别例子可能反映了書手對句子的特殊理解。① 我已經證明,這些異文大多是文本傳抄過程中常見的誤書類型,且這些錯誤常可用書寫過程的認知模型進行解釋。

四、討　　論

通過對侯馬、温縣盟書"麻夷非是"的異文進行研究,本文認爲朱德熙、裘錫圭先生將"麻夷非是"解釋爲"滅絶那個氏族",這是正確的。雖然有些異文與這種釋讀不合,但我認爲,根據判定具體書手,可將多數異文歸因於偶然的抄寫錯誤;有極個别例子可看作是個别書手的獨特理解。

這些結論證實出土盟書中最常用的詛咒語是對參盟者之"氏"進行威脅,"氏"指參盟者及其直系男性後裔。詛咒威脅的對象並非立約人更廣泛的世系,而是他特指自己的父系分支。這反映出這些盟約對個人的關注,以及個人在選擇政治效忠時可能可以獨立於更廣泛的世系關係。②

在對盟辭異文進行全面評估時,關注書手的個人書寫習慣是非常重要的。我們需要用客觀標準來觀察書手的書寫特徵。如果能確定某些異文與書手有關,就可以避免僅根據出現頻率就判斷其重要性的錯誤。研究表明,出現頻率高的異文可能只是一兩個書手的作品,那麼這些異文恐怕就不是標準寫法的有效替換用語。此類異文多與傳世文獻所見誤書類型相似,盟書中的許多異文皆應歸因於無意間的訛誤,或是書手的誤讀。這提醒我們,瞭解書手的書寫習慣,掌握常見的誤書類型,有助於對出土古文字材料進行更有根據的分析。

本文關注的重點是反復出現的個别書手所寫的異文,不過這並不意味着僅由一兩位書手所寫的異文一定是錯誤的。例如我們注意到侯馬 1：40、41、42 對效忠有關

---

① 有些異文因字迹模糊難辨,故未能進行討論。如"麻⍰夷非是"(1－14－5087)、"麻夷非⍰是"(1－14－2040)、"麻夷非⍰"(4－9－4)、"⍰非氏"(1－2－95、1－2－167)、"麻夷⍰⍰"(1－1－60)、"⍰是"(5－14－30)等(⍰表示一個另加的字或這可能是異文)。WT1K17－43 作"麻夷□是⍰",所增字形作"[illegible]"。我曾懷疑該字是"庶"的異寫,這與我們前面對"麻夷非是"的訓解相合("氏"主要指嫡妻的男性後代)。不過,釋爲"庶"恐怕不能令人信服,且這名書手也是不可捉摸的。該祭祀坑另出土的三片盟書(編號 43、110 和 112)皆爲同一位書手所寫,這三片盟書所抄内容都不是標準的盟辭,而是都用了一個非常基本的文本結構,即只要求參盟人表達對君主的忠誠,而没有具體的盟誓條款。且在他所寫的三件盟書中,書手都會改變句子的具體表達。如第 43 號似乎漏抄了參盟人的姓名,因此可以推測"[illegible]"可能就是參盟人名,是書手最後加的。

② 參看上文第 324 頁脚注②。

的盟辭進行了特殊但有效的修改。在有些情況下,同一位書手所書異文可以爲一些問題的解决提供關鍵綫索。例如正是因爲同一位書手使用了異體字,才使得我們把盟書中所呼神靈確定爲嶽公。① 從根本上説,就這個例子而言,同一書手所寫異文爲這個問題提供了一種讀法,它能比過去的釋讀對相關材料進行更圓滿的解釋。

本研究還揭示了温縣盟書祭祀坑所出盟書異文呈現出有趣的分布模式。我們注意到,用"亡"代替"麻"的異文幾乎只出現在侯馬和温縣的兩個祭祀坑中,這兩個坑都含有特殊的盟約樣式。這些共同特徵表明,這兩個祭祀坑的年代可能比同遺址的多數盟書要晚。WT1K1 和 WT1K14 兩個坑在"是""氏"的使用頻率上有巨大差異,這可能反映了這兩個大型盟約儀式發生在不同日期。

本文通過對書手的研究表明,每位書手的書寫風格和單個文字的書寫習慣總體一致。鑒於分析的數據庫規模有限,這只是初步的結論。不過,書手個人在一系列可識别特徵方面的一致性是可以預期的(除非書手有意識地用不同的書寫風格)。衆所周知,侯馬盟書和温縣盟書同一個字可以有大量的異體寫法。② 根據本文的研究,我認爲這個現象反映了不同書手的習慣,而不是個别書手在書寫時使用了多種不同的變體和風格。

盟書内容往往高度公式化,認清這一性質,對於分析盟書的詛咒短語至關重要。盟書中的語句,有很多都是固定套語。有些淺顯直白,無疑是日常表達,如表示時間期限的"自今以往";有些則古奥晦澀,它們不那麽日常,一般只在很窄範圍的特定語境中使用,所以更可能被誤解,這就增加了抄寫時的出錯率。現在看來,"麻夷非是"屬後者,它應當就是當時誓詞中常用的套語(只是因古老而易被誤解),朱德熙和裘錫圭先生曾有一個極爲精彩的分析意見,正可説明這一點。朱、裘二位先生指出,③相似的表達也見於《公羊傳》(公元前 3 世紀文本)"苟有屨衛地食衛粟者,昧雉彼視"(襄公二十七年)。④ 該句前半爲條件小句,語義較爲明確:"如果我們中有人踏上衛國的土地或吃了衛國的糧食",後文"昧雉彼視"(一定是某種詛咒語)則含義不明。何休(公元 129—182 年)注認爲它的意思是發誓的人看着("視")一隻鳥("雉")被殺死

① 魏克彬:《侯馬與温縣盟書中的"嶽公"》,另見 Williams(魏克彬),"*Dating the Houma Covenant Texts*"(侯馬盟書的年代)。在這個例子中,同一位書手也用"獄"來指代盟書中經常出現的神靈名。"獄"可讀爲"嶽",即"岳",這讓我們意識到盟書中常見的神靈名就是"岳"。

② Weld(羅鳳鳴),"The Covenant Texts from Houma and Wenxian"(侯馬和温縣的盟書文本),p.132;Galambos(高奕睿),*Orthography of Early Chinese Writing: Evidence from Newly Excavated Manuscripts*(早期漢字正字法:來自新出寫本的證據),pp.127 - 142.

③ 朱德熙、裘錫圭:《戰國文字研究(六種)》,第 31—32 頁。

④ 《春秋公羊傳注疏》,(清) 阮元編:《十三經注疏》,中華書局,1980 年,第 2312 頁。

(“昧”),讓他們知道背叛誓言者的下場。但這種理解在句法上很難説通。朱德熙和裘錫圭先生認爲,該短語與出土盟書中的咒語相同,不過是用假借字來記録所表詞的讀音(“彼”用本字,但可能並非有意爲之)。這種説法在語音上是没問題的。① 這證明該短語的使用範圍更廣,已經擴展到晉國以外的地區,並在傳世文獻中也能見到。不過,從《公羊傳》短語的用字來看,在短語被書寫和記録的時候,它的確切含義可能已不爲人所知。而根據本文的分析,雖然“麻夷非是”屬於非日常用的套語,但至少其所用的字對熟悉該短語的人應該是能理解的。

本文的論據與更廣泛的關於寫本製作、複製的討論有聯繫。但在確定所有書手及其書寫變體前,對這些問題進行深入分析則爲時尚早。下面我將就這一話題發表一些初步看法。②

---

① 白、沙把“昧”構擬爲: mei 昧<mwojH<*mˤ[u][t]-s,不過其主元音也可能是*-e-: 考慮到與之同聲符的“妹”的上古音爲: mei 妹<mwojH<*C.mˤə[t]-s。根據“詞末輔音叢簡化”(final cluster simplification)的音變規律,詞末“*-t”可簡化爲“*-j”,故我們可以推測,當用“昧”來記録對應詞的讀音時,這種音變已經發生了,故可以把“昧”構擬爲*mˤəj-s。如前所述,*-aj 和*-əj 這兩個韻類在某些方言中是合併的,而根據對盟書文本中用“非”表示“彼”(fei 非<pjəj<*pəj,彼<pjeX<*pajʔ)的情況看,盟書中所在的晉方言也是這種情況。昧*mˤəj-s 和麻*mˤraj 受到同樣的影響,因而讀音相近。另一個解釋是根據陸德明《經典釋文》“昧稚”條下曰:“舊音刎。亡粉反。一音末,又音蔑。割也。”(〔唐〕陸德明:《經典釋文》,上海古籍出版社,1985 年,第 1251 頁。)上文對“勿夷非氏”異文的分析提出“勿”讀爲“刎”的看法,不過這種相對罕見的異文似不大可能是《公羊傳》該句所據底本。再看第二個字,上文已經提到過,温縣盟書套語第二字或作“䰘”,該字又見於上博簡《鮑叔牙與隰朋之諫》,讀爲“雉”。《公羊傳》“昧雉彼視”中“雉”字顯然也是記録“夷”這個詞。如前所述,“夷”可構擬爲“*-ij”,加上聲母即“*lij”,與“雉”的讀音“*lrijʔ”非常接近。第三字“彼”,出土盟書作“非”。如果我們認爲《公羊傳》“彼”與盟書“非”含義相同,那麽傳世文獻用“彼”,就進一步證明我們把盟書中“非”訓爲“彼”的意見是正確的。第四字“視”上古音一般構擬爲“shi 視<dzyijH<*gijʔ-s”,“氏”一般構擬爲“shi 氏<dzyeX<*k.deʔ”。前文已經提到,盟書“視”从“氏”得聲,據此可知其聲首已齶化爲“*dʑijʔ”,從而與“氏”的聲母*d-相合(而且可能已經發展爲中古漢語的 dzy-)。朱德熙、裘錫圭先生指出,早期文獻中有“是”(盟書中常用來表示“氏”)與“示”(“視”的聲符)互通之例,如《周禮》中“祇”(qi 祇<gjie<*ge(<*k.de))一律寫作“示”(shì<zyijH<*s-gij-s),參看朱德熙、裘錫圭:《戰國文字研究(六種)》,第 32 頁。此外,銅器銘文中記録“視”的字往往从“氏”得聲,而不是以“氏”爲聲符。如“[illegible]”(員鼎);[illegible],[illegible],[illegible](中山王嚳兆域圖);[illegible](平陰鼎);[illegible](信安君鼎);[illegible](何尊)。這些都表明“視”“氏”相通是没有問題的。元音*-i-和*-e-已經很接近,而*-ij 中的*-j 尾音可能使*-i-更接近*-e。綜上,“視”讀爲“氏”大致是可信的。説這句話和記録這句話的人可能並不確定這句話中每個詞究竟是什麽,這也導致了每個詞可能被讀錯。

② 中國早期文本傳播方式的最新研究摘要和討論,特别是有關文本傳抄中口頭成分的争論,見 Scott Cook(顧史考),*The Bamboo Texts of Guodian*(郭店竹簡),pp.76 – 82;另見李松儒:《戰國簡帛字迹研究》,第118—120 頁。

侯馬和温縣出土的盟書,是公元前5至前4世紀早期的晉國世族精英對其下屬群體進行政治控制和組織的核心機制。數以千計的帶有個人特徵的盟書表明,當時的精英參與了文本的製作,並將文字的權威投射到非常廣泛的群體和等級中。[①] 它們是戰國時期文字傳播相對較早的例子,意味着識字的普及。[②]

在考慮這些特定文本的製作時,我們可以首先注意到,誓言和盟約的體裁有很强的口頭成分。[③] 因此,宣誓中使用的基本結構和標準公式化短語應該是廣爲人知的。[④]《左傳》中有大量口頭和書面盟誓的例子,其中多有在特定事件發生時臨時起意之例。盟誓抄本反映出有書手或其他識字的人在場。例如,立約雙方在立約時就文本内容發生争執,其中一方提出"改載書(更改立約文本)"的要求。[⑤] 另一個例子描述了僞造盟書的情況。[⑥] 在這些情境中,在舉行盟約儀式(如埋葬或浸水)時,盟書應在送神儀式之前就已經寫好或修改好了。《周禮》中有官職曰"司盟",其職責包括書寫盟書、在盟約儀式上向神靈宣讀盟約、製作和保存盟書副本等。[⑦]《左傳》提供的證據表明,除了爲神靈準備的副本外,有些盟書文本由官員以書面記録的形式保存。文獻中還提

① 關於在早期中國用文字樹立權威的情況,見 Lewis(陸威儀),*Writing and Authority in Early China*(早期中國的書寫和權威),可重點參看該書導言和第1章。

② 例如,見 Constance Cook(柯鶴立),"Education and the Way of the Former Kings"(教育與先王之道)in *Writing and Literacy in Early China*, ed. Li and Branner, pp.302 - 336,參看第333—335頁。Robin Yates(葉山),"Soldiers, Scribes and Women: Literacy among the Lower Orders in Early China"(士兵、抄寫員和婦女:早期中國下層社會的讀寫能力)in *Writing and Literacy in Early China*(早期中國的書寫與識字能力),ed. Li and Branner, pp.339 - 369,尤其參看第340—345頁。

③ 幾乎可以肯定,出土盟書中的誓詞是在要盟約儀式上宣讀的,盟約者本人可能也需要宣誓(個别文本中代詞的混用暗示了這一點)。陸威儀(Mark Edward Lewis)討論了狩獵和戰鬥前的集體宣誓,以及在立約儀式上宣讀盟書的情況,見 Mark Edward Lewis(陸威儀), *Sanctioned Violence in Early China*(早期中國的合法暴力)(Albany: State University of New York Press, 1990), pp.18,24 - 25,46,67 - 70。

④ 儘管柯馬丁最初關注的是"有傳承歷史的文本",不過他的研究中也包含了對不同模式的"文本複製""寫本製作"的討論,可與本文相參。請看 Martin Kern(柯馬丁),"Methodological Reflections on the Analysis of Textual Variants and the Modes of Manuscript Production in Early China"(方法論反思:早期中國文本異文之分析和寫本文獻之産生模式),*Journal of East Asian Archaeology* 4,1 - 4 (2002), pp.143 - 181。

⑤ 《左傳》襄公九年。楊伯峻:《春秋左傳注》,第969頁。

⑥ 《左傳》僖公二十五年。楊伯峻:《春秋左傳注》,第435頁。

⑦ (清)孫詒讓:《周禮正義》,中華書局,1987年,第2852—2957頁。這節内容的翻譯請看 Williams(魏克彬),"Interpreting the Wenxian Covenant Texts"(温縣盟書文本釋讀),p.87。

到有專門存放盟書的檔案館——盟府,從引用先祖盟書之例看,古人一直有保存盟書的傳統。[①]

根據歷史記載和出土的盟書實物,我們可以對侯馬、温縣盟書的産生作出一些推測。出土的盟書都包含一條或多條非常具體的規定,要求或限定盟約者的某些特定行爲。我們有理由推測,這些規定是立約的動機,是由氏族首領發起並最終批准的,也許是首領與氏族中心團體的其他高級成員共同協商後制定的。盟書文辭中公式化的部分可能交由相關官員完成。幾乎可以肯定,氏族首領和精英階層都對這種體裁非常熟悉,如果他們願意的話,可以自己提供精準的、具體的表述。除了公式化的語言和具體的規定外,複製過程中每片盟書必須單獨添加每位參盟人的姓名。因此,完整的盟書文本包含三個不同的元素:公式化的套語,具體的誓言條款(至少一條,與盟書具體類型有關),以及每份副本特有的參盟人姓名。

侯馬、温縣盟書都抄寫在玉石片上用在盟誓儀式中。幾乎可以肯定,它們還要以某種形式存檔。因此盟書很可能是在確定具體内容後就立即製作了書面版本,並向監督抄寫過程的官員提供底本。許多書手都對盟書文辭常用的公式化套語非常熟悉,但他們還必須學習誓辭的具體條款。温縣盟書的誓詞一般都很簡短,很快就能背誦下來;而侯馬的一些誓詞則包含多項條款和一長串的敵人姓名,這就需要花費更多時間來記憶。無論書手在多大程度上記住了誓言的内容,每次抄寫時都必須向書手提供相應的盟約者姓名。[②]

向抄寫員提供每位立約者姓名的方式有兩種:一是由參盟人直接提供,二是從已有的名單中抄録。如果每位參盟人都要在書手抄寫每一片盟書時在場,那麽對於那些有數千人參加的立約儀式來説,這將是一個巨大的後勤挑戰,立約者必須在儀式開始前到達,以完成這一過程。根據早期文本中關於盟約和宣誓的記録,顯然所有盟約者都應出席實際儀式。立約者會在儀式前聚集在一起,並以某種方式確認他們的出席。[③] 因此,書手當然有可能在儀式前的這段時間裹工作,親自核對每位參盟人。不過,從邏輯上講,根據預先擬好的名單進行工作更爲簡單,這種可能性值得考慮。在

① 《左傳》僖公二十六年。楊伯峻:《春秋左傳注》,第440頁。

② 一般來説(也有例外),盟書石片似乎並不是事先寫好而留有空白,以便日後添加名字。

③ 有時會有石片在結尾處添加注釋,記録爲其準備石片的立約人已去了其他地方(如"X〔立約人姓名〕去了Y〔地名〕"),這既表明了對出席會議的期待,也表明了對出席會議的核實。這明確説明在核實出席情況時,參盟人已離開現場,這或許可説明盟書片最初是在參盟人缺席的情況下製作的。

這種情況下,大概有部分名單是基於現有的書面記録而來。但考慮到有些盟約似是在動亂時期爲鞏固群體進行的,而這些群體的成員先前可能隸屬於不同的精英集團,我們也可以推測,名單也可能是專門爲這些活動制定的。① 這些名單可能是由宣誓效忠於韓或趙領導者的小團體的首領所編,然後再提供給韓、趙領導者的代表,供其在撰寫盟書時使用。② 在温縣盟書中,有一些盟書片是由一位書手爲同姓的一組人準備的,並作爲一套盟書放在坑中。③ 這應該反映單名書手按一個氏族的部分成員的姓名清單進行抄寫的情況。④

李松儒先生曾根據漢代及更晚時期的繪畫、雕塑形象得出結論,戰國時期的文士是以跪姿書寫的,書寫時書寫材料並不單獨放在任何支架上,而是書手一手舉起簡牘,一手握筆。⑤ 盟書石片的形狀和材料也非常適合用這種方書寫方式。在後出的出土文物中,我們可看到用於放置書寫材料、墨水、毛筆等物品的矮架,我們可以推測,準備盟書文本的書手也會使用這類物品。此外,他們還需要空間來放置空白的盟書玉石片,並需要更多空間來放置完成的盟書片(除非助手將每片盟書送達並收集起來)。李氏没有討論底本會放在哪裏,據推測底本可能會放在矮架上,也可能由助手拿着。⑥ 在雙手都被占用的情況下還要參照底本,這意味着書手没有空餘

---

① 名單問題與個人及家庭登記的早期發展有關。目前所見此類登記簿的最早出土實例,其時代爲秦,見 Yates(葉山),"Soldiers, Scribes and Women"(士兵、抄寫員和婦女),p.359。不過,傳世文獻提到的登記簿,早在公元前 6 世紀的楚國和公元前 4 世紀的秦國就有了(見 Mark Edward Lewis〔陸威儀〕,*Writing and Authority in Early China*〔早期中國的書寫和權威〕,pp.26 - 27)。無論盟約之前是否存在參盟者名單,盟約之後肯定會有。每個祭祀坑可以説是爲監督神靈準備的姓名登記簿,因此我們有理由假定,立約者的名單已被記録在案,以便作爲副本保存在地面上,也可能爲未來的管理作準備。

② 公元前 3 世紀末,秦國法律要求村長提供其社區成年男性名單。具體參看 Yates(葉山),"Soldiers, Scribes and Women"(士兵、抄寫員和婦女),p.360。

③ Crispin Williams(魏克彬),"Ten Thousand Names"(萬姓),pp.977 - 978.

④ 當然,也有一種可能是,一族親屬在同一書手前排隊,書手書寫盟書片時,他們分别報上自己的名字。似乎不大可能是把盟辭副本發給衆多不同的群體,讓他們自己購買和準備石片,再帶到盟約儀式上埋藏。

⑤ 李松儒:《戰國簡帛字迹研究》,第 71—73 頁。

⑥ 李松儒先生提到一件西晉時期(281—316C.E.)的陶瓷雙人像,這或許可體現出書籍的抄寫過程有兩人參與。該器物爲兩個官員面對面跪坐,鼻子幾乎碰到一起,其中一人一手拿着一塊方形的板,另一隻手在上面寫字;另一個人雙手拿着東西(湖南省博物館網站描述所持物爲竹簡)。參看李松儒:《戰國簡帛字迹研究》,第 73 頁。該器物由湖南省博物館收藏,在綫條目見: http://www. hnmuseum. com/hnmuseum/collection-info/collection-info! frontCollectionDetail. action? id = 15cfcc9c295444f8a81f87541f29e845(最後訪問日期: 2014 年 4 月 3 日)。劉向(79—78B.C.E.)曾記載校讎過程涉及兩個(轉下頁)

的手可以放在底本上摸指確定文本位置,而必須完全依靠眼睛來找到自己抄到哪兒了,這就會導致各種錯誤。① 就盟書而言,每次書寫盟書文辭時,還必須記下盟約人的姓名,或從名單中查找,這使得書寫任務更加複雜。此外,書手還需要在毛筆上重新裝墨。② 總之,抄寫盟書本文,特别是使用底本進行抄寫時,書手的注意力要在不同文本間來回轉换,從而增加了分心的可能性,進而導致書寫錯誤的可能性。聽寫文本也許可以減少書手分心,但也爲其他類型的書寫錯誤開闢了道路。若再考慮書手的工作環境,我們可以假設光綫、噪音、冷熱程度等均有不同,且個别書手可能還有視覺或聽覺障礙,所有這些因素都會影響他們的工作表現。③

這樣考慮書手抄寫的環境表明,外部因素可能是造成抄寫錯誤的重要原因。如音節分段錯誤,即對詞(字)邊界的劃分有誤,就可能是造成一種(可能是兩種)異文的原因,這種錯誤與盟書傳抄時存在口述成分的説法相合。④ 白一平先生在討論錯誤原因時解釋道:"書手可能是根據某人(也許是他自己)的口述來寫的…… 且書手有時不能完全掌握句子的含義;故而他有時會寫錯字,因爲發音或聽力不準確,或者是注意

(接上頁) 人,湖南省博物館網站介紹引用其説,指出這件器物表現的就是校書、校讎行爲。顧史考(Scott Cook)也提到了這條漢代資料,並認爲這可能是由早期文字抄寫方法發展而來的,校書需要兩個人,是一人向另一人朗讀文本,具體參看 Scott Cook(顧史考), *The Bamboo Texts of Guodian*(郭店竹簡), p.77。

① 詹姆斯·羅伊斯(James Royse)在研究早期希臘抄寫員的習慣時提出了這一點。早期希臘文士的書寫方式似乎是一樣的,一手拿紙莎草紙,一手拿筆。見 James R. Royse, *Scribal Habits in Early Greek New Testament Papyri*(早期希臘新約莎草紙的抄寫習慣)(Leiden: Brill, 2008), pp.98 - 100。羅伊斯關於抄寫習慣的許多基本觀點都可與早期中國的書手和抄寫錯誤的討論相參。

② James R. Royse, *Scribal Habits in Early Greek New Testament Papyri*(早期希臘新約莎草紙的抄寫習慣), p.100, n.116.

③ 至於書手的身份、地位和培訓情況,盟書本身没有提供直接證據。秦及漢初書手的培訓和職業情況,相關研究可參看 Yates(葉山), "Soldiers, Scribes and Women"(士兵、抄寫員和婦女), pp.345 - 360。《周禮》所見書吏的討論和分析,可參看 Martin Kern(柯馬丁), "Offices of Writing and Reading in the Rituals of Zhou"(《周禮》中的史官書吏) ed. Benjamin Elman and Martin Kern, *Statecraft and Classical Learning: The* Rituals of Zhou *in East Asian History*(國家管理與經典學習: 東亞歷史中的《周禮》)(Leiden: Brill, 2009), pp.65 - 93。商代書手的訓練,可參看 Adam Smith(亞當·史密斯), "Writing at Anyang"(書寫安陽), pp.303 - 384。

④ 參看上文對"亡"和"覞"的討論。

力不集中。"[1]誤解是造成語音分段錯誤的一個因素，這一事實支持了這樣一種觀點，即某些公式化的短語，如詛咒語"麻夷非是"可能已經變得陳舊古奧，一些書手並不完全理解其含義了。該詛咒語在《公羊傳》中以幾乎無法辨認的形式出現，這表明在人們不再理解其確切含義很久之後，它仍被繼續使用和傳播。

聽寫(可能是自己聽寫)也可以解釋這樣的異文："䀹(視)"取代了音近而形異的"夷"。不過，書手 H 的抄本中，該字用一個與"䀹"輪廓大體相近的字表示，這應該表明他參考的底本(很可能就是他自己的一份抄本)也是"麻䀹非是"。這個例子以及其他書手所犯的各種錯誤表明，書手並非總是死板照抄底本。更多時候，一些常見的詞彙替換，如用"是"代替"氏"，人稱代詞"之"與"汝"、"爾(而)"與"其"的常見互換，以及單個文字在寫法和構件層面的變化，都表明書手並没有一味地遵循底本，即使手頭有底本也是如此。

因此，我們可以推測，雖然有書面底本，但書手並不總是直接從這些底本上抄寫，在某些情況下，文本可能是口述給他們的，或者是在書寫時背誦和朗讀的，甚至是從他們自己完成的盟書片上抄寫的。對文本進行修改的情況相對較少，這也表明他們顯然不關心抄本的精確性。有時，我們確實會看到在一欄邊上添加了修正過的字形，但錯誤並没有得到一致的糾正。看來，呈送給制裁之神的盟書文本並不要求完全準確，列入每位參盟者的姓名可能被認爲是最基本的信息。書手和負責指導工作的官員都知道，這些石片很快就會被埋入地下，無法供日後檢查，這可能意味着對精確度的要求較低。[2]

根據本研究中的有限分析得出的這些初步觀察結果表明，對這些材料進行深入分析有可能更清楚地瞭解抄寫變化的範圍和性質，並更好地理解這些文本的製作和複製。

附録一　温縣、侯馬盟書所見"麻夷非是"及其異文

我們對温縣、侯馬盟書所見"麻夷非是"及其異文情況進行調查，並把相關數據列

---

① William H. Baxter(白一平)，"*Aspects of Old Chinese Morphology*"(古漢語詞法)，p.6.本文引用得到了作者的許可(個人通信，2014 年 5 月 19 日)。

② 因此，爲埋在祭祀坑準備的盟書文本可能是一個例外，因爲具有特定政治功能或實用功能的出土文物通常比文學文本少犯錯誤(參見李松儒：《戰國簡帛字迹研究》，第 99 頁)。

在表格中。表 1.1 爲温縣盟書,表 1.2、1.3 爲侯馬盟書。表格所據資料是 1999—2000 年第一輪大規模拍攝期間所得的盟書照片,本研究在 2009 年另一輪拍攝前完成(詳參正文)。下述凡例於這三張表格皆適用。

凡例

一、表格左側第一列給出"麻夷非是"各種異文的具體釋文(包括字迹清晰者和字迹不可辨認者)。異文的不同情況,如字迹不清、殘斷有缺,只要未構成内容上的顯著差異,就視作同一類,並用"……"標注。如"……是"包括"□□非是""□夷□是""□□□是""■非是""■是"這幾種情況。

二、我們將異文分爲若干組,組間用横綫隔開,分組的依據是文辭的共性特徵。如首字爲"亡"的異文被歸爲同一組。

三、每列頂欄爲盟書的出土坑號。表格中的具體數字表示某種異文在各坑盟書中出現的頻次。表格空白者表示頻次爲 0。

四、所見每一種異文類型的總量見於每行最後一列。每一祭祀坑所出盟書數量見於每列最後一行。

五、如果具體某種異文只有一例且非常重要,就在格子中填入該片盟書的具體編號。如 1-17-43 指温縣盟書片 WT1K17-43。

六、具體符號的含義如下:"□"表示該位置應有一個字,但太過模糊無法辨認;"▇"表示盟書石片有所殘斷,具體殘缺多少字無法判斷,"■"表示此處空缺一個或更多字;"⍰"表示此處有字,墨迹清晰(或部分清晰),但無法確定爲何字。

七、盟書中"䧅"字表格徑作"夷",盟書中"眡"字表格中徑作"視"。

八、温縣遺址 WT4K5 坑中的石片均無"麻夷非是",因此該坑所出盟書未包含在表格内。温縣 WT1K3 所出盟書數量極少,且大多幾乎無法辨認,也没有包含"麻夷非是"短語的迹象,故也未包含在表格中。温縣 WT1K4 只出土了三片有部分清晰文本的盟書,且皆無清晰的詛咒語,因此該坑盟書也未包含在表格中。

九、在侯馬盟書的表格中,委質類盟書中"麻夷非是"出現了兩次,統計時各次單獨算。

十、部分異文後括有數字,對應注釋見於表末。

表 1.1 温縣盟書文本

盟書文辭	出土坑號													總計
	WT1 K1	WT1 K2	WT1 K14	WT1 K17	WT3 K6	WT4 K2	WT4 K6	WT4 K9	WT4 K10	WT4 K11	WT5 K1	WT5 K14	WT5 K21	
麻夷非是	851		218	15	1		20		2	3	5	10	1	1126
麻夷非氏	2		255											257
勿夷非氏			30											30
勿……			12											12
亡夷非是		4												4
亡夷非氏		11												11
亡……		16												16
夷麻非是	1-1-1													1
麻非是	11		8	2									1	22
麻非氏			7											7
麻非……	1		1											2
夷非是	4			1										5
夷非氏			1											1
麻夷是	2		2											4
麻夷氏	1		1											2
麻夷視非氏			16											16
□夷視非□			1											1
麻■視非氏			1											1

續 表

盟書文辭	出土坑號													總計
	WT1 K1	WT1 K2	WT1 K14	WT1 K17	WT3 K6	WT4 K2	WT4 K6	WT4 K9	WT4 K10	WT4 K11	WT5 K1	WT5 K14	WT5 K21	
麻□視□□			1											1
麻夷視(?)非氏			2											2
■夷視⍰非氏			1-14-2069											1
麻視非是	11		12	1										24
□視非是				1										1
■視非是										1				1
麻視非氏	1		3											4
麻視非□			1											1
麻視非■	1													1
麻視是			1											1
麻視非女			2											2
麻女夷非氏			1											1
麻視女夷非氏			1											1
麻……是	38		13	1		2							1	55
麻……氏			19											19
……是	96		32		1		9			2	5	2	4	151
……氏	1	2	33											36
麻……	131		106	4	3	1	10	2	4	6			4	271
……夷非/夷/非……(1)	12	1	26	1		1	2			1			4	48

續　表

盟書文辭	出土坑號													總計
	WT1 K1	WT1 K2	WT1 K14	WT1 K17	WT3 K6	WT4 K2	WT4 K6	WT4 K9	WT4 K10	WT4 K11	WT5 K1	WT5 K14	WT5 K21	
麻夷□是⍰				1-17-43										1
麻⍰夷非是				1-17-96										1
麻⍰夷非是			1-14-5087											1
麻夷非⍰是			1-14-2040											1
麻夷非⍰								4-9-4						1
⍰非氏		1-2-95												1
⍰非氏		1-2-167												1
麻夷⍰⍰	1-1-60													1
⍰是												5-14-30		1
麻夷非是氏			1-14-4418											1
麻麻夷非是	2													2
麻夷非			2											2
麻夷不氏			1-14-1046											1

續 表

盟書文辭	出土坑號													總計
	WT1 K1	WT1 K2	WT1 K14	WT1 K17	WT3 K6	WT4 K2	WT4 K6	WT4 K9	WT4 K10	WT4 K11	WT5 K1	WT5 K14	WT5 K21	
麻夷女非氏			1-14-1229											1
省略"麻夷非是"(2)								29	7					36
或省"麻夷非是"(2)			9					15	1					25
殘缺(3)	141		40	3	8		69	58	2	22	5		28	376
字迹不清(4)	392	39	397	38	2	2	21	59	15	26	13	23	14	1041
字迹無法確認(5)	137	13	122	5		1	4	1				1	3	287
缺圖(6)	90	6	61	2			6	5	1	2			12	185
總計	1927	94	1443	76	15	5	143	170	28	60	35	37	72	4105

注釋:

(1) 斜綫"/"表示"或"。

(2) 在"省略'麻夷非是'"這一類中,我確信盟書文本中没有"麻夷非是"一句。在"或省'麻夷非是'"這一類中,我認爲應該是缺省了"麻夷非是",但不能完全肯定,因爲有石片字迹不清而無法辨認的可能性。

(3) 盟書片有殘損,缺損部分可能包含了"麻夷非是"。

(4) 預計會出現"麻夷非是"的地方字迹過於模糊。

(5) 部分字迹清晰可辨,似乎没有具有顯著差異的異文,但要完全確定,需要查驗盟書原件或重新拍照。存在顯著差異的異文都經過了重新檢查。

(6) 數據庫中部分例子没有相關的盟書圖像,因此這些例子没有計入調查。

表 1.2 侯馬盟書(第一部分)

盟書文辭	出土坑號																							
	1	3	16	17	18	35	36	49	50	67	75	77	79	85	86	88	91	92	93	96	98	105	106	149
麻夷非是 麻夷非氏	42	15	15					2		5	1	2		3		3	1	3	1	1	1			
亡夷非是										6								1						
亡……										2														
亡夷非是麻										1														
麻非是																								
夷非是														1										
麻夷是			1																					
麻……是	6		2									1		1										
……是	4	4	8		1	1	1			7	1	5	1	4		1		5			1			
……氏			1											1				1		1				
麻……	15	3	6		2		1			5	2	1	1	3	3	1		6		2				
……夷非/夷/ 非……	2									2		1						1			2			
麻夷之非是	2																							
非夷■													1											
殘缺	16	1			6	10	4			2	5	10	16	19	1	9	4	29	3	9	22		4	1
字迹模糊	18	15	5		1				1	28			2	3	2			1			3			
總計	105	38	38	0	10	11	6	2	1	58	9	20	21	35	6	14	5	47	4	13	29	0	4	1

表 1.3　侯馬盟書(第二部分)

盟書文辭	出土坑號																						
	152	153	154	156	158	159	162	179	180	181	185	194	195	198	200	201	202	203	303	340	探八 2	探十二 3	總計(表 1.2 及 1.3)
麻夷非是	4			20		1	2	2			3	8	6	2	37			1					181
麻夷非氏															3								3
亡夷非是																							7
亡……																							2
亡夷非是麻																							1
麻非是											1												1
夷非是																							1
麻夷是																							1
麻……是															7			1					18
……是			1	1				2			1	1		3	5						1	1	60
……氏				1											1								6
麻……	1	1		6							2	2		2	8	1	2						76
……夷非/夷/非……								2					1	1	3			1					16
麻夷之非是																							2
非夷■																							1
殘缺	2		2	9	2			20	1	1	9	5	2	15	5	1	2	7					254
字迹模糊				2			1	2							3						2		89
總計	7	1	3	39	2	1	3	28	1	1	16	16	9	23	72	2	4	10	0	0	3	1	719

表 1.4　温縣、侯馬盟書——較爲少見之異文列表

表 1.4 未包含以下異文："麻夷非是""麻夷非氏""麻……是""麻……氏""……是""……氏""麻……""……夷非/夷/非……"，此外省略"麻夷非是"、可能省略"麻夷非是"、盟書片殘缺、字迹不清、異文難定及缺圖者均未包含在内。

異　文	盟　書　編　號
勿夷非氏	WT1K14—933/952/1191/1378/1885.5/1886.5/1887.5/2890/2944/3041/3124/3214/3674/3676/3757/4178/4824/4980/5053.5/5065/5066/5067/5123/5292/5512/5584/6163/6187/6198
勿……	WT1K14—5380/5298/721/5412/3756/953.5/1301/2181/2992/4184/4596
亡夷非是	WT1K2—9.5/92/111/156
	HM 67：3/14/20/21/52/54
亡夷非氏	WT1K2—79/107.5/112/116/126/128/139/159/134/157/162
亡……	WT1K2—25/166.5/165/117/131/144/153/51.5/106/61/78.5/83/123/124/132/160
	HM 67：47/51
亡夷非是麻	HM 67：4
夷麻非是	WT1K1—1
麻非是	WT1K1—30.5/2170/2615/2791/3081/3357/3580/3697/3907/3925/4299
	WT1K14—1011/1405/2613/2917.5/5127.5/5134/5475/5529
	WT1K17—49/110
	WT5K21—93
	HM 185：3
麻非氏	WT1K14—879.5/2119/2376/3509/4159/5210/5569
麻非……	WT1K1—4017
	WT1K14—4650.5
夷非是	WT1K1—2011/3056/3157
	WT1K17—39
	HM 85：16

續 表

異 文	盟 書 編 號
夷非氏	WT1K14—3732
麻夷是	WT1K1—3195/3261 WT1K14—5718/5787 HM 16：2
麻夷氏	WT1K14—5835
麻夷視非氏	WT1K14—966/987.5/991.5/1959.5/1960/2500/2513/3313/3314/4353/4359.5/4392/4393/4439/6038/6085
□夷視非□	WT1K14—2993
麻■視非氏	WT1K14—981
麻□視□□	WT1K14—1000
麻夷視(?)非氏	WT1K14—2884/2886
■夷視⍰非氏	WT1K14—2069
麻視非是	WT1K1—1445/1446/1451/1861/1940/1983/2206/2294/2589/4296/4389 WT1K14—3763/3783/3784/3859/3860/3861/3864/3934/3935/3939/3966/3969 WT1K17—142
□視非是	WT1K17—92
■視非是	WT4K11—156
麻視非氏	WT1K1—67 WT1K14—2268/2923/5906
麻視非□	WT1K14—1277
麻視非■	WT1K1—245
麻視是	WT1K14—3959
麻視非女	WT1K14—3936/3958

續　表

異　文	盟　書　編　號
麻女夷非氏 麻視女夷非氏	WT1K14—3226 WT1K14—4423
麻夷□是⍰ 麻⍰夷非是 麻⍰夷非是 麻⍰夷非是 麻夷非⍰是 麻夷非⍰ ⍰非氏 ⍰非氏 麻夷⍰⍰ ⍰是	WT1K17—43 WT1K17—96 WT5K14—32/32.5 WT1K14—5087 WT1K14—2040 WT4K9—4 WT1K2—95 WT1K2—167 WT1K1—60 WT5K14—30
麻夷非是氏	WT1K14—4418
麻麻夷非是	WT1K1—1827/3071
麻夷非	WT1K14—1741/1742
麻夷不氏	WT1K14—1046
麻夷女非氏	WT1K14—1229
麻夷之非是	HM 1：40/41
非夷■	HM 79：8

附録二

表 2.1　異文中用“視”的書手分類(附區分書手的字例依據)

表格按書手分組。左起第一列標明書手(如書手 A、B 等),第二列給出具體盟書編號,其後幾列爲對應盟書片中所含有的字,每列第一行給出該字的現代標準寫法,標準寫法多采用通行字(如“不”包含“不”“丕”等寫法,“恐”包含各種異體)。每片盟書片上如字迹清晰,我們就在表格中列出各字的原字形。字圖皆非原大,爲使圖片清晰,我們根據各盟書的具體情况調整了圖片的灰度、對比度等參數。

字形比對

書手	盟書編號	曰	自	往	敢	不	恐	中	其	主	而	爲	徒	者	公	大	非	閏	校
A	1-14-966	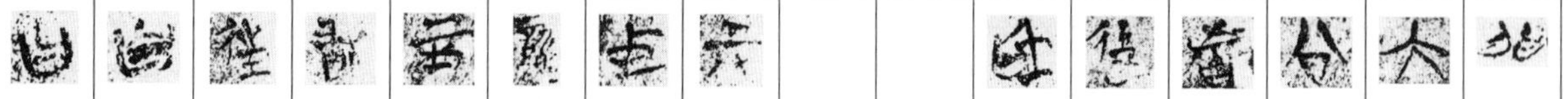																	
A	1-14-987																		
A	1-14-991																		
A	1-14-1959																		
A	1-14-1960																		
A	1-14-4353																		
A	1-14-4359																		
A	1-14-4392																		
A	1-14-4393																		

續 表

書手	盟書編號	曰	自	往	敢	不	烖	中	其	主	而	爲	徒	者	公	大	非	閛	校
A	1-14-2993																		
A	1-14-2884																		
A	1-14-2886																		
A	1-14-2069																		
A	1-14-1277																		
B	1-14-2500																		
B	1-14-2513																		
B	1-14-3313																		
B	1-14-3314																		
B	1-14-4439																		
B	1-14-6038																		
B	1-14-6085																		
C	1-1-1445																		

續表

書手	盟書編號	曰	自	往	敢	不	忎	中	其	主	而	爲	徒	者	公	大	非	閈	校
C	1-1-4389																		
C	1-1-245																		
D	1-1-1451																		
E	1-1-1940																		
E	1-1-1983																		
E	1-1-2294																		
E	1-1-2589																		
F	1-1-2206																		
G	1-1-4296																		
H	1-14-3783																		
H	1-14-3784																		
H	1-14-3864																		

續 表

書手	盟書編號	曰	自	往	敢	不	恐	中	其	主	而	爲	徒	者	公	大	非	閦	校
H	1-14-3934																		
H	1-14-3935																		
H	1-14-3939																		
H	1-14-3966																		
H	1-14-3969																		
H	1-14-3763																		
H	1-14-3859																		
H	1-14-3860																		
H	1-14-3861																		
H	1-14-3936																		
H	1-14-3958																		
H	1-14-3959																		
I	1-17-142																		

續 表

書手	盟書編號	曰	自	往	敢	不	忎	中	其	主	而	爲	徒	者	公	大	非	閔	校
J	1-17-92																		
K	4-11-156																		
L	1-1-67																		
M	1-14-2923																		
N	1-14-2268																		
O	1-14-4423																		
P	1-14-5906																		
?	1-1-1861																		
?	1-14-981																		
?	1-14-1000																		
?	1-1-1446																		

表 2.2 含"覞(視)"之"麻夷非是"異文情況——按書手分類

表 2.2 左起第二列給出"麻夷非是"具體異文。書手用 A、B 等標記。每一書手所抄具體盟書編號填在對應的異文類型中。同一祭祀坑所出盟書片排在一起,坑位號只出一次,後面接各盟書片的編號,並用"/"分開。如果對書手判定尚有疑問,就在盟書編號後的括號裏加問號。無法判定書手的盟書片放在右起第一列。"視"字異文(如"[illegible]"〔1-14-3860〕)單獨列出,用△標記。

	書手	A	B	C	D	E	F	G	H	I	J	K	L	M	N	O	P	?
a	麻夷視非氏	1-14-966/987.5/991.5(?)/1959.5/1960/4353/4359.5/4392/4393	1-14-2500/2513/3313/3314/4439/6038/6085															
b	□夷視非□	1-14-2993																
c	麻■視非氏																	1-14-981
d	麻□視□□																	1-14-1000
e	麻夷視(?)非氏	1-14-2884/2886																

續 表

	書 手	A	B	C	D	E	F	G	H	I	J	K	L	M	N	O	P	?
f	■夷視?非氏	1-14-2069																
g	麻視女夷非氏															1-14-4423		
h	麻視非是			1-1-1445/4389(?)	1-1-1451	1-1-1940/1983/2294/2589	1-1-2206	1-1-4296	1-14-3783/3784/3864/3934/3935/3939/3966/3969	1-17-142								1-1-1446/1861
i	□視非是										1-17-92							
j	■視非是											4-11-156						
k	麻視非氏												1-1-67	1-14-2923	1-14-2268		1-14-5906	

續表

	書手	A	B	C	D	E	F	G	H	I	J	K	L	M	N	O	P	?
l	麻視非□	1-14-1277																
m	麻視非■			1-1-245														
n	麻△非是								1-14-3763/3859/3860/3861									
o	麻視非女								1-14-3936									
p	麻△非女								1-14-3958									
q	麻視是								1-14-3959									
	書手	A	B	C	D	E	F	G	H	I	J	K	L	M	N	O	P	?
	總計	14	7	3	1	4	1	1	15	1	1	1	1	1	1	1	1	4

附記一:

筆者多年來有幸參與河南省文物考古研究院的温縣盟書整理工作,在此衷心感謝項目期間河南省文物考古研究院的幾位院長,以及郝本性、趙世綱先生的大力支持。感謝羅鳳鳴先生(Susan Roosevelt Weld)邀請我參加她與郝本性、趙世綱先生共同發起的"温縣盟書攝影成像項目"。在本文撰寫的過程中,我曾與白一平先生(William H. Baxter)就歷史音韻學的相關問題進行過討論,受益匪淺。我也非常感謝艾蘭(Sarah Allan)、陳劍、蔣文、許思萊(Axel Schuessler)、亞當·史密斯(Adam Smith)、方妮安(Newell Ann Van Auken)以及兩位匿名審稿人向我提供的精闢、寶貴的建議。我曾在幾個學術研討會上介紹過本文的部分内容(印刷術之前的中國研討會,芝加哥大學,2007 年 3 月;第三届萊頓古漢語語音學研討會,萊頓大學,2007 年 7 月—8 月;早期中國研討會,哥倫比亞大學,2012 年 11 月),感謝所有在會議上向我提出問題和評論的學者。

附記二:

本文英文版("Scribal Variation and the Meaning of the Houma and Wenxian Covenant Texts' Imprecation *ma yi fei shi* 麻夷非是")原載於 *Early China* 37(2014), pp.101 - 179(《早期中國》第 37 輯,劍橋大學出版社,2014 年,第 101—179 頁)。

出土簡牘所見秦漢疾病醫藥與死亡*

胡平生

中國文化遺産研究院

“古文字與中華文明傳承發展工程”協同攻關創新平臺

中國醫藥學史是我國古代科技史中光輝的篇章。通過過去的研究可以知道，秦漢時期是我國醫藥學發展的重要階段，而不斷發現的地下出土簡牘，更爲我們的研究提供了豐富的新資料。出土秦漢簡牘的醫藥資料大體可分爲三類。一類是單純的醫學典籍，二是涉及醫藥學的法律文書，三是日常官私文書有關醫藥的内容。第一類材料自成系統，由於秦焚書不包括醫書，故出土數量較多，如武威醫簡，馬王堆漢墓簡牘帛書之養生醫方簡，北大藏秦、漢簡之醫方，周家臺秦簡醫方，張家山漢簡《脈書》《引書》，天回（老官山）漢簡醫方等，學者的研究亦碩果累累，已有《簡帛醫藥文校釋》等專著和論文。第二類法律文書簡中與醫藥學有關的内容，如睡虎地秦簡《封診式》等，涉及法醫學，也自有體系。第三類材料指散見之官私文書有關醫藥的内容，相對比較零散，以前關注也較少。今乃着重將第二與第三類材料，即秦漢法律令中關於醫藥學的内容以及官私文書中的疾病醫藥及死亡的材料做一整理詮釋，試圖勾勒出一幅秦漢醫藥疾病的生活場景。迄今爲止，中醫藥學史與出土文獻界，在秦漢出土醫藥學文獻整理研究方面已經做過許多工作，得到了很多優秀的成果，出版發表的專著論文數以百計，如周祖亮《簡帛醫藥文獻校釋》、[①]張雷《秦漢簡牘醫方集注》[②]以及裘錫圭主編

* 本文簡牘綴合所引查驗核訂，使用了復旦大學出土文獻與古文字研究中心“貫聯汗青：簡牘綴合信息庫（西北漢簡之部）”，謹致謝忱。

① 周祖亮、方懿林：《簡帛醫藥文獻校釋》，學苑出版社，2014 年。

② 張雷：《秦漢簡牘醫方集注》，中華書局，2018 年。

《長沙馬王堆漢墓簡帛集成》，[①]也有專業的病名研究等，如于越等撰《秦簡病症名述略》；[②]也有簡牘學者如高大倫的《居延漢簡中所見疾病和疾病文書考述》；[③]有醫生寫過《敦煌漢簡與居延漢簡醫藥簡中的醫務制度》；[④]有醫史研究者寫過《從出土居延漢簡看漢代戍邊吏卒醫療保障制度》，[⑤]等等。本文只是拾遺補闕，希望從我的角度對此發表一些看法，也算是對當時醫藥學發展中的一個前進足迹的記録吧。

一、涉及醫藥疾病死亡的法律令簡牘文獻

涉及醫藥的法律令簡牘文獻，主要是刑事案件中傷亡涉及醫藥的相關規定。最典型的是睡虎地秦簡《封診式》，[⑥]其中有勘驗刑案中死傷者的法醫學記録，值得特别重視。另外在嶽麓秦簡中，也有不少涉及疾病醫藥的内容，對於我們瞭解當時的社會生活也是很有意義的。

例 1

> 癘　爰書：某里典甲詣里人士伍丙，告曰："疑癘，來詣。"•訊丙，辭曰："以三歲時病疕，麋(眉)突，不可知其何病，無它坐。"令醫丁診之，丁言曰："丙無麋(眉)，艮本絶，鼻腔壞。刺其鼻不疐(嚏)。肘膝□□□到□兩足下奇(踦)，潰一所。其手毋胈。令譑(嗁)，其音氣敗。癘也。"

按，此例是對痲風病人的診驗，有"醫"參與。在列出的四起查驗案例中，只有這一起有"醫"參與，既説明了"醫"的重要性，也反映了當時"醫"的稀缺。即使在下面一起殺人案件與自經的死亡案件裏，也没有醫者參加。同時，也可知由"醫"參加診驗，乃是確認痲風病人必須的程式。

例 2

> 賊死　爰書：某亭求盜甲告曰："署中某所有賊死、結髪，不知何男子一人，來告。"即令令史某往診。令史某爰書：與牢隸臣某即甲診，男子死(屍)在某室南首，

---

① 湖南省博物館、復旦大學出土文獻與古文字研究中心編纂，裘錫圭主編：《長沙馬王堆漢墓簡帛集成》，中華書局，2014 年。

② 于越、王育林、馬燕冬：《秦簡病症名述略》，《中華醫史雜志》2016 年第 46 卷第 3 期。

③ 高大倫：《居延漢簡中所見疾病和疾病文書考述》，《簡牘學研究》第 2 輯，甘肅人民出版社，1998 年。

④ 孫其斌：《敦煌漢簡與居延漢簡醫藥簡中的醫務制度》，《中醫文獻雜志》2017 年第 2 期。

⑤ 高元武：《從出土居延漢簡看漢代戍邊吏卒醫療保障制度》，《廣東第二師院學報》2011 年第6 期。

⑥ 睡虎地秦墓竹簡整理小組：《睡虎地秦墓竹簡》，文物出版社，1990 年。

正偃。某頭左角刃痏一所，北（背）二所，皆從（縱）頭北（背），袤各四寸，相耎（濡），廣各一寸，皆臽中，類斧，腦角出（頔）皆血出，柀（被）汙頭被（背）及地，皆不可爲廣袤；它完。衣布禪帬、襦各一。其襦背直痏者，以刃夬（决）二所，應痏。襦背及中衽□汙血。男子西有鬃秦綦履一兩，去男子其一奇六步，一十步；以履履男子，利焉。地堅，不可智（知）賊迹。男子丁壯，析（晳）色，長七尺一寸，髮長二尺；其腹有久故瘢二所。男子死所到某亭百步，到某里士伍丙田舍二百步。•令甲以布帬剡貍（埋）男子某所，侍（待）令。以襦、履詣廷。訊甲亭人及丙，知男子可（何）日死，聞誂寇者不毆（也）？

按，此例是驗屍報告，"爰書"對被殺死者的勘驗，十分詳細，看來參加診驗工作的令史與牢隸臣，經驗豐富，操作老到，熟悉程式與方法。我們從後世發現的對死者的勘驗爰書都可以看到"封診式"此篇的影子。

例 3

經死　爰書：某里典甲曰："里人士五（伍）丙經死其室，不智（知）故，來告。"　•即令令史某往診。•令史某爰書：與牢隸臣某即甲、丙妻、女診丙。丙死（屍）縣其室東内中北廦權，南鄉（嚮），以枲索大如大指，旋通繫頸，旋終在項。索上終權，再周結索，餘末袤二尺。頭上去權二尺，足不傅地二寸，頭背傅廦，舌出齊唇吻，下遺矢弱（溺），汙兩却（脚）。解索，其口鼻氣出渭（喟）然。索迹椒鬱，不周項二寸。它度毋（無）兵刃木索迹。權大一圍，袤三尺，西去堪二尺，堪上可道終索。地堅，不可知人迹。索袤丈。衣絡禪襦、帬各一，踐□。即令甲、女載丙死（屍）詣廷。診必先謹審視其迹，當獨抵死（屍）所，即視索終，終所黨有通迹，乃視舌出不出，頭足去終所及地各幾可（何），遺矢弱（溺）不也？乃解索，視口鼻渭（喟）然不毆（也）？及視索迹鬱之狀。道索終所試脱頭；能脱，乃□其衣，盡視其身、頭髮中及篡。舌不出，口鼻不渭（喟）然，索迹不鬱，索終急不能脱，□死難審毆（也）。節（即）死久，口鼻或不能渭（喟）然者。自殺者必先有故，問其同居，以合（答）其故。

例 4

出子　爰書：某里士伍妻甲告曰："甲懷子六月矣，自晝與同里大女子丙鬭，甲與丙相捽，丙僨庰甲。里人公士丁救，别丙、甲。甲到室即病復（腹）痛，自宵子變出。今甲裹把子來詣自告，告丙。"即令令史某往執丙。即診嬰兒男女、生髮及保之狀。有（又）令隸妾數字者，診甲前血出及癰狀。又訊甲室人甲到室居處及腹痛子出狀。•丞乙爰書：令令史某、隸臣某診甲所詣子，已前以布巾裹，如衁（衃）血狀，大如手，不可知子。即置盎水中摇之，衁（衃）血子也。其頭、身、臂、手指、股以下到足、足指類人，而不可智（知）目、耳、鼻、男女。出水中有（又）音（衃）血狀。•其一式曰：令隸妾數字者某某詺甲，皆言甲前旁有乾血，今尚血出而少，非朔事殹（也）。某賞（嘗）懷子而變，其前及血出如甲□。

以上4例，爲《封診式》所記對刑事案件死傷情況勘驗查核的程式，是對相似案情具有指導性的"式"（範式），因此是非常重要的。例2，對殺人案件的現場勘驗，是由令史和"牢隸臣"一起進行的。例3的查驗人是令史某、牢隸臣某、甲、丙妻、女。例4中參與勘驗者有令史某、隸臣及有過多次生育經驗的隸妾。

以下材料是嶽麓秦簡所見關於疾病醫藥的法律令。

例5

醫給藥節（即）從置所，泰醫亦給藥飲如令，有不如令者貲一甲

（《嶽麓四》J73－37　J03/119）

按，此簡已殘，前後皆闕，細玩文意，似説對出差在外的吏員，由所到地方負責治療，提供藥飲，如不依令行事，責任人罰一甲。

例6

郡守及縣官各以其事難易、道里遠近善爲期。有失期及竊去其事者，自一日以到七日，貲二甲；過七日，贖耐；過三月，耐爲隸臣，其病及遇水雨不行者，自言到居所縣，縣令獄史診病者令、史前，病有瘳自言瘳所縣。縣移其診牒及病有瘳、雨留日數，告其縣官，縣官以從事診之，不病，故☐

（《嶽麓五》323正）

按，這是一條爲服徭役者規定期限及診病的律令。如服役者途中生病，要由所到縣之縣令獄史當着令、史之面（防作弊）予以診療。治病痊癒後，由診療之縣提供診病記録，上報養病天數。如果無病裝病，【將嚴懲不貸。】

例7

痒（癃）廢者，當歸居居縣。其不當痒（癃）而病，未智（知）瘳時，當傳歸居縣，居縣月診，瘳，遣之署，如律ᒪ。・二

（《嶽麓七》0483）

按，"癃"，原指"罷癃"，後泛指身體殘疾虚弱。據《漢書・高帝紀》"年老癃病勿遣"，秦漢時對癃病患者是免役的，但實施時每有疏忽，將有癃病的殘疾人也徵召了。此條律令是説發現的癃病殘疾人，應當退回到其所居住的縣。那些不屬於罷癃殘疾而有病的人，還没有治好病時，應當將他們送回所屬的縣，縣裏每月對他們進行核檢

復查,病好之後,再派遣他們去服役。

例 8

·參(三)川言:破荆軍罷,移軍人當罰戍,後戍病㾷者,曰有瘳遣之署。今或戰痍及病膒(軀)攣、瘖、眄廿人,度

(《嶽麓七》0487)

按,三川,爲秦郡名。《史記·秦本紀》:"莊襄王元年……秦界至大梁,初置三川郡。"㾷,病名。痍,創傷。攣,蜷曲不能伸直。瘖,从疒从言,疑爲言語困難,有表達障礙的疾病。眄,疑爲眼睛疾病。這是説,今有參加參川戰役(?)擊敗楚軍的兵士,有受到處罰從事戍者,在戍生病的,按因病遣送回原籍,受傷及生病肢體、眼睛等疾患 20 人……此令文字下殘缺,當是對這些受傷及病患者的處置。

例 9

終身毋(無)瘳時,不可行作 ㄴ。議:診令、丞前,審不可作事,許令妻若丁牀〈壯〉者代,它有比。·廿

(《嶽麓七》0403)

按,此條涉及對生病人員的後續處置。對生病人員進行復審,若判定爲終身不能痊癒,確實不再能工作服役。允許其妻子或其他丁壯替代。

例 10

·清河叚(假)守上信都言:陽山罷瘁(癃)鬏貲一盾。病兩手及[腓]胻,皆癖瘈,瘟(軀)鸞(攣)不展,恃人起居,

(《嶽麓七》0374)

按,這是清河假守給信都縣的公函。對陽山役卒發現有癃病患者,罰漆盾一枚。患者病症在兩手及腿骨,都彎曲不能伸展,起居生活不能自理要依靠别人。

例 11

·當罰□【戍】戰痍左□[殊]斬,毋賴故徼 ㄴ,□痍右郤(脚)斬筋,不可以行 ㄴ,皆令居縣,它有等比。及諸當戍故徼[而]

(《嶽麓七》0447)

按,此簡已殘,按文例解讀,大概是説對參戰負傷,右脚脚筋創傷乃至斷裂無法行走者,都安置在縣裏,待遇按照類似情形比照處理。

例 12

病不廖(瘳),終不可作,毋賴於故徼,請傅〈傳〉臖(遷)居縣,月診,有瘳可事,

輒遣詣署，它有等比 ∟。臣綰議：其痍病罷

0448－1＋0448－2：瘩(癃)者作縣道，月診令、丞前，有瘳，遣戍。

(《嶽麓七》0481)

按，此令有秦丞相王綰的"議"。令文規定，患病未痊癒，仍不能勞作，不要由原部負責，要將其遣返回原住縣，每月復診一次，等真正康復，再送回到原來勞作的地方，其他類似情況可以比照執行。而王綰指示說：服役人患有痍病罷癃的，在縣道服役，每月當着令、丞的面復診，病癒，再遣送到服役地點。

例 13

令、令史貲各一盾，縣道官吏徒治現獻可食物者，各先其治視五日飲，除藥

(《嶽麓七》1705)

按，這是一條給病患配藥供藥的規定，先提供五天的藥飲，再停藥。估計要判斷藥效後再作安排。

例 14

•十九年八月辛丑，丞相請：恒以傅時識(試)疇司御 ∟、醫 ∟、鼓人 ∟、執齊(劑)、鬄騷。醫之新傅，∟不中識(試)者，奪

(《嶽麓七》0402)

按，此例似爲丞相報告，在録用醫等幾種專業人員的考核時遇到不合格者的措施。疇司御，可能是田畝土地測量師；鼓人，是鼓手；執劑，是鎔鑄金屬時執掌各種物料配比的技師；鬄騷，可能指理髮師。簡文特別指出，新傅的醫，如果考試不合格，就要取消資格。因爲做醫生畢竟是人命關天的事。

例 15

•諸黔首繇(徭)給其行事，以其故罹(罹) ∟：厭(壓)、隨(墮)、流死，爲

(《嶽麓七》0335)

按，此例似指在徭役中意外事故造成傷亡的處置，但因簡文殘斷，不知如何處置。壓，指塌方事故；墮，指墜落事故；流死，爲溺水而亡。

例 16

盗賊若蟲獸殺者，皆以死事爲置後 ∟。其傷折伎(肢)、肤體者，賜之各千錢。　•廿二

(《嶽麓七》0345)

按，此例是對被盗賊或野獸殺害的人，要按照置後律處理撫恤。對於四肢軀幹折

斷受傷者,賜錢一千。

例 17

·丞相上南陽叚(假)尉書言:酇興者小簪褭未等追群盜,未與鬬,死事L。議:爲未置後,它/有等比。 ·卅

(《嶽麓七》0661、0577)

按,酇縣在南陽郡。興者,待考。未,參與追捕盜寇,未與盜直接格鬥戰死。議定,對未按照置後律安排後事,凡有相同情形皆照此處理。

例 18

今而後益高及初棄疇益高,今而益下及年過六十者,皆勿令戍,它如請,可。 ·四

(《嶽麓七》0302)

按,此令規定年過六十者不再參與戍守,應該是考慮到體能與健康的舉措。

二、日常官私文書有關醫藥疾病内容的簡牘資料

(一)《里耶秦簡》有關醫藥疾病内容相關資料

秦時,縣一級有專職醫生"醫",在遷陵縣就有一位醫生——静。

例 1

▌卅五年,遷陵醫静所治黔☐

▌率之,一人得六十八筭

(7-108)

按,此簡意義不是很清楚。静,是"遷陵醫"。在里耶簡中,在秦始皇三十五年(前212)前後,遷陵縣級單位裏似乎只有一名"醫"。

例 2

[嘗]病,令遷陵醫静治之,令□□□□□

(12-1634)

例 3

[卅]年,[不][識]日月,病右足痛,令醫静

(13-377)

例 4

治之，可十日已。已，静問冣(最)病，冣(最)告静

(13－378)

按，醫者静對患者最問病，惜簡已殘斷，不知其詳。

例 5

病已。病已，不復發至今，不智(知)它。它如書。

(13－379)

例 6

四日，令静治之。治之，可十日已，它如前。

(13－380)

按，病人不知是誰，經醫者静的治療，十日後痊癒。

例 7

鄉課志

□□□

☑□食□□課▌(第一欄)

黔首醫課

[寡]子計子課

·凡四課(第二欄)

(8－483)

按，此簡端首冠有"鄉課志"三字，故"黔首醫"似是鄉里的"醫"，可能屬鄉級士吏，負責給"黔首"治病施藥的，他須參加對鄉里士吏的考課，惟考課的内容不得而知。與"黔首醫"相對，應該還有其他什麽"醫"。"遷陵醫静"，可能不是"黔首醫"。

例 8

卅三年八月己亥朔辛酉，啓陵鄉守□敢告尉主：傳匀診史病☑

病書已到，敢告主。☑

(10－249)

此簡中的"匀"，未標注身份，但從簡文診病看，應該也是一位"醫"。與"遷陵醫静"不同，匀，可能是啓陵鄉的醫。"病書"，是秦漢時基層士吏因病告假的制度。士吏患病，要有醫生診斷，然後報請上級部門認可。

例 9

☐瑯邪獻昆陯五杏藥，秋鰝及它☐

(12－1324)

按，昆陯，應即“昆侖”。有人認爲，此“昆陯”，應是山東半島上泰山。五杏藥，未詳。鰝，段注《説文》魚部：“鰝，大鰕也。見《釋魚》。郭：鰕大者出海中，長二三丈，須長數丈。今青州呼鰕魚大者爲鰝鰕。《吴都賦》曰：‘罩鰝鰕。’從魚，高聲。”此簡性質不很確定，可能是官府向民間基層尋訪藥物的文書。

例 10

廷金布曹諸令所求菌藥，令□☐

(15－376 正)

書言。∟廷令尉鄉官有智者善治毋有亦☐

(15－376 背)

按，此簡已殘損，不能盡知其詳。從殘文看，可能也是官府向民間基層尋訪藥物的文書。“菌藥”，是菌類草藥，還是有菌有藥，不得而知。

例 11

冗病已如故。治病毋時悆，治藥足，治病藥已治裹□繪，臧治校暴，若有所燥，冶

(8－1243)

按，此簡所述意義不明，似説治病投藥時的禁忌。悆，疑讀爲“欲”。校，似可讀爲“炙”，炙烤。

例 12

都鄉黔首毋(無)良藥芳草□☐

(9－1308)

按，此簡似爲對上級徵求“良藥芳草”的回應。

(二) 西北漢簡有關醫藥疾病内容的資料

例 1

第廿四隧卒高自，當以四月七日病，頭恿(痛)，四節不舉。
鉼庭隧卒周良，四月三日病，苦☐
第二隧卒江譚，以四月六日病，苦心服(腹)支滿。

第卅一隊卒王章,以四月一日病,苦傷寒。

第一隧卒孟慶以四月五日病,苦傷寒。

第卅七隧卒蘇賞,三月旦病,兩胠箭急,少愈。

第[①]卅三隧卒公孫譚,三月廿日病,兩胠箭急,未愈。

第卅一隧卒尚武,四月八日病,頭寒炅(熱),飲藥五齊,未愈。

(居延 4.4A+B9)

按,此簡羅列居延所屬各隧戍卒某年三四月間患病情況,看來當時士吏生病的人不少,健康狀況不是很好。四節,即四肢。

例 2

元康二年二月庚子朔乙丑,左前萬世隧長破胡敢言之。候官即日疾心腹,四節不舉

(居延 5.18,255.22)

按,元康爲漢宣帝劉詢年號,二年爲公元前 64 年。

例 3

五鳳二年八月辛巳朔乙酉,甲渠萬歲隧長成敢言之。迺七月戊寅夜隨(墮),塢陡,傷要(腰),有廖(瘳),即日視事,敢言之。

(居延 6.8)

按,五鳳爲漢宣劉詢帝年號;二年,爲公元前 56 年。"隨",讀爲"墮"。"要",讀爲"腰"。"廖",讀爲"瘳"。在邊防前綫的士吏,有病要報告,病假要核准,不再計算勞績,重新"視事"(即恢復工作),也要報告,再重新開始計算勞績。管理是很嚴格的。

例 4

戍卒東郡畔戍里靳龜,坐迺四月中不審日,行道到屋蘭界中,與戍卒函何陽爭言,鬭,以劍擊傷右手指二所。·地節三年八月己酉,械

(居延 13.6)

按,這是一起因爭鬥引起人員傷殘的刑事案件。在西北漢簡中,因人爲爭鬥引起的傷病殘疾事件,亦有一定數量。

① 居延漢簡,全部采用"中研院"歷史語言研究所:《居延漢簡》,"中研院"歷史語言研究所,1957 年。

例 5

三月辛巳甲渠候長福☑疾卒爰書一編,敢言☑

(居延 42.11A)

按,前綫烽燧士吏戍卒患疾病,要按時編造名册上報。

例 6

卒三人,一人病。卒符惲,月廿三日病,傷汗(寒)

(居延 46.9A)

例 7

建昭六年正月盡十二月,吏病及視事書卷

建昭六年正月盡十二月,吏病及視事書卷

(居延 46.17A+B)

按,建昭爲漢元帝劉奭年號,共五年。此簡之"六年",實爲竟寧元年,爲公元前 33 年,正月已改元,乃邊地未及時跟進中原改元所致。此簡是士吏因病告假及病癒重新視事的檔案籤牌。

例 8

□□宜和里謝寇,迺已酉病頭寒炅(熱),不能

(居延 49.18)

例 9

當曲卒屈樊于,正月□□日病,四日官予藥廿齊,□後三日,萬歲燧長刺……久背□□二所。□□後數日,府賢〈醫〉來到,飲藥一齊,置十☑

(居延 49.31,49.13)

按,這是當曲隧一戍卒屈樊于的治病記録。當曲隧屈樊于,正月某日生病了,四天後官府給了他二十劑藥,【服藥】後三天,萬歲隧的隧長來,給他的背上針灸兩處。又數日,居延都尉府醫來到,配了一劑藥……簡文"賢",應爲"醫"字之訛。下部已殘損,不知後文,屈樊于似乎凶多吉少。

例 10

☑當遂里公乘王同,即日病,頭恿(痛),寒炅(熱),小子與同隧☑

☑飲藥廿齊,不偷(癒),它如爰書,敢言之。

(居延 52.12)

按，這是一件法律文書，因殘損不能盡知其意。殘缺部分可能記有人事糾紛。

例 11

病年月日，署所，病偷(癒)不偷(癒)，報名籍候官，如律令。

(居延 58.26)

按，此簡似爲某種法律文書的範本，因殘損已不知其詳。

例 12

居延城倉佐王禹，觻汗里，年廿七。·問禹曰，之觻得，視女病，十月乙酉入。

(居延 62.55)

按，這是一件居延士吏到觻得探視患病女兒入境的記録，可知從居延城倉到觻得之間還要通過出入境的關卡。

例 13

傷寒四物：烏喙十分，朮十分，細辛六分，桂四分，以温湯飲一刀刲，日三，夜再，行解，不出汗。

(居延 89.20)

按，本文一般不收單純的藥方，因西北簡大量記録士吏傷寒病患，特收入該“傷寒四物”方。“傷寒”，是前綫士吏戍卒的常見病，這一治療傷寒方，堪稱簡便。“刀刲”，讀爲“刀圭”，爲計量單位。顧漫、周琦《天回醫簡〈和齊湯法〉中幾個製藥的動詞》説，根據新莽時期的“刀刲”的實物量器，依熊長雲考證並計算，1 刀圭＝0.46 毫升≈0.5 毫升。以此爲準，按《本草經集注》記載：“凡散藥，有云刀圭者，十分方寸匕之一，准如梧桐子大也。”①

例 14

☑□迺戊戌病，頭痛，寒炅(熱)，不能☑

(居延 114.19A)

例 15

其一人伍百，二人養，一人病。右解除四人。

(居延 132.40)

按，“伍百”，或作“伍佰”，《古今注·輿服》：“伍伯，一伍之伯。五人曰伍，五長爲

① 顧漫、周琦：《天回醫簡〈和齊湯法〉中幾個製藥的動詞》，《出土文獻研究》第 19 輯，中西書局，2020 年。

伯,故稱伍伯。"

例 16

·治傷寒,滿三日轉爲□⧄

(居延 136.3)

例 17

昌邑方與士里陳係,十二月癸巳病,傷頭、右手,傅膏藥。

(居延 149.19+511.20)

例 18

⧄久(灸)脛,刺廿鍼。⧄□利

(居延 159.9A+B)

按,此簡明記針灸,且針刺達二十針之多。

例 19

武長伯盛,寒□傷,善視乃⧄

(居延 181.9)

按,"寒"下一字作[illegible],不識。

例 20

病有廖(瘳),月十三日視事,當⧄

(居延 190.3)

按,此簡記病人已康復,至本月十三日起恢復工作。

例 21

⧄白昨日病心腹,⧄日病心腹。第十二卒李同,昨日病,卅井□守士⧄⧄病心腹,積五日⧄□□□ 三□⧄

(居延 211.6A+B)

例 22

第十隧卒高同,病傷汗(寒),飲藥五齊(劑)⧄

(居延 264.10)

按,傷汗,或作"傷寒",傷於風寒。

例 23

各持下吏爲羌人所殺者，賜葬錢三萬；其印紱吏五萬，又上子一人名尚書。卒長☐奴婢二千，賜傷者各半之，皆以郡見錢給，長吏臨致，以安百姓也。早取以見錢☐

（居延 267.19）

按，此簡似爲在前綫與羌人對峙時給死亡士吏優撫的政策規定。

例 24

谷口隧左道，十月丙寅病，左右脛雍（癰）☐

（居延 272.35）

按，"脛"爲小腿，左右兩小腿腫，不知病因，或爲營養不良之浮腫，或有其他病患。

例 25

固病聾軟弱，職不脩治，請以☐☐

（居延 284.27）

按，固因耳聾病，不能勝任職務，被免職。

例 26

四月戊寅，病腸辟（澼）。庚辰治☐

（居延 504.9）

按，腸辟，一作"腸澼"。即痢疾，便血。見《素問·通評虚實論》。

例 27

建武三年三月丁亥朔己丑城北隧長黨，敢言之。乃二月壬午病，加兩脾雍（癰）種（腫），匈（胸）脅支滿，不耐食

（居延新簡 E.P.F22：80）

飲，未能視事，敢言之。

（居延新簡 E.P.F22：81）

三月丁亥朔辛卯，城北守候長匡敢言之，謹寫移隧長黨病書如牒，敢言之，今言府請令就醫。

（居延新簡 E.P.F22：82）

按，以上三簡爲一册書，可稱爲《建武三年三月城北隧長病書》册。前二簡爲城北隧長黨寫給候長的病書報告，居延新簡 E.P.F22：82 簡爲城北守候長匡接到隧長黨的報告後，給都尉府的報告，請求批准黨就醫治療。建武，是東漢光武帝年號；三年爲

公元27年。城北隧,或作"誠北隧""成北隧",爲甲渠候官誠北部所轄。支滿,病名。裘錫圭《漢簡零拾》説,"支滿",《素問》屢見,如《藏氣法時論》"脅支滿",《刺瘧篇》"食而支滿,腹大",《韓詩外傳》卷三"人主之疾十有二發,非有賢醫莫能治也。何謂十二發?痿、蹶、逆、脹、滿、支、膈、盲、煩、喘、痺、風,此之曰十二發。賢醫治之何?曰……無使府庫充實則滿不作,無使群臣縱恣則支不作……",可知"支"和"滿"是相類的兩種病證。

例 28

☑庚午朔辛巳,吞遠士吏戎敢言☑傷汗,寒熱,頭恿(痛),即日加煩懣,四支(肢)

☑即日士吏褒發☑門下

(居延新簡 E.P.T59:49A+B)

按,這是吞遠隧士吏爲戍卒生病向上級報告病情的"病書"。因殘斷已不知其詳。傷汗,或作"傷寒",傷於風寒。煩懣,或作"煩滿"。《素問·評熱病論》:"汗出而身熱者,風也;汗出而煩滿不解者,厥也。病名曰風厥。"

例 29

☑□頭痛,寒熱,飲藥五齊(劑),不偸(癒)。戎掾言候官,請

(居延新簡 E.P.T59:269)

例 30

有秩候長署吞遠部以主領亭隧吏卒迹候爲職,迺九月癸巳,放病傷寒,其夜不知□☑

(居延新簡 E.P.T65:292)

例 31

病泄注,不癒,乙酉加傷寒,頭通(痛),潘(煩)懣,四節不舉,有書

(居延新簡 EPF22:280)

例 32

野明隧長鄭放,吏十一月廿五日,病傷寒,視一歲病積五日。

(居延新簡 ESC:24)

例 33

……月戊辰朔己巳,兼誠南候長、累虜候鳳敢言之,迺戊辰病傷寒,頭廇(痛),

四節

(居延新簡 ESC：80)

例 34

☑□中也，薪(新)病者，三日一飲，久病者☑

(居延新簡 E.P.F22：817)

按，簡已殘損，文意不能盡知其詳。簡文似指導病員服藥。

例 35

勉致醫藥起視事，謹候望，方考行，如律令。

(居延新簡 E.P.F22：279)

按，此簡似爲針對戍邊士吏日常起居工作的條例，惜已殘。

例 36

武老人也，何優儐守候也，數召不詣官，反移病書，未忍

(居延新簡 E.P.F22：281)

按，此簡提到叫“武”的老人，不從事守備候望工作，不肯奉召到官聆訊，反而提交生病請假報告……

例 37

☑□君幸休鄭偉君。•問隧長孫詡，三月中病苦寒炅(熱)□□□□☑□不隨事，書中堇以用君□□□□□問郭次都錢墨城毋不取，叩₌頭(叩頭叩頭)。

問符子₌阿₌叩₌頭₌(子阿，子阿叩頭叩頭)病，少病偷(癒)。☑已筭在內，又迫都吏□心☑民曰諸小物，青遣人持來☑君掾

(居延新簡 E.P.T4：51A+B)

按，因殘損文義不是很清楚，正面似説隧長孫詡三月中患病，有寒熱等症狀。背面似説子阿有病，已稍緩解。

例 38

☑□癸亥，病頭瘜(痛)、寒炅(熱)，未能□☑

(居延新簡 E.P.T51：535)

按，記某人於癸亥日患病，頭痛，發燒……但簡已殘斷，文意不完。

例 39

□□居延甲渠候官塞有秩□□大夫□樂自占書功勞，秩百石，□□□頗知律令文。□張掖居延甲渠候官塞有秩候長一歲五月十二日，凡爲吏一歲五月十二日。卌二日病八月不數□

（居延新簡 E.P.T4：87）

按，此爲"自占書功勞"文書。漢代"功勞"積日累計，爲官吏考課晉升降黜憑據。拙作《居延漢簡中的"功"與"勞"》推算認爲，功勞可以換算，一"功"爲"勞四歲"。即戍邊將士統計勞績，積勞四歲，進爲一功。其後，張家山漢墓 M336《功令》："吏自佐史以上，各以定視事日自占勞，勞盈歲爲中勞，中勞四歲爲一功。"證實了"勞四歲爲一功"的推測。"卌二日病八月不數□"，是其因病休假，不能計入勞績。

例 40

候長敞言□□□卒陳崇，迺傷病，傷汗（寒），頭恿（痛），抚恿（痛），即日加心腹

（居延新簡 E.P.T4：101）

按，此爲候長敞關於戍卒陳崇病情的報告文書。

例 41

閏月十三日到，以十四日□張卿所，以十五日還到□☑

六日行部視病者，正月旦到十☑

（居延新簡 E.P.T8：13）

按，這可能是居延地區一位醫者的行程記録。這一推測如果屬實的話，則可知居延地區醫生數量稀少，已有的醫生要巡行爲病者診療。

例 42

☑六日病，傷臟，藥十齊（劑）□☑

（居延新簡 E.P.T9：3）

按，齋，通"劑"。

例 43

九月己丑病寒炅（熱），盡庚寅積二日，已偷（瘉）。

（居延 34.25）

例 44

居延甲渠候官第十隧長公乘徐譚功將，能書會計治官民頗知律令文。居延鳴

沙里家去大守府千六十三里產居延縣。中功一,勞二歲,爲吏五歲三月十五日。其六月十五日河平二年三年四年秋試射,以令賜勞。遷令。其十五日,河平元年、陽朔元年病不爲勞。居延縣人。

(居延新簡 E.P.T50:10)

按,功將,即"功勞墨將",爲記録士吏基本信息資料的檔案文書。文書記士吏職務、爵級、姓名、年齡、身高、家庭住地及距現任職單位距離、工作能力,以及任職後的勞績。漢代戍邊將士統計勞績,積日爲勞,積勞四歲,進爲一功。秋試射,是漢代秋季考核射箭的活動。以射中箭靶六箭爲及格,超過有"賜勞"的獎賞。

例 45

卻適(敵)隧卒魏郡陰安東脩里王富,六月壬午病頭廱(痛),已刺

(居延新簡 E.P.T51:102)

按,"卻適隧",爲甲渠候官萬歲部所屬隧。"刺",針刺治療頭痛。

例 46

……南界盡第三隧北界,毋蘭越塞天田出入迹。

……三月庚寅盡戊戌,積九日迹,己亥盡丁未積九日,病不迹。戊申盡癸丑積六日,徙囚。甲寅盡己未積五日,病不迹。

(居延新簡 E.P.T51:206)

按,這是一個隧的出勤記録文書。第一行"日迹"是邊塞士吏巡行天田觀察出入之迹的記録,後面則記下了該隧的出勤事務。從記録看,士吏患病頻率相當高。

例 47

人常爲衆所欺侮,但數以行亭,君行以病未能視事,君

(居延新簡 E.P.T51:230)

按,此簡未説明是何病,文意亦不明。

例 48

少卿足下善毋恙,惠君不起,病甚痛,無達願自愛,迫府君新視事……甚善塞外……近衣裘

□又作前幸財罪寒時真□□報公子長君,近衣裘,自愛善,幸甚□謹使吏來……

(居延新簡 E.P.T51:233A+B)

按,這是一封致"少卿足下"的私家書信,因殘破不能盡知其意。其中提到"惠君

不起病甚痛”,但不知究竟是什麽病。

例 49

·甲渠言鉼庭士吏李奉隧長陳安國等,年老病請斥免言府。·一事集封⍁

(居延新簡 E.P.T51:319)

按,這是甲渠候官上報居延都尉府準備斥免鉼庭士吏李奉隧長陳安國等士官的文書。陳安國,又見於居延新簡 E.P.T51:4“居延甲渠第二隊長居延廣都里公乘陳安國年六十三,建始四年八月辛亥除,不史”,其除官時已六十三歲,又“不史”,可見文字能力也較差,本簡載甲渠候官欲將他予以斥免,良有以也。

例 50

·右鉼庭部病⍁

(居延新簡 E.P.T51:422)

按,此簡殘斷,文意不完。

例 51

己巳病傷寒,頭、三支(肢)不舉,即日加心腹支滿,不能飲食。

(肩水金關簡 73 EJF3:493)

例 52

奉病不能視□,戆,以遣屬令史董雲,責

(居延新簡 E.P.T52:63)

按,“視”下按文例應爲“事”。此簡似記某爲“戆”,即愚鈍呆傻。並已將患者交令史董雲。此爲簡牘文書中少見的記載有愚魯疾患的資料。

例 53

	其二人馬	二人病李□□恩	二人徙堠置城上
⍁□戍廿二人	三人門	二人治幾	一人繩
	三人養	二人除土	二人作席
	二人守閣削	一人謁之亭	

(居延新簡 E.P.T52:117)

按,這是一件記録戍卒勞作出勤情況的報告文書,可能有脱字,如“馬”,或爲“馬下”。其中“二人病李□□恩”,特别列出姓名,現有簡牘資料未見當時病休制度詳情,相信其控制還是相當嚴格的。

例 54

〼塞，胙卧胙起，不能迹，勮臨隧二日至甲子，駿移病〼

（居延新簡 E.P.T52：151）

按，“胙卧胙起”疑讀爲“乍卧乍起”，時卧時起。

例 55

三月己酉，除署第四部，病欬短氣，主亭隧七所斥呼。

（居延新簡 E.P.T68：5）

例 56

第十三隧長王安，病三月免缺移府。·一事一封。五月庚辰尉史〼

（居延新簡 E.P.T52：158）

按，此簡是給居延都尉府的報告，專爲免去病休三月的第十三隧長王安職位之事。漢制，官吏病休滿三月應免職。職位空缺，由上級任命填補。《漢書·酷吏傳·嚴延年》：“會琅邪太守以視事久病，滿三月免。”

例 57

〼□酉卒夏同予藥二齋，少俞（癒）

（居延新簡 E.P.T52：228）

按，“齋”，讀爲“劑”。

例 58

田舍詐移病書，君〼

（居延新簡 E.P.T52：281）

按，這是一件記録“詐移病書”的檔，因殘斷不能盡知其詳。究竟是無病裝病，還是輕病裝重病，還是真有病被誣爲裝病，不得而知，“詐僞”是重罪，“詐移病書”的實際情況怎樣，是一個很有意思的問題。

例 59

〼各財置員醫更之〼

（居延新簡 E.P.T52：578）

按，此簡殘斷，文意不完。或將“更”字釋爲“吏”，讀爲“醫吏”，恐非是。

例 60

〼二日　其□人作長
三人養〼
三人病

（居延新簡 E.P.T40：139）

□計簿　　一人病

（居延新簡 E.P.T43：213）

例 61

〼董充，迺三月癸巳，病攣，右脛癰種（腫）

（居延新簡 E.P.T53：14）

按，"攣"，指手足痙攣蜷曲。

例 62

五鳳三年四月丁未朔甲戌，候史通敢言之，官病有廖（瘳），即日視事，敢言之。

（居延新簡 E.P.T53：26）

按，五鳳三年爲公元前 55 年。"候史通"，研究者認爲即居延新簡 E.P.T53：22"居延甲渠候史、公乘賈通，五鳳四年功勞案"之賈通。功勞案，是賈通檔案。

例 63

·甲渠候官五鳳四年戍卒定罷物故名籍

（居延新簡 E.P.T53：37）

按，"定罷"指按規定免除戍役返回故籍的戍卒。"物故"，指死亡。這是甲渠候官五鳳四年（前 54）罷戍與死亡的相關名册。

例 64

甲渠候史公乘徐惠倩日迹簿（以上爲第一欄）
神爵四年二月丙申，視事初迹，盡晦廿九日。
三月廿九日。
四月甲午迹盡丁未十四日。
四月戊申疾，盡五月丙子廿九日不迹。
五月丁丑，有廖（瘳）視事，迹盡晦，十六日。
六月卅日（以上爲第二欄）
七月廿九日。

八月卅日。

九月廿九日。

凡迹積二百六日。毕

（居延新簡 E.P.T53：38）

按，此簡爲甲渠候史公乘徐惠倩日迹簿。甲渠候史徐惠倩於神爵四年二月上任開始工作，這是二至九月的日迹巡行的情形，神爵四年爲公元前58年。其中有病不迹二十九日，合計迹二百零六日。九月末爲漢代財政年度結算時間，徐將日迹天數統計上報。

例 65

☐鳳五年三月病卒名籍

（居延新簡 E.P.T56：210）

按，此爲某處患病戍卒名册。

例 66

孤山里女子石夫自言夫德病☐

（居延新簡 E.P.T56：261）

按，此簡説明丈夫生病，可由妻子代爲報告請假。

例 67

☐六月辛巳，病寒炅(熱)

（居延新簡 E.P.T56：318）

例 68

☐　正月壬午，病左足瘻□，刺

（居延新簡 E.P.T56：339）

按，此簡也是采用針刺法治療瘻病的實例。

例 69

☐害隧戍卒，同縣城南里高平，迺丁亥病

（居延新簡 E.P.T56：384）

例 70

☐辰到累胡，迎受四年戍卒，即日病頭恿(痛)

（居延新簡 E.P.T58：28）

按,“累胡”爲隧名。此簡記某在迎接新到的戍卒時患病。

例 71

☐□日且入時,嚴歸。以戊申到郭東田舍,嚴病傷汗(寒),即日移病書,使弟赦付覆胡亭卒不審名字,己酉有☐追逐器物,盡壬子積六日,即日嚴持絳單衣、甲帶、旁橐、刺馬刀,凡四物,其昏時到部,嚴期一日還。

(居延新簡 E.P.T59:2)

按,此簡似爲一法律文書,因殘破不能盡知其詳。簡文記述嚴因傷寒上報“病書”,並將病書請其弟交覆胡亭一不知姓名的戍卒,其後發生種種情形,嚴帶着絳單衣等四物件到部,預計一日内返回。絳單衣爲深紅色單衣。甲帶,似爲防護用具。旁橐,似爲一種口袋。刺馬刀,可能是一種用於擊刺馬匹的器具。居延漢簡 262.28 記“刺馬刀一直七千”,價值不菲。詳情不得而知。

例 72

止北隧戍卒魏郡陰安左池里賈廣,十二月丙寅,病寒熱,睺(喉)癧(痛)

(居延新簡 E.P.T59:10)

例 73

☐西安國里孫昌,即日病傷寒,頭廮(痛)不能飲食,它如

(居延新簡 E.P.T59:157)

例 74

往時……見告腸中大懣,不知當奈何,往時言卒當來

(居延新簡 E.P.T59:75B)

按,“腸中大懣”,指腸腹部悶脹難耐。

例 75

·右病診爰書

(居延新簡 E.P.T59:80)

按,這是一種診療疾病的文書。此簡爲一册簡書的標題簡。

例 76

隧卒關長前署因病在居延☐

(居延新簡 E.P.T59:89)

例 77

第十七候史賞,病有廖(瘳)詣官謁▨

(居延新簡 E.P.T59：119)

按,此爲甲渠候官第十七部候史賞患病痊癒後的報告。因士吏患病休假不計勞績,故病癒視事後要向上級報告,以重新開始繼續計算勞績。

例 78

▨西安國里孫昌,即日病傷寒,頭廱(痛),不能飲食,它如

(居延新簡 E.P.T59：157)

例 79

五鳳元年五月□……□□□□敢言之廷□
誼光辟亡命白粲,傳使張掖縑得縣,即日食時到平望,病寒熱

(懸泉Ⅱ90DXT0111④：5＋Ⅱ90DXT0111④：7)

例 80

▨□見不云₌(云,云)因道欲飲藥,元毋酒,願▨

(居延新簡 E.P.T59：270)

按,簡末有"願"字,意爲缺乏飲藥之酒而求助。"道欲飲藥",也要用酒,可知時人之飲藥習俗。

例 81

▨□□□□敢言之,謹移戍卒病死缺如牒。

(居延新簡 E.P.T59：418A)

按,"戍卒病死缺",指戍卒因病亡故,崗位空缺。

例 82

▨兒後母耐,病欬短氣,加番懣,命在旦夕▨

(居延新簡 E.P.T59：428)

按,病欬短氣,咳嗽,憋氣,呼吸不暢。番懣,即"煩懣"。

例 83

▨鉼庭隧,還宿第卅隧。即日旦發第卅,食時到治所第廿一隧。▨病不幸死,宣六月癸亥取寧,吏卒盡具,塢上不乏人,敢言之。

(居延 33.22)

按，此簡已殘損，不能盡知其詳。從殘文看似爲第廿一隧某士吏之"取寧"報告，具體病死者不知是誰，某取寧告假，指出該隧準備充分，不缺人。"取寧"，指按規定獲得料理喪事的假期。《漢書·哀帝紀》"綏和二年，即位，詔博士弟之父母死予寧三年"，顔注："寧謂處家持喪服。"

例 84

□延都尉德，謂甲渠塞候移觻得令建書曰，延壽同里楊合衆病死，猛爲居延甲渠候長，願以令取寧

（居延新簡 E.P.T59：53＋54）

按，此簡記守邊士吏亡故，同鄉幫助料理喪事（可能護送靈柩回鄉）。"以令取寧"，指按規定獲得料理喪事的假期。

例 85

永光二年三月壬戌朔己卯，甲渠士吏彊以私印行候事，敢言之。候長鄭赦父望之不幸死，癸巳，予赦寧，敢言之。令史充。

（居延 57.1A＋B）

按，永光二年是漢元帝年號，爲公元前 42 年。此簡述甲渠士吏彊代行候長事務，原候長鄭赦之父鄭望之不幸去世，彊爲其辦理了取寧告假事宜。

例 86

☐□病死，自實與寧，謂候☐

（居延新簡 E.P.T10：14）

按，簡已殘損，不能盡知其詳。"自實與寧"，似指無法從上級處"取寧"告喪假，只能自己給自己放假去治喪。

例 87

☐□□□不幸死，願以令取寧，唯府報，敢言之。紀

（居延 312.24）

例 88

第卅六隧長成父不幸死，當以月廿二日葬，詣官取急，四月乙卯蚤食入。

（居延 52.57）

按，"取急"，指急速獲取寧假期。

例 89

第廿一隧長尊母不幸死,詣官取急,三月癸巳食時入。

(居延 264.10)

例 90

·竟寧元年戍卒病死衣物名籍

(居延 49.17,217.26)

按,竟寧,是漢宣帝劉奭年號,元年是公元前 33 年。

例 91

右病死爰書

(居延新簡 E.P.T59∶638)

按,"病死爰書",即戍卒死亡狀況的司法文書。此簡爲病死爰書右類標題簡。

例 92

☑四百五束。{病休十一日。
少四百卅五束。

(居延新簡 E.P.T65∶78)

例 93

第十五……歸,養病十日

(居延新簡 E.P.T65∶117)

按,此簡殘損,文義不能盡詳,"歸",可能是歸家。

例 94

☑正月壬午病,左足瘻□刺

(居延新簡 E.P.T56∶339)

按,左足瘻,左足瘻腫不良於行。此簡記診治方法爲"刺",即針刺,惟因簡殘不得其詳。

例 95

☑卅井隊(隧)長十三人得騎士十六人見八十五人隊(隧)長張敞病不任即日□☑

(居延新簡 E.P.T68∶130)

例 96

戍卒病₌(病,病)死告爰書

(居延新簡 E.P.C:50)

按,爰書將患病與病死兩類同編一册。

例 97

戍卒魏郡内黄半道里房良,病,有貰,已上

(居延新簡 E.P.S4T2:22)

按,“貰”,爲貰買,該戍卒患病,可能比較嚴重,需要對其貰買購物進行安排。惟具體内容已不可知。

例 98

傷□診視脈畢☑

(居延新簡 EPS4C:19)

按,“診視脈”,診脈視病。

例 99

六石弩,淵中殘三分。野明隧長鄭放,吏十一月廿五日病,傷寒,視一歲病積五日。

(居延新簡 ESC:24)

例 100

己酉病,傷汗(寒),至五月甲午□□□□

(居延新簡 EPW:88)

例 101

廼□□□申第三隧戍卒、新平郡苦縣奇里上造朱疑,見第五隧戍卒同郡縣始都里皇□☑袍所持鈹,即以疑所持胡桐木支(枝)從後墨擊意項三下以辜,一旬内立死,案疑賊殺人。甲辰病心腹□☑

(居延新簡 E.P.F22:326)

按,這是記述一起刑事罪案的文書。因殘損不能盡詳其意與人物關係。

例 102

·甲渠言尉史陽,貧困不田,數病欲補隧長。宜可聽

(居延新簡 E.P.F22:327)

按，此簡説尉史陽貧病交加，亦不能下田耕種，甲渠候官準備讓陽充任隧長。

例 103

今爲故第卅六燧長司馬章所傷病。醫宋昌治，飲藥。鉼庭燧長罷軍主

(居延 103.47)

例 104

官遣醫診治□

(居延新簡 EPT53：134)

例 105

·吏士明聽教

(居延新簡 E.P.F22：245)

告吏謹以文理遇士卒，病致醫藥，加恩仁恕，務以愛利省約爲首，毋行暴，毆擊

(居延新簡 E.P.F22：246)

按，此簡似爲一官方對官員要求應當規範行爲，善待士卒的文書。

例 106

己酉病傷汗(寒)，至五月甲午加心腹，今〼

(居延新簡 E.P.W：88)

例 107

……誠有秩坐前善毋恙，聞者起居毋它甚善，善叩頭因言□□□□□問起居。行□取□弦及寅矢、箭三枚，藥橐二枚，迫

(肩水金關簡 73 EJF3：174B+197B)

按，藥橐，盛放藥物的容器。

圖 1 《流沙墜簡》載敦煌出土"顯明隧藥函"的籤牌

例 108

藥橐三，各三枚，直五十□

（肩水金關簡 73EJT25：93）

例 109

始建國天鳳二年二月戊辰朔戊寅，第十桼候長良敢言之。謹移戍卒病死爰書，旁行衣物券如牒，敢言之。

（居延新簡 E.P.T48：136）

按，這是一份候長上報的戍卒死亡的司法文書，據他簡資料可知，良即薌良，新莽時期曾任第十七候長一職。文書附有死者衣物清單。始建國天鳳二年爲公元 15 年。

例 110

□鳳五年三月病卒名籍。

（居延新簡 E.P.T56：210）

按，這是患病戍卒名册標題。病卒名籍正文通常包括病卒姓名、所屬的燧、病症、病期、治療方法及結果等。

例 111

戍卒觻得安國里毋封建國病死，官襲一領，官絝一兩，袜一兩，錢二百卌。初元五年十一月庚午朔庚辰，令史宜受第廿四隧長福

（居延 287.24）

按，此簡之"官襲一領，官絝一兩"應是官方發給的衣物，按照規定死去的戍卒的個人財物應放進槥櫝送回原籍交死者家屬，官方發給的財物移交官家。初元是漢元帝紀年，五年爲公元前 44 年。

例 112

田卒平干國襄嚵成安里李□，年卌七，本始五年二月丁未疾，心腹支滿死。右農前丞則主

（居延 293.5）

按，本始爲漢宣帝年號，原僅有四年（前 70），五年改元地節，因爲邊地偏遠而延誤。亦有學者以爲"本始"從四年延至五年是有意而爲。參見趙曉明《西漢宣帝本始五年再探》。[1]

---

① 趙曉明：《西漢宣帝本始五年再探》，《青海金融》2007 年第 S1 期。

例 113

☐燕山夫病死,二月丙申盡壬寅,積七日食,還入。

(居延 271.23)

例 114

☐炅(熱),腸辟死

(居延 462.1)

例 115

☐二月甲申病,膝靡(癱)種(腫),丙巳久。

(居延 311.8)

按,丙巳,似有誤。久,通灸。

例 116

☐□□□□同郡縣石里陳横,迺七月己卯☐ ☐□縣南首□偃口吟,目窅,手捲,足展,身完,毋兵刃木索☐

(居延 562.15)

例 117

☐廬舍,以買棺塚地,治喪葬貍,有餘田二頃,禾麥稼度☐

(居延 564.10)

按,此簡爲邊境地區居民料理喪事的一個側記。

例 118

☐□□陽□□里□□□□□□病頭,寒炅(熱),不能飲☐吟,手卷,足展,衣白單□□□□取布袍長裹各一領,布複襌☐□衣,診視毋木索兵刃處□□□審。它如爰書,敢言之。

☐之

(居延 27.1A+B)

按,這是一件勘驗死者遺體的文書。先記死者籍貫姓名,再記患病情況,再記遺體樣貌,特别記到未見外加暴力捆綁殺傷的現象,這是區别病故、自殺與他殺的主要依據。

例 119

居延候官定居隧長王食告曰:載肩水吏逐亡卒,它毋所過,邸並河□□□☐

(居延 41.35)

按,此簡已殘損,不能盡知其詳,從殘文推測,這是一起事故的報告。居延候官定居隧長在帶領肩水吏追逐逃亡戍卒時發生了翻船事故,很可能導致了肩水吏的傷亡。這種執行任務過程中的死傷,也是屯戍士卒生活中經常發生的事。

例 120

☑三月丁巳病死,盡晦滅

(居延新簡 EPC:23)

例 121

☑正月旦病,持辟病居三堠下盧中死

(居延新簡 E.P.F22:655)

例 122

馮黨書幸致君辱辱幸臨賜謁都護,會聞病泄數日,不以故□□□□以郵行,君辱幸臨賜謁大都護丞,即愛忍,辟小人,奉言□

(馬圈灣漢簡 79.D.M.T8:7)

例 123

第十七候長使吏輸死卒馮未央,裘絝袜履……

(居延新簡 EPT2:8)

按,戍卒馮未央不幸亡故後,他所在的第十七部候長着令官吏們將馮未央身前所穿衣物裘、絝、袜、履四物整理出來。

例 124

遣尉史承禄齎七月吏卒病九人飲藥有廖(瘳)名籍詣府,會八月旦。 •一事一封。

(居延 311.6)

按,患病吏卒及經服藥康復的名册要上交郡府,應爲當時辦事程式。

例 125

史馮貴之,始元二年正月假一傳信,迎罷戍田卒,溺死,亡傳信。外第十五。

(懸泉Ⅱ90DXT0113⑥:4)

按,此簡是記一名士吏在執行任務(迎接完成屯墾任務回鄉的田卒)過河時被淹死,他領取的傳信也丢失了。始元是西漢昭帝劉弗陵年號,二年是公元前85年。

例 126

重追木中隊(隧)長徐忠同産姊不幸死,寧日,盡移居延。一事一封。正月丙戌,尉史忠封。

(居延新簡 E.P.T50:9)

例 127

☑六日病傷臟,藥十齊(劑)□☑

(居延新簡 E.P.T9:3)

按,"傷臟",簡牘僅見,義不明。

例 128

□藥卅齊(劑),不偷(瘉),至八月己☑

☑□酉,卒夏同予藥二齋(劑),少俞(瘉)。

(居延新簡 E.P.T52:228)

按,此簡似記醫生對患病士卒投藥治療的效用。前者用藥三十劑而不瘉,下殘斷,該病員似凶多吉少。

例 129

☑一分,栝樓、菆眯四分,麥丈句厚付各三分,皆合和以方寸匕取藥一,置杯酒中飲之,出矢鍭

(居延新簡 E.P.T56:228)

按,本文未收單純的藥方,士吏身處戍邊前綫,此簡似記"出矢鍭"實用方。

例 130

第七隧卒魏郡館陶□里孫□□□温,飲藥三齊(劑)。

(居延新簡 E.P.T56:367)

例 131

☑皆父且,以淳酸漬之,壹宿

☑費藥成浚去宰(滓),以酒飲

(居延新簡 E.P.S4T2:65)

按,"父且",即"㕮咀",一種將藥物切碎加工的方法。《靈樞經·壽夭剛柔》:"凡四種,皆㕮咀,漬酒中。"《廣韻·語韻》:"咀,㕮咀,脩藥也。"顧漫、周琦《天回

醫簡〈和濟湯法〉中幾個製藥的動詞》,[①]對"㕮咀"有詳細考證。他們指出,李時珍引李杲説:"㕮咀,古制也,古無鐵刃,以口咬細,煎之。今人以刀剉細爾。"(《本草綱目・陶隱居名醫别録分劑法則》)實則结合傳世文獻及出土文獻加以探討,"㕮咀"乃是對藥物粗擣細切飲片化的加工過程。此簡述藥物加工方法,需切碎,用酸醋浸泡,須"費",疑讀爲"潰",用爲"滰",即將渣滓過濾留下藥液。"宰",通"滓"。

例 132

〼卯第廿三候長
〼頭廘(痛),庚寅有瘳(瘳)。

(居延新簡 E.P.T10:9)

例 133

〼辰朔壬午,士吏偳叩頭死罪敢
〼傷寒,日加侚,頭痛,煩懣,未
〼□白發

(居延新簡 E.P.T51:201A+B)

按,此爲士吏偳對某人病情的報告。"加侚",似有"加重"之意。

例 134

〼拜請〼
〼苦近善毋恙,□〼到亭傷汗(寒),元困蜀益……□不敢
〼□君問亟願□〼有日遣使廩,須得以自振

(額濟納 99 ES16ST1:15A)

按,此爲書信提及患病。

例 135

陽朔四年三月壬申,第十二〼
受□□故爲病卒市藥未〼

(額濟納 99 ES6ST1:18A)

按,此簡提到"爲病卒市藥",可見當時存在着藥物的買賣市場,有賣才有買。

① 顧漫、周琦:《天回醫簡〈和齊湯法〉中幾個製藥的動詞》,《出土文獻研究》第 19 輯。

例 136

鴻嘉元年正月乙酉朔丁未，敦煌高聖爲戍卒市藥三輔安定郡中□

（Ⅱ90DXT0112①：5＋Ⅰ90DXT0111S：29＋Ⅱ90DXT0111①：349）[①]

按，鸿嘉，爲漢成帝劉驁年號，元年爲公元前 20 年。“爲戍卒市藥三輔安定郡”，不知是要治什麽病、買什麽藥，如此大費周章。“高聖”爲何許人亦不得而知。本簡留下許多懸念。

例 137

☐史輔自言：候長憲傷隧長忠₌（忠，忠）自傷，憲不傷忠，言□·一事一封。

（居延 43.27＋143.32＋143.33）

按，此簡應是一件法律文書，其中説到候長憲與隧長忠争鬥，隧長忠負傷，文書説候長憲並没有傷到隧長忠，是忠自殘致傷。

例 138

□鬭，以劍刃刺傷乙左脾一所。

（居延 T17N23＋T17N2）

按，此簡也是士吏戍卒間内鬥造成傷害的案例，動刀動劍，乙的左脾被刺傷一處。

（三）槥櫝

戍邊吏卒亡故後，遺體須收斂於槥櫝運回原籍安葬。《漢書·高帝紀下》“八年冬……十一月，令士卒從軍死者爲槥，歸其縣，縣給衣衾棺葬具”，顏注引應劭曰：“小棺也，今謂之櫝。”又引臣瓚曰：“……《金布令》曰：不幸死，死所爲櫝，傳歸所居縣，賜以衣棺也。”師古曰：“初爲槥櫝，至縣更給衣及棺，備其葬具耳，祠以少牢，長吏視葬。”今出土簡牘更增添新資料。嶽麓秦簡有槥櫝制度令文，知漢制因循秦制，十分可貴。

例 1

·内史：吏有秩以下，□□□□□□爲縣官事而□死所縣官，以縣官木爲槥，槥高三尺，廣一尺八寸，袤六尺，厚毋過二寸。毋木者，爲賣（買），出之，善密緻其槥，以枲堅約兩敦（檄），勿令解絶。

（《嶽麓四》364 正/0527 正）

---

① 姚磊：《〈懸泉漢簡（貳）〉綴合札記（五）》，簡帛網，2021 年 11 月 29 日，www.bsm.org.cn/?hanjian/8505.html。

按,該令所述由官家制作的櫓櫝形制規格,合今制長約 1.39 米,高约 0.7 米,寬约 0.4 米,厚度不超過 5 釐米,确实是很小的薄皮棺材。值得注意的是,秦令規定由官家提供櫓櫝者,是"吏有秩以下",是"爲縣官事而□死所縣官"。這與漢代因参戰死亡而改爲將遺體以櫓櫝收斂,還是有很大不同的。

例 2

制詔相國、御史,諸不幸死家在關外者,關發索之,不宜,其令勿索,具爲令。相國、御史請關外人宦、爲吏若徭使、有事關中,不幸死,縣道各屬所官謹視收斂,毋禁物,以令若丞印封櫝櫓,以印章告關,關完封出,勿索。櫝櫓中有禁物,視收斂及封者

(《張家山漢簡·二年律令·津關令》)

按,《二年律令·津關令》規定,關外人爲吏或徭使有事關中而死,遺體收斂入櫓櫝,爲防止夾帶違禁物品出關,需對櫓櫝嚴格查驗,用令丞印章封緘,並告知關卡。關卡核檢封印完好即可免查,否則……

例 3

出□□□□卒貸黨病死,買櫓櫝一具。直(值)。始建國天鳳一年六月乙亥,掾常付不侵候長蕭□

(居延新簡 EPT5:50)

按,始建國天鳳一年,爲公元 14 年。戍卒黨因病去世,不侵部屬甲渠候官,此簡應爲甲渠候官的掾常按規定給不侵部的候長付錢,以購買裝殮死者的小棺。

例 4

複袍一兩,破蓋苑一,白布襜褕一領,白布單衣一領,皁複絝一兩,白革履一兩。右在官。白布巾一,白布單絝一兩,右在櫓中。

(居延 206.23)

按,戍卒去世後,遺物如兵器及原來由官方發給的衣物,收歸官府,另一部分個人衣物則放置於小棺裏帶回老家。

例 5

茭錢六百一十九,櫓錢二百,死卒錢二百卅。·凡千卌九。

(居延 261.13B,261.27B)

按,戍卒去世後,按漢代法律規定,發給死者家屬用於購買茭草飼料錢六百一十九、小棺錢二百、死者家屬撫恤錢二百三十。

例 6

☐壽王敢言之。戍卒巨(鉅)鹿郡廣阿臨利里潘甲疾温不幸死,謹與☐□楷櫝,參絜堅約,刻書名縣爵里楷敦,參辨券書其衣器,所以收

(居延 7.31)

按,運送遺體之楷櫝,要捆扎三道綁定,在小棺端首刻寫死者爵級姓名縣里,用叁辨券書寫所附衣物器具。

例 7

☐月簿,餘楷櫝六具,帛六匹,經枲

(居延 176.54)

例 8

·甲渠候官五鳳四年戍卒病不幸死,用楷櫝帛枲致

(居延 267.4)

按,五鳳四年爲公元前 54 年。

例 9

☐六月簿餘楷櫝六具

(居延乙附 19)

例 10

戊辰朔丙子,甲渠塞尉元移,南陽新野埻東里瞿諸病死,爲楷一櫝,書到☐報取如律令。

(居延 157.20A)

例 11

楷櫝毋減六具,謹☐

(居延 190.38)

按,據前列簡牘資料可知,各隧應有六具楷櫝儲備,此簡强調不應少於六具,可證各隧存儲定數爲六。

例 12

入竟寧元年楷櫝錢二千二百

責錢六百

(居延新簡 E.P.T59∶392)

按，竟寧，是漢宣帝劉奭年號，元年是公元前 33 年。此簡記棤櫝價格爲二千二百錢，應該説也不是很便宜。

（四）太醫官醫

例 1

醫偃√博皆以請詔，治龜兹王絳賓病，滿五歲，咸以十二月乙未朔甲戌□敦煌……詔書爲駕□□軺傳共載。建昭元年□敦煌以次爲駕當舍傳舍從……

（懸泉Ⅱ90DXT0216②：767）

按，此簡涉及漢朝太醫奉詔到龜兹國爲龜兹王絳賓治療五年之事。簡文記建昭元年(前 38)路過懸泉，按出國滿五年計，其去國應在永光元年。永光，是漢元帝劉奭年號，元年爲公元前 43 年。

例 2

永始四年，九月中，太醫過懸泉。

（懸泉Ⅱ T0111①：51）

按，此簡亦是漢朝太醫過懸泉赴西域的記載。永始爲漢成帝劉驁年號，四年爲公元前 13 年。

例 3

臨木候長報官醫張卿，卿前許爲問事，至今未蒙教

（居延 157.28）

按，"官醫"，在出土簡牘中僅見。

本文介紹的出土簡牘所見秦漢疾病醫藥與死亡，是一個資料性的内容，希望供讀者瞭解這些材料，並通過對這些材料的解析，使讀者對秦漢社會的方方面面有比較翔實真切的瞭解。出土簡牘，常常殘損，文字殘闕不全，但是，它們是第一手的，未經後人編改修訂，因此也具有傳世文獻所没有的優勢。我們在研究工作中，將出土的地下材料與傳世文獻結合在一起考量分析，一定能取得更好的成果。還應當特别指出的是，我們"集成"的秦漢簡牘疾病醫藥死亡的資料，對於瞭解當時的社會現實生活也具有非常重要的意義，這些具體入微的材料，讓我們真切地看到一個生動鮮活有血有肉的秦漢社會，尤其是底層社會的方方面面。

参考文獻

睡虎地秦墓竹簡整理小組：《睡虎地秦墓竹簡》，文物出版社，1990 年。

武漢大學簡帛研究中心等:《秦簡牘合集》,武漢大學出版社,2014 年。

簡牘整理小組:《居延漢簡》,“中研院”歷史語言研究所專刊之一〇九,2014—2017 年。

甘肅文物考古研究所等:《居延新簡:甲渠候官與第四隧》,中華書局,1994 年。

張家山二四七號漢墓竹簡整理小組:《張家山漢墓竹簡(二四七號墓)》,文物出版社,2006 年。

荆州博物館編,彭浩主編:《張家山漢墓竹簡(三三六號墓)》,文物出版社,2022 年。

長沙文物考古研究所等編:《五一廣場東漢簡牘(壹)—(捌)》,中西書局,2018—2023 年。

陳松長主編:《嶽麓書院藏秦簡》,上海辭書出版社,2010—2022 年。

陶安:《嶽麓秦簡〈爲獄等狀四種〉釋文注釋》,上海辭書出版社,2021 年。

甘肅文物考古研究所:《敦煌漢簡》,中華書局,1991 年。

張德芳:《敦煌馬圈灣漢簡集釋》,甘肅文化出版社,2013 年。

孫占宇:《居延新簡集釋》,甘肅文化出版社,2016 年。

張德芳:《敦煌馬圈灣漢簡集釋》,甘肅文化出版社,2013 年。

孫占宇:《天水放馬灘簡集釋》,甘肅文化出版社,2013 年。

田河:《武威漢簡集釋》,甘肅文化出版社,2020 年。

甘肅簡牘博物館等:《懸泉漢簡(壹—叁)》,中西書局,2019—2023 年。

敦煌市博物館、甘肅簡牘博物館等編:《玉門關漢簡》,中西書局,2019 年。

甘肅簡牘博物館、甘肅省文物考古研究所等編:《肩水金關漢簡》,中西書局,2011—2016 年。

甘肅簡牘博物館、甘肅省文物考古研究所等編:《地灣漢簡》,中西書局,2017 年。

魏堅主編:《額濟納漢簡》,廣西師範大學出版社,2005 年。

孫家洲主編:《額濟納漢簡釋文校本》,文物出版社,2007 年。

湖南省文物考古研究所編著:《里耶秦簡(壹)—(貳)》,文物出版社,2012 年、2018 年。

陳偉編:《里耶秦簡校釋》,武漢大學出版社,2012 年。

張雷:《秦漢簡牘醫方集注》,中華書局,2018 年。

湖南省博物館、復旦大學出土文獻與古文字研究中心編纂,裘錫圭主編:《長沙馬王堆漢墓簡帛集成》,中華書局,2014 年。

北京大學出土文獻與古代文明研究所編:《北京大學藏秦簡牘》,上海古籍出版社,2023 年。

天回醫簡整理組編著:《天回醫簡》,文物出版社,2023 年。

北大秦簡《五帝領日占聞》解析

——利用圖文轉換思維解析數術文獻之三

程少軒

南京大學文學院

"古文字與中華文明傳承發展工程"協同攻關創新平臺

北京大學藏秦簡《日書雜抄》中有一篇整理者命名爲《五帝領日占聞》[①]的竹書，抄寫在17支簡上，竹簡編號爲簡38至簡54。[②] 該篇除簡48和簡50上端略有殘損，個别竹簡簡首之字殘泐外，基本保存完整。2018年12月，承該篇整理者陳侃理先生邀請，筆者與劉樂賢、晏昌貴、楊澤生諸位先生同赴北大讀簡，並對該篇的整理提出了一些意見。在讀簡過程中，筆者提出，該篇竹書據以抄寫的底本應該是一張表格，而底本的表格則應該是據一幅數術圖像轉抄的。這爲筆者"利用圖文轉換思維解析數術文獻"的研究方法提供了一個很好的例子。2023年，《北京大學藏秦簡牘》終於由上海古籍出版社出版刊行。筆者將舊有想法整理成文，詳細談談《五帝領日占聞》的轉抄過程。

《五帝領日占聞》文字如下（筆者根據自己的理解，對文字及標點有較多校改）：

> 甲子、乙丑、丙寅、丁卯、戊辰、己巳。●聞憂，不憂；聞喜，不喜；聞兵，不行。38
>
> 《日》。大（太）睪（皞）。庚午、辛未、壬申、癸酉。●聞憂，終吉；聞喜，不長；聞兵，不至寇地，東。39
>
> 甲戌、乙亥。●聞憂，終吉；聞喜，不長；聞兵，行至寇地，不戰。40

---

① 北京大學出土文獻與古代文明研究所編：《北京大學藏秦簡牘》，上海古籍出版社，2023年，第283—284頁。

② 筆者認爲最末兩簡，即簡53和簡54，不應屬於《五帝領日占聞》，而是兩個以十天干爲基礎的相對獨立的選擇術小短篇。故本文討論《五帝領日占聞》時略去此兩簡内容。

丙子、丁丑、戊寅、己卯、庚辰、辛巳。●聞憂，不憂；聞喜，不喜；聞兵，不行。41

赤適(帝)。壬午、癸未、甲申、乙酉。●聞憂，終吉；聞喜，不長；聞兵，不至寇地。南。42

丙戌、丁亥。●聞憂，終吉；聞喜，不長；聞兵，行至寇地，不戰。43

戊子、己丑、庚寅、辛卯。●聞憂₌(憂，憂)；聞喜₌(喜，喜)；聞兵，必鄲〖₌(戰，戰)〗必央(殃)。44

黄適(帝)。壬辰、癸巳、甲午、乙未。●聞憂₌(憂，憂)；聞喜₌(喜，喜)；聞兵，必鄲〖₌(戰，戰)〗必央(殃)。下中華。45

丙申、丁酉、戊戌、己亥。●聞憂₌(憂，憂)；聞喜₌(喜，喜)；聞兵，必鄲〖₌(戰，戰)〗必央(殃)。46

庚子、辛丑、壬寅、癸卯、甲辰、乙巳。●聞憂，不憂；聞喜，不喜；聞兵，不行。47

【小(少)睪(皞)。丙午、丁未、戊申、】己酉。●聞憂，終吉；聞喜，不長；聞兵，{行}不至寇地。西。48

庚戌、辛亥。●聞憂，終吉；〖聞喜，不長〗；聞兵〖行〗至寇地，不鄲(戰)。49

【壬子、癸】丑、甲寅、乙卯、丙辰、丁巳。●聞憂，不長〈憂〉；聞喜，不喜；聞兵，不行。50

【顓】區(頊)。戊午、己未、庚申、辛酉。●聞憂，終吉；聞喜，不長；聞兵，不至寇地。北。51

壬戌、癸亥。●聞憂，終吉；聞喜，不長；聞兵，〖行〗至寇地，不鄲(戰)。52

(*最末兩簡略去)

竹書内容是將六十甲子干支按“五子”分爲五組，分别由東方太皞、南方赤帝、中央黄帝、西方少皞、北方顓頊五帝統屬，並配以相應的占驗之辭。

首先説簡文據以抄寫的底本是一張表格。《五帝領日占聞》的干支與占辭之間，以“●”符號隔開。在簡帛數術文獻中，出現“●”符號的，常常是起到提示内容可以分欄的作用，此時的“●”符號，作用與今日電腦中的 Table 符頗爲類似。簡文中的五帝之名，並未抄寫在各自統屬的第一支簡上，而是抄寫在第二支簡，也就是各自統屬的中間之簡上。這也提示我們，五帝之名在底本中本不與各自統屬的干支混抄，而是抄在各自統屬的三欄干支之上，單列一格。抄手在轉抄時簡單地將表格省略，故而五帝之名才與各自第二欄的干支混抄在一起。該篇的章題“日”字，也没有抄寫在首簡簡首，而是抄在第二支簡的“大(太)睪(皞)”之上。這説明本來“日”字也是單獨抄在一格，位於單列之表格靠右的位置。抄手很可能是未能理解“日”爲章題，遂徑將此字與“大（太）罩（皞）”部分内容混抄。準此，則《五帝領日占聞》底本當如下表（表1）：

表1

日

耑區			小罩			黃適			赤適			大罩		
壬戌 癸亥	戊午 己未 庚申 辛酉	壬子 癸丑 甲寅 乙卯 丙辰 丁巳	庚戌 辛亥	丙午 丁未 戊申 己酉	庚子 辛丑 壬寅 癸卯 甲辰 乙巳	丙申 丁酉 戊戌 己亥	壬辰 癸巳 甲午 乙未	戊子 己丑 庚寅 辛卯	丙戌 丁亥	壬午 癸未 甲申 乙酉	丙子 丁丑 戊寅 己卯 庚辰 辛巳	甲戌 乙亥	庚午 辛未 壬申 癸酉	甲子 乙丑 丙寅 丁卯 戊辰 己巳
聞憂終吉 聞喜不長 聞兵行至寇地不鄲	聞憂終吉 聞喜不長 聞兵不至寇地	聞憂不憂 聞喜不喜 聞兵不行	聞憂終吉 聞喜不長 聞兵行至寇地不鄲	聞憂終吉 聞喜不長 聞兵不至寇地	聞憂不憂 聞喜不喜 聞兵不行	聞憂= 聞喜= 聞兵必鄲= 必央	聞憂= 聞喜= 聞兵必鄲= 必央	聞憂= 聞喜= 聞兵必鄲= 必央	聞憂終吉 聞喜不長 聞兵行至寇地不戰	聞憂終吉 聞喜不長 聞兵不至寇地	聞憂不憂 聞喜不喜 聞兵不行	聞憂終吉 聞喜不長 聞兵行至寇地不戰	聞憂終吉 聞喜不長 聞兵不至寇地	聞憂不憂 聞喜不喜 聞兵不行
	北			西			下中華			南			東	

下面再説《五帝領日占聞》底本的表格爲何是據一幅數術圖像轉抄的。

該篇竹書所見“五帝”爲大（太）罩（皞）、赤適（帝）、黃適（帝）、小（少）罩（皞）、顓區（項）。

五帝統攝之干支則按“五子”分爲甲子、丙子、戊子、庚子、壬子五組。以“五子”分布的數術，不少是有圖的，例如周家臺秦簡的《五子占》和周家寨漢簡的《五龍》，如下圖(圖 1、圖 2)：

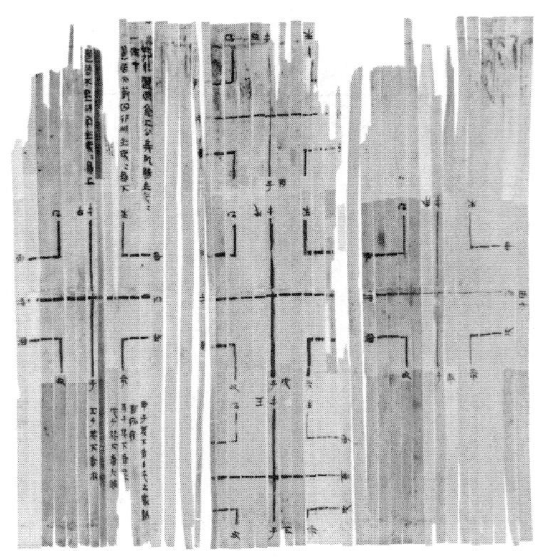

圖 1　周家臺秦簡《五子占》①

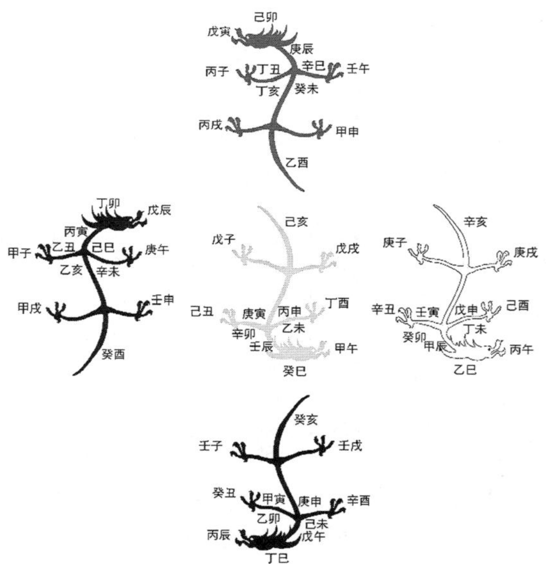

圖 2　周家寨漢簡《五龍》復原圖②

① 武漢大學簡帛研究中心、荆州博物館編，陳偉主編：《秦簡牘合集[叁]・周家臺木牘嶽山秦墓木牘》，武漢大學出版社，2014 年，第 153 頁。

② 程少軒、凡國棟、羅運兵：《周家寨漢簡日書〈五龍〉研究》，《中山大學學報(社會科學版)》2022 年第 6 期，第 41—45 頁。

而以五帝統攝五子干支的數術圖像，當以馬王堆帛書《刑德小游圖》爲典型，如《刑德》乙篇和《刑德》丙篇兩種《刑德小游圖》如圖 3、圖 4：

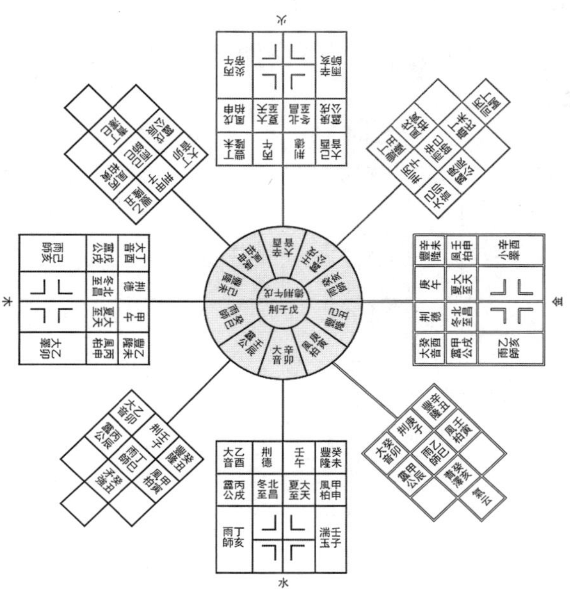

圖 3 《刑德》乙篇《刑德小游圖》復原圖①

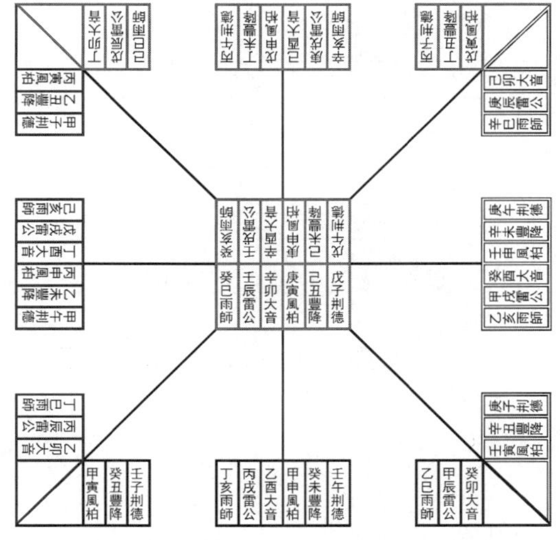

圖 4 《陰陽五行》乙篇《刑德小游圖》復原圖②

---

① 程少軒：《馬王堆帛書〈刑德〉、〈陰陽五行〉諸篇圖像復原》，《練祁研古：上海練祁古文字研究中心集刊》第 1 輯，中西書局，2018 年，第 148—192 頁。

② 程少軒：《馬王堆帛書〈刑德〉、〈陰陽五行〉諸篇圖像復原》，《練祁研古：上海練祁古文字研究中心集刊》第 1 輯，第 148—192 頁。

五帝統屬的干支各 12 個，但除了中央黄帝三支簡的干支是每簡 4 個外，東、南、西、北四帝的干支在三支簡中均呈 6、4、2 等差數列分配。類似的干支排列方式，還見於秦漢簡"日書"《艮山圖》、孔家坡漢簡《天牢圖》和北大漢簡《居官圖》等。筆者將這類數術稱爲"衰分數術"。[①]"衰分數術"往往抄寫在以梯形爲基礎的數術圖像上，例如《艮山圖》完整復原圖如圖 5：

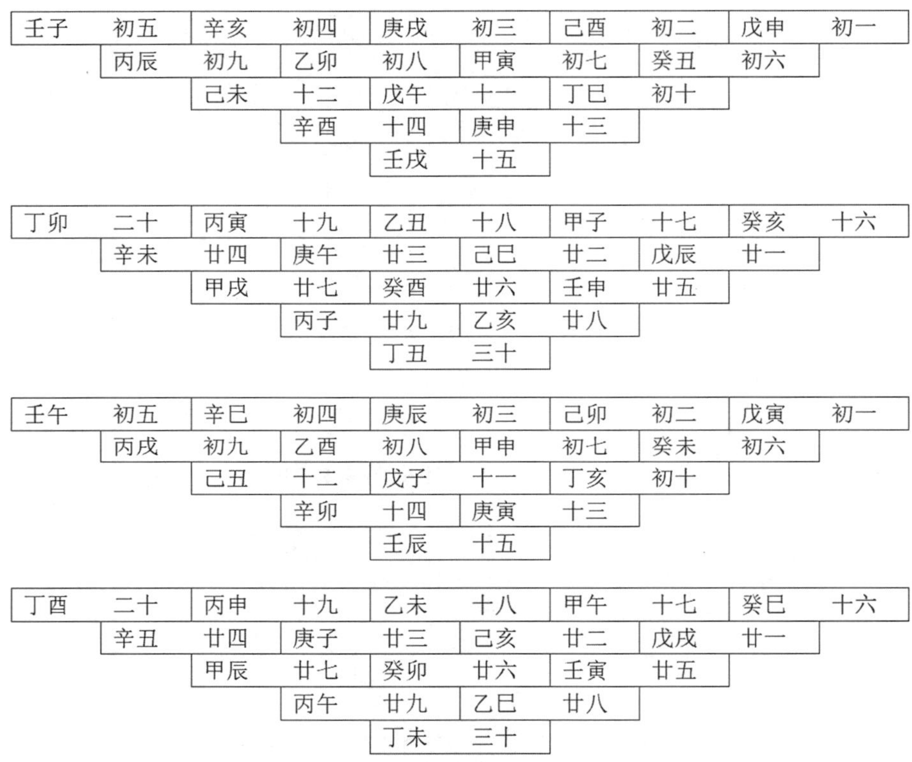

壬子	初五	辛亥	初四	庚戌	初三	己酉	初二	戊申	初一
	丙辰	初九	乙卯	初八	甲寅	初七	癸丑	初六	
		己未	十二	戊午	十一	丁巳	初十		
			辛酉	十四	庚申	十三			
				壬戌	十五				

丁卯	二十	丙寅	十九	乙丑	十八	甲子	十七	癸亥	十六
	辛未	廿四	庚午	廿三	己巳	廿二	戊辰	廿一	
		甲戌	廿七	癸酉	廿六	壬申	廿五		
			丙子	廿九	乙亥	廿八			
				丁丑	三十				

壬午	初五	辛巳	初四	庚辰	初三	己卯	初二	戊寅	初一
	丙戌	初九	乙酉	初八	甲申	初七	癸未	初六	
		己丑	十二	戊子	十一	丁亥	初十		
			辛卯	十四	庚寅	十三			
				壬辰	十五				

丁酉	二十	丙申	十九	乙未	十八	甲午	十七	癸巳	十六
	辛丑	廿四	庚子	廿三	己亥	廿二	戊戌	廿一	
		甲辰	廿七	癸卯	廿六	壬寅	廿五		
			丙午	廿九	乙巳	廿八			
				丁未	三十				

圖 5　《艮山圖》復原圖表[②]

而四套梯形圖像，可以組合成爲方形圖，例如北大漢簡《居官圖》復原圖像如圖 6：

---

① 程少軒：《六十甲子衰分數術考》，《出土文獻與古文字研究》第 4 輯，上海古籍出版社，2011 年，第 433—448 頁。

② 程少軒：《六十甲子衰分數術考》，《出土文獻與古文字研究》第 4 輯，第 433—448 頁。

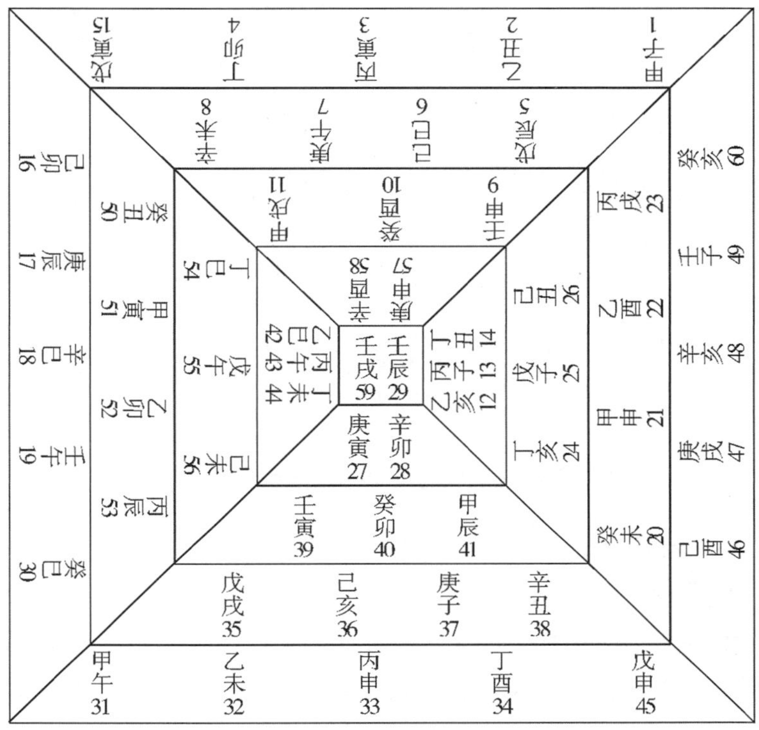

圖 6 《居官圖》復原圖①

即便是上文復原出的底本表格,其格局仍然是不自然的,因爲四方各帝所攝干支,排布呈梯形,並不整飭。表格並不是這種數術文獻原始的編纂狀貌。

五方各帝所攝之簡的占辭,在筆者校改誤抄文字後,在内容上呈現出明顯的一致性。東南西北四方帝第一簡 6 干支、第二簡 4 干支、第三簡 2 干支分别對應的占辭是相同的,中央黄帝三簡的占辭也完全一樣。這些相同的占辭,在最原始的文本中,很可能依靠文本的格局,只需要抄一遍。參照以上列舉各種圖像,不難想象出,《五帝領日占聞》本來應該是一幅正方形的圖。筆者將這幅圖像作推測性復原如下(圖 7):

① 李零:《中國最早的"升官圖"——説孔家坡漢簡〈日書〉的〈居官圖〉及相關材料》,《文物》2011 年第 5 期,第 68—79 頁。

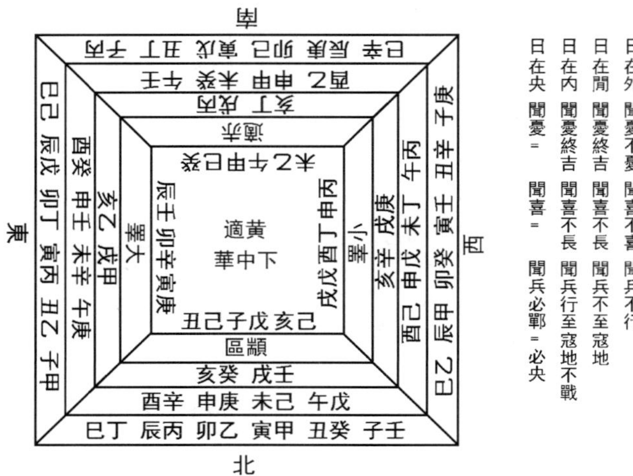

圖 7 《五帝領日占聞》推測復原圖

數術文獻由圖表轉至純文本,是一個"降維"的過程。"降維"會損失部分信息,特別是位置信息,使得數術文獻晦澀難懂。對北大秦簡《五帝領日占聞》背後表格與圖像的推測性復原,是利用圖文轉换的思維方法,對純文本的數術文獻作"升維"處理。"升維"復原出的數術文獻,信息更爲完整,可以幫助我們更好地理解數術文獻編纂的原理和過程。

長沙興漢門古井出土木片俑及其功能試論

陳松長　張天度

湖南大學嶽麓書院

"古文字與中華文明傳承發展工程"協同攻關創新平臺

2011年,在長沙發現了一批漢代木片俑(文獻中或稱之爲"木象人"),木牒、木片以及一只漢代陶罐,其罐口還殘存着纏繞的麻繩,罐内也發現了木片俑、木牒及其他木片。通過調查走訪得知,該批木片俑等文物出自長沙泊富國際廣場地産項目施工工地,該工地位於今長沙市開福區湘春路與蔡鍔路交界處,在宋至明清時期長沙城興漢門外,此地距漢代長沙城[①]北城牆約1公里,距馬王堆漢墓4公里,距離湘江岸邊2公里(見圖1),從圖上可見,馬王堆漢墓與興漢門之間的連綫與湘江河岸幾近垂直,且平行於西漢時長沙城的南北城牆。

長沙市考古研究所於2010年5月至11月對泊富國際廣場工地開展了考古工作,出土了一批宋元明清時期的文物,並挖掘到宋代護城河遺址,宋代以下地層文化堆積不明顯,考古工作者未繼續清理。通過與現場工人溝通瞭解到:項目施工單位,在考古完成後的宋代地層以下,繼續向下挖掘地基,在地基施工過程中,工人發現了一口殘破的古井,在井中發現多枚木片俑以及一只裝有木片俑、木牒和其他各類木片的陶罐。

經長沙簡牘博物館鑒定,該批木片俑、木牒與木片(見圖2)以及陶罐的時代爲西漢時期,木人的材質爲杉木。經紅外綫拍照可見木片俑上殘存的墨迹(見圖4—6)。該陶罐現已入藏長沙簡牘博物館。該批木片俑、木牒與木片也將分别入藏長沙簡牘博物館與嶽麓書院中國書院博物館。

---

① 黄樸華主編:《長沙古城址考古發現與研究》,嶽麓書社,2016年,第55頁。

圖 1 兩漢長沙城,木片俑出土地興漢門,與馬王堆漢墓位置關係

圖 2 木片俑、木牒、木片與陶罐

一、出土材料概述

除木片俑以外,這批木片還有多種樣式(見圖 3 中示意圖),其中殘留有黑色磨痕和紅色朱砂痕迹的木片俑以及殘留有半圓形朱砂痕的木牘引起了我們的注意,因爲其中的木片俑(木象人)和木牘,可能就是馬王堆帛書《木人占》中所記録的占卜道具。木片大致可分爲以下 3 種類型: a 爲木片俑類,b 爲平角長木牒、帶符號木牒與木簡類,c 爲其他木片類。基於木片形制與殘留朱砂痕、墨痕,我們繪製了示意圖(見圖 3):

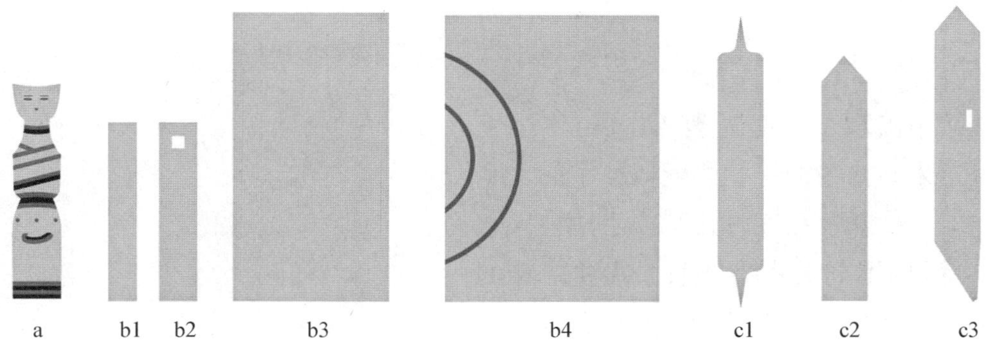

a：木片俑；b1：無字木片，b2：帶孔木片，b3：長木牒，b4：帶朱砂符號木牒；c1：雙頭尖角木片，c2：圭型木片，c3：斜切帶孔木片

圖 3　長沙興漢門徵集木片示意圖

(一) 木片俑

由圖 4 可見，木片俑整體呈片狀，由木片削切而成形，交領右衽，頭部爲倒梯形，其眼與眉毛均用一條較細的墨綫表示，口部用朱砂描畫，呈月牙彎形，並用朱砂描繪衣領，腰帶，裾緣。木象人的身上，用朱砂分割成爲多個區域，可以對應馬王堆《木人占》中占卜用木象人描述中的：頭，左目，右目，口，鼻，頤，頰，項，肩，背，心，腹，陰，臍。其木人的大小尺寸是：平均長：18.3 cm，頭寬：3.7 cm，頸部：1.7 cm，肩寬：4 cm，雙手部寬：3.8 cm，腰部：2.8 cm，下身寬：3.5 cm。

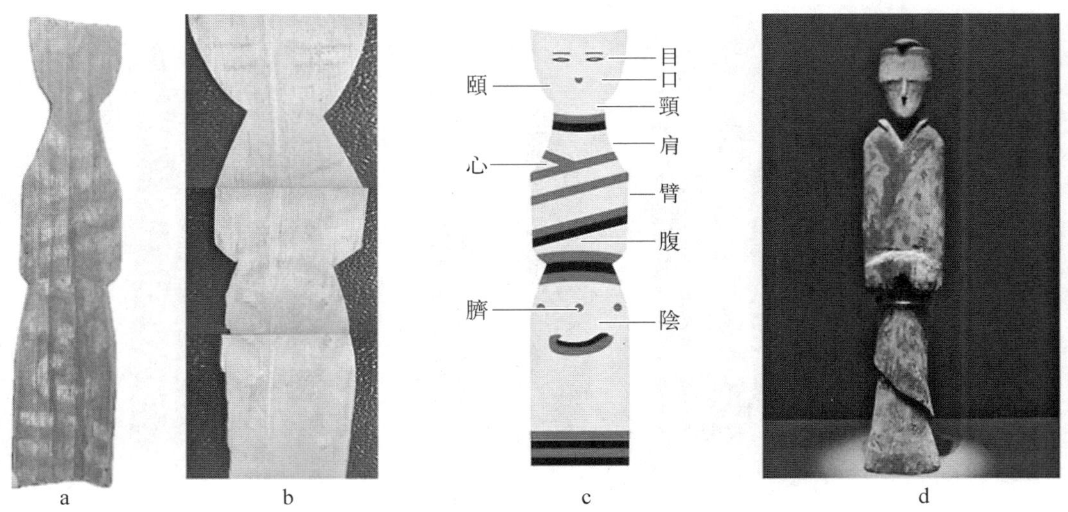

a. 長沙湘春路徵集“木象人”原物；b. 紅外綫顯墨設備下的木象人；
c. 結合朱砂殘痕與墨色殘痕繪製的木象人示意圖；
d. 長沙馬王堆漢墓出土木俑

圖 4　長沙興漢門出土“木片俑”與馬王堆漢墓出土木俑對比

(二) 木牒

陶罐中出現了一些斷裂的木牒，木牒上還殘存有朱砂描繪的符號與疑似數字的文字(見圖 5)。木象人和四寸之牒分别用於《木人占》中兩個不同的占卜流程：四寸之牒的占卜與時間相關，其解占方法相較投擲木人占更簡單，主要用於選擇占卜之吉時。如圖 5 中的木牘上，殘留有朱砂痕描繪的雙圈半圓，以及疑似中文“二”字的墨痕，與《木人占》17—18 列“書其日爲一牒”之描述相符。①

圖 5 長沙興漢門古井出土木牒實物圖

(三) 其他木片

除上述兩類木象人和木牒以外，另有 b1，b4，c1，c2，c3，三種平角與尖角木片(實物見圖 6)，我們推測，這些木片應該是放置於鑿地所形成的坎之上，是構築木牆的道具。其中 c1 類型尖角木片的尖角，可以插入 b2 與 c3 類型木片上的孔洞中，c1 類型尖角木片可能是用於固定坎(地上鑿出的坑道)上所放木片，組合成占卜空間的道具。

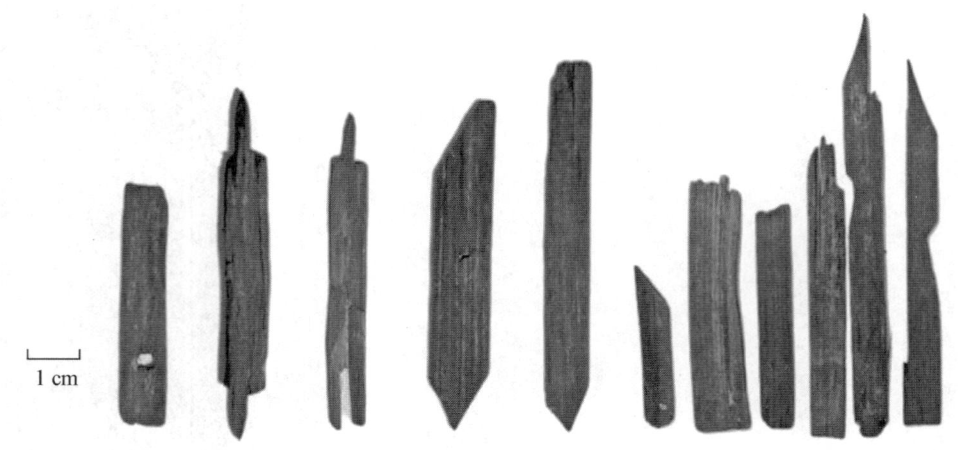

圖 6 其他木片

① 湖南省博物館、復旦大學出土文獻与古文字研究中心編纂，裘錫圭主編：《長沙馬王堆漢墓簡帛集成(伍)》，中華書局，2014 年，第 165 頁。

二、考古出土與文獻記録中的木人、木片俑

（一）考古出土與文獻記録中的木人

考古出土的先秦與秦漢時期木人，主要分爲圓雕的木俑和片狀的木片俑兩大類。考古發掘報告中指出，木人，常被稱爲木偶、偶人、梗等，最早被用於代替真人殉葬而造。在之後的演化過程中，伴隨着各種巫術、祝由術和方術的發展，逐漸演化出辟邪、壓勝、解注、代厄、詛咒等多種功能。[①] 我國考古出土最早的木俑，見於陝西韓城梁帶村西周芮國 M502 墓室四角二層臺上，[②]其不僅比文獻《孟子·梁惠王》篇中孔子所説"始作俑者"的年代早約 300 多年，還提示了自西周時期開始，已少見人殉與人牲，而以木俑代人。

木人被廣泛應用於先秦和秦漢時期的古代巫術和人形方術中，上至皇室貴族，下迄平民百姓無不受其影響。在漢武帝時，曾在政治上引發軒然大波的"巫蠱之禍"牽連到包括太子在内的數十萬人。[③] 人形方術的重要特點是將偶人或人的模擬物，[④]作爲施法工具。與其相關的考古材料之濫觴在新石器時代的遺址中可見，如在湖北天門鄧家灣遺址出土的石家河文化時期的紅陶偶人中，[⑤]可見背着祭祀用牙璋的紅陶偶人。西周時期逐步結束以活人代厄和祭祀之行爲，開始出現陶偶人與木偶人。東漢時期的道教文物中，常可見解注瓶中代厄，解注之鉛人[⑥]等，都是人形方術的典型例子。人形方術既包括替人代厄，擋災，患病的正向白巫術，也包含詛咒他人的負向黑巫術。其基本原理就是用木人，陶人或其他材質的偶人代替真人施以各類黑白巫術。

以木人或其他材質的人偶代替真人，行壓勝、解注、辟邪的巫術或人形方術，常見於東周到秦漢諸多傳世文獻中。如戰國文獻，清華簡《禱辭》簡七"敢獻元梗三人，可

① 陳槃：《漢晉遺簡識小七種》，上海古籍出版社，2009 年，第 79 頁。

② 孫秉君、張天恩等：《陝西韓城梁帶村墓地北區 2007 年發掘簡報》，《文物》2010 年第 6 期，第 4—20、97、1 頁。

③ （漢）班固：《漢書》，中華書局，1962 年，第 1337 頁。

④ 王育成：《中國古代人形方術及其對日本的影響》，《中國歷史博物館館刊》1997 年第 1 期，第 32—56 頁。

⑤ 《鄧家灣天門石家河考古報告之二》，《文物》2003 年第 12 期，第 91 頁。

⑥ 丁長芬、秦平：《昭通市博物館藏漢代早期道教代人俑》，《文物春秋》2020 年第 4 期，第 75—77 頁。

吏(使)可命,可吏(使)登於天",[①]"元梗三人"所指即是三具木偶。《禱辭》是與戰國時期與祭禱有關的祝辭,該文明確説明了使用"元梗"作爲貢品,將三個木偶貢獻給后稷氏。[②] 湖北雲夢縣睡虎地秦墓出土的秦簡《日書·詰篇》有:"人毋故鬼昔其宫,是是丘鬼。取故丘之土,以爲僞人犬,置牆上,五步一人一犬,環其宫。鬼來揚灰擊箕以噪之,則止。"用丘土做的"僞人",是一種土質偶人,此處用土偶人作爲替身,抵禦丘鬼的襲擾。[③] 兩漢時期的傳世文獻中,木人、木象人、偶人之記録更加常見,《史記》《漢書》《後漢書》《論衡》中均有大量記載。如東漢王允《論衡.亂龍篇》有:"李子長爲政,欲知囚情,以梧桐爲人,象囚之形,鑿地爲埳,以盧爲槨,卧木囚其中。囚罪正,則木囚不動;囚冤侵奪,木囚動出。不知囚之精神着木人乎?將精神之氣動木囚也?"[④]

(二)考古出土的木片俑

木片俑主要指有别於圓雕木俑,僅用薄木片修削成人形,再用墨筆繪製五官以及衣紋的人形木片。在考古報告中"木片俑"常被稱爲"異形木俑""片狀俑""辟邪俑""人形木簡"等。木片俑最早發現於戰國早期的楚地墓葬中,如湖北隨州曾侯乙墓,在西漢前期的楚地墓葬和西北烽燧遺址中亦有發現,最晚可延續到三國兩晉時期的西北烽燧和南方水井遺址中,消失的年代基本與竹簡消失的年代相同。部分學者認爲湖北宜陽曹家崗 M5 春秋晚期楚墓出土的木人爲最早的木片俑。筆者仔細研讀考古發掘報告後認爲該木俑殘損嚴重,從考古繪圖和文物描述來看,應爲圓雕木俑,而非木片俑。[⑤]

根據出土地點與木片俑形態進行統計分析,可將木片俑分爲西北系統與南方系統(見圖 7)。當然,南方出土的木片俑也存在來自西北系統的個例,如張家界古人堤出土"人面型木牌";[⑥]西北出土的木片俑,也存在少量來自南方系統之個例,如甘肅高臺 M10 出土的"木辟邪"。[⑦] 西北木片俑最主要的特徵是:底部尖鋭,可插入土中,其出

① 清華大學出土文獻研究與保護中心編,黄德寬主編:《清華大學藏戰國竹簡(玖)》,中西書局,2019 年,第 190 頁。

② 程浩:《清華簡〈禱辭〉與戰國禱祀制度》,《文物》2019 年第 9 期,第 56—59、2 頁。

③ 李天虹、華楠、李志芳:《胡家草場漢簡〈詰咎〉篇與睡虎地秦簡〈日書·詰〉對讀》,《文物》2020 年第 8 期,第 53—59 頁。

④ 黄暉:《論衡校釋》,中華書局,1990 年,第 697 頁。

⑤ 趙德祥:《當陽曹家崗 5 號楚墓》,《考古學報》1988 年第 4 期,第 455—500 頁。

⑥ 張春龍、胡平生、李均明:《湖南張家界古人堤遺址與出土簡牘概述》,《中國歷史文物》2003 年第 2 期,第 66—71 頁。

⑦ 趙吴成、周廣濟:《甘肅省高臺縣漢晉墓葬發掘簡報》,《考古與文物》2005 年第 5 期,第 16—28 頁。

土時多插於墓主人棺外的沙或土中，一般被認爲作辟邪之用。南方出土木片俑，底部水準，不尖鋭，其出土環境相對多樣化，大多出現在墓主人棺外槨内，也有出土於水井中者，其功能尚有争議，存在多種用途的可能。本文主要討論來自南方系統的木片俑。表1中，根據年代先後順序，較爲系統地整理了當前考古報告中所見戰國到秦漢時期南方出土的典型木片俑，共計150件。其出土地點主要分布在湖南、湖北、江蘇、廣東等省，以戰國秦漢時期的楚人與越人分布區爲主，可與楚人和越人重巫與淫祀之習俗相對應。

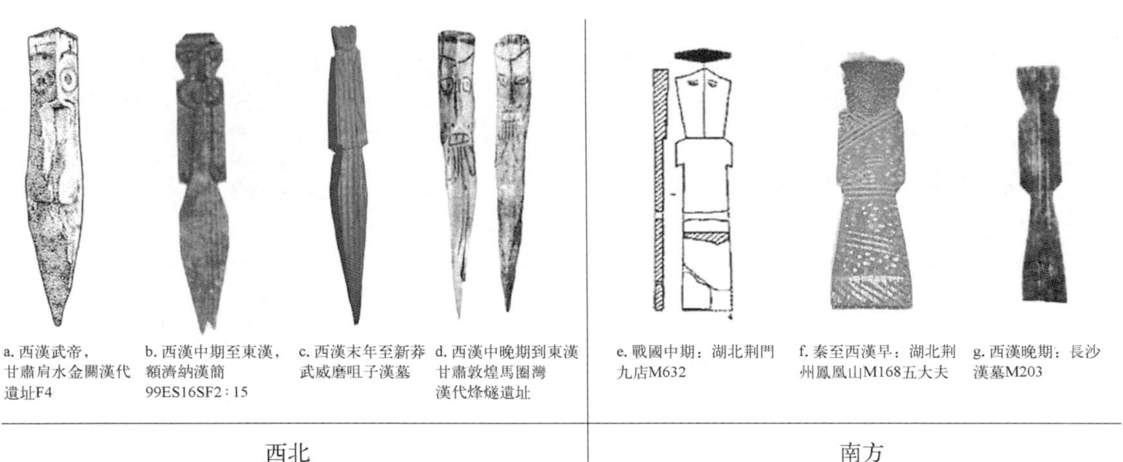

a. 西漢武帝，甘肅肩水金關漢代遺址F4　b. 西漢中期至東漢，額濟納漢簡99ES16SF2：15　c. 西漢末年至新莽武威磨咀子漢墓　d. 西漢中晚期到東漢甘肅敦煌馬圈灣漢代烽燧遺址

西北

e. 戰國中期：湖北荆門九店M632　f. 秦至西漢早：湖北荆州鳳凰山M168五大夫　g. 西漢晚期：長沙漢墓M203

南方

圖7　西北木片俑與南方木片俑對比

表1　中國南方地區出土戰國秦漢時期木片俑

年　代	出　土　地	數量	尺寸(cm)	數據來源
戰國早期	湖北隨州曾侯乙墓	1	高5.5，寬2.8	《曾侯乙墓》①
戰國中期	長沙楚墓M1023	3	高4，寬1.3	《長沙楚墓》②
戰國中期	湖北老河口安崗MI	4	高3.6，寬1.1	《湖北老河口安崗一號楚墓發掘簡報》③
戰國中期	湖北襄樊余崗M128	2	高19.2，寬2.4	《余崗楚墓》④

① 湖北省博物館編：《曾侯乙》，文物出版社，2023年。

② 湖南省博物館、湖南省文物考古研究所等：《長沙楚墓》，文物出版社，2000年。

③ 譚白明、劉九紅等：《湖北老河口安崗一號楚墓發掘簡報》，《文物》2017年第7期，第4—37頁。

④ 襄陽市文物考古研究所編著，王志剛主編：《余崗楚墓》，科學出版社，2011年。

續　表

年　代	出　土　地	數量	尺寸(cm)	數據來源
戰國中期	湖北江陵九店 M632	5	高 17.4,寬 3.5	《江陵九店東周墓》①
戰國中晚期	湖北荆門郭店 M1	16		《荆門郭店一號楚墓》②
戰國中晚期	湖北江陵馬山 M1	4	高 29.6	
秦到西漢早期	湖北江陵鳳凰山 M168 五大夫墓	15	高約 18,寬約 3.6	《湖北江陵鳳凰山一六八號漢墓發掘簡報》③
秦末漢初南越國時期	廣東廣州白雲區瑶臺柳園崗 M11	8		《1982 年廣州三元里瑶臺柳園崗南越國墓群》④
西漢早期	湖北江陵鳳凰山 M8,M10,M12	9		《湖北江陵鳳凰山西漢墓發掘簡報》⑤
西漢早期	湖北江陵張家山 M127,M136	3	高 17—22.5	《江陵張家山兩座漢墓出土大批竹簡》⑥
西漢早期	湖北江陵張家山 M247,M249	5		《江陵張家山三座漢墓出土大批竹簡》⑦
西漢早期	湖北荆州蕭家草場 M26	7	高 15.6,寬 3.2,厚 0.2	《關沮秦漢墓清理簡報》⑧

① 湖北省文物考古研究所編著:《江陵九店東周墓》,科學出版社,1995 年。

② 王傳富、湯學鋒:《荆門郭店一號楚墓》,《文物》1997 年第 7 期,第 35—48、98—99 頁。

③ 紀南城鳳凰山一六八號漢發掘整理組:《湖北江陵鳳凰山一六八號漢墓發掘簡報》,《文物》1975 年第 9 期,第 1—9 頁。

④ 韓維龍:《1982 年廣州三元里瑶臺柳園崗南越國墓群》,劉鋒總主編:《"一帶一路"沿綫國家殯葬文化名録和譜系(國内部分)·廣東卷》,科學出版社,2022 年。

⑤ 長江流域第二期文物考古工作人員訓練班:《湖北江陵鳳凰山西漢墓發掘簡報》,《文物》1974 年第 6 期,第 41—62 頁。

⑥ 院文清:《江陵張家山兩座漢墓出土大批竹簡》,《文物》1992 年第 9 期,第 1—11 頁。

⑦ 荆州地區博物館:《江陵張家山三座漢墓出土大批竹簡》,《文物》1985 年第 1 期,第 1—8 頁。

⑧ 彭錦華:《關沮秦漢墓清理簡報》,《文物》1999 年第 6 期,第 26—47、1、97—99 頁。

續 表

年　代	出　土　地	數量	尺寸(cm)	數據來源
西漢文帝時期	湖北荆州胡家草場 M12	1	高 12.5,厚 0.3	《湖北荆州市胡家草場墓地 M12 發掘簡報》①
西漢文帝時期	湖南長沙馬王堆 1 號墓	36	高 8—12	《長沙馬王堆一號漢墓》②
西漢文帝時期	湖南長沙馬王堆 3 號墓	2	高 16&26	《長沙馬王堆二、三號漢墓第一卷：田野考古發掘報告》③
西漢中晚期	江蘇盱眙東陽墓 M1,M6	10		《江蘇盱眙東陽漢墓》④
西漢晚期	長沙漢墓 M203	15	高 35.1,寬 34.7,厚 0.5	《長沙發掘報告》⑤
東漢中晚期	長沙尚德街 J575 古井	3	高 12.2、11.6,寬 3.6、3.8	《長沙尚德街東漢簡牘》⑥
東漢靈帝	長沙東牌樓古井 J7 -覃超人形木牘	1	高 24.1,寬 3.1	《長沙東牌樓東漢簡牘》⑦

三、長沙興漢門出土木片俑類型學分析

從表 1 中所列之 150 件木片俑中,依據年代先後順序,選取各個時期的典型木片俑爲代表依次排列,可得圖 8。整體而言,圖 8 所列之木片俑可分爲兩大類型,A 型：局部五觀雕刻類木片俑;B 型：純繪製類木片俑。A 型木片俑較爲少見,而 B 型木片俑從戰國中期到東漢都可見。B 型木片俑整體用薄木片刀削製成,使用朱砂或墨汁描繪木人五官,衣服與紋飾。因 A 型木片俑標本量較少,我們基於 B 型木片俑對木片俑

---

① 李志芳、蔣魯敬：《湖北荆州市胡家草場墓地 M12 發掘簡報》,《考古》2020 年第 2 期,第 3—20、2 頁。

② 湖南省博物館、中國科學院考古研究所編：《長沙馬王堆一號漢墓》,文物出版社,1973 年。

③ 何介鈞主編,湖南省博物館、湖南省文物考古研究所編著：《長沙馬王堆二、三號漢墓第 1 卷田野考古發掘報告》,文物出版社,2004 年。

④ 鄒厚本：《江蘇盱眙東陽漢墓》,《考古》1979 年第 5 期,第 412 頁。

⑤ 中國科學院考古研究所：《長沙發掘報告》,科學出版社,1957 年。

⑥ 長沙市文物考古研究所編：《長沙尚德街東漢簡牘》,嶽麓書社,2016 年。

⑦ 長沙市文物考古研究所、中國文物研究所編：《長沙東牌樓東漢簡牘》,文物出版社,2006 年。

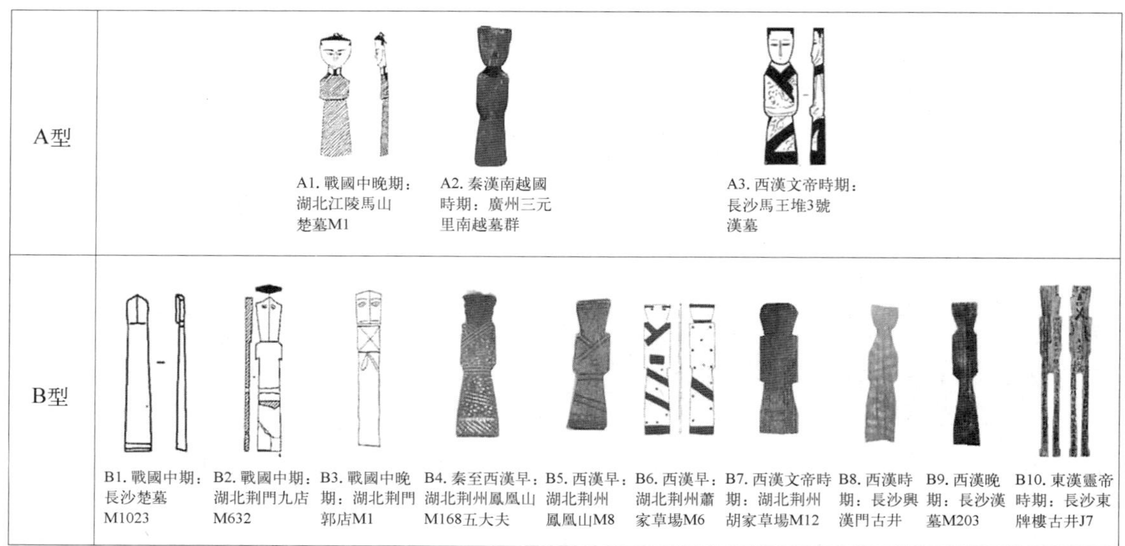

圖 8　戰國、秦、西漢至東漢南方出土木片俑分型

在形態學上的發展規律做出歸納總結：

1. 戰國時期的 B 型木片俑：頭尖，除荊門九店 M632 中 B2 這一個例以外，大多無明顯的四肢。

2. 秦代到西漢早期的 B 型木片俑：頭平，頭部大多呈倒梯形，肩部較水準，有束腰，衣服爲交領右衽，曲裾。

3. 西漢中期到晚期的 B 型木片俑：頭平，頭部接近倒三角形，肩部傾斜度加大，束腰處更細。

4. 東漢時期的 B 型木片俑：出現雙足，多書寫有數術類文字。

基於以上的類型學分析，可知：長沙興漢門出土木片俑之形態，介於 B4 至 B9 之間，年代應在西漢中期或以前。

四、長沙興漢門出土木片俑功能試論

（一）墓葬出土木片俑之功能

關於墓葬出土木片俑之功能，學界有"木俑初始階段"説①和"辟邪"説②兩種觀點。

① 邱東聯：《楚墓中人殉與俑葬及其關係初探》，《江漢考古》1996 年第 1 期，第 74—80 頁。

② 高至喜：《商周青銅器與楚文化研究》，嶽麓書社，1999 年，第 188—189 頁。

持"木俑初始階段"説的邱東聯認爲:"木片俑形體小,五觀模糊,外觀粗糙,應該是木俑的初級階段,是代替真人殉葬所用的墓俑之早期階段。"持"辟邪"説的高至喜認爲:木片俑在形體尺寸、外觀造型、出土位置等方面均與常見的圓雕木俑不同,不能以俑命名,並以曾侯乙墓木片俑出於北室漆甲片,其放置位置不如木俑顯眼,馬王堆出土木片俑以桃木製成,反映出楚人的信仰"桃,鬼所惡也",進而提出木片俑是一種祓除凶邪的神物,具有辟邪之用。

"木俑初始階段"説是存在明顯問題的。首先,目前考古出土最早之木俑,陝西梁帶村西周芮國 M502 所見木俑爲圓雕木俑,而非木片俑;其次,郭店 M1、鳳凰山 M8、M10、M167、M168、蕭家草場 M26、胡家草場 M12、馬王堆 M1、M3 等墓葬中,同墓既有圓雕木俑出土,亦有木片俑出土。因此木片俑顯然不是"木俑"的初始階段。

我們認爲,墓葬出土之木片俑具有"辟邪"之功用一説無誤,如馬王堆 M1 發現的 3 件著絲、麻衣物的木片俑被放置於錦飾内棺和朱地彩繪棺東、西、南三面的縫隙中,唯獨北面没有放置木片俑。古代風水學説中認爲北方煞氣重,陰氣重,對風水不利,歷來爲不吉之方位,這應與北面不放木片俑有關係。

(二)古井出土木片俑之功能

興漢門出土的這批西漢木片俑、木牒並非出土於墓葬環境,而是出土於城市遺址的枯井中。且大部分木片俑、木牒被放置於陶罐内,與墓葬出土環境有别。

類似的出土材料有長沙尚德街出土之東漢木片俑與雙唇罐(見圖 9)。[①] 尚德街出

正面

背面

a. 尚德街J575古井 261號解除木人

正面

背面

b. 尚德街J575古井 262號解除木人

c. 尚德街J575古井 硬陶雙沿罐解注瓶

圖 9 長沙尚德街出土東漢木片俑與雙唇罐

① 長沙市文物考古研究所編:《長沙尚德街東漢簡牘》,第 72、209 頁。

土木片俑身上，寫有數術類文字："汝爲不陽，反受其央（殃），當死報。"程少軒認爲："'不陽'很可能應該讀爲'不祥'。全句意爲：這個木人名叫終，字叔度，要是遇到不好的事情，遭受福，本人可以代替擔當死咎炎厄。"結合大量出土的東漢解注瓶、鉛人等實例，程少軒認爲長沙尚德街出土這批木片俑，爲解注、代厄之功能，該雙唇罐應爲解注瓶。①

長沙興漢門出土之木片俑、木牒、木片也發現於陶罐之中，且年代比尚德街之木片俑和解注罐更早，爲西漢時期。除木片俑以外，還可見木牒和各式各樣的木片。這些木牒和各式木片未見於尚德街古井遺址。《長沙馬王堆漢墓簡帛集成（伍）》一書中對帛書《木人占》的整理文字中提到，進行木人占占卜時需要：木象人、尺二寸正方之木、長四寸之牒三種道具，其中木象人與長四寸之牒與興漢門木簡牘中類型 a 和 b4 基本相符（見圖 3）。② 但未見完整的尺二寸正方之木。東漢應劭所著《風俗通義·祀典》中對於民間所祀司命神像之記載有："今民間獨祀司命耳，刻木長尺二寸爲人像，行者簷（擔）中，居者别作小屋，齊地大尊重之，汝南餘郡亦多有。"③其長度就是一尺二寸。尺二寸正方之木，按照西漢度量衡標準，一尺二寸，爲今 27.72 cm，接近 30 cm 的正方面木片，可能因爲難以保存而斷爲多節，並未保存下來。《木人占》占辭 13—18 列中"其主居咸（城）中"一句之"主"，很有可能就是尺二寸正方之木，使用時或用支座或懸掛於咸（城）中。我們推測，長沙興漢門出土這批木片俑很可能就是馬王堆帛書《木人占》中占卜所用之木人、木牒、木片道具。

根據《木人占》的占辭内容與占卜流程解析，我們將《木人占》的占辭正文分爲六個部分：

（1）布置占卜空間，放置尺二寸正方之木於占卜空間中部；

（2）爲本次占卜是否可以開啓做占卜，從東南西北四個方向投擲 4 個木象人，參照圖占的拓撲圖，扔出"吉"以上，才開始正式占卜，如果未能扔出"吉"以上的 4 綫圖結果，他日再進行占卜；

（3）正式占卜開啓，問卜者書寫自己（或求卜人）的名字在木象人身上；

（4）問卜者向占卜陣中投擲 1 個木象人，占卜巫師記録木象人的朝向"東南西北"，姿態"側伏偃"占卜的巫師根據問卜者投擲結果，結合《木人占》占辭開始解占；

① 程少軒：《長沙尚德街東漢簡牘研究二題》，《出土文獻研究》第 16 輯，中西書局，2017 年，第 328—336 頁。

② 湖南省博物館、復旦大學出土文獻與古文字研究中心編纂，裘錫圭主編：《長沙馬王堆漢墓簡帛集成（伍）》，第 161—168 頁。

③ （漢）應劭，王利器校注：《風俗通義校注》，中華書局，1981 年，第 384 頁。

(5) 問卜者將問卜者生辰寫在三個木簡上並放入占卜陣中,投擲木牒,巫師根據生辰日期查詢一種人體模型,將生辰對應到人體部位,再查詢身體部位占部分占辭解占。

(6) 占卜巫師開始念:"皋! 敢告××"的巫祝咒語,並配合一些儀式,使用到奉神的糈米,完成整個占卜儀式。

(7) 占卜的巫師在占卜前或占卜後會詢問問卜者近日所見到的動物、陽光、水面等祥瑞或凶兆,並觀察問卜者所穿的衣服,攜帶的物品,完成占卜儀式時的身體姿態,並根據《木人占》占辭,利用這些信息,結合之前投擲木人的結果,綜合判斷本次占卜的吉凶。

根據《木人占》全流程所需道具,我們推測:木片俑被用於投擲木人占以及木人身體位置占;木牒被用於占卜時間吉凶占;而其他各類木片被用於搭建占卜環境。

古代巫醫同源,醫書中常常帶有祝由術、巫術的部分内容。① 《木人占》的形成,應該與古代巫醫的治療實踐相關。《周家臺秦簡》和《天回醫簡》中均可見古代巫醫治病時,存在生向與死向之説。病人頭的朝向,病人卧或伏的狀態,病人生病的部位,病人出生的時間,都對巫醫的治病療效産生影響。這和《木人占》占辭中記録木人投擲後,木人頭的朝向,木人的"側、偃、伏"狀態,木人的"心、頸、背"記録以及《木人占》中時間的占測等高度相似。因此,我們認爲,《木人占》的起源來自先秦和秦漢時期巫醫治療不同種類疾病(包含生子、接生)、選擇吉時吉位和生死向的實踐。這些經驗知識,形成了《木人占》占辭系統。秦漢時期存在大量以木象人代真人,行巫術、詛咒、巫醫的行爲。《木人占》的形成,同樣與這類巫術流行相關。②

結合長沙尚德街出土木片俑與解注罐之代厄解注功能推測:興漢門出土的陶罐很可能也具有類似解注瓶之功能——占卜道具收容罐。完成《木人占》全占卜流程後,占卜之大巫可能會把木片俑、木牒、木片裝入陶罐後,扔入井中。該行爲或許是未記録於《木人占》占辭中的占卜後之操作行爲。

長沙興漢門出土的這批木片俑不但是非墓葬環境的古井遺址中出土最早的木片俑,一同出土的木牒和其他各類木片也未曾見於其他出土案例,一同出土的這件陶罐應爲同類古井遺址中出土最早的類解注瓶。從圖 1 可見,長沙湘春路興漢門、漢代長沙城、馬王堆漢墓與湘江之間存在有趣的相對位置關係,這或許暗示着興漢門所在之

① 周琦:《天回醫簡"治心暴痛"祝由方淺析》,《簡帛》第 23 輯,上海古籍出版社,2021 年,第 81—93 頁。

② 陳松長、張天度:《馬王堆帛書〈木人占〉新研》,紀念馬王堆漢墓考古發掘五十週年國際學術研討會,長沙,2024 年 8 月。

地,確實存在着西漢時長沙國的巫祝祭祀遺迹。

附記:

本文所用材料的收集,得到了長沙市簡牘博物館與湖南省收藏協會文物司法鑒定中心的幫助,木片俑之墨迹紅外綫顯影拍照、木片俑和陶罐年代的鑒定得到了長沙市簡牘博物館李鄂權研究員的幫助。

兔子山 7 號井簡牘校讀*

陳　偉

武漢大學簡帛研究中心

“古文字與中華文明傳承發展工程”協同攻關創新平臺

兔子山 7 號井出土西漢簡牘,[①]雖然殘斷嚴重,但内容非常珍貴。其中的律典目録、律令及文書,對瞭解當時長沙國以至整個漢帝國的法律、行政、經濟等制度,具有無可替代的學術價值。研讀時有一些想法。謹條理如次,望同好不吝指正。

一

兔子山 7 號井所出土的律典目録(7－001＋7－002),是非常有意義的發現。幾年前,張忠煒、張春龍先生在一篇論文中發表過這枚木牘的灰度照片和釋文。[②]《益陽兔子山七號井西漢簡牘》刊出更清晰的彩色圖版和紅外圖版,並在圖版旁移録釋文。[③] 對比先前和現在的釋文,可以看到有兩處不同。一是正面第六欄第二律,先前釋爲“外樂”,現在作“外□”。二是背面第一欄第五行先前釋爲“葬律”,現在釋爲“蔡律”。後釋似更爲矜謹,但就目前對西漢早期律典的瞭解和秦漢文字的認識而言,前釋應大致可從。

---

* 本文爲國家社會科學基金重大項目“雲夢睡虎地 77 號西漢墓出土簡牘整理與研究”(16ZDA115)的階段性成果。

① 湖南省文物考古研究院、益陽市文物考古研究所、中國人民大學歷史系編著:《益陽兔子山七號井西漢簡牘》,上海古籍出版社,2023 年。

② 張忠煒、張春龍:《漢律體系新論——以益陽兔子山遺址所出漢律律名木牘爲中心》,《歷史研究》2020 年第 6 期,第 4—23 頁。

③ 湖南省文物考古研究院、益陽市文物考古研究所、中國人民大學歷史系編著:《益陽兔子山七號井西漢簡牘》,第 137(彩色圖版)、339(紅外綫圖版)頁。以下引述該書不一一標出頁碼。

前一律名中“外”下一字，即表 1：1、2 所示，是秦漢文字中“藥”的一種寫法，如《馬王堆漢墓簡帛文字全編》所示三例。① 此處應釋爲“藥”，讀爲“樂”。胡家草場漢簡《旁律乙》律目有“外樂律”，②可證。

表 1

[illegible]	[illegible]	[illegible]	[illegible]
 1	 2	 3	 4

後一律名“律”上一字的寫法，即表 1：3、4 所示，其中部右旁从“攴”，下从“示”，確非規範的“葬”字。但其中部左旁从“歺”，亦非規範的“蔡”字。鑒於睡虎地 77 號西漢墓所出律典和胡家草場漢簡《旁律乙》律目均有“葬律”而無“蔡律”，③此字應是“葬”字的訛寫。張忠煒、張春龍先生曾在論文中指出：這枚牘上的個别文字或可視爲異構，如“販”與“敗”、“與”與“興”等。這些字大概和“葬”字一樣，都屬於不够規範的寫法。

二

7 - 303 第二行“郎中”下一字（見表 2），整理者釋爲“鹽”。此字實从“艸”，大概形體略小，且左高右低不在同一平面，因而被忽視。木牘 7 - 393 第二行“中郎”下一字（見表 2），整理者釋爲“鹽（从“艸”）”。雖然此字中部右側“鹵”上略去“人”形，但整理者所釋應大致可從。這樣，7 - 303 與 7 - 393 中的“郎中鹽（从“艸”）”應即一人。

表 2

[illegible]	[illegible]	[illegible]
 7 號井 7 - 303	 7 號井 7 - 393	 馬王堆 3 號墓 遣策 269

---

① 劉釗主編：《馬王堆漢墓簡帛文字全編》，中華書局，2020 年，第 90 頁。

② 李志芳、蔣魯敬：《湖北荆州市胡家草場西漢墓 M12 出土簡牘概述》，《考古》2020 年第 2 期，第 25 頁；李志芳、蔣魯敬：《湖北荆州胡家草場西漢墓》，國家文物局主編：《2019 中國重要考古發現》，文物出版社，2020 年，第 103—106 頁。

③ 熊北生、陳偉、蔡丹：《湖北雲夢睡虎地 77 號西漢墓出土簡牘概述》，《文物》2018 年第 3 期，第 47—49 頁。

鹽(从"艸")曾見於長沙馬王堆三號漢墓遣策269號簡。[①] 王貴元先生釋爲"藍",[②]蓋是。

三

7－393第一行整理者釋文作"者郎中卅三大□□□"。"大"下一字尚存大半(見表3),與5貳－210、7－786中的"僕"字近似(見表3),應即"僕"。漢初諸侯王國設有太僕。《史記・彭越列傳》:"梁王怒其太僕,欲斬之。太僕亡走漢,告梁王與扈輒謀反。"又《倉公列傳》記倉公自述:"臣意即謂齊太僕臣饒、内史臣繇曰:'中尉不復自止于内,則三十日死。'"是其例。[③] 牘文"大僕"應即"太僕"。整理者指出:"長沙國設丞相、御史、中尉、郎中、少内等官。"[④]根據牘文,應補上太僕。

表3

 [illegible]	 [illegible]	 [illegible]
7號井7－393	7號井5貳－210	7號井7－786

"僕"下一字,看殘筆,應是"卅"或"卌",與"郎中"之下的"卅三"對應,含義待考。

四

7－411第一字,整理者缺釋,釋文作"・□陽、圂、佐☑"。此字略有殘泐,構形大致可見(見表4)。與一起出土材料的"鞫"字(見表4)相比,顯然是同一字。7－384＋7－388記云:"☑□遣言・問鄉圂、陽曰與佐。"7－411與7－384＋7－388這兩枚殘簡很可能出自同一份司法文書,問、鞫屬於審理程序的不同環節。[⑤]

---

① 湖南省博物館、復旦大學出土文獻與古文字研究中心編纂,裘錫圭主編:《長沙馬王堆漢墓簡帛集成(貳)》,中華書局,2014年,第282頁。

② 王貴元:《馬王堆三號漢墓竹簡遣策釋讀補正》,簡帛研究網,2004年12月26日。

③ 參看吴榮曾:《西漢王國官制考實》,《先秦兩漢史研究》,中華書局,1995年,第95頁。

④ 湖南省文物考古研究院、益陽市文物考古研究所、中國人民大學歷史系編著:《益陽兔子山七號井西漢簡牘》,"前言"第3頁。

⑤ 參看張家山247號漢墓出土《奏讞書》中的案卷。

表 4

7 號井 7－411	7 號井 5 貳-179	7 號井 7－592

五

7－610 背面原釋文作"□□上□□薄",其中"上""薄"之間二字見表 5。看字體輪廓,恐應是"禾稼"二字。

表 5

7 號井 7－610	

六

7－712 原釋文作"☒□□馬丞□☒",其中第 1 字存有下半,應是"陽"。"陽""丞"之間,實只有一字(見表 6)。7－339 記"☒年七月戊戌朔乙丑益陽舄丞☒",7－713 記"☒益陽舄丞☒"。這兩枚殘簡中的"益陽舄"應即益陽縣令舄的省稱。[①] 整理者指出:7－3 中的"益陽夫"當是 4－7 所見的"益陽令夫"。[②] 7－3 記於"四年四月丁亥朔丙申",當在惠帝四年(前 191)。[③] 7－339 據"七月戊戌朔"推測,應在惠帝七年(前 188)。

① 秦漢時官名的省稱,參看裘錫圭:《裘錫圭學術文集 · 古代歷史、思想、民俗卷》,復旦大學出版社,2012 年,第 69—70 頁;李學勤:《〈奏讞書〉與秦漢銘文中的職官省稱》,《中國古代法律文獻研究》第 1 輯,巴蜀書社,1999 年,第 61—63 頁;劉樂賢:《里耶秦簡和孔家坡漢簡中的職官省稱》,《文物》2007 年第 9 期,第 93 頁。張桑田《益陽兔子山遺址 7 號井紀年簡研究》一文(簡帛網,2024 年 3 月 5 日,http://www.bsm.org.cn/?hanjian/9378.html)"舄丞"連讀,以爲官職名,恐不可從。

② 湖南省文物考古研究院、益陽市文物考古研究所、中國人民大學歷史系編著:《益陽兔子山七號井西漢簡牘》,"前言"第 4 頁。

③ 曆表據徐錫祺:《西周(共和)至西漢曆譜》,北京科學出版社,1997 年。

從時間看,“益陽舄”蓋即“益陽夫”的後任。7－712“丞”上一字與“舄”近似,很可能是“舄”字的訛寫,三簡所記實爲一人。

表6

 [illegible]	 [illegible]	 [illegible]
7號井7－712	7號井7－339	7號井7－713

七

9－15整理者釋文作“昔者楚巫玉”。“楚”下一字殘泐較多,很可能是“平”字。其下一字應是“王”,《新書・耳痹》:“故昔者楚平王有臣曰伍子胥。”9－15大概是屬於書籍簡的内容。

《香港中文大學文物館藏印續集》釋文訂正(六則)*

田　煒

中山大學中國語言文學系

“古文字與中華文明傳承發展工程”協同攻關創新平臺

香港中文大學文物館藏有一批數量可觀的中國古代璽印。文物館曾在1980年出版了《香港中文大學文物館藏印集》,其後又在1996年、1999年、2001年分别出版了三種續集,公布了千餘件璽印資料。爲了方便行文,本文把這四種書簡稱爲《藏印集》《續集一》《續集二》和《續集三》。已經公布的這些璽印年代跨度大、品種丰富,涵蓋了先秦到南北朝不同類型的官、私印章。這些資料發表以後引起了學術界的關注,有學者撰文對書中釋文存在的問題進行訂正。[①] 筆者在閱讀這些璽印資料時,也有一些不同於整理者的釋讀意見。兹不揣簡陋,選取六則釋文訂正文字就正於方家。

一、释　“縠”

《續集二》10號著録了下揭印章:

---

* 本文是國家社科基金一般項目“出土戰國至西漢早期文獻書寫特點研究”(20BYY182)的階段性成果。

① 劉釗:《〈香港中文大學文物館藏印集〉釋文訂補》,《中國文字》新24期,藝文印書館,1997年,第95—104頁;《〈香港中文大學文物館藏印續集一〉讀後記》,《中國篆刻》1997年第4期,第45—48頁。莊哲彦:《〈香港中文大學文物館藏印續集一〉印文修復及釋文校補三則》,《問學》2017年第21期,第51—59頁。

原釋文作“張攻宷”。[①] 也有工具書把印文左邊看作一個字,但未釋出。[②] 按:此字應釋爲“穀”。《説文》禾部:“穀,續也,百穀之總名。从禾,𣪊聲。”秦漢文字“穀”字寫作“”(《十鐘》三·五十九)、“”(《珍秦齋藏印(秦印篇)》303)等形,“𣪊”字左下一筆或平直、或斜曲。“𣪊”字的這一筆畫或又可省去而徑作“”(《珍秦齋藏印(秦印篇)》142)、“”(《睡虎地·日書乙種》簡65)等形。而作斜曲形者或又贅增一筆以求對稱而作“”(《虛無有齋摹輯漢印》3855)。上揭“張穀”印之“穀”字,也屬於這一類寫法,只是斜曲的兩筆没有相連而已。黄德寬先生主編的《古文字譜系疏證(二)》“穀”字下收録了一個“”字,來源是“秦印”,辭例是人名“張穀”。[③] 這個“穀”字的寫法和香港中文大學文物館所藏“張穀”印中“穀”字的形體基本相同,只是偏旁位置的安排略有差異。

香港中文大學文物館還藏有下揭秦印,館藏號爲1997.0681,此前未曾發表:

印文爲“尹穀”。其中“穀”字的偏旁位置與香港中文大學文物館所藏“張穀”印的“穀”字基本相同。從現在掌握的資料看,“尹穀”印中的“穀”字完全符合秦文字的寫法,全印文字風格因受到俗體字寫法的影響而顯得比較靈活、隨意,這也符合秦私印的一般風格。而“張穀”印“穀”字右邊的“殳”旁被寫作了“支”旁,這在戰國秦國和秦代文字資料中未見,但在西漢早期的馬王堆漢墓帛書、銀雀山漢墓竹簡等文字資料中就比較常見,如:

《馬王堆·陰陽五行乙篇·文武》行12

《馬王堆·刑德丙篇·天》行7

因此,“張穀”印很可能是西漢早期印。

二、釋　　“朕”

《續集二》21號著録了下揭秦印:

---

① 王人聰編著:《香港中文大學文物館藏印續集二》,香港中文大學文物館,1999年,第17頁。

② 趙平安、李婧、石小力編纂:《秦漢印章封泥文字編》,中西書局,2019年,第1109頁。

③ 黄德寬主編:《古文字譜系疏證(二)》,商務印書館,2007年,第960頁。

印文次字原著録釋爲"勝"。[①] 有的工具書也采用了這種意見。[②] 秦文字"勝"字作"▢"(《關沮》簡 198)、"▢"(《秦印文字彙編(增訂本)》頁 527)等形,與之相較,印文次字顯然缺少了"力"旁,故當改釋爲"朕"。根據《史記·秦始皇本紀》記載,秦統一全國以後,李斯等人建議"天子自稱曰'朕'",得到了秦始皇的同意。印文以"朕"爲人名,當是戰國秦印。

三、釋　　"笵"

《續集二》53 號著録了下揭秦印:

原釋文作"口超"。[③] "口"當是未釋字符號"□"之誤。細審鈐本和照片,首字可復原爲"▢",當釋爲"笵"。

四、釋　　"慎"

《續集二》78、79 號著録了下揭兩件秦印:

原釋文均作"壹心"。[④] 《秦漢印章封泥文字編》或改釋爲"真心"。[⑤] 今按:秦印"壹心慎事""慎愿恭敬"等箴言印屢見,"慎"字作"▢""▢"等形,可證此實即"慎"字箴言印。這一類横置長方形"慎"字秦印頗多見,例不贅舉。戰國古璽亦屢見"慎"字單字

---

① 王人聰編著:《香港中文大學文物館藏印續集二》,第 51、52 頁。

② 趙平安、李婧、石小力編纂:《秦漢印章封泥文字編》,第 1109 頁。

③ 王人聰編著:《香港中文大學文物館藏印續集二》,第 39 頁。

④ 王人聰編著:《香港中文大學文物館藏印續集二》,第 51、52 頁。

⑤ 趙平安、李婧、石小力編纂:《秦漢印章封泥文字編》,第 723 頁。

璽,可作爲參照。

五、釋“合”

《續集三》45 號著録了下揭漢印:

次字原著録釋爲“同”。[1] 有的工具書也采用了這種意見。[2] 今按:此字當釋爲“合”。秦、漢印中很多上部寫作“亼”的字都可以有不同的寫法,下面以“舍”“金”“倉”諸字爲例:

舍 《續集一》56　《十鐘》十四·二十四

《十鐘》十五·四十八　《十鐘》十五·四十五

金 《十鐘》十四·五十三　《十鐘》十五·十一

《十鐘》十五·十一

倉 《十鐘》十·十四　《十鐘》十四·二十四

《十鐘》十五·三十九

這些字都有一個共同的特點:上端原爲尖頂,或變化爲“”形,或再省去中間突出的短筆而作“”,後兩種寫法和“宀”旁的變化是類似的。“合”字也有相似的形體變化,作“”(《十鐘》十九·二十三)、“”(《十鐘》十八·十六)等形。對比之下,“同”字基本只有“”(《十鐘》十五·二十一)一種寫法,它與“合”字的差異就在於兩邊的豎筆是否向上凸出。綜合來看,《續集三》45 號印左字顯然應該釋爲“合”。

值得留意的是,由於“亼”這一類的寫法與“宀”旁很相似,有時也容易造成混淆。《秦漢印章封泥文字編》“今”字下收録了“”“”兩個字形,“宇”字下收録了“”

---

① 王人聰編著:《香港中文大學文物館藏印續集三》,香港中文大學文物館,2001 年,第 35 頁。

② 趙平安、李婧、石小力編纂:《秦漢印章封泥文字編》,第 672 頁。

“”“”三個字形。① “今”字下收録的第一個形體和“宇”字下收録的第二、三個形體是同形的。考慮到漢印中單獨的“于”字縱向的筆畫大都穿過横畫，寫作“于”而不寫作“亐”，“宇”字下所收的第二、三個字形很可能也是“今”字。

六、釋　“大”

《續集三》77 號著録了下揭漢印：

左下角一字原釋文釋爲“夫”。② 細審鈐本及照片，此字比“夫”少一横，當改釋爲“大”。

引書簡稱對照表

全稱	簡稱
《香港中文大學文物館藏印集》	《藏印集》
《香港中文大學文物館藏印續集一》	《續集一》
《香港中文大學文物館藏印續集二》	《續集二》
《香港中文大學文物館藏印續集三》	《續集三》
《十鐘山房印舉》	《十鐘》

① 趙平安、李婧、石小力編纂：《秦漢印章封泥文字編》，第 415、634 頁。

② 王人聰編著：《香港中文大學文物館藏印續集三》，第 51 頁。

高陵出土石楬選釋

曹錦炎

中國美術學院漢字文化研究所

2008年12月上旬，經國家文物局批准，河南省文物考古研究所對安陽縣安豐鄉西高穴一處古墓葬正式展開搶救性發掘工作，並對出土文物進行了科學保護。經專家論證，可以確定西高穴M2就是曹操的高陵。2016年，由河南省文物考古研究院編著的高陵考古發掘報告——《曹操高陵》，由中國社會科學出版社正式出版。[①]

高陵出土文物中，有一批記載隨葬用品的石楬，共計66件（包括從盜墓分子手中追繳回，以及報告中稱爲"殘石塊"1件），另有石枕一件。《曹操高陵》一書披露了大部分石楬所記文字内容，並刊出50件石楬彩圖。2023年，安陽曹操高陵博物館和中國美術學院漢字文化研究所合作，對高陵出土石刻文字文物重新拍照、施拓並展開研究，擬編書出版。其中石楬注釋由筆者負責，今選其較重要者輯成一帙，以祝賀復旦大學出土文獻與古文字研究中心成立廿年華誕。

一、魏武王常所用慰項石

"魏武王"，曹操謚號。《爾雅·釋詁》："謚，人死將葬，誄列其行而作之也。"據《三國志·魏書·武帝紀》記載，建安二十一年(216)夏五月，天子册封曹操，由"魏公"升爲"魏王"；建安二十五年(220)一月庚子，曹操逝世，"王崩于洛陽，年六十六。……謚曰武王，二月丁卯，葬高陵"。同年十月，曹丕代漢，在洛陽稱帝，建立魏朝，尊曹操爲

① 河南省文物考古研究院編著：《曹操高陵》，中國社會科學出版社，2016年。

圖 1

“武皇帝”。此石稱“魏武王”，是用曹操之謚號記其生前用品，與文獻記載相符。

慰，安慰，慰撫。《説文》心部：“慰，安也。”《廣韻・未韻》：“慰，安慰。”《詩・邶風・凱風》“有子七人，莫慰母心”，毛亨傳：“慰，安也。”《漢紀・惠帝紀》：“凡賜民爵，所以宣恩惠，慰人心，必有所由也。”

項，頸（俗稱“脖子”）的後部，《説文》頁部“項，頭後也”，段玉裁注：“頭後者，在頭之後。”曹植《洛神賦》：“延頸秀項，皓質呈露。”

“常所用”，魏晉時習語，指平時經常所用（之物），見《三國志・吴書・周泰傳》裴松之注引《江表傳》記録孫權事迹“即敕以己常所用御幘青縑蓋賜之”，以及《宋書・蕭思話傳》“常所用銅斗覆在藥厨下”等。

據所記文字，此石本爲曹操生前平時睡眠常用的慰撫脖子的石頭，即石枕。曹操患有頭風病，《三國志・魏書・方技傳》載：“太祖苦頭風，每發，心亂目眩，（華）佗針鬲，隨手而差。”以石枕“慰項”，或與之有關。另外，以“常所用”之物隨葬，與曹操生前要求“斂以時服，無藏金玉珍寶”（見《三國志・魏書・武帝紀》載曹操《遺令》）的原則相一致。

此石爲枕狀，整體作長方形，正面中部呈弧形凹陷，背面平整，長 24.6 釐米、寬 17.3 釐米、厚 8.4 釐米，高陵 M2 被盜追繳回文物。

二、魏武王常所用挌虎大戟

“挌”，同“格”，格擊、格殺。《説文》手部：“挌，擊也。”《逸周書・武稱》“窮寇不挌”，孔晁注：“挌，鬥也。”《文選・司馬相如〈子虚賦〉》“使專諸之倫，手格此獸”，五臣注：“格，殺也。”王觀國《學林・格》指出：“史書言格殺、格鬬者，當用从手之‘挌’，而亦或用从木之‘格’，如《漢書・子虚賦》用从木之‘格’，蓋古人於从木、从手之字，多通用之。”

“挌虎”，魏晉時習語，見《魏書》“挌虎車四十乘”；《文選・謝靈

圖 2

運〈擬魏太子鄴中集詩〉》注引王肅《挌虎賦》;《全漢文》收録有孔臧《諫挌虎賦》;《太平御覽》卷八三一引崔鴻《十六國春秋·後趙録》及《魏書·石虎傳》記有"挌虎車"等。

戟,兵器名,合戈、矛爲一體,略似戈,兼有戈之横擊、矛之直刺兩種作用,殺傷力比戈、矛强。《玉篇·戈部》:"戟,三刃戟也。"字或作"戟",《説文》戈部:"戟,有枝兵也。从戈、倝。《周禮》:'戟長丈六尺。'"邵瑛《群經正字》:"漢碑戟或省作戟。"《詩·秦風·無衣》:"王於興師,脩我矛戟。""戟"是東漢末、三國時期主要的格鬥兵器。《三國志·魏志·吕布傳》:"布言:'諸君觀布,射戟小支。'"《三國志·魏書·典韋傳》:"帳下壯士有典君,提一雙戟八十斤。"

"挌虎大戟"是對這種形制戟的稱呼,但未必一定是用於擊殺老虎的專用兵器。當然,文獻記載曹魏時代多有勇者與虎格擊之事,曹操父子也不例外,如《三國志·魏書·王朗傳》載:"(曹丕)車駕出臨捕虎,日昃而行,及昏而返。"可以參看。

據文獻記載,曹操喜歡狩獵。《三國志·魏志·武帝紀》載東漢光和末(漢靈帝時)因曹操討伐黄巾起義軍有功,拜騎都尉,遷濟南相,"久之,徵還爲東郡太守,不就,稱疾歸鄉里",注引《魏書》曰:曹操"……輒告歸鄉里,築室城外,春夏習讀《書》《傳》,秋冬弋獵,以自娱樂。"同書又注引《魏武故事》載,建安十五年十二月己亥令曰:"……故以四時歸鄉里,于譙東五十里築精舍,欲秋夏讀書,冬春射獵。"可以參看。

三、[魏武王]常所用長犀盾

長,指形狀。盾,盾牌,防護身體、遮擋刀箭的兵器。《説文》盾部:"盾,瞂也。所以扞身蔽目。"《釋名·釋兵器》:"盾,遯也,跪其後,避刃以隱遯也。"《史記·項羽本紀》:"噲即帶劍擁盾入軍門。"

圖3

"犀盾",盾名,指盾面上蒙犀牛皮之盾,《國語·吴語》"奉文犀之渠",韋昭注:"渠,楯也。""楯"即"盾"字異體。又,《韓非子·難二》"趙簡子圍衛之郛郭,犀楯、犀櫓立於矢石之所不及,鼓之而士不起",亦有"犀楯(盾)"之名。舊訓"犀,堅也"(見王先慎《集解》),《漢語大辭典》遂謂"犀楯"指堅固的盾牌,不確。考古發現先秦墓葬中常見出土表面蒙皮質的木盾,正因爲盾面蒙犀牛皮,所以才會更爲堅固。

四、竹簪五千枚

圖 4

“簪”,“箭”字異體,改換聲旁(或通假)。按武威出土的漢簡《儀禮·喪服》:“[女子子在室爲父],布總,朁栞(笄),絰(髽),衰,三年。”《服傳》甲本:“布總,朁栞(笄),絰(髽),衰,三年。”乙本文字亦同。今本《儀禮》“朁”字皆作“箭”。“朁”“前”古音相近,故可互作。此外,宋代傳抄古文《汗簡》卷下“金”部“剪”字作“鐕”(出史書)亦可佐證。《儀禮》所記之“箭笄”,鄭玄注云“箭笄,篠竹也”,賈公彦疏:“云‘箭笄,篠竹也’者,案《尚書·禹貢》云‘篠蕩既敷’,孔云:‘篠,竹箭。’”以竹箭作簪笄,乃出於喪制,石楬“箭”字作“簪”,除看作異體(通假)外,也可能有這方面的原因。

枚,量詞,相當於“件”“支”“個”等。《玉篇·木部》:“枚,箇也。”《墨子·備城門》:“槍二十枚。”《東觀漢記·鄧遵傳》:“(遵)討擊羌虜,斬首八百餘級,得鎧、弩、刀、矛、戟、楯、匕首二三千枚。”《續漢書·五行志》:“(安帝永初)六年夏四月,沛國、勃海大風,拔樹三萬餘枚。”

曹操平時喜愛狩獵,才力過人,且箭法超群,“手射飛鳥,躬禽猛獸,嘗於南皮一日射雉獲六十三頭”(《三國志·魏書·武帝紀》注引《魏書》)。因此高陵隨葬竹箭五千枚,並不稀奇。汉代箭簇大都爲鐵質,石楬記用“竹簪(箭)”,可能亦是薄葬的原因。

五、白縑畫鹵簿、遊(遊)觀、食厨各一具

圖 5

白,色彩,像霜雪一樣的顔色。《説文》白部:“白,西方色也。陰用事,物色白。”《管子·揆度》:“其在色者,青、黄、白、黑、赤也。”《論語·陽貨》“不曰白乎,涅而不緇”,何晏注:“孔曰:‘至白者,染之於涅而不黑。’”繁欽《定情》詩:“何以結秋悲,白絹雙中衣。”

縑,絲織品名。《釋名·釋采帛》:“縑,兼也,其絲細緻數兼於絹,染兼五色,細嫩不漏水也。”《淮南子·齊俗》:“縑之性黄,染之以丹則赤。”又,《説文》糸部:“縑,并絲繒也。”白縑,白

色縑,即本色縑、素色縑。

"鹵簿",天子出行之車駕及儀衛。蔡邕《獨斷》云:"天子出,車駕次第,謂之鹵簿。有大駕、有小駕、有法駕。"應劭《漢官儀》亦云:"天子出車駕次第謂之鹵,兵衛以甲盾居外爲前導,皆謂之簿,故曰鹵簿。"據此,則"鹵簿"本爲天子專用。然《續漢書·輿服志》則云:"諸侯王法駕,官屬傅相以下,皆備鹵簿。"可知漢時"鹵簿"似非天子專屬,諸侯、重臣亦可用之。曹操賜爵魏王,禮制上可備鹵簿。封演《封氏聞見記》云:"輿駕行幸,羽儀導從謂之'鹵簿',自秦、漢以來始有其名。蔡邕《獨斷》載鹵簿有小駕、大駕、法駕之異,而不詳'鹵簿'之義。按,字書:'鹵,大楯也。'字亦作'櫓',又作'樐',音義皆同。鹵以甲爲之,所以扞敵。賈誼《過秦論》云'伏屍百萬,流血漂鹵'是也。甲楯有先後部伍之次,皆著之簿籍,天子出則案次導從,故謂之'鹵簿'耳。儀衛具五兵,今不言他兵,但以甲楯爲名者,行道之時,甲楯居外,餘兵在内,但言'鹵簿',是舉凡也。"[①] 對鹵簿有較爲詳盡的説解,可以參看。

遊,構形从"辵","於"聲,爲"遊"字異體,"於""斿"聲同可通。"遊觀",遊逛觀覽。《荀子·君道》:"人主不能不有遊觀安燕之時,則不得不有疾病物故之變焉。"葛洪《抱朴子·知止》:"窮遊觀之娱,極畋漁之懽。"曾鞏《擬峴臺記》:"州人士女,樂其安且治,而又得遊觀之美,亦將同其樂也。"

食,飯食。《説文》食部:"食,一米也。"《玉篇·食部》:"食,飯食。"《漢書·司馬遷傳》"糲粱之食,藜藿之羹",顔師古注:"食,飯也。"通稱飯菜、肴饌等食物。《書·益稷》"暨稷播,奏庶艱食鮮食",孔穎達疏:"與稷播種五穀,進於衆人,難得食處,乃决水所得魚鱉鮮肉爲食也。"《易·需》:"需於酒食。"《周禮·天官·膳夫》:"掌王之食飲膳羞。"厨,《説文》广部:"厨,庖屋也。"《廣韻·虞韻》:"厨,俗作厨。"《孟子·梁惠王上》:"是以君子遠庖厨也。"《漢書·東方朔傳》:"放鄭聲,遠佞人,省庖厨,去侈靡。""食厨",製作飯菜肴饌之處,即今稱"厨房"。漢墓壁畫及畫像石專門有食厨題材,學者一般稱"庖厨圖",如見於山東諸城前涼臺漢墓畫像石庖厨圖,食物架上懸掛着各種肉類食品,大致可以分爲畜類、禽類、魚類等幾大類,還有反映屠宰牲畜及加工等場景的畫面;河南新密打虎亭一號漢墓畫像石庖厨圖左上還有賓主對飲的畫面。[②] 石楬所記"食厨圖",就是這指這種圖畫。

具,量詞,用於完整物件,一般表示兩件或幾件組合而成的套器。《史記·貨殖列傳》:"旃席千具,佗果菜千鍾。"《魏書·蠕蠕傳》:"詔賜阿那瓌細明光人、馬鎧二具,鐵

① (唐)封演撰,趙貞信校注:《封氏聞見記》,中華書局,2005年,第35頁。

② 參見楊愛國:《漢畫像石中的庖厨圖》,《考古》1991年第1期,第1023—1027頁。

人、馬鎧六具。”

“白縑畫鹵簿、遊觀、食厨各一具”，是記用白縑繪製的墓主人鹵簿出行圖、遊觀圖以及庖厨圖各一套。按鹵簿圖是伴隨着鹵簿産生，對鹵簿有記録與説明之功用，是鹵簿的形象化、藝術化。現存傳世鹵簿圖不多，年代較早、最爲清晰完整的鹵簿圖當是出自北宋畫院畫家所繪《大駕鹵簿圖卷》。① 此外，山東孝堂山石祠畫像内容豐富且清晰完整，有學者推測其爲東漢濟北王劉壽的出行圖，與《大駕鹵簿圖》非常相似，可能是後世鹵簿圖的先導。② 高陵出土的石楬明確記載隨葬品有白縑質地的鹵簿圖，從出土文獻的角度首次對“鹵簿”予以肯定。至於遊觀、食厨題材圖，常見於漢代墓室壁畫和畫像石，毋庸多述。很可惜由於有機質文物難以保存，高陵隨葬的這幅年代最早的鹵簿圖未能讓今人目睹。

值得指出的是，高陵以白縑畫圖代替畫像石或墓室壁畫，是曹操“薄葬”觀念的一種具體表現。關於曹操的死與葬，曹丕所撰《武帝哀策文》有曰：“卜葬既從，大隧既通。漫漫長夜，窈窈玄宫。有晦無明，曷有所窮。鹵簿既整，三官騈羅。前驅建旗，方相執戈。棄此宫庭，陟彼山阿。”（《藝文類聚》卷一三）③文中也提及“鹵簿”，可以參看。

六、黄蜜金廿餅，白蜜銀廿餅，億巳錢五萬

圖 6

蜜，指蜜蠟。《廣韻·盍韻》：“蠟，蜜蠟。”《篇海類編·鱗介質·虫部》：“蠟，蜜滓也。蜂脾融者爲蜜，凝者爲蠟。”蠟是動物、矿物或植物所産生的某些油質，具有可塑性，不溶於水，如蜂蠟、白蠟、石蠟等。典籍也有直接以“蜜”指代蠟的記載，如《晉書·山濤傳》：“（濤）薨……策贈司徒，蜜印紫綬，侍中貂蟬，新遝伯蜜印青朱綬。”《晉書·陶侃傳》：“今遣兼鴻臚追賜大司馬，假蜜章，祠以太牢。”周密《齊東野語·蜜章密章》：“相傳謂贈典既不刻印，而以蠟爲之。蜜即蠟，所以謂之蜜章。”皆可參看。石碣所記“黄蜜金廿餅”“白蜜银廿餅”，是指用蜂蠟（色黄）做的金餅和白蠟做的银餅，即

① 陳鵬程：《舊題〈大駕鹵簿圖書·中道〉研究——“延祐鹵簿”年代考》，《故宫博物院院刊》1996 年第 2 期，第 76—85 頁。

② 夏超雄：《孝堂山石祠畫像、年代及主人試探》，《文物》1984 年第 8 期，第 34—39 頁。

③ （唐）歐陽詢撰，汪紹楹校：《藝文類聚》，上海古籍出版社，1985 年，第 242 頁。

冥錢，用來替代真的金餅、银餅作隨葬品，這是曹操提倡的薄葬制度最好的直接證據。

“億”，訓爲安。《説文》人部：“億，安也。”《左傳》昭公二十一年（前 521）“故和聲入於耳而藏於心，心億則樂”，杜預注：“億，安也。”《國語・晉語四》“億寧百神而柔和萬民”，韋昭注：“億，安也。”“巳”訓“終”，徐鼒《讀書雜釋》卷一三：“今就班固《漢書》，許慎《説文》，及永康以前漢碑文攷之，猶可知巳午之巳取終爲義。”“巳”同“已”，《釋名・釋天》：“巳，已也。”“已”也訓終歸，《荀子・解蔽》：“其所以貫理焉，雖億萬已不足以浹萬物之變也。”“億巳錢”，安終錢，即指隨葬的銅錢，石楬所記錢數只有“五萬”，也是薄葬的一種體現。其與海昏侯墓隨葬銅錢重量以吨計，實在是小巫見大巫。

七、紫綃披衫、黄綃衸一

圖 7

紫，紅和藍合成的顔色。《説文》糸部：“紫，帛青赤色。”《釋名・釋采帛》：“紫，疵也，非正色。”《論語・陽貨》“子曰‘惡紫之奪朱也，惡鄭聲之亂雅樂也’”，何晏注：“孔曰：朱，正色；紫，間色之好者。惡其邪而奪正色。”綃，絲織品名，用生絲織成的繒帛，也指輕紗。《説文》糸部：“綃，生絲也。”玄應《一切經音義》卷一五引《通俗文》：“生絲繒曰綃。”《禮記・玉藻》“君子狐青裘豹褎，玄綃衣以裼之”，鄭玄注：“綃，綺屬也。”《文選・曹植〈洛神賦〉》“踐遠遊之文履，曳霧綃之輕裾”，李善注：“綃，輕縠也。”

“披衫”，古時的一種暑月之服。劉存《續事始》：“《實録》曰：披衫爲制，蓋從褕翟而來，但取其紅紫一色，而無花綵，長與身齊，大袖，下其領，即暑月之服。”和凝《天仙子》詞：“柳色披衫金縷鳳，纖手輕拈紅豆弄。”

衸，衣裾，亦即衣襟（衿）。《玉篇・衣部》：“衸，衣裾也。”裾指衣服的前襟或後襟。《説文》衣部：“裾，衣袍也。”段玉裁注依《廣韻》改“袍”爲“褏”，並謂：“褏物謂之褏，因之衣前襟謂之褏。”《方言》卷四“袿謂之裾”，郭璞注：“衣後襟也。”“襟”字《説文》作“衿”，《釋名・釋衣服》：“襟，禁也，交於前，所以禁禦風寒也。”王先謙《釋名疏證補》指出：“案古者斜領下連於衿，故謂領爲衿。”

石楬記一件夏天穿、用紫色綃製作的披衫，衣襟用黄色綃。

八、黄綺披、丹綺緣一

圖 8

披，字後作“帔”，今稱之“披肩”。《釋名·釋衣服》“帔，披也，披之肩背，不及下也”，王先謙補注引葉德炯曰：“《潛確類書》引《二儀實録》云：‘三代無帔説。秦有披帛，以縑帛爲之，漢即以羅。晉永嘉中，制縫暈帔子。是披帛始於秦，帔始於晉也。’”石碣稱“披”，證明秦漢時“帔”確實寫作“披”。

緣，衣服的邊飾，《説文》糸部“緣，衣純也”，段玉裁注：“緣者，沿其邊而飾之也。”《禮記·玉藻》“緣廣寸半”，鄭玄注：“飾邊也。”孔穎達疏：“謂深衣邊以緣飾之廣寸半也。”《後漢書·皇后紀上·明德馬皇后》：“常衣大練，裙不加緣。”

石楬記一件用黄底色綺製作的披肩，其邊飾用紅底色綺。

九、白練絉一量（量）

圖 9

絉，“袜”字異體，“糸”“衣”爲同義偏旁互作。《玉篇·衣部》：“袜，脚衣。”無名氏《雜事秘辛》：“足長八寸，輕跗豐妍，底平指斂，約縑迫袜，收束微如禁中。”字也作“韈”，《説文》韋部：“韈，足衣也，从韋，蔑聲。”玄應《一切經音義》引《説文》則作“袜”。《釋名·釋衣服》：“韈，末也，在脚末也。”字又作“襪”，張衡《南都賦》：“脩袖繚繞而滿庭，羅襪躡蹀而容與。”“衣”“韋”義近，“末”“蔑”聲同，是“袜”“韈”“襪”爲異體字關係。從石楬作“絉”、《釋名》以“末”釋“韈”，以及結合玄應所引《説文》本作“袜”看，不排除今本《説文》作“韈”是後人所改的可能性。馬縞《中華古今注·襪》：“三代及周著角襪，以帶繫於踝。至魏文帝吴妃，乃改樣以羅爲之。後加以綵綉畫，至今不易。”記石楬同時代的曹魏時事，亦可參看。

量，“量”字異體，見武威出土漢簡《儀禮·泰射》、楊量買山記及魏封孔羡碑，①也見於西朱村曹魏墓出土的石楬。古文字“童”“重”在用作偏旁時常互作。量，計量單

① 徐無聞主編，漢語大字典字形組編：《秦漢魏晉篆隸字形表》，四川辭書出版社，1985 年，第 589 頁。

位,用同“緉”,相當於“雙”。《世説新語・雅量》:“未知一生當著幾量屐。”曹操《與太尉楊彪書》:“並遺足下貴室錯綵羅穀裘一領,織成鞾一量。”“一量”猶言“一雙”,用法與石楬相同。

石楬記一雙用本色已練製後未染色的熟絹製作的袜子。

十、鏝莱(筞)薗(簂)二

鏝,本指塗抹工具,《説文》金部:“鏝,鐵杇也。”《爾雅・釋宫》“鏝,謂之杇”,邢昺疏:“鏝者,泥鏝也。一名杇,塗工之作具也。”韓愈《圬者王承福傳》:“吾不敢一日捨鏝以嬉。”引申爲塗抹、粉刷。《直音篇・金部》:“鏝,塗也。”《論語・公冶長》“糞土之牆不可杇也”,何晏集解引王肅曰:“杇,鏝也。”《集韻・模韻》:“杇,《説文》:‘所以塗也。’或作圬。”杜甫《課伐木》詩序:“夔人屋壁,列樹白菊,鏝爲牆,實以竹,示式遏。”

莱,即“筞”字,漢隸“竹”旁書寫時常混同“艸”。筞,竹名。《玉篇・竹部》:“筞,竹。”《集韻・咍韻》:“筞,竹名。”

圖 10

薗,即“簂”字,王先謙《釋名疏證補》引孫楷曰:“簂又作薗。”其實也是漢隸“竹”旁書寫時混同“艸”旁所致。《説文》無“簂”字,《釋名・釋首飾》:“簂,恢也,恢廓覆髪上也。”是覆於髪上固冠的首飾。《後漢書・輿服志下》:“太皇太后、皇太后入廟服,……翦氂薗,簪珥。……左右一横簪之以安薗。”又,《玉篇・巾部》:“幗,帨也,覆髪上也。”是以“巾”覆於髪上,兩者用途相近,因此舊説一般將“簂”等同於“幗”,且歸於婦女用首飾。如《集韻・隊韻》:“簂,婦人喪冠。或从巾。”《集韻・麥韻》:“幗,婦人喪冠。或从竹。”高陵出土石楬稱“筞簂”,可知“簂”是用竹製,與其造字構形从“竹”也相合。“簂”與“幗”質地不同,非同物。“簂”作爲髪飾,不限於婦人,男子亦有用之,如同“笄”“簪”之類。

石楬記二件經過塗刷用筞竹製作的簂。

十一、墨畫零(櫺)狀(牀)兼苹蒻簟一具

“墨畫”,用墨即黑色顔料繪製圖案或紋樣。零,讀爲“櫺”,音同可通,窗户、欄杆或門上雕花的格子。《説文》木部“櫺,楯間子也”,段玉裁注:“闌楯爲方格,又於其横直交處爲圜子,如綺文玲瓏,故曰櫺。”狀,“牀”字訛誤,今通作“床”。服虔《通俗文》:

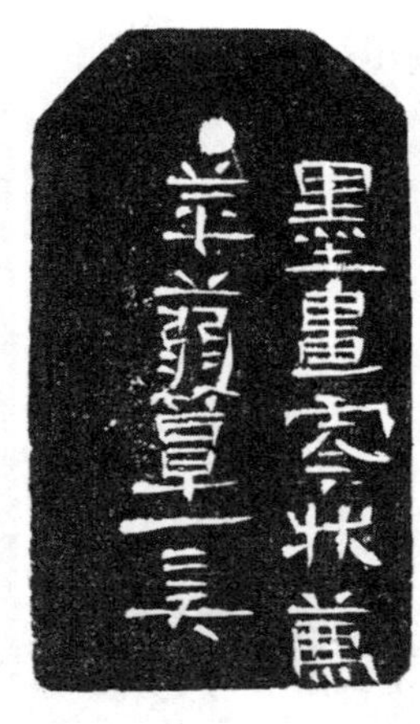
圖 11

“牀三尺五曰榻,板獨坐曰枰,八尺曰床。”“檽牀”,指有欄檻的牀,見《三國志·魏志·袁術傳》:“(袁術)將歸帝號于紹,欲至青州从袁譚,發病道死。”裴松之注引韋昭《吴書》:“時盛暑,欲得蜜漿,又無蜜。坐檽牀上歎息良久。”《吴書》是與石楬時代相同的文獻,可以爲證。

兼,同時具有或涉及幾種事物或若干方面。《説文》秝部“兼,并也”,段玉裁注:“并,相從也。”《易·繫辭下》:“《易》之爲書也,廣大悉備。有天道焉,有人道焉,有地道焉。兼三材而兩之,故六。”《孟子·公孫丑上》:“宰我、子貢善爲説辭,冉牛、閔子、顔淵善言德行。孔子兼之。”

苹,蒲白。《廣韻·庚韻》:“苹,葭,一曰蒲白。”《説文》艸部“苹”字桂馥義證:“苹,蒻也。本書:‘蒻,蒲子,可以爲平席。’平當爲苹。……《禮記·間傳》‘节蒻不納’,鄭注:‘节,今之蒲苹。’是也。”蒻,嫩的蒲草,《説文》艸部:“蒻,蒲子,可以爲平席。”《急就篇》“蒲蒻藺席帳帷幢”,顔師古注:“蒻,謂蒲之柔弱者也。”也指蒻席,《楚辭·招魂》“蒻阿拂壁,羅幬張些”,王逸注:“蒻,蒻席。”《鹽鐵論·散不足》:“古者皮毛草蓐,無茵席之加、旃蒻之美。”韓愈、李正封《晚秋郾城夜會聯句》:“安行庇松篁,高卧枕莞蒻。”

簟,供坐卧鋪墊用的竹席,也指蘆葦編織的席。《説文》竹部:“簟,竹席。”《釋名·釋牀帳》:“簟,覃也,布之,覃覃然平正也。”《詩·小雅·斯干》“下莞上簟,乃安斯寢”,鄭玄箋:“竹、葦曰簟。”《禮記·喪大記》“君以簟席,大夫以蒲席”,鄭玄箋:“簟,細葦席也。”《荀子·正名》:“心憂恐則口銜芻豢而不知其味,耳聽鐘鼓而不知其聲,目視黼黻而不知其狀,輕煖平簟而體不知其安。”因“苹”“蒻”皆可指嫩蒲,故石楬之“苹蒻”爲同義叠用。“苹蒻簟”,指用苹蒻編織的席子,犹言“苹席”或“蒻席”,乃蒲席的别稱。石楬“苹蒻簟”作爲一詞則爲首見,同時證明“簟”也可泛指用其他材質編織的席子。

石楬記一具繪有黑色紋様有欄檻的牀,兼有蒲草席子。又《淮南子·主术》:“匡牀蒻席,非不寧也。”“匡”即“框”之本字,指邊框,《淮南子》“匡牀蒻席”,即石楬所記之“檽牀兼苹蒻簟”。

十二、墨 廉 薑 函 一

“廉薑”,薑類植物,一種香菜,或稱“葰”,字亦作“荽”。《廣雅·釋草》:“廉薑,葰也。”《説文》艸部:“葰,薑屬,可以香口。”《儀禮·既夕禮》“茵著用荼,實綏澤焉”,鄭玄注:“綏,廉薑也;澤,澤蘭也,皆取其香且御濕。”《文選·左思〈吴都賦〉》“薑彙非一”,

劉逵注引《異物志》:“蔆,一名廉薑,生沙石中,薑類也。其累大,辛而香,削皮,以黑梅並鹽汁漬之,則成也。始安有之。”《太平御覽》卷九七四引劉楨《清慮賦》:“仰秤木韮,俯拔廉薑。”賈思勰《齊民要術・廉薑》:“《食經》曰:‘藏薑法:蜜煮烏梅,去滓,以漬廉薑,再三宿,色黄赤如琥珀。多年不壞。’”(參看《廣雅・釋草》“廉薑”,王念孫《疏證》)

圖 12

函,匣子。《集韻・咸韻》:“函,匱也。或作椷。”庾信《周車騎大將軍賀婁公神道碑》:“龜轉印函,蛇盤綬笥。”吴質《答東阿王書》:“信到。奉所惠貺,發函伸紙。”封演《封氏聞見記・匭使》:“梁武帝詔於謗木、肺石旁各置一函,横議者投謗木函,求達者投肺石函。”

“墨廉薑函一”,一具塗黑色用來盛放廉薑的匣子。既云“墨”(黑色),當爲木函。

利用出土文獻校讀《吴越春秋》*

胡敕瑞

北京大學中文系

《吴越春秋》舊題東漢趙曄撰,《隋書・經籍志》著録十二卷,傳世今本只有十卷。該書雜采《左傳》《國語》《史記》等史書,記録了先秦時期吴、越兩國争霸的歷史。《四庫全書總目提要》認爲此書"尤近小説家言,然自是漢、晉間稗官雜記之體"。該書現存最早的版本爲元大德十年丙午(1306 年)刊本,元徐天祜曾據此作過《音注》。清人盧文弨、顧觀光、俞樾、孫詒讓以及近人徐乃昌、邵瑞彭、金其源等對該書亦有研究。今人對該書的校釋、譯注主要有:

劉玉才《吴越春秋選譯》,巴蜀書社,1991 年。(簡稱"《選譯》")

薛耀天《吴越春秋譯注》,天津古籍出版社,1992 年。(簡稱"《譯注》")

周生春《吴越春秋輯校匯考》,上海古籍出版社,1997 年。(簡稱"《匯考》")

張覺《吴越春秋全譯》,貴州人民出版社,1993 年。(簡稱"《全譯》")

張覺《吴越春秋校注》,嶽麓書社,2006 年。(簡稱"《校注》")

張覺《吴越春秋校證注疏》,知識産權出版社,2014 年。(簡稱"《注疏》")

前賢時哲整理校注該書,解決了不少疑難問題。然而書中仍有一些滯礙難通處,亦存有一些被誤解的字詞。自 20 世紀以來先後出土了多批漢代簡帛材料,其間的用字情況反映了當時真實的語言樣貌。結合這些出土文獻中的用字情況,有利於校讀《吴越春秋》中的一些字詞。

---

* 本文寫作得到教育部人文社會科學重點研究基地重大項目"基於上古漢語語義知識庫的歷史語法與詞匯研究"(18JJD740002)的資助。

一、誠

《吴王壽夢傳第二》：

諸樊曰："周之太王知西伯之聖，廢長立少，王之道興。今欲授國於札，臣誠耕於野。"

札復謝曰："昔曹公卒，庶存適亡，諸侯與曹人不義而立於國。子臧聞之，行吟而歸。曹君懼，將立子臧。子臧去之，以成曹之道。札雖不才，願附子臧之義，吾誠避之。"

張覺《注疏》第27—28頁將"臣誠耕於野"譯爲"我一定心甘情願地在野外種地"，第30頁將"吾誠避之"譯爲"我真的要避讓君位"，這是誤解了"誠"的詞義。① 其實此處的兩個"誠"當讀如"請"。"誠"古音爲禪紐耕部，"請"爲清紐耕部，音近可通。《晏子春秋·内篇雜上第五》"'嬰聞之，省行者不引其過，察實者不譏其辭，嬰可以辭而無棄乎！嬰誠革之。'乃令糞灑改席，尊醮而禮之"，王念孫案："'誠'讀爲'請'。'革'，改也。向者不辭而入，今者糞灑改席而禮之，則改乎向者之爲矣。晏子以此爲請，故曰'嬰請革之'也。'請'與'誠'聲相近，故字亦相通。"②《吴王壽夢傳第二》首例《春秋戰國異辭》卷三五引作：

諸樊曰："周之太王知西伯之聖，廢長立少，王之道興。今欲授國於札，臣請耕於野。"

"臣誠耕於野"正作"臣請耕於野"，是"誠"與"請"相通之證。《吴王壽夢傳第二》次例中的"吾誠避之"亦應讀作"吾請避之"，其中"誠"亦通"請"。出土漢代簡帛中習見"請""誠"相通例，例如：

馬王堆帛書《明君》行20："此亓(其)請(情)美才(哉)闌(爛)乎！"

馬王堆帛書《經法·四度》行44上："美亞(惡)有名，逆順有刑(形)，請(情)僞有實。"

馬王堆帛書《經法·論》53下："盡知請(情)僞而不惑，然後帝王之道成。"

馬王堆帛書《經法·論》56上："逆順有理，則請(情)僞密矣。"

---

① 薛耀天《譯注》第27、28頁分别譯作"我情願到田野去耕作""我確實要避讓的"，將"誠"解釋爲"情願""確實"，也是誤解了"誠"的詞義。

② (清)王念孫：《讀書雜志·晏子雜志》，江蘇古籍出版社，1985年，第546頁。王念孫在夾注中已提及《夫差内傳》等"誠"通"請"之例，可惜整理者未曾注意。

馬王堆帛書《經法·論》57上:"三名察則盡知請(情)僞而【不】惑矣。"

以上諸例中的"請"字,整理者均在其後括注"情"字,[①]這似乎並無不妥。然而整理者所括注的"情"其實亦通"誠"。《墨子·非攻上》:"情不知其不義也,故書其言以遺後世。"孫詒讓引王念孫曰:"情、誠通用。"[②]馬王堆帛書諸例中的"請"與其括注爲"情",不如直接括注"誠",因爲這些例中"請"讀如"誠"均得其本旨。首例中的"請"讀作"誠",用作副詞,義爲"真正、確實";其他例中的"請僞"讀作"誠僞",義爲"真實與虚僞"。[③]

从心,青聲的"情"通"誠",从言,青聲的"請"亦通"誠"。《墨子·節葬下》"意亦使法其言,用其謀,計厚葬久喪,請可以富貧衆寡、定危治亂乎?",王念孫曰:"'請可以富貧衆寡、定危治亂乎?'畢從一本改'請'爲'誠'。念孫案:古者'誠'與'請'通,不煩改字。《尚同篇》'今天下之王公大人士君子,請將欲富其國家,衆其人民,治其刑政,定其社稷','請'即'誠'字也……畢徑改爲'誠',皆未達假借之旨。後凡改'請'爲'誠'者放此,《墨子》書'請''情'二字並與'誠'通。"[④]

《吴越春秋》的整理者由於不明"誠""請"相通的事實,因此即便注意到《吴越春秋》中的"誠"與《越絶書》中的"請"存在異文,却仍然不把它們視爲音近通假,而是誤認爲是字形訛誤。例如:

《夫差内傳第五》:"且夫畏越如此,臣誠東見越王,使出師以從下吏。"

《越絶書·越絶内傳陳成恒第九》:"且大吴畏小越如此,臣請東見越王,使之出鋭師以從下吏。"

張覺《校注》第110頁注:"誠:當作'請',音近而誤。"李步嘉《越絶書校釋》第201頁注:"《吴越春秋》'誠'當爲'請'之訛。"此均不明假借而改字,殊爲不當。其實正如王念孫所言"誠"通"請"。"誠"通"請"是古書中常見的一種現象,在《吴越春秋》中即屢

---

① 湖南省博物館、復旦大學出土文獻與古文字研究中心編纂,裘錫圭主編:《長沙馬王堆漢墓簡帛集成(肆)》,中華書局,2014年,第112、138、141頁。

② (清)孫詒讓:《墨子閒詁》,中華書局,2001年,第129頁。

③ 古籍中"誠""僞"構成反義詞,多見連文、互文的用法,例如《荀子·樂論》:"著誠去僞,禮之經也。"《景福殿賦》:"觀器械之良窳,察俗化之誠僞。"古籍中亦多見"情僞",例如《管子·七法》:"言實之士不進,則國之情僞不竭於上。"《墨子·非命》:"然今天下之情僞,未可得而識也。"《吕覽·季春紀》:"人之情僞、貪鄙、美惡無所失矣。"

④ (清)王念孫:《讀書雜志·墨子雜志》,江蘇古籍出版社,1985年,第581頁;王念孫:《讀書雜志·晏子雜志》亦論及"誠"與"請"音近相通,詳參同書第546頁。

見不鮮,他如:

《夫差内傳第五》:"員不忍稱疾辟易,乃見王之爲擒,員誠前死。"[①]/《國語·吴語》:"員不忍稱疾辟易,以見王之親爲越之擒也,員請先死。"

《句踐伐吴外傳第十》:"寡人不知其力之不足以大國報讎,以暴露百姓之骨於中原,此則寡人之罪也。寡人誠更其術。"[②]/《國語·越語上》:"寡人不知其力之不足也,而又與大國執讎,以暴露百姓之骨於中原,此則寡人之罪也。寡人請更。"

《句踐伐吴外傳第十》:"誠問於戰,何以爲可?"[③]/《國語·吴語》:"請問戰,奚以而可?"

以上《吴越春秋》中的"誠"當通"請",《國語》中正作"請",這是"誠"通"請"的明證。遺憾的是,整理者均誤解了這些例子中的"誠",因而均未作出正確的解釋。其他被誤解的例子還有:

《夫差内傳第五》:"乃如大夫種辭吴王曰:'誠以今日聞命!'"

《句踐陰謀外傳第九》:"大夫種曰:'臣奉使返越,歲登誠還吴貸。'"

"誠以今日聞命"當讀爲"請以今日聞命","歲登誠還吴貸"當讀爲"歲登請還吴貸",兩例中的"誠"均通"請"。張覺《注疏》第173頁前句譯作"實在想在今天聽到您裁決的消息",第274頁後句譯作"年成如果豐收了,肯定馬上歸還吴國借出的糧食"。"誠"分别被誤解爲"實在""肯定"。[④]

二、有遽　舉過列平

《夫差内傳第五》:

子貢曰:"……且夫上驕則犯,臣驕則争,此君上於王有遽,而下與大臣交争。如此,則君立於齊,危於累卵!"

---

① "員誠前死"張覺《注疏》第148頁譯作"我如果先死的話",薛耀天《譯注》第212頁譯作"如果我真的死在前面",均不當。

② "寡人誠更其術"一句,薛耀天《譯注》第426頁譯作"我要真正改變這種錯誤做法",均不當。

③ 句中"問"原作"聞",據徐天祜《音注》校改。"誠問於戰"一句,薛耀天《譯注》第429頁譯作"我真誠地向您求教",張覺《注疏》第296—297頁譯作"我真想向您請教有關戰争的事情"。

④ 薛耀天《譯注》第223頁前句譯爲"今天一定要聽到你的回話",第378頁後句譯爲"年穀成熟後保證歸還吴國的借貸"。"誠"分别被誤解爲"一定""保證"。

這段文字又見於《史記》《越絶書》：

> 子貢曰："……夫上驕則恣，臣驕則争，是君上與主有郤，下與大臣交争也。如此則君之立於齊，危矣！"
>
> （《史記 · 仲尼弟子列傳》）
>
> 貢對曰："……且夫上驕則犯，臣驕則争，是君上於主有御，下與大臣交争也。如此則君立於齊，危於重卵矣！"
>
> （《越絶書 · 越絶内傳陳成恒第九》）

根據《史記》可知《越絶書》中的"有御"應是"有郤"之誤。"郤"的異體"郤"从邑旁，"御"的異體"御"从卩旁，卩、阝形體相似，容易發生混淆。因爲古籍中的"有郤"多誤作"有御"，以至於王雱《字書誤讀》專門收了"有郤"一條："郤，音隙。誤御。"①

《夫差内傳第五》中的"有遽"應是與《史記》《越絶書》中的"有郤"詞義相關的某個詞語的訛誤。徐天祜《音注》："《越絶》及《子貢傳》皆'王'作'主'、'遽'作'郤'。'郤'與'隙'同。"張覺《校注》第 109 頁注："遽（jù 巨）：《文選 · 羽獵賦》'虎豹之凌遽'注：'遽，窘也。'作'遽'可通，不煩改字。"②《校注》釋"遽"爲"窘"，與上下文義不協，與《史記》《越絶書》也不合，恐非是。

我們懷疑"遽"是"罅"字形誤。"遽"从辵，豦聲，"罅"从缶，虖聲。③ 辵旁與走旁義通，作爲偏旁可相互替换，因此"遽"或體亦作"䞼"。④ "缶"與"走"草隸字形極其接近，⑤因此"罅"很容易誤作"䞼"。《廣雅 · 釋詁二》："罅、隙，裂也。"⑥"罅""隙"爲同義詞，均有裂痕、裂縫之義。"罅"本指器物破裂有縫隙，轉指人際關係有嫌隙。⑦ 此義既

---

① （北宋）王雱：《字書誤讀》，見於《説郛》卷八五。張仲清《越絶書校注》將"郤""御"誤認爲一字，因此誤認爲"御"（而不是"郤"）有"嫌隙"義。詳參張仲清：《越絶書校注》，國家圖書館出版社，2009 年，第 177 頁注解(13)。

② 《漢書 · 揚雄傳上》"三軍芒然，窮冘閼與，亶觀夫票禽之紲隃，犀兕之抵觸，熊羆之挐攫，虎豹之凌遽"，顔師古注："凌，戰慄也；遽，惶也。""遽"的惶恐義，亦不能講通《夫差内傳第五》"此君上於王有遽"一句。

③ 《夫差内傳第五》中的"有遽"亦有可能是"有臄"的訛混。《説文》谷部："谷，口上阿也。从口，上象其理。㖭，谷或如此。臄，谷或从肉、从豦。""臄"古讀群紐鐸部，"郤"古讀溪紐鐸部，音近可通。

④ 《正字通 · 走部》："䞼，遽字之訛。""䞼"爲"遽"的或體，應是偏旁義近替换所致，不一定是形訛。

⑤ 如居延漢簡 104.2"缺"作 [字形]，居延漢簡 103.14"趙"作 [字形]，其中"缺"的缶旁與"趙"的走旁寫法幾無差别。

⑥ 其中"隙"或作"隟"。錢大昭云："'罅、墉、陎'，字異音義同。'隟''隙'古今字。"見（清）錢大昭：《廣雅疏義》，中華書局，2016 年，第 130—131 頁。

⑦ 《論語 · 學而》："子曰：禹吾無間然矣。菲飲食而致孝乎鬼神，惡衣服而致美乎黻冕，卑宫室而盡力乎溝洫，禹吾無間然矣。"朱熹《集注》："間，罅隙也。謂指其罅隙而非議之也。"

可用“有罅”“有隙”來表達，也可用“有間”“有釁”來表達。例如：

> 《左傳》昭公十三年“諸侯有間矣，不可以不示衆”，杜預注：“間，隙也。”
>
> 《漢書·刑法志》“施於暴亂昏嫚之國，君臣有間，上下離心”，顔師古注：“言有間隙，不諧和。”
>
> 《左傳》桓公八年“讎有釁，不可失也”，杜預注：“釁，瑕隙也。”
>
> 《國語·晉語五》“合而後行，離則有釁”，韋昭注：“釁，隙也。”①

《孔子家語·屈節》有與《吴越春秋》《越絶書》《史記》相似的文段，文作：

> 子貢曰：“……戰勝以驕主，破國以尊臣，而子之功不與焉。則交日疏於主，而與大臣争。如此，則子之位危矣。”

其中“則交日疏於主”與“此君上於王有罅”（《吴越春秋》）、“是君上與主有郤”（《史記》）、“是君上於主有郤”（《越絶書》）文意大致相同，均指田成子與在上的齊王有嫌隙。“疏”與“有罅”“有郤”意思相同。②

器物開裂還可言“坼”或“墉”。《説文》土部：“坼，裂也。《詩》曰：不坼不疈。从土，斥聲。”又土部：“墉，坼也。从土，虖聲。隞，墉或从𨸏。”段玉裁注曰：“與缶部之‘罅’音義皆同。”王筠《句讀》曰：“與‘罅’同。或彼主言瓦器之破，此則地之坼裂、牆之隙壞乎。”段玉裁、王筠傾向於認爲“墉”同“罅”。值得注意的是，“呼”也可通“罅”，例如：

> 《漢書·高帝紀》“祠黄帝，祭蚩尤於沛廷，而釁鼓旗”，應劭曰：“釁，祭也。殺牲以血塗鼓釁呼爲釁。”顔師古注：“呼，音火亞反。”

“呼”音火亞反，音義同“罅”。《集韻·禡韻》：“‘罅’或作‘呼’。”《漢書》應劭注中的“釁呼”讀如“釁罅”。③ 黄侃説：“釁罅一作璺呼，一作璺呼，璺即璊之俗。罅、呼、墉亦與瑕通。”④漢魏六朝流行一個表示器物破裂的常用語“坼罅”，例如：

---

① 《左傳》宣公十二年“會聞用師，觀釁而動”，孔穎達疏：“釁是間隙之名。今人謂瓦裂龜裂皆爲釁。”

② 《史記·田敬仲完世家》“淳于髡曰：弓膠昔幹，所以爲合也。然而不能傅合疏罅”，司馬貞《索隱》：“傅音附，罅音呼嫁反。以言膠幹可以勢暫合，而久亦不能常傅合於疏罅隙縫；以言人臣自宜彌縫得所，豈待拘以禮制法式者哉，故下云‘請自附於萬人’是也。”

③ “釁呼”可分析爲述賓結構，與“塗鼓”結構相同。但是“釁呼”亦可以是同義並列結構，義同“釁罅”。或作“璺罅”，例如《周禮·春官·大卜》“大卜掌三兆之灋：一曰玉兆，二曰瓦兆，三曰原兆”，鄭玄注：“兆者，灼龜發於火，其形可占者。其象似玉、瓦、原之璺罅，是用名之焉。”

④ 黄侃：《黄侃日記》，江蘇教育出版社，2001年，第677頁。

《漢書·禮樂志》"衆嫭並,綽奇麗",晉灼注:"嫭,音坼罅之罅。"

《文選·蜀都賦》"樼栗罅發,蒲陶亂潰",劉良注:"罅發,栗皮坼罅而發也。"

漢簡中則多見"㡳呼"一詞,例如:

《居延漢簡(貳)》簡 127.24:"長斧椎皆揺棓㡳呼,稈色不鮮明,系索幣絶。"①

《居延漢簡(叁)》簡 258.16A:"轉櫨皆毋柅,蓬火曲函㡳呼。"②

于豪亮、陳直先生均已指出漢簡中的"㡳呼"猶傳世文獻中的"坼罅",義爲坼裂、裂痕。③

根據上面的討論,我們可以對《吴越春秋》中的另一疑問試作解釋。《句踐入臣外傳第七》:

臨非决疑,君誤臣諫,直心不撓,舉過列平,不阿親戚,不私於外,推身致君,終始一分,臣之事也。

其中"舉過列平"一句不好理解。張覺《注疏》第 211 頁譯爲"檢舉過錯治理公平"。薛耀天《譯注》第 284 頁注釋爲"列舉罪過要公平"。劉玉才《選譯》第 182 頁譯爲"檢舉過失,處事公平"。我們懷疑"舉過列平"或爲"舉過列乎"之誤。"乎""平"兩字形似,古書中多見誤例:

《左傳》文公七年:"同官爲寮,吾嘗同寮,敢不盡心乎?"杜預注:"猶不可忽,況同寮乎?"杜注"況同寮乎"一本作"況同寮平",《六經正誤》卷六:"'況同寮乎','乎'作'平'誤。"④

《管子·揆度》:"故有城無人,謂之守平虚。"吴毓江認爲其中"'平'爲'乎'之形誤",並認爲此處"乎虚"疑同《墨子·耕柱》中的"呼虚",謂間隙空隙。⑤

《史記·魏世家》:"北至平監。"梁玉繩《志疑》云:"附案:徐云'平縣屬河南,或

① 簡牘整理小組編:《居延漢簡(貳)》,"中研院"歷史語言研究所,2015 年,第 61 頁。

② 簡牘整理小組編:《居延漢簡(叁)》,"中研院"歷史語言研究所,2016 年,第 138 頁。

③ 詳參于豪亮:《〈居延漢簡甲編〉補釋》,《于豪亮學術文存》,中華書局,1985 年,第 233 頁。又參陳直:《居延漢簡解要》,《居延漢簡研究》,中華書局,2009 年,第 315、318、393 頁。

④ (宋)毛居正:《六經正誤》卷六,清文淵閣四庫全書。

⑤ 詳參吴毓江:《墨子校注》下册,中華書局,2006 年,第 667 頁。《墨子·耕柱》:"子墨子曰:'楚四竟之田,曠蕪而不可勝辟;評靈數千,不可勝〔入〕,見宋鄭之閒邑,則還然竊之,此與彼異乎?'"孫詒讓云:"此'評靈'當爲'呼虚'。……呼即㙤之叚字。㙤本訓坼,引申爲㙤隙。呼虚,謂閒隙虚曠之地。"詳參(清)孫詒讓:《墨子閒詁》下册,第 473 頁。

作"乎"',而《策》作'北至乎闞',則'平'字訛也。"①

《原本玉篇殘卷·广部》:"庀,平婢反……"其中"平婢反"在《篆隸萬象名義·广部》"庀"下誤作"乎婢反",此乃"平"誤作"乎"例。

《吴越春秋》"舉過列平"中的"平"亦很可能是"乎"之形誤。表示裂隙、漏洞的罅、呼、墲均从"乎"得聲,"舉過列乎"猶"舉過列罅(呼/墲)"。這是由兩個述賓結構組成的並列短語,其結構、語義與"舉過揚非"(《漢紀》卷二九)、"抉瑕擿釁"(《後漢書·陳元傳》)、"舉過彈違"(《晉書·劉頌列傳》)等詞語相類。《句踐入臣外傳第七》一段文字强調臣子當直心進諫,文作"舉過列乎"與上下文意很吻合。隙罅、隙呼原指實物破裂而有縫隙,引申則有嫌隙、隔閡義,也有缺漏、過失義。

三、氣

《夫差内傳第五》:

王孫駱聞之,不朝。王召而問曰:"子何非寡人而不朝乎?"駱曰:"臣恐耳。"曰:"子以我殺子胥爲重乎?"駱曰:"大王氣高子胥位下,王誅之,臣命何異於子胥?臣以是恐也。"

其中"大王氣高子胥位下"一句,張覺《全譯》第 211 頁譯爲作"大王趾高氣揚,子胥處在下位",張覺《注疏》第 154 頁譯作"大王氣勢高揚,子胥位居臣下",將句中的"氣"解釋爲氣勢。薛耀天《譯注》第 215 譯作"大王火氣正高,子胥又處在下位",②將句中的"氣"解釋爲火氣。相似的内容也見於《越絶書·請糴内傳》,文作:

王孫駱聞之,旦即不朝。王召駱而問之:"子何非寡人而旦不朝?"王孫駱對曰:"臣不敢有非,臣恐矣。"吴王曰:"子何恐?以吾殺胥爲重乎?"王孫駱對曰:"君王氣高胥之下位而殺之,不與羣臣謀之,臣是以恐矣。"

其中"君王氣高胥之下位而殺之"一句,張仲清《越絶書校注》引錢培名《札記》云"句不可解。《吴越春秋》作'大王氣高子胥位下王誅之',亦有脱誤",張仲清按:"氣,生氣;恨。'高'字作意動用法。意思是:君王(你)覺得伍子胥在臣下却盛氣凌人,特别生

① (清)梁玉繩:《史記志疑》卷二四,廣雅書局叢書本,第 641 頁。

② 俞紀東《越絶書全譯》譯爲:"君王氣盛,伍子胥居於下位,君王就殺了他。"參俞紀東:《越絶書全譯》,貴州人民出版社,1996 年,第 121 頁。李步嘉《越絶書校釋》(中華書局,2013 年)第 148 頁僅注明《越絶書》與《吴越春秋》"二書所記文字小異",未作其他任何注釋。

氣,(所以)殺了他。"①

《吴越春秋》《越絶書》文中的"氣"應該不是"氣勢",也不是"火氣""生氣",②"氣"當讀如"既"。"氣"古音爲溪紐物部,"既"爲見紐物部。兩字古音很近,可以相通。《説文》木部收有"概""杚"兩字:

《説文》木部:"概,杚斗斛。从木,既聲。"

《説文》木部:"杚,平也。从木,气聲。"

兩字音義幾無二致,且許書兩字並列一處,疑是一字之異體。③"概"从木,既聲,"杚"从木,气聲,是"既""气"音通之證。又雲气、元气之"气"異體亦从既聲作"槩",④"气"之異體既然从"既"得聲,因此"既"可通"气"。例如:

上博簡《凡物流行》甲本簡4:"五既(氣)並至,虐(吾)奚(奚)異奚(奚)同?"⑤

整理者注云:"'五既',即'五氣',五行之氣,亦指五方之氣。"⑥饋客芻米之"氣"異體亦从既聲作"槩",⑦"氣"之異體既然从"既"得聲,因此"既"亦可通"氣"。例如:

銀雀山漢簡《晏子春秋》簡541:"出氣事者兼月脊(瘠)者□歲。"

今傳世明本《晏子春秋·内篇諫上》作"士既事者兼月,疾者兼歲"。漢簡整理者注云:"疑簡文當讀爲'出餼,事者兼月、瘠者兼歲'。明本'士'疑是'出'字之誤。'出''士'二字隸書形近,古書中訛混之例常見。《説文》'氣'字或體或作'槩',疑明本'既'乃

---

① 張仲清:《越絶書校注》,第140頁。俞紀東《越絶書全譯》第121頁譯爲:"君王氣盛,伍子胥居於下位,君王就殺了他。"李步嘉《越絶書校釋》第148頁僅注明《越絶書》與《吴越春秋》"二書所記文字小異",未作其他任何注釋。

② 王筠《説文釋例》卷三:"且古言怒,今言生氣,惟《趙策》'太后盛氣而揖之'略近此意。然不可徑以氣字作怒字用也,雅言俗語膠葛胸中,致此笑柄矣。"參丁福保:《説文解字詁林》,中華書局,1988年,第4756頁。

③ 《玉篇》即以"杚"爲"概"字重文,徐鍇《繫傳》曰:"杚即概也。"今本《説文》誤分爲兩字可能是後人所爲。參丁福保:《説文解字詁林》,第6066頁。

④ 出土文獻如郭店簡、上博簡中的"氣"多作"槩",清華簡《湯才啻門》中的"氣"亦作"槩"。參白於藍:《戰國秦漢簡帛古書通假字彙纂》,福建人民出版社,2012年,第564、565頁。出土文獻又可假借"暨"作"氣",如張家山漢簡《蓋盧》簡44"天暨甚暑",其中"天暨"讀作"天氣"。詳參張家山二四七號漢墓竹簡整理小組編著:《張家山漢墓竹簡[二四七號墓](釋文修訂本)》,文物出版社,2006年,第166頁。

⑤ 馬承源主編:《上海博物館藏戰國楚竹書(七)》,上海古籍出版社,2008年,釋文第230、274頁。

⑥ 馬承源主編:《上海博物館藏戰國楚竹書(七)》,釋文第231頁。其中"氣"原文作"既"。

⑦ 《説文》米部:"氣,饋客芻米也。从米、气聲。《春秋傳》曰:'齊人來氣諸矦。'槩,氣或从既。"

‘槩’之壞字。”[①]漢簡整理者懷疑傳世明本中的“‘既’乃‘槩’字壞字”,恐未必然。明本中的“既”與漢簡本的“氣”音近相通,作“既”不誤,不應認爲是“槩”的壞字。“既”通“氣(餼)”古籍中屢見。例如:

《論語·鄉黨》:“肉雖多,不使勝食氣。”劉寶楠《正義》引段玉裁説:“魯論作‘氣’,古論作‘既’,用假借。”[②]

《儀禮·聘禮》“日如其饔餼之數”,鄭玄注:“古文餼爲既。”[③]

錢培名氏因爲不明《越絶書》中的“氣”通“既”,因此他認爲“句不可解”。現在既已弄明“氣”可通“既”,[④]所謂“句不可解”亦就迎刃而解了。《越絶書》“君王氣高胥之下位而殺之”意謂“君王既已使子胥的下位處於高位却又殺了他”。[⑤] 整理者由於不明“氣”通“既”,因此全都把這個句子解釋得支離破碎且詞不達意。與《越絶書》相比,《吴越春秋》除了把“子胥下位”改爲“子胥位下”外,還把“而殺之”改爲“王殺之”。由於不明“氣”通“既”,本該作一句讀的句子,被改得反而不成一句了。[⑥]

根據“氣”通“既”,還可校讀《吴越春秋》的另外一例,並訂正整理者的不當説法。《句踐陰謀外傳第九》:

吴王曰:“寡人卑服越王,而有其衆;懷其社稷,以愧句踐。句踐氣服,爲駕車,却行馬前,諸侯莫不聞知。今吾使之歸國,奉其宗廟,復其社稷,豈敢有反吾之心乎?”

張覺《校注》第 239 頁注:“氣服:服氣,由衷地屈服。”薛耀天《譯注》第 362 頁注:“氣服,盛氣被制服,順從。”

“服氣”“氣服”之類説法並非古已有之,這類説法大概始於近代。[⑦] 張覺《校注》把“氣服”解釋爲“服氣,由衷地屈服”,有以今律古的嫌疑;薛耀天《譯注》把“氣服”解釋

---

① 銀雀山漢墓竹簡整理小組:《銀雀山漢墓竹簡[壹]》,文物出版社,1985 年,圖版第 54 頁、釋文第 89 頁。

② (清)劉寶楠:《論語正義》卷一三,清同治刻本,第 310 頁。

③ 此據段玉裁《周禮漢讀考》改作“古文餼爲既”,傳世本鄭注原作“古文既爲餼”,“既”“餼”兩字誤倒。又據《説文》,从食之“餼”乃“氣”字或體。

④ 朱駿聲《説文通訓定聲》(中華書局,1984 年)第 576 頁“氣”字下云:“氣,假借爲既。”

⑤ 句中“高”爲使動用法,即“使(胥之下位)處在高位”。

⑥ 大概《吴越春秋》的作者已不明“氣”通“既”,因此作了如許改動。當然現在所看到的《吴越春秋》的文字,也有可能是後人所改。

⑦ 古代雖有“服氣”等詞語,但屬於吐納導引術語。如《晉書·隱逸傳·張忠》:“恬静寡欲,清虚服氣,餐芝餌石,修導養之法。”

爲"盛氣被制服,順從",亦不可從。"氣"當讀作"既"。"句踐氣服"讀爲"句踐既服",不但文意通順,而且還有異文證明。《吴越春秋·句踐陰謀外傳第九》一段在《越絶書·請糴内傳》中作:

> 吴王曰:"我卑服越,有其社稷。句踐既服,爲臣,爲我駕舍,却行馬前,諸侯莫不聞知。今以越之饑,吾與之食,我知句踐必不敢。"①

《吴越春秋》中的"句踐氣服"在《越絶書》中正作"句踐既服",這是"氣"通"既"的明證。

四、約

《夫差内傳第五》:

> 吴王親對曰:"天子有命,周室卑弱,約諸侯貢獻,莫入王府,上帝鬼神而不可以告。"

這段文字也見於《國語·吴語》,文作:

> 吴王親對之曰:"天子有命,周室卑約,貢獻莫入,上帝鬼神而不可以告。"

對比可知,《國語·吴語》中的"周室卑約,貢獻莫入"《吴越春秋·夫差内傳第五》改爲"周室卑弱,約諸侯貢獻,莫入王府"。《夫差内傳第五》中的"約"爲《國語·吴語》所無,此外《國語·吴語》中的"卑約"《夫差内傳第五》作"卑弱"。

"弱"古音爲日紐藥部,"約"爲影紐藥部,聲母雖然有異,可是韻部相同。鄔可晶曾論及从"勺"聲的字可以表示{弱},反過來"弱"聲字亦可以表示{約}。② 例如:

> 上博簡《成王爲城濮之行》甲本簡3:"遠(蔿)白(伯)珵(嬴)猷(猶)約。"③
>
> 清華簡《治邦之道》簡22—23:夫邦之弱張、階落有常,卑(譬)之若日月之敘,弋(代)陰弋(代)陽。④

---

① 《繹史》卷九六引文,此句也作"句踐既服"。

② 詳參鄔可晶:《"弱"、"約"有關字詞的考察》,陳斯鵬主編:《漢語字詞關係研究(二)》,中西書局,2021年。該文用外加"{ }"標識語言中的"詞",以此區别於記録詞的文字。

③ 馬承源主編:《上海博物館藏戰國楚竹書(九)》,上海古籍出版社,2012年,圖版第19頁、釋文考釋第148頁。按整理者原誤讀"遠白珵"爲"蘧伯玉",鄔可晶已據學者所指出的正確意見改讀。參看于立芳:《上博(九)楚國故事相關竹書的文本集釋》,河北大學2016年碩士學位論文(指導教師:張振謙),第57頁。

④ 清華大學出土文獻研究與保護中心編,李學勤主編:《清華大學藏戰國竹簡(捌)》下册,中西書局,2018年,第138頁。簡文中的"階"字采用的是鄔可晶的釋讀,原整理者因爲不識而未釋。

上博簡中的“猷(猶)約”,鄔可晶引用網名“無語”的説法,讀“約”爲“弱”,認爲“‘猶弱’相當於《左傳》説蔿賈‘尚幼’”,古書中指年少、幼小多用“弱”而不用“約”,讀“約”爲{弱},文義十分允當。清華簡中的“弱張”,鄔可晶引用單育辰、網友“子居”的説法,讀“弱”爲“約”,認爲此“弱(約)”與“張”反義,並舉《淮南子·原道》“約而能張”、清華簡《管仲》簡26“受命雖約,出外必張”均以“約”“張”對言爲證。[①]

我們注意到,傳世文獻中从“弱”聲的字與从“勺”聲的字亦常見通假。例如:[②]

> 《大戴禮記·武王踐阼》:“與其溺於人也,寧溺於淵。”/中山王嚳鼎:“蒦(與)其汋(溺)於人施(也),寧汋(溺)於淵。”
>
> 《管子·水地》:“夫水淖弱以清。”/《荀子·宥坐》:“夫水……淖約微達。”
>
> 《淮南子·原道》:“天下之物莫柔弱於水……淖溺流遁,錯繆相紛,而不可靡散。”/《文子·道原》:“天下莫柔弱於水……綽約流循,而不可靡散。”

據此可知“約”“弱”古音是十分接近的。“約”“弱”不但音近,詞義也接近。《荀子·宥坐》“夫水淖約微達”,楊倞注:“淖當爲綽。約,弱也。綽約,柔弱也。雖至柔弱而侵淫通達於物,似察之見細微也。《説苑》作‘綽弱微達’。”[③]《國語》中的“卑約”有可能因爲“約”與“弱”音近義通,因而在《吴越春秋》中被改寫爲“卑弱”。後人或注意到《國語》作“卑約”,便又在《吴越春秋》的“弱”後旁注“約”字,鈔胥再誤將此注文闌入正文。“約”字攙入正文之後,反使上下文意不通。因爲“莫入王府”乃是就“諸侯貢獻”而言的,而不是周天子“約諸侯貢獻”,因此《吴越春秋》中的“約”字宜當删除。

五、以入其意　以入吾國

《句踐陰謀外傳第九》:

> 十三年越王謂大夫種曰:“孤蒙子之術,所圖者吉,未嘗有不合也。今欲復謀吴,奈何?”種曰:“君王自陳,越國微鄙,年穀不登,願王請糴,以入其意,天若棄吴,必許王矣。”

張覺《校注》第239頁注釋:“《廣雅·釋詁》:‘入,得也。’入其意,等於説‘得其意’,就

① 原注:單育辰:《〈清華大學藏戰國竹簡(捌)〉釋文訂補》,《出土文獻》第14輯,中西書局,2019年,第170頁。按單文原釋“弱”爲“溺”,此據本文的意見改。

② 他如《左傳》昭公十一年“齊國弱”,《公羊傳》昭公十一年作“齊國酌”。从“勺”得聲的“酌”通“弱”。以下例句分别引自于豪亮:《中山三器銘文考釋》,載《于豪亮學術文存》,第37、38頁。

③ 今本《説苑·雜言》作“綿弱而微達”,其中“綿”疑是“綽”字形誤。

是‘使其得意’,讓其如願以償而感到滿意。”[①]薛耀天《譯注》第 361 頁注:“入,得。”

這些注釋恐怕都不對。“入”當是“卜”字形誤。漢隸中兩字形體逼似,請比較簡帛中的“卜”與“入”字:

表 1 簡帛中的“卜”與“入”字

卜	 馬王堆帛書《相馬經》023“角成卜者”	 張家山漢簡《二年律令》474“大史大卜”
入	 馬王堆帛書《雜療方》008“卵入桑枝中”	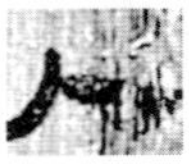 張家山漢簡《奏讞書》169“毋入飯中”

上行的“卜”與下行的“入”字形相似,容易混淆。[②]《句踐陰謀外傳第九》中的“以入其意”當作“以卜其意”。

《吴越春秋·句踐陰謀外傳第九》所記之事,也見於《越絶書·請糴内傳》,文作:

> 大夫種始謀曰:“君王盍少求卜焉?”越王曰:“善!卜之道何若?”大夫種對曰:“君王卑身重禮,以素忠爲信,以請糴於吴,天若棄之,吴必許諾。”

這段文字也提到以請糴來卜測吴國。《史記·越王句踐世家》也記載了這件事,文作:

> 越大夫種曰:“臣觀吴王政驕矣,請試嘗之貸粟,以卜其事。”請貸,吴王欲與,子胥諫勿與,王遂與之,越乃私喜。

其中“請試嘗之貸粟,以卜其事”與“願王請糴,以卜其意”文意相符。《句踐陰謀外傳第九》中的這段文字,《春秋戰國異辭》卷五二有引用,文作:

> 十三年越王謂大夫種曰:“孤蒙子之術,所圖者吉,未嘗有不合也。今欲復謀吴,奈何?”種曰:“君王自陳,越國微鄙,年穀不登,願王請糴,以卜其意,天若棄吴,必許王矣。”

---

① 張覺《注疏》第 271 頁注釋與此相同。張覺《全譯》第 363 頁譯作:“文種説:‘大王可以主動地向吴王訴説:“越國微小鄙陋,莊稼不成熟,希望大王讓我買些糧食,以此來滿足我的心願。”上天如果捨棄吴國,吴王就一定會答應大王的。’”將“以入其意”翻譯爲“以此來滿足我的心願”,不合上下文意。

② 張家山漢簡《二年律令》有“卜”誤作“人”例,例如簡 481“史人〈卜〉不足,乃除佐”;又如簡 483“史、人〈卜〉屬郡者,亦以從事。”“人”“入”二字形似也易誤,黄文傑《秦至漢初簡帛文字研究》(商務印書館,2008 年)第 133—134 頁有“‘人’‘入’辨”一節,讀者可以參考。

《春秋戰國異辭》引文正作"以卜其意",此足見今本《吴越春秋》"以入其意"之誤。

越國大夫種建議通過請糴來卜測吴國,吴國伍子胥則識破了大夫種的計謀。《句踐陰謀外傳第九》記載:

> 子胥諫曰:"觀越王之使使來請糴者,非國貧民困而請糴也,以入吾國、伺吾王間也。"

張覺《注疏》第273頁把"以入吾國、伺吾王間也"譯作"而是以此爲藉口進入我國來探測我們大王的失誤啊!"劉玉才《選譯》第223頁譯作"而是爲了到我們國家,窺伺我們大王的空隙"。兩種譯注分别將該句中的"入"譯爲進入、到,可能均存在誤解。我們認爲該句中的"入"字也應是"卜"字形誤。"卜吾國"與"伺吾王間"對應成文,"以卜吾國、伺吾王間也"意謂"而是用來測知我們國家,窺伺我們大王的可乘之機啊"。

2017年6月草稿

2024年8月修訂

附記:

該文曾於2017年6月17日在復旦大學出土文獻與古文字研究中心報告過,感謝劉釗、汪少華、陳劍、郭永秉等先生當時給予的寶貴意見與鼓勵。報告前夕裘錫圭先生特意召請我到家中,耐心聽了我的匯報並惠予指導,銘感於心。

歷史書寫中的人情

——從《漢書》的三處"贊曰"説起

陸德富

杭州師範大學歷史系

一

班固是東漢著名史學家。他在父親班彪留下的《史記後傳》的基礎上,多方采擇,詳加考訂,撰成《漢書》這部著作。他所著的《漢書》,"究西都之首末,窮劉氏之廢興,包舉一代,撰成一書,言皆精練,事甚該密",①爲斷代史之典範。《後漢書・班固列傳》論曰:

> 司馬遷、班固父子,其言史官載籍之作,大義粲然著矣。議者咸稱二子有良史之才。遷文直而事覈,固文贍而事詳。若固之序事,不激詭,不抑抗,贍而不穢,詳而有體,使讀之者亹亹而不猒,信哉其能成名也。

唐代李賢注云:"激,揚也。詭,毁也。抑,退也。抗,進也。"②據此可知,班固的叙事不毁譽過當,不隱蔽不誇張,中正平和。這對班固的歷史書寫給予了很高的評價。

不過,《班固列傳》的論中又説道:

> 彪、固譏遷,以爲是非頗謬於聖人。然其論議常排死節,否正直,而不叙殺身成仁之爲美,則輕仁義,賤守節愈矣。③

---

① (唐)劉知幾撰,(清)浦起龍釋:《史通通釋》卷一,上海古籍出版社,1958年,第22頁。

② (南朝宋)范曄撰,(唐)李賢等注:《後漢書》卷四〇下,中華書局,1965年,第1386頁。

③ (南朝宋)范曄撰,(唐)李賢等注:《後漢書》卷四〇下,第1386頁。

班彪、班固父子在論議中不以死節正直爲高，不以殺身成仁爲美，這是“輕仁義，賤守節”的表現。據李賢注，這段論議本自華嶠《後漢書》。[①] 范曄在“論曰”中加以采擇，説明他對這個説法是認同的。

所謂“論議”，當指《漢書》的“贊曰”部分。班固撰寫《漢書》時，在歷叙傳主的生平事迹後，多以“贊曰”的名義對傳主作一個簡短的評價。當然，《漢書》的“贊曰”不全是班固所作。前已提及，《漢書》是班固在其父留下的《史記後傳》的基礎上撰寫而成，有些傳主的“贊曰”乃是直接采用班彪之説。比如《漢書·韋賢傳》後的“司徒掾彪曰”云云，[②]就屬於這樣的情況。

古人寫史，重在記事。章學誠所説“夫史所載者事也”，[③]吕思勉先生評《史通·六家第一》時説“史所以記事而已，事之善惡，非所問也”，[④]表達的都是這個意思。自孔子修《春秋》，寓褒貶於文辭，使臣下知所進退，所謂“孔子成《春秋》而亂臣賊子懼”，[⑤]此後史書的編纂便多了一層訓誡教化的功能。司馬遷撰《史記》，多於每篇末尾叙以“太史公曰”云云，論辭中即蘊含褒貶之意。《漢書》的“贊曰”蓋仿《史記》的“太史公曰”而作。

在儒學獨尊的東漢時代，班固的道德觀念自然是儒家提倡的仁孝、節信、忠義等。在《漢書》的“贊曰”部分，班固就時常以仁孝等儒家的道德準則去品評人物。比如，他稱贊不禮文帝寵臣鄧通的申屠嘉“剛毅守節”，[⑥]評論鼂錯雖因倡議削藩被誅而“世哀其忠”，[⑦]引用孔子的話稱贊被拘於匈奴十九年而不失漢節的蘇武爲“志士仁人”，[⑧]稱武帝朝的大臣金日磾“篤敬寤主，忠信自著”，[⑨]稱贊阻止傅太后稱尊號的傅喜“守節不傾”。[⑩] 另一方面，他在評論張耳陳餘的關係時説他們是“勢利之交”，[⑪]評價迎合傅太后稱尊號的朱博“馳騁進取，不思道德”。[⑫] 不難看到，儒家的道德標準是班固品評人

---

① （南朝宋）范曄撰，（唐）李賢等注：《後漢書》卷四〇下，第1386頁。

② （漢）班固撰，（唐）顔師古注：《漢書》卷七三，中華書局，1962年，第3130—3131頁。

③ （清）章學誠著，葉瑛校注：《文史通義校注》卷三，中華書局，1983年，第220頁。

④ 吕思勉：《史學四種》，上海人民出版社，1981年，第97頁。

⑤ （清）焦循：《孟子正義》上册，中華書局，1987年，第459頁。

⑥ （漢）班固撰，（唐）顔師古注：《漢書》卷四三，第2103頁。

⑦ （漢）班固撰，（唐）顔師古注：《漢書》卷四九，第2303頁。

⑧ （漢）班固撰，（唐）顔師古注：《漢書》卷五四，第2469頁。

⑨ （漢）班固撰，（唐）顔師古注：《漢書》卷六八，第2967頁。

⑩ （漢）班固撰，（唐）顔師古注：《漢書》卷八二，第3383頁。

⑪ （漢）班固撰，（唐）顔師古注：《漢書》卷三二，第1843頁。

⑫ （漢）班固撰，（唐）顔師古注：《漢書》卷八三，第3409頁。

物的主要依據。

而且，班彪、班固父子有着濃厚的正統觀念，尤爲注重劉氏社稷的法統。王莽敗亡後，班彪從天水隗囂避難。某次隗囂問以歷史興衰，班彪就表示"漢家復興"。① 後來班彪又著《王命論》，"以爲漢德承堯，有靈命之符"，②實爲天命所歸，必當復興。班固生於後漢，仕於後漢，以劉氏爲正統的觀念更爲深固。《史記》的本紀部分有項羽而無惠帝，班固將惠帝增列紀中，又將項羽轉至傳中，就充分説明了這一點。同樣因爲注重劉氏社稷的法統，班固不承認王莽的皇帝身份，也不承認新莽的地位，只將王莽序入列傳之中。在《王莽傳》的論贊中，班固又痛詆王莽的篡逆之舉，説他"肆其奸慝，以成篡盜之禍"，並稱"自書傳所載亂臣賊子無道之人，考其禍敗，未有如莽之甚者也"，③且班固對王莽篡位後不應徵召、絶食而終的龔勝冠以"守死善道"的贊語，④也可見他對王莽篡漢的態度。

但是，正如華嶠所説，班彪、班固父子在論議中也有"排死節，否正直，而不叙殺身成仁之爲美"的地方。對此，李賢注云：

> 固序《遊俠傳》曰："劇孟、郭解之徒，馳騖於閭閻，雖其陷於刑辟，自與殺身成名，若季路、仇牧〔死〕而不悔也。古之正法：五伯，三王之罪人；六國，五伯之罪人；四豪者，又六國之罪人。況於郭解之倫，以匹夫之細，竊殺生之權，其罪不容於誅也。"⑤

李賢以爲，華嶠此論乃是針對班固在《漢書·遊俠傳》中這段貶低遊俠的言論而説的。今人亦有信從之者，以爲"彪、固譏遷"本就《史記·遊俠列傳》而發。⑥

華嶠在《後漢書》中爲班彪、班固父子所作的傳文大多已經散佚，無從得窺全豹，所以李賢的闡述是否符合華嶠的本意，今天已經不得而知。不過，這至少不會是范曄援引華嶠這段論議的用意。東漢時代仍然存在遊俠，但是范曄不作《遊俠列傳》，説明他並不在意這類人物，自然也不會在意班固對他們的評價。而且，遊俠的行爲"不軌

---

① (漢) 班固撰，(唐) 顔師古注：《漢書》卷一〇〇上，第 4207 頁。

② (南朝宋) 范曄撰，(唐) 李賢等注：《後漢書》卷四〇上，第 1324 頁。

③ (漢) 班固撰，(唐) 顔師古注：《漢書》卷九九下，第 4194 頁。

④ (漢) 班固撰，(唐) 顔師古注：《漢書》卷七二，第 3097 頁。

⑤ (南朝宋) 范曄撰，(唐) 李賢等注：《後漢書》卷四〇下，第 1386 頁。

⑥ 牟發松：《〈後漢書·班固傳〉論平議》，《魏晉南北朝隋唐史資料》第 17 輯，武漢大學出版社，2000 年，第 157 頁。

於正義”,[①]是古代社會的不安定因素,不利於統治秩序的維護。因此,在對待遊俠的態度上,范曄與班固恐怕不會有太大的不同。另一方面,深入考察可以看到,在《漢書》的“贊曰”文字中,確實出現了一些不符合儒家的道德準則的評價。

二

對於“然其論議常排死節,否正直,而不叙殺身成仁之爲美”這句話,清代的沈欽韓提出了不同於李賢的説法,其云:

> 尋論者之意,謂如《王章傳》贊云:“不量輕重,以陷刑戮。”《何武等傳》云:“依世則廢道,違俗則危殆。”《翟義傳》云:“義不量力,以覆其宗。”詞旨骫靡,以此譏固耳。章懷注舉《遊俠傳》論以實之,失華、范之本意矣。[②]

沈氏否定李賢的説法,而將“排死節,否正直,而不叙殺身成仁之爲美”坐實到班彪、班固父子對王章、何武、翟義等人的“贊曰”上,頗具新意。

徐復觀先生不同意沈欽韓的説法,認爲班固評價王章“剛直守節,不量輕重,以陷刑戮,妻子流遷,哀哉”,這不是“輕仁義,賤守節”的表現。《翟義傳》的“贊曰”中説“義不量力,懷忠憤發,以隕其宗,悲夫”,同樣也不是“輕仁義,賤守節”的表現。[③] 沈欽韓的説法,錢穆先生也注意到了。他在歷舉班彪、班固對王章、何武、翟義的評論後説:“觀上舉諸例,可見《漢書》不是無是非,而是把是非顛倒了。范蔚宗説他‘輕仁義,賤守節’,一點也不冤枉。”[④]完全贊成沈氏的説法。

其實,單看“贊曰”部分是不全面的,需要結合王章、何武、翟義等人的具體事迹,才能比較深刻地理解“贊曰”的含義。

王章的事迹,我們放在最後討論。先來看翟義。翟義乃成帝朝丞相翟方進之子,當王莽居攝之時,其任東郡太守。據《漢書・翟方進傳》附《翟義傳》,對於王莽居攝,“義心惡之,……故義舉兵并東平,立信爲天子。義自號大司馬柱天大將軍,以東平王傅蘇隆爲丞相,中尉皋丹爲御史大夫,移檄郡國,言莽鴆殺孝平皇帝,矯攝尊號,今天子已立,共行天罰”。[⑤] 最終翟義兵敗,被磔於市。

---

① (漢) 司馬遷:《史記》卷一二四《遊俠列傳》,中華書局,1982 年,第 3181 頁。

② (清) 王先謙:《後漢書集解》,中華書局,1984 年影印本,第 485 頁所引。

③ 徐復觀:《兩漢思想史》第三卷,華東師範大學出版社,2001 年,第 277—278 頁。

④ 錢穆:《中國史學名著》,生活・讀書・新知三聯書店,2013 年,第 118 頁。

⑤ (漢) 班固撰,(唐) 顏師古注:《漢書》卷八四,第 3426、3437 頁。

王莽居攝專權，天下無人倡言反對，唯有翟義起兵討莽。當然，翟義此舉或許另有隱情。當王根輔政之時，王莽之表兄弟淳于長逐漸得到重用。此時，翟方進與淳于長交往，且稱薦之，有攀附之意。[①] 王莽覬覦權柄已久，淳于長便成爲他前進道路上的障礙。於是，王莽向王根揭發淳于長的罪行，後者由此被廢，王莽終於得以代諸父而輔政。翟方進既然薦舉淳于長，自然是王莽的政敵。王夫之説"王氏之嫉也深"，[②]是洞察底藴之論。成帝綏和二年（前7），熒惑守心，翟方進因此而自殺。研究者認爲王莽爲了獨攬大權，曾蓄意打擊翟方進。翟氏之死，其後有王莽的影子。翟義起兵討伐王莽，可能與其父之死有關。[③] 這是有道理的。

即便如此，按照儒家的道德標準，翟義敢於起兵反對王莽，仍爲忠於漢室的義舉。《翟方進傳》的贊語乃是引用了班彪的評價，其云："丞相方進以孤童攜老母，羈旅入京師，身爲儒宗，致位宰相，盛矣。當莽之起，蓋乘天威，雖有賁、育，奚益於敵？義不量力，懷忠憤發，以隕其宗，悲夫！"[④]他認爲王莽居攝乃乘天之威，其勢不可阻擋。翟義起兵討莽，實在不自量力，非但自己兵敗身死，還導致宗人覆滅。顯然，班彪對翟義的忠直死節之舉是不以爲然的。班固加以引用，説明他贊同其父的説法。這難道不是班彪、班固父子"輕仁義，賤守節"的表現嗎？

班固對翟氏的態度很微妙。《漢書·翟方進傳》的末尾記有如下一則故事：

> 初，汝南舊有鴻隙大陂，郡以爲饒，成帝時，關東數水，陂溢爲害。方進爲相，與御史大夫孔光共遣掾行視，以爲决去陂水，其地肥美，省堤防費而無水憂，遂奏罷之。及翟氏滅，鄉里歸惡，言方進請陂下良田不得而奏罷陂云。王莽時常枯旱，郡中追怨方進，童謡曰："壞陂誰？翟子威。飯我豆食羹芋魁。反乎覆，陂當復。誰云者？兩黄鵠。"[⑤]

翟方進奏罷陂水，乃是利國利民之舉。班固却將鄉里歸惡之言及追怨翟方進之童謡采入傳中，清人張佩綸説"言外若幸翟氏之覆宗爲快者"。[⑥] 仔細體會，張氏此説確有合理之處。看來，班固也不喜歡翟氏父子。

---

① （漢）班固撰，（唐）顔師古注：《漢書》卷八四，第3421頁。

② （明）王夫之：《讀通鑒論》卷五，中華書局，1975年，第276頁。

③ 黄一農：《漢成帝與丞相翟方進死亡之謎》，《社會天文學史十講》，復旦大學出版社，2004年，第17—19頁。

④ （漢）班固撰，（唐）顔師古注：《漢書》卷八四，第3441頁。

⑤ （漢）班固撰，（唐）顔師古注：《漢書》卷八四，第3440頁。

⑥ （清）張佩綸：《張佩綸日記（下）》，鳳凰出版社，2015年，第349頁。

再來看何武。何武曾先後得到王音、王根的舉薦，受知於王氏。《漢書·何武傳》云：

> 後有詔舉大常，莽私從武求舉，武不敢舉。後數月，哀帝崩，……詔有司舉可大司馬者。……自大司徒孔光以下舉朝皆舉莽。……於是武舉公孫禄可大司馬，而禄亦舉武。太后竟自用莽爲大司馬。莽風有司劾奏武、公孫禄互相稱舉，皆免。……元始三年，吕寬等事起。……武自殺。①

等到他擔任前將軍後，先不敢向太常薦舉王莽，又不向朝廷薦舉王莽任大司馬，可謂重得罪，最終被誣自殺。

何武雖然受到王氏的薦舉，但他本人對王莽恐怕並無好感。何武"與翟方進交志相友"，②哀帝時又受到董賢的薦舉。③ 翟方進與董賢，均是王莽的政敵。這二人之死，或明或暗都與王莽有關。有鑒於此，何武可能本來就不願意與王莽爲伍，自然也不願意薦舉王莽。

對於何武不舉薦王莽任大司馬事，班固贊曰："當王莽之作，外内咸服，董賢之愛，疑于親戚，武、嘉區區，以一蕢障江河，用没其身。"④按照他的意思，何武應該順應時勢，薦舉王莽。因爲何武不肯這樣做，最後落得個自殺的下場。言外之意，顯然是説何武不識時務。

班固的這個"贊曰"，邏輯並不能協調。衆人都薦舉王莽，爲什麽何武就一定也要薦舉王莽？當朝廷議論大司馬人選時，何武與左將軍公孫禄謀曰"往時孝惠、孝昭少主之世，外戚吕、霍、上官持權，幾危社稷，今孝成、孝哀比世無嗣，方當選立親近輔幼主，不宜令異姓大臣持權，親疏相錯，爲國計便"，⑤可見何武不薦舉王莽，是站在維護劉氏社稷的立場，爲了避免再次出現外戚專政的局面而實施的計劃。鑒於王莽後來的專權，何武拒絶薦舉王莽，不願意依附王莽，完全是忠貞於漢室的表現，符合儒家的道德準則，實在是值得大加表彰的正直之舉。班固對何武的議論，顯然也屬於"輕仁義，賤守節"的範疇。

翟義、何武兩人面對王莽專權，一個敢於討伐，一個敢於拒絶，班彪、班固父子非但没有予以表彰，反而在"贊曰"中出以譏諷，説他們不自量力，不識時務，無怪乎曹魏

---

① （漢）班固撰，（唐）顔師古注：《漢書》卷八六，第3486—3488頁。

② （漢）班固撰，（唐）顔師古注：《漢書》卷八六，第3481頁。

③ （漢）班固撰，（唐）顔師古注：《漢書》卷八六，第3486頁。

④ （漢）班固撰，（唐）顔師古注：《漢書》卷八六，第3510頁。

⑤ （漢）班固撰，（唐）顔師古注：《漢書》卷八六，第3487頁

的傅玄説:"吾觀班固《漢書》,論國體則飾主闕而折忠臣,救世教則貴取容而賤直節,述時務則謹辭章而略事實,此其所失也。"[①]認爲班固在《漢書》中"折忠臣""賤直節",並不是没有依據的。

另一方面,范曄在修《後漢書》時特撰《黨錮列傳》《獨行列傳》《逸民列傳》等篇,對那些殺身成仁、守節不仕的人詳加記述,其目的正在"表死節,褒正直而叙殺身成仁之爲美也,而諸列傳中亦往往見重仁義、貴守節之意"。[②] 實際上,此前的顧炎武就説過,"(光武)尊崇名節,而風俗爲之一變。至其末造,……而黨錮之流,獨行之輩,依仁蹈義,捨命不渝",[③]已經指出黨錮、獨行兩類人體現出的重仁義、貴守節的品德。由此也説明,在范曄看來,班固的那些"排死節,否正直,而不叙殺身成仁之爲美"的論議,並不體現在遊俠這類人,而是體現在翟義、何武等人身上。

接下來的問題是,既然儒家的道德標準是班固品評人物的主要依據,而且他在具體的書寫實踐中也確實是遵循着這樣的準則去做的,那麽爲什麽偏偏在對何武、翟義二人(還包括下文提到的王章)的論議中會出現"排死節,否正直,而不叙殺身成仁之爲美"的情況呢?這是班固的無心疏漏,還是别有隱情存焉?這是值得深思的。

三

清人讀史,能於古代史事多有發明。尤其是曾國藩、郭嵩燾等官員,因爲身在官場上層,熟諳政治運作,飽經人事更迭,故而對於古代的政治局勢及曲折幽隱之處,往往有着獨特的見解和體悟。這裏還要提到張佩綸。作爲晚清著名的"清流黨"的中堅人物,張佩綸在晚清政治史上有着重要的地位。張氏在中法戰争後被革職發配,此後潛心讀書,留下大量讀書心得。他在讀《漢書》時曾指出,班氏是王氏一黨,並以《漢書·叙傳》所記諸事爲證。[④] 張佩綸的"王氏一黨"説,不免有自身政治經歷的影子,但核諸史實,確具啓發意義。

《漢書·叙傳上》記載,班彪之伯父名爲班伯,"大將軍王鳳薦伯宜勸學,召見宴昵殿,容貌甚麗,誦説有法,拜爲中常侍"。班伯乃由大將軍王鳳舉薦,得拜中常侍。"王

---

① (唐)劉知幾撰,(清)浦起龍釋:《史通通釋》卷八,第 230 頁。

② (清)王鳴盛:《十七史商榷》卷三六,上海書店出版社,2005 年,第 252 頁。

③ (明)顧炎武著,(清)黄汝成集釋:《日知録集釋》卷一三,上海古籍出版社,2006 年,第 752 頁。

④ (清)張佩綸:《張佩綸日記(下)》,第 350 頁。

莽少與稚兄弟同列友善,兄事斿而弟畜稚。斿之卒也,修緦麻,賻賵甚厚”。[①] 班斿乃班彪之二伯父,班稚爲班彪之父,他們和王莽情如兄弟。王莽爲班斿服喪,且饋贈甚厚,足見關係非比尋常。這兩點張佩綸都已經提及。玆可補充者尚有二端:其一,王氏和班氏有親屬關係。金當之母與王莽之母是同産姊妹,[②]金敞爲班彪之外祖,[③]金敞是金當之諸父。因此,王莽跟班稚兄弟友善,是有天然基礎的。其二,班彪之姑母班婕妤,深得成帝寵愛。《漢書・外戚傳》記載:“趙氏姊弟驕妒,婕妤恐久見危,求共養太后長信宫,上許焉。”[④]班婕妤能够在長信宫侍奉元后,自然是得到元后信任的。平帝即位後,太后臨朝,王莽秉政,派遣使者循行天下,“分行風俗,采頌聲”,班稚一無所上,大司空甄豐論以不道之罪,太后以“后宫賢家,我所哀也”,獨不誅班稚。[⑤] 元后言語之中對班氏是頗爲顧惜的。

張佩綸還指出,從成帝立定陶王爲太子時班稚的態度,同樣可以看出班氏與王氏是一黨。班稚“少爲黄門郎中常侍,方直自守。成帝季年,立定陶王劉欣爲太子,數遣中盾請問近臣,稚獨不敢答”。[⑥] 班稚爲什麽不敢回答成帝的詢問呢?因爲他知道王氏不願意立劉欣。

劉欣的祖母是傅太后。元后和傅太后本爲競争關係。《漢書・外戚傳》云:

> 元帝即位,立爲婕妤,甚有寵。爲人有材略,善事人,下至宫人左右,飲酒酹地,皆祝延之。産一男一女,女爲平都公主,男爲定陶恭王。恭王有材藝,尤愛於上。[⑦]

傅太后有材略,善於處理人際關係,不但得到元帝的寵幸,而且備受衆人尊敬。關鍵的是,其子劉康尤受元帝喜愛。元帝一度有廢太子而立定陶王的想法,《漢書・元后傳》云:

> 其後(太子)幸酒,樂燕樂,元帝不以爲能。而傅昭儀有寵於上,生定陶共王。王多材藝,上甚愛之,坐則側席,行則同輦,常有意欲廢太子而立共王。[⑧]

這對元后及成帝的地位,構成了很大的威脅。經此一事,元后内心之不喜傅太后,可

① (漢)班固撰,(唐)顔師古注:《漢書》卷一〇〇上,第4198、4204頁。

② (漢)班固撰,(唐)顔師古注:《漢書》卷六八,第2965頁。

③ (漢)班固撰,(唐)顔師古注:《漢書》卷九,第297頁。

④ (漢)班固撰,(唐)顔師古注:《漢書》卷九七下,第3985頁。

⑤ (漢)班固撰,(唐)顔師古注:《漢書》卷一〇〇上,第4204頁。

⑥ (漢)班固撰,(唐)顔師古注:《漢書》卷一〇〇上,第4203頁。

⑦ (漢)班固撰,(唐)顔師古注:《漢書》卷九七下,第4000頁。

⑧ (漢)班固撰,(唐)顔師古注:《漢書》卷九八,第4016頁。

想而知。及至成帝即位，因久無子嗣，且身體狀況不佳，定陶共王來朝時遂留其於朝中，似有立弟之意。大將軍王鳳遂以日蝕之故，强行請求成帝遣共王之國。[①] 可見王氏對傅太后及定陶王的猜嫌之深。

就在此時，京兆尹王章上奏章彈劾王鳳。《漢書·元后傳》記載王章之言曰：

> 且日蝕，陰侵陽臣顓君之咎，今政事大小皆自鳳出，天子曾不一舉手，鳳不內省責，反歸咎善人，推遠定陶王。……鳳不可令久典事，宜退使就第，選忠賢以代之。[②]

王章本爲王鳳所薦舉，得任京兆尹一職。《漢書·王章傳》記載："王尊免後，代者不稱職，章以選爲京兆尹。時帝舅大將軍王鳳輔政，章雖爲鳳所舉，非鳳專權，不親附鳳。"[③]王章却因定陶王事而上書稱王鳳專權，且非忠賢之人，實不可任。成帝初納其言，然終不能用，反使尚書劾奏王章，致其死於獄中，妻子徙合浦。[④] 班固贊中所謂"不量輕重，以陷刑戮，妻子流遷"，即指此而言。

《漢書·梅福傳》記梅福對王章之事説過如下一段話：

> 故京兆尹王章資質忠直，敢面引廷争，孝元皇帝擢之，以厲具臣而矯曲朝。及至陛下，戮及妻子。且惡惡止其身，王章非有反畔之辜，而殃及家。折直士之節，結諫臣之舌，群臣皆知其非，然不敢争，天下以言爲戒，最國家之大患也。[⑤]

權臣專權蔽主，本是不正常的現象。當群臣皆不敢諫争之時，惟有王章上書彈劾王鳳，可稱諍臣直士。王章所爲本是正舉，得到梅福的盛贊，死於獄中亦可謂"殺身成仁"，[⑥]却被班固説成不知輕重，非但没有加以肯定，言外似乎還有譏諷之意。這不又是"輕仁義，賤守節"的表現麽？所以，沈欽韓以王章、何武、翟義三人事迹坐實班氏父子在議論中"排死節，否正直，而不叙殺身成仁之爲美"，是可信的。

王鳳死後，王音、王商、王根兄弟輪流輔政。《漢書·哀帝紀》云，傅太后爲其孫定陶王劉欣謀太子位時，大將軍王根"欲豫自結爲久長計"即爲自己的將來考慮，支持立定陶王。[⑦] 這並不能代表王氏，尤其是元后的意見。成帝詢問意見時，班稚之所以不敢回答，正是因爲班家和王氏關係密切，他深知王氏本不欲立定陶王爲太子。

---

① （漢）班固撰，（唐）顔師古注：《漢書》卷九八，第 4019 頁。

② （漢）班固撰，（唐）顔師古注：《漢書》卷九八，第 4020—4021 頁。

③ （漢）班固撰，（唐）顔師古注：《漢書》卷六七，第 3238 頁。

④ （漢）班固撰，（唐）顔師古注：《漢書》卷六七，第 4023 頁。

⑤ （漢）班固撰，（唐）顔師古注：《漢書》卷六七，第 2922 頁。

⑥ 錢穆：《中國史學名著》，第 118 頁。

⑦ （漢）班固撰，（唐）顔師古注：《漢書》卷九七下，第 4000 頁。

《漢書・叙傳上》云,哀帝即位後"出稚爲西河屬國都尉,遷廣平相"。[①] 這同樣不是偶然的。《漢書・師丹傳》記載,哀帝即位後多有匡正,封拜丁、傅,奪王氏之權,師丹上書曰:

> 古者諒闇不言,聽於冢宰,三年無改於父之道。前大行尸柩在堂,而官爵臣等以及親屬,赫然皆貴寵。封舅爲陽安侯,皇后尊號未定,豫封父爲孔鄉侯。出侍中王邑、射聲校尉王邯等。[②]

可知哀帝在封拜丁、傅的同時,又出王氏子弟於外。一進一退,目的在奪王氏之權。班稚被哀帝外放爲西河屬國都尉,當是因爲他被看作王氏一黨。

考察翟義、何武、王章三人的事迹,其中有一個共同點——反對王氏,特别是反對王莽。由此我們也可以理解,爲什麽《漢書》的"贊曰"中會對此三人持那樣的態度。蓋班家與王氏有親戚關係,且世代受知於王氏,關係密切。這難免影響班彪、班固父子對王氏的態度,甚至影響他們對反對王氏的那些人的態度。班彪、班固父子對王氏還抱有一定的好感,存在着有意偏袒的情况,不免對反對王氏的人出言譏諷。這裏我們看到了歷史書寫當中隱含的人情因素。

值得注意的是,柴德賡先生在論述《漢書》的不足之處時曾説:

> 這一方面,班固確有弱點,他的是非愛憎不像司馬遷那樣强烈,慷慨激昂的議論很少,明哲保身的思想比較明顯。特别對反對王莽、不仕王莽那些人,記載不多,因此范曄譏他"身陷大戮,智及之而不能守之"。[③]

柴先生指出班固對反對王莽、不仕王莽的那些人記載不多,確實獨具慧眼。這和上文所説的,班彪、班固父子對敢於反對王鳳專權的王章,反對王莽專權的翟義、何武二人持譏諷的態度,是有着内在的一致性的。這個一致性就是,班彪、班固父子對王氏還抱有一定的好感。

四

除了王氏,班固對揚雄亦有相當的好感。揚雄是西漢末年著名的文學家,是班彪

① (漢)班固撰,(唐)顔師古注:《漢書》卷一〇〇上,第4203頁。

② (漢)班固撰,(唐)顔師古注:《漢書》卷八六,第3503頁。

③ 柴德賡:《史籍舉要》,商務印書館,2015年,第21頁。

的“父黨”,曾到班家造門而訪。[①] 班固喜愛揚雄的文章,在《揚雄傳》中幾乎盡收揚雄的文章,以至於《揚雄傳》的篇幅在列傳中位列第二,僅次於《王莽傳》,可見一斑。

揚雄四十餘歲時自蜀至京,在成、哀、平時爲郎,“三世不徙官”,名位不顯。王莽篡位後,揚雄以“耆老久次”升任大夫。[②] 揚雄在擢升大夫後,即向王莽獻《劇秦美新》一文,盛稱王莽“以至聖之德,龍興登庸,欽明尚古,作民父母,爲天下主,執粹清之道,鏡照四海,聽聆風俗,博覽廣包,參天貳地,兼並神明,配五帝,冠三王,開闢以來,未之聞也”,[③]言辭誇張,有失臣節,招致後世的無窮非議。但是,班固既不在《揚雄傳》的正文中收録《劇秦美新》一文,又不在“贊曰”中提及獻文之事,有意爲揚雄隱諱,[④]甚至還稱贊他“恬於勢利乃如是”,[⑤]未免過於粉飾,實不足爲訓。

説起來,《王莽傳》是《漢書》列傳中最長的一篇,這恐怕也不是偶然的。清初的方苞以爲,《王莽傳》是班固最爲用心之作,“其鈎抉幽隱,雕繪衆形,可肩隨子長”,但是,對於班固將王莽的行事與言論,以及改易的地名、職官等也詳加記載,方氏表示不以爲然,認爲毫無必要。[⑥] 現在看來,這可能與班固的心態有關。班固痛恨王莽篡逆,又對王氏抱有一定的好感,心情是複雜的。他詳細記録王莽時期的方方面面,似乎大有怒其不争的意味隱含其中。

朱東潤先生曾在對比《史記》《漢書》的論贊時説:

> 在《史記》底論贊裏,我們時常看到激昂慷慨的言論,但是司馬遷的時代,離他所寫的人物太近了,因此免不了一些私人底感慨。班固底時代不同了,他和西漢時代底人物,完全截斷,没有絲毫的恩怨,所有的只有從國家大局着想的言論。[⑦]

班固乃一代良史,其客觀公正的修史態度,是毋庸置疑的。但是從上文的分析來看,他(也包括其父班彪)對於西漢時代的人物,並不是全然没有絲毫的恩怨,因而在三處“贊曰”中不免加以褒貶,甚至爲作隱諱。

作爲歷史書寫的主體,歷史學家是高度自覺的,不虚美不隱惡,董狐書法不隱,南

---

① (漢) 班固撰,(唐) 顔師古注:《漢書》卷一〇〇上,第 4205 頁。

② (漢) 班固撰,(唐) 顔師古注:《漢書》卷八七下,第 3583 頁。

③ (清) 嚴可均校輯:《上古三代秦漢三國六朝文》第 1 册,中華書局,1958 年,第 415 頁。

④ 參看朱維錚:《班固與〈漢書〉——一則知人論世的考察》,《復旦學報(社會科學版)》2004 年第 6 期,第 26 頁。

⑤ (漢) 班固撰,(唐) 顔師古注:《漢書》卷八七下,第 3583 頁。

⑥ (清) 方苞:《方望溪全集》卷二《書〈王莽傳〉後》,世界書局,1936 年,第 31—32 頁。

⑦ 朱東潤:《史記考索(外二種)》,華東師範大學出版社,1996 年,第 280—281 頁。

史氏執簡以往,已是衆所周知。然而,歷史學家面對有血有肉的過去,往往很難擯絶個人的情感,尤其是面對與自己的家族有密切關係的,又或是自己特别喜歡的人物時,在歷史書寫中不自覺地會向他們傾斜一些。對於這樣的現象,我們不必苛求,應當報以"瞭解之同情",但同時又必須承認,董狐直筆確實具有永恒的價值。

《文心雕龍》“關刺解牒”與簡牘所見“關書”“解書”的比較*

李均明

清華大學出土文獻研究與保護中心

“古文字與中華文明傳承發展工程”協同攻關創新平臺

劉勰，字彦和，南朝梁大臣（約生活於公元465—521年間），著名的文學理論家。其所著《文心雕龍》凡45篇，專門對各種文體源流及作家、作品逐一進行研究和評價，不僅是一部文學理論巨著，也是一部古代文書學理論的奠基之作。該書從卷二《明詩》到卷五主要講文體及其大致類别。其中的《書記》篇對常用官文書做了較詳盡的解説。雖然時代稍有差距，但其中對官文書性質與分類的論述，仍然與簡牘文書的實際大體吻合，故對簡牘文書研究有重大參考價值。該篇所云“百官詢事，則有關刺解牒”，王利器注云：“‘牒’汪本、何允中本、日本活字本、梅本、淩本、梅六次本、鍾本、梁本、清謹軒鈔本、日本刊本、王謨本、張松孫本、紀本、崇文本作‘諜’，據下文，作‘牒’者是。”説可從。文中對關刺解牒四字也作了詳細的解釋，文云：

> 關者，閉也。出入由門，關閉當審；庶務在政，通塞應詳。《韓非》云“孫亶回聖相也，而關於州部”蓋謂此也。
>
> 刺者，達也。詩人諷刺，《周禮》三刺，事叙相達，若針之通結矣。
>
> 解者，釋也。解釋結滯，徵事以對。
>
> 牒者，葉也。短簡編牒，如葉在枝，温舒截蒲，即其事也。議政未定，故短牒咨謀。牒之尤密，謂之爲籤，籤密者也。①

---

* 本文爲古文字工程規劃項目“中國文書簡的理論研究與體系構建”（G1424）階段成果。

① 王利器校箋：《文心雕龍校證》，上海古籍出版社，1980年，第177、178、179頁。

上述是《文心雕龍》對關、刺、解、牒四字意義的解釋。由於它們和符、契、券等並列，故易誤解爲是四種文書的稱謂。其實只是關刺與解牒兩種，今試結合簡牘所見，解析如下。

一、關刺與關書

所謂“關刺”之“刺”是文書名稱，而“關”是其限定語。

“刺”作爲文書名稱屢見於漢簡，如《居延新簡》E.P.T43：30A“⌓新始建國地皇上戊元年八月以來吞遠倉稟吏卒刺”、[①]《居延新簡》E.P.T50：200B“▩鴻嘉二年五月以來吏對會入官刺”、《居延新簡》E.P.T51：391“臨木隧建始二年二月郵書刺”、《居延新簡》E.P.T52：72“●吞遠部建昭五年三月過書刺”、《居延新簡》E.P.T65：459“●甘露元年十一月所假都尉庫折傷承車軸刺”、《居延漢簡釋文合校》84.6A“綏和元年九月以來吏買茭刺”、[②]《居延漢簡釋文合校》142.32A“●永光三年盡建昭元年三月食月別刺”、《居延漢簡釋文合校》190.21A“●陽朔三年三月乙未從史霸出奉刺”、《懸泉漢簡(叁)》ⅡDXT0114S：114“五鳳四年四月傳刺”[③]。以上僅爲寫在木楬標籤或成册文書中的標題。簡文所見“稟吏卒”“吏對會入官”“郵書”“過書”“折傷承車軸”“吏買茭”“食月别”“出奉(俸)”是用來修飾“刺”的，表示其所含内容、用途。

“刺”是用於呈報客觀事實的文書形式，提交的是對客觀事實的真實記録。最常見的是名刺，猶今名片，常用於問候起居，如《懸泉漢簡(叁)》ⅡDXT0114③：049“酒泉大尹永病謹遣掾敏奉刺叩頭叩頭問起居”，其本文如：

童子史綽再拜　問起居　廣陵高郵，字澆瑜。

(《散見簡牘合輯》1015)[④]

弟子吴應再拜　問起居　南昌，字子遠。

(《散見簡牘合輯》1016)

---

① 甘肅省文物考古研究所、甘肅省博物館、文化部古文獻研究室、中國社會科學院歷史研究所：《居延新簡——甲渠候官與第四燧》，文物出版社，1990年，本文簡稱“《居延新簡》”。

② 謝桂華、李均明、朱國炤：《居延漢簡釋文合校》，文物出版社，1987年。本文簡稱“《合校》”。

③ 甘肅簡牘博物館、甘肅省文物考古研究所、西北師範大學簡牘研究院、清華大學出土文獻研究與保護中心編：《懸泉漢簡(叁)》，中西書局，2023年。

④ 李均明、何雙全：《散見簡牘合輯》，文物出版社，1990年。

弟子高榮再拜　問起居　沛國相，字萬授。

（《散見簡牘合輯》1022）

類似的文書形式亦稱“名謁”，如：

進卒史

師卿

（《尹灣漢墓簡牘》14A）

東海大守級謹遣功曹史奉謁爲侍謁者徐中孫王

中賓、丞相史后中子再拜

請

君兄足下。

（《尹灣漢墓簡牘》14B）①

名刺、名謁之類主要是向對方呈報自己的身份、姓名、字號等。漢簡常見之“刺”之類，又如“郵書刺”：

十二月三日，北書七封。

其四封皆張掖大守章。詔書一封、書一封，皆十一月丙午起。

詔書十一月戊戌起。皆詣居延都尉府。

二封河東大守章，皆詣居延都尉；一封十月甲子起，一十月丁卯起。一封府君章，詣肩水。

十二月乙卯日入時，卒憲受不今卒恭；夜昏時，沙頭卒忠付騂北卒護。

（《合校》502・9A，505・22A）

“郵書刺”亦稱“過書刺”，是傳遞郵書的記録。通常多欄書寫。首欄載傳遞日期，又記傳遞方向及郵件數量。傳遞方向稱“南書”“北書”或“西書”“東書”，指向南、向北或向西、向東傳遞，和郵路走向一致。如居延郵路大多是沿着南北向的額濟納河，故過往郵書稱“南書”“北書”，而酒泉、敦煌一帶，郵路沿東西向的疏勒河，故過往郵書稱“西書”“東書”。又載郵件數量，如簡文所云“七封”。

中欄者録郵書的種類（如書、詔書、檄之類）及其件數、發文者、收文者。

末欄主要記録郵書在某段郵路傳行的始訖時間及經手人。

① 連雲港市博物館、東海縣博物館、中國社會科學院簡帛研究中心、中國文物研究所：《尹灣漢墓簡牘》，中華書局，1997年。

此類記録是客觀事實的反映,受交接多方的制約,很難造假。

漢簡中出現較多的又如"入官刺":

第十七候長立召詣官,十二月己巳蚤食入。

(《合校》161 • 7)

驚虜隧長詡召詣官,八月戊戌平旦入。

(《合校》203 • 11)

吞遠士吏褒召詣官,八月甲午日中入。

(《合校》203 • 17)

第九隧長宣召詣官,六月壬子下餔入。

(《合校》254 • 6)

萬歲候史殷召詣官,□月甲寅平旦入。

(《合校》286 • 30)

當曲隧長關武持郵書詣官,十月己亥蚤食入。

(《合校》46 • 6)

第十七候史張宗持府記、尉檄詣官,三月戊午餔時入。

(《居延新簡》EPT43 • 5)

當曲隧長武持府所辟火報詣官,九月丁未日出入。

(《合校》59 • 36)

察微隧長昌將省卒詣官,十一月甲戌平旦入。駟望卒趙小奴十二月、正月已稟。

(《合校》89 • 5)

臨之隧長威爲部市藥,詣官封符,八月戊戌平旦入。

(《合校》286 • 11)

以上十簡皆爲"入官刺"本文,其中前五簡是根據上級機構的要求應召入官,故云"召詣官";而後五簡爲因事主動入官。"入官刺"所呈交其實是因各種原因到達相關機構的登記本,内容包括任職機構、職務,如"驚虜隧長""第十七候史"之類;姓名或名,如"關武""張宗""褒"等;入官理由,如"召詣官""持郵書詣官""持府記、尉檄詣官""持府所辟火報詣官""爲部市藥,詣官封符"等,理由不一,但皆正當合理;末項爲入官時間,含月、日干支、時刻,如"十二月己巳蚤食入""三月戊午餔時入"之類。格式一致,説明其有統一的填寫要求。

簡牘所見表明,"刺"之類是在記録客觀事實的基礎上産生的文書形式,就文書通行方向而言,多爲下級向上級彙報的上行文書或平級相互通報情況的平行文書,皆在

《文心雕龍》所云"百官詢事"的範圍内。《論衡·骨相》：韩生"通剌倪寬，結膠漆之交，盡筋力之敬"，[①]即謂通報情況，加深交情。

關，報告、通報。《史記·佞幸列傳》"公卿皆因關説"，司馬貞索隱："關訓通也。"[②]漢簡所見通報情況常用"關"字，如《居延新簡》E.P.T10：2A"囚律：告劾毋輕重皆關屬所二千石官"，指《囚律》規定：凡是有告劾的事情，都要向所在的二千石（郡級）機構報告。《合校》18.22"吏落。唯官關書府，令居延調給。敢言之"，這是有關調撥物資的文書，前文缺。末段顯示某人或部門請求候官將事情通報給都尉府，讓都尉府指令居延縣調撥相關物資。《懸泉漢簡（叁）》ⅡDXT0114③：472"病狂，馬醫診治不能偷，日益劇，終不可用。唯廷關書府"，此爲馬匹報廢的報告。稱所保養的馬生病了，馬醫診治無效，所以希望將此事通報給都尉府（或太守府）。則《文心雕龍》所謂"關剌"即指向上或平級報告、通報事實真相的文書形式，當與前述簡文所見"關書"相類，比漢簡所見"剌"的内涵豐富。

東漢簡牘常見"關副"一語，是"關書副"的省略。"副"指文件的副本。例如：

> 二月八日丙辰，長沙大守兼中部勸農督郵書掾育有案問。寫移
> 臨湘書到，亟考實姦詐，明，正處，言府，關副在所，會月十五日。毋妄拘繫
>
> （《五一簡（貳）》600）[③]
>
> 閏月十五日庚辰，長沙大守中部勸農督郵書掾邔、待事史佑督察有案問。寫移
> 臨湘書到，實核，正處，言府，關副在所，會麥秋後五日如律令。　閏月十六日開
>
> （《五一簡（貳）》666、674）

以上二例皆爲長沙郡中部督郵書掾下達給臨湘縣的"留事書"。督郵書掾分部督察諸縣，發現問題要及時解決，但巡視途中不能在一地久住，所以遇到不能馬上解決的問題，就以"留事"的方式——提出要解決的問題留給當地處理，處理結果再向其彙報。而彙報時，必須同時送出兩份相同的文件，如簡文所云一"言府"，二"關副在所"：即正本報到郡府，副本送到督郵掾巡視經過的地方。則"關副"指報送文件的副本。

---

① （清）王先謙撰，沈嘯寰、王星賢點校：《荀子集解》，中華書局，1988年，第119頁。

② （漢）司馬遷：《史記》，中華書局，1975年，第3191頁。

③ 長沙市文物考古研究所、清華大學出土文獻研究與保護中心、中國文化遺産研究院、湖南大學嶽麓書院編：《長沙五一廣場東漢簡牘（貳）》，中西書局，2018年。本文簡稱"《五一簡（貳）》"。

二、解牒與解書

"牒"是文字載體的稱謂,指簡札。《説文》:"牒,札也。从片,枼聲。"[①]多指編聯成册的簡札。《里耶秦簡(壹)》第8層645簡正面"廿九年九月壬辰朔辛亥,貳春鄉守根敢言之。牒書水、火敗亡課一牒,上,敢言之",[②]《漢書·路温舒傳》"截以爲牒",師古注:"小簡曰札,編聯次之。"[③]可見當時以簡册寫字稱"牒書",又如《漢書·薛宣傳》載:"已而陰求其罪臧,具得所受取。宣察湛有改節敬宣之效,乃手自牒書,條其奸臧,封與湛曰:'吏民條言君如牒,或議以爲疑於主守盜。'"[④]"牒"還没有作爲某一類文書的特定稱謂,而漢簡中常指作爲文書附件的編册説明,如:

> 建武五年八月甲辰朔戊申,張掖居延城司馬武以近秩次行都尉文書事,以居延倉長印封,丞邯告勸農掾褒、史尚謂官、縣:以令秋祠社稷,今擇吉日如牒。書到,令丞循行,謹修治社稷,令鮮明。令丞以下當
>
> (《居延新簡》E.P.F22:153A)
>
> 掾陽、兼守屬習、書佐博。
>
> (《居延新簡》E.P.F22:153B)
>
> 侍祠者齋戒,務以謹敬鮮約省爲故。褒、尚考察不以爲意者,輒言。如律令。
>
> (《居延新簡》E.P.F22:154)
>
> 八月廿四日丁卯齋。
>
> (《居延新簡》E.P.F22:155)
>
> 八月廿六日己巳直成,可祠社稷。
>
> (《居延新簡》E.P.F22:156)
>
> 九月八日甲辰齋。
>
> (《居延新簡》E.P.F22:157)
>
> 八月甲戌,甲渠候長　以私印行候文書事,告尉謂第四候長憲等:寫移
>
> (《居延新簡》E.P.F22:158)
>
> 檄到,憲等循行,修治社稷,令鮮明;當侍祠者齋戒,以謹敬鮮約省爲
>
> (《居延新簡》E.P.F22:159)

---

① (漢)許慎撰,(清)段玉裁注:《説文解字注》,上海古籍出版社,1981年,第318頁。

② 湖南省文物考古研究所:《里耶秦簡(壹)》,文物出版社,2012年。

③ (漢)班固:《漢書》,中華書局,1962年,第2367頁。

④ (漢)班固:《漢書》,第3383頁。

故,如府書律令。

(《居延新簡》E.P.F22∶160)

以上《居延新簡》E.P.F22∶153—160簡爲一册書,是甲渠候長某人轉發居延都尉府關於"以令秋祠社稷"的指令。其中153、154簡爲指令文的抄件;155—157是前述指令文的附件,亦即所謂"如牒"的部分,列祭祀的具體日期與程序;58、59簡爲甲渠候長的轉發文本身。如上内容表明"如牒"之"牒"亦指編聯成册的簡(或兩行簡),故稱;"如牒"則猶今言"如附件"。到隋唐時期,"牒"之内涵擴張,遂成爲一種文書的通稱。《新唐書・百官志二》:"凡王言之制有七……七曰敕牒,隨事承制,不易於舊制用之。"①又:"(司記)掌宮内文簿出入,録爲抄目,審付行焉。牒狀無違,然後加印。"②《唐六典》載"凡下之所以達上,其制亦有六,曰:表、狀、牋、啓、牒、辭……九品已上公文皆曰牒。庶人言曰辭",③牒亦爲下對上的文書形式之一。唐代之後其應用範圍才逐漸擴大至平行文書等。而《文心雕龍》所謂"牒"還處於其過渡階段,所云"解牒"當類似東漢簡牘常見之"解書",例如:

廣亭長毛暉名印

史 白开

六月日郵人以來

(《五一簡(貳)》664+5452B)

永元十六年六月戊子朔廿八日乙卯,廣亭長暉叩頭死罪敢言之。前十五年,男子由併

殺桑鄉男子黄徼,匿,不覺。併同産兄肉復盗充丘男子唐爲舍。今年三月不處

(《五一簡(貳)》664+542A)

日,併、肉各將妻、子俱於郡下燔溪上,士食湘中游徼家田,姓棋,不處名。到其年六月不處日,爲吏所捕得。暉叩頭死罪死罪。輒考問肉妻孨,及

(《五一簡(貳)》652)

併妻妃,辭:隨夫家客田。孨、妃疑不知情。暉謹詭具任五人,將歸部考實殺人、小盗、具位證左,復處言。暉職事留遲惶恐,叩頭死罪死罪敢言之。

(《五一簡(貳)》655)

廣亭長暉言傳任將殺人賊由併、小盗由肉等妻歸部考實解書。

---

① (宋)歐陽修、宋祁:《新唐書》,中華書局,1975年,第1210頁。

② (宋)歐陽修、宋祁:《新唐書》,第1226頁。

③ (唐)李林甫等撰,陳仲夫點校:《唐六典》,中華書局,2014年,第11頁。

六月廿九日開

（《五一簡（貳）》654）

以上册書爲楊小亮所復原，今從。此册書自稱"考實解書"。全文是廣亭長暉給臨湘縣的報告，詳細解釋押解殺人犯由併、盜竊犯由肉家屬到亭部的理由，故稱"解書"。簡文"前十五年……盜充丘男子唐爲舍"述由併、由肉兩人的犯罪事實；"今年三月……不處名"是兩人犯罪後攜家屬逃匿的經歷，故其家屬當一定程度知情。"其年六月"指永元十五年六月，"不處日"指未知具體日子，是罪犯被抓捕的時間。"輒考問肉妻孨……孨、妃疑不知情"爲現場初審罪犯家屬情況，家屬未提供有價值案情。於是亭長暉將家屬帶回亭部作爲證佐再審。按要求必須有五人作保，保證罪犯不逃亡，故云"詭具任五人"。"復處言"指日後經審查，再彙報新發現的情況。655簡爲全文標題。類似的標題多見於五一簡，如《五一簡（壹）》[①]367"從掾位悝言考實倉曹史朱宏、劉宮臧罪竟解書。十二月七日到"是關於調查倉曹史朱宏、劉宮犯罪事實的最終報告。"十二月七日"是文件送達時間。《五一簡（壹）》428"兼南部游徼栩言格殺亭長賊區義同産兄絜與捕者吏格鬭，格殺絜解書。十月廿三日開"，此標題所言當爲游徼栩關於格殺罪犯區絜的辯解書。"格殺"指相互格鬥而殺人。"格殺亭長區義"指區義是格殺亭長的罪犯。而其同胞兄區絜因拒捕而與追捕的官吏格鬥致被殺。吏卒執法遭拒捕後可以使用武力，但致罪犯死傷者需作合理性解釋。《五一簡（貳）》530"兼左部賊捕掾馮言逐捕殺人賊黄康未能得，假期解書。十二月廿八日開"所見"假期"指請求延期，理由是追捕殺人逃犯未能得。此僅爲標題，正文中當對延期的理由有更詳盡的解釋。總之，凡稱"解書"者，辯解的意味皆甚濃，與以呈報客觀事實爲主的關刺之類有一定的區别。又，東漢時期的"解書"已或多或少替代了西漢時的"爰書"，故五一簡所見司法文書中，多數爲"解書"本文。

東漢以後，"解書"的稱謂一直被沿用。《魏書・孫禮傳》："今二郡争界八年，以朝决之者，緣有解書、圖畫，可得尋案擿校也。"[②]《梁書・南康王績傳》："績時年七歲，主者有受貨，洗改解書，長史王僧孺弗之覺，績見而輒詰之，便即時首服，衆咸歎其聰警。"[③]此時"解書"的内涵已逐漸擴大。

綜上，《文心雕龍》所云"關刺"與簡牘所見"關書"相類，屬於向上級或對方彙報情况的文書形式；而"解牒"與"解書"相似，是向上級或對方解釋情况的文書類型，後者由前者發展而來。則知漢晉間"刺"與"牒"的内涵都在擴大演變。

---

① 長沙市文物考古研究所、清華大學出土文獻研究與保護中心、中國文化遺産研究院、湖南大學嶽麓書院編：《長沙五一廣場東漢簡牘（壹）》，中西書局，2018年。本文簡稱"《五一簡（壹）》"。

② （晉）陳壽撰，（宋）裴松之注：《三國志》，中華書局，1959年，第692頁。

③ （唐）姚思廉：《梁書》，中華書局，1973年，第427頁。

讀寫本《群書治要》札記

蔡　偉

遼寧大學文學院

一、《傅子》校字三則[①]

《傅子》已佚，清人嚴可均《全上古三代秦漢三國六朝文・全晉文》中有輯本，其所輯之内容有來自刻本《群書治要》者，今則據日本寫本《群書治要》以正刻本之失，冀復《傅子》之舊，以得傅休奕之立言本旨。惟學識寡淺，恐不可以得之，敬請讀者正之。

1. 異端並起

刻本《群書治要・傅子》云：

> 然公卿大夫，刻石爲碑，鐫石爲虎，碑虎崇僞，陳於三衢，妨功喪德，異端並起，衆邪之亂正若此，豈不哀哉！

"異端並起"，寫本《群書治要・傅子・校工》作：[②]

① 此文首發於復旦大學出土文獻與古文字研究中心網，2022 年 6 月 1 日，http://www.fdgwz.org.cn/Web/Show/9914。

② 日本宫内廳書陵部藏鎌倉寫《群書治要》第 46 軸第 9 頁；又《群書治要》（七），日本汲古書院，1989 年，第 313 頁。

是刻本之“並”，寫本本作“蒸”，校者改爲“並”，遂爲後來刻本所承用。

檢古書中除了“異端並起”，尚有異端競起、異端蠭起、異端叢起等，而《傅子》寫本作“異端蒸起”，乃謂異端如雲氣之蒸起/上升，其文意自可通。案《易林·遯之漸》云：“雲孽蒸起，失其道理。”可以比照。

小文於網上刊布後，陳緒平先生指出：

> 第一條作“蒸”，是。應該訓爲“衆多”，《詩經》用“蒸”字。《孟子》等有“天生蒸民”。都是衆多的意思。這樣異端蒸起，異端並起，異端叢起，是一樣的。

劉釗老師也説：

> 蒸起之“蒸”我同意緒平老師的意見，還是“衆多”義好。這如“蜂起”或“蝟起”，“起”之前的字都是修飾“起”的，按蔡兄意見“蒸”“起”平列，似不如理解成“蒸”修飾“起”所蘊含的意思豐富。

以上援引兩位先生的意見，以供讀者參考。

2. 伸盈虛而獲天地之利

刻本《群書治要·傅子》云：

> 夫商賈者，所以伸盈虛而獲天地之利。

寫本《群書治要·傅子·檢商賈》作：①

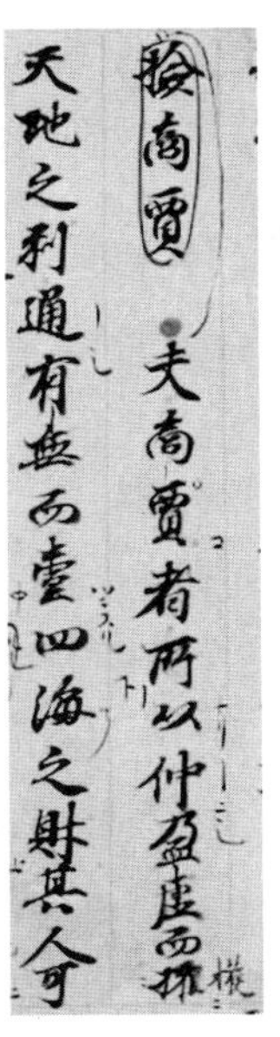
檢商賈
夫商賈者所以伸盈虛而獲
天地之利通有無而壹四海之財其人可

① 日本宫内廳書陵部藏鎌倉寫《群書治要》第46軸第9頁；又《群書治要》(七)，第314頁。

刻本作"伸"，而寫本實作"仲"(元和活字本亦作"仲")。《〈傅子〉〈傅玄集〉輯注》據清武英殿活字本作"沖"，而説之云：

> 沖，調和。《廣韻》："沖，和也。"盈虚，有無。《墨子·經上》："盈，莫不有也。"《文選》張衡《西京賦》："有憑虚公子者。"薛綜注："虚，無也。"《漢書》卷二十四《食貨志下》："以調盈虚，以收奇羡。"《列子·周穆王》："一體之盈虚消息，皆通於天地，應於物類。"沖，原作"伸"，據殿本改。獲，殿本作"權"。①

可從。

案寫本"仲"與"沖"音近而致異，刻本作"伸"爲誤字無疑。

又案所謂的"獲天地之利"之"獲"，寫本實作"搉"，似即"擢"字，與"搉""榷"通。班固《答賓戲》"般輸搉巧於斧斤"，注："搉，猶專也。"《新唐書·食貨志一》："蓋口分、世業之田壞而爲兼併，租、庸、調之法壞而爲兩税。至於鹽鐵、轉運、屯田、和糴、鑄錢、括苗、搉利、借商、進奉、獻助，無所不爲矣。"又揚雄《法言·寡見》："弘羊榷利而國用足，盍榷諸?"則"擢(搉/榷)天地之利"，即專天地之利。

自寫本"擢(搉)"字右側有校者改爲"擭(獲)"，遂爲刻本承用，失原本之舊。

又殿本的"權"亦"榷"之誤。

3. 築九山

《傅子·平役賦》有下引一段文字：

> 禹鑿龍門，闢伊闕，築九山，滌百川，過門不入；薄飲食，卑宫室，以率先天下，天下樂盡其力，而不敢辭勞者，儉而有節，所趣公也。

"闕"下一字的"築"，各刻本皆同。檢寫本作：②

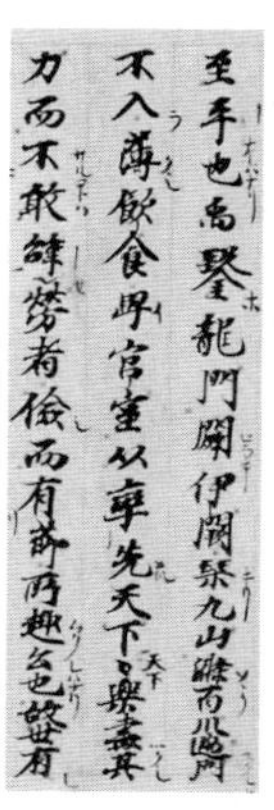
至乎也禹鑿龍門闢伊闕築九山滌百川過門
不入薄飲食卑宫室以率先天下天下樂盡其
力而不敢辭勞者儉而有節所趣公也故有

---

① 趙光勇、王建域：《〈傅子〉〈傅玄集〉輯注》，陝西師範大學出版總社，2014年，第18頁。

② 日本宫内廳書陵部藏鎌倉寫《群書治要》第46軸第19頁；又《群書治要》(七)，第338頁。

則知"築"字本作栞,其實與"築"的字形並不甚合,結合文意及字形,我們認爲,這個字其實應該就是"栞"。案《書·禹貢》曰:

> 九州攸同,四隩既宅,九山刊旅,九川滌源,九澤既陂,四海會同,六府孔修,庶土交正,厎慎財賦,咸則三壤,成賦中邦。[①]

此即《傅子》文之所本。

檢《廣雅·釋詁二》曰:

> 栞,識也。

王念孫《疏證》云:

> 栞者,《説文》:"栞,槎識也。"引《夏書》"隨山栞木",今《皋陶謨》《禹貢》並作"刊"。《史記·夏本紀》《漢書·地理志》並作"栞"。顔師古注云:"言刊斫其木以爲表記也。"又"九山刊旅",《史記》《漢書》亦作"栞",栞、栞、刊並通。[②]

是其義也。

或解釋爲:

> 築九山,積土成九山以阻洪水。《儀禮·既夕記》:"甸人築坅坎。"鄭玄注:"築,實土其中堅之。"[③]

則據誤字而爲説,非是。

附記:

因所指導的學生寫有關《傅子》的畢業論文(謝財莉:《〈群書治要〉寫本與刻本的比較研究——以〈傅子〉爲例》,安順學院2022年學士學位論文),而重讀寫本《群書治要》,對之前未曾注意的字句有了新的認識,遂作小文以記之(前兩條已爲謝財莉的論文所吸收)。

本文讓我們知道,早期寫本是何等的寶貴、何等的重要。如果没有寫本,只依據刻本,很多問題是根本不容易被發現的。有些看似文從字順的語句其實也並不一定就是原文,並不一定就是作者所要表達的意思,這一點就是通過比較寫本、刻本的異同而得到的。

---

① 《尚書正義》,北京大學出版社,2000年,第197—198頁。

② (清)王念孫:《廣雅疏證》,中華書局,1983年,第73頁。

③ 趙光勇、王建域:《〈傅子〉〈傅玄集〉輯注》,第45頁。

二、陸景《典語》校字七則[①]

陸景《典語》已佚，賴有《群書治要》(卷四八)收録七篇，稍稍可以窺見士仁之文字及思想。清人嚴可均所輯《全上古三代秦漢三國六朝文》，將刻本《群書治要》七篇全部收入《全三國文》，刻本之誤者，嚴本多仍之而未改，刻本之不誤者，在嚴本中又出現了新的錯誤，如“君稱元首”之“稱”誤作“樹”，“王者據天位”之“位”誤作“值”，“日側忘飡”之“飡”誤作“飧”等。[②] 今乃據寫本《群書治要》以正刻本之失，不知所説是否就是陸士仁之立言本旨，幸讀者正之。

1. 殛鯀不嫌登禹

《清治》：

> 故大舜招二八於唐朝，投四凶於荒裔，殛鯀不嫌登禹，親仁也；舉子不爲宥父，遠惡也。

“鯀”字，寫本《治要》作：[③]

可見寫本本作“體”，校者於“體”字上勾畫斜綫，並於右側改爲“鮌”，後來刻本又作“鯀”。從文義來看，當然是不錯的。但其實“體”字本應作“骸”，“骸”即“鯀”的異體，而書手誤寫作“體”字耳。“鯀”字，寫本《治要》多寫作从“骨”、从“玄”者，如卷二引《尚書》“殛鯀于羽山”，注：“鯀，檮杌也。殛，誅也。羽山，東裔也。”“鯀”字正文和注文分別作“ ”“ ”；[④]卷一四引《漢書二》“殛鯀然後天下服”，“鯀”字作“ ”[⑤]；卷二五引《魏志上》“殛鯀而放四凶”，“鯀”字作“ ”[⑥]；卷四四引《潜夫論》“故共鯀之徒也”，“鯀”字作“ ”[⑦]等等，以是知《治要》此處“體”字本應作“骸”。這也提醒我們：

---

① 此文首發於復旦大學出土文獻與古文字研究中心網，2022 年 6 月 11 日，http://www.fdgwz.org.cn/Web/Show/9915。

② (清) 嚴可均：《全上古三代秦漢三國六朝文》，中華書局，1985 年，第 1432、1433 頁。

③ 日本宮内廳書陵部藏鎌倉寫《群書治要》第 45 軸第 25 頁；《群書治要》(七)，第 279 頁。

④ 日本宮内廳書陵部藏鎌倉寫《群書治要》第 2 軸第 5 頁；《群書治要》(一)，日本汲古書院，1989 年，第76 頁。

⑤ 日本宮内廳書陵部藏鎌倉寫《群書治要》第 12 軸第 9 頁；《群書治要》(二)，日本汲古書院，1989 年，第225 頁。

⑥ 日本宮内廳書陵部藏鎌倉寫《群書治要》第 22 軸第 34 頁；《群書治要》(四)，日本汲古書院，1989 年，第76 頁。

⑦ 日本宮内廳書陵部藏鎌倉寫《群書治要》第 41 軸第 19 頁；《群書治要》(六)，日本汲古書院，1989 年，第 463 頁。

早期的寫本雖然有誤寫現象，但透過誤字仍能得到一些很有價值的信息。

下面再簡單地從文字學角度談談“⿰骨玄”字。“⿰骨玄”或作“⿰骨系”，如《廣韻》作：

⿰骨系 禹父名亦作⿰骨玄尚書本作鮌古本切十二

又《篆隸萬象名義》：①

⿰骨系 公本反生高密

又《玉篇》(殘卷)“⿰骨玄”字下引《山海經》：②

⿰骨玄竊帝之息壤以湮洪水

① ［日］釋空海：《篆隸萬象名義》，臺聯國風出版社，1975 年，第 395 頁。

② （梁）顧野王：《玉篇》(殘卷)，收入《續修四庫全書》，上海古籍出版社，2002 年，第 360 頁。

檢《山海經》第一八《海内經》作：

> 鯀竊帝之息壤以堙洪水。

故《玉篇》(殘卷)所引之《山海經》可校訂爲：

> [illegible]〈骸骸-鯀〉竊帝之息攘〈壤〉以溓〈堙〉洪水

我們認爲,“骸”“鰥”與“[illegible]”都是从“骨”得聲之字(物部),可以讀“鯀”(文部),類似的例證可以舉蘇芃先生《敦煌寫本〈天地開闢已來帝王紀〉考校研究》中的下引一段考釋文字：

> 3. 崑：A. [illegible](P.4016“崑”崙山者),B. [illegible](P.2652“崑”崙山者)
>
> 按：A、B 兩字是兩個卷號抄寫同一處文字的異文。A 字即从“山”从“昆”的“崑”,B 字从“山”从“骨”,把“崑”字所从的聲符“昆”替换成了“骨”,從這點看,這個字應該不是抄寫者隨意爲之的錯字,而應該是“崑”的異寫,因爲從讀音上判斷,“昆”和“骨”讀音十分相近。“昆”,《廣韻》“古渾切”,屬魂韻;骨,《廣韻》“古忽切”,屬没韻。二者都是見母字,在《廣韻》裏“没韻”又正是“魂韻”對應的入聲韻,所以我們可以推斷抄寫的人“昆”“骨”兩個音是不分的。此外,這個从“山”从“骨”的字不見於傳世字書。①

又《嶽麓書院藏秦簡(壹)》中《爲吏治官及黔首》有“可₌傷₌(可傷可傷),過之貴也,刃₌之₌(刃之刃之),福之巠(基)也”語,②裘錫圭先生曾指出：

> “貴”可讀爲“根”,“貴”爲見母物部字,“根”爲見母文部字,古音很近,簡文的“過(禍)之貴也”應該就是《説苑·敬慎》的“禍之根也”。③

可從。這也是物部、文部音近而相通的例證。又銀雀山漢簡《孫臏兵法·見威王》有用“歸”借爲“鯀”的例子,④“歸”“骨”是互爲平入的關係,而與“鯀”則又爲嚴格的對轉關係。故韓小荆以爲“鮌”係“鯀”改从“玄”聲,⑤雖有可能,但從音韻學的角度嚴格來講,並不十分密合,因爲“玄”屬真部,“鯀”屬文部,二字的韻部畢竟有别,所以我們認

---

① 蘇芃：《敦煌寫本〈天地開闢已來帝王紀〉考校研究》,復旦大學出土文獻與古文字研究中心網,2009 年 11 月 8 日,http://www.gwz.fudan.edu.cn/SrcShow.asp? Src_ID=968#_ednref16。

② 朱漢民、陳松長主編：《嶽麓書院藏秦簡(壹)》,上海辭書出版社,2010 年,第 141 頁。

③ 參蔡偉：《誤字、衍文與用字習慣：出土簡帛古書與傳世古書校勘的幾個專題研究》,臺灣花木蘭文化事業有限公司,2019 年,第 135 頁。

④ 銀雀山漢墓竹簡整理小組編：《銀雀山漢墓竹簡(壹)》,文物出版社,1985 年,第 48 頁。

⑤ 韓小荆：《〈可洪音義〉研究——以文字爲中心》,巴蜀書社,2009 年,第 207 頁。

爲“骻”“骸”可能都是从“骨”得聲。

2. 揚嚴億載

《君道》：

> 昔帝堯之末，洪水有滔天之災，烝民有昏墊之憂，於是咨嗟四岳，舉及側陋，虞舜既登，百揆時叙，二八龍騰，並幹唐朝，故能揚嚴億載，冠德百王。舜既受終，並簡俊德，咸列庶官，從容垂拱，身無一勞，而庶事歸功，光炎百世者，所任得其人也。

“揚嚴億載”，寫本《治要》作：①

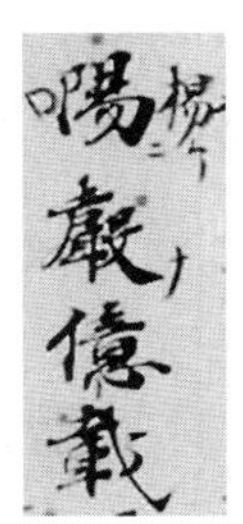

則所謂的“嚴”字作“ ”，其實此乃“聲”字，如《任賢》“安知萬國之聲息”“明耳目以來風聲”，兩“聲”字分别作“ ”“ ”②，可證。所以寫本之“陽(揚)聲億載”，文從而字順，又《漢泰山都尉孔宙碑》(桓帝延熹七年〔164〕造)有“永矢不刊，啻(意-億)載揚聲”③語：

亦可以參照。

“陽(揚)聲”，即彰顯名聲。如孔融《論盛孝章書》：

---

① 日本宫内廳書陵部藏鎌倉寫《群書治要》第 45 軸第 26 頁；《群書治要》(七)，第 282 頁。

② 日本宫内廳書陵部藏鎌倉寫《群書治要》第 45 軸第 27 頁；《群書治要》(七)，第 285 頁。

③ 毛遠明：《漢魏六朝碑刻校注》第 1 册，綫裝書局，2008 年，第 242 頁。

> 今孝章實丈夫之雄也，天下談士依以揚聲，而身不免於幽縶。

《藝文類聚》卷五七引曹丕《連珠》：

> 是以申胥流音於南極，蘇武揚聲於朔裔。

《劉子·薦賢》：

> 玉無翼而飛，珠無脛而行，揚聲於章華之臺，炫燿於綺羅之堂者，蓋人君之舉也。

皆可爲證。

然則“陽(揚)聲億載”，就是彰顯名聲於億萬年的意思。或翻譯“揚嚴億載”爲“所以能够顯揚威嚴於億萬年”，[①]乃據誤字而爲説，非是。

又《群書治要》卷四八引《時務》有下面一段話：

> 夫人君所以尊異於人者，順志養真也。歡康之虞，則嚴樂盈耳，玩好足目，美色充慾，麗服適體，遠眺迥望，則登雲表之崇臺；逍遥容豫，則歷飛閣之高觀。嬉乎緑水之清池，遊乎桂林之芳園。弋鳧與鴈，從禽逐獸。行與毛嬙俱，入與西施處，將當何從體覺窮愁之戚悴，識鰥獨之難堪乎?

“嚴樂盈耳”，寫本《治要》作：[②]

歡康之虞則嚴樂盈耳

① 吕效祖、趙保玉編：《〈群書治要〉考譯》第4册，團結出版社，2011年，第426頁。

② 日本宫内廳書陵部藏鎌倉寫《群書治要》第45軸第22頁；《群書治要》(七)，第273頁。

所謂的“嚴”字作嚴，實亦爲“聲”字，“聲樂盈耳”文從而字順，或翻譯爲：

> 則嚴整的音樂充盈於耳。[1]

則據誤字而爲説，非是。

又《方言》第十三：

> 聲、腆，忘也。

戴震《方言疏證》改“聲”爲“𪅴”，引《説文》“𪅴者忘而息也”，又引《廣雅》“𪅴、腆，忘也”爲證，[2]可從。亦因“聲”與“𪅴”所从之“敢”形近而致誤。則古書中此類現象恐不少見，頗值得搜集考校。

又“逍遥容豫”即《楚辭・九歌・湘夫人》之“聊逍遥兮容與”，“豫”“與”因音近而致異。

3. 庶事隳哉

《臣職》：

> 故《書》曰：“元首叢脞哉？股肱惰哉？庶事隳哉？”此之謂也。

“庶事隳哉”之“隳”，寫本《治要》作：[3]

元首叢脞哉股肱惰哉庶事墮

① 吕效祖、趙保玉編：《〈群書治要〉考譯》第4册，第419頁。

② 參華學誠：《揚雄方言校釋匯證》，中華書局，2006年，第875頁。

③ 日本宫内廳書陵部藏鎌倉寫《群書治要》第45軸第27頁；《群書治要》(七)，第314頁。

可見寫本本作"墮",與《書・皋陶謨》合,當從之。又"叢脞"之"脞",《書・皋陶謨》作"脞"。

4. 堯明俊德

《任賢》:

夫君稱元首,臣云股肱,明大臣與人主一體者也。堯明俊德,守位以人,所以强四支而輔體也。

"堯明俊德",寫本《治要》作:[①]

可見寫本本作"克",乃有校者於右側改爲"堯",爲刻本所承用。其實"克明俊德"本爲《書・堯典》語,不當輒改。嚴可均所輯《全三國文》作"克明俊德",[②]不誤。

5. 軒檻華美

《恤民》:

明主智君,階民以爲尊,國須政而後治。其恤民也,憂勞待旦,日側忘飡,恕己及下,務在博愛。臨御華殿,軒檻華美,則欲民皆有容身之宅,廬室之居;窈窕盈堂,美女侍側,則欲民皆有配匹之偶,室家之好;肥肉淳酒,珠膳玉食,則欲民皆有餘糧之資,充飢之飴,輕裘累煖,衣裳重疊,則欲民皆有温身之服,禦寒之備。凡四者生民之本性,人情所共有,故明主樂之於上,亦欲士女歡之於下,是以仁惠廣洽,家安厥所。

"軒檻華美",寫本《治要》作:[③]

① 日本宫内廳書陵部藏鎌倉寫《群書治要》第45軸第28頁;《群書治要》(七),第286頁。

② (清)嚴可均:《全上古三代秦漢三國六朝文》,第1432頁。

③ 日本宫内廳書陵部藏鎌倉寫《群書治要》第45軸第31頁;《群書治要》(七),第295頁。

可見寫本本作“蔓羨”，乃有校者於左側改爲“華美”，爲刻本所承用。其實“蔓羨”可能並不誤。

案《漢書・司馬相如傳》“大漢之德，逢涌原泉，沕潏曼羨，旁魄四塞，雲布霧散，上暢九垓，下泝八埏”，顏師古曰：“沕潏曼羨，盛大之意也。”《文選六臣注》引吕向曰：“曼羨，長多貌。”《楚辭・王逸〈九思・怨上〉》“菽藟兮蔓衍”，注：“蔓衍，廣延也。”又《漢書・鼂錯傳》“土山丘陵，曼衍相屬”，顏師古注：“曼衍，猶聯延也。”[①]頗疑“蔓羨”與“曼羨”“蔓衍”“曼衍”爲同一語詞的不同書寫形式。

“軒檻”爲殿前欄杆，如《漢書・史丹傳》：“或置鼙鼓殿下，天子自臨軒檻上，隤銅丸以擿鼓，聲中嚴鼓之節。”則“軒檻蔓羨（衍）”，是説欄杆之蔓延/連綿，則其建築之顯敞可知，與下“民皆有容身之宅”正好相反，故改“蔓羨”爲“華美”，義反而不切。

6. 配匹之偶

《恤民》“配匹之偶”凡兩見，寫本皆作：[②]

案《爾雅・釋詁》云“妃、匹、合也；妃，匹也；妃，合，對也”，故“妃匹之偶”文意可通，不必改爲“配匹之偶”。

7. 豐動祚享長期

《恤民》：

> 臨軍則士忘其死，御政則民戴其化，此先王之所以豐動祚享長期者也。

寫本作：[③]

---

① 參朱起鳳：《辭通》上册，長春古籍書店，1982 年，第 1401 頁。

② 日本宫内廳書陵部藏鎌倉寫《群書治要》第 45 軸第 31 頁；《群書治要》（七），第 295、296 頁。

③ 日本宫内廳書陵部藏鎌倉寫《群書治要》第 45 軸第 32 頁；《群書治要》（七），第 296 頁。

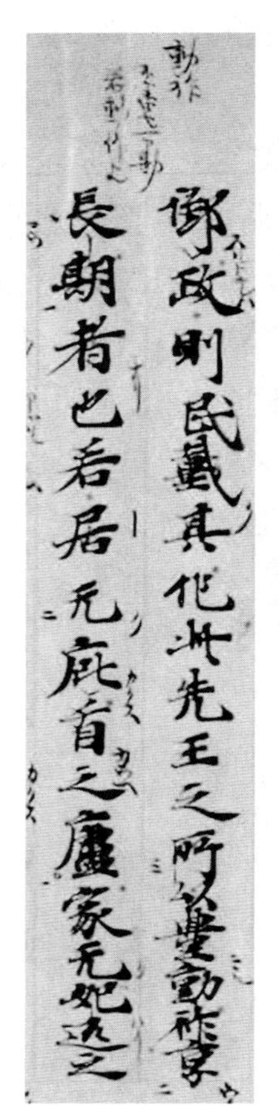

案“豐動祚”疑當作“動豐祚”,“豐祚”與“長期”爲並列的結構。如陸雲《登臺賦》:“誕洪祚之遠期兮,則斯年於有萬。”可以比照。《三國志·吴志·駱統傳》:

> 臣聞君國者以據疆土爲强富,制威福爲尊貴,曜德義爲榮顯,永世胤爲豐祚。然財須民生,强賴民力,威恃民勢,福由民殖,德俟民茂,義以民行,六者既備,然後應天受祚,保族宜邦。

字又作“豐胙”,如張華《朽社賦》:“饗春秋之所報,應豐胙於無射。”《宋史·樂志八》:“斂時五福,永膺豐胙。”

但改爲“動豐祚”之後,“動”字則不知應該如何解釋,俟考。

三、《鹽鐵論》校字一則

室女童婦

《鹽鐵論》卷一〇《刑德》有下引一段話:

> 故王者之制法,昭乎如日月,故民不迷;曠乎若大路,故民不惑。幽隱遠方,折手知足,室女童婦,咸知所避,是以法令不犯,而獄犴不用也。[①]

王利器云:

> 《治要》"室"作"愚",義較勝,"愚女"與"童婦"對言,"童"讀如《淮南子・氾論篇》"商樸女童"的"童",《大戴禮記・王言篇》:"商慤女憧。""童"和"憧"義同,就是愚昧無知的意思,説略本陳遵默。[②]

檢寫本《群書治要》作:

> 故王者之制法也,昭乎如日月,故民不迷;曠乎若大路,故民不惑。幽隱遠方,折乎知之,愚夫童婦,咸知所避,是故法令不犯,而獄犴不用也。(39 軸/8 頁;六/314 頁)

檢元和活字本《群書治要》尚作"愚夫童婦",而天明序本《群書治要》及後來刻本作"愚婦童婦"。

案寫本《治要》作"愚夫童婦"者最是,銀雀山漢簡《尉繚子》有"遇(愚)夫僮婦無不敝城盡資"之語,而傳世本作"愚夫惷婦",[③]可以爲證。考今本作"室女童婦"者,疑"室女"即"童婦"之誤衍,而又脱"愚夫"二字耳。"愚夫惷婦"亦見於《淮南子・本經》,作:"愚夫惷婦皆有流連之心、悽愴之志。"[④]寫本《治要》作:"愚夫惷婦皆流連之心、愴悽之意。"

---

① (漢)桓寬:《張敦仁本鹽鐵論》,廣西師范大學出版社,2019 年,第 251—252 頁。

② 王利器:《鹽鐵論校注》,天津古籍出版社,1983 年,第 582 頁。

③ 銀雀山漢墓竹簡整理小組編:《銀雀山漢墓竹簡(壹)》,第 83 頁,注(10)。

④ 張雙棣:《淮南子校釋(增訂本)》,北京大學出版社,2013 年,第 893 頁。

“愚夫惷婦”又見於《淮南子·氾論》,[①]爲漢代之習語。

檢上博簡《仲弓》簡 4+26 有“售(雝/雍)也憧愚,忑(恐)貽(怠/怡-貽)虗(吾)子愳(羞),悉(願)因虗(吾)子而詥(辭)”語句,侯乃峰先生引廖名春、汪中文等學者之説云:

> 廖名春先生以爲,“憧愚”或“愚憧”即“蠢愚”或“愚蠢”;早期文獻没有作兒童義的“童愚”一詞,却有“憧愚”或“愚憧”説,没有必要將“憧愚”讀爲“童愚”;至於將“憧”理解成“兒童”之“童”,以此來證明仲弓此時年少,更是望文生義;簡文所謂“憧愚”是仲弓在老師面前的謙稱。[②] 汪中文先生在廖説基礎上指出,“憧”“惷”二字通假,“憧”字應釋讀爲“惷”,“惷愚”乃古人自謙之詞。[③] 説皆可參。[④]

侯先生又在注釋中指出“疑汪文誤‘惷’爲‘惷’,下同”,可從。案王念孫曾指出古書中“惷”字多有誤作“惷”者。[⑤] 又謂《淮南子·道應篇》“惷乎若新生之犢”,其字亦从“舂”,故《莊子·知北遊篇》作“瞳焉如新生之犢”。[⑥] 又《廣雅·釋詁三》:“僮,癡也。”

① 張雙棣:《淮南子校釋(增訂本)》,第 1417 頁。

② 廖名春:《楚簡〈仲弓〉與〈論語·子路〉仲弓章讀記》,《淮陰師範學院學報(哲學社會科學版)》2005 年第 1 期,第 3 頁。

③ 汪中文:《〈仲弓〉“雍也憧(惷)愚”解》,簡帛研究網,2005 年 12 月 17 日,http://www.jianbo.sdu.edu.cn/info/1011/1770.htm。

④ 轉引自侯乃峰:《上博楚簡儒學文獻校理》,上海古籍出版社,2018 年,第 186—187 頁。

⑤ 可詳參(清) 王念孫:《讀書雜志》,江蘇古籍出版社,2000 年,第 806 頁。

⑥ 可詳參(清) 王念孫:《讀書雜志》,第 806 頁。

王念孫《疏證》云：

> 僮者，《賈子·道術篇》云："反慧爲童。"《蒙·彖辭》："匪我求童蒙。"《釋文》引《廣雅》："僮，癡也。"《晉語》"僮昏不可使謀"，韋昭注云："僮，無知；昏，闇亂也。"《大戴禮·千乘篇》："欺惑憧愚。"憧、童並與僮通。春秋晉胥童，字之眛，是其義也。[1]

檢《後漢書·馮衍傳》有"匹夫僮婦，咸懷怨怒"之語，李賢注云："僮，猶賤也。"[2]又《後漢書·儒林傳·楊倫》："夫聖王所以聽僮夫匹婦之言者，猶塵加嵩岱，霧集淮海，雖未有益，不爲損也。"[3]《漢語大詞典》："僮夫，猶言匹夫。指平民男子。"案此二"僮"字皆愚癡之義。

然則"童""瞳""僮""憧""惷"並聲近而義同，皆愚昧無知之義。

四、《抱朴子》校字二則

1. 分壽

《群書治要》卷五〇引《抱朴子·酒誡》云：

> 其初筵也，抑抑濟濟，言希容整，詠湛露之厭厭，歌在鎬之愷樂，舉分壽之觴，誦温克之義。日未移晷，體輕耳熱。

又《群書治要》卷五〇引《袁子正書·世治》云：

① （清）王念孫：《廣雅疏證》，第81頁。

② （南朝宋）范曄：《後漢書》第4册，中華書局，1991年，第966—967頁。

③ （南朝宋）范曄：《後漢書》第9册，第2564頁。

> 天地之道貴大，聖人之道貴寬，無分寸之曲，至直也，以是繩之，則工不足于材矣；無纖分之短，至善也，以是規之，則人主不足于人矣。

嚴可均《全上古三代秦漢三國六朝文》之《全晉文》卷五五所引同。

案“分壽”及“纖分”之“分”皆當爲“介”。古書中“介”或有誤作“分”字者，[①]又《大戴禮記・虞戴德》“諸侯相見，卿爲介”，孔廣森：“介，宋本訛‘分’，從盧本改。”[②]皆其例證。“介壽”之語本《詩・豳風・七月》“爲此春酒，以介眉壽”，鄭玄箋：“介，助也。”檢元和活字本《群書治要》尚作“分壽”，而天明序本《群書治要》及後來刻本作“萬壽”，非是。

2. 耽之惑之

《抱朴子・酒誡》云：

> 夫酒醴之近味，生病之毒物，無毫分之細益，有丘山之巨損，君子以之敗德，小人以之速罪，耽之惑之，尠不及禍。

刻本從今本。檢寫本作：

> 無豪鋒之細益，有丘山之巨損，君子以之敗德，小人以之速罪，耽之夷之，尠不及禍。

案“惑”字即“夷”之誤。《詩・鄭風・風雨》“既見君子，云胡不夷”，毛傳“夷，説也”，孔穎達疏：“言其必大悦也。”《楚辭・王褒〈九懷・陶壅〉》“道莫貴兮歸真，羡余術兮可夷”，王逸注：“夷，喜也。”然則“耽之夷之”，謂耽之悦之。與下文“世人好之樂之者甚多”[③]之“好之樂之”結構相類，於義爲長。“夷”今本誤作“惑”，則義不可通。

檢元和活字本《群書治要》尚作“夷”，與天明序本《群書治要》及後來刻本之作“惑”者不同，頗爲珍貴。

---

① 參(清)王念孫：《讀書雜志》，第667、852—853頁。

② (清)孔廣森：《大戴禮記補注(附《校正孔氏大戴禮記補注》)》，中華書局，2013年，第179頁。

③ 楊明照：《抱朴子外篇校箋》，中華書局，2007年，第580頁。

“弟　子”　解*

——附説“孫子”

鄔可晶

復旦大學出土文獻與古文字研究中心

“古文字與中華文明傳承發展工程”協同攻關創新平臺

一

“弟子”指門人、學生，是古今漢語常用的。但“弟子”何以有此詞義?《漢語大詞典》“弟子”條所列第一個義項爲“爲人弟者與爲人子者。泛指年幼的人”，第二個義項爲“學生”(1844 頁)。似認爲“學生”義是從“泛指年幼的人”義引申而來的，“年幼的人”則是“爲人弟者與爲人子者”之義的泛化。不以“學生”義爲“弟子”一詞的本義，這是對的；但《大詞典》爲“弟子”所定的本義或古義，却有問題。

《漢語大詞典》説“弟子”有“爲人弟與爲人子者”之義，根據的是《論語》邢昺疏的解釋。《論語・學而》：

> 子曰:“弟子，入則孝，出則悌，謹而信，汎愛衆而親仁。行有餘力，則以學文。”

邢疏云：

> 男子後生爲弟。言爲人弟與子者，入事父兄則當孝與弟也，出事公卿則當忠與順也。弟，順也。入不言弟，出不言忠者，互文可知也。①

* 本文爲“古文字與中華文明傳承發展工程”規劃項目“出土文獻與早期儒家思想研究”(G3460)的研究成果。

① 《十三經注疏》整理委員會：《論語注疏》，北京大學出版社，2000 年，第 8 頁。

疏文訓“順”之“弟”即上引之“悌”,《論語》此“悌”有作“弟”之本,[1]非“弟子”之“弟”。據邢説,“弟子”乃並列結構。

邢疏把“出則弟”之“弟”講成“忠順”之“順”,言“弟”以該“忠”,又謂“入則孝”之“孝”是言“孝”以該“悌”,此説素不爲解《論》者所信。多數人認爲“出則弟(悌)”的“悌”指敬愛兄長,即“孝悌”之“悌”,而非事公卿之“忠順”。[2] 縱使不采用邢疏對“出則悌”的理解,釋“弟子”爲“爲人弟與子者”,在《學而》之文中也是講得通的。

《大詞典》在“弟子”條此義項下舉《論語·學而》及邢疏之前,還舉到了《周易·師卦》“六五”爻之例:

> 長子帥師,弟子輿尸,貞凶。

但是,此文之“弟子”與“長子”對舉,解作“爲人弟與爲人子者”,無論如何難以講通;以“泛指年幼的人”解之,則失於泛而不切。

值得重視的是高亨先生對此爻“弟子”的解釋。他在《周易古經今注》中説:

> 《吕氏春秋·原亂》篇:“亂必有弟。”高注:“弟,次也。”通作第,《小爾雅·廣詁》:“第,次也。”然則弟子猶言次子矣。長子爲主將,而次子喪其軍,是用其親以致敗績也。故曰“長子帥師,弟子輿尸,貞凶”。[3]

在《周易大傳今注》中説:

> 弟子,次子。……長子爲主將,帥師出征,次子戰敗,以車載屍,是任用親人,遺誤戎機,所占者凶。[4]

此爻辭之意是否真如高氏所説爲“用其親以致敗績”“任用親人,遺誤戎機”,各家容有不同看法,姑置毋論;與“長子”對舉的“弟子”釋爲“次子”,顯然十分允當。

正因爲“弟子”指“次子”,所以“弟子”無論在外在内都要孝順父母,敬愛兄長:“孝”對父母而言,“悌”對“兄長/長子”而言。按“次子”義理解《論語·學而》的“弟子,入則孝,出則悌”,亦怡然理順。

中國古代所謂“人倫”,通常是先有“父子”關係,再有“兄弟”關係,如《孟子·滕文

---

① 《十三經注疏》整理委員會:《論語注疏》,第 8 頁校勘記①。

② 參看黄懷信主撰:《論語彙校集釋》上册,上海古籍出版社,2008 年,第 50—52 頁;張松輝、周曉露:《〈論語〉〈孟子〉疑義研究》,湖南大學出版社,2006 年,16—18 頁;高尚榘主編:《論語歧解輯録》上册,中華書局,2011 年,第 13—14 頁。

③ 高亨:《周易古經今注》,《高亨著作集林》第一卷,清華大學出版社,2004 年,第 214 頁。

④ 高亨:《周易大傳今注》,《高亨著作集林》第二卷,第 133 頁。

公上》謂舜使契"教以人倫"："父子有親，君臣有義，夫婦有别，長幼有叙，朋友有信。""長幼"即"兄弟"。這也符合人類的一般認知。根據語言的順序象似性原則，自以説"爲人子與弟者"亦即"子弟"爲宜。事實上先秦古書中就不乏這樣意思的"子弟"，如《左傳》襄公八年："民死亡者，非其父兄，即其子弟。"以"弟子"表"爲人弟與子者"，猶如不説"父兄"而説"兄父"，是不大合乎語言習慣的（檢先秦兩漢文獻，言"兄父"者僅一二例）。把"弟子"解釋爲"次子"，此詞乃定中結構，就不存在上面所説的問題了。

西周早期的沈子它簋蓋銘有"……用妥（綏）公唯壽，它用懷顮我多弟子，我孫克有型"之語（《集成》04330），這裏的"多弟子"與"公""孫"相對，只能解釋爲"多弟與子"或"多弟與多子"，"弟子"不是一個"成詞"。"用綏公唯壽"的"公"是沈子它之父，既稱其爲"公"，應是"它"所屬之宗的宗子，"沈子它"則很可能是宗子繼承人的身份，即"公"的嫡長子。在一個由前及後的血緣傳承脈絡中，先爲自己的父親祈福，再"懷顮"於多弟、子，最後説到孫，這樣的語言排列也是遵循人倫順序的。上引簋蓋銘語是用沈子它的口氣説的（親屬稱謂依"它"而定），如果加入説話人這一隱含角色，其序列可排作"公（父）——［它（長子/兄）］——多弟——子（它之子）——孫（它之孫）"，與上文指出的先有"父子"關係、再有"兄弟"關係並無矛盾。

劉寶楠釋《學而》此章的"弟子"云：

> "弟子"者，對兄父之稱，謂人幼少爲弟爲子時也。《儀禮·特牲饋食禮》注："弟子，後生也。"《大射儀》注："弟子，其少者也。"①

其所引兩處《儀禮》鄭玄注，很可注意。爲了説明問題，現將《儀禮》有關原文並注疏引録於下。

《儀禮·特牲饋食禮》：

> 兄弟弟子洗酌于東方之尊，阼階前北面，舉觶于長兄弟，如主人酬賓儀。……賓弟子及兄弟弟子洗，各酌于其尊，中庭北面，西上；舉觶于其長，奠觶，拜；長皆答拜。……長皆奠觶于其所，皆揖其弟子，弟子皆復其位。

鄭注："弟子，後生也。"賈公彦疏引《儀禮·有司徹》"兄弟之後生者，舉觶于其長，洗升酌降，北面立于阼階南"，指出所謂"弟子，後生"者，"此即《有司徹》云'兄弟之後生者'是也"。②

《儀禮·大射》：

---

① （清）劉寶楠：《論語正義》，中華書局，1990年，第18頁。

② 《十三經注疏》整理委員會：《儀禮注疏》，第1012頁。

勝者之弟子洗觶，升酌散，南面坐奠于豐上，降反位。

鄭注："勝者之弟子，其少者也。"[①]按《特牲饋食禮》的"兄弟弟子"與"長兄弟"相對而言（"兄弟弟子"又與"賓弟子"並舉），"弟子"與"長"相對而言，可知"兄弟弟子"當指兄弟中之"弟子"，"長兄弟"指兄弟中之長者（《特牲饋食禮》有"兄弟長以燔從"之語，"兄弟長"與"長兄弟"同意，其構詞與"兄弟弟子"更近），"賓弟子"則指"賓"之"弟子"。這些"弟子"無疑都是"次子"的意思。所謂"兄弟之後生者""其少者"，正是"次子"。此義之"弟子"，在《儀禮》的《鄉射禮》《鄉飲酒禮》等篇中屢見。

《清華大學藏戰國竹簡（拾叁）》所收《大夫食禮》：

所可以從主階升[降]，唯大夫遊於弟子如於習狎而不用儀，主則亦反從客階升降。

（簡 47—48）[②]

這是説只有大夫遊於"弟子"或"習狎"時（"如"訓"或"），可以從主階升降。[③] 一家中爲大夫者往往是"父兄"（父親或"長兄弟/長子"），其所遊之"弟子"，應該也指"兄弟弟子"即"次子"。

《儀禮·士相見禮》：

凡言，非對也，妥而後傳言。與君言，言使臣；與大人言，言事君；與老者言，言使弟子；與幼者言，言孝弟于父兄……

竊疑此文之"弟子"與"幼者"誤倒，原當作"與老者言，言使幼者；與弟子言，言孝弟于父兄"。"老者"與"幼者"相對，"弟子"指次子，與"父兄"相對（次子對於父親來説是子，對於兄長來説是弟）；此猶上文"君"與"臣"相對，"大人"與"君"相對。"與弟子言，言孝弟于父兄"顯即《論語·學而》"弟子，入則孝，出則悌"之意。

由此看來，劉寶楠舉《儀禮·特牲饋食禮》等篇的"弟子"與《論語·學而》中的"弟子"相印證，是很有見地的。但可能由於没有仔細推敲《儀禮》"弟子"之義，他對"弟子"的理解未能跳出邢疏的窠臼，令人感到遺憾。

《論語·爲政》：

子夏問孝。子曰："色難。有事，弟子服其勞；有酒食，先生饌。曾是以爲孝乎？"

---

① 《十三經注疏》整理委員會：《儀禮注疏》，第 390 頁。

② 清華大學出土文獻研究與保護中心編，黄德寬主編：《清華大學藏戰國竹簡（拾叁）》下册，中西書局，2023 年，第 120 頁。

③ 清華大學出土文獻研究與保護中心編，黄德寬主編：《清華大學藏戰國竹簡（拾叁）》下册，第 121 頁。

目前流行的《論語》注本,多以爲此章"弟子"指年輕人(如子弟之屬),"先生"指年長者(如父兄之屬),"饌"指飲食、吃喝。① 這也是過去解《論》者中的主流看法。② 按此實難通。從文例看,《論語》中"問孝"諸章,不管這種行爲是不是爲孔子所贊同,都是就人子如何行孝而言的,其主語無論説出與否,都應是人子,如"色難"的主語就是人子。③ 可是按照上舉流行的解釋,"有酒食,先生饌"的主語成了年長者(即"先生"),他們本是行孝的對象。這樣一來,"有酒食,先生饌"與"有事,弟子服其勞"也構不成兩件可以並提的事情。"有酒食,先生饌"應該跟"有事,弟子服其勞"一樣,説的也是世人以爲的孝舉,但孔子不以爲然。

劉台拱《論語駢枝》有專條考釋"有事,弟子服其勞;有酒食,先生饌"之意:

> 年幼者爲弟子,年長者爲先生,皆謂人子也。饌,具也。有事,幼者服其勞;有酒食,長者共具之,是皆子職之常,何足爲孝?《内則》曰:"男女未冠笄者,昧爽而朝,問何食飲矣。若已食,則退;若未食,則佐長者視具。"長者,即先生也。具,即饌也(鄭注《内則》即訓爲"僎")。《論語》中言"弟子"者七,其二皆年幼者,其五謂門人;言"先生"者二,皆謂年長者。……(下舉例,從略。)④

以"弟子""先生"皆指人子,訓"有酒食,先生饌"之"饌"爲"具食",文義最爲順適。劉寶楠《論語正義》肯定其説,並加以補充:

> 竊謂服勞視饌,並言庶人之孝,視饌即能養。服勞者,《尚書大傳》言:"入小學,知有父子之道,長幼之叙。"又言:"歲事既畢,餘子入學,所謂小學之教,則輕任並,重任分,班白不提挈。"皆是服勞之道。⑤

所言很可參考。從上引《儀禮》諸文看,"有事,弟子服其勞"之"事"可能也包括"弟子"在各種禮儀節目中所擔任的佐助其父之事,"服勞視饌"未必僅限於"庶人之孝"。

從字面意思來説,"先生"最初是謂詞性的狀中結構,指先出生、"先己以生"。⑥《清華大學藏戰國竹簡(伍)》所收《殷高宗問於三壽》云:"高宗乃問於少壽曰:'爾是先

---

① 楊伯峻:《論語譯注》,中華書局,1980年,第15—16頁;楊逢彬:《論語新注新譯》,北京大學出版社,2016年,第21頁;錢穆:《論語新解》,《錢穆先生全集》,九州出版社,2011年,第36頁。

② 參看黄懷信主撰:《論語彙校集釋》上册,第135—138頁。

③ 蔣紹愚:《論語研讀》,中西書局,2018年,第47頁。

④ (清)劉台拱:《論語駢枝》,《續修四庫全書》第154册,上海古籍出版社,2002年,第289頁。

⑤ (清)劉寶楠:《論語正義》,第51頁。

⑥ 參看蔣紹愚:《漢語歷史詞彙學概要》,商務印書館,2015年,第217—218頁。

生,爾是知二有國之情……'"(簡1—2)整理者認爲這裹的"先生"指"前輩",[①]非是。"爾是先生"的"先生"與"爾是知二有國之情"的"知二有國之情"語法地位相當,後者顯然是謂詞性的,因此簡文的"先生"應解釋爲"先出生",二"是"起加强肯定語氣的作用,並非繫詞。"先生"轉作名詞,意謂先出生者,這固然可指"前輩""長者",但出生先後原是相對而言的,相對於"弟"來説,"兄"當然也是"先出生"者,所以像劉台拱那樣把與"弟子"相對的"先生"視爲長子、兄之别稱,是毫無問題的。劉氏釋"弟子"爲"年幼者",近是。從我們上文的討論來看,這裹的"弟子"也應是"次子"的意思。"弟子"與"先生""皆謂人子","弟子"就絶不能如邢疏所説指"爲人弟與子者"。因爲"爲人弟與子者"已可把作爲"人子"的"先生"涵括在内,"弟子"與"先生"對舉在邏輯上就無法成立。

《清華大學藏戰國竹簡(捌)》所收《邦家之政》假託孔子與某公的對話闡述治國之道,其中有如下之語,當出孔子之口:

> 其君子文而請(情)……父兄與於終要,弟子不敷遠人,不納謀夫。
>
> (簡5—6)

又説到"邦家將毁"之時:

> 其君子薄於教而行詐,弟子敷遠人而争竊於謀夫。
>
> (簡9—10)

"敷",整理者讀爲"轉",訓爲"避",[②]不可信,當從有些學者的意見讀爲"摶"。[③]《商君書·農戰》:"凡治國者,患民之散而不摶也。""不摶遠人"意謂不聚集親族關係疏遠之人。簡文"弟子"與"父兄"對舉,當亦是"次子"之意,用法與上面討論過的《論語·學而》《爲政》篇的"弟子"相同。

1985年山西榆次出土的一件吴王姑發劍,其銘有"工(句)𠭯王姑發𦗚反之弟子子□……"之語。[④]有些學者釋"弟"下一字爲"季",然則劍銘當斷作"工(句)𠭯王姑發𦗚反之弟、季子……"。細審拓本,"弟"下一字似確是"子",反倒後一"子"字與其上一字

---

① 清華大學出土文獻研究與保護中心編,李學勤主編:《清華大學藏戰國竹簡(伍)》下册,中西書局,2015年,第152頁。

② 清華大學出土文獻研究與保護中心編,李學勤主編:《清華大學藏戰國竹簡(捌)》下册,中西書局,2018年,第124頁。

③ 蕭旭:《清華簡(八)〈邦家之政〉校補》,復旦大學出土文獻與古文字研究中心網,2018年11月21日,www.fdgwz.org.cn/Web/Show/4329;蔣陳唯:《清華八〈邦家之政〉札記兩則》,復旦大學出土文獻與古文字研究中心網,2019年3月24日,www.fdgwz.org.cn/Web/Show/4406。

④ 董珊:《吴越題銘研究》,科學出版社,2014年,第10頁圖6。

之間距離稍大,不排除"子"上尚有構件、實爲"季"字的可能性。若此,"工(句)盧王姑發詈反之弟子季(?)□……"的"弟子"也應是"次子"的意思。不過此銘難辨之字甚多,如何釋讀尚待研究。

二

高亨先生釋"弟子"爲"次子",引了兩條"弟"當"次第"講的訓詁材料。本節對此作一些補充論述。

《國語·吴語》記吴、晉交戰,吴大軍壓晉,晉遣董褐請事,吴王夫差責之曰:

> ……君今非王室不平安是憂,億負晉衆庶,不式諸戎、狄、楚、秦,將不長弟以力征一二兄弟之國。

韋昭注:"弟,言幼也。言晉不帥長幼之節,而征伐同姓兄弟之國,謂魯、衛之屬。"[①]後晉令董褐復命於吴,説了如下的話:

> 夫諸侯無二君,而周無二王,君若無卑天子以干其不祥,而曰吴公,孤敢不順從君命長弟?

韋昭注:"長,先也。弟,後也。"[②]此"長弟"即"將不長弟"之"長弟",前後相應。[③] 據韋注,可知"弟"之"言幼"當得義於先後之"後",後於長者便可謂"幼"。"弟"之"後"義,與"次第"之義相因。

《説文·五下·弟部》:"弟,韋束之次弟也。"蓋以"次第"爲"弟"之本義。從古文字看,"弟"字象戈柲上有所纏束之形(《説文》據已訛變的小篆分析,不可信),[④]字形跟"次第""後"等義聯繫不上,可能這些常用義都是"弟"字的假借義。儘管如此,我們還是懷疑先後之"後"應該是"弟"這個詞的古義,"次第"義則是"後"義的引申。因爲兄弟之"弟"是行用頗久的古詞,至晚在殷墟甲骨卜辭中已有"弟"字用爲兄弟之"弟"的例子(如《合》2674 正、《英藏》2274 等),在"兄/長"之後的兒子所以叫作"弟",如上所説,當取"弟"的先後之"後"義。而表示"次第"意思的"弟",出土先秦文獻中似尚未見,傳世文獻中時代較早的用例,除高亨先生所引《吕氏春秋·原亂》一例外,又如《墨

---

① 徐元誥:《國語集解》,中華書局,2002 年,第 550 頁。

② 徐元誥:《國語集解》,第 552 頁。

③ 徐元誥:《國語集解》,第 551 頁。

④ 參看季旭昇:《説文新證》,藝文印書館,2014 年,第 478 頁。

子·迎敵祠》:"舉屠、酤者,置厨給事,弟之。"孫詒讓《閒詁》引畢沅云:"言次第居之,古次第字只作弟。"按《迎敵祠》屬於《城守》各篇,應是戰國晚期墨家後學的手筆。況且孫詒讓不同意畢説,疑此"弟"爲"鮷"之省,"鮷與秩同,言廪食之"。[①] 孫説似較可取。雖然現存文獻不足以反映先秦語言的全貌,但由此多少可以看出"次第"義的"弟"的使用大概不會太早。[②]《尚書》中"叙次""次第"義之詞皆作"秩"(如《堯典》"平秩東作""平秩南訛""平秩西成"、《皋陶謨》"天秩有禮"等)。"秩""弟"雖音近可通,畢竟不同音(聲母、韻尾都有别),從來没有人把"叙次""次第"義的"秩"讀爲"弟"的。《周禮·天官·小宰》"以官府之六叙正群吏……",鄭玄注:"叙,秩次也,謂先尊後卑也。"孫詒讓《正義》:"《説文·攴部》云:'叙,次弟也。'秩次,與次弟義同。"[③]可見在"次第"這一義位上,"秩""弟"是語言裏實際存在的兩個同義詞。"秩"有"次第"義,可能源於更迭之"迭",與"弟"的"次第"義的語源亦不同。

按照我們"弟"的"次第"義來自"後"義的看法,與其認爲"弟子"是"次子"的意思,不如説是"後生之子"的意思也許更爲準確。前引《周易·師卦》"六五"爻"長子""弟子"對舉,《儀禮·特牲饋食禮》"長兄弟/兄弟長""兄弟弟子"對舉、"長""弟子"對舉,均與《國語·吴語》"長""弟"對舉相合。"長弟"本是"先後"的意思,"長子、弟子"當然以解作"先生之子、後生之子"爲妥(古書中"先子""後子"另有專義,爲避免混淆,我們寧可用比較囉嗦的説法)。《論語·爲政》"弟子"與"先生"相對,"弟子"表示"後生之子"的意思可以看得很清楚。"後"既是"弟"的古義,"後生之子"也應是"弟子"一詞的古義甚至本義。

漢印多見"弟孺"之名,"弟"字或作"苐"。[④] 魏宜輝先生認爲"弟孺"當讀爲亦見於

---

① (清)孫詒讓:《墨子閒詁》,中華書局,2001年,第575頁。

② 《逸周書·大開武》:"其唯弟兹命,不承,殆哉!"朱右曾謂"弟"爲"次弟"義,"天將以周繼商,宜益敬德以承之"。但劉師培認爲"弟"當作"夷","'夷兹命'者,即《尚書·甘誓》'勦絶其命'也。蒙上今商唯兹,言謂商德若此,當夷其命"。見黄懷信、張懋鎔、田旭東:《逸周書彙校集注(修訂本)》,上海古籍出版社,2007年,第269頁。劉説亦有其道理。即使循朱説的思路,"弟"不如讀爲"更迭""更代"義的"迭"更合適,"其唯迭兹命"是説周代商命。總之,《大開武》此例不能當作"弟"表"次第"義的確例。

③ (清)孫詒讓:《周禮正義》,中華書局,2015年,第196—197頁。

④ 其例參看魏宜輝:《秦漢璽印姓名考析(續)》,《漢語史與漢藏語研究》第3輯,中國社會科學出版社,2018年,第160—161頁。按孔家坡漢簡《日書·死咎》簡303壹:"卯死,其室必有弟苐若子死,有……"整理者説"弟苐""似指同輩中的年幼者";另有學者認爲"苐"或可讀爲"娣","弟苐(娣)"指"弟弟妹妹",參看王强:《孔家坡漢墓簡牘校釋》,吉林大學2014年碩士學位論文(指導教師:吴振武),第119頁。此皆求之過深。睡虎地秦簡《日書》甲種與此條相當之文曰:"卯,會衆,其後必有子將弟也死,有外喪。"(簡86壹背)"將""若"並訓"或",後者的"子將弟"相當於前者的"弟苐若子"。由秦漢文字"弟""苐"通用,可知孔家坡漢簡"弟苐"二字必有一爲衍文,係不同用字之本誤合爲一,原當作"弟(或"苐")若子"。

漢印的人名“穉孺”。[①] 竊意不必破讀。“弟孺”相對於“長孺”而言(“長孺”也是漢代屢見的人名),“弟”也取“後”義。《虛無有齋摹輯漢印》3249著録一方人名印“張長孺·張弟卿”,“弟卿”之名又見於其他漢印和漢簡。魏宜輝先生認爲“‘弟卿’顯然也應該理解爲‘穉卿’的異寫”。[②] 竊意亦不必。漢人常以“長卿”爲字(如《虛無有齋摹輯漢印》3797有“司馬渴功·司馬長卿”雙面印、《盛世璽印録》385有“司馬渴江·臣長卿”雙面印等),“弟卿”與“長卿”相對;“長孺”“弟卿”,名、字相配,也是合適的。《爾雅·釋親》:“女子同出謂先生爲姒,後生爲娣。……長婦謂穉婦爲娣婦,娣婦謂長婦爲姒婦。”“娣”“弟”同源。“娣婦”爲“穉婦”之别稱,可知漢印人名“穉孺”也不必破讀爲“弟孺”,但其命名旨趣與“弟孺”相近。

蔡一峰先生閱本文初稿後告訴我,“遲”“弟”很可能是同源詞,包山簡240遲速之“遲”寫作“递”,是“弟”“遲”音近之證(“递”應即“遲”的異體);“遲”義爲“晚”,猶“弟”義爲“後”。“穉”無疑是從“遲”派生出來的一個詞,“穉婦”與“娣婦”、“穉孺”與“弟孺”音義並近,正是“遲”“弟”同源的表現。其説很有道理。如果“弟”的本義是“次第”而非“後”,它跟“遲”的關係就難以説明。

“弟”是“後”“後生”之義,它跟“兄”相對,自然指後於兄所生者,是爲弟弟;它跟“子”相對,則指後於長子所生者,是爲“弟子”。文獻中的“弟”究竟指弟弟還是指後生之子,有時需視上下文而定。九店楚墓M56出土《叢辰》簡25云:

> 【寅、卯、辰】、巳、午、未、申、酉、戌、亥、【子】、丑,是謂結日,作事,不果。以祭,吝。生子,無俤(弟);女(如)又(有)俤(弟),必死。[③]

“生子,無弟;如有弟,必死”一句,睡虎地秦簡《日書》甲種的《叢辰》“結日”條作“生子毋(無)弟,有弟必死”(簡2正貳)。[④] 這裏的“弟”承“子”而言,顯然指“子之弟”,亦即“弟子”,而不是問卜者的弟弟。睡虎地秦簡《叢辰》“秀日”條“生子吉,弟凶”(簡13正貳),[⑤]《生子》“甲辰生子,穀,且武而利弟”(簡140正肆),[⑥]阜陽漢簡《周易》簡55+殘

---

① 魏宜輝:《秦漢璽印姓名考析(續)》,《漢語史與漢藏語研究》第3輯,第161頁。

② 魏宜輝:《秦漢璽印姓名考析(續)》,《漢語史與漢藏語研究》第3輯,第161頁。

③ 武漢大學簡帛研究中心、湖北省文物考古研究所:《楚地出土戰國簡册合集(五)·九店楚墓竹書》,文物出版社,2021年,第21頁。

④ 睡虎地秦墓竹簡整理小組:《睡虎地秦墓竹簡》,文物出版社,1990年,第181頁。

⑤ 睡虎地秦墓竹簡整理小組:《睡虎地秦墓竹簡》,第181頁。

⑥ 睡虎地秦墓竹簡整理小組:《睡虎地秦墓竹簡》,第204頁。

片 11 有殘辭"卜：子産不孝，弟"，[①]《墨子・節葬下》《魯問》、《後漢書・南蠻傳》等書記載古代南方"其長子（首子）生則解而食之，謂之'宜弟'"。[②] 都是"弟"指"弟子"的例子，"宜弟""利弟"文例亦近。

"弟"意爲"後"，還可以從"翼"字得到印證。

《説文・五下・弟部》："翼，周人謂兄曰翼。从弟，从眔。"小徐本作"從弟、眔"。過去已有不少研究《説文》的學者指出"翼"當从"眔"聲，舉《詩・齊風・敝笱》"鰥"或作"鯤"爲證。[③] 可從。[④] "眔"雖是"泣"的初文，但它可以充當"褱""鰥""瘝"等字的聲符，在出土戰國竹簡中常用爲"懷""壞""鰥""瘝"等，説明"眔"當另有 *K(r)uuj/ *K(r)uun一讀。[⑤] 頗疑作"目"下垂淚之形的"眔"字又可記録"憂傷"義的"懷（*gruuj）"這個詞。《詩・邶風・終風》"寤言不寐，願言則懷"，毛傳："懷，傷也。"《小雅・正月》："終其永懷，又窘陰雨。"陳奂《詩毛氏傳疏》："永，長。懷，傷也。"[⑥]高亨《詩經今注》："永懷，深憂。"[⑦]"翼（*kuun）"从"眔（懷）"聲是合理的。當兄弟之"兄"講的"翼"爲何以"弟"爲義符？前人多從兄弟之"弟"的角度加以解釋，實甚牽强。

我認爲《説文》定"翼"的本義爲"兄"，可能是有問題的。《左傳》哀公十八年"《夏書》曰'官占，唯能蔽志，昆命于元龜'"，杜預注："逸書也。官占，卜筮之官。蔽，斷也。昆，後也。言當先斷意，後用龜也。"此文後被編入僞古文《尚書》的《大禹謨》，作爲帝舜對禹所説的話。《爾雅・釋言》也收有"昆，後也"條，郭璞注"謂先後"。"昆"又可指"後裔"，《國語・晉語二》"天降禍于晉國，讒言繁興，延及寡君之紹續昆裔……"，韋昭注："紹，繼也。續，嗣也。昆，後也。裔，末也。"這顯然是從先後之"後"而來的。前已論證"弟"有"後"義，"翼"字从"弟"、"眔（懷）"聲，其本義應即先後之"後"，也就是説，"翼"是"後"義的"昆"的本字。

---

① 鄔可晶：《讀阜陽漢簡〈周易〉釋文小記》，《戰國秦漢文字與文獻論稿》，上海古籍出版社，2020 年，第 335 頁。

② 參看裘錫圭：《"殺首子"解》，《裘錫圭學術文集・古代歷史、思想、民俗卷》，復旦大學出版社，2012 年，第 373 頁。

③ 丁福保編纂《説文解字詁林》引嚴可均、姚文田《説文校議》，段玉裁《説文解字注》，王紹蘭《説文段注訂補》，徐灝《説文解字注箋》，宋保《諧聲補逸》等，見丁福保編纂：《説文解字詁林》，中華書局，1988 年，第 5676—5681 頁。

④ 《爾雅・釋親》："晜，兄也。""晜"當分析爲从"弟"、"昆"省聲，與"翼"爲一字異體。

⑤ 參看馬譽文：《"眔"字相關問題補説》，《語言研究集刊》待刊。

⑥ （清）陳奂：《詩毛氏傳疏》，鳳凰出版社，2018 年，第 613 頁。

⑦ 高亨：《詩經今注》，上海古籍出版社，1980 年，第 279 頁。

我們知道，跟周代類似的宗法制度在商代早已確立，當時並已有明確的嫡庶觀念和直系旁系之分。作爲宗族之長的宗子（天子是天下大宗之長），商代也以父子相繼爲主，繼承者一般是宗子的嫡子，此所謂“立嫡之制”。[①] 西周以降似更主張立嫡長子（如前舉沈子它簋蓋銘中“沈子它”即爲嫡長子身份）。嫡子或嫡長子可以説就是爲“宗子”之“後”。《墨子・節葬下》：“妻與後子死者，五皆喪之三年。”孫詒讓《閒詁》引孔廣森云：“後子者，爲父後之子，即長子也。《戰國策》謂齊太子申爲後子，《荀子》謂丹朱爲堯後子，其義並同。”又引畢沅云：“後子，嗣子適也。”[②]指嫡長子的“後子”即取其爲父之後之意。我推測，作爲親屬稱謂的“罤”最早是在“爲人後者”這個意義上使用的，所以其字从“後”義的“弟”，這個“後”是相對於其父而言的（與上引“後子”同意）；入周以後，愈來愈强調“立嫡立長”爲後，嫡長子無疑就是“兄”，於是有“周人謂兄曰罤（昆）”之説。不過，商代的“爲人後者”往往也是“兄”（即使是“兄終弟及”之制，對於繼位的弟來説，先王就是他的兄；如果弟再傳位於其弟，那麽他也是後王的兄），我們不能排斥商人已謂兄曰“罤”的可能性，只是目前還未發現這方面的確切證據。東周典籍中稱兄弟爲“昆弟”者屢見，“昆”逐漸成了“兄”的同義詞，其源義就變得模糊不明了。

三

從語文角度説，“弟子”本是“後生之子”的意思。這樣的“弟子”相當於古代所謂“庶子”“餘子”“孽子”那一類人。正是在這個意義上，“弟子”才有可能演變爲“門弟子”。

“庶子”與“嫡子”相對。《儀禮・喪服》“爲衆子”，胡培翬《正義》：“其實長子、衆子與適子、庶子，名異實同。凡長子者，則不獨長子之弟爲衆子，而妾子亦爲衆子。言適子，則不獨妾子爲庶子，而適子之同母弟亦爲庶子。經中凡以適對庶言者，適爲適長一人，其餘皆庶也。”[③]稱“嫡子”之外的衆子爲“庶子”，是從“衆”“多”的角度命名的。“餘子”大概是從其餘、多餘的角度命名的。一般來説“嫡子”只有一個，其餘的便可統稱爲“餘子”。相對於作爲“主幹”的“嫡子”而言，“取支（枝）條之義”（《儀禮・喪服》

---

① 參看裘錫圭：《關於商代的宗族組織與貴族和平民兩個階級的初步研究》，《裘錫圭學術文集・古代歷史、思想、民俗卷》，第 121—133 頁。

② （清）孫詒讓：《墨子閒詁》，第 176 頁。

③ （清）胡培翬：《儀禮正義》，江蘇古籍出版社，1993 年，第 1417—1418 頁。

“何如而可以爲人後？支子可也”賈公彦疏）的“支（枝）子”也可説是“其餘”。《墨子·節葬下》緊接着上引“後子”一句爲“然後伯父叔父兄弟孽子其（期）”，孫詒讓《閒詁》引《儀禮·喪服》“爲世父母、叔父母、昆弟衆子，並齊衰期”以對照，並説：“《説文·子部》云：‘孽，庶子也。’‘孽子’即衆子，對前‘後子’爲冢嫡也。”①按“孽子”之“孽”當源自“櫱”，《集韻·薛韻》：“櫱，木餘也。”②“孽子”之得名，與“支子”更爲相類。比較起來看，指“後生之子”的“弟子”似乎“嫡庶”意味不如“庶子”“餘子”“支子”“孽子”那麽濃，而是在先後、長幼順序的立場上命名的。所以“庶子”等往往與“嫡子”對舉，“弟子”則更多與“長子”對舉。

《周禮》中多次出現“庶子”之職名，俞正燮曾撰《周官庶子義》加以討論。俞文所列材料對於我們理解“庶子”一類人在戰國時代的身份地位很有參考價值，故不避繁瑣，全引如下：

> 周官庶子，非諸子也。《天官·宫伯》職云“王宫士庶子”，《外饔》職、《酒正》職云“饗士庶子”，《夏官·司士》職云“辨卿大夫士庶子之數”，《秋官·象胥》職云“凡作事，王之大事諸侯，次事卿，次事大夫，次事上士，下事庶子”，庶子在士下也。《夏官·太僕》職云“聞鼓聲，則速逆御僕與御庶子”，庶子在僕下也。《秋官·掌客》職云“王巡狩，國君致從者：公眂上公，卿眂侯伯，大夫眂子男，士眂諸侯卿，庶子眂諸侯大夫”，庶子從王，禮在士從王下也。《朝大夫》序官云“每國庶子八人，都則四人”，其官列在士、府、史下也。《象胥》言王之大事，必自國都目之，其庶子，必國都朝大夫之庶子在府史下者。《儀禮·燕禮》《大射禮》有“庶子執燭胙階上”，《大射儀》“獲者執薦，庶子執俎從之，設於乏南”，與《服不氏》“徒四人”等。至《夏官·諸子》，則“下大夫二人，中士四人”，注云“或曰庶子”。此鄭氏用《文王世子》及《燕義》。蓋諸子、庶子名同而事異。《文王世子》之庶子及後世太子王侯庶子官與《夏官》諸子，通此一庶子也。諸子、庶子可名官者，如五代小底都指揮，不得謂凡小底皆是都指揮也。《燕禮》《大射儀》之庶子，與《周官》凡所正名庶子者同，此又一庶子也。《燕義》但見庶子之名，漫衍博引，乃漢世俗儒敝文，不足據。《管子·戒》篇云“中婦諸子”，亦言女使賤役；《莊子·秋水》篇云“壽陵餘子學行於邯鄲”，亦是下邑衹應小使，諸子、餘子名與《周禮》同，實與《周禮》之官異，作《燕義》者誤牽合之耳。《墨子·尚同》云“門庭庶子”，《韓非子·内儲説上》云“商太宰使少庶子之市”，又云“卜皮爲縣令，使少庶子佯愛於御史”，《内儲説下》云“濟陽君有少庶子不見知”，又

① （清）孫詒讓：《墨子閒詁》，第177頁。

② 參看王鳳陽：《古辭辨（增訂本）》，中華書局，2011年，第356頁。

云"晉平公觴客,少庶子進炙",《國策》云"秦王庶子蒙嘉、吕不韋庶子甘羅、韓太子庶子强",此漢人所謂童騎,《梁書·沈瑀傳》所謂縣僮,五代、遼、金、元人所謂孩兒班寢殿小底、著户郎君及諸王以下祗候小底,明所謂門子,今所謂小茶房,乃《周官》《儀禮》之正名庶子也。《史記·扁鵲列傳》云"虢門下中庶子",蓋典謁者,士大夫家有之。《夏官·都司馬》云"掌都之士庶子戒令,家司馬亦如之",則都有庶子,如卜皮之庶子是也;家有庶子,如吕不韋之庶子是也。《史記·商君列傳》云魏人爲"魏相公叔痤中庶子",亦家臣也。《索隱》引《夏官·諸子》《文王世子》二文證之,如此,則周天子官,何得云公叔痤中庶子也?①

孫詒讓在《周禮·天官·宫伯》"王宫士庶子"句的《正義》中贊成俞説。② 他們把在各處承擔不同職責的"庶子"分得很細,却對"庶子"所任之事與臣僕無二的實質注意得不够,更没有追溯這些"庶子"的身份來歷。事實上,庶子所以到封君、官僚門下充任各種家臣,正是由他們所處的與嫡子相對的家庭地位決定的。臣事封君、官僚的"庶子"與宗法制度下一家之中的"庶子"是"二而一"的。"庶人""餘子"如此,"弟子"同樣如此。

裘錫圭先生在 1981 年發表的《戰國時代社會性質試探》一文中,對"庶人""餘子"以及我們所説的"弟子"(裘文尚未指出"弟子"本爲"後生之子")等眷屬子弟的地位作過頗爲精審的研究。③ 下面摘引一些有關論述:

在地位高、財富多的剥削階級家庭裏,眷屬子弟大概都是脱離勞動的。在一般剥削階級家庭裏,情況就未必完全如此。"子弟"的意思其實跟"庶子""餘子"差不多。庶子對父親來説是子,對嫡子來説就是弟。在古代的宗法制度下,子弟的地位是相當低的。……《公羊傳·襄公二十七年》記公子鱄對衛獻公説"夫負羈縶,執鈇鑕,從君東西南北,則是臣僕庶孽之事也",何休注:"庶孽,衆賤子。"公子鱄是衛獻公的弟弟,所以自稱"庶孽"。這條材料也説明在古人眼裏子弟的地位與臣僕相近。(原注:子弟的地位接近臣僕的現象,在世界古代史上是常見的。例如在埃及古王國時代就存在大官的庶子做哥哥的僕人或管家,祭司的晚輩做他的奴僕等現象。)在宗法制度和宗族組織崩潰的過程裏,家長在家庭内的權威不但没有受影響,反而得到了加强。家長可以把妻子和兒女出賣,就充分説明了這一點。所以在戰國時代,子弟在家庭裏的地位仍然是卑下的。在一般的剥削階級家庭裏,讓子弟負擔一

① (清)俞正燮:《癸巳類稿》卷三,黄山書社,2005 年,第 103—105 頁。

② (清)孫詒讓:《周禮正義》,第 284—285 頁。

③ 吴榮曾先生在 1987 年發表的《對春秋戰國家長制奴隸制殘餘的考察》一文中,也對子弟問題作過跟裘錫圭先生此文相近的論述,可以參看。見吴榮曾:《先秦兩漢史研究》,中華書局,1995 年,第 74—80 頁。

> 些僕役的工作，也就是“有事弟子服其勞”的情況，肯定是存在的。在相當多的剥削階級家庭裏，大概還存在子弟從事生産勞動的情況。……在參加生産勞動的鄉子弟和國子弟裏，無疑會有剥削階級家庭的子弟。所以戰國時代剥削階級家庭的子弟，大概有不少在實際上也是受到家長的剥削的。[①]

這段話中的“子弟”如果换成我們所説的與“長子”相對的“弟子”，也完全適用。尤其所引“臣僕庶孽之事”“有事，弟子服其勞”等，説的本是宗法制度下一族或一家中的“弟子”的情况。

儒家所宣揚的倫理道德“悌”，原作“弟”，前人多釋爲“善事兄”“弟愛兄”或“順”。[②] 這恐怕已抽掉了“弟(悌)”的原始意涵，使其“泛道德化”而“温情脈脈”了。不過，“事”“順”云云還是透露出了一些事情的真相。我們懷疑孝悌之“弟(悌)”本來可能是指宗族或家庭中“弟子(弟)”對“長子(兄，往往就是一家之主甚至一族之長、一宗之子)”需承擔僕役工作或從事生産勞動、“弟子”受“長子”剥削的義務而言的。

裘先生此文詳細地談到了從師之徒，這跟我們討論的“弟子”直接相關：

> 戰國時代的師徒關係决不能簡單地看成近代的師生關係。《禮記·曲禮上》：
>
> 宦學事師，非禮不親。
>
> 舊説多以“學”或“仕”釋“宦”，文義難通。“宦”字从“臣”在屋下，本義是“爲臣隸”(《國語·越語》“與范蠡入宦於吴”韋注)。顧頡剛先生認爲“宦學事師”“蓋即如工商業之學徒，執賤役以事其師，於服勞之餘學得若干技能耳”(《浪口村隨筆·宦士宦女》)。這是正確的解釋。《禮記》鄭注説“宦學”之“學”“或爲‘御’”。御就是服侍的意思，正與“宦”義相近。……古代臣對君要委質……徒對師也要委質：
>
> 孔子……委質爲弟子者三千人，達徒七十人。
>
> (《吕氏春秋·遇合》)
>
> 子路後儒服委質，因門人而請爲弟子。
>
> (《史記·仲尼弟子列傳》)
>
> 可見師徒關係近於君臣關係。從師的徒在古書中常常被叫做徒役、服役或役：
>
> 藏策書，習談論，聚徒役，服文學而議説。
>
> (《韓非子·顯學》)

---

① 裘錫圭：《戰國時代社會性質試探》，《裘錫圭學術文集·古代歷史、思想、民俗卷》，第17頁。

② 參看宗福邦、陳世鐃、蕭海波主編：《故訓匯纂》，商務印書館，2003年，第795頁。

仲尼,天下聖人也……爲服役者七十人。

(《韓非子·五蠹》)

墨子服役百八十人。

(《淮南子·泰族》)

老聃之役有庚桑楚者,偏得老聃之道,以北居畏壘之山。(司馬彪注:役,學徒弟子。)

(《莊子·庚桑楚》)

子路旁車而問曰:由得爲役久矣,未嘗見夫子遇人如此其威(畏)也。

(《莊子·漁父》)

《吕氏春秋》有《誣徒》篇,講老師應該如何對待弟子,舊注:"此篇一名詆役,凡篇中徒字皆作役。"根據以上所述,可以斷定從師之徒就是一種依附私家的徒役。這種徒大概在春秋晚期就已經産生,孔子的弟子是最明顯的例子,不過大量出現是在戰國時代。

……

從師之徒又稱爲弟子。前面講過,古代家庭裏子弟的地位往往與臣僕相近,而充當私家徒役的又多數是離開自己家庭的子弟。這應該就是徒役又可以稱爲弟子的原因。弟子並不是從師之徒的專稱。①

裘先生指出從師之徒多是古代家庭裏的子弟,十分正確。結合我們上文的論述來看,一家之中"地位往往與臣僕相近"的就是後生之子——"弟子",他們一旦因無力成家而離開原先的家庭出去依附私家成爲徒役,人們相沿以"弟子"稱之,是順理成章的。

裘先生已將"庶子"與"弟子"作了類比:

戰國時代,封君、官僚的家臣多稱庶子,這其實也是一種徒,只不過地位比一般的徒爲高而已。《史記·商君列傳》:

商君者,衛之諸庶孽公子也……鞅少好刑名之學,事魏相公孫痤爲中庶子。

《戰國策·魏策一》和《吕氏春秋·長見》也記此事,"中庶子"皆作"御庶子"。"中"指明庶子在主人宫室之中,"御"指明庶子是侍候主人的,意義並無多大出入。這種家臣還有稱少庶子的(《韓非子·内儲説》上、下),當是因庶子年輕而得名。《戰國策·秦策五》所記文信侯少庶子甘羅就只有十二歲。這種稱爲庶子的家臣大都由出身於上層階級的"庶孽之子"充當,"庶子"的得名原因與"弟子"極爲相類。

① 裘錫圭:《戰國時代社會性質試探》,《裘錫圭學術文集·古代歷史、思想、民俗卷》,第25—27頁。

戰國時代,國家常常把無力負擔國家規定的賦役的貧家子弟以至一般貧民抑爲徒役,讓他們專門服各種勞役(詳第八節)。在秦國,國家把一部分徒役配給有爵的私家使用,這種徒役也稱爲庶子或弟子。《商君書·境内》:

其有爵者乞無爵者以爲庶子,級乞一人。其無役事也,其庶子役其大夫月六日。其役事也,隨而養之。

雲夢秦簡所録的除弟子律説:

當除弟子籍,不得;置任不審,皆耐爲侯(候)。使其弟子贏律,及治(笞)之,貲一甲;决革,二甲。

秦律的弟子跟《商君書》的庶子顯然是一種人。①

後來公布的嶽麓書院藏秦簡《戍律》《徭律》中也出現了與睡虎地秦簡《秦律雜抄·除弟子律》相同的"弟子",嶽麓簡中又稱其爲"人屬弟子""人弟子""人屬弟"。據學者研究,秦簡中的"弟子"當是"學吏弟子","'弟子'在學習期間享有減免徭役等特權,與此同時,弟子的'吏師'有權對其進行役使","弟子學成之後,可以出任佐吏,同時應被除去弟子籍,不再享受弟子的特殊待遇"。② 此種"弟子"雖非私人門生,但總的看來還是跟春秋戰國時代的從師之徒爲一類。

關於"弟子"與"庶子"受剥削情況的異同,裘先生有很好的分析:

那些臣事封君、官僚的庶子以及受老師重視的一部分門徒——他們大都出身於上層階級家庭,雖然也要侍候主人或老師,但是一般不參加生産勞動。他們的地位跟春秋時代私家的"臣""徒"比較接近。絶大部分私家徒役顯然是受主人剥削的勞動者。《吕氏春秋·尊師》:

治唐圃,疾灌浸,務種樹,織葩屨,結罝網,捆蒲葦,之田野,力耕耘,事五穀,如山林,入川澤,取魚鱉,求鳥獸,此所以尊師也。

可見一般門徒不但要侍候老師,而且還要爲老師從事農業、漁獵等多種生産勞動。《墨子·備梯》説禽滑釐"事子墨子三年,手足胼胝,面目黧黑,役身給使,不敢問欲",這也顯然是從事生産勞動或别的苦役的情況。……③

① 裘錫圭:《戰國時代社會性質試探》,《裘錫圭學術文集·古代歷史、思想、民俗卷》,第27頁。

② 王笑:《秦簡中所見"弟子"淺釋》,《出土文獻研究》第14輯,中西書局,2015年,第97—100頁。又參看周海鋒:《嶽麓秦簡〈戍律〉及相關問題研究》,《甘肅省第三届簡牘學國際學術研討會論文集》,上海辭書出版社,2017年,第454頁。漢代"弟子"仍有侍奉老師的義務,入"學官"的學生可以免除徭役。有關情況參看宋傑:《漢代私人徭役析論》,《中國經濟史研究》2001年第2期,第90頁。

③ 裘錫圭:《戰國時代社會性質試探》,《裘錫圭學術文集·古代歷史、思想、民俗卷》,第29頁。

這是説“弟子”也有地位高低之别：受老師重視的“弟子”與封君、官僚家的“庶子”一樣，主要侍候老師或主人；一般的“弟子”則不但要侍候老師，還要參加生產勞動或其他苦役。後者在從師的“弟子”中顯然占了多數。

既然“弟子”與“庶子”本質上是同一種人，他們受主人剥削的情况也大體相近，爲什麽只有從師之徒稱爲“弟子”，封君、官僚的家臣則不稱“弟子”而稱“庶子”呢？這個問題不容易回答。推測在宗法制度還相當鞏固的西周時代，封君、官僚已把自家的庶子抑爲家臣差遣，並以“庶子”名之。當時“嫡庶”觀念、直系旁系之分遠勝於“長幼”觀念，與“長子”相對的“弟子”一詞即使已經出現，大概也使用得不如“庶子”廣泛。春秋戰國之交，隨着社會的劇烈變化，宗法制度和宗族組織趨於崩潰，“不但來自過去的貴族和國人階層的家庭，就是過去組織在邑、社裏的農民家庭，現在也遇到了需要解决子弟出路的問題”，即需要“尋求較好的出路”或“躲避沉重的賦役負擔”。① 這時，一家之子弟離開自己家庭去往封君、官僚處投充，也就繼續沿稱“庶子”的舊名。從上文第一節所引來看，“長子”“弟子”這一對體現長幼之序的詞在春秋戰國文獻中用得較多，而私家招收從師之徒的風氣正是從春秋晚期開始的。也許爲了跟早已存在的“庶子”那種家臣相區别，時人就采用“弟子”作爲新興的從師之徒的名稱了。這就是説，所以稱臣事封君、官僚者爲“庶子”，稱私學之徒爲“弟子”，可能跟這兩件事産生於不同的時代有關。

總之，只有把“弟子”的本義解釋爲與“長子”相對的“後生之子”或“次子”，聯繫宗法社會中此種“弟子”在家庭或宗族中的地位以及他們後來成爲從師之“弟子”的歷史演變，才能真正弄清楚“弟子”一詞指門人、學生的由來。回過頭去再看《論語·學而》“弟子，入則孝，出則悌，謹而信，汎愛衆而親仁。行有餘力，則以學文”，可以知道這既是對家庭中作爲後生之子的“弟子”的要求，也是對外出從師、依附私門的“弟子”的要求，因爲這兩種“弟子”實在也是“二而一”的。“行有餘力，則以學文”的實際意思很可能是説：“弟子”在爲父兄、爲師盡完必須負擔的役事等義務之後，如果還有閒暇餘力，可以再學一點典章文獻和禮儀文化。②

---

① 裘錫圭：《戰國時代社會性質試探》，《裘錫圭學術文集·古代歷史、思想、民俗卷》，第25、27頁。

② 前人多將“行有餘力”的“行”解釋爲行“入則孝，出則悌，謹而信，汎愛衆而親仁”，細想這是不妥當的。“入則孝，出則悌，謹而信，汎愛衆而親仁”乃是對“弟子”的道德要求，從某種程度上説，也是孔子認爲“弟子”理應達到的。這絶不可能花費很多時間和精力。孔子也絶不會認爲具備這些道德品質跟“學文”之間會存在時間、精力上的衝突。

四

本文所考“弟子”的本義，跟它後來的常用義頗爲不同。類似的與大家熟悉的常用義不同的稱謂之詞還有一些，這裏附帶討論一個“孫子”。

睡虎地秦簡《日書》甲種《啻（帝）》篇：

> 凡爲室日，不可以築室。築小内，大人死。築右坪（序），長子婦死。築左坪（序），中子婦死。築外垣，孫子死。築北垣，牛羊死。
>
> （簡100正）①

放馬灘秦簡《日書》乙種《啻（帝）》篇也有類似之文：

> 凡四時啻（帝）爲室日毀，不可築大室、内，大人死之。以築右室，長□□□□□之；□□□中子□□□死之；築宫垣，孫子死；築外垣，牛馬及羊死之。
>
> （簡99壹—101壹）②

各家對簡文“孫子”皆無説，不知是不是就理解爲“子之子”。

“子之子”用“孫子”來指稱，其時代頗晚，《漢語大詞典》“孫子”條“兒子的兒子”義項下所引最早書證爲宋代王讜《唐語林·豪爽》之例（5302頁）。上古漢語指“子之子”，單説“孫”就足够了，斷不會用“孫子”。先秦兩漢所説的“孫子”，一般指“子孫後代”，如《詩·大雅·文王》“文王孫子，本支百世”、《商頌·玄鳥》“商之先后，受命不殆，在武丁〈王〉孫子。武丁〈王〉孫子，武王〈丁〉靡不承”，③意謂文王子孫後代、“武王”（即湯）子孫後代。馬王堆帛書《五星占》：“若用兵者、攻伐填之野者，其咎短命亡，孫子毋（無）處。”（30下—31上）④這裏的“孫子”也指子孫。但是，上引秦簡《帝》篇的“孫子”與“大人”“長子婦”“中子婦”對舉，顯然不能講成子孫後代。

放馬灘秦簡《日書》乙種《五音日卜死》簡108B壹有“母死，取長子；長子死，取中子，中子死，取少子”之語（又見於簡110壹）。⑤《土功（二）》云：“穿地井，到膝，少子

---

① 睡虎地秦墓竹簡整理小組：《睡虎地秦墓竹簡》，第195頁。

② 陳偉主編：《秦簡牘合集［肆］·放馬灘秦墓簡牘》，武漢大學出版社，2014年，第66頁。

③ 此處校改從王引之説。（清）王引之：《經義述聞》，上海古籍出版社，2018年，第412—413頁。

④ 湖南省博物館、復旦大學出土文獻與古文字研究中心編纂，裘錫圭主編：《長沙馬王堆漢墓簡帛集成》第4册，中華書局，2014年，第230頁。

⑤ 陳偉主編：《秦簡牘合集［肆］·放馬灘秦墓簡牘》，第70頁。

死;到要(腰),中子死;到夜(腋),長子死;到巠(頸),妻死;没人,父母死。"(簡 136—137)[1]從文例看,"少子"與《帝》篇"孫子"相當。馬王堆帛書《陰陽五行甲篇》之《築(二)》,言某月"築",上旬某(地支)、某(地支)傷二君,中旬某、某傷中子,下旬某、某傷季子;或上旬某、某傷一君,某、某傷張(長)子,中旬某、某傷中子,下旬某、某傷季子。[2]"季子"亦與《帝》篇"孫子"相當。

《素問·氣穴論》"願聞孫絡谿谷",王冰注:"孫絡,小絡也,謂絡之支别者。"同書《繆刺論》"入舍于孫絡",張志聰《集注》:"孫絡者,孫脈也。孫絡之脈别經者亦三百六十五脈,並注于大絡。"《周禮·春官·大司樂》"孫竹之管",鄭注:"孫竹,竹枝根之末生者。"是"孫"有"支别""旁出""末"之義(後世還有"孫枝"一詞,指新生别枝)。秦簡《日書·帝》中與他篇"少子""季子"相當的"孫子",我認爲也應視爲定中結構,意謂"支别之子""末子",與"支子""孽子"等詞相類。這樣的"孫子"跟指子孫後代的"孫子"、指"子之子"的"孫子"詞形雖同,但其内部結構類型迥異,彼此不是一詞。

春秋晚期的郘公鎛,目前見到同銘的 4 件。器主自報家門之語云"余有融之屮孫","屮"字有 3 件皆作"子"上帶"中"之形(《銘圖》15816—15818),唯 1 件似作"子"(《銘圖》15815)。或據作"子"之例,釋"屮孫"爲"子孫"。不確。

春秋早期的郲詵鼎"子子孫孫永寶用"的"孫"寫作"屮"(《集成》02426),可證"屮"應即"孫"字異體。戰國中期的鄂君啓舟節(《集成》12111)、車節(《集成》12113)銘文之末云:"見其金節則毋政(征),毋舍桴飤(食),不見其金節則政(征)。"郭沫若很早就釋"桴"所从"屮"爲"孫"之"異文",[3]其説可從。"孫""巽"音近屢通,節銘"桴"當從湯餘惠先生説讀爲"饌"。[4]"饌"由"具食"轉化爲所具之食物,如《儀禮·燕禮》:"膳宰具官饌于寢東。"《論語·鄉黨》:"有盛饌,必變色而作。""毋舍饌飤"一句中特指供給人所食用者;"飤"即"飼",這裏代指供飼牛馬之糧草,故二者並提。戰國文字中此類寫法的"孫"並不鮮見,如《陶文圖録》2·406·4 著録的齊陶文有□字,同書 2·551·3 著録的齊陶文有□字,《戰國文字字形表》分别釋爲"遜""諑",[5]皆是。戰國早期的司

① 陳偉主編:《秦簡牘合集[肆]·放馬灘秦墓簡牘》,第 86 頁。

② 湖南省博物館、復旦大學出土文獻與古文字研究中心編纂,裘錫圭主編:《長沙馬王堆漢墓簡帛集成》第 5 册,第 90 頁。

③ 郭沫若:《關於〈鄂君啓節〉的研究》,《文史論集》,人民出版社,1961 年,第 338 頁。但是,郭氏釋"屮"爲"孫"的根據,現在看來是靠不住的。參看石小力:《東周金文與楚簡合證》,上海古籍出版社,2017 年,第 38 頁。

④ 湯餘惠:《戰國銘文選》,吉林大學出版社,1993 年,第 45 頁、第 50 頁注 38。

⑤ 徐在國、程燕、張振謙:《戰國文字字形表》,上海古籍出版社,2017 年,第 204、340 頁。

馬楙鎛銘開頭“曰古朕皇祖悼公”的“悼”，鎛銘拓本只看得到“心”旁；但據董珊先生參照銘文照片所作的摹本，此字作“”，①其右旁實爲“孚”而非“卓”，从“心”从“孚(孫)”即“愻”字。如果這個皇祖確如董珊先生所考是滕悼公寧，②似説明此公有史籍失載的“愻”之别號。

所以，郘公鎛銘的自報家門之語應該釋讀爲“余有融之孫孫”。作“子”的一件，當是偶然誤鑄。春秋晚期僕兒鐘也有不止一件，其中銘文完整的一件“余迖斯于之孫”的“孫”誤爲“子”(《集成》00183)，③情況與郘公鎛相似。“孫孫”的前一個“孫”與上文討論的指“季子”“末子”的“孫子”之“孫”同意，“孫孫”猶他銘所言“裔孫”(見《集成》04029、04030、04096 著録的陳逆簠、簋)。據此，西周晚期叔多父簋“師趯父孫=叔多父作孟姜尊簋”(《集成》04004—04006)、春秋早期哀鼎“員旻生(甥)之孫=哀……”(《銘圖》02311)、春秋中晚期叔𧾷簠“大曾文之孫=叔𧾷自作飤簠”(《銘圖續編》0496)的“孫=”，不知有没有可能也讀爲“孫孫”，意猶“枝孫”“末孫”(叔𧾷所作鼎、甗、盤皆言“大曾文之孫”(《銘圖續編》0139、0285，《銘圖三編》1199)，“孫=”當與“孫”義同)。④ 不過，“孫=”讀爲指子孫後代的“子孫”或“孫子”，⑤也是文從字順的。這個問題有待於進一步研究。

2024 年 3 月 30 日改定

附記：

拙文完稿後，先後請蔡一峰、蘇建洲兩位先生審閲，蒙他們指出文中論述和引用資料的疏漏之處，今已作了修改補充。對於他們的幫助，作者十分感謝。

---

① 董珊：《試説山東滕州莊里西村所出編鎛銘文》，《古文字研究》第 30 輯，中華書局，2014 年，第 199 頁。

② 董珊：《試説山東滕州莊里西村所出編鎛銘文》，《古文字研究》第 30 輯，第 198 頁。

③ 李家浩：《僕兒鐘銘文新釋》，《安徽大學語言文字研究叢書・李家浩卷》，安徽大學出版社，2013 年，第 42 頁。

④ 黄錦前《讀新刊曾子叔𧾷諸器》雖也讀簠銘“孫=”爲“孫孫”，但他認爲是“孫之孫”即“玄孫”的意思。見黄錦前：《讀新刊曾子叔𧾷諸器》，《出土文獻研究》第 16 輯，中西書局，2017 年，第 3 頁。

⑤ 蔡一峰：《叔多父簋銘“孫=”釋讀斟議》，《出土文獻》第 9 輯，中西書局，2016 年，第 58—63 頁。

古文獻中與“察”“淺”“竊”諸字有關的校讀五則

顔世鉉

“中研院”歷史語言研究所

一、王家嘴楚竹書《孔子曰》“壯者有所踐”

> 孔子曰：“老者有所歸，壯者有所察，少者有所長。”
>
> （《孔子曰》簡190＋簡412）

簡文的内容和《禮記・禮運》“使老有所終，壯有所用，幼有所長”密切相關。[①] 此“察”字之形作“”，所从聲旁與楚簡讀爲“察”“淺”“竊”諸字的聲旁相關，趙曉斌將此字釋爲“察”。以下略舉楚簡諸字之形及其文例：

> 思不清不（察）。
>
> （《五行》簡8）
>
> 深，莫敢不深；（淺），莫敢不（淺）。
>
> （《五行》簡46）
>
> （察）天道以化民氣。
>
> （《語叢一》簡68）
>
> （竊）鉤者誅，（竊）邦者爲諸侯。

---

① 趙曉斌：《湖北荆州王家嘴M17出土戰國楚簡〈孔子曰〉概述》，《江漢考古》2023年第2期，第45、47頁。

（《語叢四》簡 8）①

□（察）之而孚，則詰誅之。

（清華簡《越公其事》簡 38）②

少則易□（察）。

（上博簡《曹沫之陣》簡 46 下）③

少則易□（察）。

（安大簡《曹沫之陣》簡 23）④

上述讀爲“察”“淺”“竊”諸字的聲旁作“□”“□”“□”“□”之形。《曹沫之陣》讀爲“察”字的義符，上博簡从“車”，安大簡从“言”，安大簡整理者參考李鋭對上博簡本的讀法，認爲二者所从聲旁相同，皆當讀爲“察”。⑤《越公其事》“察”字所从“言”和“戈”爲義符，而聲符則是省略的寫法，⑥此聲旁與《曹沫之陣》“察”字聲旁相比，寫法更爲簡略。《孔子曰》釋爲“察”的字與《越公其事》“察”字的寫法很相近，二者的結構都是从“言”“戈”，“□”聲。⑦ 上述讀爲“察”的字或从“言”“車”“戈”爲義符。

㝬鐘“□伐厥都”，學者多釋首字爲“戭”；劉釗根據楚簡的讀法把此字改釋爲从“戈”，“□”聲，此聲符可能是“辛”，讀爲“翦”或“踐”。⑧ 楚簡讀爲“察”之字的多从義符“言”，而《孔子曰》和《越公其事》被釋讀爲“察”之字所从的義符除“言”之外，還从“戈”，這或許與金文讀爲“踐”或“翦”之字从“戈”有關。清華簡《子儀》簡 11—12：“譬之如兩犬夾河啜而犾，豈畏不足，心則不□。”《越公其事》簡 33：“其見有□、有司及王左右。”此未隸定字原整理者釋讀爲“察”，針對後者解釋説：

---

① 郭店簡讀爲“察”“淺”“竊”諸字，裘錫圭有相關的説法，參荆門市博物館：《郭店楚墓竹簡》，文物出版社，1998 年，第 145、151、154、200、218 頁。

② 清華大學出土文獻研究與保護中心編，李學勤主編：《清華大學藏戰國竹簡（柒）》，中西書局，2017 年，第 69、133、134 頁。

③ 馬承源主編：《上海博物館藏戰國楚竹書（四）》，上海古籍出版社，2004 年，第 137、274 頁。

④ 安徽大學漢字發展與應用研究中心編，黄德寬、徐在國主編：《安徽大學藏戰國竹簡（二）》，中西書局，2022 年，第 27、55、66 頁。

⑤ 安徽大學漢字發展與應用研究中心編，黄德寬、徐在國主編：《安徽大學藏戰國竹簡（二）》，第 66 頁。

⑥ 李學勤主編，賈連翔、沈建華編：《清華大學藏戰國竹簡[柒—玖]文字編》，中西書局，2020 年，第 350—351、455 頁。

⑦ 此聲旁之形以郭店簡《語叢四》“察天道以化民氣”的“察”字的聲旁爲代表。

⑧ 劉釗：《利用郭店楚簡字形考釋金文一例》，《古文字研究》第 24 輯，中華書局，2002 年，第 277—281 頁。

“有察與有司、有正等結構相同，疑專指掌糾察之職官。”①此字或改釋爲“列”，②不過仍可能釋讀爲“察”，③而《子儀》末句應讀爲“心則不察”。④ 這兩個“察”字結構與金文同，聲符部分作“[illegible]”，可視爲“[illegible]”的省寫。再以楚文字“蔡”字爲例，楚國地名“蔡”，簡文作“[illegible]”（包山簡 36）、“[illegible]”（包山簡 183）；上博簡《容成氏》簡 18“田無蔡”，此“蔡”作“[illegible]”，指“野草”，⑤此“蔡”字所从的聲旁比較簡省。

《禮運》“壯有所用”與《孔子曰》“壯者有所察”相對應，内容應該密切相關。所謂“察”字的詞義應與“用”相同或相近。這個“察”字應改讀爲“踐”，訓爲“擔何”或“任用”之義。以下説明讀爲“踐”的理據。

先説用字方面。上文已論述戰國楚簡讀爲“察”“淺”“竊”諸字的聲旁相同，所以音近可通，這裏再舉相關的例證。銀雀山漢簡《孫臏兵法・見威王》“帝〈商〉奄反，故周公淺之”，原注：“淺，當讀爲‘踐’或‘殘’。《尚書大傳》：‘周公以成王之命殺禄父，遂踐奄。踐之云者，謂殺其身，執其家，瀦其宫。’（據陳壽祺輯本）《史記・周本紀》：‘召公爲保，周公爲師，東伐淮夷，殘奄。’”⑥《釋名・釋姿容》：“踐，殘也，使殘壞也。”此爲“淺”“殘”“踐”相通之例。《孔子曰》原釋讀爲“察”的字是省聲字，其聲旁和楚簡讀爲“察”“淺”“竊”諸字的聲旁相同。所以，把此“察”字改讀爲“踐”，合乎通假用字的規律。

再説詞義方面。《禮記・禮運》：“故人不獨親其親，不獨子其子，使老有所終，壯有所用，幼有所長，矜寡孤獨廢疾者皆有所養。”其中“壯有所用”句，孔穎達《正義》：“壯，謂年齒壯盛者也。所用，謂不愛其力，以奉老幼也。亦重任分、輕任并，班白者不提挈是也。”又“矜寡孤獨廢疾者皆有所養”句，《正義》：“壯不愛力，故四者無告及有疾

---

① 清華大學出土文獻研究與保護中心編，李學勤主編：《清華大學藏戰國竹簡（陸）》，中西書局，2016 年，第 78、128 頁；清華大學出土文獻研究與保護中心編，李學勤主編：《清華大學藏戰國竹簡（柒）》，第 67、130、132 頁。

② 石小力：《清華簡第七册字詞釋讀札記》，《出土文獻》第 11 輯，中西書局，2017 年，第 245 頁。

③ 參見高佑仁：《清華柒〈越公其事〉研究》，萬卷樓圖書股份有限公司，2023 年，第 404—407 頁。

④ 《子儀》“豈畏（威）不足，心則不察”，是説豈是雙方的威力不足以威懾對方，而是彼此的内心不能明察。這是秦穆公對子儀説，秦楚兩國力量都很强大，不能結成秦楚之好，是因爲雙方的内心都不能明察到最好的情況是和好而不相争。《墨子・尚賢中》：“且夫王公大人有所愛其色而使，其心不察其知而與其愛，是故不能治百人者，使處乎千人之官；不能治千人者，使處乎萬人之官。”這是説王公大人内心不能明察所要任用之人的智慧，以致誤用了不適宜的人。這也是“其心不察”的情況。

⑤ 參吴良寶：《楚地“鄒易”新考》，張光裕、黄德寬主編：《古文字學論稿》，安徽大學出版社，2008 年，第 429—431 頁；李家浩：《談包山楚簡“歸鄧人之金”一案及其相關問題》，《出土文獻與古文字研究》第 1 輯，復旦大學出版社，2006 年，第 17—18、28 頁。

⑥ 山東博物館、中國文化遺産研究院編，張海波整理：《銀雀山漢墓簡牘集成（貳）》“釋文、注釋”，文物出版社，2021 年，第 8—9 頁。

者，皆獲恤養也。”這是説年齒壯盛的人盡己之力擔負起照顧老幼以及矜寡孤獨廢疾者的責任，而這些弱勢者因此能得到撫養。孔氏疏解“壯有所用”，指出壯者盡力以任事之意，而《孔子曰》“壯者有所察”所表示的也應當是相同或相近的意思。因此，把“察”改釋爲“踐”，而“踐”有“任用”“任使”之意，如此則“壯者有所踐”的文意就能與《禮運》“壯有所用”所表示的“盡力任事”之意相合。以下説明“踐”的詞義。

《詩·大雅·崧高》：“亹亹申伯，王纘之事。”纘，《釋文》：“韓《詩》作‘踐’。踐，任也。”陳喬樅《韓詩遺説考》卷一四：“《韓詩》訓踐爲任者，謂王任用之，使經理南國之事也。”馮登府《三家詩異文疏證》：“《箋》：‘纘，繼也。言王使之繼其故諸侯之事。’解甚紆，不如從《韓》作‘踐’訓‘任’，言王任之以南國之事，義較順。”此以爲“踐”訓“任”義較爲通順。依《韓詩》則“踐”訓爲“任”，表示“任用”“任使”之意。[①]《毛詩》“纘”字於《魯詩》作“薦”，《潛夫論·姓氏》引《詩》作“亹亹申伯，王薦之事”。陳喬樅《魯詩遺説考》卷一七：“‘薦’字訓‘仍’，與‘纘’字訓‘繼’，義亦相近。”此訓“薦”爲“仍”。然此“薦”也可能表示“進用”之義，《國語·晉語九》“史黯論良臣”章：“夫事君者，諫過而賞善，薦可替否，獻能而進賢，擇材而薦之，朝夕誦善敗而納之。”韋注：“薦，進也。替，去也。”所謂“薦可替否”，是指進用可用之人而罰黜不可用之人。因此，《韓詩》“王踐之事”和《魯詩》“王薦之事”所表述的意義很接近，都是指周天子任用申伯，使他經理南國之事。又《左傳》僖公十二年：“王曰：‘舅氏！余嘉乃勳！應乃懿德，謂督不忘。往踐乃職，無逆朕命！’”此“踐”乃“登上（職位）、就任”之義。[②] 以上説明“踐”的詞義，可見它有“任用”“任使”“就任”之義，三者意義相關。日本釋空海《篆隸萬象名義·足部》：“踐，詞翦反。任也，居也，厭也，升也。”也反映出相關的意義。此外，“踐”又有“擔何”義，上博楚竹書《慎子曰恭儉》簡5“樸筱執樝（鋤）”，樸，讀爲“踐”，[③]猶“任”也，表示“擔荷”義，[④]此句是説肩擔荷着蓧、手執持着鋤的意思。[⑤]

---

① 《周禮·夏官·掌固》“任其萬民”，鄭注：“任，謂以其任使之。”《天官·太宰》“以任百官”，賈公彦疏：“任，謂任使。”《吕氏春秋·樂成》“今世皆稱簡公、哀公爲賢，稱子産、孔子爲能，此二君者，達乎任人也”，高誘注：“任，用也。”

② 王力主編：《王力古漢語字典》，中華書局，2000年，第1365頁。

③ 《尚書·堯典》：“汝能庸命，巽朕位。”《史記·五帝本紀》“巽”作“踐”，孫星衍《尚書今古文注疏》：“史公‘巽’爲‘踐’者，巽、踐聲相近。”

④ 《説文》人部“任，保也”，段注：“引伸之，凡儋何曰任。” 楊慎《升庵經説》卷一四“治任”條：“‘門人治任將歸’，任，擔也。‘不負戴於道路’，《注》曰：‘負任在背，戴任在首。’曾子曰‘任重而道遠’，《詩》‘我任我輦’，《淮南子》‘任動而車鳴’，所謂‘任’者，皆指‘擔’。”《釋名》：“檐，任也，力所勝任也。”（據《太平御覽》卷八二九所引。）

⑤ 顏世鉉：《〈韓非子〉字詞校讀二則》，復旦大學出土文獻與古文字研究中心編：《出土文獻與傳世典籍的詮釋》，中西書局，2019年，第355—356頁。

據上述對“踐”的訓解，可見它有“任用”“任使”“就任”“擔何”義。

《禮記・禮運》：“使老有所終，壯有所用，幼有所長。”王家嘴《孔子曰》：“老者有所歸，壯者有所踐，少者有所長。”二者所說應是同一回事。古書中也有相關的說法，《逸周書・度訓》“明王是以極等以斷好惡，教民次分，揚舉力竟，任壯養老，長幼有報，民是以胥役也”，孔晁注：“壯者任之，老者養之，幼者長之，使相報，謂力竟也。”朱右曾《逸周書集訓校釋》說：“任，猶傳也。以其任任之也。”孔晁注所說的內容，與《禮運》和《孔子曰》的文意很接近。《禮運》“壯有所用”，指壯者盡力以任事之意；《孔子曰》“壯者有所踐”，也應該是相同的意思。可見把《孔子曰》中趙曉斌讀爲“察”之字改釋作“踐”，訓爲“任”，能與這種文意相合，應該是比較恰當的讀法。

顧史考認爲讀作“察”或“踐”，都與選拔任用之義相關。[①] 查考“察”的詞義，先秦並沒有選拔任用之義，要到漢代的察舉制度之下這種意義才逐漸出現。察舉制度的產生和具備其最基本特徵並成爲此期最爲重要的選官制度，就在漢代；漢代的察舉制度是在西漢文帝到武帝之間逐漸形成的，而這個制度的形成與戰國時代業已流行的薦舉選官之法有着密切的淵源關係。[②] 沈小仙指出，“察”是對人的考察，自兩漢建立察舉選官制後，察和薦舉開始有了聯繫；察是漢魏選官制的專用詞，察是舉之前的必然步驟，因而察舉成爲漢代考選人才的專用語，“察”“舉”常連用。[③]《史記・刺客列傳》：“親既以天年下世，妾已嫁夫，嚴仲子乃察舉吾弟困污之中而交之，澤厚矣，可奈何！”其中的“察”和“舉”連用。司馬貞《索隱》：“察謂觀察有志行乃舉之。劉氏云：‘察猶選也。’”司馬貞所謂“察謂觀察有志行乃舉之”，這並不是在訓解“察”的詞義，而是說明它的上下文意。[④] 司馬貞所引劉氏“察猶選也”之說，才是解釋“察”的詞義。《後漢書・班彪傳》“後察司徒廉爲望都長，吏民愛之”，李賢注：“察，舉也。司徒薦爲廉。”這種“察”表示“舉用”義，應是漢代察舉制度下“察”和“舉”常連用而產生出的意義。所以，在先秦時期“察”字是否能表示“任用”之義很可存疑，主要是缺乏書證。

---

① 顧史考：《王家嘴楚簡〈孔子曰〉初探》，《中國文化研究》2023 年第 3 期，第 136 頁。顧氏所指讀爲“踐”的說法，參見顏世鉉：《王家嘴楚竹書〈孔子曰〉“壯者有所踐”新解》，簡帛網，2023 年 7 月 26 日，www.bsm.org.cn/?chujian/9133.html。收入本文時在內容上有所增補。

② 有關漢代的察舉制度，可參勞榦：《漢代察舉制度考》，《中央研究院歷史語言研究所集刊》第 17 本，1948 年，第 80—84 頁；閻步克：《察舉制度變遷史稿》，中國人民大學出版社，2009 年，第 3—7 頁。

③ 黃金貴主編，曾昭聰副主編：《古代漢語文化百科詞典》，上海辭書出版社，2016 年，第 1032 頁。

④ 蔣紹愚說：“古書中對詞語的注釋，其實有不少不是詞義，而是上下文意義。”又說：“在古書注解中，都用‘謂’來表示上下文意義。”參蔣紹愚：《漢語歷史詞彙學概要》，商務印書館，2015 年，第 159—163 頁。

二、《墨子》“粮食不繼傺”

然而又與其散亡道路，道路遼遠，粮食不繼傺，食飲之時，廁役以此飢寒凍餒疾病，而轉死溝壑中者，不可勝計也。

（《墨子·非攻下》）

王念孫《讀書雜志·墨子二》“傺、之時、廁役”條：“‘傺’字與上下文義不相屬，未詳。之時，當爲‘不時’，‘食飲不時’與‘粮食不繼’對文。（竝見中篇。）‘廁役’二字，義無所取，當爲‘廝役’之誤。宣十二年《公羊傳》‘廝役扈養死者數百人’，是其證。”

俞樾《諸子平議·墨子一》：“‘傺’即‘際’字，《張遷碑》‘臈正之傺’是也。昭四年《左傳》‘爾未際’、《孟子·萬章》篇‘敢問交際何心也’，杜預、趙岐注並曰：‘際，接也。’疑《墨子》原文本作‘糧食不傺’，‘不傺’即不接也，與中篇‘糧食輟絶而不繼’文異義同。後人不達‘傺’字之義，據中篇改爲‘不繼’，而寫者兩存之，遂作‘不繼傺’耳。”

孫詒讓《閒詁》以爲王、俞之説近是。[①] 這裏主要討論“傺”字的意義。王念孫以爲此字與上下文不相屬，未詳；可見此字比較不好理解。劉文清説明俞氏“文異義同”的訓詁術語，以“傺”和“繼”爲同義字。[②] 陳拱（陳問梅）以“傺”爲衍文。[③] 俞氏所謂“‘傺’和‘繼’並存”者，即是“旁記字誤入正文”的情形。[④] 俞氏以“繼”爲衍文，應該是對的；不過“傺”不是表示“接”義，而應該表示“繼”義。此“傺”讀爲“纘”，訓爲“繼”義；後人在“傺”字旁記下“繼”字，而後此旁記字誤入正文。所以，“粮食不繼傺”句應校讀爲“粮食不傺（纘）”，即“粮食不繼”之意。以下訓解“傺”的詞義。

“粮食不繼傺”之“傺”，與戰國楚簡讀爲“察”“淺”“竊”以及表示楚地名和“野草”義的“蔡”諸字的聲音相近，它們也與“纘”音近可通。這可以用从“戔”聲之字來看這種音近關係。《爾雅·釋詁上》：“纂，繼也。”郝懿行《義疏》：纘，通作“纂”，又通作“踐”。《禮記·中庸》“踐其位”，鄭玄注：“踐，或爲纘。”段注《説文》“纘”字云：此“纘”

① （清）孫詒讓撰，孫啓治點校：《墨子閒詁》，中華書局，2010年，第143—144頁。

② 劉文清：《俞樾〈墨子平議〉訓詁術語析論》，臺灣大學中國文學系編印：《王叔岷先生學術成就與薪傳》，臺灣大學中國文學系，2001年，第475頁。

③ 陳問梅：《愛的社會之實現原則——墨學綜述之三》，《民主評論》第14卷第14期，1963年，第326頁；陳拱：《墨學研究》，私立東海大學，1964年，第66頁。

④ 此“旁記字誤入正文”者，參王引之《經義述聞》卷三二“通説下”之“衍文”條、王念孫《讀書雜志·戰國策卷二》“董閼安于”條以及俞樾《古書疑義舉例》卷五“以旁記字入正文例”。

或假“纂”爲之。又《左傳》文公元年“踐脩舊好”，俞樾《羣經平議・左傳一》曰：踐，當讀爲“纘”，《説文》：“纘，繼也。”經典通作“纂”，《爾雅・釋詁》：“纂，繼也。”《國語・周語》“纂修其緒”，“纂”與“踐”，並“纘”之叚字。俞氏以爲“纂”“踐”“纘”三字音近可通，可訓爲“繼”，此説可信；楊伯峻説：“此踐修舊好，謂繼修舊好也。”[①]指繼續兩國以往友好的關係。所以，與“淺”或“踐”音近的“傺”可以讀爲“纘”，訓爲“繼”。

“纘”或“纂”和“繼”是同義關係，表示“繼承”或“繼續”義。出土文獻有這類用法，[②]如禹鼎：“命禹屖朕聖祖考政于邢邦。”逨盤：“逨肇屖朕皇祖考服，虔夙夕敬朕尸事。”屖，董珊讀爲“纘”，[③]裘錫圭讀爲訓“繼”義的“纂”，這和讀爲“纘”一樣，都是同一個詞。[④] 裘説可以信從。清華簡《繫年》第三章：“成王屎伐商邑。”[⑤]此“屎”與“屖”爲同一字，宋華强指出，簡文“屎”當讀爲訓“繼”之“纂”，“纂伐商邑”就是繼續討伐商邑。[⑥]再看傳世古書之例，《詩・大雅・大明》“纘女維莘”，毛傳：“纘，繼也。”孔穎達《正義》：“纘女者，言能繼行女事。”《豳風・七月》“載纘武功”，毛傳：“纘，繼；功，事也。”朱熹《詩集傳》：“纘，習而繼之者。”竹添光鴻《毛詩會箋》：“纘者，謂舊年行之，今年復舉，蒐苗獮三者行之於前，而冬狩復繼之，使民不忘戰也。”所謂“載纘武功”，就是繼續練習武事之意。[⑦] 據上述文獻可見“纘”表示“繼續”義，可以指繼續進行某事，這些事情包括兩國的邦誼、軍事行動、女事、習武等。因此，用“纘”來指繼續糧食的供應之事，也很合理。

“纘”和“繼”同義，後來則有“纘”或“纂”與“繼”連用的情形。《三國志・袁紹傳》“太祖乃還譚，十月至黎陽”，裴松之注引《魏氏春秋》載劉表遺其子尚書曰：“今二君初承洪業，纂繼前軌，進有國家傾危之慮，還有先公遺恨之負。”《後漢書・百官志五》梁

---

① 劉文淇、楊伯峻都贊成俞樾之説。劉文淇：《春秋左氏傳舊注疏證》，明倫出版社，1970 年，第 477 頁；楊伯峻：《春秋左傳注(修訂本)》，中華書局，1995 年，第 516 頁。

② 參謝明文：《談諫簋“今余唯或𤔲命汝”中所謂“𤔲”——兼論西周金文中表“繼”義的“嗣”、“賡”、“纘/纂”的異同》，復旦大學出土文獻與古文字研究中心編：《出土文獻與傳世典籍的詮釋》，第 35—36、39—40 頁。

③ 董珊：《略論西周單氏家族窖藏青銅器銘文》，《中國歷史文物》2003 年第 4 期，第 42 頁。

④ 裘錫圭：《讀逨器銘文札記三則》，《文物》2003 年第 6 期，第 74—76 頁。

⑤ 清華大學出土文獻研究與保護中心編，李學勤主編：《清華大學藏戰國竹簡(貳)》，中西書局，2011 年，第 141 頁。

⑥ 參復旦大學出土文獻與古文字研究中心編撰：《出土文獻與古文字教程》，中西書局，2024 年，第 457、459 頁。

⑦ 屈萬里説：“纘，繼續。功，事。打獵是爲了習武，所以説繼續武事。”參屈萬里：《詩經選注》，臺灣編譯館，1977 年，第 90 頁。高亨説：“纘，繼續。武功，武事。農奴打獵也是爲了繼續練習武事。”參高亨：《詩經今注》，中華書局，2009 年，第 202 頁。

劉昭注:“晉武帝又見其獘矣,雖有其言,不卒其事,後嗣纘繼,牧鎮愈重,據地分争,竟覆天下。”《禮記·中庸》:“武王纘大王、王季、文王之緒。”孔穎達《正義》:“言武王能纘繼父祖之業以王天下也。”《舊唐書·僕固懷恩傳》:“幸遇陛下龍躍天衢,繼纘鴻業,知臣負謗,察臣丹心。”足見東漢末年以降已有“纘繼”“纂繼”或“繼纘”這類同義詞連用的説法。

“粮食不繼傺”句所以令人費解,主要在於“傺”之義難明,又有旁記字誤入正文的情形。此“傺”當讀爲“纘”而訓爲“繼”,後人又在“傺”字旁記“繼”字。所以,此句應校讀爲“粮食不傺(纘)”,指糧食不能繼續供應之意。在戰争時保持糧食繼續不斷絶是很重要的事,《孫子·九地》云:“重地則掠。”曹操注:“畜積糧食也。”又云:“重地,吾將繼其食。”因爲在重地糧食等補給不易,所以要掠奪敵國的糧食以繼續我軍糧食之供應而不會斷絶。前人關於旁記字誤入正文而衍的説法,上文已有引述;張涌泉把它分爲六種情形,有旁記異文而衍,旁記本字而衍,旁記正字而衍,旁記訓詁字而衍,旁記注文而衍,旁記評語而衍。① 此“繼”字作爲旁字記的情況有兩種可能:一是“旁記異文而衍”,後人根據《非攻中》“粮食輟絶而不繼”而在“糧食不傺”之“傺”字旁記異文“繼”字;二是“旁記訓詁字而衍”,古代讀書者不明白此“傺”字之義,但根據中篇“不繼”的説法以爲應表示“繼”義無誤,所以旁記一“繼”字以識之。在上述兩種可能的情況之後,旁記字“繼”誤入正文而成爲“粮食不繼傺(纘)”。孫詒讓説:“墨子書舊多古字,許君《説文》舉其‘羛𦀚’二文,今本並改易不見。則其爲後人所竄定者,殆不知凡幾。蓋先秦諸子之譌舛不可讀,未有甚於此書者。”②本則校讀可以印證孫説。

三、《晏子春秋》“國不可窮,窮不可竊”

布帛不可窮,窮不可飾;牛馬不可窮,窮不可服;士不可窮,窮不可任;國不可窮,窮不可竊也。

(《内篇雜下·晏子病將死鑿楹納書命子壯示之》)

俞樾《諸子平議·晏子春秋》曰:“竊”讀爲“察”,“窮不可竊”,當作“窮不可察”,言窮極之則反無以察矣,故國不可窮也。

---

① 張涌泉、傅傑:《校勘學概要》,江蘇教育出版社,2007年,第51—53頁。

② (清)孫詒讓撰,孫啓治點校:《墨子閒詁·自序》,第3頁。

于鬯《香草續校書・晏子春秋》曰:“此‘竊’字竟作本義解,《説文・米部》云‘盗自中出曰竊’,是‘竊’以‘盗竊’爲本義,盗竊者非果爲盗爲竊也,凡行而私有所利者,皆盗竊也。晏子之意以爲此輩國宜容之。故國宜使有可竊之處,而不可太察,太察則此輩無容足之地。或轉有甚於竊者,是即水清無魚之意。”

張純一曰:“爲士,可以尚志而任重;謀國,可使常富而非竊位也。”①

于省吾《新證》曰:“竊”應讀作“踐”,古“竊”字每與从“戔”之字爲音訓,此言“國不可窮,窮則不可踐也”,《外七》第十五“後世孰將踐有齊國者乎”,《管子・大匡》“不踐其國”,是“踐”與“國”相屬爲詞也。②

徐仁甫《晏子春秋辨正》曰:“竊”者,《廣雅・釋詁三》:“麓、竊,著也。”是則“竊”謂附着,“國不可窮,窮不可竊”,謂國不可窮,窮無可附着也。國之不存,民將安附,猶皮之不存,毛將安附也。③

上述五家對“竊”的讀法分爲“察”“竊”“踐”三種。吴則虞説:“是‘不可竊’句,漢人已失其解,于説言之成理,可備一解而已。”④趙蔚芝説:“張氏訓‘竊’爲‘竊位’,就臣言;于氏訓‘竊’爲‘踐國’,就君言。于説爲長。”⑤吴、趙二氏皆以爲于省吾之説較好。然于省吾只舉“踐”與“國”相屬爲詞之例來證明“竊”應讀爲“踐”,却未明確地説解“踐國”的意義;而吴、趙二氏雖以于説爲長,也未進一步闡明其説。王更生、李萬壽皆贊成于省吾讀爲“踐”,並申明句意説“不可竊”就是不可保有國家之意。⑥ 于省吾舉《晏子春秋・外篇》“後世孰將踐有齊國者乎”作爲讀爲“踐”之證,王引之則訓“踐”爲“居”,表“履居”之義。⑦

于省吾讀“竊”爲“踐”應該比較合理,不過所舉兩例的證據力並不充分。以下略作説明。《管子・大匡》:“大侯近者,以其縣分之,不踐其國。”尹知章注:“近齊之大侯,則以齊縣分之,終不踐其國以侵之。”此“踐”應是“占有”或“翦伐”之義,如《國語・

---

① 張純一:《晏子春秋校注》,中華書局,2014 年,第 318 頁。

② 于省吾:《雙劍誃晏子春秋新證》(與《雙劍誃羣經新證》合刊),上海書店出版社,1999 年,第 259 頁。

③ 徐仁甫:《諸子辨正》,中華書局,2014 年,第 37—38 頁。

④ 吴則虞:《晏子春秋集釋》,中華書局,1962 年,第 429 頁。

⑤ 趙蔚芝:《晏子春秋注解》,《齊文化叢書・文獻集成》,齊魯書社,1997 年,第 334 頁。

⑥ 王更生:《晏子春秋今注今譯》,臺灣商務印書館股份有限公司,1987 年,第 311 頁;李萬壽譯注:《晏子春秋全譯》,貴州人民出版社,1993 年,第 324 頁。

⑦ 王念孫《讀書雜志・餘編下・文選》“鍚用此土而翦諸鶉首”條引王引之曰:趙注《孟子・盡心篇》曰:“踐,履居之也。”《晏子・問篇》曰:“後世孰踐有齊國者。”此皆訓“踐”爲“居”之證。

吴語》"句踐滅吴夫差自殺"章："若事幸而從，我遂踐其地。"[①]此"踐"原爲"履居"義，引申而爲"占有"義，此種意義與"踐伐"或"翦伐"義應相關。[②] "踐"表"占有"或"翦伐"義者，乃指向對方的土地或國家；如果以此義來理解"國不可窮，窮不可竊"，顯然不能切合上下文意。至於《晏子春秋·外篇》"後世孰將踐有齊國"，其中"踐有齊國"句，學者或理解爲"占有齊國"之意；[③]不過此"踐"也可以作其他訓解，下文會有述及。所以于省吾所舉的兩條材料，雖是"踐"與"國"相屬爲詞的情形，但並不適合用來作爲通讀的例證。

王更生、李萬壽把"國不可竊(踐)"理解成"不可保有國家"的意思，應該很接近事實的情況了；不過對"踐"的詞義訓解，仍不明確。竊，應讀爲"纘"或"纂"，表示"繼續"義。上文已論述《左傳》文公元年"踐脩舊好"，俞樾《羣經平議》讀"踐"爲"纘"，而"纂""踐""纘"三字音近可通，可訓爲"繼"；楊伯峻説："此踐修舊好，謂繼修舊好也。"此可爲讀爲"纘"之例證。"國不可竊(纘、纂)"，就是國祚不可繼續之意。《孟子·梁惠王下》"君子創業垂統，爲可繼也"，趙岐注："君子造業垂統，貴令後世可繼續而行耳。"這是希望所創立的功業或是君位，能够在其後代子孫一代一代地傳承下去。[④] 又如《國語·鄭語》："公曰：'若周衰，諸姬其孰興?'對曰：'臣聞之，武實昭文之功，文之祚盡，武其嗣乎！……'"韋昭注："文王子孫，魯、衛是也。祚盡，謂衰也。嗣，繼也。武王子孫當繼之而興。"《禮記·中庸》："武王纘大王、王季、文王之緒。"此二者皆指周代先王所創的功業和統緒，後代子孫當繼承之。西周青銅器銘文也可見祖先造業垂統而子孫當纘繼之的記載，禹鼎："命禹肙(纘)朕聖祖考政于邢邦。"逨盤："逨肈肙(纘)朕皇祖考服。"[⑤]此皆言子孫能繼承祖先的基業，使國祚或家業得以延續而不斷絶。

張純一説："窮，乏也。……布帛窮則無可飾，牛馬窮則無可服，教重蠶桑豢牧以

---

① 原作"若事幸而從我，我遂踐其地"，俞樾《羣經平議·春秋外傳國語二》云此當作"若事幸而從，我遂踐其地"，上"我"字爲衍文，此言吴王不待遠兵之至，而以中國之兵與我戰，我若幸戰勝，則我可遂踐其地也。上述俞氏之説可信。參徐元誥：《國語集解(修訂本)》，中華書局，2006年，第555頁。

② 僞《古文尚書·蔡仲之命》："成王東伐淮夷，遂踐奄。"孔穎達《正義》："鄭玄讀踐爲翦，翦，滅也。孔不破字，蓋以'踐其國'即是踐滅之事，故孔以踐爲滅也。"

③ 李萬壽也釋"踐有其國"爲"占有齊國"之意，參李萬壽譯注：《晏子春秋全譯》，第356頁。

④ 蔣伯潛説："創業者，創立事業也。垂統者，把君位相繼不斷傳於後世子孫也。"參氏著：《語譯廣解四書讀本·孟子》，啓明書局(出版年不詳)，第53頁。楊伯峻説："有德君子創立功業，傳之子孫，正是爲着一代一代地能够承繼下去。"參楊伯峻：《孟子譯注》，中華書局，1992年，第50頁。

⑤ 相關的銘文用例，可參謝明文：《談諫簋"今余唯或嗣命汝"中所謂"嗣"——兼論西周金文中表"繼"義的"嗣"、"賡"、"纘/纂"的異同》，復旦大學出土文獻與古文字研究中心編：《出土文獻與傳世典籍的詮釋》，第34—40頁。

厚生也。"[1]趙蔚芝説:"前二者重在養生,所以爲家爲民;後二者重在爲政,所以爲君爲國也。"[2]以上之説皆有理。而後二者所謂"士不可窮,窮不可任;國不可窮,窮不可竊(纘)也",是説士不可以使他困乏,士困乏則不可以負重任;國家也不可以使之困乏,國家困乏則國祚便無法延續下去。《淮南子·道應》:"甯越欲干齊桓公,困窮無以自達,於是爲商旅,將任車,以商於齊,暮宿於郭門之外。"此即士困窮而無法自通於君王的情況。至於國家困乏則無法續存的情況,如《戰國策·齊策三》"孟嘗君出行國"章載公孫戍曰:"小國所以皆致相印於君者,聞君於齊能振達貧窮,有存亡繼絶之義。小國英桀之士,皆以國事累君,誠説君之義,慕君之廉也。"這是説小國面臨即將被滅國絶嗣的時刻,希望能得到孟嘗君的幫助,因爲聽聞孟嘗君在齊國能够救濟貧窮、使不得志者得以顯達。此亦可見小國因困乏而面臨國滅嗣絶的危機。

《晏子春秋·外篇》"後世孰將踐有齊國者乎"之"踐",可能讀爲"纘",表示"繼續"義,此句指後世誰將繼續擁有齊國之意。若然,則此可作爲"國不可窮,窮不可竊(纘)"釋讀的證據。

四、《墨子》"以教衆愚樸人""疑衆遲樸"

> 内之不能善事其親戚,外不能善事其君長,惡恭儉而好簡易,貪飲食而惰從事,衣食之財不足,使身至有饑寒凍餒之憂,必不能曰:"我罷不肖,我從事不疾。"必曰:"我命固且窮。"雖昔也三代之僞民,亦猶此也。繁飾有命,以教衆愚樸人久矣。聖王之患此也,故書之竹帛,琢之金石。
>
> (《非命中》)

> 不能善事親戚君長,甚惡恭儉而好簡易,貪飲食而惰從事,衣食之財不足,是以身有陷乎飢寒凍餒之憂。其言不曰:"吾罷不肖,吾從事不强。"又曰:"吾命固將窮。"昔三代僞民亦猶此也。昔者暴王作之,窮人術之,此皆疑衆遲樸,先聖王之患之也,固在前矣。
>
> (《非命下》)

《非命中》"教衆愚樸人"和《非命下》"疑衆遲樸"指的應該是同一回事。王念孫《讀書雜志·墨子三》"遲樸"條:"'遲'字義不可通。遲,當爲'遇',字之誤也;遇,與'愚'同。(引者按,此段之注文略去不引。)言此有命之説,或作之,或述之,皆足以疑衆愚樸。樸,

---

① 張純一:《晏子春秋校注》,第318頁。

② 趙蔚芝:《晏子春秋注解》,第334頁。

謂質樸之人也。中篇作'教衆愚樸'是其證,(今本'愚樸'下衍'人'字。)畢説非。"孫詒讓《閒詁》曰:《治要》無"樸人"二字,王引之云"'愚樸'下衍'人'字",王校近是。[①]

"教"和"疑"相對,蔣禮鴻説:"教字當依下篇作疑。"認爲這是孫詒讓"失校"之例。[②]此"教"字應不誤。《荀子·非十二子》:"假今之世,飾邪説,文姦言,以梟亂天下,欺惑愚衆。"此"梟",龍宇純讀爲"殽"或"撓",指出:"梟亂"與"殽亂""撓亂",並一語之轉;"殽亂""撓亂"並二字義同平列,古書中多以"殽亂""撓亂"並稱。[③]《非命中》"教"和《非十二子》"梟"很可能同指一語,都讀爲"殽"或"撓",它們都是宵部見系字。《説文》:"殽,相雜錯也。从殳、肴聲。"桂馥《義證》:"《董仲舒傳》'賢不肖混殽',或借淆字,《後漢書·黄憲傳》:'淆之不濁。'"段注"从殳"云:"取攪之之意。"《廣雅·釋詁三》:"惑、撓、攪、殽,亂也。"因此,《非命下》"疑衆遲樸"之"疑",劉昶云:"《説文》:'疑,惑也。''惑,亂也。'故《明鬼》篇云'疑天下之衆,是以天下亂',是則'疑衆'者,即眢惑衆心也。"[④]此以"疑"爲"惑"義,而"惑"有"亂"義,《非命下》"疑衆"即"迷惑衆心"之意。因此,"教衆愚樸人"之"教"讀爲"殽"或"撓",表示"殽亂""擾亂"義;而"疑衆遲樸"之"疑"猶"惑",使衆人迷亂也。[⑤]

王引之校"遲"爲"遇"、讀"遇"爲"愚",以"愚樸"下衍"人"字,以上校讀意見皆可信從;[⑥]不過,"樸"很可能是"賤"的訛字,"愚樸"應校讀爲"愚賤",指愚昧低下之人。愚賤者,一般指被統治的百姓,《墨子》中有這種説法:

> 自貴且智者爲政乎愚且賤者則治,自愚賤者爲政乎貴且智者則亂。
>
> (《尚賢中》)
>
> 子墨子曰:義不從愚且賤者出,必自貴且智者出。……夫愚且賤者,不得爲政乎貴且知者,貴且知者,然得爲政乎愚且賤者,此吾所以知義之不從愚賤者出,而必自貴且智者出也。
>
> (《天志中》)[⑦]

---

① (清)孫詒讓撰,孫啓治點校:《墨子閒詁》,第275頁。

② 蔣禮鴻:《〈墨子閒詁〉述略》,《蔣禮鴻集》第4卷,浙江教育出版社,2001年,第155頁。

③ 龍宇純:《〈荀子集解〉補正(上)》,《大陸雜誌》第11卷第8期,1944年,第240頁。

④ 劉昶:《續墨子閒詁》,藝文印書館,1977年,第114—115頁。

⑤ 古書中"惑"表"亂"義者,如《戰國策·秦策二》"楚絶齊齊舉兵伐楚"章:"計有一二者難悖也,聽無失本末者難惑。"高誘注:"悖,誤也。""惑,亂也。"鮑彪注引《集韻》:"悖,亂也。"

⑥ 王引之以"遲"爲"遇"之誤字,未舉例證來説明致誤之由。此致誤之由,或爲形訛,或因讀者不明白"遇"爲"愚"之通假字,而把"遇"改成表"遲鈍"義的"遲",因爲如此才略可讀通文意。

⑦ "貴且知者"句,據畢沅校補。畢云:"當脱'貴且知者'四字。"參見孫詒讓撰,孫啓治點校:《墨子閒詁》,第196頁。此脱文應是因使用重文符而誤脱。

這是説正當的言行出自貴且智者，而不出自愚賤者；又應由貴且智者來統治和引導愚賤者，這是因愚賤者不明義理之故。上述“愚賤”的説法，可以作爲“愚樸”校讀爲“愚賤”的證據。以下説明“賤”誤爲“樸”文獻例證。

戰國時期的楚簡讀爲“察”“淺”“竊”諸字，其聲旁的字形往往與“菐”之形近似，因形近以至於造成誤讀的現象。上述“察”“淺”“竊”的聲旁作“”“”“”，而楚簡文字“僕”字作“”，其聲旁作“”，二者的聲旁有的寫得很相近。因爲聲旁形近，所以會造成誤讀的現象。古書中就有从“戔”聲之字或“察”被誤讀爲从“菐”聲之字者，以下舉出三例。

（1）《尚書·梓材》“若作梓材，既勤樸斲，惟其塗丹雘”，馬融云：“樸，未成器也。”《文選·左思〈魏都賦〉》“匪樸匪斲，去泰去甚”，李善注：“《尚書》曰‘既勤樸斲’，孔安國曰：‘樸，治；斲，削也。’”孫星衍《尚書今古文注疏》：“言如作梓材，既勤力治其素質，當思加以彩色。”據李善所引孔安國注，則“樸”和“斲”都作爲動詞，表示治木的手段。這個理解比較接近事實。此“樸”應該是一個錯字，它原應从“”得聲，讀爲“剗”；因爲這個字的聲旁和“菐”寫得很相近而被誤寫作“菐”，後再被誤讀爲“樸”。《廣雅·釋詁》：“剗，削也。”《荀子·儒效》：“人積耨耕而爲農夫，積斲削而爲工匠，積反貨而爲商賈，積禮義而爲君子。”斲削，猶《梓材》“剗削”。

（2）《韓非子·觀行》：“時有虚滿，事有利害，物有生死。人主爲三者發喜怒之色，則金石之士離心焉。聖賢之撲淺深矣。故明主觀人，不使人觀己。”在“聖賢之撲淺深矣”句中，“撲”爲“察”之錯字，而“淺”則爲衍文，此句原作“聖賢之察深矣”。其中“察”的聲旁作“”，因與“菐”形近而被誤寫作“菐”，後來又被誤讀爲“撲”。“淺”字致衍的原因是它與“察”音近，校者或讀者在“察”字旁記“淺”字以明“察”字之音，後旁記字闌入正文。

（3）《韓非子·六反》：“寡聞從令，全法之民也，而世少之曰’樸陋之民’也。”又《八説》：“古者寡事而備簡，樸陋而不盡，故有珧銚而推車者。”其中“樸陋”之“樸”字皆有異文作“撲”，①此“樸”或“撲”應校讀作“淺”，其句應讀爲“淺陋之民”和“淺陋而不盡”。首先説《六反》“淺陋之民”，古書中有以“淺者”和“陋者”並列而言者，如《荀子·正論》：“夫曰’堯舜擅讓’，是虚言也，是淺者爲傳，陋者之説也。”又如《潛夫論·卜列》：“至如世俗小人，醜妾婢婦，淺陋愚戇，漸染既成，又數揚精破膽。”此指出世俗小人等“淺陋愚戇”，而《六反》所述世之所毁的六民有“樸陋之民”和“愚戇之民”二種。把《卜列》“淺陋愚戇”之人和《六反》“樸陋、愚戇之民”兩相對照，“樸陋”應指“淺陋”。因此，

① 張覺：《韓非子校疏》，上海古籍出版社，2010年，第1126、1148頁。

“樸”應校讀爲“淺”。其次説《八説》“淺陋而不盡”,此指器物簡陋而不能精於其事之意。古人有用“淺陋”來形容器物之簡陋者,如《詩·鄭風·東門之墠》“東門之栗,有踐家室”,毛傳:“踐,淺也。”鄭箋:“栗而在淺室家之内,言易竊取。”此“淺”表“淺陋”之義,指家室淺陋。①

上述三例都是表示“察”“淺”“竊”之字的聲旁與“撲”“樸”的聲旁“菐”形近而造成誤讀的情形,②根據這種誤讀的現象,可以用來校讀《非命中》“教衆愚樸人”和《非命下》“疑衆遲樸”。這兩句的“樸”字原來應表示“賤”,它的聲旁就是讀爲“察”“淺”“竊”之字的聲旁;因爲這個聲旁與“菐”形近而被誤寫爲“菐”,後來再被誤讀爲“樸”。也就是今本所見的“愚樸”“遲樸”,本應該是“愚賤”。

所以,“教衆愚樸人”句應校讀爲“教(殽、撓)衆愚賤”,其中“人”應該從王引之所説,爲衍文;此“人”很可能是校讀者以爲“愚樸”難識,而在其旁標注此字,用來指明此指“愚樸”之人。而《羣書治要》所引無“樸人”二字,很可能是因爲“樸”字難解而徑删去不引。又“疑衆遲樸”句應校讀爲“疑衆遲〈遇〉(愚)賤”。上述校讀的兩句,文意相同,都是指使衆多愚賤者迷惑混亂以至於迷信天命。

五、農夫樸力而寡能

相高下,視肥墝,序五種,省農功,謹蓄藏,以時順修,使農夫樸力而寡能,治田之事也。

(《荀子·王制》)

縣鄙將輕田野之税,省刀布之斂,罕舉力役,無奪農時,如是,則農夫莫不朴力而寡能矣。

(《王霸》)

---

① 陳奂《詩毛氏傳疏》:“踐讀與淺同。行栗易取,比淺室室易窺。《衡門》傳:‘衡門,横木爲門,言淺陋也。’淺即淺陋之意,有淺家室,言‘淺矣,家室也’。”王先謙《詩三家義集疏》:“‘踐,淺也’者,即側陋之意,賢士之室,不以貧敝爲嫌。有淺,猶淺淺也。”褚斌傑亦以“有踐”猶“淺淺”,淺陋的樣子。參褚斌傑:《詩經全注》,人民文學出版社,2007 年,第 95 頁。

② 以上三例校讀可參顔世鉉:《出土文獻與傳世典籍校讀二題》,復旦大學出土文獻與古文字研究中心編:《出土文獻與傳世典籍的詮釋——紀念譚樸森先生逝世兩週年國際學術研討會論文集》,上海古籍出版社,2010 年,第 459—462 頁;《再論是“翦伐”還是“撲伐”》,李宗焜主編:《古文字與古代史》第 4 輯,“中研院”歷史語言研究所,2015 年,第 579—581 頁;《〈韓非子〉字詞校讀二則》,復旦大學出土文獻與古文字研究中心編:《出土文獻與傳世典籍的詮釋》,第 353—354 頁。

“樸力而寡能”“朴力而寡能”二句，楊倞注分别作：“使農夫敦朴於力穡，禁其它能也。”“但質朴而力作，不務它能也。”王先謙《集解》引郝懿行曰：“樸與朴異。樸，木素也。樸力寡能，謂力作樸素，技能寡少，故專治於田事。”日本學者物雙松《讀荀子》：“按《孟子》‘僕僕爾’，謂勞皃。則‘僕力’，謂盡力作勞也。（後考《王霸》倞注爲是。）”這是認爲“樸力”“朴力”應表示“盡力作勞”之意。樓宇烈主撰《荀子新注》解釋“樸力而寡能”句之意爲：“一心一意地致力於農業生産，而不要從事其他技能。”[①]這是把“樸”訓解爲“單純、無雜念”之義。物雙松的理解頗合文意，可作爲詞義訓解的參考。

“朴”爲“樸”的通假字，而“樸”應是誤讀的結果。二字原本的聲旁與讀爲“察”“淺”“竊”之字的聲旁相同，應該讀爲“踐”；但此聲旁與“菐”形近，以致被誤讀而成爲“樸”，或又被寫作“朴”。因此，“樸力”之“樸”字應校讀爲“踐”，訓爲“任”。《詩·大雅·崧高》：“亹亹申伯，王纘之事。”纘，《釋文》：“韓《詩》作‘踐’。踐，任也。”陳喬樅《韓詩遺説考》：“《韓詩》訓踐爲任者，謂王任用之，使經理南國之事也。”[②]因“踐”有“任用”“任使”之義，則“踐力”猶“任力”，指“用力”或“盡力”之意。《韓非子·説疑》：“是以羣臣居則修身，動則任力，非上之令，不敢擅作疾言誣事，此聖王之所以牧臣下也。”此“任力”指“盡力”之意。《吕氏春秋·察賢》：“宓子曰：‘我之謂任人，子之謂任力。任力者故勞，任人者故逸。’”此“任人”指使用人才，“任力”指使用力氣。[③] 王利器説：“任人者，盡人之力；任力者，盡己之力也。”[④]《文心雕龍·事類》：“揚班以下，莫不取資，任力耕耨，縱意漁獵。”此“任力耕耨”，是指努力於耕田除草的意思，這裏用來比喻努力於文章的寫作。所以，《荀子》“樸力”或“朴力”應校讀爲“踐力”，猶“任力”，指努力耕作。《吕氏春秋·尊師》：“之田野，力耕耘，事五穀。”《淮南子·人間》：“民春以力耕，暑以强耘，秋以收斂，冬閒無事，以伐林而積之，負軛而浮之河，是用民不得休息也。”此“力耕耘”“力耕，强耘”，指努力於農事。

將“樸力”“朴力”校讀爲“踐力”，此猶“任力”，表示“盡力”或“用力”之義。上文訓解王家嘴楚竹書《孔子曰》“壯者有所踐”之“踐”，此句《禮記·禮運》作“壯有所用”，二者所表示的意義應該很相近。孔穎達《正義》：“所用，謂不愛其力，以奉老幼也。”此言壯盛者盡力以奉養老幼等弱者；而“壯者有所踐”之“踐”表“任”義，指壯盛者能够盡力以任事，而此事亦是奉養老小等弱者。《荀子》“踐力”指用力於農事，《孔子曰》“壯者

① 樓宇烈：《荀子新注》，中華書局，2018年，第160—161頁。

② “踐”訓爲“任”者，參本文第一則的論述。

③ 張雙棣等：《吕氏春秋譯注（修訂本）》，北京大學出版社，2000年，第745頁。

④ 王利器：《吕氏春秋注疏》，巴蜀書社，2002年，第2633頁。

有所踐”指盡力於照顧老小等弱者，兩者之“踐”都指用力於某事。

“踐”和“任”有“任用”“任使”“就任”或“擔何”義，二者有同義關係。古書中“任”的用法比較常見。甄尚靈討論“言，訟也”之義後來消失的原因，指出“幾個同義詞在語言的發展中可能出現所謂同義詞衝突的現象，其中有的詞在競爭中敗北失勢，終歸消亡”。① “踐”與“任”很可能也經歷過同義衝突的過程，後來“踐”的用法漸趨式微。古書中多見“任力”而少見“踐力”，應該也是這種原因所致。

結　　論

本文共五則校讀，討論文字的校勘和詞義的訓讀。第一則爲出土文獻，出自荆州王家嘴戰國楚竹書《孔子曰》；第二至五則爲傳世古書，包括了校勘和訓讀，其中第二、四兩則出自《墨子》，第三則出自《晏子春秋》，第五則出自《荀子》。以下簡述校讀的結論。

（一）湖北荆州王家嘴戰國楚竹書《孔子曰》：“孔子曰：‘老者有所歸，壯者有所察，少者有所長。’”此釋文爲趙曉斌所釋。《禮記・禮運》作“使老有所終，壯有所用，幼有所長”。《孔子曰》“壯者有所察”和《禮運》“壯有所用”説的是同一回事，後者是説年齒壯盛的人能任使己力而發揮才用，照顧老幼以及矜寡孤獨廢疾之人。“壯者有所察”的“察”，其聲旁應該和楚簡讀爲“察”“淺”“竊”諸字的聲旁相同，原整理者據此讀爲“察”；然而以讀爲“察”之義來理解文意，並不通順。此“察”字應校讀爲“踐”，訓爲“任”，表示“任用”或“任使”之義。“壯者有所踐”或“壯有所用”，就是指年壯之人能盡力以任事之意，而此事即照顧老幼等弱勢之人。

（二）《墨子・非攻下》“道路遼遠，粮食不繼傺”，王念孫認爲“傺”字與上下文不相屬，未詳。此“傺”字與戰國楚簡讀爲“察”“淺”“竊”以及表示楚地名和“野草”義的“蔡”諸字音近，也與“纘”音近相通。因此，“繼傺”之“傺”應讀爲“纘”，訓爲“繼續”義，而“繼”字則爲衍文。此句原作“粮食不傺（纘）”，即“粮食不繼”之意；校讀者讀此句時在“傺”字旁記下“繼”字，後來此旁記字誤入正文。這有兩種可能：一是“旁記異文而衍”的情形，後人根據《非攻中》“粮食輟絶而不繼”而在“傺”字旁記異文“繼”字，後來“繼”字誤入正文而成爲“粮食不繼傺”；二是“旁記訓詁字而衍”，讀書者不明白此“傺”字之義，但以爲此字應該表示“繼”義無疑，所以旁記一“繼”字以識之。

---

① 尚甄靈：《“言，訟也”考》，《中國語文》編輯部編：《慶祝吕叔湘先生從事語言教學與研究六十年論文集》，語文出版社，1985年，第120頁。

（三）《晏子春秋・雜下》:“士不可窮,窮不可任;國不可窮,窮不可竊。”于省吾以爲“竊”應讀作“踐”,古“竊”字每與从“戔”之字音近相通,同書《外篇》“後世孰將踐有齊國者乎”和《管子・大匡》“不踐其國”,是“踐”與“國”相屬爲詞也。此“竊”可依于氏讀爲“踐”的思路,改讀爲“纘”或“纂”,表示“繼續”義。所謂“國不可竊(纘)”,指國祚不可延續下去,亦指被滅國之意。而《外篇》“後世孰將踐有齊國者乎”之“踐”也可能讀爲“纘”,指後代誰將繼續擁有齊國之意。

（四）《墨子・非命中》“教衆愚樸人”和《非命下》“疑衆遲樸”,王引之以爲“人”爲衍文,“遲”爲“遇”之形訛,而“遇”假借作“愚”。此說可從。又“教”應讀爲“殽”或“撓”,指“殽亂”“攪亂”之義;而“疑”指“惑亂”之義。先秦時期出土文獻中,讀爲“察”“淺”“竊”諸字的聲旁與“菐”字形近,以致古書中有“察”字或从“戔”聲之字被誤讀爲“撲”或“樸”的情形。《墨子》“愚樸”“遲樸”的“樸”也是誤字,此字應校讀爲“賤”。“教衆愚樸”校讀爲“教(殽、撓)衆愚賤”,“疑衆遲樸”校讀爲“疑衆愚賤”,都是指使迷惑攪亂無知低賤的民衆。

（五）《荀子・王制》“樸力而寡能”和《王霸》“朴力而寡能”之“樸力”“朴力”,應是指努力於農事之意。此“朴”爲“樸”之通假,而“樸”是個誤字,二字應校讀爲“踐”,訓爲“任”;“踐力”猶“任力”,指“用力”“盡力”之意。“踐力而寡能”,指用力於農事而不從事於其他方面的技能。王家嘴《孔子曰》“壯者有所踐”,指壯者用力於照顧老幼等弱者,此與《荀子》“踐力”的用法很接近。

附記：

在寫作過程中,承蒙劉樂賢、胡敕瑞、汪維輝三位先生的審閱並賜教,也得到聶菲、王精松、謝忠晟諸君的幫助,非常感謝。2024 年 5 月 31 日。

上古漢語的CL-＞L-音變[*]

張富海

復旦大學出土文獻與古文字研究中心

“古文字與中華文明傳承發展工程”協同攻關創新平臺

一、CL-＞L-音變的性質

上古漢語有 r 和 l 兩個流音的對立，分别是中古來母和以母的主要來源。[①] 除了作單輔音聲母外，r 和 l 還可以和其他輔音組合構成 CL-型的複輔音聲母，如 kr-、kl-、pr-、mr-、tr-、sr-之類。漢語的 CL-型複輔音聲母有三種演變方式，即 CL-＞C-，CL-＞T-，CL-＞L-。[②] 第一種方式，聲幹保留而流介音丢失，除 Tr-、Tsr-、sr-外，這是音變的主流。第二種方式，聲幹和流介音發生融合，聲幹被流介音的發音部位同化，流介音被聲幹的發音方法同化，Tr-、Tsr-、sr-演變爲中古知莊組，就屬於這種演變方式，但 KL-、PL-發生這種演變是少量的特例。第三種方式，聲幹丢失而流介音保留，也是少量的特例。

鄭張尚芳先生的《上古音系》在音標上對三種演變方式的 CL-型複輔音聲母（C 限於唇牙喉音）加以區分，第一種無特殊標記，第二種在 L 後加一小撇表示流音塞化，第三種在 C 和 L 之間加一圓點。[③] 鄭張先生明確表示流音加不加塞化標記是同一個音

---

* 本文爲國家社科基金冷門絶學研究專項學術團隊項目“中國出土典籍的分類整理與綜合研究”（20VJXT018）的階段性成果。

① 參看龔煌城：《從漢藏語的比較看上古漢語若干聲母的擬測》，《漢藏語言研究論文集》，北京大學出版社，2004 年，第 33—36 頁；潘悟雲：《漢語歷史音韻學》，上海教育出版社，2000 年，第 267—270 頁。

② 參看鄭張尚芳：《上古音系（第二版）》，上海教育出版社，2013 年，第 133 頁。

③ 鄭張尚芳：《上古音系（第二版）》，第 134 頁。

位,加標記只是爲了説明演變導向的方便。① 至於第三種 C · L-,鄭張先生從高本漢説,認爲 C 是濁音,所以容易脱落,如"洛"*g · raag>*raag,"藍"*g · raam>*raam;② 但並不是所有濁的 C 都會脱落,例如"垎"*graag>*ɦraag,"銜"*graam>*ɦraam,最後都按照第一種演變方式變成中古匣母字,没有變成來母字。因此,鄭張先生所構擬的 C · L-和 CL-也僅僅是符號上的區别,不具有音位上的對立。

在《上古漢語的複雜輔音與複輔音聲母》一文中,潘悟雲先生爲上述三種演變方式的 CL-構擬了不同的音值。第一種,他稱之爲複雜輔音,性質與塞擦音、腭化塞音相類似,C 和 L 分别是基本調音成分和次要調音成分,同時成阻和持阻,只是除阻有先後。他把這種帶流音的複雜輔音記作 L 上標的形式,如 k^{r}-,p^{l}-。第二種,他認爲是真正的複輔音聲母,C 和 L 兩個音素先後發音,即 C 除阻後 L 才成阻,這種複輔音聲母就記作 CL-的形式,如 kr-,pl-。第三種,他認爲是次要音節加主要音節,記作 C · L-,中間的圓點表示一個含混的元音,C · 是次要音節,後來失落。③ 雖然構擬了不同的音值,但是潘悟雲先生又認爲這三者"聲音非常相似,往往以自由變體的形式存在",④似乎也承認它們屬於同一個音位。

筆者曾撰文討論上古漢語 Kl->T-、Kr->Tr-音變(即屬於上述第二種演變方式 CL->T-),認爲可以用詞彙擴散式音變來解釋,推測戰國時代曾經發生 Kl->T-、Kr->Tr-的擴散式音變,但只有少數的字發生這一音變,多數字未變。⑤ 本文所討論的第三種演變方式 CL->L-,應該也是戰國時代發生的擴散式音變,同樣只涉及少數字,與其他兩種演變方式之間屬於無條件的分化,⑥而且有些字的新舊讀音並存,造成一些詞的異讀,或形成一些同源詞(例子見下文)。這類無條件的分化,近年潘悟雲先生提出"多向音變"的説法,即"在同一語音條件下,有兩個以上不同的

---

① 鄭張尚芳:《上古音系(第二版)》,第 136 頁。

② 鄭張尚芳:《上古音系(第二版)》,第 131 頁。

③ 潘悟雲:《上古漢語的複雜輔音與複輔音聲母》,《中國民族語言學報》第 1 輯,商務印書館,2017 年,第 54—61 頁。

④ 潘悟雲:《上古漢語的複雜輔音與複輔音聲母》,《中國民族語言學報》第 1 輯,第 56 頁。

⑤ 張富海:《上古漢語*kl-、*kr-類聲母的舌齒音演變》,《漢字漢語研究》2020 年第 2 期,第 118—122 頁;收入氏著:《古文字與上古音論稿》,上海古籍出版社,2021 年,第 312—318 頁。

⑥ 據陳國慶《佤語及其親屬語言複輔音的性質與演變》(《民族語文》2022 年第 2 期)一文的研究,屬於南亞語系孟高棉語族的佤語及其親屬語言(布朗語、克木語、布興語、克蔑語、布芒語等)的 CL-型複輔音的演變有 CL->C-和 CL->L-兩種,且有的語言如克蔑語兩種演變方式並存。可爲上古漢語的音變提供活語言的佐證。

音變方向”,[①]可以參考。需要指出的一點是,雖然 CL-複輔音聲母的三種演變方式總體上是無條件分化的,但本文討論的發生 CL-＞L-音變的 CL-中的 C-並不包含送氣輔音;當 C-是送氣輔音時,Cl-可能傾向於發生 Cl-＞t^{h}-音變,Cr-傾向於發生 Cr-＞C-音變。

二、《上古音系》中的 CL-＞L-辨正

鄭張尚芳《上古音系》所附《古音字表》中有不少字構擬爲 C·L-,絶大多數是 C·r-,中古爲來母字,也有少量 C·l-,中古爲以母字。下面列出鄭張先生構擬爲 C·L-聲母的字(除去不見於《説文》和上古文獻的字),同一聲符的只選擇其中的若干字。

C·l-類:谷(峪)*g·loog＞*log(見母字“谷”*kloog)　鹽*g·lam　羑*g^{w}·lɯʔ＞*luʔ

K·r-類:鬲*g·reeg　路*g·raags　露*g·raags　洛*g·raag　落*g·raag　略*g·rag　裸*g·roolʔ　廉*g·rem　熑*g·reem　藍*g·raam　覽*g·raamʔ　濫*g·raams　蘭*g·raan　闌*g·raan　練*g·reens　隆*g·ruŋ　角(甪)*g·roog(見母字“角”*kroog)　立*ɢ·rɯb＞*rɯb　笠*g·rɯb　涼*g·raaŋ　掠*g·rag　林*g·rɯm　婪*g·ruum　翏*g·rɯɯw/*g·rɯws　蟉*g·rɯw　婁*g·roo/*g·ro　僂*g·roʔ　卵*g·roonʔ　聯*g·ron　綸*g·run　睔*g·ruun　斂*g·ramʔ　綹*g·rɯwʔ　吕*g·raʔ　旅*g·raʔ

P·r-類:廩*b·rɯmʔ(幫母字“稟”*prɯmʔ)　顲*b·ruumʔ　葻*b·ruum＞ruum　臨*b·rum　盧*b·raa　蘆*b·raa　臚*b·ra　驢*b·ra　彔*b·roog　鹿*b·roog　䜌*b·roon/*b·ron　鑾*b·roon　龍*b·roŋ　尥*b·reewɢs(又讀*breew)　貍*p·rɯ＞*rɯ

m·r-類:吝*m·rins　廔*m·rin　坴*m·rug　陸*m·rug　留*m·ru(明母字“卯”*mruuʔ)　聊*m·rɯɯw　柳*m·ruʔ　來*m·rɯɯ＞rɯɯ　厲*m·rads　癘*m·rads

最後一類 m·r-,鄭張先生把前面的 m 視作流音聲幹前的冠音,[②]而不是聲幹,性質與前面三種有所不同。“貍”*p·rɯ＞*rɯ 前面的 p 也是冠音,[③]與其他字的 b 性質

① 潘悟雲:《多向音變》,胡方、楊蓓主編:《漢語方言研究的多維視角:游汝傑教授八秩壽慶論文集》,上海教育出版社,2022 年,第 63 頁。

② 鄭張尚芳:《上古音系(第二版)》,第 141 頁。

③ 鄭張尚芳:《上古音系(第二版)》,第 141 頁。

不同。因其寫法無異且在我們看來性質亦無異，所以一併列入。

涉及 CL-型複輔音聲母的諧聲原則，可以有寬嚴不同的標準。最嚴格的要求，聲幹 C 要符合單輔音聲母的諧聲原則，同時流介音要保持一致，比如 kr-和 gr-可以諧聲，pl-和 bl-可以諧聲，像 kr-和 r-就不能諧聲。不過，這樣的要求顯然過於嚴苛，不一定符合實際。我們認爲，CL-型複輔音聲母的 C 和 L 兩個成分都可以參與諧聲，既可以根據聲幹 C 來諧聲，又可以根據流介音 L 來諧聲。具體來説，Cr-和 r-可以互相諧聲，Cl-和 l-可以互相諧聲；在聲幹 C 符合單輔音聲母諧聲原則的前提下，CL-和 C-可以互相諧聲，Cr-和 Cl-可以互相諧聲（如 kr-和 gl-可以諧聲）。但是，Cr-和 l-之間，Cl-和 r-之間應該不能自由諧聲。根據這樣的諧聲原則，"洛"*raak 可以諧"各"*kraak 聲（"各"是來義的"徦"的初文，通作"格"），"各（徦）"*kraak 可以假借來表示一等字"各"*kaak；"涼"*raŋ 可以諧"京"*kraŋ 聲；"留"*ru 可以諧"卯"*mruuʔ 聲；"翏"*riiw 既可以作"膠"*kriiw 的聲旁，又可以作"繆"*mriw/*mriws 的聲旁；"婁"*roo/*ro 既可以作"屨"*kros 的聲旁，又可以作"數"*sroʔ/*sros 的聲旁，"婁"字本身諧"角"*krook 聲；"龍"*roŋ 既可以作"龎"*brooŋ 的聲旁，又可以作"龔"*kroŋ 的聲旁。如此，前面列出的大部分鄭張先生擬作 C・r-的中古來母字都只需要構擬爲簡單的*r-即可，不必僅僅依據其諧聲關係就擬作 Cr-型複輔音聲母，當然少數字可以考慮其他證據再做判斷，如"藍"字。

上列有少數幾個字鄭張先生擬作 C・L-聲母是根據錯誤的諧聲分析，完全不可信。"羑"字本是"羞"的訛字，並不从見母之部字"久"得聲，①所以不必擬作 gʷ・lɯʔ，而應該直接據中古音擬作*luʔ。"裸"字《説文》字頭作"嬴"，从"嬴"*roojʔ 聲（嬴，《説文》大徐音郎果切），睡虎地秦簡《日書甲種・詰》五〇背貳"鬼恆嬴（裸）入人宫"，②假借"嬴"*roj 爲"裸"。"裸"應是後起的或體，不能據以構擬上古音，所以"裸"的上古聲母擬作簡單的*r-即可。"聯"字，《説文》从耳从絲，是一個會意字，不是形聲字，應據其中古音簡單擬作*ren，與"連"字音義相同。"嵐"字，《説文》訓"艸得風皃"，分析爲从艸从風的會意字，不是形聲字，所以不必據"風"的讀音擬作*b・ruum。"彔"字擬作*b・roog，是據"剝"*pr-从"彔"聲，但根據古文字字形，"剝"是从豕从刀的會意字，从"彔"是後起的訛體。③ 即使"剝"確實从"彔"聲，"彔"也可以簡單擬作*r-。與"彔"同音的"鹿"當然也不必擬作*b・roog。"厲"確實从"萬"聲，但可以認爲此"萬"旁不是明

① 魏宜輝：《"羑"字來源補説》，《中國文字》2019 年冬季號（總第 2 期），藝文印書館，2019 年，第 53—60 頁。

② 睡虎地秦墓竹簡整理小組：《睡虎地秦墓竹簡》，文物出版社，1990 年，第 214 頁。

③ 陳劍：《甲骨金文考釋論集》，綫裝書局，2007 年，第 266—267 頁。

母的*mans，而是中古微母的“蠆”*m̥raats（“萬”是“蠆”的初文），那麽“厲”字擬作*rats亦符合諧聲原則（如同“留”*ru 諧“卯”*mruuʔ 聲）。

來母的“角（甪）”即見母的“角”發生*krook＞*rook 音變的結果，不必另外擬成濁音聲母。同樣，以母的“谷（峪）”也不必另外擬音，但“谷”*klook＞*look，應是變成一等定母，變成三等以母不規則。

上列有些字只有擬作 CL-型複輔音聲母才符合諧聲原則，所以鄭張先生的構擬是可從的。“鹽”从“監”*kraam 聲，如果簡單依據“鹽”的中古以母讀音擬作*lam，就不符合諧聲原則（即 Cr-和 l-不能諧聲），只有將“鹽”擬作*klam 或*glam 才合適（Cr-和 Cl-可以諧聲）。“綹”从“咎”*guʔ 聲，所以不能據中古來母讀音擬作*ruʔ，而應該擬作*kruʔ或*gruʔ。“廉”从“兼”*keem 聲，所以不能據中古來母讀音擬作*rem，而應該擬作*krem 或*grem。“吝”从“文”*mən 聲，所以不能據中古來母讀音擬作*rəns，而應該擬作*mrəns。

三、CL-＞L-音變釋例

（一）*kl-/*gl-＞*l-

發生 CL-＞L-音變的流介音爲邊音 l 的 Cl-能確定的實際上只有*kl-或*gl-。判定屬於*kl-/*gl-＞*l-的字應符合以下兩個條件：1. 中古聲母是以母或邪母（除去上古前高元音合口字，如“役”“營”“唯”“遹”“匀”“旋”等以邪母字）；2. 語源上和見組聲母字有關係，或者與非 Kl-的見組字相諧。①

除了“鹽”*klam/*glam＞*lam 以及“谷”*klook＞“谷（峪）”*lok，應擬作*kl-/*gl-＞*l-的字還可以舉出如下若干（除“敓”字擬作*ɢl-外，以下這些字鄭張先生都擬作簡單聲母*l-）：

1. “輿”*kla＞*la。*kla 即九魚切的見母字“車”的上古擬音，“輿”讀*la，是“車”*kla發生*kl-＞*l-音變後産生的一個同源異形詞，情况同“谷”。《説文》：“輿，車輿也。”《玉篇》：“輿，車乘也。”《老子》第八十章：“雖有舟輿，無所乘之。”“舟輿”猶言“舟車”。《周易・小畜》“輿脱輻”，馬王堆帛書本“輿”作“車”。《周易・大畜》“輿脱輹”“閑輿衛”以及《周易・睽》“見輿曳”，其中的“輿”字上博簡本《周易》和馬王堆帛書本

---

① 因爲 l-和 Kl-可以相諧。如見母字“姜”應擬作*klaŋ（安大簡《詩經・鄘風・桑中》“孟姜”之“姜”从“昜”*laŋ聲，可爲證），那麽其聲旁“羊”就不必擬作*klaŋ/*glaŋ＞*laŋ，而只需擬作*laŋ。請對比“鹽”字。

均作“車”。可見“輿”和“車”意義相同,可以互换。通常認爲“輿”的本義是車厢,又泛指車,[1]實不可信,應當車厢義反而是其特指義。“輿”從“車”分化出來後,可以“車輿”連用,如《韓非子・外儲説右上》:“夫獵者託車輿之安。”“車輿”等於“車”,並非車厢的意思。

2. “與”*glaʔ>*laʔ。《説文》:“與,黨與也。从舁从与。”從古文字字形看,“与”是“牙”的訛變,“與”是从舁牙聲的形聲字。[2] “與”是中古以母字,與之諧聲的“牙”音*ŋraa,根據諧聲原則,“與”不能構擬爲簡單的*laʔ,而應該構擬爲Cl-型複輔音聲母*klaʔ或*glaʔ。从“與”得聲的見母字“舉”的上古音,鄭張先生構擬爲*klaʔ,可從。清華簡《耆夜》假借“麥(夜)”*laks爲“舉爵”之“舉”,[3]可證“舉”字也帶l介音。“與”擬作*gla更合理一些,因爲這樣構擬,黨與、稱許等義及介詞、連詞用法的“與”和“舉”*klaʔ的讀音可以區别開來。“舉”和“與”語音相近,語義上也有明顯的聯繫,應該是屬於清濁别義一類的同源詞。

3. “衺/邪”*gla>*la。“衺”“邪”从“牙”*ŋraa聲,所以應擬作*gla(不擬作*kla,以與“車”*kla相區别),情况同上“與”字。

4. “容”*kloŋ/*gloŋ>*loŋ。《説文》:“容,盛也。从宀、谷。㝐,古文容从公。”據古文字字形,“容”字本从“公”聲,从“谷”是篆文訛形。[4] “公”的上古音,鄭張先生擬作*klooŋ,“容”的上古音擬作*loŋ,這樣構擬符合諧聲原則。但是,戰國晚期十一年庫嗇夫鼎(《集成》02608)的“空二斗”,據辭例,“空”只能讀爲“容”。“空”的上古音當擬作*k^{h}ooŋ,缺乏帶l介音的證據。如此,“容”就不能簡單構擬爲*loŋ,而應擬作*kloŋ或*gloŋ,這樣才能假借“空”爲“容”。“容”字有从穴公聲的異體,十一年庫嗇夫鼎的“空”也可能是替换聲符後的从穴工聲的“容”字異體。“工”的上古音當擬作*kooŋ,無l介音,那麽“容”只能擬作*kloŋ或*gloŋ。

5. “姬”*klə>*lə。《廣韻》“姬”字有居之切和與之切兩讀,分别爲見母字和以母字;居之切下訓“周姓也”,與之切下訓“王妻别名”。《史記・吕太后本紀》:“得定陶戚姬。”《集解》:“如淳曰:姬音怡,衆妾之總稱也。”《索隱》:“如淳音怡,非也。《茂陵書》

---

① 參看王力主編:《王力古漢語字典》,中華書局,2000年,第1400、1407頁。

② 參看張世超、孫凌安、金國泰、馬如森:《金文形義通解》,日本京都中文出版社,第570—571頁;季旭昇:《説文新證》,藝文印書館,2014年,第180—181頁。

③ 裘錫圭:《説“夜爵”》,《出土文獻》第2輯,中西書局,2011年;收入《裘錫圭學術文集・簡牘帛書卷》,復旦大學出版社,2012年,第535—539頁。

④ 參看吳振武:《〈古璽文編〉校訂》,人民美術出版社,2011年,第236—237頁。

曰'姬是内官',是矣。然官號及婦人通稱姬者,姬,周之姓,所以《左傳》稱伯姬、叔姬,以言天子之宗女,貴於他姓,故遂以姬爲婦人美號。"姬妾的"姬"是周姓之"姬"的引申義,本來讀音也應相同,如淳音同"怡"*lə 顯然是"姬"音*klə 的分化。

6. "巳"*kləʔ/*gləʔ>*ləʔ。"巳"是中古邪母字,字形及語音上又分化出以母字"已"。"起"*kʰəʔ 和"改"*kəəʔ 本从"巳"聲,故"巳"應擬作*kləʔ 或*gləʔ。

7. "敫"*klewk/*glewk>*lewk。《説文》:"敫,光景流也。从白从放。讀若龠。"《廣韻》以灼切,與《説文》"讀若龠"一致。从"敫"聲的字皆音*Kewk,如"激"音*keewk,"噭"音*keewks,"檄"音*geewk,故"敫"應擬作*klewk 或*glewk。不過,"敫"本从皃从攴,可能是旁擊義的"擊"*kheewk 的初文,[①]讀若龠的讀音不一定可靠。《莊子·胠篋》:"皆外立其德而以爚亂天下者也。"釋文:"爚,徐音藥。《三蒼》云:'火光銷也。'司馬、崔云:'散也。'"《説文》"敫"的"光景流"義與"爚"相近,疑讀若龠即同義换讀爲"爚"。

8. "窯"*klu/*glu>*lu。"窯"从"羔"*kuu 聲,[②]故"窯"應擬作*klu 或*glu。

9. "衍"* klanʔ/glanʔ>* lanʔ。"愆"* kʰ ran 从"衍"聲,故"衍"應擬作* klanʔ 或 glanʔ。

10. "豔"*klams/*glams>*lams。"豔"从"盍"*gaap 聲,故"豔"應擬作*klams 或*glams。

11. "閻"*kləm/*gləm>*ləm。"閻"从"臽"*grəəms 聲,故"閻"應擬作*kləm 或*gləm。"餤(焰)"字情況相同。

(二) *Cr->*r-

比起 Cl-類,上古是否屬於 Cr-類複輔音聲母較容易判斷。可以直接根據中古音判斷爲 Cr-類的有:二等韻、重紐三等韻、庚三韻、幽韻、蒸職韻唇音、職韻合口、知莊組聲母字。另外,部分蒸職韻牙喉音字開口以及部分魚、虞、鍾、屋三韻的唇牙喉音字可以根據諧聲假借方面的證據判斷有無 r 介音。判定屬於*Cr->*r-的字應符合以下兩個條件:1. 中古聲母是來母;2. 與 Cr-聲母字有同源或異讀關係,或者與非 Cr-聲母字相諧。

由於 Cr-和 r-可以互諧,所以不能僅僅依據其與 Cr-聲母字的諧聲假借關係來判

---

① 何琳儀:《戰國古文字典:戰國文字聲系》,中華書局,1998 年,第 330 頁;季旭昇:《説文新證》,第 326 頁。

② 關於"羔"的讀音,參看張富海:《據出土文獻證"羔"字當歸幽部》,《古文字研究》第 33 輯,中華書局,2020 年,第 550—553 頁;收入《古文字與上古音論稿》,第 280—284 頁。

斷是否屬於*Cr->*r-。如“藍”字，不能單據其諧“監”*kraam聲，就認定是*graam或*kraam，也可能上古漢語的“藍”就是簡單聲母的*raam，與藏文相同，雖然據泰文“藍藍靛”作*graam，上古漢語的“藍”爲*Kr-類複輔音聲母是極有可能的。① 上文提到的“綹”“廉”“吝”三個來母字與非Cr-聲母字相諧，“尥”字有來母和*br-的異讀，“角”字有來母和見母二等的異讀，故我們贊同鄭張先生將它們構擬爲*Cr->*r-。下面根據上述兩個條件再舉出若干*Cr->*r-的例子：

1. “瑠”*kruʔ>*ruʔ。《墨子・節用中》：“飯於土瑠，啜於土形。”《太平御覽》卷七五九引作“飯土軌”，“軌”通“簋”。《史記・李斯列傳》：“飯土匭，啜土鉶。”《集解》：“徐廣曰：匭，一作溜。”按“匭”通“簋”。《史記・秦始皇本紀》：“飯土瑠，啜土形。”《集解》：“徐廣曰：吕静云飯器謂之簋。”是《集解》本作“簋”。《索隱》：“瑠，如字，一音鏤，一作簋。”又《韓非子・十過》：“飯於土簋，飲於土鉶。”《韓詩外傳》卷三：“飯乎土簋，啜乎土型。”皆作“簋”。由這些異文可知“瑠”即“簋”。“簋”是重紐三等字，上古音可擬作*kruʔ，則“瑠”所記的詞可能是“簋”發生*kruʔ>*ruʔ音變後的語音形式。《説文》無“瑠”。《廣韻》宥韻力救切：“瑠，瓦飯器也。”《集韻》：“瓦器，堯舜飯土瑠，通作溜。”從音變的結果來看，“瑠”應讀爲上聲的*ruʔ，韻書作去聲大概是依照“溜”字的讀音，係誤讀。上博簡《曹沫之陣》簡2：“飯於土輺，欲〈歠-啜〉於土型(鉶)。”整理者讀“輺”爲“瑠”或“簋”。② “輺”字从車留*ru聲，應是“軌”*kruʔ的異體，③故簡文的“輺”仍讀“簋”*kruʔ爲宜。

2. “棃”*gri>*ri。《方言》卷一：“棃，老也。燕代之北鄙曰棃。”郭璞注：“言面色似凍棃。”又卷一二：“棃，老也。”《墨子・明鬼下》：“播棄黎老，賊誅孩子。”《國語・吴語》：“今王播棄黎老，而孩童焉比謀。”王引之《經義述聞》卷三一“黎老”條：“案黎老者，耆老也。古字黎與耆通。《尚書》西伯戡黎，《大傳》黎作耆(見《釋文》)，是其例也。作棃者，字之假借耳。”按羣母字“耆”爲重紐三等字，上古音*gri，老義的“棃”“黎”記録的應是“耆”發生*gri>*ri音變後的語音形式。“黎”字雖本身是四等字，但“黎老”之“黎”應讀三等，音同“棃”。清華簡《晉文公入於晉》簡1：“逗(屬)邦利老。”利，整理者

① 龔煌城認爲“藍”字有*gr-和*r-兩讀。見龔煌城：《從漢藏語的比較看上古漢語若干聲母的擬測》，《漢藏語言研究論文集》，第40頁。

② 馬承源主編：《上海博物館藏戰國楚竹書(四)》，上海古籍出版社，2004年，第244頁。

③ 清華簡《治政之道》簡30“未轞(軌)於聖人”，“軌”字亦从留聲。

讀爲“耆”，[①]也不妨讀爲“黎老”之“黎”。

3. “㹈”*krii＞*rii。《説文》：“㹈，殷諸侯國，在上黨東北。《商書》：西伯戡㹈。”今本《尚書》作“西伯戡黎”。《釋文》：“黎，力兮反，國名，《尚書大傳》作耆。”清華簡《耆夜》簡 1：“武王八年，延（征）伐郘，大𢦏（戡）之。”即《尚書》“西伯戡黎”之事，[②]簡文的“郘”是《説文》“㹈”的異體。由於“郘”字聲旁“旨”的上古音是不帶 r 介音的*kiʔ，所以“郘”字記録的語音只能是*krii，而不可能是音變後的*rii。在西周金文中，黎國的國名作“楷”，[③]“楷”字古諧切，正讀*krii 音。

4. “𣏌”*krək＞*rək。《廣韻》林直切：“𣏌，趙魏間呼棘，出《方言》。”今本《方言》無此字。“棘”字中古職韻開口，單據中古音難以判斷 r 介音的有無。楚簡中“棘”有作从木力聲或來聲之形者，如安大簡《詩經》簡 116：“肅＝（肅肅）橐（鴇）翼，集于橐（苞）朸（棘）。”清華簡《程寤》簡 1：“大㚸（姒）夢見商廷隹（惟）梾（棘）。”“棘”與來母字相諧，證明其上古音是帶 r 介音的*krək。“𣏌”可以視爲“棘”加注聲符的異體，《廣韻》的來母讀音是發生*krək＞*rək 音變的結果。

5. “稴”*greem＞*reem。《説文》：“稴，稻不黏者。”“稴”字《廣韻》有三個讀音，分别是户兼切、胡讒切和力兼切。户兼切對應的上古音是*ɡeem，胡讒切是*greem，來母讀法的力兼切則對應*reem，應是*greem 失去塞音成分的變讀。

6. “羹”*kraaŋ＞*raaŋ。《左傳》昭公十一年：“楚子城陳、蔡、不羹。”《釋文》：“羹，舊音郎。《漢書·地理志》作更字。”又昭公十二年：“今我大城陳、蔡、不羹。”《釋文》：“羹，音郎。”又昭公十三年：“帥陳、蔡、不羹、許、葉之師。”《釋文》：“羹，音郎。”是“羹”在地名“不羹”中發生*kraaŋ＞*raaŋ 音變。

7. “鬲”*kreek＞*reek。來母字“鬲”作“隔”*kreek 的聲旁，其上古聲母可能是*r-，也可能是*Kr-，難以據此諧聲關係確定。《廣韻》“鬲”字有古核切的異讀，作地名和姓氏，專名的讀音往往存古，則“鬲”很可能本來音同“隔”，古文字中的諧聲假借材料提供了更多的證據。西周早期的大盂鼎銘文云：“易（賜）女（汝）邦𤔲（司）亖（四）白（伯），人鬲自馭至于庶人六百又五十又九夫。易（賜）尸（夷）𤔲（司）王臣十又三白（伯），人鬲千又五十夫。”其中的“人鬲”一詞比較難解，裘錫圭先生認爲“鬲”應讀爲

① 清華大學出土文獻研究與保護中心編，李學勤主編：《清華大學藏戰國楚簡（柒）》，中西書局，2017 年，第 101 頁。

② 參看李學勤：《從清華簡談到周代黎國》，《出土文獻》第 1 輯，中西書局，2010 年；收入《初識清華簡》，中西書局，2013 年，第 61 頁。

③ 參看李學勤：《從清華簡談到周代黎國》，《初識清華簡》，第 61—65 頁。

“繫”“係”，當係累、俘虜講，[1]其説可信。“繫”“係”屬四等字，上古音 *geeks，無 r 介音成分，只有擬“鬲”的聲母爲 *Kr-，才能讀爲“繫”“係”。更直接的證據是古文字中“鬲”字有加注“圭”聲的異體，見於西周春秋金文如樊君鬲(《集成》00626)和芮太子白鬲(《銘圖》2898、2899)，亦見於戰國璽印和兵器銘文。[2]“圭”是四等字，無 r 介音，上古音 *k^{w}ee，“鬲”擬作 *kreek 才有可能與“圭”諧聲。

8. “蒚” *greek＞ *reek。《説文》：“蒚，夫蘺上也。”《爾雅 · 釋草》：“莞，苻蘺，其上蒚。”又《釋草》：“蒚，山蒜。”《廣韻》“蒚”字有下革切和郎擊切的異讀，分别對應上古音 *greek 和 *reek。

9. “瓑” *kreek/ *greek＞ *reek。《説文》：“瓑，玉也。讀若鬲。”《廣韻》郎擊切，即讀若鬲。“瓑”爲來母字，其聲旁“毄”爲四等字，不帶 r 介音，所以只能構擬爲 *kreek 或 *greek。

10. “令” *mrins＞ *rins。“命”和“令”是一對同源詞，“命” *mrins 失去聲幹 m-，即變成“令” *rins。雖然語言上應該是先有“命”後有“令”，但文字上正好相反。商代金文和甲骨文只有“令”字，没有“命”字，“令”字讀 *mrins。西周金文開始出現“命”字，但大多仍用“令”爲“命” *mrins。直到戰國楚簡仍沿襲用“令”爲“命”的習慣，倒是“命”字多用來表示“令” *rins，如清華簡《管仲》簡 13：“是古(故)它(施)正(政)命(令)，㝵(得)㠯(以)時乇(度)。”楚國官名“令尹”一詞，楚簡中都寫作“命尹”。

11. “凌” *prəŋ＞ *rəŋ。“冰”和“凌”詞義無别，是一對同源異形詞，“冰”的上古音 *prəŋ 失去聲幹 p-，即變成“凌” *rəŋ。據《説文》，“仌”(古文字中作上下重叠的兩個圓點或兩短横)是“冰”的初文，而“冰”是“凝”字，但古文字中“冰”就是結冰之“冰”。“冰”字最早見於戰國早期的陳逆簠(《集成》04096)，原形作“[illegible]”，又見於上博簡《成王既邦》簡 5、清華簡《説命下》簡 7 和《四時》簡 27，字形都是“水”旁居左。西周金文有“凌”字，如西周早期的夌伯觶(《集成》06453)之“[illegible]”，通常直接釋爲“夌”，劉釗先生認爲這樣寫的字形是加注“仌”聲的“夌”字繁體。[3]楚簡中“仌”聲和“夌”聲可通用，如郭店簡《尊德義》簡 14“民埶(褻)陸(凌)倀(長)貴㠯(以)忘(妄)”，讀爲“凌”之字从“仌”聲。這些文字現象似説明“仌”可讀 *rəŋ 音，則“凌” *rəŋ 從“冰” *prəŋ 分化出來的時間

① 裘錫圭：《説“僕庸”》，《裘錫圭學術文集 · 古代歷史、思想、民俗卷》，復旦大學出版社，2012 年，第120 頁。

② 郭永秉：《釋三晉銘刻“鬲”字異體兼談國博藏十七年春平侯鈹銘的真僞》，《簡帛》第 6 輯，上海古籍出版社，2011 年，第 213—219 頁；收入《古文字與古文獻論集續編》，上海古籍出版社，2015 年，第 197—205 頁。

③ 劉釗：《金文考釋零拾》，《古文字考釋叢稿》，嶽麓書社，2005 年，第 120—122 頁。

甚早。

12.“勴”*dzras>*ras。《説文》:“勴,助也。”《爾雅·釋詁》:“詔、相、導、左、右、助,勴也。”“勴”與“助”同義,應是“助”發生*dzras>*ras音變後産生的同源異形詞,但傳世文獻並無實際用例。上博簡《容成氏》簡50、53:“虘(吾)勴天畏(威)之。”整理者讀“勴”爲“勴”,①可從。

13.“李”*srəʔ>*rəʔ。見於《左傳》的“行李”意思是使者,“李”字所記就是“使”發生*srəʔ>*rəʔ音變後的語音形式。清華簡《治政之道》簡41:“皮(彼)亓(其)行孶(李)史(使)人埊(來)請亓(其)古(故),不聖(聽)亓(其)詞(辭),唯從亓(其)志。”既有“行李”,又有“使人”,證明戰國時行李之“李”已經從“使”分化出來。②

結　　語

上古漢語的CL-型複輔音聲母有CL->C-、CL->T-、CL->L-三種演變方式,其間没有分化條件,屬於潘悟雲先生近年提出的“多向音變”。本文主要在鄭張尚芳先生《上古音系》的研究基礎上討論CL->L-音變。文章根據適度寬嚴的CL-型複輔音聲母的諧聲原則,以及同源或異讀關係,明確了CL->L-的判定條件,並列舉了若干比較可靠的字例。根據我們確定的諧聲原則,《上古音系》和自高本漢以來很多學者擬作CL-型複輔音聲母的大部分字(主要是來母字)可以改擬爲簡單的L-聲母,個别以錯誤的諧聲分析爲據的構擬應該糾正。根據諧聲關係確定爲CL->L-的字有:“鹽”“與”“衺/邪”“容”“巳”“敫”“窯”“衍”“豔”“閻”“焰”“綹”“廉”“呇”“嵤”“鬲”“璬”。根據同源關係確定爲CL->L-的字有:“谷(峪)”“輿”“塯”“棃”“甥”“令”“凌”“勴”“李”。根據異讀確定爲CL->L-的字有:“姬”“尥”“角”“穛”“羹”“蒚”。本文使用了比較多的古文字材料,有些字的構擬,古文字材料起到了關鍵的作用,如“容”字、“鬲”字、“嵤”字,假使没有古文字的證據,“容”等字就不一定要擬作CL-型聲母。

---

① 馬承源主編:《上海博物館藏戰國楚竹書(二)》,上海古籍出版社,2002年,第290頁。

② 参看張富海:《清華簡〈繫年〉通假柬釋》,李守奎主編:《清華簡〈繫年〉與古史新探》,中西書局,2016年;收入《古文字與上古音論稿》,第104頁。

"字 符"略 説

萬業馨

北京語言大學

一、"字符":判定文字性質的標尺

"字符"指"文字本身所使用的符號",跟"作爲語言的符號的文字""是不同層次上的東西"。一種文字的性質就是由"它所使用的'字符'的性質决定的"。[①] 根據這一標尺回顧兩個多世紀以來的漢字性質研究,不難找到界定漢字性質時衆説紛紜、莫衷一是的原因。

1. 漢字性質研究與西方學者的表意文字説

漢字性質研究中影響最大的莫過於表意文字説,來源甚早。美國文字學家泰勒(Issac Tylor, 1899年)認爲:人類文字的發展經過了圖畫、圖像標記、表言符號、表音節符號、表字母符號五個階段:其中前兩種屬於表義文字,後兩種屬於表音文字,中間一種兼屬兩者。[②] 他把漢字歸爲象形字、會意字、表言的表音字,説這些東西的混合是"最顯著的例子,説明一種文字系統從來没有超越過最初級的習俗化的圖畫文字的殘留"。[③] 後來人們把這條"規律"歸結爲從表形文字經表意文字向表音文字發展,而表音文字中又以音素文字最爲"先進"。[④]

---

① 裘錫圭:《漢字的性質》,《中國語文》1985年第1期,第35—42頁;收入氏著:《裘錫圭學術文集·語言文字與古文獻卷》,復旦大學出版社,2012年,第49—58頁。

② Taylor 1899,1: 5—6;轉引自DeFrancis 1989: 59。

③ Taylor 1899,1: 25;轉引自DeFrancis 1989: 59。

④ 有關泰勒的論述轉引自潘文國:《字本位與漢語研究》,華東師範大學出版社,2002年,第40頁。

此後,瑞士著名語言學家索緒爾(1916)認爲:"只有兩種文字的體系。"一個是表意體系:這個體系"一個詞只用一個符號表示,而這個符號却與詞賴以構成的聲音無關。這個符號和整個詞發生關係,因此也就間接地和它所表達的觀念發生關係"。另一個是表音體系:"它的目的是要把詞中一連串連續的聲音模寫出來。"①而漢字就是表意體系的典範。

英國學者帕默爾不僅同樣用表意、表音兩分法來爲文字系統分類,而且將表意文字作爲原始的圖畫文字向表音文字過渡的中間階段,認爲"在這個階段,圖形符號直接表示概念。它還没有和語言的聲音符號——詞發生聯繫"。甚至把漢字説成"不過是程式化了的、簡化了的圖畫系統"。②

顯然,這些論述存在以下兩方面的問題:一是他們對漢字符號體系缺乏真正的瞭解,把記事圖畫等同於記録漢語的漢字符號,事實上,即以甲骨文爲例,"它的每一個符號都有固定的讀音"。③ 二是以自身所用文字類型並文字發展路徑作爲標杆來俯視他們並不真正瞭解的漢字符號體系並妄下斷言。

此後,隨着觀察和研究的逐步深入,一些學者的認識开始有所進步。例如 20 世紀 30 年代,有學者提出,表意文字"是一個很容易引起誤會的名稱"。而"假借語音近似的象形字來代表不能描繪的詞"④是"文字中涌現出語音的因素"⑤。又如 1961 年,蘇聯語言學家 B. A.伊斯特林認爲"書寫符號根據外形,而不是根據意義進行分類,在方法論上是不正確的",提出"方法正確的文字分類法應該從符號的意義出發。既然文字用來表達言語,所以書寫符號和圖形就應根據它們表達言語的何種要素來分成各種類型。文字類型的名稱也應該據此而來"。⑥ 但上述議論並未提及"語音因素"出現的時間以及在整個符號體系中所占比例與所起作用。對於漢字符號形體表達的要素仍然語焉不詳。

2.《説文》的影響

由於早期漢字使用的音符主要是假借字,因此假借字所占比例於漢字性質研究

---

① 根據《前言》和《序》,該書第一版於 1916 年出版,是索緒爾的學生根據索緒爾 1906—1911 年期間三度講課的講稿整理而成。

② 詳見[英] L. R. 帕默爾(1936):《語言學概論》,李榮等譯,商務印書館,1984 年,第 95、99 頁。

③ 姚孝遂:《古文字的形體結構及其發展階段》,《古文字研究》第 4 輯,中華書局,1980 年,第 12 頁。

④ 馨按:據作者自己的解釋,"不能描繪的詞"指"意義不能用圖畫代表的詞"。

⑤ [美] 布龍菲爾德(1933):《語言論》,袁家驊等譯,商務印書館,1997 年,第 360—361 頁。

⑥ [蘇] B. A. 伊斯特林(1961):《文字的産生和發展》,左少興譯,王榮宅校,北京大學出版社,1987 年,第 31 頁。

至關重要。

關於漢字研究,尤其是"表意文字説"的影響,不能不提到《説文》,因爲"它曾支配了中國文字學一千八百年"。[①]

首先,《説文》中幾乎没有假借的位置。

東漢許慎所著《説文解字》,是最早的分析漢字的字書。《説文》繼承和完善了"六書説",並把它作爲分析小篆字形的依據。

六書説是最早的關於漢字構形的理論。"六書"之名初見於《周禮·地官·保氏》,是"六藝"中的一項:"保氏掌諫王惡,而養國子以道,乃教之六藝:一曰五禮,二曰六樂,三曰五射,四曰五馭,五曰六書,六曰九數。"[②]"六書"分名出現於典籍,分别見於班固《漢書·藝文志》、鄭衆《周禮·保氏注》、許慎《説文解字·叙》。對於三家定名和排序的不盡相同之處,後人雖有議論而未有結論。

班固《漢書·藝文志》將六書並列,稱之爲"造字之本",並自述直承劉歆《七略》。顔師古注也稱:"文字之義,總歸六書,故曰立字之本也。"鄭衆、許慎也將六書並列。説明至遲到唐代,"六書"仍然具有同等地位。然而稍加觀察,不難注意到,"假借"乃借用音同音近之字的符號形體而並未造出新字。因此,我們有理由認爲:"六書"是記録語詞的六種方法,而不是後人以爲的造字之法。

其次,字形分析對象的局限對後世影響極大。

由於許慎視文字爲"經義之本,王政之始",所作《説文》,旨在分析字形,説明意義所從來。那些"本無其字"的假借,自然無法成爲其説解文字的對象。無怪乎清人侯康稱《説文》中,明言"借"者,僅此一例。乃五卷下韋部之"韋":"獸皮之韋可以束枉戾相韋背,故藉以爲皮韋。"[③]《説文》之後,這一印象逐漸深入人心,明吴元滿稱:"自象形指事,以至會意諧聲,而文字之體備矣。"[④]至清代戴震,則明確提出指事、象形、諧聲、會意四者爲"書之體";轉注、假借乃"所以用文字者"。[⑤] 即所謂"四體二用"説。一改以往六者並列的局面,前四書與後二書地位已有所不同。甚至可以這樣説:正是假借的名存實亡導致了"四體二用"説的逐漸形成。

---

① 唐蘭(1949):《中國文字學》,上海古籍出版社,1986年,第15頁。

② (漢)鄭玄注,(唐)賈公彦疏:《周禮注疏》,《十三經注疏》,中華書局,1980年,第731頁。

③ (清)侯康:《説文假借例釋》,轉引自丁福保:《説文解字詁林》1册前編中《六書總論》,中華書局,2014年,第222頁下。

④ 轉引自胡樸安:《中國文字學史》,北京市中國書店,1983年,第218頁。

⑤ (清)戴震:《答江慎修先生論小學》,《戴震文集》,中華書局,1980年,第64頁。

假借在《説文》中名存實亡的背景是許慎所處時代的漢字現狀。根據朱駿聲的統計,《説文》中的形聲字約占所收字的82%,[①]説明當時形聲化已經完成,原來那些"本無其字,依聲託事"的假借字多已爲之造出形聲結構的"正字"(或稱之爲"後起本字")。因此,這個階段的假借多屬鄭玄所説的那種"其始書之也,倉促無其字,或以音類比方假借爲之,趣于近之而已";[②]無怪乎《説文》中除侯康所述外,提到其他假借例常常僅用"以爲""古文以爲"等説法。[③] 或見於"或説""一曰""或曰"等。[④] 不難看出,《説文》對字形的分解與分析已經觸及形聲字所使用的音符和意符,然而由於《説文》始終立足於"作爲語言的符號的文字",而没有進入"字符"的層次,也就不可能反映漢字性質的真正面貌。

上述看法和做法甚至影響到當代的漢字研究,試舉兩例。

一是如何看待形聲化。對於形聲字大量增加,有一種意見認爲:這意味着漢字中表音成分的增加。如高名凱、石安石兩先生説:"表音成分在漢字中大大增加了,這主要表現在形聲字的比重上。"[⑤]具有相同看法的如:"在隸變以前的漢字,是象形兼表意的,隸變以後的漢字是表意兼標音的,而以形聲字爲主要形式。"形聲字"在表意的基礎上增加了標音的成分,解決了漢字字形與語音表達的矛盾"。[⑥]

二是如何對已識甲骨文根據六書作分類統計。

李孝定先生曾曰:第一,假借"本身已是純粹表音文字",[⑦]"已進入了表音階段"。[⑧] 第二,假借早於形聲,"形聲造字的辦法,是受了假借字啓示,才被發明出來的,它在六書的位置,必在形聲之前,應是毫無疑義的"。[⑨] 第三,"從假借字變成形聲字,多半是就原字加注形符而成"。比較恰當地説是"注形"。[⑩] 這些看法是根據對漢字發展演變的客觀事實所作觀察得到的結論,頗有見地。

---

① (清)朱駿聲:《説文通訓定聲·六書爻列》,中華書局,1984年。

② 轉引自(唐)陸德明:《經典釋文·序録》,中華書局,1983年。

③ (清)段玉裁:《説文解字注》,上海古籍出版社,1981年,第756頁。

④ (清)孫經世:《〈説文解字〉假借考》,轉引自(清)王筠:《説文釋例》卷五,武漢古籍書店,1983年影印本,第192—207頁。

⑤ 高名凱、石安石:《語言學概論》,中華書局,1963年,第199頁。

⑥ 蔣善國:《漢字學》,上海教育出版社,1987年,第58、78頁。

⑦ 李孝定:《中國文字的原始與演變》,《"中研院"歷史語言研究所集刊》第45本第2—3分,1973—1974年,第531頁。

⑧ 李孝定:《中國文字的原始與演變》,第534頁。

⑨ 李孝定:《中國文字的原始與演變》,第531頁。

⑩ 李孝定:《中國文字的原始與演變》,第539頁。

但另一方面，他又認爲"後世新增的文字，幾乎全是形聲字"，①連原有的象形、指事、會意或假借，一部分也改成了形聲字。因此認爲"文字聲化的趨勢，在甲骨文裏已相當顯著"。②

上述兩種不無矛盾的觀點出現在同一篇論文中，令人費解，但只要看一下李氏對甲骨文進行六書分類所得數據就可以得到答案：屬於表意字範圍的象形、指事、會意三項之和爲693字，約占總字數(1226)的56.53%；而假借僅129字，約占10.52%。顯然，《説文》字形分析法對李氏影響極大，使他僅把假借看作是形聲字没有發明之前，漢字從表意到表音的過渡階段裏所采取的變通辦法。

二、早期：以使用音符爲主的階段

裘錫圭先生指出："各種文字的字符，大體上可以歸納成三大類，即意符、音符和記號。""拼音文字只使用音符，漢字則三種符號都使用。"③這一觀察和議論中有兩點極具意義：一是漢字不僅使用意符，也使用音符。二是意符的使用是與僅使用音符的文字形成對立的區别性特徵。

裘先生進而對漢字使用字符的具體情況和時間加以描述："漢字在象形程度較高的早期階段(大體上可以説是西周以前的階段)，基本上是使用意符和音符(嚴格説應該稱爲借音符)的一種文字體系；後來隨着字形和語音、字義等方面的變化，逐漸演變成爲使用意符(主要是義符)、音符和記號的一種文字體系(隸書的形成可以看作這種演變完成的標志)。"④

從上述描述中可以看到，漢字使用字符的情況是有所發展變化的，"後來"約略對應形聲化已經完成的階段，形聲字的形旁使用意符(主要是義符)，聲旁使用音符，情況相對穩定而單純。我們擬對早期階段使用字符的情況展開討論。

1. 各領域研究取得的共識——古書多假借

如前所述，《説文》中已經没有"本無其字"假借的位置。通常認爲假借是來不及爲新詞造字時的應急辦法。即所謂"字不敷用"，事實果真如此嗎？

查閲各領域中學者的研究成果，可以得到當時漢字使用字符的實際情況。

---

① 李孝定：《中國文字的原始與演變》，第534頁。

② 李孝定：《中國文字的原始與演變》，第535頁。

③ 李孝定：《中國文字的原始與演變》，第535頁。

④ 李孝定：《中國文字的原始與演變》，第535頁。

訓詁學研究：清王引之有專論“經文假借”一節：“許氏説文論六書，假借曰，本無其字，依聲託事，令長是也。蓋無本字而後假借他字，此謂造作文字之始也。至于經典古字，聲近而通，則有不限于無字之假借者。往往本字見存，而古本則不用本字而用同聲之字。學者改本字讀之，則怡然理順；依借字解之，則以文害辭。”[①]揭示了假借從“本無其字”到“本有其字”時的延續。

王力先生曾盛贊乾嘉學派取得的成就：段、王等人“衝破了”“文字是直接表示概念的”這一“重形不重音”的“藩籬”，把“古代經史子集中許多難懂的字都講清楚了”。“這是訓詁學上的革命，段、王等人把訓詁學推進到嶄新的一個歷史階段”。[②]

自明先生《訓詁學》設有“文字多假借”一節，並指出：其實有些詞，原本就没有用表意法造出字來，如第二人稱代詞“你”，“新、舊、難、易、之、而、其、焉等字，這些字所標記的常用意義没有本字，因而都是假借字”。“兩周文獻，用字合於本義的是少數”。[③]

古音系研究：魏建功先生在論及古音系的分期與研究材料時指出“中國文化的轉换時期莫重要于秦漢之際”，“語言文字開始分趨，古今同異的問題才有了。漢以前文字簡直完全寫音，不爲一語特造一字，但借同音字之形”。[④]

古文獻研究：錢玄先生在比較了傳世秦漢古籍與出土文獻簡帛書中通借字數量變化後的統計結果是：“現有《荀子》（據王先謙《荀子集釋》本）的首三篇，共 5700 餘字，其中用通借字 54 個，約占 1％弱。現有《老子》（據唐傅奕校定《道德經古本篇》）5500 餘字，其中用通借字 30 餘個，不足 1％；馬王堆帛書《老子》乙本用通借字 320 個，占 6％，又帛書《經法》約 5000 字，其中用通借字 320 個，也占 6％。”可見“秦漢之際的帛書簡牘中的通借字，較現有的先秦古籍多出 6 倍以上”。[⑤] 説明保留原貌更爲忠實的出土文獻中假借字的使用較之傳世文獻要多得多。

受此啓發，我們曾進一步擴大觀察範圍。增加了《春秋事語》、《戰國縱横家書》、睡虎地秦墓竹簡、銀雀山漢簡本《尉繚子》《孫子兵法》《孫臏兵法》等出土材料。觀察到假借字與被借字的相互關係如下：（1）借聲旁字表形聲字者約占 37％；（2）同聲旁字之間的通借約占 31％；（3）借形聲字代聲旁字約占 9％。除此而外，非同聲通借約

---

① （清）王引之：《經義述聞》卷三二，江蘇古籍出版社，1985 年，第 756 頁上。

② 王力：《中國語言學史》，山西人民出版社，1981 年，第 156—157 頁。

③ 洪誠：《訓詁學》，江蘇古籍出版社，1984 年，第 29、34 頁。

④ 魏建功(1935)：《古音系研究》，《魏建功文集(壹)》，江蘇教育出版社，2001 年，第 19 頁。

⑤ 錢玄：《秦漢帛書簡牘中的通借字》，《南京師範學院學報》1980 年第 3 期，第 44—48 頁。

占 23%。第(3)類説明,直到漢代,還存在以後起形聲字代原有字的做法,例如:以"誘"代"秀"、以"弊"代"敝"、以"增"代"曾"等,雖然所占比例很小,仍引起不少人的注意,對這種"借繁代簡"的做法很是不解。其實,這一事實反映出聲旁字與同聲旁形聲字由於具有同樣的音符而成爲同音假借用字的最佳選擇。同時也可以證明,在當時,無論聲旁字還是形聲字,在很多時候主要還是用來記録語音的。只有把"漢字作爲記録語音的符號",才會不斤斤計較字形的繁簡。①

古文字研究:楊樹達先生曾對古文字考釋方法有如下議論:"每釋一器,首求字形之無忤,終期文義之大安,初因字以求義,繼複因義而定字。義有不合,則活用其字形,借助于文法,乞靈于聲韻,以假讀通之。"②李學勤先生进一步説明:"這一段話把古文字研究中形、音、義三者的關係很好地概括出來了。""考釋古文字,第一步是要正確辨識字的形體。""指出一個古文字相當後世某字,應當儘可能説明其間的聯繫,也就是該字自古至今形體演變的脈絡。""釋出一個字之後,不要忘記把它放回原在文句裏面,看看能不能上下貫通。這是對釋讀正確與否的最好考驗。"之所以要放回文句裏,是因爲"古文字有很多假借字,甚至有些常用的字也以音近的字代替,增加了考釋的困難"。③

陳夢家先生認爲:象形、④假借、形聲是"文字發展的三個過程","漢字從象形開始,在發展和應用的過程中變作了音符,是爲假借字;再向前發展而有象形與假借之增加形符與音符的過程,是爲形聲字"。⑤

裘錫圭先生注意到:"古漢字的假借字有很多是常用字,假借字開始出現的時間一定也很早。"⑥"在文字形成的過程中,表意的造字方法和假借方法應該是同時發展起來的,而不是像有些人想象的那樣,只是在表意字大量産生之後,假借方法才開始使用。"⑦

綜上,我們認爲,"古書多假借"已是多個研究領域的共識。但關於使用字符的具體情況還需要相應統計數據的支持。

2. 統計方法的改變揭示真相

立足於字詞關係的統計所得資料情況已見上文所述,20 世紀 80 年代初期,另一

① 詳見萬業馨:《秦漢簡帛書同聲通借試析》,《古典文獻研究(1989—1990)》,南京大學出版社,1992 年。

② 楊樹達:《積微居金文説·自序》,上海古籍出版社,2007 年。

③ 李學勤:《古文字學初階》,中華書局,1985 年,第 67—70 頁。

④ 陳夢家先生所説的象形不是六書之一,而是指原則或方法,涵蓋象形、指事、會意。

⑤ 陳夢家(1956):《殷虚卜辭綜述》,中華書局,1988 年,第 79 頁。

⑥ 裘錫圭:《漢字形成問題的初步探索》,《中國語文》1978 年第 3 期,第 162—172 頁。

⑦ 裘錫圭:《文字學概要(修訂本)》,商務印書館,2013 年,第 5 頁。

種統計方法却讓人耳目一新。

20世紀80年代初,姚孝遂先生根據對甲骨刻辭的隨機抽樣分析得到如下結果:在甲骨文的常用字中,假借字"約占74%","所有甲骨刻辭大體上都是這個比例"。並指出:"就這些文字符號的來源來説,是客觀事物的圖像,是象形文字。"但"其根本功能不是通過這些符號形象本身來表達概念的"。"所謂假借字,只有單純的表音作用","就甲骨文字的整個體系來説,就它的發展階段來説,就它的根本功能和作用來説,……完全是屬于表音文字的體系,已經發展到了表音文字的階段"。① 當時,雖然對姚文的論據並無多少質疑之聲,但所得結論却讓人多感意外——以往有關漢字性質的討論多限於"表意文字"還是"意音文字",罕見歸於"表音文字"。尤其是與前文所述李孝定先生關於甲骨文中假借所占比例的數據相去甚遠。姚文發表之初,幾乎無人贊同。

顯然,姚文所得數據和結論都源於不同以往常見的統計方法:由於假借字是"借形記詞",對假借字的判斷只能根據辭例,脱離語境,立足於單個的字,等於只承認詞義與字形相關的那些詞的存在,而忽略了没有爲它們專門造出字的那些詞。這樣也就部分地割斷了語言和文字的聯繫。姚文雖然只是隨機抽樣統計,但這種做法,畢竟一改以往割裂語言與文字、僅就字形分析判斷漢字字形結構所屬類别的做法,是對甲骨文記録上古漢語實際情況所作的首次統計,真實反映了符號形體在實際運用(記録語言)時充當的角色——使用哪一種字符。這樣的統計方法才能揭示真相。换言之,古漢字在記録上古漢語時70%左右使用的是音符。

爲什麽漢字發展的早期假借方法使用得如此普遍?先賢的研究成果或可給我們以啓發。

近人林義光的論述不僅讓我們注意到記録各種語言成分的需求:"蓋文字孳乳,轉注兼形聲大抵後出。至于干支四方之名,六七八九百千萬億之數,朕我爾汝之稱,國邑之號,語助之詞,用象形指事會意,終不得成文。其他亦有艱于造字者,此所以無本字而每用假借也。"②而且讓我們瞭解到假借的使用不是因爲來不及爲新詞造字——"字不敷用",而是"法不敷用"——語言中的一部分詞是無法用表意的方法爲之造出字來的。因此,要想能够無遺漏地按照語詞次序書寫語言,成爲成熟的文字體系,③假借必不可少。這正是文字符號體系形成初期假借大量存在的根本原因。因此,假借的存在有其必然

---

① 姚孝遂:《古漢字的形體結構及其發展階段》,《古文字研究》第4輯,第7—29頁。

② 林義光(1920):《文源·六書通義》,中西書局,2012年,第12頁。

③ 周有光先生認爲界定文字符號體系是否成熟的標準是:"文字能否無遺漏地按照語詞次序書寫語言。"周有光:《比較文字學初探》,語文出版社,1998年,第5頁。

性,而且出現甚早,可以説,是假借幫助漢字能够無遺漏地記録漢語。

由於已見考古資料尚不能讓我們瞭解漢字符號體系形成之初的軌迹:在漢字體系形成的過程中,假借起了什麽樣的作用?文字符號是怎樣與句子中的詞逐一對應的?因此,我們擬以納西文字資料作比較與參照,對漢字符號體系的形成進行分析和推測。

作爲宗教用字出現在東巴教經書裏的納西文字,宗教的神聖和神秘,有助於它像一塊活化石一樣保存着近於原始的最初面貌(雖然不排斥其中有後來新增的象形符號以及漢文化滲透的影響)。

一般認爲,納西族東巴文經書是用兩種文字書寫的,漢語稱爲東巴文的是象形文字,漢語稱爲哥巴文的是音節文字。象形文字的情況比較複雜:其中一種類似於連環畫,還保留着較多的記事圖畫的特徵;另一種則已是一個字表示一個音節。東巴文經書中絶大部分是用前者寫的,只有很小一部分是用後者寫的。

和志武先生根据納西象形文字撰寫東巴經書《人類遷徙記》的實際情況,觀察到納西象形文字的兩種記録方式:① 以字記憶,啓發音讀。② 以字代句,幫助音讀。又從《挽歌》和《送情死者》中注意到第三種方式:③ 以字代詞,逐詞標音。爲便於比較,我們將上述三種情況中的字、音節、句子的關係列成表格如下。①

經文中納西象形文字中的字、句、音節與假借字:

(1) 以字記憶,啓發音讀

	字數	句子(句/字)	音節(音節/字)	假借字	備注
1	13	27(2/1)	183(14/1)	1	
2	10	13(1/1.3)	79(8/1)	2	

顯然,用這種方法每個字所擔負的記録任務最重。儘管除了個別不發音的表意符號外,其他字都有了固定的音讀和所代表的事物,但只能起到提醒記憶的作用;並未完整準確地記録語言。重複出現的詞或意義很少用文字符號的重複出現來表示,而是用同一個符號表示相同的意義,在已有資料中,甚至出現過 1∶7 的對應關係。

① 説明:左首數字表示所選的語料——一段話。句子、音節、假借字表示該段話中各項的數量。括弧内表示兩者的比例,如第①種第 1 行(句/字)表示 27 句/13 字≈2/1(1 個字代表 2 句話)。又如③第 1 行中假借字 53/總字數 104≈1/2(50%),第 2 行中假借字 105/總字數 171≈60%。我們觀察的主要對象是納西象形文字,因此對偶然使用的哥巴文字不計在内。對少量的同一字不止出現一次的情況也不再統計入表。

（2）以字代句，幫助音讀

	字數	句子（句/字）	音節（音節/字）	假借字	備　注
1	39	28(1/1.3)	180(4/1)	3（假借字） 3（形聲字）	
2	15	10(1/1.5)	64(4.2/1)	5(33%)	
3	12	4(1/3)	33(2.7/1)	1	
4	12	14(1/1)	76(6.3/1)	1	

每句話所用的字數比第一種方式有所增加，而每個字所代表的音節數明顯減少，字基本上起着"以字代句"的作用，字不僅説明意義，還可幫助音讀。需要注意的是：所舉經文用例中，已有形聲字出現。説明形聲字出現得很早，"在形聲字出現之後，原始文字大概還需要經過多方面的改進，才能發展爲能够完整地記録語言的文字體系"。①

（3）以字代詞，逐詞標音

	字數	句子（句/字）	音節（音節/字）	假借字	備　注
1	104	25	125	53(50%)	省略了 17 個字
2	171	37	187	105(60%)	省略了 7 個字

以上三種記録方式大致反映出納西象形文字從記事到記録語言單位的發展過程。三個階段都有假借字出現，但第三種方式寫成的經文裏，假借字的比例與前兩種相比有了較大幅度的增長。使得這兩段經文中的納西文字幾乎達到了逐詞標音。這一現象正如原文在歸納和分析中所提到的那樣，"爲了便于逐詞標音"，除了"增加了字的重複出現的次數"外，"使用同音和近音假借的字特别多"。並因此得出結論："同音和近音假借是象形文記録語言的一種重要方法。""納西象形文書寫東巴經的重要方法之一，就是同音假借。"這一現象和由此所得的認識正可與早期漢字使用音符的情況相互印證。②

① 裘錫圭：《文字學概要（修訂本）》，第 8 頁。

② 和志武釋譯：《納西文字應用舉例》，其中所引各種數字，悉依原文。載方國瑜編撰，和志武參訂：《納西象形文字譜》，雲南人民出版社，1995 年。

喻遂生先生曾提供一封具有很高造詣的75歲大東巴(經師)和即貴老人寫的書信,從中可以看到納西文字仍保留着上述第三階段所形成的面貌。該信共有263個音節,共用字257個。但因信中用了6個雙音節形聲字,因此全信逐一記録了全部263個音節。在這257個字中,除含有8個標音哥巴字外,實際使用納西象形文字249個。在這249個字中,非假借字僅72個,而假借字高達177個,占全信中東巴字總數的71.08%。而這一比例與姚文統計所得竟如此契合!

不僅如此,納西東巴文用於應用性文獻時,由於"這類文獻一般都記録了全部或絶大部分語詞,因此假借字多在百分之七、八十以上,有的甚至高達百分之九十多"。①

綜上,我們認爲,早期漢字應記録語言的要求而生,它雖然同時使用意符和音符,但主要使用的是音符。確如王力先生所説:"文字本來只是語言的代用品。文字如果脱離了有聲語言的關係,那就失去了文字的性質。"②

正是音符的大量使用,使得漢字成爲可以完整記録漢語的成熟文字體系。

三、類符:意符的本質和作用及發展變化

1. 從主要使用音符到意符的添加

上述主要使用音符的階段並没有延續很長時間,形聲字數量快速增加意味着漢字符號體系的發展進入新階段。

20世紀70年代李孝定先生經過分析統計得到的數據是:甲骨文已識字中形聲字占27%强;③湯餘惠對《甲骨文編》正編(附録不計)所作統計,"見於《説文》的凡914字,其中形聲字216個,約占總數的23%";④黄德寬與黄天樹二位教授根據對已識甲骨文的分類統計,得出甲骨文中形聲字已占40%以上的結論,黄德寬對商代已識字結構類型加以統計,得出形聲字占41.9%;⑤張振林先生稱,"西周到西周末期形聲字占有當時總字數的50%以上","春秋戰國之際的文字資料中,形聲字約占有總字數的

---

① 喻遂生:《一封最新的東巴文書信》,《紀念王力先生百年誕辰學術論文集》,商務印書館,2002年。

② 王力:《中國語言學史》,山西人民出版社,1981年,第156—157頁。

③ 李孝定:《中國文字的原始與演變》,第380頁。

④ 湯餘惠:《略論戰國文字形體中的幾個問題》,《古文字研究》第15輯,中華書局,1986年,第9—100頁。

⑤ 根據後記,殷商文字部分由郝士宏、江學旺承担。黄德寬:《古漢字發展論》,中華書局,2014年,第85頁。黄天樹對已識商代甲骨文1231字進行字形結構的分析和歸類,得到形聲字583字,"占已識字的47%"。黄天樹:《商代文字的構造與"二書説"》,《黄天樹甲骨金文論集》,學苑出版社,第54頁。

75—80％"。[①]《説文》所收字中，形聲字約占 82％。[②]

不僅如此，最遲在戰國晚期確立的形聲優勢稳定延續，此後，形聲结構在漢字中始終占 80％左右。據統計，7000 個現代漢語通用字中，屬於形聲結構的有 5631 個，占總字數的 80.5％左右。[③] 説明漢字已是一個完全成熟的文字體系，形声字是漢字記録漢語的最佳方式。

從假借優勢被形聲優勢取代，中間經過了什麽變化？與前文所述"注音"的説法截然不同的是：形聲字的産生是"注形"不是"注音"，它的數量的持續上升，説明主要使用音符的狀態被抑制。除前文所引李孝定先生的論述外，黎錦熙先生曾説："有了形聲，讓那些太濫太歧的假借字漸漸有個'形'的區别，於是語文演進，從主'音'的正面漸漸走到了主'形'的反面來了。"[④]魏建功先生認爲："中國文字的同音假借早於形聲，最初的形聲是'注形作用'。"[⑤]林澐先生曾論道："戰國至漢初是通假字和形聲字争勝的時代，由於漢語本身的特點，和具體的歷史形勢，通假字輸給了形聲字，記音化的傾向被抑制，形聲化的傾向則不斷發展。"[⑥]

至於爲什麽從使用音符—假借字爲主到注形—加注意符完成形聲化，林澐先生提示我們首先要從"漢語本身的特點"去尋找答案。

如前所述，由於假借字是"借形記詞"，對假借字的判斷只能根據語境，而這種對語境的依賴不能滿足使用者對文字符號必須與所對應的語言單位之間有明確、穩定聯繫的要求。因此區别同音就成了迫切的任務。

很多語言都存在區别同音詞的問題，區别的方法主要有二：一是利用語境。但是寫往往更能反映語言的差别性，爲説明這一點，"德里達還生造了 differance 一詞。在法語中，differance 與 difference 讀音相同，僅聽讀音無法區别它們，根據字形却可以做到這一點。因此，寫是最能體現語言是一個差别系統的事實"。[⑦]

二是添加輔助符號或改换組成成分(字母)造成同音不同形。

---

① 張振林爲趙平安《隸變研究》所作序。見趙平安：《隸變研究》，河北大學出版社，1993 年。

② 見前文所引清人朱駿聲之數據。

③ 康加深：《現代漢語形聲字形符研究》，陳原主編：《現代漢語用字信息分析》，上海教育出版社，1993 年，第 71 頁。

④ 黎錦熙：《中國文字與語言》上，第 25 頁，轉引自曹先擢：《漢字的表意性和漢字簡化》，中國社會科學院語言文字應用研究所編：《漢字問題學術討論會論文集》，語文出版社，1988 年，第 18—19 頁。

⑤ 魏建功(1935)：《古音系研究》，《魏建功文集(壹)》，江蘇教育出版社，2001 年，第 43 頁。

⑥ 林澐：《古文字研究簡論》，吉林大學出版社，1986 年，第 34—35 頁。

⑦ [法] 雅克 · 德里達(1967)：《論文字學 · 譯者的話》，汪堂家譯，上海譯文出版社，1999 年。

例如英語中的：

two 二/too 也，　buy 買/by 被，　dear 親愛的/deer 鹿，
for 爲了/four 四，　hour 小時/our 我們的，　peace 和平/piece 片，
right 正確的/write 寫，等等。

德語中的：

Malen 畫畫/mahlen 磨，　Seite 頁/Saite 弦，　Leere 空/Lehre 學説，
Laie 外行/leihe 出借，　Lessen 讀/lesen 摘，　Wahl 選舉/Wal 鯨魚，
Wider 反/wieder 複，等等。

之所以只需稍作改動就可以造成對立，背景是該語言的音節構成——語言單位包含的音節數量（從單音節到多音節不等）以及音節組合方式。根據 F. W.卡埃丁（1898）對將近 1100 萬德語單詞所作研究得到的音節長度和出現率關係所作圖表，可以瞭解到德語單詞音節數由單音節到 15 音節不等；最多可達 15 音節。① 换言之，詞語相互間的對立通過語言結構本身多可以得到解決，而漢語音節構造由一聲、一韻拼合而成，相對單純，音節數量因此頗受限制。根據《現代漢語詞典》所列，漢語普通話共有 418 個聲韻組合，分四聲（有的音節並非四聲俱全）並加上輕聲後，共有 1335 個音節。② 從這裏也可以看到聲調的區别作用。③

漢語相對單純的音節結構，使得漢語的同音詞和同音字數量都遠遠超過其他語言。據有關統計，《現代漢語詞典》所收一萬多漢字中，下列音節對應的同音字④都不少於 100 個：

音節對應的同音字數	音節對應的同音字數	音節對應的同音字數
yi 177	xi 130	lu 115
ji 163	zhi 128	qi 111

① 轉引自[英] 戴衛·克里斯特爾（1995）：《劍橋語言百科全書》中譯本，中國社會科學出版社，2002 年，第 139 頁。

② 有關音節數統計從 1957 年到 2002 年諸家所得資料各有不同。此處所用蒙中國社會科學院語言研究所詞典編輯室主任譚景春先生提供。

③ 在聲母和韻母相同的情况下，聲調具有很好的區别作用，這在漢語二語教學中非常明顯。外國人初學漢語時，聲調的學習往往是一大難點。他們很難分清"買/賣""北京/背景""問/吻"等等。

④ 此處所説的"同音字"，指的是有同樣的聲母和韻母，而不是聲韻調全同的嚴格意義上的同音字。

續　表

音節對應的同音字數	音節對應的同音字數	音節對應的同音字數
yu 139	jian 119	wei 111
li 133	fu 118	shi 109

此外,還有 218 個音節對應的同音字從 20 個到 94 個不等。以上相加共 7901 個字,占整部詞典所收總字數的 79%。①

顯然,添加意符是爲了彌補由於漢語音節特點所帶來的不足,可以讓字詞對應關係更直接,更明確。因此,形聲化勢在必行。

2. 類符: 意符的本質和作用

唐蘭先生曾經這樣描述象形字的産生:"當一個巨象的圖畫完成後,瞧見畫的人,不約而同的喊了出來: 象。""當其他物體也都描寫得肖似後,一見圖就能叫出它們的名字,於是語言和圖形就結合起來而成爲文字了。"②唐蘭先生這段話不僅揭示了口耳相傳的語言符號是怎樣轉換成視覺符號的,而且可以解釋爲什麼一些古老文字早期的符號形體往往象形程度都很高。

但這樣的象形符號(早期的意符)是否代表具象? 陳夢家先生曾論及圖畫和文字的不同之處:"圖畫經約束成一表現一事一物的單位,它由個體變爲共相了。我們畫一個人形的'人'字,所畫的是甲,甲的'人',乙的'人',約束成一個共同的象形的'人'字,象人之形,所以凡稱'人'不管他是甲乙,同用這個'人'字。圖畫則不然,甲是甲,乙是乙。文字近於小孩的圖畫,他們畫男人女人大人小人都是一個人形。"③心理學方面的研究成果可以爲此提供佐證。"兒童從很小的時候開始,在看到各種顏色的汽車和聽到'汽車'這個詞時,經過多次反復,各種不同的汽車就以'汽車'這個詞作爲'中介'聯繫在一起了。以後,只要看到汽車,不管它在大小、顏色、形狀等方面有什麼具體特徵,兒童都會叫它'汽車',甚至當他哭鬧時,聽到'坐汽車去玩'的話,也會破涕而笑了。"④

可見,意符雖然源於具體事物的形象,但從一開始就具有類符的含義和功用。古

---

① 安子介:《漢字的再認識》,《第二届國際漢語教學討論會論文選》,北京語言學院出版社,1988 年。

② 唐蘭(1935):《古文字學導論》,齊魯書社,1981 年,第 73 頁。

③ 陳夢家(1939):《中國文字學》,中華書局,2006 年,第 22 頁。

④ 潘菽主編:《人類的智慧》,上海科技出版社,1985 年,第 101 頁。

人早已認識到這一點。

例如《急就章》在"羅列諸物名姓字"時,在展示、編排之時。就注意到"分别部居不雜厠",其中將意符爲"金"的"銀鐵鈇錐鑽"等凡三十餘字放在一起或相鄰之處,他如从"皿、瓦、魚"的字等皆如此。① 東漢許慎《説文解字》在《叙》中説明該書的編排體例同樣如此,並將所收漢字分列 540 部,這個"部"就是"義類"。

唐陸德明《經典釋文》考證先秦古書中的字音,兼及字義辨識,其中有不少對文字使用狀況的反映。《序録》中曾批評形聲化過程中濫用添加意符之法:"豈必飛禽即須安鳥,水族便應著魚,蟲屬要作蟲旁,草類皆從兩中? 如此之類,實不可依。"②文中"鳥""魚""蟲""中"分别統攝"飛禽""水族""蟲屬""草類",皆屬類名。無怪乎只是"有少數形聲字跟形旁同義,如'船'、'頭','爹'、'爸',絶大多數形聲字的形旁,只是跟字義有某種聯繫"。③

清王筠從字詞關係着眼,提出了分别文(後人或稱爲"分别字")的説法:"字有不須偏旁而義已足者,則其偏旁爲後人遞加也。其加偏旁而義遂異者,是爲分别文。其種有二:一則正義爲借義所奪,因加偏旁以别之也;一則本字義多,既加偏旁,則只分其一義也。"④明確指出,分别文是在原字的基礎上增加偏旁(或改换偏旁)而形成的,目的在"分其一義"或明本義,可見形聲化對於多義的單音詞具有分流詞義的作用。同時也説明意符的類符本質,主要的功用是區别。

姚孝遂先生指出:"一字多用的通假手段不足以適應日益增漲的明確區分概念的需要,充分利用已有的基本形體加以組合,是文字形體孳生發展最簡便和最有效的手段和方式。大量專用字的出現,都是在原有文字形體的基礎上,再增添附加形體,以與原有形體相區别,形成所謂的形聲結構。這些後附形體絶大多數是所謂形符,或稱之爲意符。應該承認,形聲結構中的形符具有某種程度的表意作用,然而這種表意作用是微乎其微的,它根本不能表示任何具體的概念,只是起到一定程度的區分大的義類的作用。"⑤

現行漢字中,現有形聲結構所含形旁(使用意符)和聲旁(使用音符)的數量之比也反映了兩者的不同作用。據統計:7000 通用字中,共有形聲結構 5631 個,包含不

---

① 楊漢卿編:《松江本皇象急就章》,江蘇美術出版社,2013 年。

② (唐) 陸德明:《經典釋文·序録》,中華書局,1983 年。

③ 裘錫圭:《文字學概要(修訂本)》,第 163 頁。

④ (清) 王筠:《説文釋例》,第 327 頁。

⑤ 姚孝遂:《甲骨文形體結構分析》,《古文字研究》第 20 輯,中華書局,1999 年,第 277 頁。

同聲旁 1325 個，形旁 246 個。[①] 説明正因爲意符的主要功用是區别，所代表的是事物的類，因此包容性强，涵蓋的具體事物衆多。而且隨着社會的變化和詞義内容的日益豐富，這些類已成爲模糊的類概念。甚至只是一種約定俗成。這也是它仍然可以被接受並使用的重要原因。另一方面，這些意符還可以給我們研究古代文化（這些字産生之時的實際情況：例如“桌、椅”之類；或當時人們對某些事物的認識，例如从“心”之字中所代表的那些動詞是心的活動還是腦的活動；等等）提供綫索。或者可以這樣説，意符表示的是共性，音符指向的是個性。

3. 意符的成熟：從“形符”到“義符”

從形符到義符是意符漸趨成熟的發展過程，人們通常注意到這個過程是象形程度的不斷降低，其實更應該引起注意的是漢字結構方式的重大變化。

在圖畫意味很濃的古文字裏，表意字偏旁之間的結構關係常常表現爲相對位置關係。由兩個以上的意符構成的表意字（一般稱之爲會意字，依班固《漢書·藝文志》稱之爲“象意”可能更爲貼切），多數是由形符構成的。這些象意字一般具有以下特點，即形符之間不同的相互位置關係具有形成對立的區别作用。

姚孝遂先生對此有過明確的論述，如只是作簡單的偏旁分析，“毓”“好”與“保”字都由“女”“子”“人”組成。但從整體的形態來看，“好”字中，“子”都在“女”的前方，没有一個例外；“毓”字中，“子”必定在“女”的後下方。同樣，“保”字从人从子，“人”和“子”的相對位置是平行的；“毓”的異體雖也从人从子，但“子”的位置略低於人。[②] 不僅如此，“毓”字中，“子”可以正寫，也可以倒寫；“女”也可以寫作“人”。而只要它們之間的相對位置不變，便仍然是“毓”字。由此可見，象意字的寫法可以有多種變化，而偏旁之間的相對位置却始終保持穩定。這説明，對一個字是哪一個詞的記録符號起着决定作用的是偏旁之間的相對位置，不能簡單等同於偏旁在整字中所處的位置。

裘錫圭先生在給會意字分類時，首先列出數量衆多的兩類便是“圖形式會意字”以及“利用偏旁間的位置關係的會意字”。數量衆多。並指出“偏旁之間的位置關係在表示字義上有重要的作用”。[③]

爲進一步討論時稱説的便利，我們將這種相對位置關係名之曰關係位，與之相對

① 據李燕、康加深《現代漢語形聲字聲符研究》、康加深《現代漢語形聲字形符研究》。載陳原主編：《現代漢語用字信息分析》，上海教育出版社，1993 年，第 87、74 頁。

② 詳見姚孝遂：《甲骨文形體結構分析》，《古文字研究》第 20 輯，第 275 頁。

③ 裘錫圭：《文字學概要（修訂本）》，第 124—130 頁。

的是分布位。試再舉數例如下。在這些字例中，符號形體多有變化，但關係位始終不變。

祭，手與肉的相對位置始終不變，表示以手持肉以祭；啓，手與户的相對位置不變，示意以手開户；射，手與弓、箭的相對位置不變，表張弓射物之意；即，跪坐之人形可在左，亦可在右。而始終面對食器，表就食之意；既，情況同“即”，不同的是口向後，表已食畢；牧，手所持棍棒始終對着牛身，示放牧之意；各，表到來之意，倒作之止（脚）形與坎之相對位置不變；正，征伐本字，止（脚）形或取左脚，或取右脚，而止（脚）始終衝着囗（邑）；及，表示追到人把他抓住，手始終由後觸及人；取，表以手取耳，手始終對着耳；涉，徒步涉水，原形爲兩止（脚）分跨於水的兩邊。

綜上，我們可以得到對形符的如下認識：一是由兩個或兩個以上的形符組成的象意字中，“關係位”具有形成對立的區别作用，因而這些字是以整體狀態與所記録的語言單位相聯繫。這種構形和聯繫語詞的方法屬於“直觀圖示法”。而直觀圖示法傳達的信息是豐富的，所聯繫的内容衆多，表現的意義取决於多個方面，例如：組成象意字的形符的約定意義；各形符間的相互關係（方向、位置、施受、因果等）以及表意方法（圖示、象徵、標志等）；人們的約定（對各個基本形體組合所提供信息的預定選擇——與語詞對應）。這種選擇經常是武斷的。例如“受”與“争”，同樣是兩手間有一物，而聯繫的意義截然不同。而且這種約定必然積澱了那個時代的文化和社會的各種因素。例如“取”字的形象，源於征戰中俘獲的慣例；“疾”（人睡在床上表示有疾），則因其異於睡在簟席上的習慣；“棄”是當時棄而不育習俗的寫實；這在《詩・大雅・生民》中可以得到印證。

指向的不明確，不僅給數量衆多的漢字使用帶來不少困難，同時也是古文字考釋中經常遇到的障礙。有一些字，可以認出它們的組成成分，却依然不知爲何字（可參見各種古文字編的附録），考釋中的各種意見，往往只是對約定關係某種可能性的認定。而辭例除了可以破假借外，還因爲可以提供形符間某種關係的證據而顯得重要。因此形符演變爲義符可謂順理成章。

形符演變爲義符至少需要滿足以下兩個條件：一是形符經過多次反復使用，從形體到與音義的聯繫都固定下來。高明先生曾從古文字的會意字和形聲字中，歸納了“漢字實際所使用的形旁（意符）”140 餘個，並從中選出 111 種，“按照商代甲骨、兩周金文、戰國文字，以及秦篆、漢隸等幾個大的發展階段，每種形旁各制一沿革表”。[①] 二是形符的“游動”，導致它從直觀圖示中分離出來。黄德寬教授在

① 高明：《古文字的形旁及其形體演變》，《古文字研究》第 4 輯。

吸收諸家之長的基礎上指出："早期會意字個别構形部件的經常性游動"形成"聲義分工"。[①] 從形符到義符的轉變意味着意符的成熟，這是形聲化的物質基礎。在音符上添加意符是漢字符號體系的自救行爲，形聲結構的優點使得這種變化能够得到社會的約定而穩固下來。首先，形聲結構采用坐標式的方法與所記録的語詞建立了明確的對應關係。在形聲字中，音符與意符各司其職，意符表示模糊的類概念，音符表示讀音，表示個性。兩者結合，所指得以彰顯。不僅如此，由於大量早期形聲字是通過在假借字上加注意符産生的，意符的添加，使得原有字的音符角色也得到明確，爲漢字識讀帶來便利。其次，是將直觀圖示的結構方式改變爲明確的音、意組合式（頗有点像"化合物"與"混合物"之别），大大降低了字形加工的難度，這是漢字結構方式的簡化，是漢字結構方式的質變、[②]因此，儘管形聲字在字形上屬於添加成分的繁化（在已有符號形體上添加意符或音符），而用字人却能欣然接受。

結　　語

早在 20 世紀 50 年代，已有學者將漢字與世界上幾種古老文字進行比較，觀察到漢字發展演變的過程有别於其他很多文字體系。指出：象形、指事、會意、假借、形聲等"文字製作的方法"，同樣存在於埃及和美索文等其他古老文字體系中，只是假借（西方人稱之爲 Phonographs）的應用，"在埃及與美索文都比我們中國文廣泛"。而那種在 Phonograph 前面或後面，附加一個相同的表形意的字（構成相當於我們的形聲的複體字），却要少得多，而且附加的偏旁，"似乎只在非用不可時才臨時出現，很少固定的和某個假借字配合，永遠代表某個語詞的情形"。[③] 上述看法中，雖然有關使用音符（假借字）的情況與事實有出入（原因已見上文），但發展演變的過程是符合事實的。漢字符號體系的發展經歷了兩個階段：第一階段，爲了能够無遺漏地記録語言單位，漢字符號體系曾經與其他文字符號體系同樣有過以使用音符爲主的階段；第二階段，由於漢語本身音節構成的原因，采取了添加意符以明確字詞聯繫的做法，與其他很多文字符號體系分道揚鑣。這樣的記録方式最遲從戰國晚期確立優勢，一直延續至今，意味着漢字符號體系的完全成熟。

---

① 黄德寬：《形聲起源之探索》，《安徽教育學院學報（社會科學版）》1986 年第 3 期，第 79—84 頁。

② 詳見萬業馨：《談漢字形聲化與漢語詞匯雙音化》，《古漢語研究》2021 年第 3 期，第 67—82 頁。

③ 董同龢（1959）：《文字的演進與六書》，轉引自李孝定：《中國文字的原始與演變》，第 530 頁。

過去,很多研究者往往從漢字符號的形體特徵以及長期使用意符形成漢字是"獨特"的印象,並用自身的道路來要求甚至抨擊漢字。事實上,漢字發展演變有着與衆不同的"獨特"道路和原因才是更值得注意的。

漢字使動孳乳法説略*

陳偉武

中山大學中國語言文學系

“古文字與中華文明傳承發展工程”協同攻關創新平臺

漢字記録漢語，是華夏民族祖先創造並流傳至今的文化財富，漢字系統是一個生生不息、動態發展變化的體系，字際關係錯綜複雜，其中有一種是使動孳乳的關係，造成此種關係的方法姑且稱爲“使動孳乳法”。王力先生《漢語滋生詞的語法分析》並未專門討論這類現象，[①]但在《同源字典》中對使動孳乳的字例多有精到闡述。本文想就“使動孳乳法”略作説釋，並藉由小文之作，紀念李星橋（新魁）先生。語言學家李星橋教授離開我們已二十多年了，懷念之情總是縈繞在胸。李先生有諸多方面的學術成就，以音韻學研究最爲突出，方言學、詞彙史、語法史研究也均有專書出版，文字學方面雖無專書，亦有論文發表。

一、李新魁先生的觀點

李先生曾經分析古漢語中動詞、形容詞的使動用法對漢字分化的作用，他指出：

> 這種使動用法引起字形的分化不少。又如：
>
> 來——徠　使之來爲徠，讀爲 lài。

---

* 本文爲國家社科基金重大項目“戰國文字詁林及數據庫建設”（17ZDA300）、國家社科基金重大項目“戰國文字研究大數據雲平臺建設”（21&ZD307）、“古文字與中華文明傳承發展工程”規劃項目“出土戰國文獻分類輯注”（G1423）的階段性成果。

① 王力：《漢語滋生詞的語法分析》，見《同源字典》，商務印書館，1982 年，第 46—56 頁。

至——致　使之至爲致。
受——授　使之受爲授。
買——賣　使之買爲賣。
廣——擴　使之廣爲擴。
散——撒　使之散爲撒。
見——現　使之見爲現。
昭——照　使之昭爲照。
解——懈　使之解爲懈。
陰——蔭　使之陰爲蔭。①

漢語中存在"使動孳乳法",在漢字發展過程中留下了不少的分化字。隨着出土文字資料的增多,李先生的學術主張得到了更多的驗證,本文試圖列舉若干實例,將出土文獻與傳世文獻相結合,作進一步闡發。孟蓬生先生曾對"孳乳"作界定:"孳乳是指利用舊詞派生意義相關但不相同的新詞。由孳乳形成的同源詞意義和語法功能不同,讀音和字形或同或不同(源詞與派生詞讀音相同時,字形上須有分别,源詞與派生詞字形相同時,讀音上須有分别)。"②

二、爲李先生的觀點補證

來——徠　《說文》來部:"來,周所受瑞麥來麰。……《詩》曰:'詒我來麰。'"小麥稱"來",此爲本義,《爾雅·釋詁》:"來,至也。"金文彔簋(《集成》04112)):"白(伯)雒(雍)父來自㝬。"《詩·小雅·采薇》"我行不來",毛傳:"來,至也。"此用假借義。後亦作"徠""倈""逨""誎"。季旭昇先生指出,戰國文字中"楚系加'止'形,加强往來、行來義"。③ 諸字可視爲表來至義的專字。《玉篇·彳部》:"徠,就也,還也,今爲來。"又《辵部》云:"逨,來也,至也,就也。"西周金文長由盉(《集成》09455):"目(以)逨即井(井)白(伯)。""逨即"同義連文。《孟子·滕文公上》:"勞之來之。""來"用爲使動義。字亦作"勑",《說文》力部:"勑,勞也。从力,來聲。"《漢書·平當傳》"勞倈有意者",顔師古注:"倈,以恩招倈也。"現代漢語還說"招徠顧客""招徠觀衆"。

至——致　琱生簋(《集成 04292》):"余或至我考我母令(命)。"這個"至"用爲

① 李新魁:《漢語文言語法》,廣東人民出版社,1983 年,第 288 頁。
② 孟蓬生:《上古漢語同源詞語音關係研究》,北京師範大學出版社,2001 年,第 17 頁。
③ 季旭昇:《說文新證》,福建人民出版社,2010 年,第 477 頁。

"致",指"使……至""達致""傳達"。"至"的這種用法延續至戰國。如上海博物館藏竹簡《周易》簡2:"至(致)寇(寇)至。"又見於簡37。馬王堆帛書及今本《周易》均作"致寇至"。《民之父母》簡2:"目(以)至(致)'五至',目(以)行'三亡'。"陳斯鵬先生已於此處指出"至""致"同源。① 王力先生指出:"《漢書·武帝紀》:'存問致賜。'師古曰:'致,送至也。'按,'送至'即《說文》所謂'送詣'。《公孫弘傳》:'致利除害。'師古曰:'致,謂引而至也。'按,師古解'致'字最確切,'致'是使至。在上古時代,'至'是不及物動詞,'致'是及物動詞。"②由"至"變爲"致",此爲使動孳乳法,"致"猶"使……至"。清華簡《天下之道》簡3:"多其兵車,至其橦(衝)階。""至"整理者讀"臻",其實當讀爲"致"。③ "致"字已見於西周金文,如曶鼎(《集成》02838)作；伯致簋(《集成》03490)作。何琳儀先生指出:"致,金文作(伯致毁)。从人,至聲。侄之異文(偏旁位置不同)。或作(伯致尊),突出人形之足。或訛作攴形。小篆省人形而存其足(夊),則分化爲致。"④

買——賣　使之買爲賣。陳斯鵬先生對二字分化的時代層次有詳密的分析,指出"賣"字當在秦代從"買"字分化出來。⑤

散——撒　《廣雅·釋詁》:"散,布也。"王力先生指出,《集韻》:"'撒,散之也,一曰放也。'這是後起字。韓愈《月蝕》詩:'星如撒沙出,攢集争强雄。'"⑥

解——懈　《說文》角部:"解,判也,从刀判牛角。"《廣雅·釋詁》:"解,説(脱)也。"《禮記·曲禮上》"解屨不敢當階",孔穎達疏:"解,脱也。"《廣雅·釋詁》:"懈,緩也。"本寫作"解"。《詩·大雅·烝民》:"夙夜匪解。"《孝經·卿大夫》邢昺疏引作"夙夜匪懈"。中山王方壺(《集成》09735):"晏(夙)夜篚(匪)解。""使……解"爲"懈"。

昭——照、炤　《爾雅·釋詁》:"昭,光也。"《說文》日部:"昭,日明也。从日,召聲。"《楚辭·大招》"白日昭只",王逸注:"昭,明也。"《廣雅·釋訓》:"炤,明也。"《荀子·天論》"日月遞炤",楊倞注:"炤與照同。""照""炤",使之昭也。

---

① 陳斯鵬:《楚系簡帛中字形與音義關係研究》,中國社會科學出版社,2011年,第66—68頁。

② 王力:《同源字典》,第417頁。

③ 此例承蔡一峰君2018年11月24日面告。

④ 何琳儀:《戰國古文字典——戰國文字聲系》,中華書局,1998年,第1087頁。

⑤ 陳斯鵬:《説"買""賣"》,《中國文字學報》第7輯,商務印書館,2017年,第101—197頁;又載《卓廬古文字學叢稿》,中西書局,2018年,第64—72頁。

⑥ 王力:《同源字典》,第579頁。

三、新例證

食——飤 食,甲骨文作[illegible](《合集》20791)、[illegible](《合集》20956)、[illegible](《合集》11483)等形,金文構形大致相同。如牧共簋(《集成》03651):"牧共乍(作)父丁少(小)飤(食)㲃(簋)。""食簋"就是供食用之簋。林義光《文源》指出古文字的"食"字"从亼(倒口)在皀上,皀,薦熟物器也。象食之形。"①《詩·小雅·綿蠻》:"飲之食之,教之誨之。"此"食"字用爲使動詞,義爲"使……食"。北京大學藏秦代竹牘《酒令》:"東菜(采)涇桑,可以食(飤)蠶。愛般適然,般獨安(宴)湛,食(飤)般巴叔歙(飲)子湛。寧見子□,□見子□。黄黄鳥虖(乎),萃(萃)吾蘭林。"這種意義亦孳乳爲"飤",作[illegible](父乙觶,《集成》06247)、[illegible](命簋,《集成》04112)、[illegible](梋盂,《集成》10320)等形,从人从食,食亦聲。文例如龍節(《集成》12097):"王命=(命令)遖(傳)賃一棓(擔)飤之。"清華簡《厚父》簡13:"酉(酒)非飤,隹(唯)神之卿(饗)。"此"飤"用爲"食"。王力先生說:"'食'有四個意義:第一是吃,第二是給人吃(使食),第三是飯,第四是糧食。本來都讀入聲,乘力切,後來第二、第三兩個意義讀去聲,祥吏切。第二個意義另寫作'飤''飼'。但是'飼'的意義也變窄了,變爲飼養牲畜了。"②在潮汕方言中,飼養人也稱"飼",並無貶義。如"飼老人""飼囝弟"。

出——黜 甲骨文"出"字作[illegible](《合集》20045)、[illegible](《合集》5058)、[illegible](《合集》5098)等形,均象人足自坎穴外出。引申有離去等義。《説文》黑部:"黜,貶下也。从黑,出聲。"《書·舜典》:"三載考績,三考,黜陟幽明。""黜"指貶黜,與"陟"指升遷相反。"黜"古書訓爲"去也""廢也""貶下也""出逐也",多與"出"之訓詁相同,"使之出"即爲"黜",原或作"出"。《莊子·徐無鬼》:"君將黜耆欲。"陸德明《音義》:"黜,退也,本又作出,音同。"

學——斅、教 《説文》攴部:"斅,覺悟也。……學,篆文,斅省。"王力先生指出:"使學爲斅,讀如'效',與'教'同義。《書·盤庚上》:'盤庚斅于民。'傳:'斅,教也。'《説命下》:'惟斅學半。'傳:'斅,教也。'字亦作'學'。《禮記·檀弓下》:'叔仲皮學子柳。'注:'學,教也。'《學記》:'學不躐等也。'注:'學,教也。'《文王世子》:'學之爲父子焉。'注:'學,教也。'"③《説文》攴部:"教,上所施,下所效也。"《文源》:"按即學、斅之或體,古教、學同字。"④《廣雅·釋詁》:"學,效也。""效"是學習他人。甲骨文"學"字作[illegible]

① 林義光:《文源》,中西書局,2012年,第222頁。

② 王力:《同源字典》,第258頁。

③ 王力:《同源字典》,第300頁。

④ 林義光:《文源》,第311頁。

(《合集》27712),[illegible](《合集》8304)等形,"教"字作[illegible](《合集》31482),[illegible](《合集》5617),金文通常作[illegible](盂鼎,《集成》02837)、[illegible](令鼎,《集成》02803)等形,再如静簋(《集成》04273)"學"字作[illegible],"小子眔服(服)眔小臣眔尸(夷)僕(僕)學射",此"學"字指學習。又"静學無旻(愍)[①]",此"學"字指教導。上博六《孔子見季桓子》簡 18:"行年,民舊(久)餌(聞)學(教),不恙(察)不倀(依)。"亦以"學"爲"教"。而西周早期的沈子它簋(《集成》04330)作[illegible],戰國中山王鼎(《集成》02840)作[illegible]襲之,"斆"加攴旁以别於初義,銘文説:"雩(越)人飯(修)斆備恁(信)。""斆",使之學也。

气(乞)——氣、餼 于省吾先生指出:"甲骨文之三即今气字,俗作乞。……就東周以來之气字加以推考,以其與三字易混,故一變作[illegible];取其左右對稱,故再變作[illegible]。"[②]一直到了東漢武梁祠畫像題字才有"乞"字。[③] "气(乞)"之造字本義迄無定説,或説象雲氣,或説象河流乾涸,爲"汔"之本字,乞求義當屬假借。乞求曰乞,給予亦曰乞,施受同詞。乞求即使人給予。如甲骨文《合集》1961:"甲申气自雩十屯。小叡。"齊侯壺(《集成》09730):"洹子孟姜用气嘉命。"此表"乞求"義。甲骨文《合集》3240:"甲午卜,鼎(貞),叀(惠)周令气牛于多子。"睡虎地秦簡《日書》甲種《詰咎》篇簡 62 背貳:"凡鬼恒執匴以入人室,曰'氣我食'云,是是餓鬼。""氣"由"气"加義符"米"表給予糧食,實是"气"的"使……給予"義孳乳而來,後來還累增"食"旁作"餼"。

糴——糶、糶 《説文》米部:"糴,穀也。从米,翟聲。"又入部:"糴,市穀也。从入,从糴。"義即買賣穀物。季旭昇先生列出圖表:

表 1

糴 1 西漢.居延圖 228	糴 2 西漢.居延圖 429	糴 3 西漢.居延圖 357	糴 4 東漢.曹全碑《篆》
糴 5 樓蘭木簡 9《篆》			

指出:"糴字最早出現在漢簡,只作糴,不加'入',从米,翟聲。以古漢語施受同詞的特

① "旻(愍)"字釋讀從陳劍,參其所撰《甲骨金文舊釋"尤"之字及相關諸字新釋》,《甲骨金文考釋論集》,綫裝書局,2007 年,第 59—80 頁。

② 于省吾:《甲骨文字釋林·釋气》,中華書局,1979 年,第 80 頁。

③ 季旭昇:《説文新證》,第 55 頁。

性來看，糶字應該兼買賣，也就是相當於後世的糴糶兩字。西漢居延漢簡 Δ3 加'入'，和糶分化。古漢語往往施受不分，如'受''易(賜)''乞'都兼施受二義，'糶'應該也是如此。"[①]所言甚是，《玉篇》"糶"字有"徒的""徒弔"二切，正與"糴""糶"二字之音相應。買穀即"使穀入"，也就是"糴"。同時還孳乳産生了"糶"字，《説文》出部："糶，出穀也。从出，从糶，糶亦聲。""出穀"即"使穀出"。

賖——貰 《説文》貝部"賖，貰買也。从貝，余聲"，段玉裁注："貰買者，在彼爲貰，在我則爲賖也。"徐灝《説文解字注箋》："賖貰實一字，因聲轉歧而爲二，與買賣、糶糴、貸貣之類皆同例。"《説文》貝部"貰，貸也。从貝，世聲"，段玉裁注："《泉府》以凡賖者與凡民之貸者並言，然則賖與貸有别。賖，貰也，若今人云賖是也；貸，借也，若今人云借是也。其事相類，故許渾言之曰'貰，貸也'。""賒"與"賖"是音義相同的異體字。王力先生指出："'賖'是賖入，'貰'是賖出(使賖)。這種關係，跟'買、賣''糴、糶'的關係是一致的。"[②]

貣——貸 《説文》貝部"貣，從人求物也。从貝，弋聲"，又"貸，施也。从貝，代聲"，段玉裁注："謂我施人曰貸也。"王力先生指出："'貣'和'貸'是自動和使動的關係。'貣'是貸入，'貸'是貸出(使貸)。這和'買、賣''糴、糶''貰、賖'同理。"[③]《包山楚簡》簡 114："州莫囂(敖)疥、州司馬庚爲州貣郘(越)異之黃金四益(鎰)以翟(糴)種。""貣"指借入。睡虎地秦簡《法律答問》簡 206："可(何)謂'介(丐)人'？不當貣，貣之，是胃(謂)'介(丐)人'。"兩個"貣"字指借出，整理小組均讀爲"貸"，[④]甚是。

畏——敭、愄、㥜、威 甲骨文"畏"字作(《合集》17442)、(《合集》14173)、(《合集》19484)等形。李孝定先生指出，畏字"契文象鬼執仗之形，可畏之象也。王(國維)氏謂畏威一字，又从攴从卜从戈，於偏旁得通。説均是也"。[⑤] 使之畏即威。王力先生指出："有威則可畏，故'威''畏'同源。"所引文獻有《新書·容經》："有威而可畏謂之威。"《釋名·釋言語》："威，畏也，可畏懼也。"[⑥]以清華八爲例，[⑦]《攝命》簡 17、19 兩見"威"字，指"威義(儀)"之"威"。《心是謂中》簡 5、6 兩見"畏"字，均用爲"鬼"。

---

① 季旭昇：《説文新證》，第 455 頁。

② 王力：《同源字典》，第 164 頁。

③ 王力：《同源字典》，第 255 頁。

④ 睡虎地秦墓竹簡整理小組編：《睡虎地秦墓竹簡》，文物出版社，1978 年，第 241 頁。

⑤ 李孝定：《甲骨文字集釋》，"中研院"歷史語言研究所專刊之五十，1991 年 3 月影印五版，第 2911 頁。"又从攴从卜从戈"一句，原書作"又从攴卜从从戈"，今據文意乙正。

⑥ 王力：《同源字典》，第 392 頁。

⑦ 清華大學出土文獻研究與保護中心編，李學勤主編：《清華大學藏戰國楚簡(捌)》，中西書局，2018 年。

《攝命》簡 6、9、15、21 五見“鬼”字，或用爲“威”，或用爲“畏”。《命訓》簡 4“畏”字作从鬼从示之形。古文字中或加攴旁作“敳”，如（王孫鐘，《銘圖》15613）。郭店楚簡《緇衣》簡 30 用“愄”爲“威”，《唐虞之道》簡 13 又用“㥚”爲“威”。

事——使 《説文》史部：“事，職也。从史，之省聲。”林義光説：“事史同音，疑本同字而有兩義，《説文》云：‘，治人者也。从一从史。’按一史非義，事字古或作，形與吏合。吏事古同音，蓋本同字，吏音本如使（使从吏得聲），復轉如理，使音亦轉如理，《離騷》‘吾令蹇修以爲理兮’、《左傳》‘行李之往來’（僖十三），理、李皆借爲使。吏訓治人者，亦由職事之義引伸。”①分析“史”“吏”“事”“理”“李”“使”諸字的關係頗爲透徹。《韓非子·喻老》：“事者，爲也。”《國語·魯語下》“備承事也”，韋昭注：“事，使也。”金文中即有用“事”爲“使”之例，如守簋（《集成》04179）：“王事小臣守事于夷。”兩個“事”字均用爲“使”。《説文》人部：“使，伶（令）也。从人，吏聲。”秦駰玉版：“使明神智（知）吾情。”中山王大鼎（《集成》02840）：“逋（使）智（知）袿（社）禝之賃（任）”、中山王方壺（《集成》09735）：“逋（使）旻（得）孯（賢）在（士）良猹（佐）賈”。“使”字作、，从吏从辵。《吕氏春秋·音律》“而農民無有所使”，高誘注：“使，役。”《荀子·王霸》“官人使吏之事也”，楊倞注：“使吏，所使役之吏。”“使”意爲“令從事”，實是“事”之孳乳字。

去——迲、祛 《吕氏春秋·下賢》“去其帝王之色”，高誘注：“去，猶除去。”《詩·魏風·碩鼠》：“逝將去女，適彼樂土。”有學者認爲“去女（汝）”之“去”並非離開義，而是除去義，即“使……去”。② 睡虎地秦簡《馬禖祝辭》簡 157 背、158 背：“毆（驅）其央（殃），去其不羊（祥）。”或加止旁，如戰國金文中山王圓壺（《集成》09734）：“大（去）型（刑）罰。”“去”字从“止”當與从“辵”的“迲”字同。上博簡《蘭賦》簡 1：“夬（決）迲選勿（物）。”《韓詩外傳》卷八：“所友者十有二人，足以祛壅蔽矣。”“祛”用指除去義。《廣雅·釋詁》：“祛，去也。”王力先生指出：“祛是‘去’的使動詞（使去）；‘朅’是‘去’的内動詞（去來），故‘去’‘祛’‘朅’實同一源。”③或加辵旁作“迲”。

視——示 《説文》見部：“視，瞻也。从見，示[聲]。”《玉篇·示部》：“示者，語也，以事告人曰示也。”王力先生指出：“‘視’是看，‘示’是使看，二字同源。……《詩·小雅·鹿鳴》：‘視民不恌。’疏：‘古之字，以目視物，以物示人，同作視字。後世而作字

① 林義光：《文源》，第 239—240 頁。

② 譚步雲：《〈《碩鼠》是一篇祈鼠的祝詞〉補説——兼代陳建生同志答李金坤先生》，《晉陽學刊》1995 年第 6 期。

③ 王力：《同源字典》，第 134 頁。

異,目視物作示傍見,示人物作單示字,由是經傳之中,視與示字多雜亂。'"[①]出土文獻中以"視"爲"示"習見,如郭店簡《語叢三》簡13—14:"自視亓(其)所能,員(損)。自視亓(其)所不族(足),萾(益)。"銀雀山漢簡《孫子兵法·計》簡6:"……用而視之不用,近而視之遠,[遠]而視之近。"

垢——詬、訽 《説文》土部:"垢,濁也。从土,后聲。""濁"即濁穢之物。《左傳》宣公十五年:"國君含垢。""垢"本指污垢、塵垢,引申指屈辱、污辱。污辱就是使蒙垢、使屈辱。字亦作"詬",如《左傳》哀公八年:"曹人詬之。"《説文》言部:"詬,謑詬,恥也。从言,后聲。"或體作"訽"。

入——内、納 《説文》入部:"入,内也。"又:"内,入也。从冂入[②],自外而入也。"《廣雅·釋詁》:"納,入也。"王力先生説:"按,使入曰納。"[③]頌鼎(《集成》02827):"受令(命)册佩以出,反(返)入(納)堇(瑾)章(璋)。"睡虎地秦簡《日書》甲種《秦除》簡23貳:"收日,可以入人民、馬牛、禾粟、入室、取妻及它物。"克鼎(《集成》02836):"出内(納)王令(命)。"

巩——鞏 《説文》丮部:"巩,褱也。从丮,工聲。"或體作"𢀜"。"褱",小徐本作"抱"。"𢀜""鞏"均爲"巩"之孳乳字。《説文》革部:"鞏,以韋束也。《易》曰:'鞏用黄牛之革。'从革,巩聲。"引《易》見於《革卦》。用皮革捆紮是爲了使物體牢固。《詩·大雅·瞻印》"無不克鞏",毛傳:"鞏,固也。"張亞初先生説:"西周晚期毛公鼎'丕巩先王配命',巩讀爲鞏,即鞏固。"[④]

固——錮 《説文》囗部:"固,四塞也。从囗,古聲。"《説文》金部:"錮,鑄塞也。从金,固聲。"《急就篇》"釭鐗鍵鉆冶錮鐈",注:"錮者,鑄而補塞之,令其堅固也。"

正——政、整 《説文》正部:"正,是也。从止,一以止。""正"字已見於甲骨文,羅振玉以爲即是"征"字初文。[⑤] 金文或用爲正直義,如毛公鼎(《集成》02841):"無唯正䎽(聞),引(矧)其唯王智。"《吕氏春秋·君守》"有繩不以正",注:"正,直。"金文亦用爲使動詞,"使……正",即"整治"義,如盂鼎(《集成》02837):"匍有三(四)方,畯(畯)正氒(厥)民。"《吕氏春秋·順民》"昔者湯克夏而正天下",高誘注:"正,治也。"《禮記·月令》"角斗甬,正權概",鄭玄注:"角、正皆謂平之也。"《説文》攴部:"政,正也。

① 王力:《同源字典》,第424頁。

② 冂,大徐本作"口",今從段玉裁《説文解字注》改(藝文印書館,1999年,第226頁)。

③ 王力:《同源字典》,第458頁。

④ 張亞初:《商周古文字源流疏證》,中華書局,2014年,第1492頁。

⑤ 羅振玉:《殷虚書契考釋》,轉引自于省吾主編:《甲骨文字詁林》,中華書局,1996年,第790頁。

从攴，从正，正亦聲。"許氏分析"政"字結構當作會意兼形聲，不爲無據。《釋名·釋言語》："政，正也，下所取正也。"西周金文已有"政"字，指政事，如牆盤（《集成》10175）："初𢾊（調）龢（和）于政。"上博簡《中弓》附簡："唯正（政）者，正也。夫子唯（雖）又（有）與（舉），女（汝）蜀（獨）正之，幾（豈）不又（有）恚（枉）也。"三個"正"字用法各異。第一個讀爲"政"，第二個指公正，第三個用爲動詞，指"使……公正"。"政"由"正"孳乳而來，戰國尚未完全分化。《説文》攴部："整，齊也。从攴，从束，从正，正亦聲。"其實當析爲从"敕"从正，正亦聲。《説文》攴部："敕，誡也。臿地曰敕。从攴、束聲。"《禮記·月令》："整設于屏外。"鄭玄注："整，正列也。""整"亦由"使……正"之義孳乳而來。

順——馴、訓　《禮記·月令》"順彼遠方"，鄭玄注："順，猶服也。"《説文》馬部："馴，馬順也。"人順亦曰"馴"。《漢書·石奮傳》"皆以馴行孝謹，官至二千石"，顔師古注："馴，順也。"《晏子春秋·外篇第八·仲尼見景公景公欲封之晏子以爲不可第一》："不可以道衆而馴百姓。""馴"即"使之順"，"訓"亦"使之順"，"馴""訓""順"實則同源。出土文獻每用"訓"爲"順"。清華五《湯在啻門》簡15—16："记（起）设（役）時訓（順），民備不俑（庸），此胃（謂）㝵（美）设（役）。"《湯處於湯丘》簡11："女（如）幸余閒（閒）於天畏（威），朕隹（惟）逆訓（順）是煮（圖）。"

半——判　《説文》半部："半，物中分也。"《説文》刀部："判，分也。从刀，半聲。"合理一點講，"判"應是會意兼形聲，當説成"从刀从半，半亦聲"。《左傳》莊公三年"紀於是乎始判"，杜預注："判，分也。"《周禮·地官·媒氏》"掌萬民之判"，鄭玄注："判，半也。""使……分半"即是"判"。《説文》八部："分，别也。从八，从刀，刀以分别物也。"《荀子·禮論》"然則何以分之"，楊倞注："分，半也。"王力先生説："'分'的本義是一分爲二，故'分'有'半'義。"[①]《説文》片部"片，判木也，从半木"，段注："謂一分爲二之木。""使……成半"，也可以是"片"。

敬——驚、警、儆、憼　《釋名·釋言語》："敬，警也，恒自肅警也。"《詩·大雅·常武》"既敬既戒"，鄭箋："敬之言警也。"《論語·學而》："敬事而信。"《説文》馬部："驚，馬駭也。从馬，敬聲。"《易·震》："震驚百里。"《殷其靁》"振振君子"，孔穎達疏引鄭玄注："驚之言警戒也。"王力先生説："驚則引起警惕，警惕自己不犯錯誤就是敬。故'驚''警''敬'同源。"[②]《説文》言部："警，戒也。从言，从敬，敬亦聲。"又，人部："儆，戒也。从人，敬聲。"或从心，又，心部："憼，敬也。从心，从敬，敬亦聲。"中山王方壺（《集成》09735）："嚴敬不敢𢙢（怠）荒。""嚴"亦敬也，"嚴敬"同義連文。同銘："目（以）憼嗣

① 王力：《同源字典》，第523頁。

② 王力：《同源字典》，第320頁。

王。"《荀子・賦篇》"憼革貳兵",楊倞注:"憼與儆同,備也。""驚""儆""警""憼"即爲"敬"之使動孳乳字。

合——洽 《説文》亼部:"合,合口也。从亼,从口。"余永梁先生説:"合象器蓋相合之形。"[①]李孝定先生指出:"器蓋吻合無間,故引申爲凡會合之稱。……許以合口説之,乃其引申義。"[②]《説文》水部:"洽,霑也。从水,合聲。"《廣韻・洽韻》:"洽,和也,合也,霑也。"《詩・大雅・江漢》:"洽此四國。""洽"指調和,"使……和合"。《詩・小雅・正月》:"洽比其鄰",《左傳》僖公二十二年、《左傳》襄公二十九年引作"協比其鄰"。

喬——矯、撟、蹻 《詩・小雅・伐木》"遷于喬木",毛傳:"喬,高也。"《楚辭・九章・惜誦》"矯兹媚以私處兮",王逸注:"矯,舉也。"《説文》手部:"撟,舉手也。从手,喬聲。"《文選・揚雄〈甘泉賦〉》"仰撟首以高視兮",李善注:"王逸《楚辭注》曰:'撟,舉也。'撟與矯同。"《説文》足部:"蹻,舉足行高也。从足,喬聲。"《文選・揚雄〈長揚賦〉》"莫不蹻足抗首",李善注引服虔曰:"蹻,舉足也。"訓詁所謂"舉""舉手""舉足"都是"使……高"的意思。

直——植 《吕氏春秋・樂成》"我有田疇,而子産殖之",高誘注:"殖,長也。"《廣雅・釋地》:"植,種也。"究其語源,"植"與"直"有關。[③]《説文》木部:"植,户植也。从木,直聲。"按許氏説解,"植"是門外閉時用以落鎖的中立直木。[④]"植"本指直立之木,引申之,凡直立皆曰"植",使他物直立亦謂之"植"。《周禮・夏官・田僕》"令獲者植旌",鄭玄注:"植,樹也。"《論語・微子》"植其杖而芸",皇侃義疏:"植,豎也。"

柔——揉、煣、輮 《説文》木部"柔,木曲直也。从木,矛聲",段玉裁注:"凡木曲者可直,直者可曲,曰柔。《考工記》多言揉,許作煣,云:'屈申木也。'必木有可曲可直之性,而後以屈之申之,此柔與煣之分别次第也。"徐灝《説文解字注箋》:"柔,疑即古揉字,因爲剛柔之義所專,又增手作揉、增火作煣耳。"《易・繫辭下》:"揉木爲耒。"《考工記・輪人》:"揉輻必齊。"《説文》火部:"煣,屈申木也。"字亦作"輮"。《荀子・勸學》:"輮以爲輪,其曲中規。"《大戴禮記・勸學》:"輮而爲輪。"孔廣森補注:"輮,以火柔之也。""揉""煣""輮"諸字均是"柔"的孳乳字。造字理據都是"使……柔軟(柔和、柔順)"。戰國楚簡中的"脜"字也與"柔"字相關。九店 M56 楚簡 39 下—40 下:"凡五

---

① 余永梁:《殷虚文字考》,轉引自于省吾主編:《甲骨文字詁林》,第 730 頁。

② 李孝定:《甲骨文字集釋》,第 1775 頁。

③ 殷寄明:《漢語同源詞大典》,復旦大學出版社,2018 年,第 797—798 頁。

④ 湯可敬:《説文解字今釋》,嶽麓書社,1997 年,第 785 頁。

亥,不可㠯(以)畜六牲腬,帝之所㠯(以)翏(戮)六腬之日。”又簡 46:“其𡧊(中)不壽,宜人民、六腬。”李家浩先生讀“腬”爲“擾”,[①]近是。“腬”與《説文》“讀若柔”的“脜”當爲異體。傳世文獻的“六擾”與“六牲”同義,指馬、牛、羊、豕、犬、雞。楚簡“六腬”“六牲腬”即“六擾”“六牲擾”,“六腬”“六牲腬”之“腬”,得義在於“柔”,即人類對牲畜的馴化。

工——攻 王力先生説:“‘工’是手工業工人,‘功’是工作,‘攻’是進行工作,三字同源。”[②]“工”又作形容詞用,指工巧、精緻,如石鼓文《車工》:“遳(吾)車既工。”“使之工”即是“攻”。《廣雅·釋詁》:“攻,治也。”戰國文字材料中“攻尹”“攻師”就是“工尹”“工師”。

静——靖、竫 《詩·邶風·柏舟》“静言思之”,毛傳:“静,安也。”“静”是自動詞,“靖”是使動詞,“使……静”爲靖。《説文》立部“靖,立竫也。从立,青聲”,段玉裁注:“謂立容安竫也。”《説文》立部“竫,亭安也。从立,争聲”,朱駿聲《通訓定聲》:“與靖略同。”《詩·周頌·昊天有成命》“肆其靖之”,朱熹集傳:“靖,安也。”

平——評 《説文》亏部:“平,語平舒也。从亏,从八。八,分也。”“平正”是“平”的本義。《廣雅·釋詁》:“評,平也。”又:“評,議也。”《玉篇·言部》:“評,平言也。”“評”本作“平”,《鹽鐵論·憂邊》“故使廷尉評等”,張之象注:“評,古本作平。”“評”就是議而使之平,使之正。

戒——誡 《左傳》宣公十二年“軍政不戒而備”,杜預注:“戒,勑令。”《説文》言部:“誡,敕也。从言,戒聲。”王力先生説:“在敕令的意義上,‘戒’‘誡’實同一詞。”[③]“誡”就是使戒備。

句——拘 《説文》句部“句,曲也。从口,丩聲。”又“拘,止也。从句,从手,句亦聲”,段玉裁注:“手句者,以手止之也。”“句”有曲義,“拘”即使曲而不申。《爾雅·釋言》“囚,拘也”,郭璞注:“謂拘執。”《漢書·司馬遷傳》“使人拘而多畏”,顔師古注:“拘,曲礙也。”

迷——謎 《爾雅·釋言》:“迷,惑也。”《説文》辵部:“迷,或(惑)也。从辵,米聲。”徐鉉《説文新附·言部》:“謎,隱語也。从言迷,迷亦聲。”王力先生指出:“‘謎’是

---

① 李家浩:《江陵九店五十六號墓竹簡釋文》,湖北省文物考古研究所編著:《江陵九店東周墓》,科學出版社,1995 年,第 508 頁。

② 王力:《同源字典》,第 376 頁。

③ 王力:《同源字典》,第 252 頁。

後起字。《文心雕龍・諧讔》:'而君子嘲隱,化爲謎語。謎也者,迴互其辭,使昏迷也。'"[①]使人迷之語曰"謎"。

結　　語

通過對以上諸多字例的梳理,筆者囿於學識,未能作出更多的理論分析,只有如下的一點粗淺的認識:

其一,大多字例通過增益構件來達成分化孳乳的目的,實現了形音義的再分配。

由使動孳乳法産生的孳乳字,可以是一個字,也可以不止一個字,如"正"孳乳了"政""整","畏"孳乳了"敳""愄""㥜""威"等,"柔"孳乳了"揉""煣""鞣","敬"孳乳了"驚""警""儆""憼"等。

其二,對這一專題的探討,也有助於研究漢語字詞的造詞理據,有助於字族詞族的繫聯和探索。

其三,"施受同詞"可以産生使動孳乳字。如"學—教""受—授""買—賣""糴—糶糶""賒—貰""貣—貸""气(乞)—氣餼"等。

其四,必須依據出土文獻材料才能更清晰地看清使動孳乳的變化。從異義同詞到分化爲音義有别的派生詞,往往需要經歷一個共存而彼此消長的歷史過程。在改造舊詞形方面,通常在書寫形式上有互諧的關係,在語音上存在内部屈折的情形,如通過聲韻調的變化達到區别詞義的目的。

這一專題的討論,不僅對字族詞族研究有幫助,對編纂工具書也有作用。李新魁先生指出動詞、形容詞的"使動用法引起了字形的分化不少",這在理論上頗有啓迪意義。

附記:

此文提綱曾在"古代漢語大型辭書編纂問題研討會"上宣讀(復旦大學出土文獻與古文字研究中心,2018 年 11 月 24—25 日)。會後有增訂。電子文檔承賀張凡學棣悉心校對補字,多所訂正,謹志謝忱。(2024 年 6 月 5 日)

---

① 王力:《同源字典》,第 430 頁。

漢字發展過程中的分化、合併與糅合*

——以古文字中的“鬼”與“畏”爲核心

李守奎[1]　侯瑞華[2]

1 清華大學人文學院暨出土文獻研究與保護中心
“古文字與中華文明傳承發展工程”協同攻關創新平臺
2 山東大學文學院

一、古文字中“人”與“卩”的對立

《説文》部首有“人”“儿”“卩”三部。其中“儿”是“人”的變形：《説文》：“儿，仁人也。古文奇字人也。象形。孔子曰：‘在人下，故詰屈。’凡儿之屬皆从儿。”王筠《説文句讀》已經指出“儿、人一字”，又解釋“在人下，故詰屈”一句説：“凡从儿之字，皆以儿爲下體，故設言上體爲人，而儿在其下也。”①“儿”部中有六個字：儿、兀、皃、允、兑、充。從古文字來看，這些字中的“儿”，大部分都是“人”的變形：

---

* 本文寫作得到國家社科基金重大招標項目“楚文字綜合整理與楚文字學的構建”（18ZDA304）、古文字與中華文明傳承發展工程規劃項目“漢字文化傳承與基地建設”（G1814）、清華大學自主科研項目“漢字闡釋學的探索與理論構建”（2023THZW）的資助。

① （清）王筠：《説文解字句讀》，中華書局，2016 年，第 322 頁。

表 1

	商　周	秦　漢	《説文》
元/兀①	 (《集成》05278.2)  (《合》19790)  (《合》7242)  (《集成》02614)  (清華簡二《繫年》56)  (上博簡三《周易》47)	 (平陽銅權)  (睡虎地秦簡《編年記》5)  (馬王堆帛書《繆和》23)  (馬王堆帛書《五星占》76)	 
兒	 (《合》3397) (《集成》06479) (郭店簡《語叢四》27)	 (睡虎地秦簡《封診式》86) (馬王堆帛書《老子》乙 51)	
允	 (《合》6065) (《集成》04341) (郭店簡《成之聞之》25)	 (石鼓文·鑾車) (馬王堆帛書《周易》71)	
兑	 (《合》28663)  (《集成》03955)  (郭店簡《老子乙》16)	 (睡虎地秦簡《日書》甲 69 背)  (馬王堆帛書《戰國縱橫家書》105)	

① "兀""元"一字分化。參見李守奎、肖攀:《清華簡〈繫年〉文字考釋與構形研究》,中西書局,2015 年,第 287—288 頁。

簡化字中的“儿”是“兒”形的截除式省略,與《説文》中的“儿”音、義並不相同,本文所討論的“儿”與簡化字無涉。在《説文》部首中,兄、先、皃、兆、先、禿、見(覞)、欠(歙、次)、旡(既)、頁(須)、丏、鬼(嵬)、長等,按照《説文》的理解,它們的構形都與“儿”有關。比如將“兄”分析爲“从口、从儿”,將“見”分析爲“从目、从儿”,將“頁”分析爲“从百、从儿”等等。但是從古文字來看,其中的部分“儿”旁實際上來源於“卩”旁:

表 2

	商	周	秦　　漢	《説文》
祝	(《合》30799)	(《集成》01938)	(周家臺秦簡《病方》348) (馬王堆帛書《陰陽五行甲·雜占之四》3下)	
旡	(《合》18006)	(《集成》04206)“既”	(睡虎地秦簡《爲吏之道》40)“既” (馬王堆帛書《五行》10)“既”	
見	(《合》19895)	(《集成》05428.1)	(嶽麓簡三 0418) (馬王堆帛書《戰國縱橫家書》73)	
頁	(《合》22216)	(《集成》04327)		

《説文》“卩(卪)”“印”“卯”“辟”等部首中的“卩”,在古文字中是跪坐的人形。站立的人與跪坐的人在形體和表意上都有明顯區别。在部分商周文字裏,“儿”與“卩”在構形表意上形成對立,並不是同一個字。

(1)“兄”與“祝”

“兄”在甲骨文中多見,一般用爲兄長之兄或者貞人名。如:

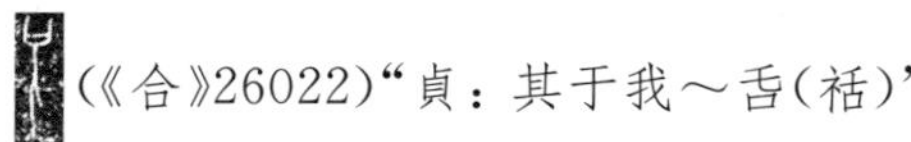

(《合》26022)“貞:其于我~舌(栝)”

(《合》20015)"己未卜,王,㞢(侑)～戊羊,用"

(《合》26627)"癸酉卜,～貞:旬亡(無)囚"

王襄在 1920 年出版的《簠室殷契類纂》中就將這類字形放在"兄"字下,指出其爲"古兄字"。①

"兄"字从"口"作站立人形。甲骨文中還有一個从"口"作跪坐人形的字,有的還增加"示"旁:②

(《合》13926)"辛丑卜,㱿貞:～于母庚"

(《合》32671)"叀(惠)王～"

添加"示"旁的"祝"字也很早就爲學者所辨識,王襄的《簠室殷契類纂》也已認出這類形體爲"古祝字"。③ 而對於第一種形體,姚孝遂先生曾指出:

> 論者多以爲卜辭"兄""祝"同字,這完全是一種誤解。下部從,下部從,形體是有别的,其用法也截然不同……卜辭所見""與""數以百計,都是以""爲"祝",以""爲"兄",區分極爲嚴格,並不相混。④

其説十分可信。

(2)"見"與"視"

(《合》6167)"貞:㪔人五千,乎(呼)～𢀛方"

(《合》1027)"己未卜,㱿貞:缶其來～王。"

---

① 王襄:《簠室殷契類纂》,天津博物院,1920 年,第 40 頁。

② "祝"字還有一些从覆手形的寫法,因與本文所論無關,故從略。相關討論可參沈培:《説古文字裏的"祝"及相關之字》,《簡帛》第 2 輯,上海古籍出版社,2007 年,第 1—30 頁。

③ 王襄:《簠室殷契類纂》,第 2 頁。

④ 姚孝遂:《古文字的符號化問題》,國際中國古文字學研討會論文集編輯委員會:《古文字學論集初編》,香港中文大學、中國文化研究所、吴多泰中國語文研究中心,1983 年,第 104 頁;又收入《姚孝遂古文字論集》,中華書局,2010 年,第 49 頁。

張桂光先生最早指出甲骨文中的“”與“”並非一字，並把立人形的字釋作“望”。[1] 1993 年郭店楚墓竹簡發現後，根據簡本《老子》“視之不足見”一句在寫法上的不同，學者發現了甲骨文中“見”與“視”的區分。[2] 驗之甲骨文，這種構形上的區分十分嚴格。

(3)“首”與“頁”

金文中屢見“釁壽”一辭，宋人已指出“釁”即“亹”字，“釁壽”即傳世文獻中的“眉壽”。[3] “釁”字的構形象兩手持器皿傾水在頭上，西周金文中的典型字形寫作：

(《集成》04222)“用旛(祈)匄釁(眉)壽”

(《集成》04223)“用旛(祈)匄釁(眉)壽”

(《集成》10175)“天子釁(亹)無匄(害)”

器皿下所从的“頁”旁下部多爲立人之形，一直到春秋、戰國時期的金文中仍然保持這種寫法：

(《集成》02602)“其萬年釁(眉)壽無疆(疆)”

(《集成》04096)“以貿(匄)羕(永)令(命)須(眉)壽”

同時下部的立人形已經發生了一些曲折，幾乎與《説文》所分析的“从百，从儿”相一致。這同樣説明，《説文》的“儿”是由“人”形演變而來的。

與這種立人形的“頁”相對立，金文中還能够見到下部呈跪坐形的“頁”字：

卯簋蓋(《集成》04327)“卯拜手頁(䭫)手(首)”

結合字形和辭例，我們能够確認這個突出頭部的跪坐的“頁”，應該就是表示稽首禮的“䭫”的本字，“䭫”則是後起的形聲字。

---

① 張桂光：《古文字考釋四則》，《華南師院學報(社會科學版)》1982 年第 4 期，第 87—89 頁；又收入《古文字論集》，中華書局，2004 年，第 112—113 頁。

② 參見裘錫圭：《甲骨文中的見與視》，臺灣師範大學國文系、“中研院”歷史語言研究所編：《甲骨文發現一百週年學術研討會論文集》，臺灣師範大學國文系、“中研院”歷史語言研究所，1998 年，第 1—5 頁；後收入《裘錫圭學術文集・甲骨文卷》，復旦大學出版社，2012 年，第 444—448 頁。

③ (宋) 歐陽修：《集古録跋尾》，上海古籍出版社，2020 年，第 57 頁。

跪着的“見”和“頁”分别是“覲”與“䭫”的初文，跪着的“卩”表示敬意。[①] 立着的“見”與“頁”，分别是“視”與“首”[②]。“頁”被“䭫”取代之後，跪人形的“頁”與立人形的“頁”不再對立，而是逐漸混訛、合併爲一，在構形中起着相同的表意作用。

根據以上的古文字構形實例，這種立人形的“儿”旁與跪坐形的“卩”旁在構形中的對立也許是成系統的，[③]是兩個不同文字之間的區别特徵。但是，在以《説文》爲代表的後世字書中，有些“儿(人)”與“卩(㔾)”發生了混訛。沿着這種思路，我們重新檢視與“儿(人)”“卩(㔾)”相關的材料，得知《説文》中的“鬼”是源自甲骨文中兩個不同“鬼”形的糅合。

二、“鬼”與“畏”的已有認識與再認識的出發點

《説文》中“鬼”與“畏”有别：

> 鬼，人所歸爲鬼。从人，象鬼頭。鬼陰气賊害，从厶。凡鬼之屬皆从鬼。䰟，古文从示。
>
> 畏，惡也。从甶，虎省。鬼頭而虎爪，可畏也。𤰞，古文省。

從語言的角度，“鬼”“畏”一字説由來已久。如章太炎云：“鬼又孳乳爲畏，惡也。鬼頭而虎爪，可畏也。”[④]其弟子沈兼士也認爲“先論‘鬼’‘畏’‘禺’三字之連鎖性。按此三字，原指一物。許氏就已分化之語辭，别爲數解”。[⑤] 這些看法基本代表了傳統語言文字學對“鬼”“畏”關係的認識。

從古文字材料看，問題更爲複雜。甲骨文中不僅“鬼”與“畏”有别，“鬼”與“鬼”也有别。

---

① 參見李守奎：《説“頁”、“見”》，《中國文字》2019年夏季號(總第1期)，萬卷樓圖書股份有限公司，2019年，第115—122頁。

② “頁”本是“首”的異體，參見裘錫圭：《文字學概要(修訂本)》，商務印書館，2013年，第118頁。在金文“釁”字的異體中，也有直接以“首”表意的，如西周晚期的晉侯對鼎(《銘圖》02232)。

③ 張桂光在《古文字義近形旁通用條件的探討》一文中也提出“人與卩不相通用”，認爲“人(亻)是側立形，爲常規之人；卩(㔾)是跪跽狀，爲特殊情形的人，或表示奴隸身份，或表示卑者侍尊者的行爲，或表示須跪坐狀作的事，與常規的人字區别明顯”。見張桂光：《古文字論集》，第43—44頁。

④ 章太炎：《文始》，《章太炎全集(第7卷)》，上海人民出版社，2014年，第225頁。

⑤ 沈兼士：《“鬼”字原始意义之試探》，《沈兼士學術論文集》，中華書局，1986年，第190頁。

（一）甲骨文中的“鬼”與“鬼方”

甲骨文中有兩個所謂的“鬼”。一個站着，另外一個跪着：

（《合》8593）“……卜，㱿貞：鬼方……”

（《合》24987）“……鬼”

各類字典、字編大都把它們當作一個字。[1]《甲骨文字詁林》及《殷墟甲骨刻辭類纂》等書將其分爲兩個字頭，分别是“0316 鬼”和“0322 鬼”。姚孝遂先生指出：“卜辭‘ ’爲方國名，與‘ ’形義俱有别，‘ ’當爲方國之專用字。”[2]

甲骨文中另有“畏”字：

（《合》17442）“［癸］未卜，［王］貞：畏夢，余弓（勿）卬（禦）”

姚孝遂先生指出：“鬼畏音近可通，但不得謂爲同字。”[3]

從甲骨文材料出發，目前對“鬼”與“畏”的認識可以概括爲：“鬼”可以分爲站立的“鬼”與跪坐的“鬼”，用法有别。鬼方之“鬼”下部寫作立人形。“鬼”與“畏”音近可通，但字形有别，並非一字。

（二）西周金文中的“畏”與“威”

“畏”與“威”是一組同源詞，《釋名·釋言語》：“威，畏也，可畏懼也。”一方的“威”使另一方“畏”，而一方的“畏”也正反映出另一方的“威”。由於“畏”與“威”在詞源上的關係密切，在西周金文中記録這兩個詞時也往往使用同一個字形，如：

大盂鼎（《集成》02837）“畏天畏（威）”

毛公鼎（《集成》02841）“臤（旻）天疾畏（威）”

① 孫海波：《甲骨文編》，中華書局，1965 年，第 382 頁；徐中舒主編：《甲骨文字典》，四川辭書出版社，2006 年，第 1021 頁；季旭昇：《説文新證》，福建人民出版社，2010 年，第 744 頁；劉釗：《新甲骨文編（增訂本）》，福建人民出版社，2014 年，第 536—537 頁。

② 于省吾主編：《甲骨文字詁林》，中華書局，1999 年，第 360 頁。

③ 于省吾主編：《甲骨文字詁林》，第 362 頁。

從西周金文來看,讀作"畏"或"威"的字與甲骨文中的"畏"一脈相承。

全部是立鬼,手中舉的杖下移、離析,手形或可省略。

(三) 戰國文字中的"鬼"與"畏"

戰國文字中的"鬼"與"畏"有區別,彼此一般不通用。下部是立人形的"鬼"可以讀爲"畏"和"威",例如:

(清華簡五《厚父》3)"智(知)天之~(威)弋(哉)"

(清華簡五《厚父》3)"廼嚴禛(寅)~(畏)皇天上帝之命"

通過對不同古文字階段"鬼"與"畏"已有認識的梳理,我們可以有一個初步的推斷,即:立着的"鬼"與"畏"和"威"密切相關,而跪着的"鬼"則是人鬼之"鬼"。這兩個形體究竟是什麽區别,如何分化與合併,需要從材料出發做進一步的細緻分析。

三、出土文獻中的"畏"與"威"

下面將出土文獻中讀爲"畏"或"威"的字形作系統的排比和梳理。

(一) 商代甲骨文

(《合》17442)"[癸]未卜,[王]貞:畏夢,余弓(勿)卬(禦)"

(《合》14173 正)"貞:畏其虫(有)囚"

(《合》19484)"辛卯……畏至不"

字形象站立的鬼舉着杖形器。最早考釋甲骨文此字的羅振玉指出:"此則从鬼手持卜,鬼而持支,可畏孰甚。"①

① 羅振玉:《殷虚書契考釋三種》,中華書局,2006年,第507頁。

(二) 西周金文

大盂鼎(《集成》02837)“畏天畏(威)”

班簋(《集成》04341)“眣(旻)天畏(威)”

毛公鼎(《集成》02841)“臤(旻)天疾畏(威)”

毛公鼎(《集成》02841)“敬念王畏(威)不睗(易)”

駒父盨蓋(《集成》04464)“不敢不敬畏王命”

(三) 春秋金文

黝鎛(《集成》00271)“余彌心畏(畏)忌”①

(四) 戰國文字

戰國文字目前以楚系和秦系的材料最爲豐富,而戰國楚文字系統中的“畏”及相關字形複雜多樣,②爲討論“畏”字的字際關係提供了寶貴的綫索。

第一,戰國楚文字中有繼承和保存了商代甲骨文、西周金文字形的“畏”字,見於清華簡《五紀》篇:

(清華簡十一《五紀》111)“吕(凡)亓(其)(身)爲天畏异(忌)”

字形呈現出的仍然是立着的鬼,原本的杖形則移動到字形下部。這類字形目前共14例,全部出現在《五紀》一篇中。而由這類字形進一步演變,下部的杖形就會訛變類化爲“止”形:

(清華簡三《周公之琴舞》13)“畏天之載(災)”

① 這種字形在戰國楚文字中也有一例,見於清華簡拾《四時》簡39“”,辭例爲“乃又(有)畏碼火乍(作)”,具體讀法尚待研究。

② 以下所提到的統計數據,截止日期爲2023年12月,材料包括清華簡十三《畏天用身》。

(清華簡一《皇門》8)"弗畏不恙(祥)"

這類从"止"的字形在目前材料中共有 40 例,占所有"畏"字的 74%,可以認定爲戰國楚文字"畏"的常態字形。

秦文字中的"畏"同樣來源於商周文字,構形中原有的杖形發生了一定程度的訛變。《説文》:"畏,惡也。从由,虎省。鬼頭而虎爪,可畏也。 ,古文省。"從秦文字材料來看,《説文》所謂的"虎爪"實際正是杖形的訛變:

(詛楚文·湫淵)"不畏皇天上帝"

(睡虎地秦簡《日書》甲 24 背)"故丘鬼恆畏人"

第二,戰國楚文字中還有一個下部爲立人形的"鬼"字,爲區别起見,我們將其隸定爲"皃"。這一形體在目前的材料中共出現 17 次,全部列出如下:

、(上博簡三《恆先》3 正)"皃生皃"

(清華簡五《厚父》3)"智(知)天之皃(威)戈(哉)"

(清華簡五《厚父》3)"廼嚴禎(寅)皃(畏)皇天上帝之命"

(清華簡五《厚父》9)"皃(畏)不恙(祥)"

(清華簡五《厚父》10)"廼弗皃(畏)不恙(祥)"

(清華簡七《越公其事》4)"兵甲之皃(威)"

(清華簡七《越公其事》58)"荒皃(畏)勾踐"

、(清華簡八《攝命》6)"女(汝)皃(威)由硯(表)由諲(望),不啻(惕)女(汝)皃(威)"

(清華簡八《攝命》9)"龔₌(翼翼)皃(畏)【9】少(小)心"

(清華簡八《攝命》15)"亦皃(畏)蒦(獲)懃朕心"

(清華簡八《攝命》21)"女(汝)亦母(毋)【20】敢皃(畏)甬(用),不審不允"

（清華簡十《四告》34）“余皃（畏）乍（作）玟（文王）羞（羞）”

（清華簡十一《五紀》105）“高皃（威）”

（清華簡一《金縢》12）“今皇天動皃（威）”

（清華簡三《説命下》4）“女（如）飛鶴（雀）【3】罔皃（畏）觀”

最後 2 例下部由“人”旁加短横飾筆演變作“壬”旁，這種演變軌迹在古文字構形中非常常見，比如“年”字本作“”（《集成》10145），又可寫作“”（《集成》10163）。從已經明確的用法上看，“皃”主要記録兩個詞：{畏}（10 例）與{威}（5 例）。值得注意的是，在現有材料中没有確切證據表明該字形可以記録{鬼}。

與楚文字的“皃”相一致，戰國秦文字中也有立人形的“皃”字：

秦公戈（《銘續》1238）“戮皃（威）不廷”

以上這些下部作立人形的“皃”字，主要記録語言中的{畏}與{威}，而不與{鬼}發生關係，這就進一步證明了上文的推斷，即“鬼”字構形中的“儿”與“卩”存在對立的情況：下部作立人形的“皃”與“畏”“威”關係密切，並不記録語言中的{鬼}，與下部爲跪坐卩形的“鬼”並非一字。

第三，立人形的“皃”和“畏”還分别有一些分化字，它們也都不用爲{鬼}，而主要記録{畏}與{威}。

(1) “䰠”

内心畏懼或感受到威嚴、威力是一種心理活動，故而“皃”與“畏”都有增加“心”旁的分化字。“䰠”在目前的戰國楚文字材料中共有 20 例，[①]其字形多作：

（清華簡二《繫年》59）“殺孫（申）白（伯）亡（無）䰠（畏）”

（清華簡五《厚父》9）“民弋（式）克共（恭）心芍（敬）䰠（畏）”

① 其中上博簡五《季庚子問於孔子》簡 9 的“”過去一般釋爲“恳”，實則中間並無“止”形，應該改釋爲“䰠”。此外還有 2 例需要存疑：郭店簡《性自命出》簡 60 的“凡於迲（路）毋”，上博簡作“思”，郭店簡的“”可能爲“思”之訛。上博簡九《舉治王天下》簡 7“尚（嘗）退而之”，學者一般釋爲“思”，禤健聰先生釋爲“愄”（參見禤健聰：《戰國楚系簡帛用字習慣研究》，科學出版社，2017 年，第 332 頁），從辭例看似以讀“思”爲長。

“㥆”在用法上主要用爲{畏},共有 14 例。其次是用爲{威},共有 3 例。另外有 3 例用法不明,但仍然能够確定這 3 例不用爲{鬼}。[①]

齊文字中立人形的“鬼”字下部還增加“口”旁,見於前文已經引到的𨐨鎛。與楚文字的分化路徑相一致,齊文字的“䰟”在戰國時代也産生了增加“心”旁的分化字:

陳肪簋蓋(《集成》04190)“畢(畢)龏(恭)𢙢(畏)忌”

(2)“愄”

“愄”是“畏”字的分化字,追加“心”旁表意。這種字形早見於春秋時代的曾侯與編鐘:

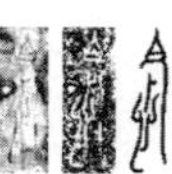曾侯與鐘“𢡱(壯)武愄(畏)諅(忌)”[②]

“愄”在目前的戰國楚文字材料中共有 10 例,其常態字形如下:

(包山簡 173)“愄(威)王”

10 例“愄”中有 7 例用爲{威},另有 3 例用爲人名“無畏”之{畏}:包山簡 176“舒亡(無)愄(畏)”、《上博簡八·王居》簡 1“觀無愄(畏)”、《上博簡八·志書乃言》簡 2“[觀]無愄(畏)”。包山簡中楚威王之{威}一律寫作“愄”,似乎在戰國楚文字系統中,“㥆”與“愄”已經存在分工,即“㥆”更多用爲{畏},而“愄”更多用爲{威}。當然由於二者在語音和字形上的密切關係,兩者也存在用法上的交叉。但無論如何,“㥆”與“愄”都不用爲{鬼}。

(3)“䰠”

甲骨文中的“畏”象站立的鬼持杖之形,以示其可畏。後世的文字構形則以增加“戈”或“攴”旁來示意,於是下部爲立人形的“鬼”與“畏”又有增加“戈”或“攴”旁的後起字。

(上博簡六《用曰》16)“𦅫亓(其)又(有)䰠(威)頌(容)”

---

① 分别是:夕陽坡簡 2“悳(悼)折(哲)王之㥆佶辵尹部逯以王命賜舒方迎(禦)戠(歲)愲(禍)”、《璽彙》0183“郢闕(縣)㥆夫₌(大夫)鉨(璽)”、“郢室㥆㝩(户)之鉨(璽)”(陳松長編著:《湖南古代璽印》,上海辭書出版社,2004 年,第 37 頁)。

② 湖北省文物考古研究所、隨州市博物館:《隨州文峰塔 M1(曾侯與墓)、M2 發掘簡報》,《江漢考古》2014 年第 4 期,第 21 頁。

(清華簡十《四告》26)“明德𩲡(威)義(儀)”

(清華簡十《四告》35)“𩲡(畏)天非𣏟(忱)”

(清華簡十《四告》36)“不誨(侮)𩲡(威)義(儀)”

(侯馬盟書 77：3)“𩲡敢不𨵦(判)亓(其)……”

(4)“𢧦”

目前所見最早的“𢧦”字見於春秋中期的晉公盤：

晉公盤(《銘續》952)“𣪘(教)𢧦(威)百𢇍(蠻)”

站立之鬼的手與杖形在左下部。戰國楚文字中“𢧦”字共有 3 例，手與杖形已經訛變作止形：

(清華簡十《四告》5)“弗敢忘天𢧦(威)命明罰”

(清華簡十《四告》8)“我亦羕(永)念天𢧦(威)”

(清華簡十《四告》44)“𡮝₌(小子)𢧦(畏)卹(恤)大敬(警)”①

(5)“㪉”

“㪉”在春秋時期的楚系金文中比較常見，從辭例來看都用爲{畏}：

王孫遺者鐘(《集成》00261)“㪉(畏)嬰(忌)趩₌(翼翼)”

王子午鼎(《新收》444)“㪉(畏)諆(忌)趩₌(翼翼)”

王子午鼎(《新收》444)“余不㪉(畏)不差(差)”

王孫誥鐘(《銘圖》15610)“余不㪉(畏)不差(差)”

王孫誥鐘(《銘圖》15606)“㪉(畏)𢘋(忌)趩₌(翼翼)”

① “敬”整理者如字讀，此處似當讀爲“警”。清華簡三《周公之琴舞》簡 11“龏(寵)畏(威)才(在)上，敬(警)㬎(顯)才(在)下”，即用“敬”爲“警”。“大警”即上天給予的重大警示，《左傳》宣公十二年：“今天或者大警晉也。”

（6）“䰟”

“䰟”字在目前的戰國楚文字材料中共2例：

（郭店簡《唐虞之道》13）“……用䰟（威），虽（夏）用戈”

（上博簡五《三德》20）“攺（施）之不䰟（威）”

過去一般將上揭形體隸定作“㥜”或“䰟”，①即認爲除去“心”旁、“戈”旁以外的部分是“畏”字之省。但是現在看來，這種隸定應該是有問題的。一方面，現有楚文字中的“畏”和“䘮”都不會省去“止”形。另一方面，楚文字中的“㥍”存在省去下部人形的情況：

（上博簡七《鄭子家喪》甲4）“弗㥍（畏）槐（鬼）神之不恙（祥）”

（上博簡七《鄭子家喪》乙4）“弗㥍（畏）槐（鬼）神”

因此《唐虞之道》簡13與《三德》簡20的字形應該隸定爲“䰟”，可以分析爲从戈，“㥍”省聲，在辭例中都用爲{威}。

除戰國楚、秦兩系文字外，三晉文字中一些从“鬼”的字同樣用爲{畏}：

（《璽彙》1695）“高亡（無）䰟（畏）”

總的來看，立人形的“鬼”和“畏”增加偏旁的分化字，也仍然用爲{畏}與{威}，而不用爲{鬼}。

因此，讀作“畏”或“威”的文字可以有三個譜系：

譜一，“畏”：

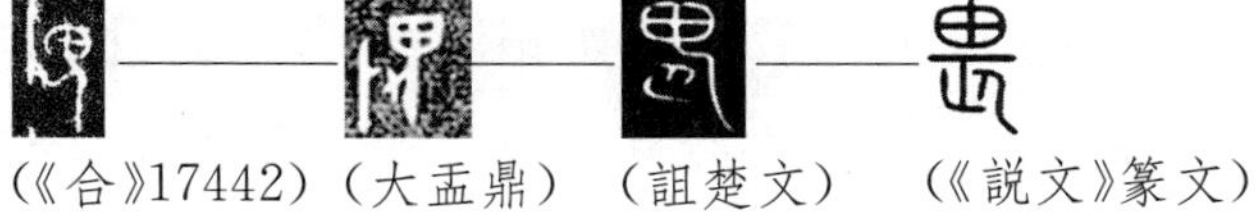

（《合》17442）（大盂鼎）（詛楚文）（《説文》篆文）

（清華簡十《五紀》111）（清華簡一《祭公》1）

① 張守中、張小滄、郝建文撰集：《郭店楚簡文字編》，文物出版社，2000年，第152頁；李守奎編著：《楚文字編》，華東師範大學出版社，2003年，第681頁；李守奎、曲冰、孫偉龍編著：《上海博物館藏戰國楚竹書（一—五）文字編》，作家出版社，2007年，第575頁。

立着的鬼舉着杖,有權威,威嚇人,人畏懼。所舉杖下移,與“考”“老”等所从的杖形相類,秦文字還存其仿佛,楚文字中的絶大多數已經訛變爲“止”。

从“畏”構形的“愄”“戥”“㦵”等字用法與“畏”相同。

譜二,“鬼”:

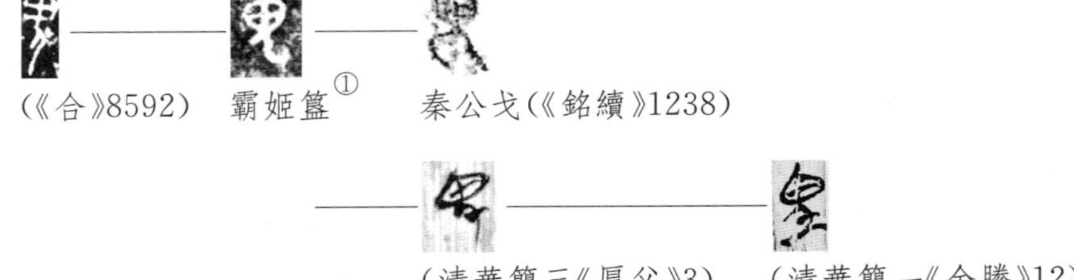

(《合》8592) 霸姬簋① 秦公戈(《銘續》1238)

(清華簡三《厚父》3) (清華簡一《金縢》12)

全部是站立的鬼。楚文字增加飾筆與飾符,共同來源於甲骨文的“鬼”。後世的字形全部讀爲“畏”或“威”,推測甲骨文也當如此。如果“鬼”是“畏”的省形,以上兩個字譜就可以合併。

從“鬼”構形的“愄”“魃”等字用法與“鬼”相同。

譜三,“威”:

瘐簋(《集成》4170.1)“威義(儀)” 虢叔旅鐘(《集成》238.1)“威義(儀)”

(詛楚文 · 亞駝)“光列威神”

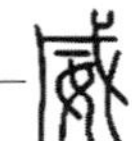

(《説文》篆文)

“威”字出現於西周中期,字形的演變脈絡清晰一貫。“威”有“威儀”之{威}和“畏忌”之{畏}兩讀。田煒先生指出:“在西周金文中‘威儀’之{威}是用‘威’字及其異體‘威’字表示的,從不用‘畏’字表示。”②春秋晚期二者才開始相混;其後“威”用爲“畏”的用法一直延續到漢代,如馬王堆帛書《老子》第三十六章“[民]不威(畏)威,則大威至”。

總的來看,下部爲立人形的“鬼”與“畏”關係密切,很有可能就是同一個字。“鬼”除了在字形上與跪坐之“鬼”有别,用法上也不記録{鬼}。“鬼”與“畏”都主要記録{畏}和{威}兩個詞,二者的性質與甲骨文中“月”和“夕”的關係相類似。戰國文字中的“畏”承襲商周文字而來,楚文字中的“止”與秦文字中的“虎爪”都是早期字形中手

① 嚴志斌、謝堯亭:《格姬簋銘研究》,《中國國家博物館館刊》2023 年第 9 期,第 76 頁。

② 田煒:《西周金文字詞關係研究》,上海古籍出版社,2016 年,第 59 頁。

與杖形的訛變。到了西周中期開始出現“威”字,後來逐漸取代“鬼”與“畏”這兩個表達“威”的異體,專門用於記録語言中的{威}。

四、出土文獻中的“鬼”

出土文獻中“鬼”有多種異體。

商代甲骨文:

(《合》137 正)“……鬼亦旻(得)疒(疾)”

(《合》17451)“庚辰卜,貞:多鬼夢,不至𡆥”

(《合》3210)“□未卜,㞢(侑)母[萑]……叀(惠)王䰟萑[㸓]衛”

《合》3210 中的“母萑”是祭祀對象,主要是卜問是否爲其舉行去除災殃的禦祭。卜辭中的“䰟”在構形上與《説文》“鬼”字的古文相合,但是從辭例看,其用法不易確定,與卜辭中的“”的關係有待進一步研究。

西周金文中“鬼”參與構形:

魁父卣(《集成》05243)　　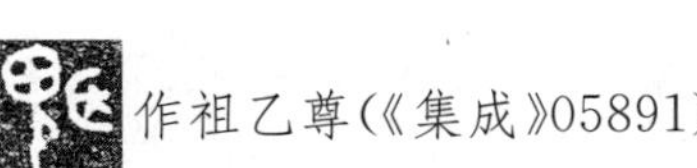作祖乙尊(《集成》05891)

商代甲骨文和西周金文的“鬼”的下部都是跪坐的“卩”旁,與下部是“儿”旁的站立的“甶”形有别。

此外,“鬼”與“稷”在字形上多有糾纏。魏宜輝先生根據曾伯克父盨(《銘續》474)的“稷”字寫作“”,提出“”當爲“畟”字的早期寫法;認爲西周金文中“鬼”與“畟”的區别在字形的下部,“鬼”字下部从“”形,“畟”字下部从“”形。[①] 正如前文所討論,金文中包括戰國文字中,立人形的“甶”都用爲“畏”或“威”,因而把立人形的字看成“鬼”是有問題的。戰國文字的“畟”形有多種寫法,[②]與我們所説的甲骨文中的“鬼”與“畏”是什麽關係,還有待進一步研究。“畟”是“稷”的初文,作爲周人尊奉的始祖,觀念上也屬於人鬼,不排除早期文字中“畟”與“鬼”同形、“䰟(鬼之古文)”與“禝(稷之古

① 魏宜輝:《談古文字“畟”“鬼”之辨及相關問題》,《出土文獻與古文字研究》第 8 輯,上海古籍出版社,2019 年,第 204 頁。

② 參見徐在國、程燕、張振謙編著:《戰國文字字形表》,上海古籍出版社,2017 年,第 993 頁。

文)”同形,甚至同字的可能性。

戰國楚文字中存在承續商周文字而來的跪坐之“鬼”,但十分少見,主要在個别字中作爲偏旁出現。上博簡第六輯《平王與王子木》簡 1 和簡 3 提到“睹飤(食)於鼪寬(宿)”,“寬”字原形作:

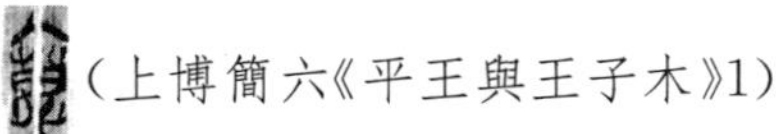
(上博簡六《平王與王子木》1)

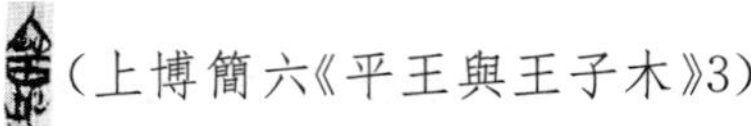
(上博簡六《平王與王子木》3)

該字可分析爲从宀,蒐聲,中間所从即爲跪坐之“鬼”。此外,清華簡第七輯《晉文公入於晉》中也有“寬”字的一個異體:

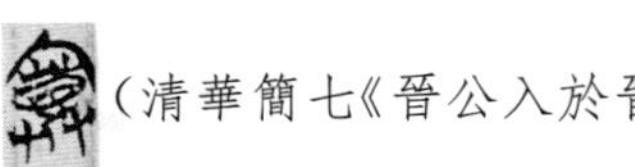
(清華簡七《晉公入於晉》4)

戰國楚文字中最爲常見的“鬼”字是增加了意符“示”的形體,這種字形在現有的楚文字材料中共有 47 例,其字形多作上下結構:

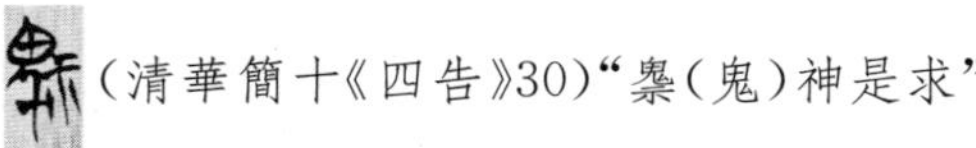
(上博簡四《柬大王泊旱》6)“爲楚邦之褁(鬼)神宔(主)”

同時偶有 1 例作左右結構:

(清華簡十《四告》30)“褁(鬼)神是求”

此外在一些字形中“鬼”頭還會訛寫作“目”形,但無論如何,字形中的“示”旁都非常穩定。這種增加“示”旁的“褁”大多數用法是用爲“鬼”,最常見的辭例即“鬼神”。

與楚文字相一致,齊文字中也有增加“示”旁的字形,同樣用爲“鬼神”之“鬼”:

陳肪簋蓋(《集成》04190)“龏(恭)寅(寅)禮(鬼)神”

由甲骨文、金文中跪坐的“鬼”,到戰國文字中增加“示”旁的“鬼”。在構形上增加了新的意符,同時也改變了原本的表意形體,即將跪坐的“鬼”改换爲下部爲立人形的“鬼”。不論是增加“口”還是“示”成爲上下結構,跪坐的鬼形都會變爲“儿”形,這顯然是受字形勻稱規律的制約。另外,意符增加,區别特徵增加,原來的形體差異可以忽略,這也是文字演變的普遍規律。

戰國秦文字中則尚未見到增加“示”旁的“鬼”,“鬼”字一般寫作:

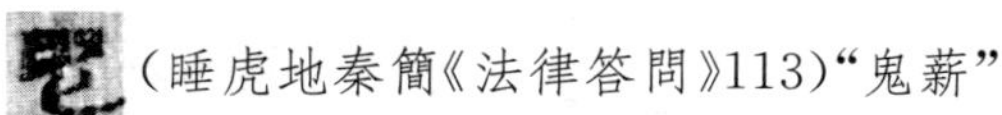
(睡虎地秦簡《法律答問》113)“鬼薪”

（睡虎地秦簡《日書》甲 32 背）“是天鬼”

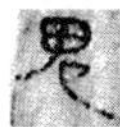（里耶秦簡一·8－683 正）“鬼薪”

因此，根據从“示”與否，“鬼”字可以有兩個譜系：

譜一，“鬼”：

（《合》137正）（《集成》05243“魃”字偏旁）

……（睡虎地秦簡《爲吏之道》46貳）（《説文》篆文）

秦簡“鬼”字的左下部多了斜出的一筆，《説文》篆文則分裂出一個“厶”，這個譜系還無法準確解釋這兩種字形的來源，詳見下文。

譜二，“䰟”：

（《合》3210）（陳肪簋蓋）（《説文》古文）

（清華簡一《金縢》4）

五、站立的鬼、跪坐的鬼的區分、混訛與合併及相關問題

（一）文字構形的系統性與立鬼、跪鬼的區分

通過以上描寫，可以確認“鬼”分爲站立的“兜”與跪坐的“鬼”，二者用法有别。從出土文獻材料出發，所有的“畏”及其異寫全部从立着的“兜”形，戰國楚文字中立着的“兜”用法與“畏”相同，據此推斷甲骨文中的立鬼之字讀音當與“畏”相同，很可能是“畏”的異寫。跪着的“鬼”則是人鬼之“鬼”。出土文獻中“鬼”與“畏”區分井然。

（二）構形解讀

爲什麽跪坐的是“鬼”，站立的是“畏”？在先秦時代，人們關於“鬼”的觀念與現在不同。“鬼”是人鬼，是祖先。《周禮·春官·大宗伯》“大宗伯之職，掌建邦之天神、人鬼、地示之禮”，鄭玄注云：“立天神、地祇、人鬼之禮者，謂祀之、祭之、享之。”《左傳》昭公七年：“其先君鬼神，實嘉賴之。”又《論語·爲政》“非其鬼而祭之，諂也”，何晏《集解》引鄭玄曰：“人神曰鬼，非其祖考而祭之者，是諂求福。”

“卩”是“跪”與“坐”的本字，跪可以表敬意，坐可以是安處。在古人的觀念中，祖先人鬼降臨，安居靈位接受祭祀，歆享人們供奉的祭品。《詩經·小雅·楚茨》“祝祭于祊，祀事孔明。先祖是皇，神保是饗”，鄭玄箋云“其鬼神又安而享其祭祀”，又說“苾芬孝祀，神嗜飲食”。因此以跪坐之形表示安處於位的是“鬼”，即古人觀念中歆享祭品的祖先之鬼。

與跪坐之“卩”相對，站立的人形代表與安坐相反的含義。如前文已經討論過的“祝”與“兄”，前者以跪坐表示虔誠、恭敬，而後者則以站立的人形表示兄長的威權。鬼作威發怒，就站起來了，手中舉杖欲擊，既增威力，更加可畏。後來在立人形的“鬼”字上增加意符“攴”或“戈”，同樣是凸顯這種威力。

（三）“鬼”與“鬼”的混訛

在甲骨文時代，一方面“鬼”與“鬼”有明確的區分；另一方面，由於形、音、義俱近，同時也有混訛的情況。甲骨文中有“鬼日”一語，據學者研究，“鬼”字有、、、四種寫法。① 其中三種寫法皆从“鬼”，只有《合》20772“鬼日”是合文“”，“鬼”寫作立人形的“”，應當是混訛。

戰國楚文字中，“㚔”與“畏”因爲字形、讀音都非常相近，有時用來記録鬼神之{鬼}的“㚔”也可以記録{畏}或{威}，目前所見有如下諸例：

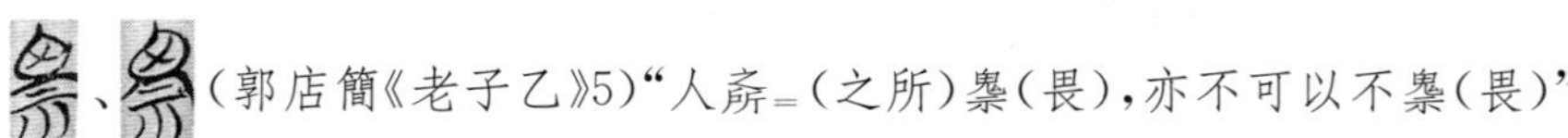
、（郭店簡《老子乙》5）“人𣌭=（之所）㚔（畏），亦不可以不㚔（畏）”

（清華簡五《命訓》4）“上以㚔（畏）之”

（清華簡五《命訓》6）“事（使）身=（信人）㚔（畏）天”

① 王子楊：《甲骨文字形類組差異現象研究》，中西書局，2013年，第102頁。

(清華簡五《命訓》9)“亟(極)禍(禍)【8】則民=䰠=(民畏,民畏)則逕(淫)祭”①

(清華簡五《命訓》12)“䰠(畏)之罰”

(上博簡二《民之父母》8)“䰠(威)我(儀)屖=(遲遲)”

(上博簡二《民之父母》11)“䰠(威)我(儀)屖=(遲遲)”

(上博簡二《民之父母》13)“䰠(威)我(儀)異=(翼翼)”

(清華簡五《命訓》5)“道天又(有)亟(極)則不=䰠=(不威,不威)則不卲(昭)”

不過這些用法全部都出現在古書簡中,並不一定是楚人實際用字習慣的準確反映。

在戰國秦文字中,“皃”與“鬼”在作爲聲符時還可以替换:

②

説明在當時人的心目中,“皃”與“鬼”作爲文字部件所起到的作用應該是一樣的,這自然進一步促成了“皃”與“鬼”的混訛與合併。從這個角度分析,戰國楚文字的“䰠(鬼)”从“皃”,很可能也經歷了類似的混訛或合併的過程。

(四) 秦文字“鬼”是糅合立人與跪人而成

現在我們還没有見到西周文字中獨立的、確切的“鬼”,但是西周文字與商代文字在系統性上保持一致,既有跪坐的“鬼”,也有立人形的“鬼”:

(《集成》09584)

(《集成》05243“魁”字偏旁)

---

① 此從清華簡整理者讀。今本作“極禍則民鬼,民鬼則淫祭”,如依“䰠”的常態用法讀“鬼”,則與傳世本一致。《淮南子·人間訓》:“荆人鬼,越人禨,人莫之利也。”注云:“好事鬼也。”《説文》:“禨,鬼俗也。从鬼,幾聲。《淮南傳》曰:‘吴人鬼越人禨。’”段注“鬼俗也”云:“謂好事鬼成俗也。”

② 二形皆取自許雄志:《秦印文字彙編(增訂本)》,河南美術出版社,2021 年,第 535 頁。

秦文字繼承西周文字而來，而秦文字中“鬼”和“鬼”的寫法分别作：[①]

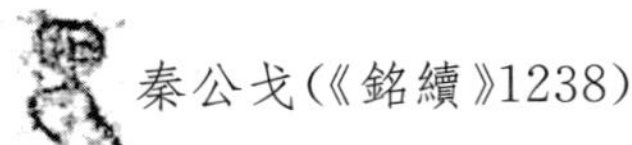
秦公戈(《銘續》1238)

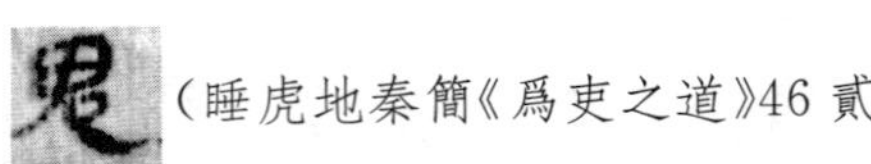
(睡虎地秦簡《爲吏之道》46 貳)

秦公戈所代表的立人形的“鬼”與商周文字一脈相承，而“鬼”字則並非與西周金文的跪坐“鬼”保持一致。秦漢文字中的“卩”，寫法與“鬼”的下部相同：

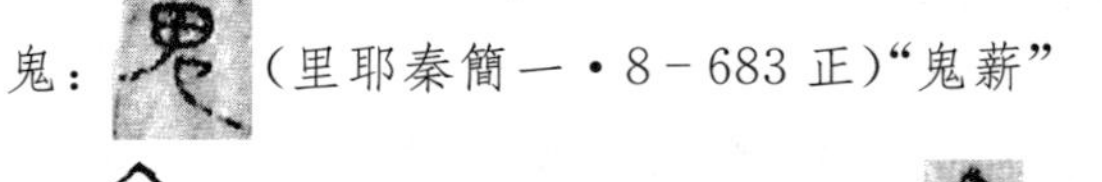
鬼：(里耶秦簡一·8－683 正)“鬼薪”

令：(龍崗秦簡 43)

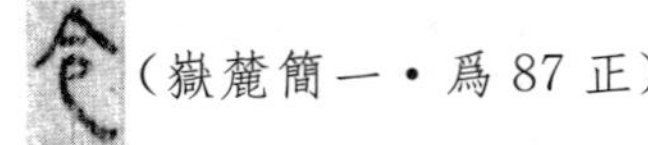
(嶽麓簡一·爲 87 正)

𠨝：(睡虎地秦簡《封診式》78)

而一些立人形的形體，有時也會與“卩”相似。比如秦文字中的“欠”旁：

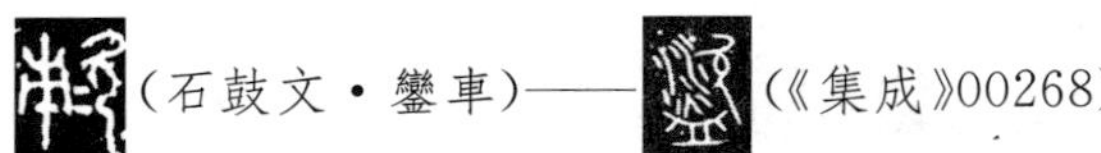
(石鼓文·鑾車)——(《集成》00268)

從以上這些文字現象出發，“”這種字形很可能是“”與“”的雜糅。文字雜糅是古文字構形發展中常見的現象之一，把兩個來源不同、讀音相同或相近的字糅合在一起構成新字。[②] 例如甲骨文中有兩個“疾”，一個是“”(《合》22258)，另一個是“”(《合》21054)，今天的“疾”字即這兩種字形糅合而來。推測戰國時期立鬼與坐鬼二形已經開始混訛，逐漸糅合成秦文字的“鬼”。“鬼”字的下部，中間一筆是共用筆畫，即“儿(人)”與“卩”共用：

[③]

① 何琳儀先生《戰國古文字典》第 1184 頁“鬼”字下收“”形，所標出處爲平周戈。檢平周戈(《文物》1987 年第 8 期)“鬼”字作“”，下部並非立人形。黄德寬先生主編《古文字譜系疏證》第 2898 頁“鬼”字下收“”形，所附辭例爲“工～薪”，所標出處爲“十五年上郡守壽戈”。檢十五年上郡守壽戈(《銘圖》17283)並無“鬼”字，唯十三年上郡守壽戈銘文有“工鬼薪”，《銘圖》17281 的一件作“”，《追回的寶藏：隨州市打擊文物犯罪成果薈萃Ⅰ》100 的一件作“”，下部均非立人形。

② 吴振武：《戰國文字中一種值得注意的構形方式》，《漢語史學報專輯(總第三輯)：姜亮夫 蔣禮鴻 郭在貽先生紀念文集》，上海教育出版社，2003 年，第 92—93 頁。

③ 韓自强主編：《阜陽·亳州出土文物文字篇》，阜陽市大方印務有限責任公司，2004 年，第 56 頁。

與“鬼”具有相同演變軌迹的還有春秋金文中的“皃”字：①

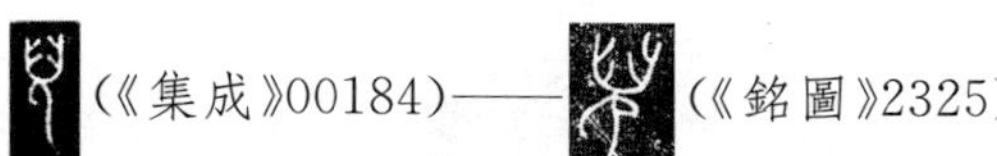
(《集成》00184)——(《銘圖》2325)

但是“”這類形體並没有得到傳承，在戰國文字中似乎已經難覓其蹤。從現有材料分析，戰國時期立鬼與坐鬼二形已經開始混訛，並且逐漸糅合成秦文字的“鬼”。

（五）《説文》篆文的理據重構與字形改造

《説文》篆文字形來源複雜，有一部分是漢代俗體字的改造。字形改造與理據重構同時進行。“鬼”字如此，“也”字也是如此。②《説文》根據訛變字形，重構理據：“，人所歸爲鬼。从人，象鬼頭。鬼陰气賊害，从厶。凡鬼之屬皆从鬼。，古文从示。”所謂的“厶”旁實際是“卩”旁斷裂後形成的部分，原本是跪坐人形的臀部，又進而將“厶”解爲“鬼陰氣賊害”，段注云“神陽鬼陰，陽公陰私”，更是將先入爲主的觀念代入文字構形闡釋，自然是一種誤解。儘管如此，由《説文》向下，使得今天漢字中的“鬼”就多出了一個“厶”旁。

六、疑難問題之討論

（1）上博簡三《恆先》簡 3 正：“異生異，生，韋生非₌（非，非）生韋，哀生哀。”簡文的“”和“”字，學界舊釋爲“鬼”。現在知道二者應該隸定作“皃”，與“鬼”有别。它們與“異”“韋”“褱”的詞性應當一致，結合楚文字中“皃”的用法，可以讀作“畏”或“威”。簡文後言“求慾（欲）自逡（復）”，即萬物的生化是一種回到自己的反復運動。循此以求，“生”似可讀爲“威生畏”或“畏生威”，“畏”和“威”正處於這種一體兩面的關係中，符合簡文對於“自復”的描述。

（2）梁伯戈（《集成》11346）“抑鬾方䜌”

過去學者將“鬾方”與“鬼方”聯繫起來，李學勤先生根據史墻盤銘文中的“方䜌亡不俎見”，指出：“梁伯戈的‘抑畏方䜌’，前人以‘鬼方蠻’爲一詞，據本銘應該讀爲抑威方蠻。”③現在從字形上更加可以論定“”是“畏”字，則銘文自當如李先生所説讀爲

① 此例蒙趙榮博士指出，謹致謝忱。

② 李守奎：《從觀念出發與從材料出發的漢字闡釋——以“也”及其所構成的文字爲例》，《吉林大學社會科學學報》2021 年第 6 期，第 5—22 頁。

③ 李學勤：《論史牆盤及其意義》，《考古學報》1987 年第 2 期；又收入《新出青銅器研究（增訂版）》，人民美術出版社，2014 年，第 67 頁。

“抑威方蠻”，與“鬼方”無涉。

(3) (曾侯乙墓漆箱)“與(輿)鬼”

“輿鬼”對應南方七宿中的“鬼宿”，但是從字形上看“”明顯从立人形，而且下部加短横飾筆，是楚文字中比較標準的“兜”字。楚文字中鬼神之“鬼”一般都从“示”旁作“褭”。清華簡中有一例鬼神之“鬼”寫作：

(清華簡十《四告》30)“鬼神以求”

“示”旁以外的部分與曾侯乙墓漆箱的“”形完全一致，下部也有短横飾筆。那麼曾侯乙墓漆箱以“兜”爲“鬼”，很可能是省去“”這類“鬼”字的“示”旁所形成的省體。此外，像前文已經舉出的秦文字的“魁”有跪坐形和立人形兩種寫法，因此也不能排除曾文字中的“”有訛書的可能。

(4) (清華簡一《程寤》8)“何褀非汶”

(清華簡一《程寤》6)“明武褀”

上揭字形从示从畏，可以隸定作“褀”。除了《程寤》篇外，“褀”在目前的材料中還有3例：

(清華簡十三《畏天用身》7)“又(有)天褀(威)亡(無)命”

(新蔡簡甲二40)“[上]下内外褀(鬼)神”

(清華簡八《虞夏殷周之治》2)“教民以又(有)褀₌(鬼，畏)之”

後兩例的“畏”旁上部都訛作了“目”形，這種情況比較常見，因此它們仍是“褀”字，在辭例中分别用爲“鬼”和“畏”。綜合考察楚文字系統中的“鬼”“畏”諸字，可以看出“褀”實際是一種雜糅的字形。正如前文所論，楚文字中的“褭”字雖然是鬼神之“鬼”，但是也可以用爲“畏”。再加上“兜”與“畏”的密切關係，書寫中就容易把“兜”旁寫作“畏”旁，於是形成這種雜糅字形。①

“褀”既然是一種“褭”和“畏”的雜糅字形，其用法當包括“鬼”“畏”“威”三種。《程

① 吴振武：《戰國文字中一種值得注意的構形方式》，《漢語史學報專輯(總第三輯)：姜亮夫 蔣禮鴻 郭在貽先生紀念文集》，第92頁。

寤》簡 6 的“明武禮”可讀爲“明武威”，簡 8 的“何禮非彣”，整理者原讀爲“何褢非文”，①但是“褢”這種用法不合於“㩻”和“畏”的常態用法。上引《程寤》辭例的前後文作“嗚乎，何監非時，何務非和，何禮非彣，何保非道，何愛非身，何力非人”，李學勤先生指出：“這種特殊的句例，也見於《尚書・吕刑》‘在今爾安百姓，何擇非人，何敬非刑，何度非及’，還有‘今往何監非德’。孔傳解釋前者説：‘在今爾安百姓兆民之道，當何所擇，非惟吉人乎？當何所敬，非惟五刑乎？當何所度，非惟及世輕重所宜乎？’已經把這種句例的讀法講清楚了。”②可知這些句例均以疑問詞加否定詞所構成的雙重否定表達肯定的意思，相當於“監時”“務和”“保道”“愛身”，而這些表達均爲動賓結構。那麽“禮”所記録的也應該是動詞，自然排除掉“鬼”和“威”，因此“禮”應該讀爲“畏”，即敬畏之意。“時”“和”“道”等均爲具有抽象内涵的名詞，“彣”即“文”，所指應與之一致。《國語・周語下》“夫敬，文之恭也”，韋昭注云：“文者，德之總名。”“何畏非文”即敬畏文德之意。《荀子・勸學》：“禮之敬文也，樂之中和也。”

（5）西周金文中有一個過去被隸定作“媿”的字，在銘文中都用作族姓，③字形寫作：

（《集成》02462）　（《集成》10119）　（《集成》03932）

該字的聲旁都寫作立人形的“皃”，根據前文所論，此字應該隸定作“媿”。很多工具書都將此字視作後世慚愧的“愧”。④《説文》：“媿，慙也。从女，鬼聲。愧，媿或从耻省。”《説文》的“媿”與“愧”見於漢代文字：

（北大漢簡《蒼頡篇》B40）“妭婞黠媿”

（馬王堆帛書《春秋事語》91）“愧於諸[侯]”⑤

漢代文字中的“媿”和“愧”字以“鬼”作聲符，且記録語言中“慚愧”的{愧}。而西周金

① 清華大學出土文獻研究與保護中心編，李學勤主編：《清華大學藏戰國竹簡（壹）》，中西書局，2010 年，第 139 頁。

② 李學勤：《初識清華簡》，中西書局，2010 年，第 52 頁。

③ 張桂光主編：《商周金文辭類纂》，中華書局，2014 年，第 2273 頁；陳公柔：《説媿氏即懷姓九宗》，《古文字研究》第 16 輯，中華書局，1989 年，第 211—217 頁。

④ 李學勤主編：《字源》，天津古籍出版社，2012 年，第 1101 頁。

⑤ 湖南省博物館、復旦大學出土文獻與古文字研究中心編纂，裘錫圭主編：《長沙馬王堆漢墓簡帛集成（叁）》，中華書局，2014 年，第 196 頁。

文中的"媿"字从立人形的"皃"得聲,在銘文中都用爲族姓,應該就是傳世文獻中的"隗"。《左傳》僖公二十三年"狄人伐廧咎如,獲其二女叔隗、季隗,納諸公子",杜預注:"廧咎如,赤狄之别種也,隗姓。"因此"媿"的字形和用法都與後世的"媿"有區别,説明二者並非一字。此外,楚文字中的"愄"也常被視作"慚愧"之"愧"的異體,但是二者的字形和用法也都不相同,楚文字的"愄"應該是"畏"的異體。這也是秦楚文字系統存在差異的一個典型例證。

結　語

在《説文》系統中,"人""儿""卩"與"鬼""畏""威"之間區分井然,字際關係非常明晰。如果從漢字發展史的角度看,則都經歷了非常複雜而曲折的變遷過程。

王國維先生根據金文材料,論斷古書中的"鬼方"本是"畏方","鬼方"是漢代人所改。① 我們上溯甲骨文,從文字構形與發展演變的角度研究,與其所得結論完全相同。

在商代,"鬼"與"畏"有所區别,其中一個重要特徵就是"鬼"是跪坐着的而"畏"是站立着的。"畏"在很長時間内記録{畏}和{威}兩個詞。"鬼"與"畏"字形區别度比較小,但記録的詞義使用頻率都很高,這樣的文字大都會分化:增加意符"示"表示"鬼",增加意符"攴"或"戈"表示"畏",另造"威"分化"畏"的多義。文字一旦完成分化,區别特徵增加,母字原有的區别特徵就會淡化,逐漸簡化、類化爲一個簡單而熟悉的形體,跪着的鬼形就逐漸在構形中消失。

秦文字的"畏"與"鬼"走了更加獨特的分化道路:"畏"由西周文字發展而來;"鬼"則是由立着的"皃"與跪着的"鬼"糅合而成,《説文》不知其來源,將跪坐的鬼形割裂。

"鬼"與"畏"在不同的時代區别特徵不斷變化。用後代的文字系統轉寫某種消失了的區别特徵,必然是用近似的形式加以代替,從發展的角度看就是類化和混訛。隨之而起的是新的區别特徵的産生。很多常用字都經歷了區别、混訛、再區别、再混訛的不斷變化與調整,以致文字系統過於繁冗,淘汰、合併乃至重新規範就成爲必然。

不同地域、不同時代文字系統在轉寫過程中會出現錯誤,例如甲骨文與西周金文中的"畏方"或"威方"被轉寫成"鬼方",這種"錯誤"的深層可能有某種文化心理因素。文獻中類似的混訛錯誤也需要進一步梳理。

本文立足於"儿"與"卩"的對立,對古文字中"鬼"與"畏"之間的區别、混訛、糅合等問題展開討論,其中還牽涉很多問題。如果上述"儿"與"卩"在構形中對立是成立

① 王國維:《鬼方昆夷玁狁考》,《觀堂集林》,中華書局,1959 年,第 588—590 頁。

的，其他从“儿”“卩”構成的異體就需要重新審視，例如劉釗先生主編的《新甲骨文編（增訂本）》中，“兄”“欠”“次”等字頭下有多種“異體”，其中有一部分就是或从“儿”，或从“卩”。這些字是來源不同的文字，還是意符通用或形體混訛的異體，都值得重新思考。另外，像下列兩個甲骨文字形的差異，也需要重新解釋：

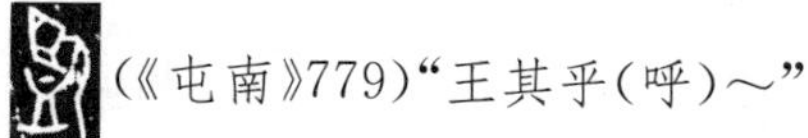（《屯南》779）“王其乎（呼）～”　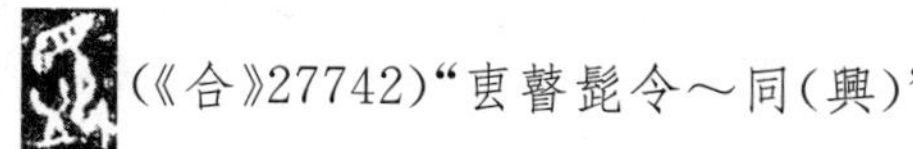（《合》27742）“叀瞽髭令～同（興）”

至於“鬼”及从“鬼”諸字的發展過程中，字符“田”與“由”，“鬼”“畏”與“畟”，“嵬”“巍”與“魏”等的異同和關係，我們還沒來得及展開。

出土文獻中的古文字釋讀，既要遵循通則，也要看到偶變。

《説文》作爲一個集大成的文字闡釋系統，無論是理論、字形、闡釋都是寶貴的遺産。許慎爲了闡釋的自洽，有些字形經過人爲“規範”，與文獻和實際應用中的文字都有所不同，例如“儿”僅存在於上下結構的文字構形中，文字應用系統中並不存在；“鬼”字中的“厶”是割裂字形所致等等。許慎當年是對每一個字都深入研究以後才完成了系統的大作。今天我們需要立足於當今的理論與材料，在對每一個字都進行全面、系統研究的基礎上，完成這個時代的漢字闡釋與漢字發展史。

漢字發展史需要建立在骨肉豐滿的具體個例的充分研究之上。以“鬼”“畏”爲核心，窮盡相關材料，區别異同，詳細描寫，展現文字關係及其形成過程，揭示發展變化的規律，闡釋構形理據與文化内涵，不僅可以見到漢字發展史的縮影，從某種程度上説也可以是一部“文化史”。

古文字札記二則

彭裕商

四川大學

近日學習古文字，偶然獲得一些心得，遂爲此小文，向大家求教。

一

《説文解字》（以下簡稱“《説文》”）與古文字學的密切關係是大家都知道的，在古文字研究中大家一般都要參考《説文》。但由於《説文》所據字形是漢代流行的字體，許多字都發生了形體上的訛變，因而多有與古文字不合之處，這就大大降低了《説文》對字形説解的可信度，這方面的情況學者已多有指出。然而值得注意的是，《説文》對文字結構的解釋，有些却具有獨到的一面，超出了當時人的認知。如以下的例子。

“家”字。《説文》對其字形結構的解釋是“从宀，豭省聲”，這樣的解釋令人生疑。因爲“家”字的聲符“豭”也是一個“从豕，叚聲”的形聲字，標音的“叚”是不可或缺的。現在把聲符省掉了，只剩一個“豕”字，又何以見得這個“豕”字是“豭”字的省形呢？清代研究《説文》的大家段玉裁就有這樣的疑問，他説：“按此字爲一大疑案。豭省聲讀家，學者但見从豕而已。从豕之字多矣，安見其爲豭省耶？何以不云叚聲，而紆回至此耶？竊謂此篆本義，乃豕之居也，引申叚借，以爲人之居，字義之轉移多如此。牢，牛之居也，引申爲所以拘罪之陛牢，庸有異乎？豢豕之生子最多，故人居聚處，借用其字，久而忘其字之本義，使引申之義得冒據之，蓋自古而然。許書之作也，盡正其失，而猶未免此，且曲爲之説，是千慮一失也。家篆當入豕部。”由古文字的情況來看，段氏的推測是不對的。殷墟甲骨文就有“家”字，其構形如下：

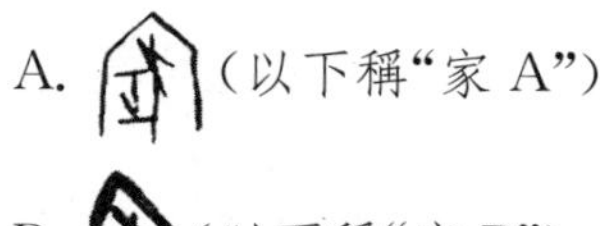

A形爲从宀，豭聲，只是這裏的“豭”字不是“从豕，叚聲”的形聲字，而是“豭”字的象形初文。“豭”的本義是公豬，所以象形初文就是在豕字的基礎上，在肚子下加上一筆以示意。而B形則是在A形的基礎上，將象徵公豬的一筆省去了。“家”字在甲骨文裏就有了，而形聲字“豭”不見於古文字，其出現時間較晚，因而古時也找不到从形聲字豭的家字。所以所謂“豭省聲”，乃是在象形初文上的省略，並非是將形聲字“豭”的聲符“叚”省去。許氏對“家”字字形結構的解釋並没有錯。殷墟甲骨文的兩種“家”字字形往後都被西周金文所繼承。

接下來的問題是，許氏的解説依據是什麽呢？從現今掌握的古文字材料來看，家A、家B都見於甲骨文和周代金文，甲骨文是漢代人没有見到的，那唯一的依據就是周代金文了。《説文解字叙》説：“郡國亦往往於山川得鼎彝，其銘即前代之古文。”古書中也有發現有銘古代銅器的記載，如《前漢書・郊祀志》記載西漢時美陽發現有銘文的尸臣鼎，從所記載的銘文來看，當是西周器。所以漢代的古文家是見過一些古文字材料的。許慎是古文家，其對文字的解説當是承自其師賈逵等人。

與此類同的還有“受”字。“受”字的小篆作形，許氏對字形結構的解釋是“从𠬪，舟省聲”，單就字形來看，無論如何也看不出受字中間的筆畫是舟字的省形，所以段注説：“舟省聲，蓋許必有所受之。”他也認爲，受字中間的筆畫看不出是舟字的省形，許慎之所以這樣説，一定是有所傳承的。從古文字的情況來看，殷墟甲骨文“受”字从𠬪，舟聲，舟字不省，證明了許慎對字形的解説是對的。西周金文繼承了甲骨文的寫法，舟字不省。如以下字形：

到了東周時期，筆畫逐漸發生了訛變，有些字已看不出是从舟了，再往後即演變出了小篆的字形。漢代的古文家是有條件看到西周金文的，他們對字形解釋的依據當是西周金文，而西周金文又上承殷墟甲骨文，故其説能與甲骨文相合。

以上的例子説明，許慎對小篆字形的解説，有一些是出自漢代古文家的傳承，而其中往往有商周古文字的依據，不能輕易否定，這是我們在以後的工作中所要特别注意的。

二

古文字的考釋是研究古文字的最爲重要的工作之一，而考釋古文字的方法又是這項工作的核心。一直以來都有學者對這一問題進行探討，也取得了很多成果。筆者也想就考釋甲骨文的問題提出一點淺見，供大家參考。

筆者以爲，要正確地考釋古文字，必須要對其字形結構有一個正確的認識，這其中主要是形聲字。現代漢字的形聲字，其偏旁位置相對固定，大多是左形右聲，有小部分是右形左聲、上形下聲、内形外聲等，都爲大家所習慣了。而從甲骨文的情況來看，其象形程度比較高，偏旁位置又往往不很固定，因而其形聲字的聲符不易識别，對其性質的認識很容易發生偏差。此舉以下二例，以供參考。

1. “正”字。該字的甲骨文字形如下：

（《合集》6307）　　（《合集》6442）

《説文》對該字字形的解釋是“从止，一以止”，乃據訛變後的小篆字形爲説，顯然不足信。學者對止字上方的口有多種解釋，或謂象城邑之形，或謂象某一處所，正即征字，其字形象征伐城邑或某一處所。但仔細推敲起來，這樣的説法是有問題的。蓋征討必用武器，此字字形並無武器。或謂象脛部，而字形結構却是口在足尖上，與脛部的位置不符。其實此字的本義是行走，征伐乃是其引申義。《詩・小星》云“肅肅宵征”，征即是行走。行走是足的功能，故从“止”，上方的口如理解爲城邑或處所，則字義所指不準確。因爲此字表示的只是一個行走的動作，而與目的地無關，故上方的口不是用來與下方的止構成某個字義的。結合金文來看，上方的口當是丁字，爲此字的聲符。正，古音章母耕部，丁，古音端母耕部，二者韻部相同，章母爲舌上音，端母爲舌頭音，聲母也很接近。丁字作中空的口，乃是甲骨文方便契刻的原因，金文則多有口字填實的字形，其爲丁字當無可疑，如以下字形：

（盂鼎）　　（毛公鼎）

將正字解釋爲形聲字，其字形結構就簡明了。此字結構爲“从止”，表示與足有關，“丁”作爲其聲符，再從字音上加以指示，字義所指就比較明確了。

2. “武”字。《春秋左傳》引楚莊王語有“止戈爲武”的説法，《説文》從之。但大家都認爲這是後來産生的理念，没有信從其説的。此字甲骨文从戈从止，目前學者多認爲是威武之武的本字，戈爲武器，止爲行進，意爲執戈以征伐天下，故爲威武、武勇之意。但筆者認爲這樣的説法仍有問題。戈爲武器，與威武有關是容易理解的，但止象人足，只有行走之意，與威武並無必然聯繫。威武、武勇本是一種品質，與行走無關。執戈以征伐天下爲武，是後來人爲了解釋武字从止，而將二者聯繫起來的。總之，當今學者對武字的解釋總是令人覺得有些勉强。由此我們認爲，似可换一個角度來思考問題，武字的本義或爲步武之武，其義爲足迹。《詩經》裏提到的"祖武"（《大雅・下武》）、"帝武"（《大雅・生民》），都是足迹的意思。其字形結構爲从止，表示與足有關，戈爲聲符。戈屬歌部，武屬魚部，二者主要母音相同，可通轉。如花字屬魚部，其聲符化字屬歌部。《左傳》襄公二十六年："晉侯賦《嘉樂》詩。"《詩・大雅》篇名作《假樂》。《管子・封禪》"虙羲"，《輕重戊》作"虙戲"等，不一一備舉。

再從以下兩點來看，武字的本義似也應爲足迹，而非威武。

一、以字形結構而論，前已指出，武字所从的止字與威武、武勇關係不大，爲何威武之義要从止，理解起來比較勉强。而將其講成足迹，則从止，戈聲，爲形聲字，其字形結構簡明易懂，與古人的造字習慣相合。

二、人類對客觀事物的認識，總是由實到虚。足迹是隨處可見的實物，可以用象形或半象形的形聲字的手法來描述，而威武、武勇乃是抽象的一種人類品質，不能用寫實的手法描述，而采用假借則是比較可行的描述方法。考慮到這兩種屬性，我們認爲，武字的最初造字本義應是足迹，威武、武勇乃爲其假借義。

甲骨文是目前所見最古老的漢字，其象形程度遠高於現代漢字。正因爲如此，有些學者往往認爲甲骨文的各部分都是有機地結合在一起來表達某個意思的，即甲骨文整體都是象形的。但實際情況是，甲骨文中有許多形聲字，其聲符的作用就是標音，並不是與形符相結合來表達某個意思，如上面討論過的正字、武字。此外，本文第一段討論《説文》釋字的依據時，提到的家字、受字也是如此。對家字字形結構的解釋，除上文引用的段注引申説而外，還有學者認爲家字的字形結構就是房屋裏面有豬，豬是代表財富的。受字，有學者認爲兩手之間的舟字應是凡字，凡即承盤，其意以爲只有承盤才能相授與，舟是不可能二人相授與的，舟字乃凡字的訛變。之所以會出現這樣的看法，就是由於把豕字、舟字都作爲表意的部分，認爲其應與宀、受等形符相結合來共同表示一個意思，而没有認識到這裏的豕、舟只是一個聲符，只起標音的作用，並不與其他形符相結合來表達字義。

人類所接觸的外界事物衆多，其中能用象形、指事等方法描述的是少數，而更多的是不能用這些實體描繪的方法來進行描述的。對這些事物，除了假借的方法而外，最好的描述方法就是製造形聲字。形聲字的形符表示其義類，再用聲符加以指示，這樣就能比較好地表示其字義所指了。因此甲骨文中的形聲字是爲數不少的，有些學者對這些情況重視不够，往往將聲符看成表意的成分，從而導致了對字形理解的失誤。

論近代漢字和近代漢字學

張涌泉[1]　韓小荆[2]

1 浙江大學　2 蘇州大學

漢字史可以大致劃分爲上古漢字、近代漢字和現代漢字三個階段。上古漢字習慣上稱爲"古文字",指小篆以前的漢字,包括秦漢以前使用的甲骨文、金文、籀文及大篆、小篆等;近代漢字是指秦漢以後至20世紀初葉使用的以隸書和楷書爲主體的漢字;"五四"以來記録現代漢語的漢字則稱爲現代漢字。近代漢字學就是以隸楷階段的漢字爲主要研究對象的一門新興的學科。

一、近代漢字學的研究對象

近代漢字學的研究對象,可以從近代漢字書寫的材料、字體等不同角度來加以討論。根據書寫的材料,近代漢字的研究對象主要有簡帛、石刻、寫本、刻本四類文字資料。簡帛文字資料一般是秦漢魏晉時期的。石刻、寫本文字資料從秦漢直至民國時期歷代都有。刻本文字資料是指晚唐五代以來雕版印刷的古書。簡帛、碑刻、寫本三類文字材料當時人寫定後,未經後人改動,所以能最真切地反映書寫時代的文字面貌,是近代漢字研究最重要的第一手材料。而刻本文字資料雖然數量最爲龐大,但其字形和用字却在傳刻過程中不斷地被規範化和當代化,所以要研究刻本時代之前的文字,刻本文獻一般只能作爲輔助資料使用。當然,宋代以後所産生文獻的同時代刻本,如宋元以來産生的通俗戲曲小説的當代刻本,也可以作爲研究這一時代文字的第一手資料使用。

近代漢字期間使用的字體主要有隸書、楷書、草書、行書等,還有兼於二者之間的隸楷、行楷、行草等;就字形規範而言,又有正字、通字、俗字、别字、古文、今字、近字、誤字、繁體字、簡體字，等等，這些也都是近代漢字學研究的對象。唐蘭《中國文字學》指出："楷書的問題最多，别字問題，唐人所釐定的字樣，唐以後的簡體字，刻板流行以後的印刷體，都屬於近代文字學的範圍。西陲所出木簡殘牘，敦煌石室所出古寫本經籍文書，也都是極重要的材料。"①近代漢字以隸書、楷書爲主，但這一時期的草書和行書對於隸楷文字有較大的影響，理應納入近代漢字研究的範圍。秦至西漢早期的隸書，處於上古漢字和近代漢字的過渡階段，目前主要由古文字學者進行研究，所以往往被劃到古文字的範圍。實際上這部分文字資料對於探討近代漢字的來源至關重要，近代漢字研究者不能忽視。漢代以後的傳抄古文，一般作爲古文字研究的輔助材料，但其中一些字形以隸楷形式出現，對於隸楷文字也有一定的影響，也應該納入近代漢字的範圍。

二、近代漢字學的學科定位

近代漢字學是一門研究近代漢字産生、構形、演變的科學，它涵蓋了字體、字形、音義、字用等多個方面。近代漢字的研究與古文字學、簡帛學、金石學、考古學、文獻學、辭書學、語言學等學科都有密切的關係。

近代漢字大多承上古文字而來，其間文字形體、文字結構、用字習慣等方面的發展演變，需要研究者貫通古今，作綜合和通盤的研究。所以要研究近代漢字，就不能不對上古文字有相當的瞭解；而近代漢字的研究，又可以承接上古文字研究。只有把上古文字和近代漢字貫通起來，才能瞭解古今漢字大的發展趨勢，把握演變的規律，勾勒每個漢字從古至今完整的演變鏈條。

秦漢簡帛文字處於近代漢字的早期階段，後代的一些字形和用字特徵在秦漢簡帛中就已經出現，所以對於近代漢字研究具有特殊重要的意義。研究簡帛文字，就需要對簡帛的形制、内容等方面有深入的瞭解；而對簡帛文字的考釋，反過來又有助於推動簡帛學的發展。

傳統的金石學積累了大量的近代漢字研究資料，並蘊涵着豐富的近代漢字研究成果，對今天的近代漢字研究具有重要參考價值。近代漢字學的研究成果，則可以對金石學的一些失誤進行修正，從而促進金石學的健康發展。

考古發掘所獲文字資料爲近代漢字研究源源不斷地提供了新材料，充分利用考古學知識，有助於對出土文字資料的正確解讀；而文字考釋方面的成果，對於考古學

① 唐蘭：《中國文字學》，上海古籍出版社，2005年，第6—7頁。

研究也是一種有用的參考。

近代漢字最主要的載體是寫本和刻本，研究寫本和刻本文字，就需要相關的古文獻學知識；而對寫本和刻本文字的系統整理與考釋，又可對文本的斷代和辨僞提供幫助，更好地利用和研究古代文獻。

古今辭書保存了大量的近代漢字形音義資料，是近代漢字研究最重要的憑藉和依據，所以研究近代漢字必須具備一定的辭書學知識。由於各種原因，古今辭書又難免存在一些不足(如宋代以來的大型字典重收字而輕考辨，收入了大量形音義有問題的疑難字)，利用近代漢字的研究成果，則可以爲彌補這些不足提供參考。

近代漢字學與語言學的關係也是顯而易見的：漢字是漢語的記録符號，研究古代語言，先須正確識讀古代文字，近代漢字的研究有助於掃清語言研究的障礙；反過來，利用古代語言研究的成果，也可以有效地解決文字釋讀方面的很多問題。

總之，近代漢字學與很多學科關係密切，它們之間在研究内容上往往互有交叉，在研究成果方面則可以互相借鑒。近代漢字學既要重視自身的理論建設和個案研究，也要隨時吸收相關學科的成果；唯有如此，近代漢字學才能不斷發展壯大。

三、近代漢字在漢字史中的地位

近代漢字承上啓下，是漢字發展史上最重要的一環。漢代許慎的《説文解字》是漢字學的奠基之作，也是上古漢字最後的集大成者，但該書收字僅 10516 個(包括重文)。而到了金代王太編《類玉篇海》，收字竟達到了創紀録的 62236 個；20 世紀後期編的《漢語大字典》收字 54678 個(第二版增至 60370 個)，《中華字海》增至 85568 個；即將問世的《字海》據説收字達 32 萬個。這些漢代以後新增加的字大多數是近代漢字階段産生的，屬於近代漢字。所以單單就字數而言，近代漢字在整個漢字系統中占據絶對多數，具有舉足輕重的優勢地位。漢字是中華文明的重要標誌，近代漢字則是中華文明傳承的主要載體。

但由於種種原因，傳統的文字學重視的是以《説文解字》爲核心的所謂的“正字”以及古字的研究。特别是近一個世紀以來，隨着甲骨文的發掘和金文及秦漢簡牘帛書的大量出土，吸引了衆多學者的注意，因而古文字學在文字學的領域内一枝獨秀，取得了了不起的成就。而由於重正輕俗傳統觀念的影響，加上宋以後刻本流行，字形趨於規範，造成了近代漢字研究資料匱乏的後果，從而給這方面研究工作的積極開展帶來了不利影響，使得近代漢字的研究長期處於空白或半空白的境地。正如前輩蔣禮鴻所説：“前人研究漢字，眼光大抵注射在小篆以上的古文字，一部丁福保輯的《説文解字詁林》所收納的著作達 1036 卷之多,就説明這一點。至於隸書以下的文字的研究,前人就不曾很好地系統地做過,《隸釋》《隸辨》《碑别字》《宋元以來俗字譜》一類的著作,單和《詁林》的數量比一比,就要黯然失色。而且就是這一些著作,也是輯録文字的多,分析考辨的少。"[①]其實正如朱德熙所説:

> 漢字有悠久的歷史,這方面的研究很重要。但是過去太著重於古文字的研究,總認爲後代文字變化不大,没有什麽好研究的。……但仔細一看,變化還是不小。就説從漢朝到現在,許多字都經歷了很複雜的演變過程,這裏面有很多東西值得研究。古文字的研究不是不重要,但近代文字的研究尤其重要。因爲它與我們關係更密切,就像古代史跟我們的關係不如近代史密切一樣。所以我們應花足够的力量去研究近代文字的歷史。現在的常用字裏有許多字的歷史我們不清楚,譬如説"抛棄"的"抛",40 年代唐蘭先生曾寫文章專門考證這個字的來歷。這種字過去人不研究是不對的。我們應該提倡近代文字的研究,俗字的研究。現在我們對古文字知道得比較多,近代文字反而知道得比較少,有點厚古薄今,這是不對的。[②]

相比於古文字的研究,朱德熙認爲"近代文字研究尤其重要",在以《説文》學爲代表的傳統文字學仍占據統治地位的 20 世紀 80 年代,朱先生的這一判斷確有振聾發聵的作用。

至於漢字史的現代漢字階段,只是近代漢字階段時間上的自然延伸,其實兩者並没有根本的區别。吕叔湘在談到古代漢語、近代漢語、現代漢語三者的關係時,曾説:"現代漢語只是近代漢語的一個階段,它的語法是近代漢語的語法,它的常用詞彙是近代漢語的常用詞彙,只是在這個基礎上加以發展而已。"[③]我們也完全可以説,現代漢字只是近代漢字的一個階段,它的字體是近代漢字階段流行的字體,它的常用字是近代漢字階段的常用字,它采用的簡化字多數是近代漢字階段已經流行的俗字,只是在後者基礎上略有調整規範而已。所以在上古漢字、近代漢字和現代漢字三個階段中,上古漢字是根和源,近代漢字及現代漢字是枝和流,近代漢字是承上啓下的關鍵一環。所以我們認爲,近代漢字研究和古文字研究是車之兩輪、鳥之兩翼,缺一不可。只有大力加强近代漢字的研究,才能勾勒出古今漢字發展演變的完整脈絡,建立起完整的漢語文字學體系。

---

① 蔣禮鴻:《中國俗文字學研究導言》,《杭州大學學報》1959 年《中國語文專號》,第 131 頁。

② 朱德熙:《在"漢字問題學術討論會"開幕式上的發言》,載《漢字問題學術討論會論文集》,語文出版社,1988 年,第 15—16 頁。

③ 吕叔湘:《近代漢語讀本序》,劉堅編著:《近代漢語讀本》,上海教育出版社,1995 年,第 2 頁。

四、近代漢字研究簡史

傳統的漢字學研究以《説文》爲中心。宋代金石學興起以後，古文字學日益發展壯大，民國以來更成爲漢字學領域成就最高、影響最大的分支。近代漢字的研究則一直以來就很薄弱，直到20世紀70年代以來情況才漸有改觀。近代漢字學的歷史，大致可分爲三個時期，"五四"以前屬於萌芽期，"五四"以後至20世紀70年代之前爲過渡期，70年代以後爲興起期。

(一) 萌芽期

這一時期的近代漢字學，對於漢字的整理與研究尚處於自發階段。這一階段的研究者還没有明確的學科意識，其整理和研究都是出於其他目的。此時期又可按時代先後分爲漢魏六朝時期、隋唐五代時期和宋元明清時期。

漢魏六朝時期，漢字由篆而隸，由隸而楷，是字形變遷最爲劇烈的時期，也是異體俗字最爲紛雜的時期，與此相適應，《凡將》(漢武帝時司馬相如作)、《急就》(漢元帝時史游作)、《元尚》(漢成帝時李長作)、《訓纂》(漢平帝時揚雄作)、《滂喜》(漢和帝時賈魴作)以及《説文解字》《字林》《玉篇》等一些説"文"解"字"的字典辭書也就應運而生。這些字典辭書在記録正字的同時，也或多或少收載了當時流行的一些異體俗字。如《説文》除正篆9353字外，還載録重文1160個，包括古、籀、奇、或各體。另外，一些以收載俗字爲主體的俗字書也相繼出現，如漢無名氏的《别字》、服虔的《通俗文》、魏張揖的《古今字詁》、晉葛洪的《要用字苑》、北齊顔之推的《訓俗文字略》，等等，數量頗爲繁夥。儘管這些書今天都已失傳，但據後人的引用，我們尚可藉窺全豹之一斑。如行陣之"陣"，古本作"陳"，義取陳列，而王羲之《小學章》"獨阜旁作車"；[①]又如"騙"字，宋何承天《纂文》作"騗"；[②]"塑"字，《古今奇字》作"塐"，[③]等等，可見這些字書多收俗字别體，是我們瞭解當時俗字的重要資料。顔之推的《顔氏家訓》一書不僅記録了一些當時通行的異體俗字，而且對部分俗字作了精闢的分析考辨，可以説開了近代漢字研究的先河。

隋唐以後，隨着國家的統一，針對六朝時期俗字别體泛濫的情況，當政者采取了

---

① 見《顔氏家訓·書證》所引。裘錫圭云漢碑已見"陣"字，則《小學章》乃載録前代俗字耳。

② 見玄應《一切經音義》卷一三《奈女祇域經》音義引。

③ 見《廣韻·暮韻》引。

一系列措施進行文字規範化的工作。與此相適應,一些以正字爲目的的"字樣"書相繼出現。一類是對社會用字進行規範,如顔師古的《字樣》、杜延業的《群書新定字樣》、郎知本的《正名要録》、顔元孫的《干禄字書》等;另一類是對經書文字進行規範,主要有張參的《五經文字》、唐玄度的《九經字樣》等。這一時期對異體俗字的輯録工作繼續進行,陸德明的《經典釋文》、玄應的《一切經音義》、慧琳的《一切經音義》、可洪的《新集藏經音義隨函録》、王仁昫的《刊謬補缺切韻》等所收異體字均極繁夥,具有重要的文字學研究價值。這一時期的俗語辭書如敦煌本《字寶》《俗務要名林》等,所收多是民間日用俗語,記録它們的則是當時流行的俗字,價值也很高。顔師古《匡謬正俗》考辨異體字的條目多較精審,對近代漢字研究作出了開拓性貢獻。

宋元明清時期對近代漢字的整理與研究主要體現在四個方面:一是辨析字形正俗的字樣書繼續編纂。主要有宋郭忠恕的《佩觿》、張有的《復古編》,元周伯琦的《六書正譌》、李文仲的《字鑒》,明焦竑的《俗書刊誤》,清畢沅的《經典文字辯證書》等。二是字典辭書大量收録異體俗字。如宋代官修的《廣韻》《集韻》《類篇》,遼釋行均的《龍龕手鏡》,金邢準的《新修玉篇》、韓道昭的《四聲篇海》,明梅膺祚的《字彙》、張自烈的《正字通》,清吴任臣的《字彙補》、官修的《康熙字典》等,所收異體俗字極爲宏富,但也存在考辨不精、錯訛較多的情況。三是隨着金石學的興起,匯録和研究石刻文字漸成風氣,重要的有宋洪适的《隸釋》《隸續》,清顧炎武的《金石文字記》、王昶的《金石萃編》、陸增祥的《八瓊室金石補正》等。同時還出現了一些匯録石刻異體俗字的專書,如宋婁機的《漢隸字源》、劉球的《隸韻》,清顧藹吉的《隸辨》、邢澍的《金石文字辨異》、趙之謙的《六朝别字記》,民國楊紹廉的《金石文字辨異補編》,羅振鋆、羅振玉的《增訂碑别字》,羅振玉的《碑别字拾遺》,羅福葆的《碑别字續拾》等。四是在這一時期數量衆多的筆記雜著中,有一些涉及近代漢字的辨析,如宋歐陽修的《歸田録》、宋祁的《宋景文公筆記》、沈括的《夢溪筆談》、吴曾的《能改齋漫録》、范成大的《桂海虞衡志》、羅大經的《鶴林玉露》、孫奕的《示兒編》,明陶宗儀的《輟耕録》、楊慎的《藝林伐山》、方以智的《通雅》,清徐文靖的《管城碩記》、錢大昕的《十駕齋養新録》、趙翼的《陔餘叢考》、王筠的《菉友蛾術編》、俞正燮的《癸巳類稿》等。這一部分材料比較零散,有待系統發掘和整理。

(二) 過渡期

此時期的近代漢字學,對於近代漢字的整理與研究體現出由自發向自覺的過渡。這種過渡主要體現在兩個方面:一是在文字學中近代文字學的獨立地位逐步得到確認。在中國傳統的文字學中,是没有近代文字學的一席之地的。這種情況在"五四"

以後逐步得到改變。唐蘭在《古文字學導論》(1935)中首次將漢字分爲三個時期,即上古文字、近古文字和近代文字,指出隸書是近代文字的開山始祖。在《中國文字學》(1949)中,唐蘭又提出中國文字學可以分成五大派,其中《説文》學、古文字學、六書學屬於古文字學,俗文字學和字樣學屬於近代文字學,並認爲近代文字的研究也很重要。唐蘭把近代文字和古文字並立、把近代文字學和古文字學並立,這些都表明近代文字和近代文字學的獨立地位開始得到承認。二是俗字的整理與研究漸受重視,相關的理論研究開始起步。清末以來的漢字簡化運動,倡導使用簡俗字,從而提高了俗字在人們心目中的地位。1930年,劉復、李家瑞編的《宋元以來俗字譜》出版。該書收集了12種宋元明清通俗文學作品刻本中的俗字字形6240個,對當時的簡化字運動起了有力的推動作用,同時對宋元以來刻本俗字的整理與研究也有開拓之功。1959年,蔣禮鴻發表《中國俗文字學研究導言》一文,對俗字與正字的關係、俗字研究的現狀、俗字研究的意義、俗字研究的步驟和方法等作了獨到的分析和闡述,同時呼籲加强俗文字的研究。這是一篇在俗字研究史上具有導夫先路意義的重要論文,標誌着俗字理論研究的起步。

(三) 興起期

20世紀70年代以來,由於敦煌文獻整理的需要,敦煌俗字開始受到學界的普遍關注,並進而帶動了各種俗文字的研究,在此基礎上,近代漢字學開始興起,主要表現在兩個方面。

1. 近代漢字的理論研究日益深入

首先,對近代漢字名稱的確定和近代漢字時段的劃分逐步明確。雖然唐蘭早在20世紀30年代就已經提出用“近代文字”指稱隸書以後的漢字,但這一名稱具有歧義,且其對漢字史的三分法也不够明晰和準確。後來又有“今文字”“現代漢字”“隸楷文字”等稱呼,但都没有通行開來。費錦昌《漢字研究中的兩個術語》(1989)一文,首次提出把漢字史分成三個階段:秦代小篆和小篆以前的漢字爲古代漢字,秦漢隸書以下直到“五四”以前的漢字爲近代漢字,“五四”以後的漢字爲現代漢字。此文定名準確,分期明晰,從而奠定了科學劃分漢字史的基礎,其意見逐步爲學界所普遍接受。

其次,近代漢字研究的重要性逐漸得到學界認可。繼唐蘭和蔣禮鴻之後,著名學者朱德熙、裘錫圭等都曾呼籲加强近代漢字的研究。但近代漢字研究真正受到重視,還是在俗字研究興起之後。張涌泉的《漢語俗字研究》(1995),對近代漢字的核心——俗字的方方面面作了系統闡述,因而不僅是俗字學,同時也是近代漢字學的開創之作。此書的出版,有力地推動了俗字研究的進步,此後二十年間,幾乎每一種重要的俗字材料都開始有學者加以整理和研究。在此基礎上,近代漢字研究的重要性日益凸顯。張涌泉《大力加强近代漢字的研究》(2003)一文,提出近代漢字研究與古文字研究一起,構成漢語文字學的"車之兩輪,鳥之兩翼",缺一不可,從而真正明確了近代漢字研究在漢字學學科體系中的地位。

再次,近代漢字的理論探討日漸展開,理論體系初現雛形。李榮的《文字問題》(1987)以明容與堂刻《水滸傳》等五種晚明刻本小説用字爲研究對象,不僅對很多俗字的源流演變作了深入的分析,而且對與俗字有關的字形分化、簡化、繁化、類化、改换偏旁、增減筆畫、同音替代和音近替代等問題作了獨到的闡述,對近代漢字的理論研究有開拓之功。張涌泉的《漢語俗字研究》在俗字理論的探索方面達到了一定的高度,奠定了近代漢字學的理論基礎。曾良《俗字及古籍文字通例研究》(2006),注意總結俗字書寫和演變的通例,並利用這些通例來釋讀文字,爲近代漢字字形演變研究做出了積極探索。梁春勝《楷書部件演變研究》(2012)總結楷書部件演變的通例,並應用於疑難俗字的考釋工作,創見很多。李運富《楚國簡帛文字構形系統研究》(1997)、王貴元《馬王堆帛書漢字構形系統研究》(1999)、陳淑梅《東漢碑隸構形系統研究》(2005)、劉延玲《魏晉行書構形系統研究》(2004)、齊元濤《隋唐五代碑誌楷書構形系統研究》(2007)、王立軍《宋代雕版楷書構形系統研究》(2003)、易敏《雲居寺明刻石經文字構形研究》(2005)等,運用王寧漢字構形學理論,首次對近代漢字的構件和構形系統進行了全面而細緻的描寫,探索了漢字演變的過程和規律,爲建立科學的漢字構形史提供了依據。李運富《漢字語用學論綱》(2005)、《漢字學新論》(2012)、《漢字職用研究·理論與應用》(2016)等提出漢字的本體研究包括形體、結構、職用三個平面,其中形體、結構層面的研究較多,而職用層面的研究最爲薄弱,因而倡導建立"漢字職用學",加强對漢字職用方面的研究。

2. 各種文字材料的整理與研究逐步加强

最先受到重視的是寫本文獻中的異體俗字,進而擴展到簡帛、石刻、刻本、字書及方言字、域外漢字等方面。

(1) 寫本文獻

敦煌寫本中的俗字最早受到關注。潘重規强調欲通曉敦煌卷子,必先研究敦煌俗字,他主編的《敦煌俗字譜》(1978)是第一部較大規模的直接從敦煌作品本身輯録俗字的文字編。蔣禮鴻在敦煌變文詞語考釋過程中,注意將俗字考釋與詞語考釋結合起來,創獲頗多。郭在貽重視敦煌俗字和俗語詞的考釋,並注意將二者結合,解决了大量疑難問題。張涌泉在敦煌俗字的考釋和理論研究方面均有貢獻,其《敦煌俗字研究》(1996)是系統運用俗字理論研究敦煌俗字的第一部著作,對大量敦煌俗字的源流演變作了精細的考辨。其主編的《敦煌經部文獻合集》(2008),把含括韻書、訓詁、字書、群書音義、佛經音義在内的敦煌經部寫卷全部類聚在一起,録校工作嚴謹認真。黄征的《敦煌俗字典》(2005,第二版 2019)是第一部采用字形剪切技術編制的敦煌俗文字編,爲近代漢字研究提供了豐富的字形資料。此外,曾良《敦煌文獻字義通釋》(2001)和《敦煌佛經字詞與校勘研究》(2010),蔡忠霖《敦煌漢文寫卷俗字及其現象》(2002),張小豔《敦煌書儀語言研究》(2007)和《敦煌社會經濟文獻詞語論考》(2013),陳增岳《敦煌古醫籍校正》(2008),沈澍農《中醫古籍用字研究》(2007)、《敦煌吐魯番醫藥文獻新輯校》(2016),彭馨《敦煌醫藥卷子俗字及相關語言文字現象研究》(2008),于淑健《敦煌佛典語詞和俗字研究——以敦煌古佚和疑僞經爲中心》(2012),高天霞《敦煌寫本〈俗務要名林〉語言文字研究》(2018),趙家棟《佛教名物術語詞研究》(2020)等,都在敦煌異體俗字辨析研究方面有所創獲。

在吐魯番出土文書用字研究方面,肖瑜《〈三國志〉古寫本用字研究》(2011)收集了六種《三國志》古寫本(其中一種爲敦煌寫本,其餘五種應爲吐魯番出土),對其中的俗字、通假字作了系統梳理。王啓濤《吐魯番出土文獻詞典》(2012)、《絲綢之路語言新探》(2021)等對吐魯番文書中的大量異體俗字作了辨析。趙紅《吐魯番俗字典》(2019),采用字形剪切技術采集吐魯番出土文獻字形,不易失真。張顯成《吐魯番出土文書字形全譜》(2020)對吐魯番文書文字字形進行了系統梳理,字形收集較爲全面。

民間寫本文書文字方面,出版了不少契約文書的彙編影印之作,如王鈺欣、周紹泉主編《徽州千年契約文書》(1993),沙知《敦煌契約文書輯校》(1998),張傳璽主編《中國歷代契約會編考釋》(1995)、《中國歷代契約粹編》(2014),劉伯山主編《徽州文書》(2005—2011),黄山學院編《中國徽州文書》(2010),曹樹基等編《石倉契約》(2011—2018),等等,數量極大,爲近代漢字研究提供了豐富的第一手資料。王建軍《清至民國嶺南雜字文獻集刊》(2018)是民間方言雜字的彙編之作。不過民間文書文字研究成果不多,專著主要有方孝坤《徽州文書俗字研究》(2012),温振興《影戲俗字研究》(2012),劉道勝《徽州文書稀俗字詞例釋》(2019),楊小平《清代手寫文獻之俗字研究》(2019),儲小旵、張麗《宋元以來契約文書俗字研究》(2021)等。

(2) 簡帛文獻

簡帛文獻文字的研究,是隨着 20 世紀以來簡帛的大發現而展開的。以下從秦簡、漢簡帛、魏晉簡帛三個方面,對相關研究略作介紹。

秦簡主要有睡虎地秦簡、天水放馬灘秦簡、龍崗秦簡、周家臺秦簡、里耶秦簡、嶽麓書院藏秦簡等。側重於文字方面的著作有陳振裕、劉信芳《睡虎地秦簡文字編》

(1993),張守中《睡虎地秦簡文字編》(1994),蔣偉男《里耶秦簡文字編》(2018),夏利亞《睡虎地秦簡文字集釋》(2019),陳松長主編《嶽麓書院藏秦簡(壹—叁)文字編》(2017)、《嶽麓書院藏秦簡(肆—柒)文字編》(2023)等。

漢簡帛主要有敦煌漢簡、居延漢簡、武威漢簡、武威漢代醫簡、馬王堆簡帛、銀雀山漢簡、阜陽漢簡、張家山漢簡、定縣漢簡、尹灣漢簡、額濟納漢簡、北大漢簡等。重要的文字編有陳松長《馬王堆簡帛文字編》(2001),駢宇騫《銀雀山漢簡文字編》(2001),徐富昌《武威儀禮漢簡文字編》(2006),張守中《張家山漢簡文字編》(2012),王凱博《額濟納漢簡文字編》(2014),李瑶《居延舊簡文字編》(2014),白海燕《居延新簡文字編》(2014),李紅薇《北京大學藏西漢竹書集釋及字表》(2015),黄豔萍、張再興《肩水金關漢簡字形編》(2019),劉釗主編《馬王堆漢墓簡帛文字全編》(2020)。

魏晉簡帛主要有西北地區出土魏晉簡、郴州西晉簡牘、三國吴簡等。側重於文字方面的研究著作有王保成《三國吴簡文字研究》(2013)。

秦漢魏晉簡帛文字的綜合研究方面,代表性成果主要有漢語大字典字形組《秦漢魏晉篆隸字形表》(1985),佐野光一《木簡字典》(1985),陸錫興《漢代簡牘草字編》(1989),劉玉環《秦漢簡帛訛字研究》(2012),方勇《秦簡牘文字編》(2012),于豪亮《于豪亮學術論集》(2015),裘錫圭《裘錫圭學術文集·簡牘帛書卷》(2015),徐正考《漢代文字編》(2016),單曉偉《秦文字字形表》(2017),李洪財《漢代簡牘草書整理與研究》(2022)等。

(3) 石刻文獻

石刻文獻文字研究方面,這時期出版了一批石刻録文彙編之作,如趙超《漢魏南北朝墓誌彙編》(1992),毛漢光主編《唐代墓誌銘彙編附考》(1983—1995),周紹良、趙超主編《唐代墓誌彙編》(1992)、《唐代墓誌彙編續集》(2001),吴鋼主編《全唐文補遺》(1994—2007),王其禕、周曉薇《隋代墓誌銘彙考》(2008),毛遠明《漢魏六朝碑刻校注》(2009),周阿根《五代墓誌彙考》(2012),王連龍《新見北朝墓誌集釋》(2013)、《新見隋唐墓誌集釋》(2017),羅新、葉煒《新出魏晉南北朝墓誌疏證》(2016),朱明岐、戴建國主編《明止堂藏宋代碑刻輯釋》(2019),何新所《新出宋代墓誌碑刻輯録(北宋卷)》(2019)、《新出宋代墓誌碑刻輯録(南宋卷)》(2020),張銘心《吐魯番出土墓誌彙考》(2020),周峰《散見宋金元墓誌地券輯録》(2021)等,收集材料很豐富,但釋文也或多或少存在一些問題。秦公《碑别字新編》(1985)、馬向欣《六朝别字記新編》(1995)、吴鋼《唐碑俗字録》(2004)、臧克和主編《漢魏六朝隋唐五代字形表》(2011)、毛遠明《漢魏六朝碑刻異體字典》(2014)等,收録石刻異體俗字甚夥,但誤釋、漏收等問題也不少。研究石刻異體俗字的專著,主要有曾良《隋唐出土墓誌文字研究及整理》

(2007),陸明君《魏晉南北朝碑别字研究》(2009),毛遠明《漢魏六朝碑刻異體字研究》(2012),何山《魏晉南北朝碑刻文字構件研究》(2016),董憲臣《東漢碑刻異體字研究》(2018),王立軍《漢碑文字通釋》(2020),梁春勝《六朝石刻叢考》(2021)等,各有特色,可以參看。

(4) 刻本文獻

刻本文獻文字研究方面,重點之一是明清小説的異體俗字研究,著作主要有張鴻魁《金瓶梅字典》(1999),周志鋒《明清小説俗字俗語研究》(2006),曾良《明清通俗小説語彙研究》(2009)、《明清小説俗字研究》(2017)、《明清小説俗字典》(2018)等。劉君敬的《唐以後俗語詞用字研究》(2020)考釋了 20 多個近代漢字,此書雖不以"明清小説"字樣冠名,但利用的材料多爲明清小説材料。

佛經及佛經音義中的文字問題是這一時期刻本文獻用字研究的另一重點,代表性成果有徐時儀《慧琳音義研究》(1997)、《玄應衆經音義研究》(2005)、《玄應和慧琳〈一切經音義〉研究》(2009)、《一切經音義三種校本合刊》(2012),姚永銘《慧琳〈一切經音義〉研究》(2003),鄭賢章《〈新集藏經音義隨函録〉研究》(2007,增訂本 2023)、《〈郭迻經音〉研究》(2010),韓小荆《〈可洪音義〉研究——以文字爲中心》(2009),譚翠《〈磧砂藏〉隨函音義研究》(2013),王華權《〈一切經音義〉文字研究》(2014),吴繼剛《七寺本〈玄應音義〉文字研究》(2021)等。其中韓小荆的書采用截圖方式編制了《可洪音義》的異體字表,對近代漢字研究尤其有用。韓國李圭甲主編《高麗大藏經異體字典》(2000)收録高麗藏異體俗字較爲豐富,然此書字形係排印,難免失真。李國英關於佛經疑難字考釋的系列論文,尤其是專著《〈大正藏〉疑難字考釋》(2023),對佛經疑難字考釋的深度和廣度都有所推進。

此外,真大成《中古文獻異文的語言學考察》(2020)對中古刻本文獻異文的成因、來源、類型和性質進行比較系統全面的討論,是刻本文獻用字研究的新收穫。

(5) 字書編纂及疑難字考釋

這一時期編寫了兩部大型字典——《漢語大字典》和《中華字海》。二書在承襲古代字書的基礎上,又從古今文獻中搜輯出大量異體字,對漢字形音義做了系統的整理,前者代表了當今漢語大型字典的最高水平,後者則是迄今爲止收字最多的漢語字典。在字書疑難字考釋上,胡吉宣、張涌泉、楊寶忠、鄭賢章、李國英、鄧福禄等成績最爲顯著。胡吉宣的《玉篇校釋》(1989)在文字校訂、字義梳理和疑難字考釋等方面均有大量收穫,代表了目前《玉篇》研究的最高水平。張涌泉的《漢語俗字叢考》(2000)首次系統運用俗文字理論對大型字書疑難字加以清理和考釋,頗多創穫。楊寶忠的《疑難字考釋與研究》(2005)、《疑難字續考》(2011)、《疑難字三考》(2018)注重對字書貯存領域疑難字的清理與考釋,首倡從字書源流關係考釋疑難字,創見很多。鄭賢章《龍龕手鏡研究》(2004)利用佛教文獻研究這部佛教字典,例證確鑿,多可定論。鄧福禄、韓小荆《字典考正》(2007)也有意識地廣泛利用佛教文獻研究《漢語大字典》和《中華字海》中的文字問題,收穫亦豐。此外,龍宇純《唐寫全本王仁昫刊謬補缺切韻校箋》(1968),陳飛龍《龍龕手鑑研究》(1974),葛信益《廣韻叢考》(1993),蔣禮鴻《類篇考索》(1996),周志鋒《大字典論稿》(1998),孔仲温《玉篇俗字研究》(2000),吕浩《〈篆隸萬象名義〉校釋》(2007),余迺永《新校互注宋本廣韻》(2008),趙振鐸《集韻校本》(2012),張磊《〈新撰字鏡〉研究》(2012),張青松《〈正字通〉異體字研究》(2016),熊加全《〈新修玉篇〉疑難字考釋》(2019)、《〈玉篇〉疑難字考釋與研究》(2020)等等,也都取得了不俗的成績。張文冠《近代漢語同形字研究》(2014)和李軍《漢語同形字研究》(2018)辨析了《漢語大字典》中的一些同形字,其中很多與近代漢字相關。

(6) 方言字和域外漢字

方言字方面,以往的研究主要側重於方言本字的考求和現代方言字的釋讀,如章炳麟《新方言》(1907),陳伯煇《論粵方言詞本字考釋》(1998),翁壽元《無錫、蘇州、常熟方言本字和詞語釋義》(2014)等。陳源源《漢語史視角下的明清吴語方言字研究》(2017)在歷史方言字的研究方面做出了積極探索。

漢字在歷史上很早就傳入鄰國,因而形成了以中國爲主體,包括日本、韓國、越南和新加坡等國在内的漢字圈。近年來,關注漢字文化圈近代漢字歷史狀貌的學者也越來越多。何華珍《日本漢字和漢字詞研究》(2004)、《俗字在域外的傳播研究》(2018)、《越南碑銘文獻的文字學研究》(2020),吕浩《韓國漢文古文獻異形字研究》(2013),梁曉虹《日本古寫本單經音義與漢字研究》(2015)等,是這一領域的代表性著作。其中何華珍的《俗字在域外的傳播研究》綜合比較漢字圈俗字發展的共性和個性,揭示通用俗字與國别俗字的關聯和類隔,探求俗字域外傳播規律,嘗試創建域外俗字學理論體系。

主要參考文獻

張涌泉:《大力加强近代漢字的研究》,《浙江教育學院學報》2003 年第 6 期。

張顯成:《簡帛文獻學通論》,中華書局,2004 年。

黄德寬、陳秉新:《漢語文字學史》,安徽教育出版社,2006 年。

沙宗元:《文字學術語規範》,安徽大學出版社,2008 年。

景盛軒:《二十年來近代漢字研究綜述》,《漢語史學報》第 13 輯,上海教育出版社,2013 年。

梁春勝：《“近代漢字學”芻議》，《近代漢字研究》第 1 輯，河北大學出版社，2018 年。

張涌泉、韓小荆、梁春勝、景盛軒：《近代漢字研究的回顧與展望》，《歷史語言學研究》2022 年第 2 輯。

嘉樂復旦大學出土文獻與古文字研究中心成立二十週年

夏含夷

芝加哥大學

復旦大學出土文獻與古文字研究中心成立於 2005 年,二十年以來取得了卓越的成就,已經成爲全世界中國古文字學的中心,因此這個二十週年非常值得紀念。此外,我們也都知道 2025 年還有一層重要意義——裘錫圭先生九十歲華誕。裘先生是出土文獻與古文字研究中心的創立者,二十年來中心的成就離不開裘先生的領導和鼓舞。裘先生很謙虛,不願意中心爲他做壽,但是我這個人習慣了我行我素,仍想藉着中心編輯論文集的機會祝賀裘先生,並回顧一下我們兩人四十多年的友誼。

我第一次見到裘先生是 1981 年的秋天,在山西太原召開的中國古文字研究會第四届年會上。那次會議可能是第一次有外國學者參加的中國國内的學術會議,至少在古文字學領域應該是如此。那次會議有將近二百名國内學者參加,另外還有幾位外國學者,包括我和我的研究生導師倪德衛。會期是四天,頭兩天晚上我都乖乖地坐在房間裏閲讀會議論文,但到了第三天晚上,也就是散會的前夕,我突然意識到論文還可以帶回家讀,但與其他學者交流的寶貴機會是没法帶回家的,錯過了就是損失。當時我和倪德衛住在賓館的四樓,國内的前輩學者都住在三樓,那天晚上吃完飯以後,我就大膽地下樓去了。我原以爲大家都在閲讀論文,等到了三樓,才發現情況和我想象的大不一樣。幾乎所有的參會者都聚在三樓會議室看電視上放的卡通(當時房間裏没有電視),發出陣陣歡笑,唯有一個人在房間裏看書,那就是裘先生(因爲他和李學勤先生同住一間,所以没有把門關上)。我擔心會打擾到他,但他熱情地接待了我,我們相談甚歡,聊了很長時間。我記得當時我們談到了武王伐紂和西周王年的問題。倪德衛曾撰長文就此問題進行詳細討論,朱德熙先生在斯坦福大學作訪問學者時認識了倪教授,把倪教授的論文帶回北京給了裘先生。我們聊起時,裘先生就把那篇論文拿了出來,向我詢問了一些地方,我才發現此文他已全部看過,只是很多地方没有看懂,不認識的詞彙他查了字典,標注了中文意思。那天晚上,我不但見識到裘先生有多麽用功,更見識到他有多麽直率。他不像當時很多中國學者那樣,和外國學者交流時要麽空虚地討好,要麽完全不理會。在我們的談話中,裘先生實事求是地討論了倪德衛的論文,他接受了某些意見,也批評了某些意見;我同意了他提出的某些批評,也反對了他的某些批評。我現在已不記得裘先生是否接受了我的意見,但我記得他對這些意見都進行了考慮。我們的談話完全是學術性的交流。

那一晚已經過去了四十多年。從那天起,我們的友誼一直都充滿着坦率與熱忱,什麽學術問題都可以談,有的時候我們意見一致,有的時候不一致,但無論如何,我們希望能互相瞭解。類似的事也不用我再多描述了,認識裘先生的人都知道他的性格,不認識他的人大概也都聽説過他是什麽性格。我的感受和别人的感受没有什麽兩樣,裘先生一直都是這樣一位純粹的學者。

另外還有一件關乎我倆友誼的事。2000 年,芝加哥大學聘任了一位新的校長(Don Michael Randel),學校計劃授予一批名譽博士學位,校長的聘任典禮和名譽博士學位的授予儀式一同舉行。考慮到 Randel 校長是音樂學家,學校鼓勵教授們提名文科方面的學者來授予名譽博士學位。我提名了裘先生。在美國大學(至少在芝加哥大學),提名名譽博士學位是一件非常嚴肅的事情,過程很漫長,不僅要有十幾位校内外學者的推薦信,還要通過校内教授委員會的決議。我提名了裘先生以後,整個過程非常順利。在 2000 年 11 月 2 日的典禮上,裘先生被授予了名譽博士學位。學位證書上的説明謂:

> 裘錫圭是中國著名的古文字學家。在其祖國四十年史無前例的考古發現過程中,他領導了破解所有早期中國文字的工作。從商代(約公元前 1200 年)刻在龜甲上的祈禱文,到千年後寫在竹簡和絲帛上的文獻,他始終展示着如何閲讀古文字以及如何解讀其背後的思想。他的權威著作《文字學概要》是所有希望瞭解這一獨特文字如何發展的人的教科書。裘教授也爲正在進行的中國早期文化史的重新詮釋作出了巨大貢獻。無論古文字證據引導他走向何方,他從來無懼於挑戰公認的觀點。他的研究涉獵廣泛,從農業到音樂,從法律到醫學,令人驚嘆。裘錫圭以清正廉潔著稱,是中國傳統學者的典範。

授予典禮上所宣讀的介紹謂：

> 裘錫圭對考古發現的銘文和手稿的破譯使得中國文字早期發展歷程得到了徹底的、重新的解釋。從商代的甲骨文到秦漢的竹簡帛書，他向我們展示了如何閱讀我們從未見過的文本，以及爲何要重新閱讀我們長期以來所思考的文本。在此時、在彼地，他不畏艱難地堅守着純粹的學者本色，贏得了國内外中文學生的尊重。

在那次典禮上，有十位學者被授予名譽博士學位，每一位學者獲頒證書時在座的學人和朋友都會鼓掌，但是大家都能感受到給裘先生的掌聲是最爲熱烈的。另外有一點值得注意：裘先生其實是芝加哥大學歷史上第二位被授予名譽博士學位的中國學者，第一位是 1939 年中國駐美國大使胡適先生。這兩位都是中國漫長學術史上非常了不起的學者，都值得表彰和學習。

圖 1　裘錫圭先生和夏含夷在芝加哥大學名譽博士學位授予典禮上合影，2000 年 11 月 2 日

復旦大學出土文獻與古文字研究中心的約稿函上説："論文集繁體印刷，文章不限學科領域，凡具學術性者皆可。"希望以上我與裘錫圭先生交往的回憶"具學術性"，當然我也知道裘先生自己會覺得這樣不够學術。因此，我想再提供我最近在做的學

圖 2　裘先生、魏克彬、馬幾道、董岩、夏菊莉(從左到右)

術成果的一小部分,它與出土文獻與古文字研究不無關係,希望能够滿足中心的要求。

我認識裘先生之時也是中國出土文獻大發現之始。從馬王堆《五行》篇開始,有多種《詩經》或與《詩經》相關的出土文獻相繼問世。《詩經》是先秦時代最爲重要的文獻,無論對於什麽學科而言都有着極其重要的意義,因此我最近幾年一直在做《詩經》的英譯工作。由於本次論文集有篇幅限制,在此只選取其中一首詩的翻譯進行展示,聊表心意。要慶祝復旦大學出土文獻與古文字研究中心成立二十週年,大概没有哪首詩能比《大雅·假樂》更合適了。下面先提供英譯,再附以一些注解和説明。

Felicitations (*Jia Le* 假樂;249)

《假樂》,嘉成王也。

"Felicitations" celebrates the Completing King.

假樂君子　　Felicitations to Milord,
顯顯令德　　Lustrous his commanding virtue.
宜民宜人　　Proper for the folk, for mankind,
受禄于天　　Receiving riches from heaven.

保右命之　　Protective aid commanding him,
自天申之　　From heaven extending him.

干禄百福　　A thousand gifts, a hundred blessings,
子孫千億　　Sons and grandsons in the millions.
穆穆皇皇　　So respectful and so august,
宜君宜王　　A proper lord, a proper king.
不愆不忘　　Not mistaken, not forgetful,
率由舊章　　He follows the ancient standards.

威儀抑抑　　His deportment restrained, restrained;
德音秩秩　　His reputation straighter than straight.
無怨無惡　　Without malice, without anger,
率由羣匹　　Followed by the many partners.
受福無疆　　He receives blessings without limit,
四方之綱　　He is the four quarters' mainstay.

之綱之紀　　Their mainstay and their web-support,
燕及朋友　　The feast reaching all of his friends.
百辟卿士　　The hundred lords and hundred sires,
媚于天子　　Beloved of the Son of Heaven.
不解于位　　Never relenting at his post,
民之攸塈　　That in which the people repose.

"假樂",《毛傳》謂"假,嘉也",《鄭箋》謂"天嘉樂成王有光光之善德"。其實《左傳》文公三年和《禮記·中庸》都引作"嘉樂",顯然是符合原意的,意思是"celebrate, felicitate"。

"君子",《詩序》以爲是周成王,我覺得未必,此可針對任何"君子"而說。《詩經》裏"君子"凡見 189 次(見於 62 首不同的詩),有兩種意思。最基本的意思是"君長""領導",是社會上、政治上和軍隊上使用的尊稱,不一定專指周王,完全可以指裘錫圭先生這樣的社會典範,按照英國人的習慣可以翻譯爲"Milord"。這和春秋戰國文獻中的"君子"含義明顯不同。另外一種意思是與女子相對言的男子,也是尊稱,但是不具有一定的社會或政治意義，可以翻譯爲"Milord's son"。在《假樂》這首詩裏，"君子"顯然是尊稱，可以翻譯爲"Milord"。

"保有"之"有"傳統的讀法是讀爲"侑"，意思是"助也"。這樣讀當然可以，但是不如讀作"自天祐之"的"祐"。"祐"的意思也是"助也"，但是特别指天降的"神助"。

"干禄百福"，《鄭箋》謂"干，求也"，當然可通，但是海昏侯簡《詩經》作"千禄百福"，"千百"更順，"干""千"字形相似而訛，原文應該是"千禄百福"。俞樾《群經平議》已經指出此誤。

"抑抑"，《毛傳》謂"美也"，"秩秩"謂"有常也"，意思皆不明確。"抑"，《説文》謂"安也"，意思應該是"按住"，使之穩定、不超過應有的限制。"秩秩"《詩經》中凡見5次，《毛傳》《鄭箋》都有不同的説法，"流行也"(《斯干》傳)、"進知也"(《巧言》傳)、"秩秩然肅敬也"(《賓之初筵》傳)。《説文》謂"秩，積也"，意思不是很清楚，《説文解字》段注云"積之必有次叙成文理，是曰秩"，意思是有條理、按次序排列，按照這種解釋，《詩經》所有的用例都可以説得通。

除了上面這些對具體字詞的注解外，我還想就我翻譯的原則再作一點説明。衆所周知，《詩經》句式最顯著的特點是四言，每一句都非常整齊。英文詩辭也有相似的做法，叫作 iambic tetrameter，即抑揚格四音步，也就是説每個詩行含有四個音步，通常有八個音節：四個重音，四個輕音。我的翻譯基本上采取的是這種抑揚格四音步的格律，雖然不一定每一句都能完全按照格律來，但是總的來説還是相當整齊的，至少可以使英文讀者稍微享受到一點《詩經》本來的面貌和音律。以第一章爲例：

Felicitations to Milord,
Lustrous his commanding virtue.
Proper for the folk, for mankind,
Receiving riches from heaven.
Protective aid commanding him,
From heaven extending him.

頭五行都有八個音節，只有最後一行是七個音節。雖然只有七個音節，但還是有四個重音，所以也算符合抑揚格四音步。

這首詩原來是用以祝賀君子，現在我用它來祝賀復旦大學出土文獻與古文字研究中心成立二十週年。把《假樂》的首章獻給裘先生非常合適：

假樂君子，顯顯令德。

宜民宜人，受禄于天。
保右命之，自天申之。

中心的朋友遍天下，因此用第三章申祝賀之意特別合適：

威儀抑抑，德音秩秩。
無怨無惡，率由羣匹。
受福無疆，四方之綱。

附記：

在本文寫作過程中，曾由復旦大學出土文獻與古文字研究中心教授蔣文老師修改，謹此表示謝意。

賀　　辭

值裘錫圭先生九十大壽之際，恭祝裘先生生日快樂、幸福安康！我們衷心地感謝您爲學術事業作出的卓越貢獻，感謝您對朋友的誠懇相待、對學生的諄諄教誨。

同時，我們也謹藉此機會熱烈祝賀復旦大學出土文獻與古文字研究中心成立二十週年！二十年來，中心教授們在出土文獻和古文字研究領域取得了豐碩的成果，成爲了推動古文字學科發展的重要力量。中心教授們對河南東周温縣盟書人名表等整理工作給予了大力支持和熱情指導，在此我們特别致以深深的謝意。

此致敬禮

郝本性、魏克彬(Crispin Williams)

圖1　學者在中心就温縣盟書交流討論

圖書在版編目（CIP）數據

念兹在兹：復旦大學出土文獻與古文字研究中心成立廿載紀念論文集 / 復旦大學出土文獻與古文字研究中心編. --上海：中西書局，2025. -- ISBN 978-7-5475-2373-5

Ⅰ. H121-53

中國國家版本館 CIP 數據核字第 2025M4T237 號

念兹在兹

——復旦大學出土文獻與古文字研究中心成立廿載紀念論文集

復旦大學出土文獻與古文字研究中心　編

責任編輯　田　穎
助理編輯　王濼雪　楊　珂
裝幀設計　王軼頎
責任印製　朱人傑

出版發行　上海世紀出版集團
中西書局（www.zxpress.com.cn）
地　　址　上海市閔行區號景路 159 弄 B 座（郵政編碼：201101）
印　　刷　常熟市人民印刷有限公司
開　　本　787 毫米×1092 毫米　1/16
印　　張　41
字　　數　779 000
版　　次　2025 年 3 月第 1 版　2025 年 3 月第 1 次印刷
書　　號　ISBN 978-7-5475-2373-5/H・159
定　　價　218.00 元